郭齊勇 主編

儒家文化研究

第十輯

兩漢經學專輯

丁亥之春 蕭萐父題

岳麓書社
長沙

《儒家文化研究》編委會

目　録

弁　言

在中國的學術、思想、文化演進史上，兩漢時期無疑是一個承先啓後的時代。戰國時期的學術文化，既經歷了諸子思想争鋒與互動的過程，又與當時的政治社會結構的劇烈變化互爲因緣，沿著這個脉絡演進下去，先秦的思想與學術就必然要有一個總結與綜合。而先秦諸子思想經過争鋒與互動之後，有些學派逐漸式微甚至消歇，而另一些學派則在這個過程中不斷豐富自身，并形成更爲完善、綜合的思想系統。這當中，儒、道二家應是其中最爲突出的兩派。晚周時期成型的《禮記·大學》與《莊子·天下》二篇，都標舉出了“内聖外王”的規模和導向，其涵攝諸家、内外兼綜的用心呼之欲出。而除了儒、道二家之外，陰陽家、法家等學派也吸收了儒、道等諸家的一些思想，同時又反過來也被儒、道諸家所融攝，由此而形成錯綜複雜的思想圖景。

晚周時期所形成的思想學術的態勢，雖然經歷了暴秦與秦火的影響與阻礙，但它并未因此而斬絶、消亡。我們讀漢初時期陸賈的《新語》與賈誼的《新書》，都可以看到秦漢之際的思想家多有儒道兼綜的取向。馬王堆漢墓出土的思想、哲學文獻，亦體現出這一特點。而正因爲秦漢之際的學術思想有此綜合、總結性的態勢，因此漢代思想界就要面臨如何疏導、協調這一態勢以形成與時代導向相互動的新的學術形態。而這一新的學術形態則必定是以綜合性、兼攝性、協調性、節度性的文教、文制、文化、文物系統爲特色的。《周易·繫辭傳》曰：“道有變動，故曰爻；

爻有等，故曰物；物相雜，故曰文；文不當，故吉凶生焉。”如果要比附《繫辭傳》的話，那麽從先秦諸子而到兩漢學術，大概就是從“道”而到“文”的過程；而漢代學術思想所關注的重點，則在於“文”之“當”與“不當”的問題。而漢代經學的興起與興盛，大概也是在“文”的基礎與背景下纔是可能的。《説文》曰：“經，織也。”如果我們結合《繫辭傳》的話來説，那麽“經”之爲“經”，大概就是“文”之爲“當”者。從這個意義上説，以經學爲骨幹的漢代學術思想的確立，是承接先秦諸子思想的演進脉絡而來的。當然，我們并不否認這當中有許多其他的因素促成了漢代經學的確立，諸如漢帝國建立其政教意識形態的需要等等；但是，如果我們不能將漢代經學思想視作中國哲學、思想、學術演進過程中的内在的一環，就不能對漢代經學的一些問題，作出透闢的理解。

正因爲漢代經學所具有的承先啓後的特質，而同時，這裏的“先”指的是戰國的諸子思想及其互動的脉絡，那麽，我們在研究兩漢經學的時候，則不宜將它視作一個封閉性、自足性的系統，而是將之視作開放性的、正在生成過程中的學術、思想、哲學形態。一般來説，兩漢的經術與經學，是與儒學内在相關的。兩漢經學是儒學史發展的又一階段。但事實上，這樣的觀點雖不能説是錯誤的，但却是不全面的。毋庸置疑，儒學思想在漢代經學思想中具有主導性，但是戰國時期的陰陽家與道家等學派的五德終始、陰陽五行、繼往開來、天人順應、制節謹度的思想與取向，乃與儒學思想交錯互動，共同孕育了漢代經學中的歷史精神、人文精神、綜持精神、類比精神，而這些精神則不但塑造了漢代經術與經學的特色，而且對後世中國文化乃至中國人的思維方式都有深遠的影響。①

近年以來，中國學術界、哲學界對於經學的研究可謂方興未艾，這種導向確實有利於調整中國哲學研究的視野，并且補充相關研究的缺憾與不足，甚至亦有助於中國哲學與中國哲學研究的新範式的形成。同時，當代中國的現代性進程尚未完成，傳統與現代的會通亦有待推進，處在這個過程中，如何理解與詮釋我們的傳統經典，則是一項重要而關鍵的工作。這無疑也促進了學界對經學的研究。但是，我們的經學研究理應有開放性的態度，而不能故步自封、自我封閉、自説自話。舉漢代經學爲例，我們如果能够理解到上文所論的漢代經學的承先啓後的意義，就能够理解到經學自身的開放性意義，而不會自封自限。

本專輯共收録精選的相關論文 24 篇，雖然各文主題不一，側重各异，但從這當中我們可以窺見漢代經學思想的綜合性、融攝性的品格，以及其承先啓後的意義。而隨著近年來出土文獻的日漸豐富，學術視野的日益多元化，以及學術研究的積累，漢代經學的研究肯定會有實質性的推進，而本專輯的内容大概可以視作其中的一個體現。

---

①相關内容參見唐君毅：《中國哲學原論·原道篇》，卷 2，《唐君毅全集》，北京：九州出版社，2016 年版，第 143—278 頁。

天子的觀念與西周宗法的擴展

陳　贇

内容摘要：天子的觀念爲周人首創，係西周禮樂創制的重要環節，其内涵在於以天爲父，而以王者爲天下這一大宗族之宗子，因而天子觀念基於周人的宗法思想，但又是對宗法思想的擴展。典型意義上的宗法基於血緣性的親親觀念，但這種宗法將周人限制在血親的宗族之内，而無力於更大的政治體之凝集，故而以天命觀爲背景，擴展宗法，使得天下成爲一大宗族，而王者成爲天下之大宗。這一制度最終成爲可能，全賴天子之觀念。天子之觀念具有雙重内涵，一是天之宗子，二爲民之父母，後者意味著天子能自覺以生生之天德爲效。

按照鄭玄的理解，嚴格意義上的宗法限於卿大夫、士所在的宗統，天子與諸侯則另有宗統，程瑶田《宗法小記》闡發此意最力最明。① 然而，由此得到的宗法觀念限於血緣性的宗族架構内，周人的確通過宗法方式重新發現血緣的政治意義；然而，是否周

①程瑶田："宗之道，兄道也。大夫、士之家，以兄統弟而以弟事兄之道也。""宗法者，爲大夫、士立之，以上承夫天子、諸侯而治其家者也。"見《通藝録·宗法小記·宗法述》，《程瑶田全集》第一卷，合肥：黄山書社，2008 年，第 137、171 頁。

人的宗法就僅僅衹是局限在血緣性的宗族連接之内呢？當《詩經》毛傳發明“王者天下之大宗”的思想時，顯然，這已經不再僅僅從親緣關係的層次討論宗法。而通過對“王者禘其祖之所自出”的討論，① 可以提供一條理解“王者天下之大宗”的綫索，在這裏，宗法已經在超越親緣的意義上被擴展了。

一、“天子”稱謂乃是西周禮樂創制的重要環節

無論對禘的討論存在多少争端，有一點却是毫無疑義的，這就是王者始祖所自出者乃天。而這一點在先秦漢初的思想中是一貫的。荀子所謂的“王者天太祖”，就是它的另一種表述。② 這裏内蘊著一種思想，即整個“天下”，也就是天下人的總體，視爲一個無遠弗届的最大化宗法組織，在這個基於天命的“天下”大宗族中，所有個人都是這個大宗族的成員。

《尚書·泰誓》曰：“惟天地，萬物父母；惟人，萬物之靈。亶聰明，作元后。元后作民父母。”這段話其實包含了三層意思：“惟天地，萬物父母；惟人，萬物之靈”是第一層，正如孔穎達疏解所指出的那樣，“萬物皆天地生之，故謂天地爲父母也。……此經之意，天地是萬物之父母，言天地之意，欲養萬物也。

---

①陳贇：《鄭玄的“六天”説與禘禮的類型及其天道論依據》，即將刊於《陝西師範大學學報》。

②見於《荀子·禮論》以及《大戴禮記·禮三本》。這一思想甚爲普遍，甚至董仲舒《春秋繁露·觀德》亦云：“天地者，萬物之本，先祖之所出也。”

人是萬物之最靈，言其尤宜長養也。"[①] 所有的人與萬物都視爲天地之子，相對於萬物，人可能自覺地承擔起天地之子的責任。[②]《尚書》在此確立的天地與人物之間的父母—子女關係，并不能從血緣論的角度得出，[③] 而是在天命論（宇宙論或氣化論）的條件下得以成立的，如《白虎通》所謂的"人皆天所生也，托父母氣而生耳。"[④] 在這個意義上，"天子"或"天之子"可以述説每一個人。如《莊子・人間世》曰："與天爲徒者，知天子之與己，皆天之所子。"《莊子・庚桑楚》亦云："人之所舍，謂之天民；天之所助，謂之天子。"一切個人都可以稱爲天子，正如一切個

---

①《尚書正義》卷十一《泰誓上》，《十三經注疏》整理本，第3册，北京：北京大學出版社，2000年，第321頁。

②這一思想并非《尚書》一經之意，在《周易》的"乾""坤"兩卦與《繫辭傳》，同樣可以看到相同的思想。以至於吕祖謙在其《增修東萊書説》卷十四中以《周易》理解《尚書・泰誓》的這一思想："推本原而言之也，萬物無不自天地而生者，大哉乾元，萬物資始，至哉坤元，萬物資生。故曰：萬物父母也，人爲萬物之最靈者，一元之氣覆冒，初無厚薄，得之全者爲人，得之偏者爲萬物也。元后又是人之中實有聰明者，亶者，誠實也，非靈之外别有所謂聰明，不過精粹清澈，不失此靈耳，故爲元后。元后乃民之父母，必思與天地同功，輔相裁成贊天地之化育也。此雖誓師之辭，乃六經之統攝百王之標準，學者通此，則六經之義、百王之道，皆可參貫矣。"《吕祖謙全集》第3册（上），杭州：浙江古籍出版社，2008年，第197頁。

③如從血緣的視角來看，則屬於"假血緣性"或"擬血緣性"的關係。朱熹《西銘解》亦云："乾父坤母而人生其中，則凡天下之人，皆天地之子矣。然繼承天地，統理人物，則大君而已，故爲父母之宗子。"朱杰人、嚴佐之、劉永翔主編：《朱子全書》第十三册《西銘解》，上海：上海古籍出版社，合肥：安徽教育出版社，2002年，第142頁。

④陳立：《白虎通疏證》卷五《論父煞子》，北京：中華書局，1994年，第216頁。

人都可以稱爲天民。“天民”針對的是天爲“君”，“天子”針對的是天爲“父”。① 在這一層意思中王者與衆人一樣，皆爲天之所子，因而是一體而平等的。這一層意思中尚没有宗法的嫡庶之義，相反衹是突出人相對於萬物的優越性，這個優越性衹是因爲人爲萬物之靈，即人相對於萬物而爲靈者；但就人這個族類而言，人與人皆爲天之所子，因而衆生平等，這一平等性意味著每個人皆可以他自己的方式實現天賦予他作爲天之所子的禀賦與潛能，但天賦予每個人的禀賦與潛能并不相同，而是具有很大的差异性。所謂的“物之不齊，物之情也”，齊物本身必是“惟齊非齊”，正是對這種差异的承認，而這種承認是先秦時代的重要觀念。

“亶聰明，作元后”是第二層，其意思與第一層意思有著極大的不同，但也要看到它與第一層意思的連續性。在這裏，王者雖然與其他衆人一樣身爲天地之子，但又有所不同，他是“元后”。②“元后”在《尚書》中與“元子”同義。《尚書》差不多是現存最早提出“天子”觀念的典籍，正是在《尚書》中，我們看到“元子”的思想。③《尚書·召誥》：“皇天上帝，改厥元子，

①《孟子·盡心上》：“有天民者，達可行於天下，而後行之者也。”《銀雀山漢簡·太公》：“往者不可及，來者不可侍（待）。能明其世，胃（謂）之天子。”《吕氏春秋·聽言》云：“周書曰：‘往者不可及，來者不可待，賢明其世，謂之天子。’”

②案：《書·大禹謨》：“天之歷數在汝躬，汝終陟元后。”孔傳：“言天道在汝身，汝終當升爲天子。”

③《尚書》中的“天子”見於《西伯戡黎》、《洪範》、《立政》、《康王之命》（今文《顧命》後半部分）以及《胤征》、《説命》等。而“元子”則見於《召誥》《顧命》，凡三見。見王燦《“天子”新考》，《文化學刊》2011年第1期。

茲大國殷之命。”在周人建構的觀念意識中，殷周之際的政權鼎革，其實是天之“元子”的改換，即廢殷人元子身份，而賦予周人元子身份。周人以天之元子的觀念去理解商王，説商王不能盡到元子的責任，所以纔有失天下的後果，其實這種觀念是周人賦予的，商王自稱“余一人”，不稱“天子”，相反，商王有“射天”之事，① 對天如此不敬，自然不可能自居“天子”之名，事實上，殷人的甲骨卜辭也不見“天子”一名。“天子”的稱呼産生於西周，《禮記・曲禮》云：“君天下曰天子。”許慎《説文解字》釋“姓”云：“姓，人所生也。古之神聖母，感天而生子，故曰天子。”陳夢家曾經提出，天子之稱起于成王時期。② 鄭慧生亦云：“‘天子’一詞，産生於西周。西周以前，商人不稱‘天子’。在商代甲骨卜辭、銅器銘文和有關歷史文獻中，没有‘天子’一詞出現。”③ 但在《尚書》中，“元子”就是天的嫡長子或宗子，王燦甚至認爲，上天的嫡長子或宗子，就是“天子”一詞的初始含義。④ 在《尚書・召誥》中太保提出“有王雖小，元子哉!”以元子稱成王，與周公、召公籌劃的成王加冕大典聯繫在

---

①《史記》卷三《殷本紀》：“帝武乙無道，爲偶人，謂之天神。與之博，令人爲行。天神不勝，乃僇辱之。爲革囊，盛血，卬而射之，命曰‘射天’。”《龜策列傳》云商紂王“殺人六畜，以韋爲囊。囊盛其血，與人縣而射之，與天帝争强。”《史記》卷三十八《宋微子世家》：“君偃十一年，自立爲王。東敗齊，取五城；南敗楚，取地三百里；西敗魏軍，乃與齊、魏爲敵國。盛血以韋囊，縣而射之，命曰‘射天’。”宋爲商之後，其君仍有射天之事，可見其不敬天也如是。

②陳夢家：《西周青銅斷代（二）》，《考古學報》1955 年第 4 期。而這與《尚書》中“元子”大約也起于周公、成王時期相應。

③鄭慧生：《“天子”考》，《歷史教學》1982 年第 11 期。

④王燦《“天子”新考》，《文化學刊》2011 年第 1 期。

一起，而成王的加冕大典可以視爲周公創制禮樂的一個方面。或許正是在這一加冕大典上奠定了以“元子”“天子”指稱周王的大禮。但在西周的觀念意識中，王者并非天的唯一兒子，百姓萬民皆由天而生，故而在某種意義上皆爲天之子，例如《詩經·大雅·烝民》“天生烝民，有物有則。民之秉彝，好是懿德。天監有周，昭假於下。保兹天子，生仲山甫。”在此，“天生烝民”與“天子”并出，意味著烝民皆天所生，天作爲父親并非王者專利。此與《左傳》文公十三年“天生民而樹之君”、襄公十四年“天生民而立之君”等同義。周人以王者爲元子，以百姓皆爲天之所子，這是對王者與萬民關係的一種新解釋，這個解釋將王者與萬民納入到廣義的宗法系統中。王者既爲“元子”“元后”，即宗子，則王以外的衆人則爲“庶子”，周人稱平民爲“庶民”。這樣在王者與衆人之間就具有了宗法上的嫡庶之别。① 張載云：“言宗子者，謂宗主祭祀”，② 則王者以元子或元后身份，享受對天的祭祀的主持權。由此，王者在西周已經被理解爲天下這一大宗族的大宗宗子。

這樣，我們纔能理解周人發明“天子”名謂以稱王者，實際上是周人王制創建系統的一個環節，是禮典的一個重要方面。周人的確對王者有一稱謂上的革命，司馬遷曾經將這一革命的實質理解爲由商人的“帝”到周人的“王”的轉變。《史記·殷本紀》有“於是周武王爲天子。其後世貶帝號，號爲王”的表述，

---

①根據《説文》，“庶”的本義爲“屋下衆也”，如果在會意的意義上進一步引申，則“屋”爲宗法的家族，屋下之衆則爲庶子。

②張載：《經學理窟·宗法》，《張載集》，北京：中華書局，1981 年，第 259 頁。

司馬遷以帝、王皆爲有天下之號，殷王稱帝而不稱王，而王系周王之自稱，故而他還使用了“商王帝辛”這一表述指周人革命之後對商紂之稱，此即他所謂的貶帝爲王。① 王國維在《散氏盤考釋》中以夨王鼎等銅器銘文等爲例而提出古諸侯稱王説，其云：“當宗周中葉，邊裔大國往往稱王。……二器皆紀王命，并稱其祖考有勞于周邦，則非不臣之國，又非周之子弟分封於外者，而并稱其考爲王，可見當時諸侯并有稱王之俗，蓋自夏、商已然。文王受命稱‘王’，亦用商之舊俗也。”② 國維另有《古諸侯稱王説》，將此提升爲通論：“古時天澤之分未嚴，諸侯在其國，自有稱王之俗。”故而，以文王受命稱王仍服侍殷，并不足怪；而古諸侯在境内稱王與稱公、稱君無异。③ 但張政烺先生以爲，“稱王在古代是一件异常嚴重的事情，絶非兒戲”，“夨是古國，當周人壓力大時則降稱伯，及周人勢力向東方轉移，舊的思想不忘復辟，則又稱王”，“其實，周時稱王者（案，指除周天子之外的諸

①劉雨在《金文中的王稱》（《故宫博物院院刊》2006 年第 4 期）中指出：商代金文在記述商代最高統治者的活動時，徑稱“王”如何如何行事，王字前不加任何修飾語，没有發現稱“某王”者，此表明商代統治者已有王稱。而且，在追述先王時對商王稱“帝”，其餘大量晚商銘文中的商王一律衹稱“王”。由此，劉雨提出，據甲骨文與金文，稱殷王爲“帝某”，并不普遍，殷人對殷王的實際稱謂仍是“王”。

②王國維著，謝維揚、房鑫亮主編：《王國維全集》第十一卷，杭州：浙江教育出版社、廣州：廣東教育出版社，2009 年，第 312—313 頁。在此王國維以夨王位例討論古諸侯稱王之俗，張政烺云：“夨王姓姜，蓋出於羌，與周不同族，則稱王時姜姓的舊俗，由承襲而來，非僭王號，也不是由於周王的錫命。”張政烺：《夨王簋蓋跋》，《張政烺文史論集》，北京：中華書局，2004 年，第 710 頁。

③《古諸侯稱王説》，見《王國維全集》第十四卷，第 139、140 頁。

侯）皆异姓之國，處邊遠之地，其與周之關係若即若離，時親時叛，而非周室封建之諸侯。文王受命稱王，其子孫分封天下，絶無稱王之事。周之同姓稱王者祇一吴王。”而吴王則屬於用夷狄之禮則夷狄之的標準，不能以常理而論。① 張政烺認爲，王國維的目的是在以史學破經學，這一“主意是好的”，但其實王國維意在解釋文王服侍殷時何以仍可受命稱王，而這直面經學中的“文王之德”的問題。經過張政烺的限定，古諸侯稱王説獲得了邊界與限制，但這并没有窮盡最高統治者與王稱的關係。劉雨就金文中西周王稱進行了較爲全面的分析與歸類，分爲“時王生稱”、“時王美稱”、“時王别稱”、“在野王稱”等四種類型。因爲有“在野王稱”即周天子以外的諸侯稱王的現實，故而周人爲了區别自己與稱王的諸侯，特别是爲了貫徹天命隨德而轉移的那種“以德配天”的意識形態，故而將周王重新命名爲“天子”，則是很自然的。事實上，劉雨提供的兩個事例很有意思：彔伯先人曾有勳于周邦，他本人也效忠周王室，去其王號而服侍周王并受到賞賜，但他仍稱其皇考爲釐王，稱周王爲天子；與此類似，乖伯（可能是西周中期一异族邦國）自稱小裔邦，稱周爲天子，而稱其皇考爲幾王。在這裏，稱王與稱天子是不同的，并非對等的，而是稱王低於稱天子。② 由此可見，周人發明“天子”一詞，一方面將王者與稱王的古諸侯區别開來，突出天子的至高無上的地位，另一方面在以新的思想架構突出王者尊嚴的前提下，對王者與百姓之間的關係做出新的理解。

---

①張政烺：《夨王簋蓋跋》，《張政烺文史論集》，北京：中華書局，2004 年，第 712—713 頁。

②劉雨：《金文中的王稱》，《故宫博物院院刊》2006 年第 4 期。

《尚書》借著神話外衣所達成的對王者與百姓關係的理解，就是天之宗子與天之庶子。宋代張載的《西銘》應該就是受到《尚書》的啓發，《西銘》提出“大君者，吾父母宗子；其大臣，宗子之家相也。”朱熹云：“乾父坤母而人生其中，則凡天下之人，皆天地之子矣。然繼承天地，統理人物，則大君而已，故爲父母之宗子；輔佐大君、綱紀衆事，則大臣而已，故爲宗子之家相。”① 作爲天下這一大宗族的嫡長子（元子），天子所主的是對天的祭祀，雖然百神享祭、百王與食，但祭祀的主體是天子，祭祀的對象是天，諸侯所在君統作爲這個“天下”大宗族的庶子，衹能是助祭者，即祭天典禮的參與者與輔助者，② 主持者就是作爲“嫡長子”的王者。這種對天專享的主祭權，就是“不王不禘”的深刻根源。③

二、天子作爲“宗子”與作爲“父母”的雙重身位

“亶聰明，作元后”，將王者與同爲天之所子的萬民，納入到了“天下”這一大宗族中，不同於“惟天地，萬物父母；惟人，萬物之靈”所表述的衆生平等意識，在這裏，王者作爲元子，也就是天下這個大宗族中主祭的宗子，他與萬民的關係是兄弟關係，但同時是宗子與庶子的關係。這意味著，在“天下”這一邊

①《西銘解》，見《朱子全書》第十三册，第 142 頁。

②案：《國語・魯語上》云：“天子祀上帝，諸侯會之受命焉。諸侯祀先王、先公，卿大夫佐之受事焉。”

③何炳棣曾撰文《儒家宗法模式的宇宙本體論：從張載的〈西銘〉談起》（見《何炳棣四項制度史論》，臺北：“中央研究院”、聯經出版事業股份有限公司，2013 年，第 385—398 頁）討論儒家宗法思想的本體論。

界具有開放性的大宗法系統中，“天”爲大父，所有人都是天之子，王者也是天之子，在這個意義上天下人皆爲同一個天父的兄弟，後來《論語》所謂的“四海之内皆兄弟”，就含有這樣的意思，衹不過王者是嫡兄而萬民是庶弟。

與此不同，“元后作民父母”則引向了另一層意思，王者“作民父母”，成爲萬民之父母，因而王者與萬民又是父母與子女的關係。這裏的“作”更多的意味著 make，是製作，也是建構，這意味著并不與血緣意義上的父子關係構成衝突，它是想象性地“看作”（seeing as）。而王者之所以既可以成爲元子，又可以作民父母，根本所在是“亶聰明”。如果説萬物與衆人在自發與被給予的意義上，是天地之子，那麼“元后”乃是自覺地父天母地，在自覺與“成爲”的意義上成爲天地之子。在這個意義上，衆人與萬民是“天之所子”意義上的“天之子”，即不是基於個人功德修爲意義上的自覺與成爲，而王者的“天子”身位則是以其“亶聰明”而“自覺”地“成爲”天之子的結果。王者父天母地，自覺地以天地爲其父母，繼承天地生養之德，以承擔起照料人民的責任，因而在這個意義上他又以其繼承天地的生養之德而自覺地成爲“民之父母”。

這樣，作爲“元后”或“天子”的王，具有雙重身份：一方面，在宇宙大系統中，與萬物、衆人同爲天子，天地爲共同的父母；另一方面，在人類政教共同體這一系統中，王者又是民之父母。王者的這兩個身位元是參照不同的系統而言的。换言之，“不王不禘”“王者禘其祖所自出”，其實在更深的層次揭示了天下這一大宗族的存在。《尚書》中所揭示的周人對王者的雙重理解：一方面，“曰天子作民父母，以爲天下王”①。這裏的父母不是在血緣的意義上來講的，而是在宇宙論的意義上得以成立的。從民之父母的意義上來講，王者與民有一個共同的“祖”，這就是天。在這個意義上，“王者作民父母”與“王者天太祖”衹有關聯起來理解，纔能洞察這裏隱藏著的宗法論背景；另一方面，則是王者作爲元子，其他人作爲元子的庶兄弟，這已經以“王者天太祖、王者作民父母”爲前提了。這兩個方面似乎矛盾但又是一個系統的不同維度，必須從不同的側面去理解二者，纔不會導致邏輯上的衝突。張載在其《西銘》中重申了周人所創立的“天下”大宗之統：“故天地之塞，吾其體；天地之帥，吾其性。民，吾同胞；物，吾與也。大君者，吾父母宗子；其大臣，宗子之家相也。”② 但林栗在其《西銘說》中詰問道：“若以其并生乎天地之間，則民物皆吾同胞也。今謂物吾與者，其與同胞何所辨乎？與之爲名，從何立也？若言‘大君者，吾父母宗子也’，其以大君爲父母乎？爲宗子乎？《書》曰：‘惟天地，萬物父母，惟人，萬物之靈。亶聰明，作元后，元后作民父母。’兹固《西銘》所本以立其說者也，然一以爲父母，一以爲宗子，何其親疏厚薄之不倫也？其亦不思甚矣。父母可降而爲宗子乎？宗子可升而爲父母乎？是其易位亂倫，名教之大賊也。學者將何取焉？”③ 林栗顯然以爲王者既爲民父母，又爲天之元子，則與民爲同胞兄弟，這

---

①《尚書·洪範》。

②張載：《正蒙·乾稱篇》，《張載集》，北京：中華書局，1981 年，第 62 頁。

③林栗：《西銘說》，朱熹《記林黄中辨易西銘》所附，《晦庵集》卷七十一，《朱子全書》第二十四册，上海：上海古籍出版社，合肥：安徽教育出版社，2002 年，第 3409 頁。

裏存在著邏輯的衝突。南宋的羅大經（1196—1252）也以爲王者的兩種身位有衝突，主張王者父母之説，不如元子之説。[①] 陸九淵也有“人物衹是父母所生”、“實無所資於天地”，“更與乾坤都無干涉”[②] 的想法。這些想法都犯了懷特海所謂的“具體誤置之謬誤”（the fallacy of misplaced concreteness），即將不同層次或維度的道理放置在同一層次或維度加以思考了。大夫、士的宗統作爲“枝葉”以“所自出”的方式被繫之於諸侯之君統這一“主幹”上，諸侯之君統也可以“所自出”的方式作爲“枝葉”被納入到王者所在的天子之統這一“大主幹”上。這裏的“所自出”，都是在血緣的條件下成立。[③] 但由於一國并非由同姓組成，天下則有百姓，不同姓者不可能同宗，故而衹要立足於血緣的基礎之上，就不可能形成“王者天下之大宗”、“諸侯一國之大宗”的格局。這樣一來，宗法的秩序就會因血緣的條件而被限定在同姓的系統之内。所以王國維所表述的“王者天下之大宗”被做了特別的限定：“由親之統言，則天子諸侯之子，身爲別子而其後世爲大宗者，無不奉天子諸侯以爲最大之大宗，將以尊卑既殊，不敢加以宗名，而其實則仍在也”、“惟在天子諸侯，則宗統與君統合，故不必以宗名。”[④] 一方面，王者諸侯是天下一國之大宗，是由“天子諸侯之子，身爲別子而其後世爲大宗者”奉之爲最大

---

①羅大經云：“余謂父母之説，不如元子、宗子之説意味深長。蓋謂之元子、宗子，則天父地母臨之於上。”見《鶴林玉露》乙編卷之一，北京：中華書局，1983 年，第 130 頁。

②《陸九淵集》附録二《朱熹答陸九韶書》，北京：中華書局，1979 年，第 561 頁。

③參見陳贇：《周禮與家天下的王制》，未刊書稿。

④《殷周制度論》，見《王國維全集》第八卷，第 308—309 頁。

之大宗。這與一般學者想象地或邏輯地推導出來的天子是天下所有人的大宗，諸侯是一國之内所有人的大宗完全不同，王氏的説法限定在同姓之内；另一方面，天子與國君是有大宗之實而無大宗之名，因爲天子與諸侯，宗統與君統合，以君統即可帶出宗統。但王者的"天之元子"的身位之確定，則意味著可以從另外一個層面，即非血緣的向度擴展地構想宗法的秩序。

王者通過"禘其祖之所自出者"的天，通過對感生的天帝的祭祀以及神聖始祖的配祭，并且在禘祭中以"（在天之）百神從祀"、"（已故之）百王與食"的方式，施行的典禮正是自己作爲天下大宗的宣示。《白虎通》云："王者所以祭天何？緣事父以事天也。祭天必以祖配何？自内出者，無主不止。故推其始祖，配以賓主，順天意也。"① 因此，在這個意義上，"王者，天下之大宗"，可以在一種天命論的意義上加以理解，它與在現實的基於親親血緣連接中所理解的獨立于士大夫宗統、諸侯君統的王者之統，乃是并行不悖的不同理解維度。以此方式成立的"王者天下之大宗"，是擬血緣或假血緣（Quasi—kinship or pseudo—clanship）的宗族共同體。但這樣一來所建立的"王者天下之大宗"并不能邏輯地推導出在一國之内，諸侯乃一國同姓與非同姓者共有之大宗，因爲諸侯作爲一國大宗并不能在始祖感生説的天命論意義上成立，最多衹能在地緣性的共尊的社稷神祇那裏獲得根據。

假血緣或擬血緣的這一"天下"宗法共同體，固然具有天命論的基礎，但在喪服、祭祀等禮樂制度以及事君與事父一體化的倫理意識中，它轉换成爲現實的秩序構造。《禮記·喪服四制》："資于事父以事君，而敬同，貴貴尊尊，義之大者也。故爲君亦

①陳立：《白虎通疏證》卷十二《郊祀》，第561頁。

斬衰三年，以義制者也。”① 的確，在《喪服》中，最重的斬衰服，服喪主體當然是子爲父，《喪服·斬衰章》謂諸侯爲天子，臣爲君。顯然，這裏的諸侯爲天子，臣爲其君，都超出了血緣關係，在此所顯示的是一種擴展了的大宗法意識。同樣，在典禮化的祭祀中，政治—社會秩序被内嵌在其中了，在這個秩序中，唯天子可以祭天，同時也可以祭地、四方、山川、五祀，而諸侯衹能祭祀山川、五祀，大夫可以祭五祀，士則衹能祭先祖。這與《荀子·禮論》所説的“郊止乎天子，而社止于諸侯，道及士大夫”，都體現了同樣的祭祀中的上下尊卑秩序。更重要的，作爲天下這一大宗族的“元子”，天子祭祀天，則諸侯國君必須作爲這一天下大宗族的“庶子”前來助祭，正如諸侯祭祀先王、先公，卿大夫也必須來助祭一樣，故而《國語》云：“天子祀上帝，諸侯會之受命焉。諸侯祀先王、先公，卿大夫佐之受事焉。”② 正是在這種基於天命的天下大宗族（天下一家）的意識中，王者作爲天下大宗的意義纔得以確定，而“不王不禘”正是在這個意義上纔得以成立。故而當我們説王者天下之大宗的時候，這裏深藏著的乃是“天下一家”、而王者則爲這一大家族的“元子”的意識。這雖然意味著在人間秩序中王者的至高無上，但同時也内涵著以天限王，提醒王者恪守元子的責任，否則難以配享上天之祀。

陳贇，男，哲學博士，華東師範大學哲學系教授、博士生導師。電郵：ecnuchenyun@163.com. 電話：18964896645。

①《禮記正義》卷六十三《喪服四制》，《十三經注疏》整理本，第15册，北京：北京大學出版社，2000年，第1952頁。

②徐元誥：《國語集解》（修訂本）卷四《魯語上》，王樹民等點校，北京：中華書局，2002年，第146頁。

《尚書·洪範》時代及思想源流考論

周浩翔

提要：歷來對《洪範》的研究重心多放在作者及其著作年代上，鮮有論及其思想來源或原型的。然而在某種意義上説，後者的研究更爲重要。歷代學者對《洪範》的作者及著作時代基本保持一致，直到民國疑古思潮興起，劉節發表《洪範疏證》，重新質疑《洪範》時代，挑戰傳統説法，遂引起了學界對這一問題的長期争論。經過長期論辯，近來學界基本認可了《洪範》作於周初的傳統説法。筆者在學界已有研究成果的基礎上，從傳世文獻、銘文等方面系統梳理各種論點、論據，通過“兩重證據法”來論證《洪範》作於周初。在此基礎上，進一步推斷《洪範》乃箕子所傳先王之道，三代治國理政的政治綱領或政治哲學蓋濫觴於此，這些内容淵源有自，或可追溯至舜禹時代。

《洪範》作爲《尚書》中的重要篇章，歷來不乏研究。然歷來學者的研究重心多放在《洪範》的作者及其著作年代上，鮮有論及其思想來源或者其原型的。① 我們認爲，《洪範》的來源或原型是一回事，而其作者及其著作年代（或者成書年代）則又是一回事，兩者不應混淆。從某種意義上説，前者的研究更重要。誠然，在對古典文獻的研究中，需要首先確定某文獻的作者及其著作年代，但我們的研究不應止步於此，更應在確定某文獻成書的時代下限之後，進一步上溯其文獻的來源或原型，即所謂考鏡源流，這樣纔能結合此文獻流傳的時代背景對其中的思想做出公允的評價與認識。對《洪範》的研究也理應如此。關於《洪範》的作者及其著作年代，根據歷來的研究及新近學者的考證，可以基本肯定《洪範》作於周初，作者或整理者即《書序》中所説的箕子。《洪範》的思想來源甚古，乃舜禹時期的先王之道。本文首先探討《洪範》的作者及著作年代，然後重點論述其思想源流。

一、《洪範》的作者

關於《洪範》的作者，《書序》講得很清楚，曰："武王勝

①關於《洪範》篇的性質與意義，參見童書業：《五行説起源的討論》，顧頡剛主編：《古史辨》第5册，第665頁；趙儷生：《〈洪範疏證〉駁議——爲紀念顧頡剛先生誕生100周年而作》，《齊魯學刊》1993年第6期；齊明山：《中國歷代王朝的行政大法——簡析〈尚書·洪範〉》，《北京行政學院學報》2000年第4期；童明倫：《論〈洪範〉篇是我國古代政治文化綱領》，《重慶師範學院學報》1987年第4期；朱本源：《〈洪範〉——中國古代文明的活的靈魂》，《陜西師範大學學報》1996年第3期。（轉引自晁福林：《説彝倫——殷周之際社會秩序的重構》，《歷史研究》2009年第4期，第10頁注①。）另有劉起釪：《尚書源流及傳本考》，瀋陽：遼寧大學出版社，1997年。

殷，殺受，立武庚，以箕子歸，作《洪範》。”孔《傳》也云：“歸鎬京，箕子作之。”孔穎達《正義》曰：“箕子爲陳天地之大法，敘述其事，作《洪範》。”又曰：“此經文旨异於餘篇，非直問答而已，不是史官敘述，必是箕子既對武王之問，退而自撰其事，故傳特云‘箕子作之’。”① 從《書序》、孔《傳》到孔《疏》皆明確認爲《洪範》爲箕子所作。《正義》引《書傳》云：“武王釋箕子之囚，箕子不忍周之釋，走之朝鮮。武王聞之，因以朝鮮封之。箕子既受周之封，不得無臣禮，故於十三祀來朝，武王因其朝而問《洪範》。”《史記·周本紀》記録此事云：“武王已克殷，後二年，問箕子殷所以亡。箕子不忍言殷惡，以存亡國宜告。武王亦醜，故問以天道。”《宋微子世家》在所載《洪範》全文前有：“武王既克殷，訪問箕子”一語。可見，漢人在敘述這一事情時也是把箕子作爲《洪範》的實際作者，歷代學者也大都秉持此説。延至民國初年，情況發生了變化。丁四新先生説：“民國初年，疑古思潮大開，學者們於是提出了一些散漫而大膽的想法。”如郭沫若便認爲《洪範》爲子思所作。丁文指出郭氏受疑古思潮影響，其觀點是經不起反駁的。② 除此之外，也有論者認爲《洪範》的作者是武王。李若暉先生説：“《書序》‘勝殷’、‘殺受’、‘立武庚’、‘以箕子歸’、‘作《洪範》’的主語應該一脉相承都是武王。《傳》、《疏》之解必須改‘作《洪範》’之主語爲箕子，有增字解經之嫌。故爾劉起釪謂《書序》

---

①[清] 阮元：《十三經注疏》（清嘉慶刊本），北京：中華書局，2009 年，第 397 頁。

②丁四新：《近九十年〈尚書·洪範〉作者及著作時代考證與新證》，《中原文化研究》2013 年第 5 期，第 13 頁。

‘似乎説〈洪範〉是周武王作的。”[①] 此説殆誤。其實，“以箕子歸”即“箕子以歸”的意思，“作《洪範》”的主語還是箕子，而非武王，《傳》云：“歸鎬京”，《疏》云：“退而自撰其事”，皆就箕子而言，可見其理解是正確的。

此外，現存《尚書》把《洪範》放在《周書》裏，但古代典籍也有稱之爲《商書》的。《左傳》三引，《説文》六引，皆云《商書》。《荀子》的《修身》篇和《天論》篇兩引皆概稱《書》。《韓非子・有度》引用則稱“先王之法”。《吕氏春秋・貴公》引用則直接稱《鴻範》。[②] 這都與箕子的作者身份密切相關。“惟十有三祀，王訪於箕子。”孔《傳》曰：“商曰祀，箕子稱祀，不忘本。”《爾雅・釋天》云：“載，歲也。商曰祀。”孔穎達《正義》曰：“此篇箕子所作，箕子商人，故《記》《傳》引此篇者，皆云‘《商書》曰’，是箕子自作明矣。”《左傳・文公五年》引《商書》曰：“沈漸剛克，高明柔克。”孔穎達《正義》曰：“此文在《洪範》，今謂之《周書》。箕子商人所説，故《傳》謂之《商書》。”此是以箕子爲商人，故《記》《傳》把《洪範》屬之《商書》，適可證是篇確系箕子所作。孫星衍《尚書今古文注疏》云：“《左傳》、《説文》引此經，皆云《商書》，經文亦稱歲爲祀。或武王命箕子陳言，示不臣之義。或此篇舊次在《微子》之前，如《漢書・儒林傳》云‘《堯典》、《禹貢》、

---

①李若暉：《〈尚書・洪範〉時代補正》，《中原文化研究》2014 年第 1 期，第 51—52 頁。

②劉起釪：《〈洪範〉成書時代考》，《中國社會科學》1980 年第 3 期，第 159 頁。

《洪範》、《微子》、《金縢》諸篇'，不可知矣。”① 則持兩可之說。那麼，何以《洪範》既稱《周書》又稱《商書》呢？劉起釪先生說：“很可能《洪範》原篇并没有周武王訪問一節，而衹有所謂箕子講的“九疇”全文，因而都稱它爲《商書》；後來唯心主義神學觀的“五行說”出現後，纔加上了一套宣揚五行的周武王訪箕子及箕子托詞上帝的神話，纔成了今天所見的《洪範》。”② 除去“五行說”的相關說法，劉起釪先生所做的推測在歷史上是極有可能的。徐復觀先生也說：“它（指《洪範》——引者注）經過了箕子及周室的兩重整理。又其次是由於傳承的學者所作的小整理。”③ 與劉說的意思略同，但還是都肯定箕子爲《洪範》的實際作者。此外，李若暉先生說：“《洪範》歸於《商書》是從作者爲箕子著眼，屬之《周書》則是據其成書時代。”④ 此說可取。總之，《洪範》無論稱《商書》還是《周書》，其作者爲箕子則是一致的。

二、《洪範》的著作時代

與《洪範》作者問題相關，《洪範》的著作時代或說成書時

①［清］孫星衍：《尚書今古文注疏》，陳抗、盛冬鈴點校，北京：中華書局，1986 年，第 292 頁。

②劉起釪：《〈洪範〉成書時代考》，《中國社會科學》1980 年第 3 期，第 159 頁。

③徐復觀：《陰陽五行及其有關文獻的研究》，《中國思想史論集續篇》，北京：九州出版社，2014 年，第 19 頁。

④李若暉：《〈尚書·洪範〉時代補正》，《中原文化研究》2014 年第 1 期，第 51—52 頁。

代也是一個核心論題，關係到《洪範》一書的源流及其性質。同樣的是，歷代學者對《洪範》的著作時代的觀點也基本保持一致，而直到民國疑古思潮興起，便有了質疑的聲音。質疑聲始自1928年劉節（1901—1977）發表《洪範疏證》，提出該篇成於戰國末期。至此，傳統的説法遭遇了嚴重的挑戰，劉文也挑起了學者們對這一問題的長期争論。不過，經過長期辯論，尤其是近二三十年，學界基本認可了《洪範》作於周初的傳統説法。① 丁四新先生在《近九十年〈尚書・洪範〉作者及著作時代考證與新證》一文中從歸類的角度和發展的角度對這一時期關於《洪範》著作時代的各種考證説法做了全面的梳理，并結合徐復觀和劉起釪等人的論述對劉節的論點和論證做了具體批駁，論述了《洪範》作於周初的新證。② 本文這一部分即在丁文及其他學者的論證基礎上，從傳世文獻、銘文等方面來系統梳理各種論點、論據，通過上述“兩重證據法”來論證《洪範》作于周初。

---

①丁四新先生在《近九十年〈尚書・洪範〉作者及著作時代考證與新證》一文中説：“與作者問題相較，民國以還，學界對於《洪範》著作時代的討論，興趣明顯要濃厚得多。不過，幾經辯駁，最近二三十年來，中國學術界逐漸形成了非常一致的意見，重新肯定和論證了它是周初的著作。而這同時意味著或肯定了箕子乃《洪範》的作者。”參見丁四新：《近九十年〈尚書・洪範〉作者及著作時代考證與新證》，《中原文化研究》2013年第5期，第13頁。

②丁四新：《近九十年〈尚書・洪範〉作者及著作時代考證與新證》，《中原文化研究》2013年第5期。

（一）傳世文獻方面

1. 關於“五行”

劉節在《洪範疏證》中首先向《洪範》九疇中的“五行説”發難，進而質疑《洪範》本身。他説：“陰陽五行之説起于戰國盛於兩漢，《洪範》與《五行傳》本出一派人之手。”① 陰陽五行之説起於戰國以後，是梁啓超的觀點。但梁氏從未將五行與陰陽五行説相混同。他説：“春秋戰國以前，所謂陰陽，所謂五行，其語甚希見，其義極平淡，且此二事從未嘗并爲一談。”② 劉節則濫用梁説，且結合《荀子·非十二子》篇，以爲“若以《洪範》五行爲往舊造説，則先秦以來認爲孔氏所删定之書，何以謂之‘甚僻違而無類’。此非荀子以前無《洪範》，即荀氏此語失所依據。”劉文此説恰是誤讀了荀子的話。《荀子·非十二子》曰：“略法先王而不知其統，猶然而材劇志大，聞見雜博。案往舊造説，謂之五行，甚僻違而無類，幽隱而無説，閉約而無解。”荀子的意思是子思、孟子以其自造之五常淆亂往舊之五行，是以“甚僻違而無類”，并非説往舊之五行本身“甚僻違而無類”。此所以劉文所引用的章太炎云：“《荀子·非十二子》譏子思、孟軻曰：‘案往舊造説，謂之五行。’楊倞曰：‘五行：五常，仁、義、禮、智、信是也。’五常之義舊矣，雖子思始倡之亦無損，荀卿何譏焉？尋子思作《中庸》，其發端曰：‘天命之謂性。’注曰：‘木神則仁，金神則義，火神則禮，水神則智，土神則信。’（按

①劉節：《洪範疏證》，顧頡剛編著《古史辨》（第五册），上海：上海古籍出版社，1982 年，第 390 頁。

②梁啓超：《陰陽五行説之來歷》，《飲冰室文集點校》，吴松等點校，昆明：雲南教育出版社，2001 年，第 3282 頁。

今注本作‘水神則信，土神則知。’)《孝經》說略同此。(原注：《王制》正義引) 是子思之遺說也。……古者《洪範》九疇，舉五行，傅人事，義未彰著，子思始善傅會。旁有燕齊怪迂之士，侈搪其說以爲神奇；耀世誣人，自子思始。宜哉！荀卿以爲譏也。”① 這明明是說《洪範》五行之說古已有之，“木神則仁，金神則義，火神則禮，水神則智，土神則信”乃子思之遺說，正是傅會之作，是以荀子譏之。也因此之故，吕思勉先生說：“然《孟子》書多同《大傳》，而造作者即以造五行之說誣之，并誣及其師子思，則子思、孟軻亦傳《尚書》之學可見。吾故謂《非十二子》足爲子思、孟軻傳五行說之佐證也。”② 而此說正與章氏“子思遺說”之論相呼應。而這也從側面說明了子思、孟子確實曾傳五行說，衹不過現存文本找不到這樣的綫索罷了。③ 這也間接證明了五行說來源甚古，非戰國間方士所能爲。至於劉氏所說“《洪範》與《五行傳》本出一派人之手”更是無稽之談。馬楠說：“西漢言《洪範》一篇說總於《漢書·五行志》。《五行志》首列‘經曰’，即《洪範》經；次列‘傳曰”，爲《洪範五行傳》；又次爲‘說曰’，載董仲舒、劉向、劉歆，及眭孟、夏侯

---

①章太炎：《太炎文録初編·子思孟軻五行說》，《章太炎全集》(第四輯)，上海：上海人民出版社，1985年，第19頁。

②吕思勉：《辯梁任公〈陰陽五行說之來歷〉》，《吕思勉論學叢稿》，上海：上海古籍出版社，2006年，第197頁。

③吕思勉說：“至謂《中庸》、《孟子》中不見此義，則今所傳諸子多不能具其人學術之全。”參見吕思勉：《辯梁任公〈陰陽五行說之來歷〉》，《吕思勉論學叢稿》，上海：上海古籍出版社，2006年，第197頁。

勝、京房、谷永、李尋等説。"[①] 經、傳、説體例之别，釐然分明，不待辨也。

要之，《尚書》中的五行與後起的（戰國以後）"陰陽五行"不是一回事。趙儷生先生説："《洪範》中的五行是古老的，它與秦漢的'陰陽五行'不應該看成是一碼事，單從它的水、火、木、金、土的排列序列上看，也跟'相生'、'相克'的序列不相同。"[②] 李學勤先生也説："《洪範》五行的次第是水、火、木、金、土，這是因爲當時數説五行尚未按照相生或相克的次第，這和數説方向的習慣有關。"[③] 又説"《洪範》數説五行，是水、火與木、金這樣交叉數的。《國語·鄭語》記周幽王時史伯説'以土與金、木、水、火雜'，也是交叉數的。這是西周人講五行的習慣。到春秋時，如《左傳》昭公二十九年蔡墨講五行，就是以木、火、金、水、土爲序，是循環數了。這樣看來，《洪範》的五行，反而是該篇不晚的證據。"[④] 劉起釪先生也注意到了《洪範》五行與戰國、漢代五行説的五行排列次序不同，且結合梁啓超《陰陽五行説之來歷》一文，指出《洪範》五行遠遠早於戰國

①馬楠：《〈洪範五行傳〉作者補證》，《中國史研究》2013 年第 1 期，第 144 頁。

②趙儷生：《〈洪範疏證〉駁議——爲紀念顧頡剛先生誕生 100 周年而作》，《齊魯學刊》1993 年第 6 期，第 75 頁。

③李學勤：《帛書〈五行〉與〈尚書·洪範〉》，《學術月刊》1986 年 11 期，第 39 頁。

④李學勤：《〈洪範〉卜筮考》，《周易經傳溯源》，長春：長春出版社，1992 年，第 21—22 頁。另參見李學勤：《帛書〈五行〉與〈尚書·洪範〉》，《學術月刊》1986 年 11 期，第 39、40 頁。

至西漢的“陰陽五行説”的時代。[①] 這都是從排列次序上分别《洪範》五行與後世五行説的區别，以見其來源之古。

2. 關於“五事”

《洪範》“五事”中的“恭作肅，從作乂，明作哲，聰作謀，睿作聖”與《詩・小雅・小旻》密切相關。劉節在《洪範疏證》中認爲“肅、乂、哲、謀、聖”五義“蓋出於《詩・小雅・小旻》”，顯然是襲《詩》。[②] 丁四新先生説：“《洪範》‘五事’疇與《詩・小旻》的關係，毛《傳》、鄭《箋》、孔《疏》已發其覆，宋人朱熹、王應麟等亦都肯定《詩・小旻》爲《洪範》之學。……總之，應當是《小旻》襲自《洪範》。”[③] 劉起釪和徐復觀都不贊成劉節的説法，但兩人的論據却頗不相同。劉起釪認爲《洪範》與《小旻》之間没有直接聯繫，不存在誰承襲誰的問題。他説：“‘肅、乂、哲、謀、聖’之類原來顯然是專就君主説的。小民根本没有資格秉有這些‘嘉德’，自然《洪範》之説爲時要早。待到這些概念流傳之後，纔逐漸擴散用到一般人民頭上去，所以《小旻》之説應較晚出。由這一事也可看出這五徵的出現當早於西周末年。”[④] 劉文證實《洪範》早出的説法是没問題的，

---

①劉起釪：《〈洪範〉成書時代考》，《中國社會科學》1980 年第 3 期，第 165 頁。

②劉節：《洪範疏證》，顧頡剛編著《古史辨》（第五册），上海：上海古籍出版社，1982 年，第 393 頁。

③丁四新：《近九十年〈尚書・洪範〉作者及著作時代考證與新證》，《中原文化研究》2013 年第 5 期，第 15 頁。

④劉起釪：《〈洪範〉成書時代考》，《中國社會科學》1980 年第 3 期，第 166 頁。

但說《洪範》與《小旻》之間没有直接聯繫，則是站不住腳的。[①] 徐復觀認爲《洪範》“五事”一段實由四部分組成（原三部分加上第八疇“庶徵”之休徵咎徵）。而《小旻》衹有“肅、乂、哲、謀、聖”五義與《洪範》相同。因此，他說：“毋寧以《小旻》系受《洪範》的影響，更爲自然而合理。”[②] 綜上，可知《小旻》無疑是受了《洪範》的影響，斷“五事”之章取“肅、乂、哲、謀、聖”之義，以表達憤譏之情（《毛詩序》：“《小旻》，大夫刺幽王也”）。

此外，李學勤先生說：“《詩·小旻》也是《洪範》成於西周的一個證據。據《毛詩序》，《小旻》是刺周幽王的詩。看詩中‘旻天疾威’等語類似西周金文，是不可能晚過東遷的。”[③] 西周金文師訇簋：“今日（旻）天疾畏（威），降喪”（《集成》[④] 4342）；毛公鼎：“旼（旻）天疾畏（威）”（《集成》2841）。清

①《小旻》云：“國雖靡止，或聖或否。民雖靡膴，或哲或謀，或肅或艾。”鄭《箋》曰：“言天下諸侯，今雖無禮，其心性猶有通聖者，有賢者。民雖無法，其心性猶有知者，有謀者，有肅者，有艾者。王何不擇焉，置之於位而任之爲治乎？”鄭氏之說正合詩之本義，亦合《洪範》義。古文《尚書·湯誥》云：“惟皇上帝，降衷於下民，若有恒性。”《詩·大雅·烝民》云：“天生烝民，有物有則。民之秉彝，好是懿德。”孟子肯定“人皆可以爲堯舜。”（《孟子·告子下》）無論君民，皆稟賦“嘉德”，乃經之古義，何嘗有所謂先後之分。劉文《洪範》早於《小旻》的結論是對的，但論據却不足取。

②徐復觀：《陰陽五行及其有關文獻的研究》，《中國思想史論集續篇》，北京：九州出版社，2014年，第29—30頁。

③李學勤：《〈洪範〉卜筮考》，《周易經傳溯源》，長春：長春出版社，1992年，第20頁。

④中國社會科學院考古研究所：《殷周金文集成》（簡稱《集成》），北京：中華書局，1984—1994年。

華簡《祭公》簡文："攺（旻）天疾畏（威）"，今本作"昊天疾威"。[①] 是知"昊"當作"旻"。杜勇先生通過《祭公》簡文與西周金文在用語或文例上的對比，指出"《祭公》篇不是後世托古之作，而是西周中晚期史官整理成篇的古文獻，其真實性毋庸懷疑。"[②] 由西周金文及清華簡《祭公》可推知《小旻》在西周的流行，再結合上述《小旻》承襲《洪範》的情形，更可推知《洪範》的來源久遠。

3. 關於"三德"

《尚書・吕刑》云："惟敬五刑，以成三德。"孔《傳》曰："先戒以勞謙之德，次教以惟敬五刑，所以成剛、柔、正直之三德也。"《正義》曰："汝等惟當敬慎用此五刑，以成剛、柔、正直之三德，以輔我天子。"[③] 蔡沈《書經集傳》曰："惟敬乎五刑之用，以成剛、柔、正直之德。"[④] 孫星衍在《尚書今古文注疏》此條下曰："三德者，《洪範》之'正直、剛克、柔克'也。"[⑤] 皆以爲《吕刑》之"三德"即《洪範》之"三德"。金景芳先生説："《尚書・吕刑》説：'惟敬五刑，以成三德"，這'三德'，自來都用正直、剛克、柔克等三德來解釋，無疑是對的。這就證

---

①李學勤主編：《清華大學藏戰國竹簡》（壹）（下册），上海：中西書局，2010 年，第 174 頁。

②杜勇：《清華簡〈祭公〉與西周三公之制》，《歷史研究》2014 年第 4 期，第 5—7 頁。

③［清］阮元：《十三經注疏》（清嘉慶刊本），北京：中華書局，2009 年，第 530 頁。

④［宋］蔡沈：《書經集傳》，《四書五經》，上海：世界書局，1936 年，第 134 頁。

⑤［清］孫星衍：《尚書今古文注疏》，陳抗、盛冬鈴點校，北京：中華書局，1986 年，第 529 頁。

明不但春秋戰國時很多引用過《洪範》，即作於西周的《詩》、《書》也引用過《洪範》。”以上可知，《洪範》在西周即已廣爲流傳，頗多引用。

（二）銘文方面

從銘文或金文方面考證《洪範》的著作時代，也是學者們非常重視的一個方法。劉節在《洪範疏證》中說：“師尹，三公之官也……周初卿士與尹氏、大師，同爲三公之官。而《洪範》置之卿士之下。《周禮》大師爲下大夫之職，亦可證二書皆非殷周間之作。”① 徐復觀根據《詩》、《書》等有關資料，證明劉氏所謂師尹爲三公的説法并不可靠，乃受王國維《釋史》一文的影響。《尚書·顧命》云：“乃同召太保奭、芮伯、彤伯、畢公、衛侯、毛公、師氏、虎臣、百尹、御事。”徐氏以爲“百尹”即《大誥》《多方》中的尹氏，同時贊成王國維“師與尹乃二官，與《洪範》之‘師尹維日’，《魯欲》‘百官之政事師尹’同”②的説法。③ 孔《傳》乙太保奭至毛公爲周之六卿，恰可證師尹（即師氏、尹氏）在六卿（卿士）之下。又，《國語·魯語下》云：“是故天子大采朝日，與三公九卿，祖識地德。日中考政，與百官之政事。師尹惟旅牧相，宣序民事。”師尹明在三公九卿之下。因此，徐氏就此説：“西周師尹一辭，衹能有兩種解釋。

---

①劉節：《洪範疏證》，顧頡剛編著《古史辨》（第五册），上海：上海古籍出版社，1982 年，第 394—395 頁。

②王國維：《釋史》，《觀堂集林》（外二種），石家莊：河北教育出版社，2003 年，第 134 頁。

③徐復觀：《陰陽五行及其有關文獻的研究》，《中國思想史論集續篇》，北京：九州出版社，2014 年，第 34 頁。

一種是韋氏（指韋昭——引者注）引‘三君云，師尹，大夫官也’，此與《顧命》相合。另一種即《洪範孔傳》‘衆正官之吏’。不論哪一種解釋，它的地位，皆在卿士之下；《洪範》把它列在卿士之下，正可以證明其爲殷周官制。”① 另據王國維《釋史》，卿士、尹氏之稱，殷周之際已經存在。關於卿士，如《顧命》“卿士邦君”，《詩·商頌》“降予卿士”，毛公鼎、小子師敦、番生敦之“卿事”，殷墟卜辭之“卿史”。關於尹氏，如頌鼎、寰盤“尹氏受王命書”，克鼎“王呼尹氏册命克”，師嫠敦：“王呼尹氏册命師嫠”等。② 對照《洪範》中的“卿士惟月，師尹惟日”，可進一步推知《洪範》成於周初是可信的。

此外，從一些金文材料也可以證明《洪範》的著作時代。丁四新先生在《近九十年〈尚書·洪範〉作者及著作時代考證與新證》一文中通過叔多父盤與豩公盨銘文來證明《洪範》作於周初。丁文引李學勤先生在《帛書〈五行〉與〈尚書洪範〉》中所云：“按金文有卿士、師尹并列的，有叔多父盤，系西周晚期器，銘云‘利於辟王、卿士、師尹’（原注：《小校經閣金文拓本》9.79.1），恰與《洪範》相合。這證明《洪範》肯定是西周時期的文字。”又，豩公盨銘文有“成父母，生我王”以及“好德”等辭，與《洪範》有關説法關係密切。丁文引用李學勤、裘錫圭、朱鳳瀚、李零等人的觀點，以見豩公盨與《洪範》或多或少

①徐復觀：《陰陽五行及其有關文獻的研究》，《中國思想史論集續篇》，北京：九州出版社，2014 年，第 36 頁。

②：王國維：《釋史》，《觀堂集林》（外二種），石家莊：河北教育出版社，2003 年，第 132、134 頁。

的聯繫，這裏不再引述。[①] 另，劉起釪說："《洪範》幾乎通體用韵，正如西周金文很多都用韵一樣，是一種較早期的文風……所可肯定的是，《洪範》的用韵與西周是相合的。"[②] 凡此種種，皆是《洪範》作於周初的確證。

以上根據傳世文獻與銘文兩方面的材料來論證《洪範》的著作年代，至於出土文獻方面，限於學識，筆者衹注意到了上文引用過的清華簡《祭公》，也衹是間接地與《洪範》有些聯繫。不過隨著出土文獻的不斷出現與整理，相信我們會找到更多的證據論證《洪範》作於周初。

三、《洪範》與洛出書

上兩節探討《洪範》的作者與著作年代，下文將在這一基礎上進一步探討《洪範》文本的思想來源。關於《洪範》的來源有所謂"洛出書"的傳說。《洪範》開篇曰："惟十有三祀，王訪於箕子。王乃言曰：'嗚呼！箕子。惟天陰騭下民，相協厥居，我不知其彝倫攸叙。'箕子乃言曰：'我聞在昔，鯀堙洪水，汨陳其五行。帝乃震怒，不畀洪範九疇，彝倫攸斁。鯀則殛死，禹乃嗣興，天乃錫禹洪範九疇，彝倫攸叙。"《爾雅·釋詁》："林、烝、天、帝、皇、王、后、辟、公、侯，君也。"程子曰："《詩》《書》多言帝與天，其實皆以表君德耳。"馬一浮先生說："帝乃

①丁四新：《近九十年〈尚書·洪範〉作者及著作時代考證與新證》，《中原文化研究》2013 年第 5 期，第 17 頁。

②劉起釪：《〈洪範〉成書時代考》，《中國社會科學》1980 年第 3 期，第 161—162 頁。

震怒，指舜也。”① 因此，“帝”實指帝舜，而非指或自然或宗教意義上的天帝或上帝。馬先生說：“理順物從，則曰天賜。忘功不有，奉天無私，故曰天與之。若必言授受，則是舜授之禹，非關洛出書也。”② 河洛之説，不足爲據。《太平御覽》卷八百七十二引《尚書·中候》云：“堯率群臣，東沉璧於洛，退候至於下稷，赤光起，元龜負書，背甲赤文朱字。”宋均曰：“稷，讀曰側。此即禹所受《雒書》。云‘堯率群臣’，禹時預焉。”鄭玄注《尚書大傳》云：“初禹治水，得神龜負文於洛，於以盡得天人陰陽之用，至是奉帝命而陳之也。”③ 凡此諸説皆不足爲據。又，《漢書·五行志》云：“劉歆以爲虙羲氏繼天而王，受《河圖》，則而畫之，《八卦》是也；禹治洪水，賜《雒書》，法而陳之，《洪範》是也。聖人行其道而寶其真。降及於殷，箕子在父師位而典之。周既克殷，以箕子歸，武王親虚己而問焉”。而又於“初一曰五行”至“畏用六極”云：“凡此六十五字，皆《雒書》本文，所謂天乃錫禹大法九章，常事所次者也。”對此，馬一浮先生以爲不可據，說：“龜書安得有文字？若有文字，决定是人所刻，如今出土之殷墟龜甲矣。”④ 總之，洛出書之説，衹是古人神化其事，然聖賢間更相授受此先王之道的歷史則不能掩。

---

①馬一浮：《復性書院講録》，杭州：浙江古籍出版社，2012 年，第 239、240 頁。

②馬一浮：《復性書院講録》，杭州：浙江古籍出版社，2012 年，第 240 頁。

③上引諸説參見［清］孫星衍：《尚書今古文注疏》，陳抗、盛冬鈴點校，北京：中華書局，1986 年，第 294 頁。

④馬一浮：《復性書院講録》，杭州：浙江古籍出版社，2012 年，第 241 頁。

四、《洪範》的思想源流

在確定了《洪範》的作者及其著作年代，摒弃了其傳説中的神話色彩後，可以在此基礎上更好地探討《洪範》的來源與性質。我們認爲，《洪範》雖然寫定於周初，但其内容却源遠流長，來源甚古。此所以孔《傳》以《洪範》爲“天地之大法”。并於“惟十有三祀，王訪於箕子”云：“此年四月歸宗周，先告武成，次問天道。”即以“天道”視之。《史記·周本紀》曰：“武王亦醜，故問以天道。”司馬遷也是以“天道”視洪範九疇，突出其神聖地位。要之，《洪範》九疇乃箕子所傳先王之道，三代治國理政的政治綱領或政治哲學蓋濫觴於此。這些内容或可追溯至舜禹時代，即蔡《傳》所謂“二帝三王”之際。馬一浮先生説：“今謂《洪範》乃盡性之書，箕子所傳。蓋舜、禹之道，王者修德、行仁、事義，咸備於此。”① 兹抽取《洪範》中的“五行”、“八政”、“五紀”、“稽疑”四部分内容，并結合文本體例來説明之。

（一）從内容上説

1．五行

“一曰水，二曰火，三曰木，四曰金，五曰土。水曰潤下，火曰炎上，木曰曲直，金曰從革，土爰稼穡。潤下作鹹，炎上作苦，曲直作酸，從革作辛，稼穡作甘。”《正義》曰：“此章所演，

①馬一浮：《復性書院講録》，杭州：浙江古籍出版社，2012年，第238頁。

文有三重。第一言其名次，第二言其體性，第三言其氣味，言五者性异而味别，各爲人之用。”① 爲人之用即爲民之用，此爲政治之本。五行實與養民、教民相關涉，來源甚古。《史記·五帝本紀》曰：“黄帝者，少典之子，姓公孫，名曰軒轅。生而神靈，弱而能言，幼而徇齊，長而敦敏，成而聰明。軒轅之時，神農氏世衰。諸侯相侵伐，暴虐百姓，而神農氏弗能征。於是軒轅乃習用干戈，以征不享，諸侯咸來賓從。而蚩尤最爲暴，莫能伐。炎帝欲侵陵諸侯，諸侯咸歸軒轅。軒轅乃修德振兵，治五氣，蓺五種，撫萬民，度四方，教熊羆貔貅貙虎，以與炎帝戰於阪泉之野。”“五氣”，王肅曰：“五行之氣。”②《五帝本紀》又曰：“帝顓頊高陽者，黄帝之孫而昌意之子也。静淵以有謀，疏通而知事；養材以任地，載時以象天，依鬼神以制義，治氣以教化，絜誠以祭祀。”“治氣”，索隱曰：“謂理四時五行之氣以教化萬人也。”③《洪範》五行實即《五帝本紀》中的五行之氣。五帝時期，有五行之官專治五行之氣。《左傳·昭公二十九年》載蔡墨曰：“故有五行之官，是謂五官。實列受氏姓，封爲上公，祀爲貴神。社稷五祀，是尊是奉。木正曰句芒，火正曰祝融，金正曰蓐收，水正曰玄冥，土正曰后土。”魏獻子問“社稷五祀，誰氏之五官也?”蔡墨對曰：“少皞氏有四叔，曰重、曰該、曰修、曰熙，實能金、木及水。使重爲句芒，該爲蓐收，修及熙爲玄冥，世不失職，遂濟窮桑，此其三祀也。顓頊氏有子曰犁，爲祝融；

①［清］阮元：《十三經注疏》（清嘉慶刊本），北京：中華書局，2009 年，第 399 頁。

②［漢］司馬遷：《史記》，北京：中華書局，1982 年，第 4 頁。

③［漢］司馬遷：《史記》，北京：中華書局，1982 年，第 12 頁。

共工氏有子曰句龍，爲后土，此其二祀也。后土爲社，稷，田正也。有烈山氏之子曰柱，爲稷，自夏以上祀之。周弃亦爲稷，自商以來祀之。”可知，句芒、祝融、蓐收、玄冥以及后土皆官名，五官經由少皞氏、顓頊氏、共工氏族人掌之。由此可見，五行之説淵源有自，可上溯至五帝之時。《正義》曰：“‘五行’即五材也。襄二十七年《左傳》云‘天生五材，民并用之’，言五者各有材幹也。謂之‘行’者，若在天則五氣流行，在地世所行用也。”① 五行、五材、五氣，其名异，其實同。《正義》引《書傳》曰：“水火者，百姓之所飲食也；金木者，百姓之所興作也；土者，萬物之所資生也；是爲人用。”② 五行關係民生，此所以軒轅“治五氣”，顓頊“治氣以教化”，皆用以養民、教民也。而養民、教民乃民生之本，故列於九疇之首。《左傳·文公七年》云：“《夏書》曰：‘戒之用休，董之用威。勸之以《九歌》，勿使壞。九功之德，皆可歌也，謂之《九歌》。六府、三事，謂之九功。水、火、金、木、土、穀，謂之六府。正德、利用、厚生，謂之三事。義而行之，謂之德禮。無禮不樂，所由叛也。”詹劍峰先生就此説：“由此可證，‘五行説’是始於虞夏之際，并不是始於西周，兩者不同之點，則《夏書》謂之六府，而《洪範》謂之五行，實質是一樣的，因爲土産穀，土穀相連，故舉水、火、金、

---

①［清］阮元：《十三經注疏》（清嘉慶刊本），北京：中華書局，2009 年，第 399 頁。

②［清］阮元：《十三經注疏》（清嘉慶刊本），北京：中華書局，2009 年，第 399 頁。

木、土而兼及穀，謂之六府。”① 可知，五行之説，確繫虞夏之教，正德、利用、厚生正是養民、教民之事，其義一也。又，《尚書・甘誓》曰：“有扈氏威侮五行，怠弃三正。”“威侮五行”之“五行”蓋即《洪範》“汩陳五行”之“五行”。《正義》曰：“‘五行’，水、火、金、木、土也。分行四時，各有其德。”《甘誓》爲《夏書》，又一次證明了五行説來源之古。

2．八政

八政之目“一曰食，二曰貨，三曰祀，四曰司空，五曰司徒，六曰司寇，七曰賓，八曰師。”馬一浮先生説：“制民之産謂之食。通其有無謂之貨。報本追遠謂之祀。孟子所謂使民養生送死無憾者也。”② 而在孟子，養生喪死無憾乃王道之始，正與八政前三之目相合，而王道即先王之道。《王制・正義》引鄭玄《目録》云：“名曰《王制》者，以其記先王班爵、授禄、祭祀養老之法度，此於《别録》屬制度。”可見，《王制》篇實有取於先王之道。《王制》曰：“凡居民，量地以制邑，度地以居民。地、邑、民、居，必參相得也。無曠土，無游民，食節事時，民咸安其居，樂事勸功，尊君親上，然後興學。”此司空之任也。《王制》曰：“司徒修六禮以節民性，明七教以興民德，齊八政以防

①詹劍峰：《〈洪範〉裏的五行是構成萬有的五種基本元素嗎？——與金景芳先生商榷》，《華中師院學報》1980 年第 1 期，第 9 頁。又參見徐復觀：《陰陽五行及其有關文獻的研究》，《中國思想史論集續篇》，北京：九州出版社，2014 年，第 10—11 頁。所引《夏書》，杜注以爲繫逸書，但見於今古文《虞書・大禹謨》。《大禹謨》爲古文尚書，故有真僞之辨。不過，近來的研究愈加證明古文《尚書》并非所謂“僞書”。參見胡治洪：《〈尚書〉真僞問題之由來與重辨》，《江蘇師範大學學報》（哲學社會科學版）2014 年第 1 期。

②馬一浮：《復性書院講録》，杭州：浙江古籍出版社，2012 年，第 264 頁。

淫，一道德以同俗，養耆老以致孝，恤孤獨以逮不足，上賢以崇德，簡不肖以絀惡。”此司徒之任也，即《舜典》帝命契所云：“汝作司徒，敬敷五教，在寬。”教之不從，以刑輔之，故次以司寇。“明於五刑，以弼五教”（《大禹謨》）以治“蠻夷猾夏，寇賊奸宄”（《舜典》），此司寇之任也。馬一浮先生說：“官制自周而益備，唐虞之世，舜命九官，無三公之目，亦未有司寇之名。禹爲司空，契爲司徒，皋陶爲士，即司寇也。如弃爲后稷，垂爲共工，益爲虞，則主食貨之官也。伯夷爲秩宗，則主祀之官也。夔爲典樂，龍爲納言，則司徒之佐也。獨稱三司者，職官之制可得而增損，其事義莫能外也。”① 又說：“觀於《洪範》八政，不出教養二端。”② 此即《大禹謨》所云：“德惟善政，政在養民。火、水、金、木、土、穀，惟修；正德、利用、厚生，惟和；九功惟叙，九叙惟歌。戒之用休，董之用威，勸之以九歌，俾勿壞。”馬先生說：“食貨者，養之事。自祀以下，皆教所攝。利用、厚生，養也。正德，教也。寓教於養，故有制度。寓養於教，故有文爲。制度文爲，皆在於禮。”③ 從理到事，由事而義，八政皆來源甚古，乃先王之道。

3. 五紀

五紀之目：“一曰歲，二曰月，三曰日，四曰星辰，五曰曆數。”《堯典》：“乃命羲和，欽若昊天，曆象日月星辰，敬授人時。分命羲仲，宅嵎夷，曰暘谷。寅賓出日，平秩東作。日中，星鳥，以殷仲春。……日永，星火，以正仲夏。……宵中，星

---

①馬一浮：《復性書院講録》，杭州：浙江古籍出版社，2012 年，第 265 頁。
②馬一浮：《復性書院講録》，杭州：浙江古籍出版社，2012 年，第 267 頁。
③馬一浮：《復性書院講録》，杭州：浙江古籍出版社，2012 年，第 266 頁。

虚，以殷仲秋。……日短，星昴，以正仲冬。……帝曰：‘諮！汝羲暨和。期三百有六旬有六日，以閏月定四時，成歲。”此即堯之禪舜，命曰：“諮！爾舜！天之曆數在爾躬。”（《論語·堯曰》）①《堯曰》又説：“舜亦以命禹。”可見，上面所述“天之曆數”即相應於九疇中的“五紀”，乃堯傳舜，舜又傳之禹者。

4. 稽疑

“擇建立卜筮人，乃命卜筮。曰雨，曰霽，曰蒙，曰驛，曰克，曰貞，曰悔，凡七。卜五，占用二，衍忒。立時人作卜筮，三人占，則從二人之言。汝則有大疑，謀及乃心，謀及卿士，謀及庶人，謀及卜筮。汝則從，龜從，筮從，卿士從，庶民從，是之謂大同。身其康强，子孫其逢，吉。汝則從，龜從，筮從，卿士逆，庶民逆，吉。卿士從，龜從，筮從，汝則逆，庶民逆，吉。庶民從，龜從，筮從，汝則逆，卿士逆，吉。汝則從，龜從，筮逆，卿士逆，庶民逆，作内，吉；作外，凶。龜筮共違於人，用静，吉；用作，凶。”

卜筮之説，其來尚矣。《禮記·表記》云：“昔三代明王，皆事天地之神明，無非卜筮之用，不敢以其私褻事上帝。是故不犯日月，不違卜筮。卜筮不相襲也，大事有時日，小事無時日，有筮。外事用剛日，内事用柔日，不違龜筮。”明説三代卜筮之用。司馬遷説：“自古聖王將建國受命，興動事業，何嘗不寶卜筮以助善！唐虞以上，不可記已。自三代之興，各據禎祥。塗山之兆從而夏啓世，飛燕之卜順故殷興，百谷之筮吉故周王。王者决定諸疑，參以卜筮，斷以蓍龜，不易之道也。”② 雖然“唐虞以上，

①參見馬一浮：《復性書院講録》，杭州：浙江古籍出版社，2012 年，第 273 頁。
②司馬遷：《史記》，北京：中華書局，1982 年，第 3223 頁。

不可記已”，但根據考古學、人類學及宗教學等的考釋，仍可以肯定古代卜筮活動起源甚早。據考古發現，山東龍山文化遺址、西安客省莊遺址、陝西龍山文化遺址、河南龍山文化遺址、武威齊家文化遺址以及遼寧、唐山、内蒙古等地的文化遺址均出土了卜骨。陳來先生就此說：“在上古的北方中國，至少從西元前3000年以來一直有一個占卜的傳統。”① 卜占來源甚早，筮占同樣如此。《禮記·曲禮》曰：“龜爲卜，策爲筮。”策即是蓍，所以《説文》解“筮”爲“易卦用蓍也。”關於易卦，《易傳》認爲伏羲氏始作八卦，可見筮占歷史可推至三皇時期。又，《太平御覽》卷八十二引古書曰：“昔夏后啓筮，乘龍以登於天。”《世本·作篇》曰：“巫咸作筮。”《路史》後紀三曰：“神農使巫咸主筮。”② 陳來先生說：“古巫多掌筮，故筮的歷史應亦相當久遠。”③ 可見卜筮活動起源很早，古代聖王建國受命、興動事業亦借助于卜筮以稽疑。

以上言事，以下言理。《洪範》曰：“謀及乃心，謀及卿士，謀及庶人，謀及卜筮。”《詩經·大雅·綿》曰：“爰始爰謀，爰契我龜。”孔子贊《易》，亦曰：“人謀鬼謀。”（《易·繫辭下》）顧炎武說：“夫庶人，至賤也，而猶在蓍龜之前，故盡人之明而不能決，然後謀之鬼焉。故古人之於人事也，信而有功，於鬼

---

①參見陳來：《古代宗教與倫理：儒家思想的根源》，北京：三聯書店，2009年，第67、68頁。

②參見陳來：《古代宗教與倫理：儒家思想的根源》，北京：三聯書店，2009年，第81頁。

③陳來：《古代宗教與倫理：儒家思想的根源》，北京：三聯書店，2009年，第81頁。

也，嚴而不瀆。”①《左傳·哀公十八年》引《夏書》曰：“官占，唯能蔽志，昆命於元龜。”杜預注稱此爲逸《書》，言官占乃卜筮之官。現古文尚書《大禹謨》篇有此二句文，“能”作“先”。《正義》引孔安國曰：“帝王立卜占之官，故曰官占。蔽，斷；昆，後也。官占之法，先斷人志，後命於元龜。言志定然後卜也。”《易·繫辭傳》曰：“以卜筮者尚其占。”可見卜筮通稱占，“卜筮人”即官占，也即卜筮之官。《禮記·曲禮》曰：“龜爲卜，策爲筮。卜筮者，先聖王之所以使民信時日、敬鬼神、畏法令也，所以使民決嫌疑、定猶與也。”《正義》引劉向云：“蓍之言耆，龜之言久。龜千歲而靈，蓍百年而神，以其長久，故能辨吉凶也。”《繫辭傳》曰：“定天下之吉凶，成天下之亹亹者，莫大乎蓍龜。”又云：“極數知來之謂占。”是以馬一浮先生説：“是知卜筮之義，責在藏往知來。”又説：“龜之有兆，自人灼之。蓍之有數，自人揲之。龜筮無言，問焉而以言者，皆人也。人不自任其私智，致其精誠，其神明即寄於蓍龜而顯。蓍龜之神，人之神也。”② 此即《夏書》所謂“唯能蔽志，昆命於元龜。”即應先斷（得）人之志，而後謀於元龜。果能知志，則不必謀于卜筮，此即《左傳》哀公十八年引《志》曰：“聖人不煩卜筮。”也即帛書《要》篇孔子所言：“君子德行焉求福，故祭祀而寡也；仁義焉求吉，故卜筮而希也。”此所以孔子曰：“不占而已矣。”（《論語·子路》）皆在注重人之志、人之德，乃先聖王教民之道。

卜筮之目：“曰雨，曰霽，曰蒙，曰驛，曰克，曰貞，曰悔，

---

①［清］顧炎武：《日知録校注》（上），陳垣校注，合肥：安徽大學出版社，2007 年，第 55 頁。

②參見馬一浮：《復性書院講録》，杭州：浙江古籍出版社，2012 年，第 298、299 頁。

凡七。卜五，占用二，衍忒。”前五者，龜之兆也。《周禮·春官宗伯》鄭注引《洪範》作“雨、濟、圛、蟊、克”。《周禮·春官宗伯》云：“其經兆之體，皆百有二十。”賈疏釋曰：“云‘皆百有二十’者，三代皆同，百有二十，若經卦皆八然也。”馬一浮先生説：“經兆百二十後出，故繁，《洪範》僅舉五兆而已。”①由此可推知，《洪範》卜占之説可上溯至三代之前。《周禮·春官宗伯》云：“大卜掌《三兆》之法，一曰《玉兆》，二曰《瓦兆》，三曰《原兆》。”鄭注曰：“上古以來，作其法可用者有三。”并引杜子春云：“《玉兆》，帝顓頊之兆；《瓦兆》，帝堯之兆；《原兆》，有周之兆。”賈疏釋曰：“云‘上古以來，其作法可用者有三’者，但卜筮是先聖王之所作，蓋伏犧時已有，其時未有此玉、瓦、原之名，至顓頊以來，始有此名，故云然也。”則把卜筮之説推至五帝時期。貞、悔者，筮占所得之卦也。《左傳》僖公十五年：“秦伯伐晋。卜徒父筮之，吉。其卦遇蠱，……。蠱之貞，風也；其悔，山也。”杜注曰：“内卦爲貞，外卦爲悔。”所引《蠱》卦之辭曰：“千乘三去，三去之餘，獲其雄狐。”杜注曰：“今此所言，蓋卜筮書雜辭，……。其象未聞。”《正義》就此曰：“今此所言，不出於《易》，蓋卜筮之書，别有雜辭。此雜辭不出《周易》，無可據而推求，故云其象未聞。”不用《周易》之言，顧炎武謂之“别有引據之辭，即所謂《三易》之法也。”② 即是《三易》之法，又不用《周易》，蓋用《連

①參見馬一浮：《復性書院講録》，杭州：浙江古籍出版社，2012年，第300頁。

②［清］顧炎武：《日知録校注》（上），陳垣校注，合肥：安徽大學出版社，2007年，第2頁。

山》、《歸藏》也。《左傳》襄公九年："穆姜薨於東宫。始往而筮之，遇《艮》之八。"杜注曰："《周禮》：'大卜掌《三易》。'然則雜用《連山》、《歸藏》、《周易》。二《易》皆以七八爲占。故言遇艮之八。"下文"史曰：'是謂《艮》之《隨》。隨，其出也。君必速出。'姜曰：'亡！是於《周易》曰：'隨，元、亨、利、貞，無咎。"穆姜别言《周易》，是知遇八之説，非《周易》。又，《國語·晋語》："公子親筮之，曰：'尚有晋國。'得貞屯、悔豫，皆八也。"下文司空季子云"是在《周易》"，也於遇八之下，别言《周易》。是以韋昭注曰："以《連山》、《歸藏》占此兩卦，皆言不吉。"由此可知，貞、悔之説，或在《連山》、《歸藏》。關於三易的年代，《國語·晋語》韋昭注曾云："一夏《連山》，二殷《歸藏》，三《周易》"。鄭玄《易贊》也説："夏曰《連山》，殷曰《歸藏》。"① 而《周禮·春官宗伯》鄭注引杜子春云："《連山》，宓戲。《歸藏》，黄帝。"從韋昭、鄭玄説，則貞、悔之説或在夏商。從杜子春説，則貞、悔之説可遠溯至更早的三皇五帝時期。杜説或可暫緩，然推至夏商時代應無問題。

以上從五行、八政、五紀、稽疑等四方面論證《洪範》内容來源甚古，乃先王之道，是古代聖王治國理政的政治綱領，内涵豐富的政治倫理與政治哲學。另，九疇中的五事、皇極、三德、庶征、五福六極同樣是來源甚早的先王之道，這裏不再一一論證。

（二）從體例上説

除了從内容上論證《洪範》乃先王之道外，我們下面試從體

①［清］阮元：《十三經注疏》（清嘉慶刊本），北京：中華書局，2009 年，第 405 頁。

例一面來論證《洪範》的來源。在體例上,《洪範》明顯具有上古"以數爲紀"的特徵。阮元説:"古人簡策繁重,以口耳相傳者多,以目相傳者少,是以有韵有文之言,行之始遠。不第此也,且以數記言,使百官萬民易誦易記,《洪範》、《周官》尤其最著者也。"① 清人姚鼐、朱右曾皆據莊子言(以參爲驗,以稽爲决,其數一二三四是也)將箕子所獻九疇稱之爲"以數紀",今人趙伯雄先生則稱爲"以數爲紀",并做了詳細論證。② 張懷通先生且根據這種"以數爲紀"的特徵推斷《洪範》應是夏商時代的作品。③ 當然,《洪範》九疇産生的時期比《洪範》文本的形成時期還會更早,所以張懷通先生説:"箕子把《洪範》産生的時間定在鯀禹時代,即我國文明産生之初是有道理的,至少《洪範》中的某些内容的源頭可以追溯到這個時期。從鯀禹到商

①阮元:《數説》,《研經室三集》卷二,《研經室集》,北京:中華書局,1993年。

②趙伯雄:《先秦文獻中的"以數爲紀"》,《文獻》1999年第4期。

③張懷通:《由"以數爲紀"看〈洪範〉的性質與年代》,《東南文化》2006年第3期。丁四新先生不同意張的這一説法。他説:"關於遠古及夏、商、周的歷史,司馬遷顯然看過大量資料,并作出了比較審慎的選擇。《史記》將《洪範》抄入《宋微子世家》,而没有列入《殷本紀》《夏本紀》,據此可知,很可能在司馬遷看來,該篇應當歸於箕子著作,不過托之於'天錫禹洪範九疇'的説法而已。"參見丁四新:《論〈尚書·洪範〉的政治哲學及其在漢宋的詮釋》,《廣西大學學報》(哲學社會科學版),第37卷第2期,第28頁注②。裴松之《史目》云:"天子稱本紀,諸侯曰世家。"(司馬遷:《史記》,北京:中華書局,1982年,第1頁)司馬遷將《洪範》抄入《宋微子世家》,乃因該篇經箕子整理,可視爲箕子著作,而箕子本人之身份宜乎列入《世家》之列,且司馬遷行文并没有否認其中的内容可能來源甚古,更看不出有"托之於'天錫禹洪範九疇'"的意思。

周之際，大約是一千年左右，以我們歸納的‘以數爲紀’類型的理論體系形成原理來衡量，在情理之中。”在張先生看來，《洪範》這種“以數爲紀”的叙述方式乃是先秦時期“口頭傳統”的産物，這一傳統源遠流長。莊生寓言爲我們探尋這一“口頭傳統”提供了些許文本依據。《莊子·大宗師》裏，女偊在回答南伯子葵詢問其所聞之道的來源時説：“聞諸副墨之子，副墨之子聞諸洛誦之孫，洛誦之孫聞之瞻明，瞻明聞之聶許，聶許聞之需役，需役聞之於謳，於謳聞之玄冥，玄冥聞之參寥，參寥聞之疑始。”在這段話中，“洛誦”即古時“口頭傳統”下的口授心傳，而“副墨”則是相對於口頭語言的書面文字。張懷通先生説：“除了‘誥命’、‘論語’等，春秋後期之前的保存至今的‘洛誦’還有《洪範》、《大武》，以及《詩經》中的某些篇章。《詩經》的某些篇章先有口頭形式後有書面形式，毋庸多言。《洪範》是歷代積累的統治經驗，《大武》是歷代積累的軍事經驗，都是以數爲紀，都是韵文，在西周初年被記録於簡册，經不斷完善流傳至今，現在我們見到的文本，在當時都是‘副墨’。”① 因此，《洪範》的傳承經歷了一個由“洛誦”到“副墨”的過程，即由起初的口耳相傳到最後的書於竹帛。《洪範》書於竹帛形成具體文本大致在西周初年，然其所傳内容則淵源甚早，實爲先王之道。總之，箕子所傳洪範九疇，作爲先王之道，治國大法，實淵源有自。

五、結語

正如上文所言，《洪範》接續的是舜、禹之道，先王之道，

①張懷通：《先秦史論集》，香港：中國古文獻出版社，2014 年，自序。

三代的政治綱領或政治哲學蓋即建基於此。首先，我們不能以其成書的年代在周初而推定其内容或思想的形成年代也在周初，兩者之間不能劃等號，成書的年代衹是提供了文本大致成型的下限，而不是文本思想流傳的上限，這個邏輯是要明確的。其次，《洪範》的内容在編排次序及個别字句的表述上可能經過後世整理者的一些改動，但其大體内容不差，仍是淵源有自。顧頡剛有所謂“層累地造成中國古史”説。郭沫若在《周官質疑》中説：“古人并無專門著書立説之事，古書乃歲月演進中所累進而成者也。”① 美國漢學家夏含夷也曾提出“古代文獻不斷重寫”的説法，認爲古代文獻在編排和抄寫過程中，文本在不斷地變動，我們今天所見的文本并非古代文本的原貌。② 但即便如此，文本本身的穩定性及所承載思想的客觀性是不容置疑的。由此可知，《洪範》在書於竹帛後即使經歷了後世地編排與整理，但作爲古代經典文獻，其思想的權威性則是不容動摇的。因此，在這一前提下，把《洪範》僅僅説成是商代或周代政治經驗的總結，③ 顯然是值得商榷的，這低估了中國古代文明尤其是其中的政治文明的起源。民國初年的疑古思潮，不但使我們對古代典籍失去了信

①轉引自劉起釪：《〈洪範〉成書時代考》，《中國社會科學》1980 年第 3 期，第 160 頁。

②夏含夷：《〈重寫中國古代文獻〉結論》，武漢大學簡帛研究中心：《簡帛》，上海：上海古籍出版社，2007 年，第 509—514 頁。

③晁福林先生説箕子所獻《洪範》九疇（或“大法”）“曲折地表現了殷遺民的意志”，是“殷政”。（參見晁福林：《説彝倫——殷周之際社會秩序的重構》，《歷史研究》2009 年第 4 期，第 13 頁。）此説不確。《武成》：“一戎衣，天下大定。乃反商政，政由舊。”孔《傳》曰：“反紂惡政，用商先王善政。”可知，殷政或商政指的是紂惡政，而《洪範》九疇恰恰指的是先王善政。

心，同時也對上古文明失去了信心，這是很值得檢討的。

李學勤先生説：“今天的學術界，有些地方還没有從‘疑古’的階段脱離出來，不能擺脱一些舊的觀點的束縛。在現在的條件下，我看走出‘疑古’的時代，不但是必要的，而且也是可能的了。”① 我們現在需要走出疑古思潮，由疑古進而證古，進而重拾文化與文明自信。因此，李學勤也有“重新估價中國古代文明”的主張，他認爲中國文明時代的開端要比一般承認的早一個相當長的歷史時期，進而“認爲現在對中國古代文明的估價是不够的，應該把考古學的成果和文獻的科學研究更好地結合起來，對中國古代文明作出實事求是的重新估價。”② 正如王國維在《古史新證》“總論”上所言：“雖古書之未得證明者，不能加以否定，而其已得證明者，不能不加以肯定”③。我們需要在既有文獻的前提下，結合各種文獻與考古成果，以科學審慎、同情瞭解的態度重新梳理古代文明的起源。對《洪範》的研究同樣應該采取這樣的態度。

總之，《洪範》九疇所展示的一套法則乃天地人之常道（顧炎武語），三代之文爲施設皆建基於此，此所以三代并稱，更相承襲，節文損益於其間也。張光直先生説：“根據現有的文獻與考古證據來看，三個朝代都以一個共同的中國文明爲特徵。這不但在這個文明的早期階段——夏和商——包括地域較小時是如

①李學勤：《走出疑古時代》，《走出疑古時代》，瀋陽：遼寧大學出版社，1994 年，第 19 頁。

②李學勤：《重新估價中國古代文明》，《當代學者自選文庫 · 李學勤卷》，合肥：安徽教育出版社，1999 年，第 12 頁。

③王國維：《古史新證——王國維最後的講義》，北京：清華大學出版社，1994 年，第 2—3 頁。

此，其領域伸展到包括華南廣大地區在内的中國全部時也是如此。"① 這一共同的中國文明就是天地各順其道、人人各正性命的人文化成之世界，即所謂"彝倫攸叙"也。顧炎武説："能盡其性，以至能盡人之性，盡物之性，則可以贊天地之化育，而彝倫叙矣。"② 是以馬一浮先生説："《洪範》九疇，亦可總攝六藝。夫舜、禹之授受，箕、武之問答，皆道其所證之性分内事而已。……《洪範》爲盡性之書，六藝皆盡性之教。"③ 綜觀當今學界，在對古代經典的闡釋中，有經學與哲學之分野，有心性與政治之分途，儒道相争，諸子競技，道術難爲一也。觀顧、馬兩先生之語脉，可謂深於經義矣。後學小子可不勉乎?!

作者簡介：周浩翔，1983 年生，河北衡水人。武漢大學哲學博士，河北大學政法學院副教授。研究領域爲現代新儒學、中西哲學比較。

①張光直：《中國青銅時代》，《中國青銅時代》，北京：三聯書店，1999 年，第 13 頁。

②[清] 顧炎武：《日知録校注》（上），陳垣校注，合肥：安徽大學出版社，2007 年，第 85 頁。

③馬一浮：《復性書院講録》，杭州：浙江古籍出版社，2012 年，第 326—327 頁。

“人道”思想探析
——以《性自命出》與《禮記》相關文獻爲討論中心

林素英

論文提要： 郭店之儒家簡中，共有5篇出現有關“人道”之説法，比例相當高，應是該批資料中的重要議題之一，其中尤以《性自命出》所論最多最精。至於古代經典中，則以《禮記》論及“人道”者多，故而“人道”思想之内涵意義如何，確實值得深入探究。由於《性自命出》以詩、書、禮、樂爲“人道”之“四術”，《禮記》之《王制》也提及“四教”之問題，因而其關聯有待討論。故而本文以《性自命出》與《禮記》爲討論中心，在前言之後，再依下列順序討論：先論“人道”與“道”之關係；次論聖王如何設教調理人之心性情志以立人道；三論教育内容爲何以詩、書、禮、樂爲主；四論“四教”之特質與立人之道的關係，并將重點放在禮樂之上；最後，則歸納出“人道”透過爲政而上達於“道”之結論。

一、前言

在郭店13篇儒家簡中，共有5篇出現有關“人道”（或“民之道”）之説法,[①] 雖然論述之内容各有詳略，然而從篇章之比例而言，顯然相當高，因而其思想内涵如何，確實值得深入探討。顧史考的《從楚國竹簡論戰國“民道”思想》，就是一篇探討戰國“民道”思想相當精采而重要之文章。該文之重點有二：其一，乃透過郭店諸篇儒家簡出現之“民之道”、“由其道”、“人道”等説法，説明其内涵乃指一種根源於民性、民倫，而造極於禮樂、德義的治民之道；其二，則嘗試從戰國時代的民道思想之演變，而與西漢《鹽鐵論》中，代表民間的賢良文學與官方的丞相御史之相互討論治國之道作聯繫，并與《大戴禮記》《盛德》以德法爲御民之本、《淮南子》之民道思想相貫串。[②] 因而更確切地説，該文之論述目的，其實旨在爲中國傳統儒家之治道思想，溯源至戰國時期以禮樂、德義爲主的治道思想。

然而簡文中既有“民之道”又有“人道”，可見二者雖然密切相關，又應有所不同。大體言之，簡文標爲“民之道”者，其内容偏重統治者如何本於民性、民倫以治理人民，屬於外王之道的成分多；“人道”則更重在人與道之間如何存在本質聯繫之問題，如何透過特定管道以挺立人之特質而體道，因而更重在立人

---

①分别出現在《五行》、《尊德義》、《性自命出》、《六德》、《語叢一》五篇，其中以《性自命出》所論爲詳。

②該文原發表於 2002 年 3 月 30 日至 4 月 2 日，由北京清華大學思想文化研究所與臺灣輔仁大學文學院聯合主辦，在北京清華大學舉行之“新出楚簡與儒學思想國際學術研討會”，收入廖名春主編之該會會議論文集，第 187—200 頁。其後，又收入謝維揚、朱淵清主編：《新出土文獻與古代文明研究》，上海：上海大學出版社，2004 年，第 248—258 頁。然後，再收入顧史考：《郭店楚簡先秦儒書宏微觀》，臺北：臺灣學生書局，2006 年，第 39—64 頁。

之道的内聖立本問題。查閲傳世文獻，“人道”一詞雖不見於《詩》、《書》等傳統認爲較早期之經文，不過却出現在多處傳文之中，例如《左傳》有一處，①《易傳》有兩處，②《禮記》則有八處（將於以下正文討論），其概念大抵環繞在人之建立人倫之道的説明。其他諸如《管子》、《莊子》以及《荀子》等先秦諸子書中，亦出現對於天道、地道以及人道之討論。此一現象説明至遲在戰國中期以前，由於人類理性之覺醒以及社會急劇動蕩之雙重影響，導致人對於人之本質、如何存在及其與政治何關等一類問題進行反思，且已日漸熱絡，其中尤以有關“人道”思想之問題，因其與人之關係最爲密切，所以已成爲當時人們共同關心之問題。

目前專門討論簡文之“民之道”與“治民之道”者，已有陳麗桂之《郭店儒簡的外王思想》一文。該文指出人君爲政應以尊德義與明人倫爲要務，并標舉堯舜之德與行皆爲外王之典範，且

①《左傳・昭公十八年》，見於［晋］杜預注，［唐］孔穎達等正義：《春秋左傳正義》，收入《十三經注疏（附［清］阮元《校勘記》）》，臺北：藝文印書館，1985 年，第 841 頁。子産曰：“天道遠，人道邇，非所及也，何以知之？竈焉知天道？是亦多言矣，豈不或信？”遂不與，亦不復火。

②分别見於《周易・繫辭傳下》，［魏］王弼、韓康伯注，［唐］孔穎達等正義：《周易正義》，收入《十三經注疏（附［清］阮元〈校勘記〉）》，臺北：藝文印書館，1985 年，第 175 頁。“《易》之爲書也，廣大悉備。有天道焉，有人道焉，有地道焉。”《謙・彖》，第 47 頁：“天道虧盈而益謙，地道變盈而流謙，鬼神害盈而福謙，人道惡盈而好謙”。另有《説卦傳》，第 183 頁：“立天之道，曰陰與陽；立地之道，曰柔與剛；立人之道，曰仁與義。”將重點放在人應如何成就天道、地道以及人道之關鍵作爲上。

以時命與際遇爲成就外王功業之關鍵,① 對於外王之道已有相當精要的梳理。雖然從《哀公問》的“人道,政爲大”② 之説法,可説明“人道”仍以實現外王之道爲理想,不過既然已有前述兩篇文章,因而本文所探討之“人道”思想内涵,乃以立人之道爲主,爲政之部分僅附帶提及。又因爲郭店簡中討論“人道”思想最多者,乃《性自命出》篇,且該篇簡 15—16 雖已明文提到“《詩》、《書》、《禮》、《樂》(禮樂),其始出皆生於人”,不過却尚未有人從《詩》、《書》、《禮》、《樂》(禮樂)之角度切入,以討論人與“人道”以及“道”有何本質聯繫者,因而從此一不同却又相當重要之角度進行探討,確實有待具體鑽研。另外,由於《禮記》之内容本來多以攸關人倫義理者爲主,甚且還有多處直接出現“人道”之用詞,而郭店儒家簡中也不乏與《禮記》密切相關之資料,故而本文乃以《性自命出》與《禮記》討論“人道”之資料爲討論中心,再旁及其他相關之簡文與傳世文獻資料,希望能對當時的“人道”思想内涵有較清楚的理解。

二、“人道”與“道”之關係

《性自命出》簡 15—16 提到“道者,群物之道。凡道,心術

---

①其詳參見陳麗桂:《郭店儒簡的外王思想》,《臺大文史哲學報》第 55 期,2001 年 11 月,第 239—274 頁。

②《禮記·哀公問》,見於[漢]鄭玄注,[唐]孔穎達等正義:《禮記正義》,《十三經注疏(附[清]阮元〈校勘記〉)》,臺北:藝文印書館,1985 年,第 849 頁。

爲主。道四術，唯人道爲可道也。其三術者，道之而已。”① 或許由於戰國時期對於人與物之相對問題，以及有關天道、地道、人道之討論都已相當多，以致簡文對於“道”與“人道”、“四術”與“三術”之確實内容并未再作詳細分殊，導致學者之解讀也分歧極大。筆者贊同陳偉以“道四術”乃天道、地道、人道以及群物之道的説法，并已從禮樂分合之特性，以分析“道”之“四術”或“三術”之内涵，② 在此不多贅述。由於在“道”之“四術”中，“唯人道爲可道也”，因而《性自命出》所重者，即屬於“可道”之“人道”部分。

所謂“人道”，簡言之，乃人之所以爲人的立人之道，其中當然包含人本於天地而生的自然生物性，同時也包含人既生與成長之後，在人類社會中之所做所爲，對人類社會産生何種意義，造成何種影響等人文社會性。有關生物性之部分，即《大戴禮記》所載“分於道謂之命，形於一謂之性，化於陰陽，象形而發謂之生，化窮數盡謂之死。故命者，性之終也，則必有終矣。”③ 之自然生命，屬於先天而難以改變之部分。至於社會性部分，則爲後天，可以經由人爲努力調理而獲得改善之部分。換言之，所謂“唯人道爲可道也”之部分，即指此部分可以引導而改變者而言。當然要使此“人道”具有“可道”之性質，則有必要清楚理

①荆門博物館編：《郭店楚墓竹簡・性自命出》，北京：文物出版社，1998 年 5 月，第 179、180 頁。以下全文若有引用《性自命出》釋文，而無須多加解釋者，皆見於第 179—181 頁，且以通用字表示，不另加注。

②其詳參見林素英：《從“禮樂”的分合與特性論《性自命出》“道”四術或三術的迷思—兼論相關學者的研究方法》，《文與哲》2014 年 12 月第 25 期（THCI CORE），193—216 頁。

③《大戴禮記・本命》，見於［清］王聘珍：《大戴禮記解詁》，北京：中華書局，1983 年，第 250—251 頁。

解人之特質爲何。

透過《禮記》“人者，其天地之德，陰陽之交，鬼神之會，五行之秀氣也。”以及“人者，天地之心也，五行之端也，食味別聲被色而生者也。”之記載,① 可知人雖然爲萬物之一，然而却屬於極特別的“五行”之“端”與“秀氣”，因此可以突破單純生物之限制，而能上體天地化育萬物之“心”與“德”。當具備此特質之“人”，能極力發揮“中和”之道，即可達到“天地位焉，萬物育焉”② 之局面，使人與天道、地道以及群物之道均可相互和諧，而處於與天地萬物并行不悖之狀態。不過要達到人與天地萬物和諧共榮之理想境界，還得有賴於“人道”之積極發揮，因爲《尊德義》簡 7—8 已言“莫不有道焉，人道爲近。是以君子，（此處另加讀號以利閱讀）人道之取先。”③ 既然人爲“五行”之“端”與“秀氣”，則應盡力發揮人所秉持之特質，做到簡文《五行》所言，使仁、義、禮、智、聖之五德，皆能形於内，再發諸於外以爲德之行，且還應能時時勤行之以爲君子。苟能如此，方可成就天德，上通於天道，且還能以仁、義、禮、智四行之和而成就社會道德，以爲“人道”之善。④

既然“人道”之善，乃在於社會上努力踐行仁、義、禮、智

①《禮記・禮運》，第 432、434 頁。

②《禮記・中庸》，第 879 頁。

③其詳參見荆門博物館編：《郭店楚墓竹簡・尊德義》，第 173 頁。

④荆門博物館編：《郭店楚墓竹簡・五行》，第 149 頁，簡 1—7：仁形於内謂之德之行，不形於内謂之行。……德之行五，和謂之德，四行和謂之善。善，人道也。德，天道也。……五行皆形于内而時行之，謂之君〔子〕。下文若有引用《五行》釋文，而無須多加解釋者，皆見於第 149—151 頁，不另加注。

四行之德，而構成古代社會最重要之中心結構即是宗族組織，因此如何在宗族内實踐道德，就是當時社會形態下的“人道”最根本内容，宗族也成爲實現“人道”最重要之場域。一旦能在宗族間實踐“人道”之善，即可推而至於更大的社會、國家，乃至於全天下的大善。此一現象可以直接反映在《禮記》有關“人道”之相關記載上：從“親親、尊尊、長長，男女之有別，人道之大者也。”以及“上治祖禰，尊尊也；下治子孫，親親也；旁治昆弟，合族以食，序以昭穆，别之以禮義，人道竭矣。……聖人南面而治天下，必自人道始矣。……自仁率親，等而上之，至于祖；自義率祖，順而下之，至於禰。是故，人道親親也。”① 清楚可見如何從實踐人倫親親之情爲始，而推展至實現尊尊大義，然後再由三親而五倫，以成就長幼有序、昭穆有別，宗族和睦、男女有別之和諧狀態。又由於“人生而不具者五：目無見，不能食，不能行，不能言，不能化。三月而徹眴，然後能有見；八月生齒，然後食；期而生臏，然後能行；三年瞎合，然後能言。”②乃人類生理發展之特色，故而孔子乃言“子生三年，然後免於父母之懷。”③ 正由於父母之恩乃昊天罔極，於是爲回報父母之恩於萬一，乃加隆其情，故稱“三年之喪，人道之至文者也，夫是之謂至隆。是百王之所同，古今之所壹也，未有知其所由來

①此兩則記載分别見於《禮記·喪服小記》，第594頁；《大傳》，第617—622頁。

②《大戴禮記·本命》，第251頁。

③《論語·陽貨》，見於［魏］何晏注，［宋］邢昺疏：《論語注疏》，收入《十三經注疏（附［清］阮元〈校勘記〉）》，臺北：藝文印書館，1985年，第157頁。

者也。”①

至於配合喪禮進行而規劃的喪服制度，亦是配合大化流行與人情所需，而區分人與人之間的親疏遠近、情感厚薄等關係，使能各盡其情，各得人道之宜，故稱“喪有四制，變而從宜，取之四時也。有恩有理，有節有權，取之人情也。恩者仁也，理者義也，節者禮也，權者知也。仁、義、禮、智，人道具矣。”② 當其“人道”思想之實踐由宗族而向外推展，則爲孔子所言“人道，政爲大”之具體實踐。換言之，透過政治之力量，即可將“人道”思想所影響之範圍擴大至全天下，因此《樂記·樂本》說“先王之制禮樂也，非以極口腹耳目之欲也，將以教民平好惡而反人道之正也。”③ 亦即若能將孟子所謂根於心的仁、義、禮、智“四端”擴而充之，④ 即可以由自立其本之修身，進而能齊其家，再擴大爲社會服務。爲人君者苟能設立妥當之制度，以引導人民

①《禮記·三年問》，第962頁。

②《禮記·喪服四制》，第1032頁。

③《禮記·樂記》，第665頁。由於《樂記》分别由11短篇組成，皆見於第662—702頁，而下文要引用《禮記·樂記》原文之部分相當多，故以下再次引用時，僅分别列出其所屬短篇之名稱，不另附注。

④《孟子·公孫丑上》，見於［漢］趙岐注，［宋］孫奭疏：《孟子注疏》，收入《十三經注疏（附［清］阮元〈校勘記〉）》，臺北：藝文印書館，1985年，第64頁：“無惻隱之心，非人也；無羞惡之心，非人也；無辭讓之心，非人也；無是非之心，非人也。惻隱之心，仁之端也；羞惡之心，義之端也；辭讓之心，禮之端也；是非之心，智之端也。人之有是四端也，猶其有四體也。有是四端而自謂不能者，自賊者也；謂其君不能者，賊其君者也。凡有四端於我者，知皆擴而充之矣，若火之始然、泉之始達。苟能充之，足以保四海；苟不充之，不足以事父母。”《盡心上》，第231頁：“君子所性，仁、義、禮、智根於心。其生色也，睟然見於面、盎於背、施於四體，四體不言而喻。”

“反人道之正”，即是由上而下推動合理的立人之道，非僅更有利於人與天道、地道、群物之道相互和諧，且能上通於至高之“道”於無形。

三、聖人設教調理心性情志以立人道

然而誠如《五行》簡 7—9 所載，“善弗爲亡近，德弗志不成，智弗思不得。思不清不察，思不長不形，不形不安，不安不樂，不樂亡德。”可見要成就“人道”之善，則必須付諸行動，否則“徒善不足以自行”，根本不足以成善。相同的道理，德之完成，亦有賴於堅忍不拔之意志以貫徹之；智之獲得，則有賴清楚之思慮進行辨析與考察，一旦思慮不清，則判斷容易產生誤差，也難有正確的反應，於是而有不安不樂之焦慮感，非僅難以成德，也無以積善而成就“人道”。由於“思”之正確與否在於心能否高度發揮其官能，因此《性自命出》纔説“凡道，心術爲主。”一旦心之官弗思，即將陷入“不清”之“無明”狀態，而一切由於不清不明所引起的不安不樂之後果亦接踵而來。

然而“心”之功能能否順利啓動，實也無法脱離“性”之本質而單獨立論，且由於“心”之功能一旦啓動，則連帶而有“情”之發生，也會因爲“情”之發用，而帶動“志”之趨避。故知心性情志都有牽一髮而動全身之連帶反應，無法孤立討論。故而能否得“人道”之善，其關鍵實在於心性情志之涵養是否正大光明。

《性自命出》簡 1—7 對於人之心性情志特質有相當重要的説明：

> 凡人雖有性，心亡奠（定）志，待物而後作，待悦而後

行，待習而後奠（定）。喜怒哀悲之氣，性也。及其見於外，則物取之也。性自命出，命自天降。道始於情，情生於性。始者近情，終者近義。知〔情者能〕出之，知義者能納之。好惡，性也。所好所惡，物也。善，不〔善，性也〕，所善所不善，勢也。凡性爲主，物取之也。金石之有聲，〔弗扣不〕〔鳴。人之〕雖有性，（此處另加讀號以利閱讀）心弗取不出。凡心有志也，亡與不〔可，心之不可〕獨行，猶口之不可獨言也。

此段簡文最核心之部分乃是“性自命出，命自天降”，説明”性”之特質來自天之所降，承受天之命而來，雖具有喜怒哀悲的自然之氣，却又處於静而未發之存有狀態。與此相對者，則爲“心亡奠（定）志，待物而後作”，指出“心”乃可動狀態，然而“心”雖可動，却也必須經由“物”之外來元素的刺激；《樂記·樂本》即言“人心之動，物使之然也。感於物而動”。一旦人之“心”與“物”發生交感作用，則有“物取之”之反應，而對該物産生好惡之情。當“心”對於“物”之反應爲“悦”，則有趨而行之的行爲反應；倘若不然，則有“惡”之反應，發而爲避而捨之的反應。因此透過刺激與反應不斷反覆調整之教習過程，則“心”對於“物”，即可形成一定的趨避反應機制，而有“志而欲之”或“背而弃之”之不同走向。故知影響“志”之所之，而決定行動之最大支撑力者，乃是好惡之“情”的發用，因此簡文乃言“道始於情，情生於性。始者近情，終者近義”。

由於“道始於情，情生於性。始者近情，終者近義”乃上承前述“凡人雖有性，心亡奠（定）志”而來，因而其所謂“道”、“情”、“性”、“義”，乃承上省略，用以指稱“人道”、“人情”、“人性”、“人義”者，且將重點放在“人情”爲樞紐，而以成就“人義”爲目的。至於所謂“人情”與“人義”者，則可與《禮運》所言相對應：“何謂人情？喜、怒、哀、懼、愛、惡、欲七者，弗學而能。何謂人義？父慈、子孝，兄良、弟弟，夫義、婦聽，長惠、幼順，君仁、臣忠十者，謂之人義。”① 由於“人道”乃始於人所固有、弗學而能之本然情性，因此必須正視與尊重人正常的情感反應與自然欲求，不過却也不應僅僅停留於個人“人情”之滿足，而應擴大個人的一己私情，以至於群體共同欲求之“人義”，且從成就社會公義，以達到”人道”之善。如此之“人義”，歐陽禎人將其視爲儒家人倫之職、位、德的落實，也是禮樂人文價值之依歸。② 再檢查《六德》簡6即有“君子如欲求人道……”③ 之記載，該簡雖爲殘簡，然而該篇通篇所言，皆以人倫之六位爲本，以言其應盡之六職，再以其恪盡其職分，而成就其相應之六德。故而廖名春即根據《六德》之内容乃多言人倫之道者，而提議將該篇以《求人道》名篇。④ 爲何實踐“人道”應以“人情”爲本始，且還要求上升至“人義”之層次，透過《樂記·樂本》之一段話即可明其必要性，其文云：

> 人生而静，天之性也；感於物而動，性之欲也。物至知

①《禮記·禮運》，第430頁。

②歐陽禎人：《先秦儒家性情思想研究》，武漢：武漢大學出版社，2005年，第248頁。

③荊門博物館編：《郭店楚墓竹簡·六德》，第187頁。

④其詳參見廖名春：《新出竹簡試論》，臺北：臺灣古籍出版社，2001年，第十章《郭店簡〈六德〉篇的綴補編連和命名問題》。該説已指出《六德》之内涵，乃以討論“人道”問題爲主軸，不過鄙見以爲仍以“六德”名篇爲佳，因爲以“六德”名篇，實乃更進一步指出“人道”之核心在於“六德”，篇旨更爲明確。

> 知，然後好惡形焉。好惡無節於内，知誘於外，不能反躬，天理滅矣。夫物之感人無窮，而人之好惡無節，則是物至而人化物也。人化物也者，滅天理而窮人欲者也。於是有悖逆詐僞之心，有淫泆作亂之事。是故强者脅弱，衆者暴寡，知者詐愚，勇者苦怯，疾病不養，老幼孤獨不得其所，此大亂之道也。

由於人之心乃感於物而動，且其欲又隨而從之，以生好惡之情，若不能“慎所以感之者”，則人將役於物而好惡無節，以致悖逆詐僞、違反人義之亂象盛行，而適足以成爲大惡之狀態。因此如何建置良好的教習系統，以達到謹慎感化人心之目的者，即成爲聖王設教以立人道的關鍵所在。如此立人之道，又可與《中庸》“天命之謂性，率性之謂道，修道之謂教”之説法相呼應。由於“教”乃是修道之不二法門，而“教”又應與配套的”習”相協以達到預期之效果，因而要如何透過有計畫安排教與習之内容，以涵咏人之心性情志，使人具有一定之涵養，且能由明倫盡性，以成就“人道”，即是聖人設教以化民之重要目的。

四、教育内容以《詩》《書》禮樂爲主

《性自命出》以《詩》、《書》、《禮》、《樂》（或禮、樂，禮樂）爲“人道”之内容，應與《王制》所載“樂正崇四術，立四教，順先王詩書禮樂以造士。春、秋教以禮樂，冬、夏教以詩書”① 有關。此之“四術”，乃指《詩》、《書》、《禮》、《樂》先

①《禮記 · 王制》，第 256 頁。

王之道，因而將其内容分别設於學宫以教國子與造士，故稱爲“四教”，① 且從其以春秋、冬夏四時交互言之，乃説明“四術”之教不可一時而暫缺，僅以陰陽消長所主不同而各有偏重。

《王制》是否漢文帝命博士所造，或出於秦漢之際，或者竟如俞樾、皮錫瑞所言，乃素王之定制，諸如此類之問題始終聚訟紛紜，本文不擬細論。揆其内容，《王制》與另一記録古代理想制度之《周禮》，雖然不盡相同，甚且還有大相徑庭者，然而根據陳瑞庚之研究，在教育方面，儘管其所言教國子之措施互有出入詳略之不同，然其重視國子之培養教育則一。② 此一現象，或可説明縱使其他各項制度之規劃，會因政治理念不同而導致設計的大歧异，然而有關教育之事，却始終應以使人明倫盡性爲根本目的，且旨在爲國育才以造福百姓者爲主。由於民倫民性具有普遍性，因而教育制度之規劃亦大體相同。能够理解教育乃奠基於人性的普遍性特質，因而可以不必多考慮《王制》與《周禮》所屬時代之問題，且還可從整合先秦典籍文獻之教育資料，以協助於重構古代教育更完整之面貌。

有關周代以《詩》、《書》、《禮》、《樂》爲“四教”之情形，亦可從《文王世子》獲得相關説明，該篇記載：

> 凡學：世子及學士，必時。春夏學干戈，秋冬學羽籥，皆於東序。小樂正學干，大胥贊之。籥師學戈，籥師丞贊

---

①［清］孫希旦撰，沈嘯寰、王星賢點校：《禮記集解》，臺北：文史哲出版社，1990 年，第 365 頁。孫氏認爲：唐、虞時，《詩》、《書》未興，《禮》亦未備，故舜命夔以教胄，但言和聲作樂之事。至周，則以《詩》、《書》、《禮》、《樂》并列爲四教。

②其詳參見陳瑞庚：《王制著成之時代及其制度與周禮之异同》，臺北：嘉新水泥文化基金會，1972 年，第 68—70 頁。

> 之。胥鼓南。春誦夏弦，大師詔之。瞽宗，秋學《禮》，執《禮》者詔之；冬讀《書》，典《書》者詔之。《禮》在瞽宗，《書》在上庠。①

透過此記載，不難看出周代貴族教育之規劃周密，不但注重教學内容之選擇，還注重教學内容與四時之配合，且在理論之學習外，還搭配相關的技藝學習。例如爲配合日後參與或執行各項禮儀所需，所以也包含文武舞之樂舞演出。由於樂舞之演出還必須與詩、樂相配合，所以應透過小樂正、大胥、籥師、小胥、大師等各相關部門之分工合作，方可進行聯合教學。誠如孫希旦所言，樂教之聲容舞蹈，審音識微，都涉及相當專門之技藝，非專其業者不能精，亦非一人所能盡。故而樂教之規劃，乃由樂官之長大司樂（大樂正）總掌成均之法，負責大學之學政，教導國子以及國中俊選之士有關樂教之事。② 同時還必須搭配地官之相關人員，如師氏進行三德、三行的“據於德”之教，保氏執行文武合一的“游於藝”六藝之教，③ 彼此聯合以培養治國、建國之人才。然而由於學習樂舞最重要之目的，乃在於能因應各種不同禮儀之所需，故而又可見《周禮》將大司樂之職，安排在執掌邦禮的春官底下，并在大宗伯“以禮樂合天地之化、百物之産，以事鬼神，以諧萬民，以致百物”④ 之綱領下，執行其樂教工作。

---

①《禮記・文王世子》，第 392 頁。

②詳參《周禮・春官・大司樂》，見於［漢］鄭玄注，［唐］賈公彦疏：《周禮注疏》，《十三經注疏（附［清］阮元〈校勘記〉）》，臺北：藝文印書館，1985 年，第 336 頁。

③詳參侯家駒：《周禮研究》，臺北：聯經出版事業公司，1987 年，第 252、253 頁。

④《周禮・春官・大宗伯》，第 283 頁。

相較於《文王世子》所載貴族教育之情形，雖然無法確定其實施年代，然而若對照向來被認爲是文化落後的楚國，在楚莊王（613—591B. C. 在位）之時，已有一套與周代貴族教育相類似的成熟而豐富之太子教育，則除却可説明楚國深受中原文化影響之外，亦可推知該教育内容所代表提升人類文明、展現人道光輝之意義。以下即申叔時答楚莊王傅太子之道的紀録，其文云：

> 教之春秋，而爲之聳善而抑惡焉，以戒勸其心；教之世，而爲之昭明德而廢幽昏焉，以休懼其動；教之詩，而爲之導廣顯德，以耀明其志；教之禮，使知上下之則；教之樂，以疏其穢而鎮其浮；教之令，使訪物官；教之語，使明其德，而知先王之務用明德於民也；教之故志，使知廢興者而戒懼焉；教之訓典，使知族類，行比義焉。①

由於殷商以來已有典册,② 因此申叔時所言之教材内容，雖未必即同於現今所見之典籍内容，然而并不礙於其教材已有特定典册之狀況，因而亦可標上書名號，以使叙述更爲醒目。不過詳其所教授之内容，則所謂“春秋”，應指各國史官所記録史書之通名，雖可劃歸《春秋》類，但并非後來習稱之“六經”中的《春秋》；《詩》、《禮》、《樂》，則可能與“六經”中的相關内容相似。至於其所教授之“世”、“令”、“故志”、“訓典”，若對照其施教目的以推測其内容與何種典籍最接近，則可發現有關帝王

①［春秋］左丘明撰，上海師大古籍整理組校點：《國語·楚語上》，臺北：里仁書局，1981 年，第 528 頁。

②《尚書·周書·多士》，見於舊題［漢］孔安國傳，［唐］孔穎達等正義：《尚書正義》，收入《十三經注疏（附［清］阮元〈校勘記〉）》，臺北：藝文印書館，1985 年，第 238 頁：“惟爾知，惟殷先人有册有典，殷革夏命”。

世系之《世》者，後來編入《禮記》之列，因而可劃歸《禮》類；而“令”、“故志”、“訓典”等内容，則與“六經”中《書》之内容最爲相關。由此可見當時之教育内容，大體以《詩》、《書》、《禮》、《樂》（禮樂）爲最主要範圍，而兼及於各國《春秋》。

倘若對照《周禮》對於大宰之職的規定，亦可與上述的太子（世子）以及士之教育内容相呼應，其文云：

> 大宰之職，掌建邦之六典，以佐王治邦國：一曰治典，以經邦國，以治官府，以紀萬民。二曰教典，以安邦國，以教官府，以擾萬民。三曰禮典，以和邦國，以統百官，以諧萬民。四曰政典，以平邦國，以正百官，以均萬民。五曰刑典，以詰邦國，以刑百官，以糾萬民。六曰事典，以富邦國，以任百官，以生萬民。①

由於大宰具有總領六官以協助君王治理天下之職，因而當然必須具備豐富之學識以及極高的行政處理能力，還要能溝通協調六官，以達各部門互助合作之效果。再觀察其所執掌，乃促進六官各司其能爲主要工作内容，更可見政府所屬各部門，各具有不同的功能，共同促成邦國之發展：天官掌理邦治，分派各級行政部門適任之官員，使能順利執行各級官府之制度運作，以經理邦國、綱紀萬民；地官掌理邦教，勘查各地狀况之所宜，而執行有關之教育工作，教導臣民安邦定國之道，以安定邦國、治理萬民；春官掌理邦禮，透過各種禮儀制度之規劃，協調各相關部門之通力進行，以和諧人神與萬民之關係；夏官掌理邦政，透過軍政布局、兵力訓練與外交事務之妥善安排，以平治邦國、順理萬

①《周禮·天官·大宰》，第26頁。

民；秋官掌理邦刑，透過公正而合度之刑罰，以導正、糾舉萬民；冬官掌理邦事，透過百工執事各盡其能，從努力生産以富足邦國、生養萬民。因爲各類職官各有其特定任務，故而若要獲得合適之人員任職，則貴族教育之内容，當然應以能儲備與强化此相關能力者爲教學主體。

春秋以後，周王室之勢力日趨衰微，時至戰國，封建制度也步入解體之狀態，更因鐵器生産工具之發明與普遍使用，導致社會生活形態之大改變，也相對促成"士"階層之抬頭與發展。同時因爲自孔子之後，經典之學習已非貴族所專享，[①] 因此原屬低階貴族之"士"以及庶民百姓，都可以透過知識之學習與專門技藝之提高，而獲得重要的爲官任職之能力。由於能依靠一己優越之能力而改變其社會地位，且可因君王之賞識而官居要職，也促使經典之學習與流傳更爲普遍。

因爲至遲在戰國時期，"六經"并列之現象已經確立，[②] 再加上相關之教育資料都已顯現《詩》、《書》、《禮》、《樂》（禮樂）爲貴族教育之主體内容，則其内容必有足以提供各項官職所需之能力者。再加上庶民百姓也能學習上述之經典内容與專門技藝，因而《性自命出》簡15—16即明確指出"詩、書、禮、樂，其始出皆生於人"，故知"詩、書、禮、樂"即因其具有生於人之特質，故而聖人采之以爲設教之内容，簡18又言"教，所以生德于中者也"，説明"四教"之内容可使學習者受其薰習，而

①《史記·孔子世家》，見於［日］瀧川龜太郎：《史記會注考證》，臺北：洪氏出版社，1977年，第760頁："孔子以詩書禮樂教，弟子蓋三千焉，身通六藝者七十有二人"。

②可參考《莊子·天運》及《天下》，《荀子·勸學》及《儒效》之相關記載。

增長人之所以爲人之德性。

由於"詩、書、禮、樂"爲聖人設教之内容，因此比照上述所列教材之方式，以下先將"詩、書"視爲典籍看待之，"禮、樂"則由於特别注重合體以實踐之性質，且在《性自命出》中，既有分而言之，也有合而稱之之方式，情况較爲特别，因此先合并討論，再進行較細之分殊，且在進行"四教"性質之梳理後，并分别論述其何以能産生"生德于中"之功效，以達到立人之道的目的。兹分項論述如下。

五、《詩》《書》禮樂之性質與立人之道的關係

《性自命出》簡 16 已簡單指出"詩，有爲爲之也。書，有爲言之也。禮、樂，有爲舉之也。"説明"四教"之内容具有"有爲爲之"、"有爲言之"以及"有爲舉之"之不同性質，且針對此不同性質内容之教學，聖人分别采取"比其類而論會之，觀其先後而逆訓之，體其義而次序之，理其情而出入之"的不同方式以施教。然而畢竟語焉不詳，無法僅以此簡單叙述而知其實質内涵與"人道"之關係，因此還有待一一深入其内容，以理解其如何透過簡 10—14 所言，藉由逆、交、厲、出、養、長各種不同之方式，以達到悦樂、明理、知義、體勢、教養、長道之效果。甚且因爲《性自命出》對於《詩》、《書》、《禮》、《樂》（禮樂），表面上雖爲并列狀態（禮樂還有時合稱），然而就全篇内容而言，其份量却明顯放在禮樂之部分，因而以下即配合此特性，探討其内容如何展現人之所以爲人之道，如何與"人道"取得聯繫：

（一）《詩》與立人之道的關係

《詩》與立人之道的關係，可分别從以下三方面觀察：

1. 修養心性調和情志

由於人之性雖静，然而無定之心却可有感於物而動，一旦心有所動，遂發而爲言；當言之不足，則發爲咨嗟咏嘆之聲而爲歌詩。此即《尚書・虞書》“詩言志，歌永言，聲依永，律和聲。”① 以及《詩序》“詩者，志之所之也，在心爲志，發言爲詩。情動於中而形於言，言之不足，故嗟嘆之；嗟嘆之不足，故永歌之；永歌之不足，不知手之、舞之、足之、蹈之也。”② 之説法，説明詩具有表達意志、持人情性以及傳達心聲之特質。基於詩與人類心性情志的密切關係，因此孔子即認爲《詩》具有“《詩》三百，一言以蔽之，曰：‘思無邪’。”③ 之先備特色，故言“《詩》，可以興，可以觀，可以群，可以怨。”④ 説明學《詩》具有修養心性調和情志的作用。同時還因爲情性能透過歌詩的管道以紓發心情，因而可以排遣不良的情緒反應，使回歸於合理狀態，因而藉由“無邪”之思的興發引導，達到禮樂和諧之境界，産生“興於《詩》，立於禮，成於樂”⑤ 之循序以進的功能，成就“温柔敦厚”之《詩》教本色。⑥ 此即《詩序》所言“發乎

---

①《尚書・虞書・舜典》，第 46 頁。

②《毛詩・序》，見於［漢］毛亨傳，鄭玄箋，［唐］孔穎達等正義：《毛詩正義》，收入《十三經注疏（附［清］阮元〈校勘記〉）》，臺北：藝文印書館，1985 年，第 13 頁。

③《論語・爲政》，第 16 頁。

④《論語・陽貨》，第 156 頁。

⑤《論語・泰伯》，第 71 頁。

⑥《禮記・經解》，第 845 頁。

情，止乎禮義。發乎情，民之性也；止乎禮義，先王之澤也。”①說明推行歌詩之教，乃聖人“有爲爲之”的化民之道，使人在紓發心情之後，而可達到悅樂其性且回歸於道義之效果，以呼應“始者近情，終者近義”的“人道”要求。同時還可藉由周初聖王賢君之奮發努力，以培養自强不息之精神與克己復禮之態度，成爲雍穆平和之彬彬君子。

2. 養成健全之人倫關係

《詩》教除却可以修養個人之情性外，亦可調理人倫關係之合理化，孔子即明言學《詩》，對於“邇之事父，遠之事君”②具有正面的引導作用。不僅如此，《詩》中諸多篇章，對於夫妻、父子、君臣、兄弟、朋友五倫關係之調和，都有精彩細緻的描述。由於人倫之始，在於男女有别，倘若男女之關係能得其正，則由此而推演之各種人倫關係亦可各得其正，最具有“比其類而論會之”之功能；苟不其然，則非僅敗德、毀家，甚至於還會引發社會國家之動蕩。證諸《禮記》，亦有“男女有别，然後父子親，父子親然後義生，義生然後禮作，禮作然後萬物安。無别無義，禽獸之道也。”③與“禮之大體，而所以成男女之别，而立夫婦之義也。男女有别，而后夫婦有義；夫婦有義，而后父子有親；父子有親，而后君臣有正。”④之類似記載。甚至於《大傳》中還明白指出“聖人南面而治天下，必自人道始”，且治理之道，又有所謂得與民變革與不可得變革者，而親親、尊尊、長長、男女有别，即是

①《毛詩·序》，《毛詩正義》，第 17 頁。
②《論語·陽貨》，第 156 頁。
③《禮記·郊特牲》，第 506 頁。
④《禮記·昏義》，第 1000 頁。

不可變革的人倫關係。[①] 因此在“《詩》三百”中，即有數量龐大的詩篇描摹男女與夫妻之情，并兼及於其他的人倫之情，期使男女之情以及其他的人倫關係，都能有正常而合乎道義的發展。

3. 具備博學多聞與達政專對之能力

孔子認爲學《詩》，還可以“多識於鳥獸草木之名”,[②] 以儲備博學多聞之能力；而此一能力，亦是從政者進行各項判斷之知識來源。同時因爲春秋時期流行引詩、賦詩，所以不學《詩》，即可能無以言。[③] 若能嫻熟《詩》之内容，在交際場合中即可發揮其實用功能。尤以外交場合，更可以透過適當詩篇之來往應答，以高雅的語言、温婉之態度達到政治外交的效果。[④] 引詩、賦詩造成政治上重大影響的實例，可舉重耳賦《河水》，而秦穆公賦《六月》爲例。宴席之間，秦穆公爲重耳賦《六月》之詩，趙衰立即催促重耳拜賜，因爲趙衰將其解讀爲“君（秦穆公）稱所以佐天子者命重耳”。[⑤] 此一巧妙解讀，日後還成爲趙衰不費一兵一卒而退秦師，不使秦跨足中原以插手勤王保駕之大事，而促成晋文公能宣大信大義於天下，以成就霸主之大業。[⑥] 此現象説明學《詩》不僅可以修己善群，若靈活運用，還可以成爲施政之重要輔助工具，對於施展内政外交都有其功效。

---

①其詳參見《禮記·大傳》，第 617 頁。

②《論語·陽貨》，第 156 頁。

③《論語·季氏》，第 150 頁。

④《論語·子路》，第 116 頁：“誦詩三百，授之以政，不達。使於四方，不能專對。雖多，亦奚以爲?”

⑤《左傳·僖公二十三年》，第 253 頁。

⑥《左傳·僖公二十五年》，第 262—263 頁。

（二）《書》與立人之道的關係

由於《性自命出》主要重在透過教習以調理性情，而成就“人道”之大事，《書》教雖位居“四教”之一，然而因其内容多與先王訓典誥命有關，固然與決策者之關係極爲密切，然而與中下層官員之關係則較爲疏遠，且與心性情志之涵養關係較遠，故而全篇之中較少提及《書》之具體内容。

然而《書》既爲“四教”之一，則其内容即有推究之必要。大體言之，《書》多記言之體，故簡文言“有爲言之”，乃上古四代重要政事史料之紀録，按照體式之不同，可分爲典、謨、訓、誥、誓、命六大類。其中，訓、誓、命三類，較偏重對於具體政事之記録。訓類，多記載重要輔政者告誡時王施政之道的訓詞；誓類，多記載國君與臣下、將士約束的誓辭；命類，則多選賢命官之時的告誡勉勵之辭。至於典、謨、誥三類，則較偏重整體施政之常態記録，影響周初之實際施政最爲深遠，故分類舉例言之：

《堯典》與《舜典》（今文《尚書》兩篇合一）記載堯“克明俊德，以親九族；九族既睦，平章百姓；百姓昭明，協和萬邦。”① 首重以明倫聖德治天下，還任命羲和定曆法以利農時，詢問群臣以舉用賢才，且因四岳之推薦而進用舜。舜既受命爲官，則“慎徽五典，五典克從；納于百揆，百揆時叙”，② 終因治政有方，且能善理人倫大事，遂能繼帝堯之後而成爲部落共主。

《皋陶謨》則記載皋陶建議禹應力行寬而栗，柔而立，愿而恭，亂而敬，擾而毅，直而温，簡而廉，剛而塞，强而義之九

①《尚書・虞書・堯典》，第20頁。

②《尚書・虞書・舜典》，第34頁。

德，并遵行天叙五典、五禮，以敦厚人倫，且以五服命有德，以五刑討有罪之治國綱領。① 此類記録説明古代聖主賢君敬重賢臣之重要，從廣爲諮詢、多納建言，可以建立良好的治國之道。皋陶之治國大道，乃上承堯舜明德慎刑以治天下之做法，且又更具體論述施政策略，影響後來帝王治政之道相當深遠。

周誥爲《書》之最核心部分，其中包含布告天下，使大衆廣爲周知的誥體資料，也包含命官封爵之時，專對一二人慰勉儆戒的話。其中以《周官》最爲特别，雖然該篇未必果爲成王既黜殷命，滅淮夷，還歸在豐所作，② 然而從其所載整體建國治國規劃，亦可見周公輔政時之大體構想，筆者即以爲此記載或爲《周禮》（《周官》）之雛形："冢宰掌邦治，統百官，均四海；司徒掌邦教，敷五典，擾兆民；宗伯掌邦禮，治神人，和上下；司馬掌邦政，統六師，平邦國；司寇掌邦禁，詰奸慝，刑暴亂；司空掌邦土，居四民，時地利。六卿分職，各率其屬，以倡九牧，阜成兆民。"③ 儘管六官各有職司以共成天下之治的構想還未臻細密，然而其整體布局已頗有規模，再加上能正確認知"明王立政，不惟其官，惟其人"④ 爲施政要點，且能遵行敬大臣、體群臣之方式用人，遂使成康之世成爲周代盛世。

從上述内容之屬性，可推測能在大學中執行《書》教者，也應爲熟悉歷代先王典謨訓誥等重要政事史料之高官，且其主要教育對象，也應是日後可能成爲高階官員，或有志從事政事參謀

①其詳參見《尚書・虞書・皋陶謨》，第 60—62 頁。

②其詳參見《尚書・周書・周官》，第 269 頁。

③《尚書・周書・周官》，第 270 頁。

④《尚書・周書・周官》，第 270 頁。

者。因此對照《性自命出》以“《書》，有爲言之也”以及“觀其先後而逆訓之”的説法，乃指從政者之接受、采行先王教訓，以作爲日後處理政事之取決標準。換言之，《書》之教雖然無法直接提供人情性之調理，然而其“疏通知遠”之功,① 確可提供從事外王事業者極佳處世參考。

（三）禮樂與立人之道的關係

《性自命出》對於禮樂的處理方式有分合兩種：在“詩、書、禮、樂，其始出皆生於人。”之部分，可視爲四種并列之教材，因而可以典籍視之；在“詩，有爲爲之也。書，有爲言之也。禮、樂，有爲舉之也。”之部分，儘管“禮”與“樂”仍可使用頓號將其點開，却不能無視其同屬“有爲舉之”之一類；在“聖人比其類而論會之，觀其先後而訓之，體其義而次序之，理其情而出入之，然後復以教。”之部分，又可區分爲“體其義而次序之”乃對應於“禮”，而“理其情而出入之”則對應於“樂”之兩種狀況。如此分合顯然有別之狀況，簡言之，乃因“禮樂”在“六經”與“六藝”之範圍内，則分别代表兩種不同的内容，然而當其納入各種禮儀舉行之時，則“禮樂”乃屬相須爲用之一體，禮儀之進行不能無樂，樂也必須針對各種禮儀性質之差异，而選擇相應之音樂，因而樂也無法脱離禮而存在。② 至於從教化之觀點而言，固然習《禮》之目的重在“體其義而次序之”，習《樂》之目的重在“理其情而出入之”，二者似有所不同，然而其

---

①《禮記・經解》，第 845 頁：疏通知遠，《書》教也。

②“禮樂”的分合問題，其詳參見林素英：《從“禮樂”的分合與特性論《性自命出》“道”四術或三術的迷思—兼論相關學者的研究方法》。

不約而同之處，則在於習《禮》、習《樂》比起學《詩》、學《書》，尤重於具體行爲之實踐，且又因爲“禮，作於情”、”禮本於人情”之根本特性，以致“禮”與“樂”之内涵雖有差异，却也明顯具有相輔相成之作用，其最終目的都在於“教，所以生德于中者也”，旨在教民成德，更是成就人之所以爲人的最重要管道。

以下主要透過《禮記》與《性自命出》（傳世文獻對於禮樂之教的相關記載較多，因而居前。）對於“禮”與“樂”之論述，而説明二者與立人之道的關係：

1. 以“樂”調理性情

音樂直接與人心有感於物而孳生之情相對應，因而《樂記》之《樂本》所載“其哀心感者，其聲噍以殺。其樂心感者，其聲嘽以緩。其喜心感者，其聲發以散。其怒心感者，其聲粗以厲。其敬心感者，其聲直以廉。其愛心感者，其聲和以柔。”乃説明人因有感於物而産生哀、樂、喜、怒、敬、愛六情，即可與相應的樂聲發生配對現象。由於音樂與人情會有各種相對反應，因此而有“先王慎所以感之者”之結論。《樂象》則轉從相對層面提到“凡姦聲感人，而逆氣應之；逆氣成象，而淫樂興焉。正聲感人，而順氣應之；順氣成象，而和樂興焉。“説明不同的聲音也會使人産生或逆氣或順氣之不同生理反應，隨而有或思淫欲或喜平和之心理反應，遂有淫樂或和樂之産生。因而在“倡和有應，回邪曲直，各歸其分；而萬物之理，各以其類相動”之情況下，遂得到“君子反情以和其志，比類以成其行”之結論。至於《樂情》也有“樂也者，情之不可變者也”，以及“窮本知變，樂之情也”之記載，説明聲、音、樂可以直接反應人情之實，因而多以和樂感人，人心亦可受到和樂之感染而使血氣平順，不生暴戾邪淫之意念。

《性自命出》則特別注重能執行“交感”之“心”的作用，因此簡 37 即言“雖能其事，不能其心，不貴。求其心有僞也，弗得之矣”。説明凡事以真心行之，是相當重要的。若能以真心體之，則如簡 29—30 所言，“凡至樂必悲，哭亦悲，皆至其情也。哀、樂，其性相近也，是故其心不遠。”因爲各種人情之不同反應，乃以發自人性深處的哀、樂二情最得人情之實，因而人心對其反應也相去不遠，遂外發爲喜極而泣、樂悲交雜之狀況。又因爲對於憂樂哀悲之情產生反應之關鍵，也在於“心”之思，因此簡 31—33 又説“凡憂，（此處另加讀號以利閱讀）思而後悲；凡樂，（此處另加讀號以利閱讀）思而後忻。”且歸結爲“其聲變，則【其心變】；其心變，則其聲亦然。”的聲與心之互動關係。由於聲與心具有明顯的互動關係，參照《樂象》也有“唯樂不可以爲僞”之説，更可與此呼應，因此簡 36—37 乃言“凡學者求其心爲難，從其所爲，近得之矣，不如以樂之速也。”説明凡事以真心行之，雖然極難，不過却是相當重要的。至於能否啓動真心，能否使心之動而能得其正，則莫若使其多接觸正聲，使正樂發揮其感而化之之教育功效來得直截迅速。

若能使其聲發乎真情，則可如簡 23—27 所言，由於能深刻打動人心，啓動潛藏於內心深處的仁厚之情，故可產生復歸於善德之效果：

> 凡聲，其出於情也信，然後其入撥人之心也厚。聞笑聲，則鮮如也斯喜。聞歌謠，則慆如也斯奮。聽琴瑟之聲，則悸如也斯嘆。觀《賚》、《武》，則齊如也斯作。觀《韶》、《夏》，則勉如也斯斂。永思而動心，喟如也。其居次也久，其反善復始也慎，其出入也順，司其德也。

由於聲出於真情之外露，因而聽聞其聲，則可產生《樂施》所言，“其感人深”之效果。例如聽聞笑聲、歌謠與琴瑟之聲，亦會隨之產生欣然而喜、陶然奮作與心動吟嘆之反應。觀賞《賚》、《武》，《韶》、《夏》，也會產生莊嚴奮發與黽勉自持之不同情感反應，且發爲不同的“志之所趨”；此即如《荀子》“夫聲樂之入人也深，其化人也速”① 之作用。因此簡28乃言“凡古樂龍心，益樂龍指，皆教其人者也。《賚》、《武》樂取，《韶》、《夏》樂情。”直指無論古樂或益樂，都具有教化人之作用，聽聞《賚》、《武》之樂，可以鼓舞人勇於進取之精神，至於《韶》、《夏》之樂，則可涵咏仁愛敦厚之人情。

由於音樂對人情性之影響極大，因而聖王對於作樂之事相當謹慎，因而《樂記·樂象》即言：

> 是故君子反情以和其志，廣樂以成其教，樂行而民鄉方，可以觀德矣。德者，性之端也；樂者，德之華也。金石絲竹，樂之器也。詩，言其志也；歌，咏其聲也；舞，動其容也。三者本於心，然後樂器（氣）② 從之。是故情深而文明，氣盛而化神。和順積中而英華發外，唯樂不可以爲僞。

説明音樂具有調理情性、和順心志之作用，因而可以教化萬民，使其動而有方，行之有節，以成就德行。更由於詩、樂、舞都緣於心之感於物，遂發爲情氣之動，再以爲詩、樂、舞之不同形式反應於外，故而詩、樂、舞實可謂“三位一體”。倘若心與

---

①《荀子·樂論》，見於［清］王先謙：《荀子集解》，臺北：藝文印書館，1988年，第629頁。

②根據［清］阮元：《禮記注疏校勘記》，第688頁，以惠棟校宋本“器”作“氣”，宋監本、岳本、嘉靖本同，衛氏《集説》同，石經“氣”字剥闕，《史記》亦作“氣”，不誤。

物之交感作用能深入潛藏於最底層之部分，則其相對之情的發用，亦會到達最深處、最真摯之部分，因而由於真摯之情的觸動，即可使相應的詩、樂、舞各種外在表現有其相對應之粲然文采。當精微靈敏之心與充沛極盛之氣相輝映，且達到内外交融、形神隨適之狀態，於是產生和順積於中而英華發於外之效果。能够如此，則人之情性自然得以調理，而可達到簡文所言“教，所以生德于中者也”之功能。

2. 以“禮”成就道義

“禮”之教，《性自命出》以“體其義而次序之”一言蔽之，可謂得“禮”之精義所在。因爲從《樂記》之《樂論》“禮者，天地之序也。……序，故群物皆别。”以及《仲尼燕居》“禮也者，理也。”[①] 之説法，最可以彰顯“禮”之特質，乃在於成就天地萬物之理序。天地之理序中，當然也包含人與人之間的理序，且還應以人倫之理序爲核心。此從以下《曲禮》幾則相關記載，即可清楚得知：

> 夫禮者，所以定親疏，决嫌疑，别同异，明是非也。
>
> 鸚鵡能言，不離飛鳥；猩猩能言，不離禽獸。今人而無禮，雖能言，不亦禽獸之心乎？夫唯禽獸無禮，故父子聚麀。是故聖人作，爲禮以教人。使人以有禮，知自别於禽獸。
>
> 道德仁義，非禮不成；教訓正俗，非禮不備；分争辯訟，非禮不决；君臣上下、父子兄弟，非禮不定；宦學事師，非禮不親；班朝、治軍、莅官行法，非禮，威嚴不行；禱祠、祭祀、供給鬼神，非禮，不誠不莊。是以君子恭敬、

①《禮記·仲尼燕居》，第854頁。

撙節、退讓以明禮。①

由於禮以講求人倫理序爲核心，因此必須妥爲分辨人與人之親疏遠近關係以及男女有别之事實，再推而至於能辨别内外同异以及事理之是非，以使群物皆能各得其宜。人，雖亦爲萬物之一，然而不能無别於禽獸；至於其分别之道，則須藉由知禮行禮，能考慮處世之宜，以使人自别於禽獸。换言之，人世間所有道德仁義、人倫秩序以及社會國家體制之圓滿，都有賴於遵禮行禮以達成。甚至於人與天地鬼神之溝通，亦透過各種祭祀禮儀之舉行，而養成誠敬、莊重、謙讓、節制之美德，且能達到中正平和之狀態，并非一味恭敬而已。② 能具備此中正平和之美德，則無論對己、對人，乃至於對待萬物，都會擁有一份恭敬心而無所争。因此《哀公問》乃言：

> 非禮，無以節事天地之神也；非禮，無以辨君臣、上下、長幼之位也；非禮，無以别男女、父子、兄弟之親，昏姻、疏數之交也。君子以此之爲尊敬然，然後以其所能教百姓，不廢其會節。③

由於禮之精義，乃本於人情而爲之節文；而節文之要，即透過各種制度之訂立與履行，以成就人間之善，此即“禮之所興，衆之所治也；禮之所廢，衆之所亂也。制度在禮，文爲在禮，行之其在人乎！”④ 可見禮最重視躬行實踐，而非徒托空言。

由於禮注重實踐，因此《性自命出》簡 18—22，在“禮，

---

①《禮記・曲禮上》，第 14—15 頁。

②《禮記・仲尼燕居》，第 852 頁：“敬而不中禮謂之野，恭而不中禮謂之給，勇而不中禮謂之逆”、“夫禮，所以制中也”。

③《禮記・哀公問》，第 848 頁。

④《禮記・仲尼燕居》，第 855 頁。

作於情，或興之也”説明禮本於人情之後，即指出其所重在於“當事因方而制之”，亦即强調禮應具體落實，且以講求節制爲要。因此再進而言“其先後之序則義道也，或序爲之節則度也”；至於表現於外之容貌，亦要求能合於度與節。然後則總結爲“君子美其情，〔貴其義〕，善其節，好其容，樂其道，悦其教，是以敬焉。”同時還舉例説明之：“拜”之禮節，乃禮儀之規範；幣帛，則爲表達信與有徵之禮儀，都有其一定之義道。如此一定之義道，即《尊德義》簡 7—8 所言“莫不有道焉，人道爲近。是以君子，人道之取先”① 的“人道”，是人同此心、心同此理，要求天地萬物都能各順其性而發展，屬於合乎天理人情之需求者。如此人同此心、心同此理的“人道”要求，也是《六德》所謂“君子如欲求人道”之途徑。换言之，乃是使夫婦、父子、君臣之“六位”，皆能各盡其率、從，教、學，使、事之“六職”，方能成就智、信，聖、仁，義、忠之“六德”，而讒諂無作，以締造“人道”之善。②

《性自命出》爲加强禮之實踐性，因此在簡 59—65，又列舉一些實踐禮的行爲時應該遵守之要點：

> 凡悦人勿吝也，身必從之，言及則明舉之而毋僞。凡交毋央，必使有末。凡於徵毋畏，毋獨言。獨處則習父兄之所樂。苟無大害，少枉入之可也，已則勿復言也。凡憂患之事欲任，樂事欲後。身欲静而毋憾，慮欲淵而毋僞，行欲勇而必至，貌欲壯而毋拔，〔心〕欲柔齊而泊，喜欲智而亡末，樂欲懌而又有志，憂欲斂而毋昏，怒欲浧而毋希，進欲遜而

①《郭店楚墓竹簡》《尊德義》，第 173 頁。

②其詳參見《郭店楚墓竹簡·六德》，第 187—188 頁。

毋巧，退欲尋而毋輕，欲皆度而毋僞。

說明處理各種生活瑣事或與人來往交際時，應以誠實無僞之心待人，以光明磊落之態度做事。凡事應淡泊以行之，善始善終。對於無傷大雅之事，則應寬容大度不與人爭，且無埋怨之心。應勇於承擔憂患繁難之事，而後於享樂之事。能遵循諸如此類之生活細節，則能養成動而有節、行而有度之行爲規範，而喜怒哀悲之情的發動，亦皆可發而中節。

由於身心互爲影響，因而簡 65—67 即記載以禮存心者，其發而於外的各種容體表現：

君子執志必有夫廣廣之心，出言必有夫柬柬之信，賓客之禮必有夫齊齊之容，祭祀之禮必有夫齊齊之敬，居喪必有夫戀戀之哀。

透過此一歸納，隱約可看出此篇簡文對於“禮”無法脱離“儀”而獨立之提醒。由於無心外之行，再加上要求君子“誠於中而行於外”，所以一旦言禮，即必須注重禮容之合宜，因此乃先以賓主相待應有之禮容，烘托“禮”重在講求人與人之誠信與敬重。然後再以禮之所重者在於喪祭之禮，説明哀敬之意乃禮之重要核心，最後乃得到“君子身以爲主心”之結論，其旨本在於强調“身心一體”之重要性。换言之，簡文相當注重禮儀與禮義之關係，透過禮儀之揖讓進退之具體實踐過程，可以體會其中所蘊藏之深厚禮義所在。對照“夫禮，始於冠，本於昏，重於喪祭，尊於朝聘，和於射鄉，此禮之大體也。”① 之記載，由於朝聘與射鄉之禮都講求賓主相待關係，非僅要求有尊尊之義，更以親親之和爲主，於是選取待賓之道與禮之所重的喪祭禮爲例，説明

①《禮記·昏義》，第 1000—1001 頁。

其相應表現的禮容，期許其心體合一。若能“身心一體”而行之，始能成爲《五行》所言“仁形於内謂之德之行”之類，成就“德之行五和謂之德”；倘無法達到此程度，則僅能是暫居其次的“不形於内謂之行”之類，力行不輟的結果，則達到“四行和謂之善”之“人道”層次。① 故知要達到此“四行和謂之善”之“人道”層次，其關鍵即在於禮之實踐；倘若能在禮的身體實踐之外，再上達至禮的形上根源，則内外貫通之結果，即可達到上通“天道”之層次。

3. 從“禮”與“樂”之相輔相成以立人道

即使未知禮儀制度之詳，然而從傳統所言中國文化乃以禮樂爲核心之説法，已可理解禮與樂之孿生關係；若能深入禮儀實踐之情形，更可理解禮樂相須而行之密切關係。《性自命出》之簡文，雖然并無很明顯的將禮樂并提之情形，不過既已透露出禮儀之實踐與誠信恭敬之心與行爲互爲相關，其實亦已説明禮與樂必須相輔相成，始能成就“人道”之善的事實。不過參照《六德》，在指出“六經”乃提供成就人倫之重要材料後，又指出“仁，内也。義，外也。禮樂，共也。”② 則爲禮樂并提之現象，且顯示禮樂具有溝通内外的相輔相成關係。至於明顯將禮樂并提，且進行禮樂之分論，再詳細申論二者之合者，實以《樂記》最爲明顯，非僅對於人之心性情志之涵養具有重要意義，且可向外擴展至外王之大道。以下分别從三方面各舉一例言之：

①其詳參見林素英：《從郭店簡探究其倫常觀念——以服喪思想爲討論基點》，臺北：萬卷樓圖書股份有限公司，2003 年，第五章第二節，第 156—166 頁。

②《郭店楚墓竹簡·六德》，第 188 頁。

（1）人人必須兼容禮樂不同之特質

生活是多元的，環境是多變的，社會更是複雜的，因而人更需要兼容并蓄有益於世道人心者，并統合運用之。《樂記·樂論》云：

> 樂者爲同，禮者爲异。同則相親，异則相敬，樂勝則流，禮勝則離。合情飾貌者禮樂之事也。禮義立，則貴賤等矣；樂文同，則上下和矣；好惡著，則賢不肖别矣。……仁以愛之，義以正之，……樂至則無怨，禮至則不争。揖讓而治天下者，禮樂之謂也。……樂者，天地之和也；禮者，天地之序也。和，故百物皆化；序，故群物皆别。樂由天作，禮以地制。過制則亂，過作則暴。明於天地，然後能興禮樂也。

此説明禮樂同源於天地之道而來，雖然在本質功能與製作之出發點稍有不同，然而其彼此相濟以成就“人道”之善則相同。蓋因天地提供人類生存之場域，由於天地之和，而百物皆能得其化；由於天地之序，故群物皆有其别；是故人生於天地之間，亦應明於天地兼有和同與别异之差异原理，而知“人道”應該兼體禮樂兩種不同之道。坐實而言，相親相敬雖屬不同之情，然而皆屬人之所需。故而凡事或沉湎其中或冷静旁觀，或講求情意安舒或注重外在威儀，雖狀若對立，然而出入收放之間，却同爲人所必須兼而有之者。若能兼顧禮樂之兩種特質，則能合於情理所需，且可整飭一己之貌。若能如此，則好惡與賢不肖皆彰明昭著，以致或以仁愛之，或以義正之，皆能各如其分。若能深得禮樂之原理，則可勞而無怨、爲而不争，懂得貴賤雖有等，然而上下始終能和同，因而人倫有序、事理浹洽，社會自然和諧，國家以及全天下亦可得而治之。尤其中國人注重“施不望報”與“知恩圖報”的淳厚美德，亦得自禮樂的優良傳統精神而來。此即《樂象》所言“樂也者，施也；禮也者，報也。樂，樂其所自生；而禮，反其所自始。樂章德，禮報情反始也。”大家若能效法“樂”將愉悦之氣氛普施大衆而不望報的精神，將可惠而不費，多將歡樂帶給別人；至於受人恩惠者，則應點滴長在心頭，而長懷涌泉以報之情；如此一來，人之心性情志當然得到好的調養，自安而安人，自樂而樂人，使社會到處充滿温馨之情。

（2）以禮樂修治身心進而教化百姓

基於禮樂本於天地和諧有序之自然原理而來，因而人應上體其理而努力修治其身，再推而廣之，以影響周遭之人與事。尤其是爲政之君子，更應從修己而治人，以至於教化天下百姓。《樂記·樂化》云：

> 君子曰：“禮樂不可斯須去身。”致樂以治心，則易、直、子、諒之心油然生矣。易、直、子、諒之心生則樂，樂則安，安則久，久則天，天則神。天則不言而信，神則不怒而威，致樂以治心者也。致禮以治躬則莊敬，莊敬則嚴威。心中斯須不和不樂，而鄙詐之心入之矣。外貌斯須不莊不敬，而易慢之心入之矣。故樂也者，動於内者也；禮也者，動於外者也。樂極和，禮極順，内和而外順，則民瞻其顔色而弗與争也；望其容貌，而民不生易慢焉。故德輝動於内，而民莫不承聽；理發諸外，而民莫不承順。故曰：“致禮樂之道，舉而錯之，天下無難矣。”

由於樂最能深入人心之真性情，因而若能多沉浸於中和之雅樂，則從其中，可以油然孳生和易、正直、慈愛、誠信之心，一旦能擁有和易、正直、慈愛、誠信之心，則能由内而外感到通體自適安樂，進而能長久安於其自適安樂之境界，而感受天命神乎其奇、不言而信、不怒而威之一面，於是發而於外之行爲動作，亦皆能合乎天地之道的莊敬恭謹之合理行爲。因此爲政者若能不生怠慢之心，而以道義爲依歸，則能發於外而爲莊敬之容貌與嚴威之行爲，於是上行下效，百姓亦能順承於道，而舉措皆能得其宜。有此因緣，故而爲政之君子若能努力修治禮樂之教，以期能從内而外，徹底調和人之情理，則君臣上下皆能實踐禮樂之道，則社會和諧、國家大治，乃至於天下平之狀態亦非難事。

（3）禮樂可以内治情性外統天下

由於音樂直接反應人心與外物之交感結果，因此音樂最能觸動人之真情。禮雖然要求能順應群物之理序，不過却因其本於人情，所以禮樂即可以内治個人之情性，外而兼及於群物之情與理，使天下之群物皆能各得其存在之理序。《樂記·樂情》云：

> 樂也者，情之不可變者也。禮也者，理之不可易者也。樂統同，禮辨异，禮樂之説，管乎人情矣。窮本知變，樂之情也；著誠去僞，禮之經也。禮樂偩天地之情，達神明之德，降興上下之神，而凝是精粗之體，領父子君臣之節。是故大人舉禮樂，則天地將爲昭焉。天地欣合，陰陽相得，煦嫗覆育萬物，然後草木茂，區萌達，羽翼奮，角觡生，蟄蟲昭蘇，羽者嫗伏，毛者孕鬻，胎生者不殰，而卵生者不殈，則樂之道歸焉耳。

由於禮樂乃關乎情理之最深處，又涉及不可變易的天道，因而要求窮本知變、著誠去僞，返回最根本之情實，即應兼顧禮樂之至道。最深刻的禮樂之道，乃藉由天神、地祇與人鬼三類祭祀禮儀系統之進行，而通達於神明之德。緣於對周遭環境之重視，於是上自包含日月星辰、風雨雷電等天神系統，下至包含土地山岳、川流溝壑等自然地祇系統，都可以藉由定期之祭禮，達到注重天地自然變化，適時采取必要措施以解決可能遭遇之問題，而使民生獲得妥善的照顧與安頓。甚且在祭祀自然神之同時，還可藉由天地之尊卑有序，深切體會何謂尊尊之義與君臣之節。倘若爲政之君子能依順天地運行之自然法則，將可以順應陰陽四時之變化，掌握萬物生長之時機，使其各遂其生、各成其長，成就“生生之德”。此外，祭禮之舉行，非僅僅在於促進人與天地萬物之和諧關係而已，對於人鬼之祭祀系統，更是周代祭禮中極其重要之一環，其中尤以宗廟祭禮爲然。藉由全族之人共同參與宗廟祭禮之機會，可以體會宗族内外、尊卑長幼之區别，再由祭禮後合族共食之活動，感受“五服之内，血濃於水”的親親之情，進而理解《喪服四制》所言“門内之治恩掩義”① 之道理。

經由以上論述，可知對個人而言，要使心性情治得到中正平和之狀態，都應兼顧禮樂雖然有别，然而却又彼此相輔相成之特質，方可以成就人之所以爲人的“人道”。至於爲政君子，在成就一己之“人道”外，更應將禮樂相輔相成之事實與道理施於爲政之道，則可經由上行下效之關係，産生教化百姓之效果，卒使國治而天下平。同時更由於推極禮樂之道，可使上達人與天地萬物之和諧關係，因而其所謂外統天下，非僅止於對普天之下的人身統治權而言，而是要真正澤及於包含所有天地萬物之全天下。

六、結論——“人道”之理想透過爲政而上達於“道”

從孔子“人道，政爲大”提綱挈領式的説法，已可見“人

①《禮記·喪服四制》，第 1032 頁。

道”之理想還有賴與“政道”相搭配，以促使“人道”不單單爲少數知識份子之實踐内容，而是藉由爲政君子有計畫地推動各項政策，實施外王之道，以協助“人道”能推廣於普遍的廣大社會大衆中。在并列的《詩》、《書》、《禮》、《樂》（禮樂）之教中，雖然各有其不可或缺的重要性，不過畢竟還是應以《禮》、《樂》（禮樂）之教更爲重要。然因外王之道所牽涉的問題與範圍寬廣而複雜，却并非本文探討之主體，故僅選擇與禮樂思想相關者爲綫索，以聯繫“人道”之理想與爲政之道的關係：

透過孔子與子貢之一段話，可見爲政者對於禮與樂都不應有所偏廢，必須相并而行，同時還應以《詩》之雅言作爲言談有禮之資：

> 子曰：“禮也者，理也；樂也者，節也。君子無理不動，無節不作。不能《詩》，於禮繆；不能樂，於禮素；薄於德，於禮虛。”子曰：“制度在禮，文爲在禮，行之，其在人乎！”子貢越席而對曰：“敢問：夔其窮與？”子曰：“古之人與？古之人也。達於禮而不達於樂，謂之素；達於樂而不達於禮，謂之偏。夫夔，達於樂而不達於禮，是以傳於此名也，古之人也。”①

舉凡視聽言動之行爲都與禮有關，因而無論是制度之訂立或者個人言行之修飾，都必須藉由人之“志於道，據於德”② 而行，且還必須搭配《詩》之相關修養，以實踐有關“禮”之各種制度規劃。同時由於禮儀與歌詩乃互相搭配，所以也可謂與“樂”相和以行。至於帝舜任命夔典樂以教胄子，且交代其以“直而温，寬而栗，剛而無虐，簡而無傲。詩言志，歌永言，聲依永，律和聲；八音克諧，無相奪倫，神人以和”爲教育宗旨與

---

①《禮記·仲尼燕居》，第854—855頁。

②《論語·述而》，第60頁。

施教重點，然而夔却僅以“予擊石拊石，百獸率舞”應對，① 致使孔子要以“達於樂而不達於禮”有所偏頗而批評之。因爲“樂”雖主盈滿以化施天下，而使神人皆可得悦樂之感，然而“樂盛則流”，若一再沉湎於自我悦樂滿足之快感中，而不知返回本心以自立其本，行事也不講求合乎道義與客觀理性，則易流於放蕩而不可收之弊，因此必須禮樂兼施而無所偏頗。此説又可與孔子“禮樂不興，則刑罰不中；刑罰不中，則民無所措手足。”② 之説法相呼應。

再透過孔子與子夏之談論，又可知爲政的“民之父母”，非僅應實施禮樂之道，而且還必須“反本復始”，達於禮樂之原，其文云：

> 孔子閑居，子夏侍。子夏曰：“敢問《詩》云：‘凱弟君子，民之父母’，何如斯可謂民之父母矣?”孔子曰：“夫民之父母乎，必達於禮樂之原，以致五至，而行三無，以横於天下。四方有敗，必先知之。此之謂民之父母矣。”③

基於禮樂本於天地理序的根本特性，因而主政的“民之父母”，必須如孔子所言，應能推其本而達於禮樂之原者。至於要真正達到禮樂之原者，又必須切實實踐“志之所至，詩亦至焉。詩之所至，禮亦至焉。禮之所至，樂亦至焉。樂之所至，哀亦至焉”的“五至”，也應能實踐“無聲之樂，無體之禮，無服之喪”之“三無”，同時還要能關照到其後續所討論的“五起”與“三無私”之層次。尤其必須注意如何以“氣志既‘起’”彰顯“氣志”蓬勃興起且歷久不衰的極盛狀態，而與實踐“三無”取

---

①詳參《尚書》《虞書·舜典》，第 46 頁。

②《論語·子路》，第 115 頁，記載孔子對子路所言。

③《禮記·孔子閑居》，第 860 頁。

得聯繫。此外還應注意三代之王如何效法“天無私覆，地無私載，日月無私照”的三種“無私”之德，使其成爲人君應該恪遵的公正精神，并藉此以撫慰天下。如此一來，“五至”、“三無”、“五起”與“三無私”，即可成爲施政的連鎖關係，共同構成孔子所主張的“爲政以德”之政治理想。①

爲政君子苟能上達於禮樂之原，則可率天下以行禮樂之道，而得“人道”之實。能得“人道”之後，再效法天地之教，即所謂“天有四時，春秋冬夏，風雨霜露，無非教也。地載神氣，神氣風霆，風霆流形，庶物露生，無非教也”②。方可達到贊天地之化育，而與天地參之地步，③ 上體天地之德，而通於天地之道。一旦在掌握“人道”之後，繼而又能理解天地各有其道，效法雲行雨施，其旨在於使萬物皆能蒙受其施之道理，以使群物各遂其生生之德，則是以天道、地道、人道以及群物之四道，共同成就“道”所具有的循環往復“原始反終”④ 之德。

由於天道、地道、人道以及群物之四道中，唯有“人道”可以透過教育之過程而獲得調整實現，其餘三道則各有其自然之道，而非人爲努力即可改變者，因而又稱“唯人道爲近”。換言

①詳參《禮記·孔子閑居》，第860—863頁。其相關討論，可參考林素英：《上博簡〈民之父母〉思想探微——兼論其與〈孔子閑居〉之關係》，師大國研所《中國學術年刊》，第25期，2004年3月，第37—60頁。林素英：《〈仲尼燕居〉、〈孔子閑居〉與〈論禮〉纂輯之比較——以〈民之父母〉爲討論中介》，收入丁四新主編：《楚地簡帛思想研究（三）》，武漢：湖北人民出版社，2007年，第284—315頁。

②《禮記·孔子閑居》，第862頁。

③詳參《禮記·中庸》，第895頁。

④《周易·繫辭上》，第147頁。

之，必須先立足於“人道”，再求效法地道之制，而後方可上達於“天道”。一旦能掌握天道、地道與人道三道，則群物之道亦可再外推而通達之。當四道通達，即可匯歸於“道”之整體。此一現象，不但可與《王制》應先立足“人道”之説相應，且與《哀公問》之内容兼有“人道”與“天道”兩種層次之發展狀況相合，同時，還可與《禮記》以及郭店儒簡中之相關篇章之内容相互呼應，而達到文義交相闡發之作用。

此外，戰國時期對於“人道”之注重，非僅上述郭店簡文與《禮記》之相關篇章而已，屬於儒家系統之《荀子》，亦於《非相》及《禮論》之中多言“人道”之重，① 可見儒家對於“人道”之重視。非僅儒家重視“人道”，講求治國爲主之《管子》，在《五輔》、《霸言》以及《五行》也都提及“人道”，② 且甚言其要。甚至於《莊子》之中，在《人間世》、《在宥》、《天道》

---

①《荀子・非相》，第 210—211 頁：“夫禽獸有父子而無父子之親，有牝牡而無男女之别。故人道莫不有辨。”《禮論》，第 596—597 頁：“繩者，直之至；衡者，平之至；規矩者，方圓之至；禮者，人道之極也。”第 599—600 頁：“禮者，謹於治生死者也。生，人之始也；死，人之終也，終始俱善，人道畢矣。”第 624 頁：“祭者，志意思慕之情也。忠信愛敬之至矣，禮節文貌之盛矣，苟非聖人，莫之能知也。……其在君子以爲人道也，其在百姓以爲鬼事也。”

②分别見於黎翔鳳撰，梁運華整理：《管子校注》，北京：中華書局，2004 年。《五輔》，第 199 頁：“天時不祥，則有水旱；地道不宜，則有飢饉；人道不順，則有禍亂。此三者之來也，政召之。”《霸言》，第 473 頁：“夫先王之争天下也以方心，其立之也以整齊，其理之也以平易。立政出令，用人道；施爵禄，用地道；舉大事，用天道。”《五行》，第 859 頁：“天道以九制，地理以八制，人道以六制。以天爲父，以地爲母，以開乎萬物，以總一統。通乎九制、六府、三充，而爲明天子。”

以及《寓言》等篇,[①] 亦多言“人道”之問題與重要。凡此種種，都説明“人道”之問題乃人世間最應注意之問題，且必須透過教化之管道以得其正。在《詩》、《書》、《禮》、《樂》（或禮、樂，禮樂）“四教”之中，尤以禮樂本於天地之原，情況最爲特殊，因而地位也特別重要，也最應爲人所努力實踐者。

附記：本文初稿曾宣讀於2011. 10. 29—30由中國人民大學國學院主辦，香港中文大學哲學系、臺灣大學中文系協辦，於北京中國人民大學圖書館會議廳舉行之“機遇與挑戰：思想史視野下的出土文獻研究”國際學術研討會。（國科會專題研究計畫“結合傳世與出土文獻以探究二戴《禮記》“哀公問”相關篇章之形成與流傳—兼論儒家政治思想之發展”NSC 99 —2410—H—003—087—MY2部分研究成果）

作者簡介：林素英，1955年生，臺灣新北市人，臺灣師範大學國文系所專任教授。學術論著：《古代生命禮儀中的生死觀——以〈禮記〉爲主的現代詮釋》、《古代祭禮中之政教觀——以〈禮記〉成書前爲論》、《喪服制度的文化意義——以〈儀禮·喪服〉爲討論中心》、《從〈郭店簡〉探究其倫常觀念——以服喪

①分别見於［清］郭慶藩：《莊子集釋》，臺北：貫雅文化事業有限公司，1991年。《人間世》，第152、153頁：“事若不成，則必有人道之患；事若成，則必有陰陽之患。若成若不成而後無患者，唯有德者能之。”《在宥》，第401頁：“何謂道？有天道，有人道。無爲而尊者，天道也；有爲而累者，人道也。主者，天道也；臣者，人道也。天道之與人道也，相去遠矣，不可不察也。”《天道》，第469頁：“夫天地至神，而有尊卑先後之序，而况人道乎！宗廟尚親，朝廷尚尊，鄉黨尚齒，行事尚賢，大道之序也。語道而非其序者，非其道也；語道而非其道者，安取道！”《寓言》，第949頁：“人而无以先人，无人道也；人而无人道，是之謂陳人。”

思想爲討論基點》、《禮學思想與應用》。普及作品：《少年禮記》、《甜蜜的包袱——〈禮記〉》、《陌生的好友〈禮記〉》。另有《詩經》、《史記》等經史學思想以及學術史研究之單篇論文數十篇。

《儒行》的年代及其所述儒者的生命品格

龔建平　杜珂瑋

摘要：《儒行》作爲儒家經典《禮記》一書的第四十一篇，其成書年代學界至今仍存有分歧。根據筆者對《儒行》内容的解讀認爲其應成書於戰國時代。本文以“仁”作爲理解《儒行》的根本精神的核心，參照和吸收章太炎與熊十力等對《儒行》的解讀，詳細闡述了作者所刻畫的儒者生命品格與人生追求。《儒行》全文雖僅千字却以“仁”這一思想爲出發點，詳細闡發了儒家對儒者從外在表現到内在德行等15個方面的基本要求和行爲準則：爲入仕者塑造出了一個鞠躬盡瘁，死而後已的光輝典範，爲準備入仕的人列舉了所應具備的各項待人接物的人格規範，爲歸隱的人規避了亂世的紛擾并展示他們如何於亂世中堅守自身的夢想。《儒行》通過以上所述的這三個方面揭示了有關儒家的禮制要求，而這些禮制思想正是實現儒家核心思想——“仁”的踐行方式和途徑，也是實現儒家的人生終極追求——成爲聖賢的修養功夫。

《儒行》是儒家經典《禮記》一書的第四十一篇，歷史上對《儒行》成書的年代及其價值的評價仍有一定分歧。然而，細究其思想理路會發現，《儒行》中所述儒者的行爲規範幾乎没有不合於義理的，可以説與先儒的思想一脉相承，衹是其所體現的時代背景有一定差别而已。《儒行》所述是否爲孔子之言，恐怕難以定論，但儒者在面臨複雜萬變的社會生活事實時，他們是否會一成不變呢?《易經》中“天行健，君子以自强不息”①，是對孔子的智慧乃至其後的儒家哲學最真實的寫照。然而一旦出了孔子的時代，顯然不能按圖索驥，依樣畫葫蘆的。這樣看，《儒行》所述的倫理實踐原則，正是在特殊條件下將這種“自强不息”的精神發揮到淋漓盡致的表現。

顯然，《儒行》能够流傳至今，也説明它整體上與儒家倫理若合符節，是儒家思想的發展和補充。

一、關於《儒行》的成書時代與價值

《禮記》和《孔子家語》均有《儒行》爲篇名的文字，因《家語》過去被視爲王肅僞作而往往被人忽視，但《禮記》《儒行》篇的價值和成書時代則見人見智。隨著儒學研究的深入，人們開始注意到《儒行》的價值，但關於其時代與思想内涵，則仍有討論的餘地。

傳統觀點從漢末經學大師鄭玄到近代章太炎，認爲其乃孔子之言，或爲記者記之。今仍有學者堅持這個觀點②。鄭玄認爲“《儒行》之作，蓋孔子自衛初反魯時也”③。章太炎也認爲:“《儒行》一篇，非孔子自著，由於弟子筆録。”④ 針對近人有以“文字易趣”而斷《儒行》爲僞作，章太炎認爲這衹是記録者所

①周振甫:《周易譯注》，北京：中華書局，2012 年，第 4 頁。

②宋林立孫寶華:《讀儒行札記》，《管子學刊》，2010 年第 3 期。

③阮元:《十三經注疏》，杭州：浙江古籍出版社，1998 年，第 1668 頁。

④諸祖耿等記録:《章太炎國學講演録》，北京：中華書局，2013 年，第 23 頁。

造成的誤會，實則《論語》、《儒行》本相符合，“惟《論語》簡約，《儒行》鋪張，文字上稍有易趣”而已。但自唐孔穎達開始則懷疑這一説法的真實性。孔氏據《左傳》哀公十一年冬，孔子自衛返魯時并未有“孔子至舍，哀公館之”的記載，故懷疑是否確有其事。① 孔氏的論據顯然并不充分，但從此就出現了具有分歧的兩種不同觀點。

北宋程頤認爲《儒行》之篇“如後世游説之士所爲誇大之説。”② 這顯然是從思想的角度説的。與程頤有師承關係的吕大臨在其《禮記解》中亦説：“此篇之説，有矜大勝人之氣，少雍容身厚之風，似與不知者力争於一旦。竊意末世儒者，將以自尊其教，有道者不爲也。”③ 朱熹也説：“《儒行》《樂記》非聖人之書，乃戰國賢士爲之。”④ 清孫希旦亦認爲“此篇不類聖人氣象，先儒多疑之”，“蓋戰國時儒者見輕於世，故爲孔子學者托爲此言，以重其道。”⑤ 以上諸儒所持論點相近，皆否認《儒行》爲孔子和其弟子們所著，《儒行》大體成書於戰國時代。近人熊十力則以疑問句的方式説：“《儒行》一篇，其七十子後有學當戰國之衰而作乎？”⑥ 及至近年，學者楊天宇認爲《儒行》乃“假托

①阮元：《十三經注疏》，杭州：浙江古籍出版社，1998 年，第 1671 頁。
②《二程集》上，北京：中華書局，1981 年，第 177 頁。
③《藍田吕氏遺著輯校》，陳俊民輯校，北京：中華書局，1993 年，第 360 頁。
④朱熹：《語類》六，北京：中華書局，1986 年，第 2225 頁。
⑤孫希旦：《禮記集解》下，北京：中華書局，1989 年，第 1410 頁。
⑥熊十力：《熊十力全集》第三卷，武汉：湖北教育出版社，2002 年，第 681、691 頁。

孔子之言"，是漆雕氏之儒所爲。①

筆者認爲，關於《儒行》成書的年代因無實據無法坐實，但認爲乃孔子和他的弟子們所著難令人信服。很明顯，《儒行》篇的内容所折射的時代特征與孔子之時有所不同。孔子時雖有所謂"禮崩樂壞"，但仍可說是"君臣固位，上下相持"的。因此，筆者認爲其出於戰國儒者之手應更令人信服。但我們不應因此就否認或降低《儒行》的價值。而《儒行》一書大致年代的確定是與其思想内涵和價值的認識有關的。

以程頤、吕大臨和朱熹等爲代表，認爲《儒行》篇首雖有孔子答魯哀公之語，但不可視爲是孔子思想的直接表述，因而，其價值也就相應遞降。宋儒否認《儒行》價值，以程頤爲甚，程頤認爲"《儒行》之篇，此書全無義理，如後世游説之士所爲誇大之説，觀孔子平日語言，有如是者否?"② 朱熹否認其爲孔子之語，謂爲"戰國賢士爲之"。吕大臨和朱熹接近，他雖否認《儒行》爲聖人之書，但却不否定《儒行》的價值，而是認爲："雖然其言儒者之行不合於義理者殊寡，學者果踐其言，亦不愧於爲儒矣；此先儒所以存其篇，今日講解，所以不敢廢也。"③

近人不遵宋儒道統，多以肯定《儒行》的價值爲主。如章太炎説："《儒行》所説十五儒，大氐堅苦卓絶、奮厲慷慨之士，與'儒柔'之訓正反"④，還認爲"儒專守柔"，産生許多弊病，而

①楊天宇：《禮記譯注》，上海：上海古籍出版社，1992 年，第 1021 頁。

②《二程集》上，北京：中華書局，1981 年，第 177 頁。

③《藍田吕氏遺著輯校》，陳俊民輯校，北京：中華書局，1993 年，第 360 頁。

④諸祖耿等記録：《章太炎國學講演録》，北京：中華書局，2013 年，第 22、24 頁。

《儒行》所言十五儒，恰恰是一種補救。“十五儒中，有其一種，即可尊貴，非謂十五儒個個須與孔子相類也。”① 蔣伯潛謂：“《禮記》通論之類凡十篇，能精讀此七篇（引者按：包括《大學》、《中庸》、《禮運》、《樂記》、《學記》、《經解》及《儒行》）亦已足矣。”② 黄壽祺則曰：“《大學》、《中庸》、《禮運》、《樂記》、《儒行》《學記》諸篇，義理之宏深，文辭之粹美，他經罕有其比。此所以若江河長流，萬古不廢也！”③ 對其價值肯定如是！熊十力則認爲《儒行》所述雖顯隱不同，但“行事出乎中正”。他説：“《大學》、《儒行》二篇，皆貫穿群經，而撮其要最，詳其條貫，揭其宗旨，博大宏深。蓋皆以簡少之文，而攝無量義也。”④ 因此，《大學》、《儒行》是相互補充的。前者爲綱目，後者是實踐，甚至是人生的“常道”。

對於程頤認爲《儒行》“全無義理”，章太炎和熊十力却認爲這個説法没有什麼道理。我們細考《儒行》中和宋儒學旨不相契者不外有這樣的詞句：如“儒有上不臣天子，下不仕諸侯……雖分國如錙銖，不臣不仕”（《禮記·儒行》，以下凡引该文，不再注出），程頤則主張“父子君臣，天下之定理，無所逃於天地之間”⑤；再如《儒行》云：“儒有忠信以爲甲胄，禮義以爲干櫓；戴仁而行，抱義而處”，以及主張“世治不輕，世亂不沮；同弗與，异弗非”的“特立獨行”之舉等等，其中以“甲胄”、“干

①諸祖耿等記録：《章太炎國學講演録》，北京：中華書局，2013 年，第 22、24 頁。

②阮元：《十三經注疏》，杭州：浙江古籍出版社，1998 年，第 1671 頁。

③蔣伯潛：《十三經概論》，上海：上海古籍出版社，2010 年，第 259 頁。

④黄壽祺：《群經要略》，上海：華東師範大學出版社，2000 年，第 126 頁。

⑤《二程集》，北京：中華書局，1981 年，第 77 頁。

櫓”等形象語言將儒家的倫理規範視爲個人生活之具，有自保之義或所謂“任俠”之氣，與宋儒所重視的《中庸》所謂“誠者非自成己而已也，所以成物（人——引者）也”的“成己”、“成物（人）”觀點顯然并不完全一致。文中所謂“世治”、“世亂”就反應了類似戰國的時代背景。顯然，章、熊二君没有意識到其間的差别。

在“諸侯异政，百家异説”的戰國時代，“邦無定交，士無定主”，不臣不仕并非罕見現象。不僅子思有所謂“吾不能爲舌，故不能事君”① 之語，還有所謂“恒稱其君之惡者可謂忠臣”（《郭店楚簡・魯穆公問子思》）之説。再如司馬遷所説的季次、原憲，因“讀書懷獨行君子之德，義不苟合當世”（《史記・游俠列傳》），都不僅是個人性格所就，而乃時勢使然。這説明儒家人格的表現并非千篇一律。

也就是説，儒家在不同歷史時代其表現是并不相同的。過去我們一般認爲儒家就是兩種姿態：隱與仕，其實，即使儒者所謂“隱”也應與道家之“隱”不同。應該説，《儒行》反應了這種生命形態的複雜性。在這種形態中，儒者不僅需要堅持其道德的理想，還要能够退而保全自身。子思云：“時移世异，各有宜也。當吾先君，周制雖毁，君臣固位，上下相持，若一體然。夫欲行其道，不執禮以求之，則不能入也。今天下諸侯方欲力争，競招英雄以自輔翼，此乃得士則昌、失士則亡之秋也。伋於此時不自高，人將下吾；不自貴，人將賤吾。舜、禹揖讓，湯、武用師，非故相詭，乃各時也。”② 正是因爲在變化的環境中儒者不僅要面

①傅亞庶，《孔叢子》校釋，北京：中華書局，2011 年，第 181、130 頁。
②傅亞庶，《孔叢子》校釋，北京：中華書局，2011 年，第 181、130 頁。

對自己的生活，還需要面對不同價值觀的挑戰乃至面對來自政治上的壓力而“抗志”，所以吕大臨認爲《儒行》作者“似與不知者力争於一旦”①。

關於《儒行》的内容，章太炎認爲其述儒者“堅苦慷慨之行，不外高隱、任俠二種。”他認爲“高隱一層，非所宜於今日；任俠一層，與民族存亡，非常相關。”而“合志同方，營道同術，久不相見，聞流言不信”，乃任俠之本②。但是，熊十力并不認爲《儒行》没有宗旨，衹是乾巴巴十五條倫理原則。他認爲貫穿其中的根本原則就是“仁”，“百行一本於仁”。他批評鄭、孔漢唐經師根本不能理解儒家的真精神，兩宋理學大抵不脱迂謹，末流入於鄉願。陽明開一代風氣，但忽略學問和知識。乃至章太炎都没有很好地理解《儒行》。“宋、明諸儒，本無晚周儒者氣象，宜其不解《儒行》也。近時章太炎嫉士習卑污，頗思提倡儒行，然衹以高隱、任俠二種視之，則其窺儒行，亦太淺矣。”③

在亂世，儒者不僅面臨不同的價值觀的沖突，而且即使鄉願都可能并不多見，諸如忠孝恕悌等傳統觀念的道德内涵可能發生變化，它們與仁義等儒家的根本觀念出現緊張關係。如果説“政治討論具有一個與學術討論根本不同的特征。政治討論不僅力圖成爲正確有理的一方，而且還尋求摧毁其對手的政治存在和理智

①《藍田吕氏遺著輯校》，陳俊民輯校，北京：中華書局，1993 年，第 360 頁。

②諸祖耿等記録：《章太炎國學講演録》，北京：中華書局，2013 年，第 25 頁。

③熊十力：《熊十力全集》第三卷，武汉：湖北教育出版社，2002 年，第 691 頁。

存在的基礎"① 的話，那麼，以倫理原則作爲政治原則之基礎以及終極關懷的儒家倫理内部特别是和外部的分歧就更不同於一般的學術觀點的分歧。由此，我們看到，《儒行》中既有“儒有席上之珍以待聘，夙夜强學以待問，懷忠信以待舉，力行以待取”的一面，但也有在價值觀念、道德觀念與世俗社會發生分歧時放弃政治“不臣不仕”而“隱”的一面；甚至還有將仁義等終極關懷既當做人生根本，也有當做“甲胄”、“干櫓”之具的可能。“由於政治鬥争從一開始就是爲争取社會支配地位的理性化的鬥争形式，因而它就要攻擊對手的社會地位，還要攻擊他的公共聲望和自信心。”② 同理，因爲形上與形下不即不離的特點，在倫理道德异化的情况下，政治和道德分離，學術上的分歧，也可能會滲透著政治上、價值觀念上乃至人格的巨大反差，儒者不僅可能在世俗人生的層面上遭受損失，甚至可能要面臨包括生死在内的一切來自對手的摧毁性打擊，而唯一不可能動摇的則是個人道德上的終極信念。筆者認爲，《儒行》的根本價值就在此。王陽明“龍場悟道”前一切得失榮辱皆能超脱，唯生死一念尚覺未化，衹有超脱生死纔能悟道，就是其鮮明的例證。

二、《儒行》所述儒者的生命品格

《儒行》整篇文章始於魯哀公的發問：“夫子之服，其儒服與?”魯哀公看到孔子的服飾與其他人是不同的，認爲這種穿戴

①[德] 卡爾·曼海姆:《意識形態與烏托邦》，李步樓等譯，北京：商務印書館，2014 年，第 65 頁。

②[德] 卡爾·曼海姆:《意識形態與烏托邦》，李步樓等譯，北京：商務印書館，2014 年，第 65 頁。

就是儒生們的標準穿戴，孔子直接否定了魯哀公的這種看法，一個人是否是儒生，不是通過他的服飾穿戴等外部面貌來判斷，而是要看他的行爲品行是否符合儒家對儒生的要求和期待。由此，孔子對魯哀公展開了一系列關於儒生該具備何種言行的討論。

正如熊十力所説，《儒行》思想的核心和《論語》同爲“仁”。《儒行》有言：“温良者，仁之本也。敬慎者，仁之地也。寬裕者，仁之作也。孫接者，仁之能也。禮節者，仁之貌也。言談者，人之文也。歌樂者，仁之和也。分散者，仁之施也。儒皆兼此而有之，尤且不敢言仁也。其尊讓有如此者。”這段話是説，温良是仁的根本，敬慎是仁的質地，寬裕是仁的做派，謙遜是仁的功能，禮節是人的外貌，言談是仁的文采，歌樂是仁的和諧之音，分散財物是仁的施與，凡此種種都是仁的具體表現，而兼具這些德行尚且不敢説是完全達到仁的境界了，衹能説是受到了“仁”這一思想的感化，滲透到具體的行爲之中了。因此，可以説，“仁”就是《儒行》中所述儒者人格追求的首腦。

《儒行》將“仁”作爲整篇文章的中心思想是不難理解的，因爲“仁”在整個儒家思想中都占據著重要地位：子曰：“志於道，據於德，依於仁，游於藝。”（《論語·述而》）從這句話可以看出，追求道義、實踐德行或是習於六藝都衹是表面功夫，而這一切最終都是依靠“仁”纔獲得了倫理道德的意義。同時儒家所講的“仁”也是非常接地氣的：子曰：“仁遠乎哉？我欲仁，斯仁至矣。”（《論語·里仁》）如《儒行》所言，做人温厚善良是仁，待人恭敬謹慎是仁，處事寬宏大量是仁，謙遜待人接物是仁，講求禮節是仁，言談優雅是仁，咏唱作詩是仁，共享財富是仁。這一點把儒家“仁”思想發揮到方方面面，雖然其成爲聖賢的目標藍圖仿佛雄偉得讓人覺得可望而不可即，但就其可操作性而言則是現實而具體的。因爲儒家講究“仁禮一體”、“知行合一”，目標可以遠大，但修養功夫必須是在日常生活中就可以操作的。

儒家的中心思想是仁，而《儒行》受此影響將仁作爲中心思想自是無可厚非。既然“仁”是其中心，《儒行》自然首先還是以通常的心態來面對各種正常的生活。

首先，儒者入仕做官就要有廉潔奉公的精神。《儒行》言：“儒有一畝之宫，環堵之室，篳門圭窬，蓬户甕牖；易衣而出，并日而食；上答之不敢以疑，上不答不敢以諂。其仕有如此者。”這樣廉潔的要求看似有些過分，但於今天看來衹是説明成爲聖賢人格難免要經受比常人更加艱辛的磨礪。孔子并非一般地排斥富貴，而是認爲應該道義爲先。子曰：“富與貴，是人之所欲也，不以其道取之，不處也。”（《論語·里仁》）富貴是人人都盼望得到的，但如果使用不正當的方法得到，真正的君子是會感到難以自處的。孔子門生三千，賢者七十二人，其中衹有顔回深得孔子之心，大概因爲顔回雖身居陋巷，一簞食，一瓢飲，仍不改其志。這種不因世俗處境而影響其内心“樂道”的精神是儒家最爲推崇的，外在的財富會有失去的一天，但精神財富的高度纔是决定一個人成就高低的關鍵。

其次，入仕的儒者要有爲國爲民鞠躬盡瘁、死而後已的政治追求。《儒行》曰：“儒有今人與居，古人與稽；今世行之，後世以爲楷；適弗逢世，上弗援，下弗推，讒諂之民有比黨而危者；身可危也，而志不可奪也；雖危起居，竟信其志，尤將不忘百姓之病也。其憂思有如此者。”單以修己爲仁的儒者，在社會秩序不好的時候處境可能非常艱難。上邊没人引薦，下邊没人推舉，還有結黨營私危害他的人，即使面臨這樣的困境，儒者除了自修還要體恤百姓的辛苦，不改自己的志向，終生奮鬥纔能够成爲後世的楷模。范仲淹的《岳陽樓記》聞名天下，不過是因兩句千古名言："居廟堂之高則憂其民，處江湖之遠則憂其君。是進亦憂，退亦憂。""先天下之憂而憂，後天下之樂而樂。"作爲一個入仕的儒者就應該有這樣的擔當，無論身處何地都要銘記自己的使命，把百姓安危天下興亡放在第一位。儒者還要剛强堅毅的意志力："儒有可親而不可劫也，可近而不可迫也，可殺而不可辱也。其居處不淫，其飲食不溽，其過失可微辯而不可面數也。"這説明儒者是有人格尊嚴的。他們可以拒絶驕奢淫逸、接受粗茶淡飯，可以接受委婉的批評但却不能當面數落，可以親近但絶不以感情爲前提受人脅迫。道德的根本在於自主。孟子曰："富貴不能淫，貧賤不能移，威武不能屈。"（《孟子·滕文公下》）孟子的"大丈夫"與《儒行》"不可劫"、"不可迫"的"儒者"是相得益彰的，所謂的大丈夫和儒者都是堅强剛毅的，即使仕途坎坷，郁郁不得志的時候也要堅持原則，不爲外在的富貴貧賤勢力而變節。

再次，和宗法社會僅僅講"親親"、"尊尊"的政治原則不同，《儒行》顯然吸收了墨家的思想元素。其云："儒有内稱不辟親，外舉不辟怨；程功積事，推賢而進達之，不望其報，君得其志；苟利國家，不求富貴。其舉賢援能有如此者。"墨家講求"兼愛"，是一種不分等級和血緣遠近的泛愛，而孔子儒家所講的愛是有遠近和等級之差异，一個人衹有先學會愛自己的家人纔能够愛别人。所謂"親親而仁民，仁民而愛物。"（《孟子·盡心上》）·但這并不等於説，等級和親疏是永恒不變的，在實踐上，恰恰是有層次和差异的仁愛容易操作。《儒行》這一思想在《禮記》中并非絶無僅有。"門内之治恩掩義，門外之治義斷恩。"

(《禮記·喪服四制》)其最高理想當然是“大道之行也,天下爲公”(《禮記·禮運》)衹有公開、公平、公正的競争纔能够實現道義盛行的“大同”社會。

於此可見,《儒行》并非章太炎所歸納的那樣,主要是講高隱和任俠兩個方面,其中許多仍然是講的日用倫常,衹是説,儒家倫理實踐中最終難以回避一些特殊的處境。

即使没有出仕,《儒行》也并非僅主張簡單的“高隱”或是“任俠”。其謂:“儒有席上之珍以待聘,夙夜强學以待問,懷忠信以待舉,力行以待取。其自立有如此者。”“席上之珍”,吕大臨曰:“自貴以待沽者也。”① 儒者通過自身不斷的積澱使自己成爲珍寶以待任用,博聞强識是儒者可以應對如流的資本。聘、問、舉、取均是儒者功夫修養的結果但却并非是刻意追逐的目的。然而,這仍不可謂爲“高隱”吧!即使《儒行》中有所謂“上不臣天子,下不事諸侯”,也非没有理由。對於“不臣不仕”,吕大臨又謂:“事道者,道不行則不仕;事事者,不爲貧則不仕,不仕者亦庶人也。”孫希旦則曰:“君臣之義,無所逃於天地之間,儒者非不臣天子也,枉其道則有所不臣矣。非不事諸侯也,枉其道則有所不事也。”② 可見,“不臣不仕”是因爲道不能行。這和孔子“道不行,乘桴浮於海”(《論語·公冶長》)有何區别呢?居位者并非天然自然地具有道德的優勢。不過,吕、孫二氏雖表明了儒者“高隱”的一面,但并未從戰國時代特殊的社會背景來理解這個問題。

---

①《藍田吕氏遺著輯校》,陳俊民輯校,北京:中華書局,1993 年,第 368 頁。

②孫希旦:《禮記集解》下,北京:中華書局,1989 年,第 1407 頁。

這裏涉及對“忠”的理解。“仁”的内涵應包括“忠信”。在《儒行》看來，忠信對於儒者而言是最爲寶貴的精神財富，是多少金銀財寶都比之不及的。《儒行》曰：“儒有不寶金玉，而忠信以爲寶；不祈土地，立義以爲土地；不祈多積，多文以爲富；難得而易禄也，易禄而難蓄也。非時不見，不亦難得乎？非義不合，不亦難蓄乎？先勞而後禄，不亦易禄乎？其近人有如此者。”但什麽是“忠”？“忠”在後世演變爲臣德顯然有一個過程。曾子曰：“吾日三省吾身，爲人謀而不忠乎，與朋友交而不信乎，傳不習乎？”（《論語·學而》）朱子解釋“忠”爲“盡己之心”①。因此，“忠”最初并非是臣之德，而是普遍性的倫理規範。即使後來成爲臣之德，“忠”也非僅是對君主個人之“忠”而且也是對其所代表的天下國家之忠。其次是“信”。老子在講“水的七善”時也提出“言善信”這一觀點，認爲説出的承諾就要能够兑現。墨子也主張“言必信、行必果”，從字的構造都可以看出信是和言有關的德行，一般要求言説和兑現不可分離。孔子亦曰：“人而無信，不知其可也。”（《論語·爲政》）但因言行之間往往有時間的間隔，其間可能發生始料未及之事，故孟子講“言不必信，行不必果，唯義所在。”（《孟子·離婁下》）《中庸》也認爲“言顧行，行顧言”，并未强行要求“言行合一”。《儒行》則曰：“言必先信，行必中正。”因此，“信”是指誠信。《儒行》把“忠信”比作寶貝，“義”比作土地。時機、道義、勞作則是儒者社會表現與交結朋友以及獲得報酬的條件。

此外，《儒行》還對儒者從政前的修養和交友的原則提出明確要求。“儒有居處齊雅，其坐起恭敬；言必先信，行必中正；

①朱熹：《四書章句集注》，北京：中華書局，1983年，第23頁。

道途不争險易之利。冬夏不争陰陽之和；愛其死以有待者，養其身以有爲也。其備預有如此者。”又説：“儒有衣冠中，動作慎；其大讓如慢，小讓如僞；大則如威，小則如愧；其難進而易退也，粥粥若無能也。其容貌有如此者。”這兩段話則活靈活現的爲我們展現出了儒家對即將從政的儒者有著怎樣的要求和期許，這和儒家所主張的“温、良、恭、儉、讓”相得益彰，儒者在生活上要主張節儉；與人恭而有禮，爲人謙而不虚，待人讓而有節。恭、謙、儉、讓的核心出發點就是“仁”，做到這四點其實就是爲“仁”的表現。儒者有自己的交友原則，所謂話不投機半句多，没有志同道合的人爲伍他們寧願一個人行走。“儒有合志同方，營道同術；并立則樂，相下不厭；久不相見，聞流言不信；其行本方立義；同而進，不同而退。其交友有如此者。”子曰：“君子和而不同，小人同而不和。”（《論語·子路》）但究其深處我們也可以看出這是儒者對自己所事之天子的要求，如果志同道合就一起前進，如果不同則分道揚鑣，儒者不會因爲對方身份之特殊而改變自己的操守。

誠如前述，儒者確實也有面對亂世無可作爲時而“高隱”。“儒有上不臣天子，下不事諸侯；慎静而尚寛，强毅以與人，博學以知服；近文章，砥礪廉隅；雖分國，如錙銖，不臣不仕。其規爲有如此者。”儒者的品格正如李白的詩：“安能摧眉折腰事權貴，使我不得開心顔。”儒者不願隨波逐流和其他人一樣爲了利益去諂媚奉上，即使自己過得窘迫也要堅守自己想要的自由生活。仕途多坎坷，當他們懷才不遇時也想回歸田園的生活，但内心仍舊是雖處江湖之遠而憂其君，他們的内心在拯救蒼生和道家致虚守静這兩種截然不同的追求中飽受煎熬，他們不願意承認自己的懦弱無能但又無可奈何，所以隱退的儒者要能够做到能屈能伸，能進能退，這纔是大丈夫的作爲。

然而，總體上來看，《儒行》中所謂“高隱”并不占多大成分，“任俠”之氣倒是滲透到了全篇之中。諸如“愛其死以有待也”、“劫之以衆，沮之以兵，見死不更其守”，“可近而不可迫也，可殺而不可辱也”、“雖處暴政，不更其所”、“身可危，而志不可奪也”、朋友之間“爵位相先也，患難相死也”，乃至所謂“上不臣天子，下不事諸侯”、“特立獨行”等等，皆是如此。然而，這些所謂的“任俠”則是寓於日用倫常之中的。可是，短短的一篇文字，爲何頻繁出現令人驚悚的“死”、“殺”、“危”、“患難”、“暴政”這樣與日常生活大相徑庭的描述，毫無疑問，這一方面固然是其“任俠”之氣的體現，另一方面必然是和殘酷的社會現實分割不開的。這種孤絶的自我奮鬥顯然暗示了特殊的時代氛圍。離開戰國這個時代，我們無法理解這樣的思想。道德意識和生命品格是那個時代的鮮明寫照。

透過《儒行》一篇，我們可以看到早期儒家對自己的品行要求，其背後實際上展示的是儒生的道德人格在於仁與禮、内與外、心與身如何統一的問題。當然，正因爲人都很難超越他的時代背景，儒者未必總是與生存於其中的社會環境處於“和諧”狀態。因爲，儒者擔當的社會責任不可能使他們與世同流。任何一種真正有價值的思想理論總是有對其所處的時代有一定的批判向度，儒學也是這樣。戰國時代正值戰亂之時，各家學説都在替自己尋求出路的同時，也爲天下提供一條出路。所不同的是，儒家希望提供基於倫理道德的出路。道德必須是從自己開始的，故儒者道德上的自我要求不僅是提供一條濟世救人的良方，而且力圖提供一個積極向上的道德理想和人生觀念。當然儒者的工夫修持是方方面面的，《儒行》衹是其中一篇，但我們也可以從中清晰明了窺探出儒家思想某方面的特質，從中看出儒家是如何濟世救人并始終保持氣宇軒昂的積極人生態度的。

三、結語

毫無疑問，《禮記》一書是中國傳統社會禮法的集大成之作，作爲《禮記》篇章之一的《儒行》也是其重要的内容之一。《儒行》中所述的生命品格對我們當世之人是有所啓迪的，它不僅僅在爲我們揭示古代儒者所應具備的品行操守，更是在向我們昭示傳統中國人的人格信仰——儒者的擔當精神。

在儒家倫理從主流價值逐步淪於多元價值中之一元的時代，在社會從倫理本位轉換到經濟與法律爲本位的時代，如果我們還認爲經濟人和法律人并不足以充分揭示人的完美和完善的情況下，如何能够從商品化的社會中保留人的道德就是一個大問題。於此，《儒行》的“任俠”精神或許是并不那麽講“團結”與“和諧”的，但是，對於某些地方已經出現團體腐敗現象的情況下，僅僅是“融爲一體”顯然是投降主義。社會機體需要自我更新的動力，這種力量，從文化自覺的角度看，就是道德的自覺，在這裏，擔當就是付出。

顧炎武高呼“民族興亡，匹夫有責”，這個匹夫是你，是我，也是他。人性的弱點將我們指向對責任的逃避，我們總是趨向於將責任推向他人，等到我們真正明白“民族興亡，我的責任”時纔是真正對儒家文化精髓的領會。

傳統儒者一生似乎都圍繞著政治生活在旋轉，現在看來是相對狹窄了。他們立於世的目的彷彿就是要實現治國平天下的追求，這種對於政治生活的狂熱應對著古代官本位的社會風潮，但於今日而言傳承古人生命品格的同時應摒弃其傳統社會政治至上的邏輯，而是要將他們那種堅毅的人生品格貫徹到豐富多彩的社會生活之中。子曰："知之者不如好之者，好之者不如樂之者。"（《論語·雍也》）孔子主張不能把學習看作是一種任務，而是要看作是一種内化的使命感，要主動地去索取知識。今天的我們同古人一樣，也承擔著齊家、治國的理想和責任，對傳統文化進行研究，我們的目的并不在於表决心向古人學習，因爲那是古人給我們的智慧并不是知識，知識和智慧的差距就在於前者衹是書本上的文字而後者是我們通過一系列的轉化將這種文字化爲誰也拿不走的處事智慧，這也許纔是文化的真正精髓之所在。

就《儒行》而言，孔子爲我們揭示了古代儒者的生命品格，但我們衹有信崇之、踐行之、傳襲之，纔能使傳統文化在今世發揮它應有的教育意義，纔能培養出當代人的信仰，否則《儒行》就衹是一篇文章。

作者簡介：龔建平，男，四川宣漢人，西安交通大學人文學院教授，哲學博士，主要研究方向：儒家哲學與現代化。

杜珂瑋，女，陝西西安人，西安交通大學人文學院研究生，主要研究方向：儒家哲學。

孝與事生事死
——《中庸》第十五、十六疏解

陳雪雁

内容提要：在《中庸》十五、十六章的論述中，孝通過對生者和逝者的安頓得以展開。孝從來都不是單純的倫理問題，它是倫理的必然也是政治的，在孝中，修齊治平同時開顯。孝道作爲家庭生活中最核心的一倫，既是人倫關係的緣起，也是倫常的指向。孝的根本性源於生養之於家庭和世界的絶對意義。對生者的孝一方面表現爲對物理生命的供養即養身，另一方面表現爲對文化生命的滋潤即養志。養身與養志具有延展之維，對父母親長生命的安頓，也同時是對基於家庭的所有共同體中每一個生命的成全。對逝者的孝主要表現在喪葬祭祀中，同樣有對物理身軀和文化生命的安置方式的差异。祭祀既是使得其鬼人，使逝者參與到活人的生命與生活中的過程，也是使德其鬼神，使逝者安全的居於王者世界的過程。

一、《中庸》與孝

在今天的日常倫理生活中，孝被簡單化爲情感層面上的順和事實層面上的養。隨著個體主義的濫用、代際差异的擴大和知識與資訊結構的迥异，以順的方式施行孝顯然已不可能。“至於犬馬，皆能有養”（《論語·爲政》），即使傳統生活中看起來最爲易於達成的供養，在今天的農村也變得極爲艱難。曾經爲傳統中國倫理和政治生活奠基的孝，已然變成强加於個體的外在重負。如此，重新理解孝，發現它之於我們生命與文化的整全意義，也是孝道得以重建的前提。那麼，我們爲什麼要從中庸的相關章節著手，而不是從專門闡釋孝道的《孝經》入手？從資料的來源上看，現代學者彭林曾論證過《孝經》同樣出自子思之手，與《中庸》同出一源，① 无論作者是否同一人，《孝經》與《中庸》論孝理路的確有一致性，舉其一而二在其中。從論述方式看，如果説《孝經》特將孝道提撕出來，論證了孝道的合法性與重要性，《中庸》將孝道安置於中華文明的道統之中，成爲君子之道的具體展開和率性修道的路徑；如果説《孝經》論孝更注重其彌綸天下之高遠廣大義的話，《中庸》兼重孝道的卑高邇遠、有費有隱義。② 就當下個體的生存境遇看，《中庸》的論説似乎更能爲人們所接受。就《中庸》論孝的篇章看，毫無疑問，十七、十九章以舜之“大孝”和武王、周公之“達孝”作爲論述中心，自然屬孝論。第十八章文王之無憂對應的正是武王、周公的達孝，是父子相承歷程的完整展現，歸入孝論也非常合理。這三章皆是圍繞孝之“繼志述事”義展開的，與《孝經·聖治章》的“父母生之，續莫大焉”義一氣貫通，繼志述事的意義在於告訴我們：孝不光是血脉親緣的綿延相承，也是豐盈生命經驗的世代累積，還

①彭林：子思作《孝經》説新論［J］．中國哲學史，2000，（3）：54—66.

②王夫之嘗言：“道之費也，既極乎至大者而言之矣。乃大而無外者，唯不遺乎小，小而無間者，乃以成乎大；其費也，皆有隱者以爲之體。”王夫之．四書訓義（上）［M］，船山全書第七册．長沙：岳麓書社，2011：171.

是厚重歷史文化意識的貫穿。然而，除此之外，這三章前面的十五、十六和後面的二十章，皆可歸於孝論。這首先涉及《中庸》的分章即章節的意義群問題，朱熹曾將第十三到十九章看做一個整體，作爲"君子之道費而隱"的不同展開，他在十六章説"此前三章（即十三、十四、十五），以其費之小者而言。此後三章（十七至十九章），以其費之大者而言。此一章，兼費隱、包大小而言。"① 同時他還認爲第十二章是結上啓下之章，該章以"費隱""申明首章道不可離之意也。其下八章，雜引孔子之言以明之。"② 第二十章"引孔子之言，以繼大舜、文、武、周公之緒，明其所傳之一致，舉而措之，亦猶是耳。蓋包費隱、兼小大，以終十二章之意。"③ 則十二到二十皆可看做對君子之道的大小費隱的展開。孝道在這裏作爲君子之道呈現出來，爲君子須臾不可離之道。與此大相徑庭的是宋人黎立武以"君子之道辟如行遠以下爲六章（通行本十五章），鬼神之爲德以下爲七章（通行本十六至十九章）"，他説："第六章於九經爲親親之教。行遠自邇、登高自卑，自家而國也。惟順於父母、宜於妻子、和於兄弟，是所謂不出家而成教於國矣。第七章亦親親之教也。親親之道，尤嚴於宗廟，先王所以教孝者莫尚乎此。"④ 則十五到十九章皆是親親之教的展開。從傳統的《中庸》分段，落實到孝上看，第十五到二十章確有放在一起解讀的合理性。粗略看來，這幾章中確乎有涉及孝的論述，第十五章的"父母其順矣乎!"是孝，第十六章

---

①朱熹：四書章句集注［M］．北京：中華書局，2008：25.

②朱熹：四書章句集注［M］．北京：中華書局，2008：23.

③朱熹：四書章句集注［M］．北京：中華書局，2008：32.

④分别出自黎立武所著的《中庸指归》与《中庸分章》，四库全书本。

的“齊明盛服，以承祭祀”也是孝，第二十章的“五達道”和“親親爲大”未始不是孝。二十章涉及問題很多很複雜，此文不論。十五、十六章展開孝道的方式及其孝論的特質，在下文的具體論述中將一一展開。

二、孝與事親

> 君子之道，辟如行遠必自邇，辟如登高必自卑。詩曰：“妻子好合，如鼓瑟琴。兄弟既翕，和樂且耽。宜爾室家，樂爾妻帑。”子曰：“父母其順矣乎!”

歷代注疏多有將此段作爲齊家解讀者，如建安游氏云：“家道正，則人道立矣。”① 蔡氏曰：“齊家乃理物之始，故以自邇自卑爲言。”② 達成君子之道最切近的路徑便是家庭生活的安頓。家庭生活的安頓并不僅有現代意義上的倫理生活，還同時意味著政治生活的開啓。與古希臘思想中將政治和家庭區隔起來，并以城邦作爲政治生活的場域不同，儒家很大程度上堅持家國同構，“以家庭作爲人類社會的最根本的組織結構”，③ 家庭正是政治生活的第一個發生場域。這也是孔子“《書》云：‘孝乎！惟孝，友於兄弟，施於有政。’是亦爲政，奚其爲爲政”（《論語・爲政》）之説成立的理論基礎。在原始儒家這裏，并不存在一個想象的倫理生活之外的政治生活，倫理的同時也是政治的，二者涵容於一

①衛湜，杨少涵：中庸集説［M］. 桂林：漓江出版社，2011：142.

②衛湜，杨少涵：中庸集説［M］. 桂林：漓江出版社，2011：143.

③白魯恂：儒學與民主［C］. 三聯書店. 儒家與自由主義. 北京：三聯書店，2001：173.

體，這正是儒家式政教合一的展開方式。齊家從來都是治國、平天下的開端與根基。宗族也好，邦國也好，天下也好，無非是一個擴大化了的家。而這顯然來自於中國思想對天人關係的獨特理解。唐君毅言："夫婦之生子，如天地之生人與萬物。人之事父母，又可如人之事天地。則家庭夫婦父子之關係，即成天地與萬物之關係之縮影。天地萬物之關係，亦不外父子夫婦關係之擴大。孝慈之道，又通於政治上、社會上人與人之關係。……則政治上社會上之關係，不外家庭關係之擴大。則夫婦與之之關係，即涵攝天地與萬物之關係、社會中人與人之關係於其中。"此非祇是擴大家庭之意識，以涵攝社會與宇宙；而亦是以人對社會宇宙之意識，貫於家庭之意識中，使家庭之意識爲之擴大。"① 這個家又是天地和社會的縮影。在這種關係設計中，家庭、宗族、國家、天下與宇宙成爲一個生息流轉的全息共同體，小大無間，費隱不二。人既是父母生養的也是天地生養的，家庭是一個生養的所在，世界也是一個生養的場域，人之天與天之天、人文與天文在家庭生活中被打通了，二者無縫對接，同時到來。因此自然的生命過程也同時成爲禮法的生命過程。

齊家作爲君子之道之卑邇與切近，也是修身生活的必然環節。修身并不僅僅是慎獨與戒懼的內在功夫，其切近恰恰是在各種生命的關係脉絡中的恰如其分和恰到好處。"夫順父母、宜兄弟、和妻子，皆庸德耳，皆素位中所當然耳。"② 儒家的生活是"可以群"的生活，古典生活中的人從來都是關係與分位中的人。

---

①唐君毅：中國文化之精神價值［M］．桂林：廣西師範大學出版社，2005：189—190.

②陸隴其：松陽講義［M］．北京：華夏出版社，2013：73.

在關係的網路中位其所位，行其所宜，“在其位而謀其政”，既是我們抵達自身從而成己的方式，也是我們抵達他者從而成人成物的方式。在這種全息和氣脉相通的基於家庭組織的共同體範式中，修身其實也是和齊家、治國、平天下一起到來的。“將家庭關係提升到中心地位，其意圖是將人的整個身心毫無保留地投入到他的每一個行動中。”① 這裏揭示的是修齊治平的一體性。這顯然與宋明以來儒家傳統中將修齊治平階段化、進程化并進而將内聖（修身）與外王（齊治平）割裂開的思維進路有所不同。從此章對君子之道高遠邇卑的描述中，我們可以發現的是古典儒家理想中的君子之道中自我與他者、政治與倫理的無間然。君子之道的成就同時意味著室家之道和政治之道的成就，正因如此，涑水司馬氏纔言“‘行遠必自邇’，自家以達國也；‘登高必自卑’，由人以之天也。”②

此章中更耐人尋味地是其對家庭倫常關係的界説。在這種界説中，家庭關係中最核心的一倫便是對生養自己的父母之孝。孝是家庭倫理的正當性基礎和最終旨歸。藍田吕（大臨）氏曰：“不得乎親，不可以爲人；不順乎親，不可以爲子。故君子之道，莫大乎孝，孝之本，莫大乎順父母。”③ 家庭以生養爲職責與使命，而孝正是對生養的回應和回饋。在生養活動中，生命得以産生與延綿。作爲生養之所的家庭與世界同時是接納和安頓生命存在的空間。生養成了根源於天地本性的内在衝動性，“誕生、滋

①安樂哲，郝大維：《“禮”與古典儒家非神論的宗教性》［C］，切中倫常——《中庸》的新詮與新譯．北京：中國社會科學出版社，2011：155.

②衛湜，杨少涵：中庸集説［M］．桂林：漓江出版社，2011：142.

③衛湜，杨少涵：中庸集説［M］．桂林：漓江出版社，2011：141.

潤和撫養是唯一的事情”（海子語），這一點部分地決定了慈的天然性。孝，首先便是如何面對這生養之慈的問題。“天地之大德曰生”，如何面對這生生之德性？“太上貴德，其次務施報。禮尚往來，往而不來，非禮也。來而不往，亦非禮也”（《禮記·曲禮》），在禮法世界中，以德報德，以禮還禮也是自然之事。“子生三年，然後免於父母之懷。夫三年之喪，天下之通喪也。予也有三年之愛於其父母乎？”（《論語·微子》）孩子初生三年不離於父母温暖懷抱的生命軌迹，正是父母逝世後子女三年不離於思慕與悼念父母之親的制度由來。生是單向度之事，孝所能成就的衹能是養。養首先是養身，是養父母“口體”之事（語出《孟子·離婁上》），這是對父母物理生命的滋養，也是物理生命對其來源與基石的反哺。父母予我以血脉、身體髮膚與肉身，我亦要養父母之身。養身還是養自己的口體，因爲我的身體亦是父母身體的延伸，所謂“身體髮膚，不敢毀傷”，即根於此。養還是養志，即吕氏所說的“室家宜之，妻帑樂之，致家道成，然後可以養父母之志而無違也。”① 然而，“維繫先祖譜系使之不墮，不衹是生物學意義上的傳宗接代。毋寧說，它意味著對先祖先宗所表率的理想人格的承繼，對本家族杰出成員所創造的文化價值的續成。”② 如果說養身是養賦予個體物理生命的話，養志便是對父母文化生命的滋養與反哺。子曰：“父在，觀其志；父没，觀其行；三年無改於父之道，可謂孝矣。”（《論語·學而》）子女之志當是父母之志的延伸，行則當是志的施行與展開，在對“父之道”

①衛湜，杨少涵：中庸集說［M］．桂林：漓江出版社，2011：141.

②杜維明：中庸——論儒學的宗教性［M］．上海：生活·读书·新知三聯書店，2013：54.

的施行中，子女之志接續與貫通了父母之志。父母承襲自祖輩的擔當與期許、父母對自身生命與生活的承擔與希望、父母對子孫的期盼與殷望，皆可算父母之志。對祖先榮光的追憶，是父母之志的展示，正是在這一意義上，《詩經·何彼襛矣》纔反復吟誦"平王之孫，齊侯之子"，"齊侯之子，平王之孫"。父母的功業、家國之思行，也是父母之志，正因如此，子承父業，女繼女職成爲社會生活延續的合理模式。當下生活中的望子成龍與望女成鳳未始不是父母之志的體現，子女自身成就的達成同樣是孝的一種表現。個體的生命是父母生命的綿延，個體的成就也是父母成就的呈現。在這一意義上，孝擴展到了每個人生命的方方面面，個體的所有行動都直接和間接的是孝行的展開。

家庭的所有活動都以生養爲核心，由此家庭的所有倫理和關係皆以孝爲基礎。在一定限度之内，夫妻關係也好，兄弟關係也好，都是父子關係的擴展模式。成爲一個人的妻子，同時意味著成爲另一對無血緣關係的父母禮法上的子女，侍奉翁姑在女性的家庭生活中是最爲常態和重要的内容。成爲一個孩子的父親，同時也是一個個體自然地參照父母養育自己的方式教養自己的子女。而兄弟姐妹都是家庭與父母生養之事的成就，兄弟姐妹就是和自己有著共同的物理來源和文化來源的生命體。在這樣的家庭角色和分位理解中，人倫的展開（親親）必然是相互通達的，且也是基於孝之一倫的。親親的核心維度便是孝，其他各倫的展開最終指向的是孝道的實現。陸隴其説："然則以兄弟妻子爲卑邇，父母爲高遠，何也？蓋人子之事父母，固在妻子兄弟之先，然使不能聚一家之歡心以事其親，父母如何肯順。"① 一方面，孝是首

①陸隴其：松陽講義［M］．北京：華夏出版社，2013：72.

要之德，生養決定了孝之於人倫的根本性，另一方面，在具體的行孝過程中，孝的真正達成需要人倫的全面安頓即齊家之道的全體實現。如此，基於血脉的生養之親便成全了家庭這一生活共同體之親。這種共同體之親不斷推擴，從家庭到宗族到邦國再到天下，其極致便是天下一家和民胞物與了。如此，孝道指向的是人倫的全體展開，我們的夫妻相處、兄弟相親等皆可視爲孝道的成全。這樣，親親便不祇有倫理義，亦當然有政治義和形上義。當下切身的孝行也正是禮法、教化、倫理和政治甚或天文的由卑邇至高遠之路。

作爲有具體施爲對象的現象，孝最初表現爲面對日常生活中賦予自我生命的父母的具體態度和常規行爲，如冬温夏凊、晨昏定省等。此處引孔子“父母其順矣乎！”之言，表面上似乎將順從等同於孝，然而對孔子來説，順顯然不同於自然的服從。這一點從《論語》中輯録的孔子相關討論可以看出。孔子曾以“無違”界定孝，“無違”當是“順”的否定性表述，孔子是這樣解釋的，他説：“生，事之以禮；死，葬之以禮，祭之以禮。”（《論語·爲政》）朱熹對此的解讀爲：“不背於理。……人之事親，自始至終，一於禮而不苟”，① 以“不背於理”解讀“無違”，這是宋明在禮的外在制度儀則漸次被剥奪神聖光環之後，以“理”代“禮”重建中華文明的典型表現。雖然如此，理要擔當的仍是禮的精神内核的建構。“一於禮”强調的是合乎人倫與禮法的奉養。其引胡氏言“得爲而不爲，與不得爲而爲之，均於不孝。所謂以禮者，爲其所得爲者而已矣”，② 則無違并不是對父母每一個指令

①朱熹：四書章句集注［M］．北京：中華書局，2008：55.

②朱熹：四書章句集注［M］．北京：中華書局，2008：55.

的絶對服從，而是不違背禮法的持續敬意。在《論語・里仁》章中，孔子説："事父母幾諫，見志不從，又敬不違，勞而不怨。"正是對"無違"的最好注脚。有見於此，安樂哲、郝大維指出"在家庭中的真正的'孝'，就像在朝廷中真正的'忠'一樣，所需要的與其説是自動的順服，不如説是勸諫。"① 值得注意的是吕大臨，他發現了順的另一被忽略的意義，他以"養父母之志而無違也"解"順"，正是看到了"無違"和"順"的意義一致性。如果説前面的注疏强調的是孝行之合禮性的話，這裏，無違變成了我們前面所説的孝行之養志的具體化。養志非養欲，作爲對文化生命的供養，它是家庭中所有個體和所有關係的成就。

如此，對活著的父母的奉養，是養身和養志的雙重實現。孝既是自我的修身功夫，也是齊治平的治理精神。孝也是家庭這個基礎共同體中所有個人和所有關係的成全。它意味著生命的感通和共鳴，是生命本然的共在狀態的内在要求。衹要我們還有追究自我的來源、感激生養的發生、確證自我的成就的生命衝動，便不可避免地要行孝。

三、孝與事死

接下來的十六章展開的便是：當父母的物理生命已然終結，我們應當如何面對他們的生命和自我的生命？孟子言："養生者不足以當大事，惟送死可以當大事。"（《孟子・離婁下》）這并不是説生前的奉養不如死後的哀榮重要，而是在强調送死的難度

①安樂哲，郝大維：切中倫常——《中庸》的新詮與新譯［M］．北京：中國社會科學出版社，2011：100.

和重要性，送死尤爲需要戒懼謹敬面對。當父母親長活生生的參與我們的生命之中時，敬養之事真切且日常。當父母音容不再，聲情渺茫，對父母的感知、親愛和持敬也變得抽象起來。

子曰：“鬼神之爲德，其盛矣乎！視之而弗見，聽之而弗聞，體物而不可遺。使天下之人齊明盛服，以承祭祀。洋洋乎！如在其上，如在其左右。《詩》曰：‘神之格思，不可度思！矧可射思！’夫微之顯，誠之不可掩，如此夫。”

在中國文化中，人可見的物理生命的結束，甚至從來不是生命的終結，而是生命形態的改變。從有形可見的軀體變成無形且不可見的氣。個體所禀自天地的氣散而歸於天地，氣屈伸游離於天地之間，不再局限於凝結的血氣和肉身。這時候，父母之身一部分如之前一樣在生養的事業中留存於子孫身體中的血脉之中，這已經是子女生命不可分割的組成元素，對這部分軀體的奉養一如既往。自愛其身亦是敬父母先祖之身。另一部分隨著肉身的腐爛已然由具象歸入虚化，有顯及隱。氣在一定限度内仍是物理的，故而在比較古典的認知中，鬼神具有一定的存在特性，《易·繫辭傳》“精氣爲物，游魂爲變，故知鬼神之情狀”亦宗此也。如何面對氣化的父母之身？氣化使得身體超脱了時間與空間的束縛，無所不在。肉身更多承載的是人文之道，氣化之身弱化了其人文關聯，更趨向天文之德。作爲人文之身的殘餘也好，作爲天文之物的因素也好，這一氣化的身仍是内藴生養之德的，故而《繫辭傳》緊接著説“知鬼神之情狀，與天地相似，以能生萬物也”。孔穎達以“鬼神皆能生物終物也”解讀“體物而不可遺”，正是有見於鬼神的生德。① 人仍要回饋這種生養之恩，這便

①衛湜，杨少涵：中庸集説［M］．桂林：漓江出版社，2011：144.

是將這不可見聞的虛化之身與曾經存在的肉身貫通連接起來。《禮記·祭義》言："齋之日：思其居處，思其笑語，思其志意，思其所樂，思其所嗜。……祭之日：入室，僾然必有見乎其位，周還出户，肅然必有聞乎其容聲，出户而聽，愾然必有聞乎其嘆息之聲。"以對逝者的音容笑貌、喜怒哀樂、志意言行的懷念與親敬，達成其物理生命的如在或虛在。這種虛在之所以可能，在於物理生命從來都是和文化生命渾然一體的。通過對文化生命的追憶，虛化的物理生命也達成了如在，由死亡造成的物理和文化生命的割裂被再次粘合。雖在幽暗之中，氣化然而如在的父母之身仍然部分地作爲父母文化生命的承載之物存在於人間的共同生活和個體生命中，給予指引和滋養。同樣在祭祀與追憶中，在鬼神的如在和如臨中，已然逝去的親長父母之志也不斷鮮明且活潑，得以不斷的滋養。這也是孝的事死之道的展開。祭祀之於孝道的意義一是接續貫通了斷裂的文化生命和虛在氣化之身，二是使得鬼神的如在參與到生者的生命建構中來。前者超越了生命的空間限度，給生命以廣度；後者超脱了生命的時間限度，給生命以厚度。與對活人的奉養相比較，對亡者的敬奉使孝道更具時間性和歷史性。孝道成就了世代生成的時間經驗和廣大延綿的生命之流。

儒家在事死問題上的使逝者死而不亡的努力，一方面是上面所説的使其鬼人的過程，鬼神强調對人間事物的參與和隱秘的在場。另一方面，與老子"其鬼不神"的表述相反，儒家的喪祭文化同時還是一個使其鬼神的過程。農村裏最受傳統文化影響的老人最怕的是絶後，絶後最大的問題是再也没有人給他燒紙、添墳。除了寄托活人的哀思和使逝者仍能持續影響後世的生活之外，添墳還是對身軀之殘餘的安頓，燒紙則是對死後生活的照料。這不僅是死而不亡那麼簡單。幾千年來，“宗廟饗之，子孫保之”都是大追求、大功德，宗廟之毁和祭祀之絶是滅國和無後的最終標志。孟子所説的“無後爲大”，并不局限於血緣延綿義也即物理生命的持續層面，血緣的斷絶有過繼之律制補救，無後更大的問題在於無祭。無祭祀則鬼神無處安頓。在民間理解中，這是鬼神之亡，鬼神之亡是隱秘存在的徹底消散，絶對的不存在狀態。宗廟與祠堂是鬼神的寄居地，祭祀是鬼神存在的保障，無子孫則即便物質性的宗廟與祠堂也不再具有意義。在鄭玄對此段的注解中，他説：“言神之來，形象不可億度而知，事之盡敬而已，况可厭倦乎？‘微之顯，誠之不可掩’，言神無形而著，不言而誠。”① 鬼神被簡化成了神，正在於强調祭祀的目的還在於鬼之神性。《易傳》所有關於神的界説如“陰陽不測謂之神”、“神也者，妙萬物而爲言者也”、“神無方而易無體”等都强調了其神妙及基於此而帶給人的不可測度性。人鬼以神的方式存在，正是儒家意義上的其鬼神。確保其鬼之神，也是確保其鬼之存的方式。這是對逝者在非生者世界的安頓，雖然這種安頓以生人的續存爲基礎，但同時它也顯明了生者世界與逝者世界不可跨越的界限。

我們會有“天神、地祇、人鬼”的區分，而這種對父母及祖先等的人鬼之神的喚起通常可以延續到對更具有自然性或先天性的天神地祇的態度上，在儒家祭祀中，天人的交通與感應通常是發生在人與感應帝或祖宗神之間。感應帝和祖宗神一方面具有人的根底，是大德之人因天命而死後成神，另一方面是天的意志的代表。如此，人鬼有因德性升格的可能。而德性的積累并不僅僅是自己的事，也是子孫的事。“周公成文武之德。追王太王、王

①衞湜，杨少涵：中庸集説［M］．桂林：漓江出版社，2011：144.

季，上祀先公以天子之禮。”人死之後，其志、其德仍未終結，周公作爲子孫，在其不斷繼志述事的作爲中，廣大了祖先的德性和志業。祭禮中的“祭用生者之禄”，正是後輩的德性對祖輩德性的昭彰與生發。這種世代之間德性的接續與承繼同樣是使其鬼神的方式。

這樣，安頓鬼神同樣是孝的應有之義，孝既是生者對逝者在生者世界的安頓，也是生者對逝者在亡者世界的安頓。以喪祭的方式使其鬼人和使其鬼神顯然是事死之事不可分割的兩個面相。

在《中庸》十五、十六章的論述中，孝通過對生者和逝者的安頓得以展開。孝從來都不是單純的倫理問題，它是倫理的必然也是政治的，在孝中，修齊治平同時開顯。孝道作爲家庭生活中最核心的一倫，既是人倫關係的緣起，也是倫常的指向。孝的根本性源於生養之於家庭和世界的絶對意義。對生者的孝一方面表現爲對物理生命的供養即養身，另一方面表現爲對文化生命的滋潤即養志。養身與養志具有延展之維，對父母親長生命的安頓，也同時是對基於家庭的所有共同體中每一個生命的成全。對逝者的孝主要表現在喪葬祭祀中，同樣有對物理身軀和文化生命的安置方式的差异。祭祀既是使得其鬼人，使逝者參與到活人的生命與生活中的過程，也是使德其鬼神，使逝者安全的居於王者世界的過程。

陳雪雁（1980. 3—），女，安徽懷遠人，哲學博士。現爲同濟大學人文學院博士後，研究方向先秦哲學。

帛書《繆和》“子曰”涣卦解讀

周海春

摘要： 帛書《繆和》中繆和兩次問“先生”，而“子曰”兩次涣卦。兩次回答思想上具有一定的一貫性。“涣”不簡單地理解成是離散，離散定當有聚集，如無聚集就無離散，聚集有衆，有多，當衆多的事物開始離散的時候，就表現爲涣。當卦辭和卦象結合以後，就有了抽象和具體的進行結合的技術手段。象和辭結合定位了某個個體所處的爻位，從而也就定位了所應當應用的卦辭，從而可以用卦辭對個體所處的狀態以及未來發展趨勢進行解釋，這恰好是《周易》的優勢所在。

帛書《繆和》中繆和兩次問“先生”，而“子曰”兩次涣卦。兩次回答思想上具有一定的一貫性。這裏的“先生”，丁四新認爲是孔子，這裏從此説。“‘繆和’，與下文的吕昌、吴孟、莊但、張射、李羊，及《昭力》篇的七人，當是孔子弟子。‘先生’，即下文‘子曰’之‘子’，皆指孔子。”① 張政烺與此説不同。“此先生不知何人，蓋漢初之傳易者。”② 張政烺還批注了

---

①丁四新：《馬王堆漢墓帛書〈周易〉》，《儒藏》（精華編二八一），北京：北京大學出版社，2007 年版，第 293 頁。

②張政烺：《張政烺論易叢稿》，北京：中華書局，2011 年版，第 272 頁。

“秦”，“指繆和也可能是秦人。”① 這裏不去重點考察此處的“子”是不是孔子。

一、《涣》之九二

帛書《繆和》談及涣卦涉及九二爻和六四爻。涣卦的九二爻辭通行本爲：涣奔其機，悔亡。馬王堆漢墓帛書《周易》爲：“涣賁亓階，亡”。上海博物館藏戰國楚竹書《周易》是：“霰走亓凥，悬亡。”帛書《繆和》記載如下：“繆和問于先生曰：‘請問，《易·涣》之九二曰：“涣賁亓階，每亡”，此辭吾甚疑焉，請問此之所胃？’”② 繆和所問提及涣卦九二爻與帛書《周易》正文一致。繆和對九二爻辭提出了疑問，希望先生能够解釋這個爻辭的含義。“［子］曰：‘夫《易》，明君之守也。吾［少］隱不達，問學不上與？恐言而貿易，失人之道。不然，吾志亦願之。’繆和曰：‘請毋若此，願問亓説。’”③《荀子》中曾記載孔子提到過“明君子”，“明君”或者爲君主，或者爲君子。孔子自謙之詞與《論語·憲問》“下學而上達”不矛盾。“問學”二字合用，見於《禮記·中庸》，其中有“道問學”的説法。“貿”和“易”義通，貿然、輕易。顯然，孔子對於自己的解釋是有所保留的。“下”爲人道，上爲“天道”，孔子依然力求結合兩個方面來解釋，但重點則是“人之道”。

---

①張政烺：《張政烺論易叢稿》，北京：中華書局，2011 年版，第 272 頁。

②版本參考丁四新校點之《馬王堆漢墓帛書〈周易〉》，《儒藏》（精華編二八一），北京：北京大學出版社，2007 年版，第 293 頁。

③版本參考丁四新校點之《馬王堆漢墓帛書〈周易〉》，《儒藏》（精華編二八一），北京：北京大學出版社，2007 年版，第 293 頁。

"子曰：'涣者，散也。'"① 涣，《竹書周易》上面是"睿"和"爰"，對此字目前還缺乏合適的解釋，多等同於"涣"。"可讀爲涣。"② 孔子在這裏以"散"來解釋"涣"。"涣"有離、散之意，結合"奂"來看，還有大、盛、衆、美等意思。漢字在描述動態的事物時候，往往會有兩個層面的意思。比如"治"和"亂"就是一個動態過程，二者之間意思往往相通。"涣"不簡單地是離散，離散定當有聚集，如無聚集就無離散，離散之後還會有聚集。聚集有衆，有多，當衆多的事物開始離散的時候，就表現爲涣，這種情况當然有衰落之象，但從外表來看也往往是盛大而美麗壯觀的。《周易正義》説："然則'涣'者，散釋之名。《雜卦》曰'涣，離也'，此又'涣'是離散之號也。蓋'涣'之爲義，小人遭難，離散奔迸逃避也；大德之人，能於此時建功立德，散難釋險，故謂之爲'涣'。能釋險難，所以爲'亨'，故曰'涣亨'。"③《周易正義》著眼于"君子"和"小人"對待險難的態度來説明"涣"卦，君子能够克服險難并建功立德，所以雖然是"涣"，却可以得到吉利的結果。把握"涣"包含的兩面對理解卦辭具有重要的意義。衹有把握離散和聚集的兩面，"涣"纔有"時"的問題，"涣"中的聚集和停頓則構成了一種"時"。

先生的解釋是："賁階，幾也，時也。古之君子，時福至則進取，時亡則以讓。夫福至而能既焉，散走亓時，唯恐失之。故當亓時而弗能用也，至於亓失之也，唯欲爲人用，剴可得也才！

①版本參考丁四新校點之《馬王堆漢墓帛書〈周易〉》，《儒藏》（精華編二八一），北京：北京大學出版社，2007年版，第293頁。

②陳仁仁：《戰國楚竹書〈周易〉研究》，武漢：武漢大學出版社，2010年版，第275頁。

③《儒藏》（精華編二），北京：北京大學出版社，2009年版，第187頁。

將何無每之又？受者昌，賁福而弗能蔽者窮，逆福者死。故亓在《詩》也曰：‘女弄不幣衣常，士弄不幣車輪。’無千歲之國，無百歲之家，無十歲之能。夫福之於人也，既焉，下可得而賁也。故曰賁福又央。聖人知福之難難得而賁也，是以又矣，故《易》曰：‘涣賁亓階，每亡’，則□言於能賁亓時，悔之亡也。”①

涣卦二爻通行本爻辭是：“涣奔其機，悔亡。”《竹書周易》不是“奔其機”，而是“走亓凥”。因爲通行本是“奔”，所以多以“奔”來解釋“賁”，認爲兩個字古音同屬元韵，所以“賁”假借爲“奔”，而“走”與“奔”同義。“走”與“奔”雖同義，然有語言韵味的不同，“奔”强烈，“走”和緩。另外，自然事物之奔騰不適合用“走”字。“賁”下“貝”上有花草之象，有裝飾之意。顯然這個字有兩面，一面是外表的裝飾，一面是隱藏的寶藏。外表的奔騰并一定有禍患，衹要有内在的寧静就可以得福；外表的繁榮需要内在的功德福報的支持，外在的奔和内在的奔之間要有機協和。從奔走的角度來看，也包含兩面性，外表的奔騰和内在寧静，動與静兩面之合一。

“賁階”可以理解爲較爲强烈的主體和客體的關係，理解爲奔向某地或者某種狀態。《周易正義》“正義曰：‘涣奔其機’者，‘機’，承物者也。初承於二，謂初爲機，二俱無應，與初相得，而初得速難之道。今二散奔歸初，故曰‘涣奔其機’也。‘悔亡’者，初得散道而二往歸之，得其所安，故‘悔亡’

①版本參考丁四新校點之《馬王堆漢墓帛書〈周易〉》，《儒藏》（精華編二八一），北京：北京大學出版社，2007 年版，第 293—294 頁。

也。"①《周易正義》把"機"理解爲某地，并根據卦象，認爲是初爻。這裏把初爻和二爻的關係形象化爲初承二。這個理解的局限是以初爻爲主來理解二爻的卦辭，并且有向下爻相歸的趨勢，有些不妥。"機"如果是"時機"的話，在較爲强烈的謂賓句法結構中，則有抓住時機後又敗壞時機的意味。"賁"可讀"僨"，"僨"猶覆敗，"賁其機"就是敗其機。

"亓"或者"其"當有舒緩"賁"和"階"、"奔"和"機"，"走"和"凥"關係的語法意義，"機"從屬於"渙奔"，"凥"從屬於"走"，"階"從屬於"渙賁"。從卦象來看，二爻在三個陰爻之中，最上面有兩個陽爻，有高山流水成瀑布之勢，其中二爻與瀑布中的臺階形象接近。可以理解成渙奔中的時機，或者渙奔中的休息，渙奔中的機案。凥，休息，閑居的意思。"虞翻曰：震爲奔，坎爲棘，爲矯輮，震爲足。輮棘有足，艮肱據之，憑機之象也。渙宗廟中，故設機。二失位，變得正，故'渙奔其機悔亡'也。"② 按照虞翻的理解，渙卦的二、三、四爻構成震卦，這是"奔"，是"足"，下卦坎是輮棘，三、四、五爻構成艮卦，是"艮肱"，形成憑機之象。這個解釋没有太大的争議。如何理解"悔亡"呢？潘雨廷解釋成九二失去位置，是悔，陽爻變成陰爻後，同時初爻陰爻變成陽爻后就變成了風雷益卦，下卦是震，爲奔，初二得位，所以是"悔亡。"這個解釋尚可，不過虞翻并没有講到初爻變化的問題。依據本文的理解思路，這裏不必從二失位變得正來理解"悔亡"。二爻雖然失位，却是陽爻，二爻的出現本身就是"悔亡"，無需用二爻的變化來談論

①版本參考丁四新校點之《馬王堆漢墓帛書〈周易〉》，《儒藏》（精華編二八一），北京：北京大學出版社，2007 年版，第 293 頁。

②《儒藏》（精華編二），北京：北京大學出版社，2009 年版，第 220 頁。

“悔亡”。

從卦的整體看二爻，并且突出二爻本身來看的話，卦整體是渙，二爻則是幾案或者機會、休息。三個含義不矛盾，要結合起來理解。“尻”爲人伏案休息的形象。二爻在衆陰中突出了一個陽爻，爲離散中的聚集，奔走過程中的休息，危難中轉危爲安的機會。所以孔子説：“賁階，幾也，時也。”

從卦象來看，衆陰爻可以理解爲離散、險難，奔走，而其中出現的陽爻則是功德福報。在中國文化傳統中，奔走不停是缺乏福報的表現，但同時奔走也能够積累功德和福報。奔走不停積累的功德和福報可以用陽爻來表示。二陽爻就是福報，就是福報出現的時機。因爲這個福是奔走中出現的福，是奔走的福，所以説是“賁福”。

奔走中的福，必定表現爲鮮明的“時”的特徵。“賁階，幾也，時也。”牟宗三先生解釋《周易》很重視“幾”。“幾”可以從有無、陰陽、動静轉換的關節點來理解，從静到動，從無形到有形的時候就是一個幾微。“幾”之重要，就在於“幾”是善惡、德福和功業成功與否的關節點。把握“幾”從外表來看是有效地管理意念之動，而其根本的價值指向是功德和福報的運作。福報本身就有短暫即逝的特徵，把握“時”，即把握積“福”的機會。“時”雖爲短暫的一瞬，但這不意味著缺乏把握“時”的機會。奔走中可以説時時有福，需要智慧觀照，把握奔走所遇到的點點滴滴的人、事、物，需要時時擁有良好的心態超越自我的得失，盡最大的可能幫助他人走向積極的人生旅途，幫助環境更爲“友好”。

“古之君子，時福至則進取，時亡則以讓。”此處的“進取”需要結合中國古代文化的傳統來理解。“福”至意味著人擁有社會財富、名望和權勢等等内容更爲順理成章，不需要太多的努力就能够實現自己的目標。這個進取不是焦慮的追求，没有那種能力不足的勉强感，更無自身力量不足靠智謀和手段謀取利益的乏力感，而是感覺自由、充足，就像取回本來就屬於自己的東西一樣。福至則息，有休息感和滿足感相伴隨，這樣就走在正面的人生道路上，這是"進取"。福去則依然要關注積累功德和福報，這個時候要"讓"。這裏的"讓"不單純是俗利之"讓"，因爲對於世俗利益而言，"進取"的時候也是要"讓"，如此纔能積福。"進取"和"讓"相當於"見"和"隱"，"進取"是焕發服務世界的熱情，有更多的投入，"讓"則專注于自修。《論語》中"顯"和"隱"是隨著有道和無道來舞動的，這裏則是"福"。"讓"和"進取"雖然表面上與得失有關，但最重要的推動力應該是内在的德福。依據《國語》，天命有反、赢縮轉化，獲得的利益可能是失去的表征，而失去也會是得到的前兆，關鍵在於天命和個人的道德所綜合决定。所以"進取"和"讓"不是看外表的機遇，而是要從外表的機遇中發現福運作的時機。進取和讓都是爲了發展福，累積福，而不是爲了外表的利益。

"夫福至而能既焉，散走亓時，唯恐失之。故當亓時而弗能用也，至於亓失之也，唯欲爲人用，剴可得也才！"既，盡，"惠也。"① 福表現爲"時"，所以需要把握福，保有福并得以持續，如此則可以在福去的時候有福可以享用。當福報的機會消失的時候，人就不可以獲得福。福至可以進取來獲得利益，也可以讓利益，這是爲了讓福增長，讓福可以延續到險難的時候，來幫助人渡過險難的川流。

---

①張政烺：《張政烺論易叢稿》，北京：中華書局，2011年版，第272頁。

“受者昌，賁福而弗能蔽者窮，逆福者死。”這裏提出了三種與福的關係形態：受、賁、逆。第一種是受福，這種情況是最好的情況，福報不求自來。第二種情況是奔走中求福。“‘賁福’，奔福也，追求福也。”① 求福是好事，但需要保有福報。蔽，决也，有極義。賁福能蔽則不窮，不蔽則窮。賁福有兩面性。關鍵就是確定這段話是從哪面來講的。如果不能蔽福就會窮。最糟糕的狀態是逆福。渙卦二爻主要討論第二種情況。

“故亓在《詩》也曰：‘女弄不幣衣常，士弄不幣車輪。’”“弄，讀爲寵。”② 敝，弃之，破敗。衣裳、車輪屬於福的範疇。孔子引《詩》説明各色人等都有屬於自己的福，并且都珍愛這種福報。

“無千歲之國，無百歲之家，無十歲之能。夫福之於人也，既焉，下可得而賁也。故曰賁福又央。”丁四新説：“‘央’通‘殃’。福盡而奔之，則不可得而奔求也。當此之時，奔福有殃。故奔福有時。”③ 在這裏，國、家、能都屬於福的外延之内的事情。既，有停止、盡的意思，也有恩惠的意思，如果取恩惠之意，那麼這段話則是説天人關係，福恩惠給人，人可以奔福，也可以丟弃福報。當人奔福并獲得了持續的成果的時候，則獲得了人格的挺立。又，重複，繼續。央，一個人站在門内，形成内在的大人自我主宰生命。此大人爲心靈之母，人從此有了心靈的歸宿。

---

①丁四新：《馬王堆漢墓帛書〈周易〉》，《儒藏》（精華編二八一），北京：北京大學出版社，2007 年版，第 294 頁。

②張政烺：《張政烺論易叢稿》，北京：中華書局，2011 年版，第 272 頁。

③丁四新：《馬王堆漢墓帛書〈周易〉》，《儒藏》（精華編二八一），北京：北京大學出版社，2007 年版，第 294 頁。

"聖人知福之難得而賁也，是以又矣。故《易》曰：'涣賁亓階，每亡'，則□言於能賁亓時，悔之亡也。"福難得，所以需要奔福，如果很好地奔福，就會持續獲得福報，這樣一來就没有後悔的事情發生。後悔的根源是福報機會的喪失，從而引起内心的焦慮。《竹書周易》中"悔亡"的"悔"是上"母"，下"心"，從字形上看，心靈回歸到自己的母體，找到心靈的家園産生悔感，這種悔恨感是對心靈背離自己家園的一種自覺反省。福纔能有利於心靈母體的健康成長，否則就會産生悔恨之感。

《論語》中没有明顯的"福"論，《國語》中有較爲豐富的德福思想。這裏"子曰"涣卦九二爻福具有一定的至上性，從這裏也可以觀察這段"子曰"和其他孔子言行之間的邏輯關係，進而爲判斷真僞奠定一定的邏輯基礎。

二、《繆和》涣之六四爻辭解析

涣卦的六四爻辭，通行本爲："涣其群，元吉。涣有丘，匪夷所思。"馬王堆漢墓帛書《周易》爲："亓群，元吉。涣［有丘，匪］娣所思"。上海博物館藏戰國楚竹書《周易》是："亓群，元吉䙫。亓丘，非台所思。"

涣，《竹書周易》是"睿"和"爰"，"其"寫作"亓"，"群"，作"群"。涣有丘，中"有"處爲"亓"，"匪"寫爲"非"。"夷"，帛書本作"娣"。

帛書《繆和》記載如下：吕昌問先生曰："天下之士，皆欲會□□□□□□□分□摟，輿以相高也，以爲至是也。今《易·涣》之六四曰：'"涣其群，元吉。"此何胃也?'子曰：'异才!天下之士所貴。夫涣者，散；元者，善之始也；吉者，百富之長也。夫群黨儩比□□□□□□□□比周相譽，以奪君明，此古亡國敗家之法也，明君之所行罰也。將何元吉之又矣？’吕昌曰：‘吾聞類大又焉耳，而未能以辨也，願先生少進之，以明少者也。’子曰：‘明王聖君□□□□□然，立爲刑辟，以散亓群黨，執爲賞慶爵列，以勤其下群臣、黔首、男女，夫人渴力盡知歸心于上，莫敢朋黨侍君，而主將何求於人矣？’亓曰：‘涣其群，元吉’，不亦宜乎？故《詩》曰：‘嘒彼小星，參五在東，蕭蕭宵正，蚤夜在公，是命不同。彼，此之胃也。’”① 三，指心星。五，指噣星。蕭，通肅。

摟，聚的意思，牽的意思。輿，同。是，對，正。吕昌很瞭解天下士人的心態：喜歡爲了私利向勢力集團低頭，聚集成同盟，互相拉抬，并認爲這是對的、正常的道理。在這裏，孔子贊美了吕昌。吕昌把天下士人的一般心態和《周易》《涣》卦結合起來。二者之間明顯是有矛盾的，現實的“群”是謀私利的“群”，而涣卦的結論却説“元吉”。或許，吕昌默許了一種理解涣卦這個爻辭的角度：涣奔成群，所以是吉祥的。涣奔必然成群，這是人類和自然界常見的現象。不管是旅途之中，還是暫時的静居，都以群的形式存在。在這裏，孔子的解讀顯然有一定的指向性。虞翻的解釋則是從忠實于《周易》文本的精神出發來解釋“元吉”的緣由。虞翻説：“謂二已變成坤，坤三爻稱群，得位順五，故元吉也。”② 涣卦的九二爻失位而變，初爻也由陰爻變

①版本參考丁四新校點之《馬王堆漢墓帛書〈周易〉》，《儒藏》（精華編二八一），北京：北京大學出版社，2007 年版，第 299、300 頁。

②潘雨廷：《周易虞氏易象釋易則》，張文江整理，上海：上海古籍出版社，2009 年版，第 339 頁。

成陽爻，就變成了益卦。益卦的六二、六三、六四爻構成坤卦，六二爻和九五爻是順的關係。不過虞翻的解釋對涣卦本身進行了爻的陰陽變化。從涣卦來看，六四爻和六三爻在九二爻和九五爻之間，構成了群。群由君和羊構成，無頭不成群，無君不成群。就像綿羊群，總得有領頭羊。九五爻就是君，六三和六四就是羊，構成了群。涣散有了領頭羊而成群，自然是吉利的事情。但孔子爲什麼解釋成不吉利呢？孔子是順著吕昌所説的群的情况來説的，這樣的"群"顯然是不吉利的，對於這樣的群需要涣散掉，所以孔子主張用"刑辟"和"賞慶爵列"兩種方法散其群黨。孔子的解釋和此爻的爻辭也不矛盾。因爲這裏的吉利，也是圍繞著九五爻成群，孔子這裏主張"群臣、黔首、男女，夫人渴力盡知歸心于上，莫敢朋黨侍君"，也就是圍繞著君主成群，所以是吉利的。九五爻和君位相當。周把老百姓説成是黎民，秦説成是黔首。這裏用的是"黔首"二字，這段記載是否出自秦或者秦以後？另外，這裏的孔子表達了涣散群黨的思想，多少帶有漢代的政治生活的印記。另外，"刑辟"和"賞慶爵列"兩手的運用，基本屬於使用賞罰的手段達成政治的目的，這種思想的屬性也是一個值得觀察的地方。《左傳》中的"子曰"思想有把遵守禮儀和功利結果聯繫起來的思想傾向。賞罰的思想在孔子思想中處於何種地位？這是有待回答的一個問題。《尚書·洪範》有"淫朋"字樣，《韓非子·有度》和《韓非子·孤憤》、《韓非子·飾邪》均出現過"朋黨"字樣。另外，《韓非子·孤憤》出現過"朋黨比周以弊主"的字樣。另外，"賞慶"二字見《商君書》，《商君書·農戰》説："賞慶刑威曰君。"

"位半艮山，故稱丘。匪，非也。夷謂震四應在初，三變坎爲思，故匪夷所思也。"① 涣卦三、四、五爻構成了艮卦，是山，六四當半艮是丘。涣卦二爻變陰爻就變成了益卦，下卦震卦，是大塗、夷。益卦的三爻陰變陽成爲風火家人卦，二、三、四爻構成坎卦，坎爲思，震夷之象不見，所以是匪夷所思。

"子"對涣卦的解讀基本上屬於義理一路。這裏的解讀有如下幾個特點：其一，卦爻辭的意義被進行了相對於卦象的獨立性的理解，可以拋開卦象單獨闡發卦爻辭的哲理；其二，具有現實的實踐需要的指向，如對"涣其群"的理解；其三，包含一定的道德倫理訴求，如尊君、求福等等。卦辭本身是有獨立意義的。卦辭來自生活經驗，來自歷史故事，即便獨立出來也是有一定的哲理内涵的。拋開卦象，這些卦辭依然具有人生的啓迪意義。這些卦辭如果不和卦象結合在一起，在應用的時候需要進行抽象，然後從抽象理論和具體實踐情景相結合，中間缺少技術性的環節。當卦辭和卦象結合以後，就有了抽象和具體的進行結合的技術手段。象和辭結合定位了某個個體所處的爻位，從而也就定位了所應當應用的卦辭，從而可以用卦辭對個體所處的狀態以及未來發展趨勢進行解釋，這恰好是《周易》的優勢所在。這裏的"子曰"涣卦是衆多"子曰"易學思想的有機組成部分，相關思想構成的整體框架以及思想的脉絡和屬性，需要結合其他"子曰"《周易》進行整體性的處理。

周海春（1970 年 9 月），男，内蒙古扎蘭屯人，湖北大學高等人文研究院暨哲學學院教授、博士生導師，湖北大學中國文化

①潘雨廷：《周易虞氏易象釋易則》，張文江整理，上海：上海古籍出版社，2009 年版，第 339 頁。

研究中心主任,《文化發展論叢·中國卷》主編,《價值論與倫理學研究》執行主編,主要研究方向爲中國哲學史和倫理學。

電子郵箱:haichun70@126.com;電話:15337275143. 郵編:430062;地址:湖北大學哲學學院。

《賈誼新書》引《詩》考

工藤卓司

摘要：西漢賈誼著有《賈誼新書》。就《賈誼新書》的政治思想而言，世界秩序的建構乃是最重要的目標，“禮”則是達成此一目標的主要根據。雖然《賈誼新書》十分注重“禮”的思想，但却并未偏重《禮》經，而是廣泛地引用了《詩》、《書》、《易》等經典内容以證成其説；尤其《賈誼新書》引《詩》之處，若包括間接引用，共有十六例之多。

本文主要探討《賈誼新書》引《詩》與其政治思想的關係。本文所得到的結論可歸爲兩點：（一）《賈誼新書》引《詩》似有與《毛詩》、《魯詩》共同之處，却未采《齊詩》、《韓詩》，但仍無法確定其屬於哪一個《詩》學傳統。與《荀子》、《左傳》相較，亦無法肯定《賈誼新書》與《荀子》、《左傳》是否有密切關係。（二）《賈誼新書》引《詩》句，强烈反映其政治思想，而與其他文獻的解釋、引用有别。特别是“禮”思想，明顯地反映於其引《詩》的情形。

前　　言

賈誼（前200—前168）是活躍於西漢文帝時代的政論家。當時有諸侯王國問題、匈奴問題、鑄錢問題等許多社會問題，他對此提出了相關對策，這些對策後均收於《賈誼新書》。筆者曾討論過《賈誼新書》的諸侯王國對策、匈奴對策以及鑄錢對策，并厘清其與“禮”思想的關係。① 《賈誼新書》透過這些對策，試圖建構一有秩序的世界。换言之，就《賈誼新書》的政治思想而言，世界秩序的建構乃是最重要的目標，而“禮”則是達成此一目標的主要根據。②

雖然《賈誼新書》十分注重“禮”的思想，但却并未偏重《禮》經，《賈誼新書》中既多有與“六藝”相關的言論，如《傅職》、《六術》與《道德説》，引《詩》、《書》、《易》等亦有，尤其《賈誼新書》引《詩》，包括間接引用，散見於《等齊》、《匈奴》、《連語》、《禮》、《容經》、《君道》及《禮容語下》等，共十六例，比其他“六藝”相關文獻更多。就《詩》篇而言，《賈誼新書》引自《都人士》、《北山》、《棫樸》、《騶虞》、《木瓜》、《桑扈》、《靈臺》、《文王》、《皇矣》、《泂酌》、

①請詳參拙文：《〈賈誼新書〉の諸侯王國對策》，《日本中國學會報》第56集（2004年10月），16—31頁，中文版大川裕子（譯）：《〈賈誼新書〉的諸侯王國對策》，收於日本中國學會（編）：《日本學者論中國哲學史》（上海：華東師範大學出版社，2010年12月），290—303頁；《〈賈誼新書〉的鑄錢對策》，《臺大中文學報》第39期（2012年12月），35—70頁；《〈賈誼新書〉的匈奴對策》，國立政治大學中國文學系（編）：《第九屆漢代文學與思想國際學術研討會論文集》（臺北：國立政治大學中國文學系，2014年8月），155—174頁。

②請詳參拙文：《〈賈誼新書〉之禮思想》，《國立臺灣大學哲學論評》第39期（2010年3月），209—238頁。

《蓼蕭》、《柏舟》、《昊天有成命》及《敬之》等共十四篇的《詩》句。[1] 傳統中國文獻中多見以《詩》句爲自己見解的根據，《賈誼新書》亦不例外。西漢司馬遷（前145？—前86？）《史記·屈原賈生列傳》曰："賈生名誼，雒陽人也。年十八，以能誦《詩》屬書聞於郡中。"[2] 可知賈誼擁有一定與《詩》相關的知識。

關於賈誼與"六藝"的研究，論《賈誼新書》與《左傳》的關係最多，是因爲東漢班固（32—92）《漢書·儒林傳》曰："漢興，北平侯張蒼及梁太傅賈誼、京兆尹張敞、太中大夫劉公子皆修《春秋左氏傳》。誼爲《左氏傳訓故》，授趙人貫公"，[3] 唐陸德明（生年未詳—630）《經典釋文》亦述《左氏傳》的傳

①《賈誼新書》引經，《書》僅有二例，而且一例（《保傅》）是引自《書·呂刑》"一人有慶，兆民賴之"；另一例（《君道》）不見於今本，却各見於《文子》的《道原》與《上德》"大道坦坦，去身不遠"。關於《易》，共有四例：《容經》有兩處，即"《易》曰：'有悔'"、"故曰'勿用'"，應引自《易·乾》的《初九》與《上九》；《君道》引"鳴鶴在陰，其子和之"，也是引自《易·中孚》；《胎教》則有"《易》曰：'正其本而萬物理，失之毫厘，差以千里。'"但這句不見於今本，實見於《易緯通卦驗》。關於《禮》，共六例：引起學者注目的是《新書》三處（《憂民》、《無蓄》、《禮》）引用《禮記·王制》"國無九年之蓄"一文；另一例在《等齊》引自《禮記·緇衣》（詳後述）；《禮》也有引自《禮記·曲禮》的部分；《保傅》則引用佚書《明堂之位》的一文。

②［西漢］司馬遷（撰）、［南朝宋］裴駰（集解）、［唐］司馬貞（索隱）、張守節（正義）：《史記》（北京：中華書局，1959年9月；2013年9月改訂），2491頁；3004頁。略同的文字也見於《漢書·賈誼傳》，請參［東漢］班固（撰）、［唐］顔師古（注）：《漢書》（北京：中華書局，1962年6月），2221頁。

③《漢書》，3620頁。

承云："（荀）況傳武威張蒼，蒼傳洛陽賈誼。"[①] 因而不少學者討論過賈誼或《賈誼新書》與《春秋左氏傳》的關係，曾有清汪中《賈誼新書序》、[②] 汪之昌《賈子新書書後》、[③] 劉師培《左氏學行於西漢考》、[④] 章炳麟《春秋左傳讀敘録》、[⑤] 王更生《賈誼春秋左氏承傳考》[⑥] 等，近年也有黄覺弘《論賈誼與〈左傳〉之關係》、[⑦] 吴濤《賈誼〈新書〉引〈春秋〉述略》[⑧] 及楊德春《論賈誼思想與〈春秋左氏傳〉思想的一致性》[⑨] 等論著。但管

---

①[唐] 陸德明（撰）、吴承仕（疏證）：《經典釋文序録疏證（附經籍舊音二種）》（北京：中華書局，2008 年 6 月），108 頁。

②[清] 汪中：《賈誼新書序》，汪中（撰），李金松（校箋）：《述學校箋》（北京：中華書局，《中國歷史文集叢刊》，2014 年 7 月），243—260 頁。

③[清] 汪之昌：《賈子新書書後》，《青學齋集》，卷 23，《清代詩文集彙編》編纂委員會（編）：《清代詩文集彙編》第 734 卷（上海：上海古籍出版社，2010 年），298 頁。汪氏另有《賈生明申商論》，《清代詩文集彙編》第 734 卷，185—186 頁。

④劉師培：《左氏學行於西漢考》，《左盦集》，卷 2，《劉申叔先生遺書》卷 3（臺北：京華出版社，1970 年 10 月），1448—1450 頁。

⑤章炳麟：《春秋左傳讀敘録》，後收於《章太炎全集》卷 2（上海：上海古籍出版社，1982 年 7 月），805—866 頁。

⑥王更生：《賈誼春秋左氏承傳考》，《孔孟學報》第 35 期（1978 年 4 月），135—148 頁。

⑦黄覺弘：《論賈誼與〈左傳〉之關係》，《船山學刊》2006 年第 1 期（2006 年），65—67 頁。黄氏後有《左傳學早期流變研究》（北京：中國社會科學出版社，2010 年 3 月）。

⑧吴濤：《賈誼〈新書〉引〈春秋〉述略》，《洛陽師範學院學報》第 28 卷第 3 期（2009 年 6 月），30—33 頁。

⑨楊德春：《論賈誼思想與〈春秋左氏傳〉思想的一致性》，《安康學院學報》2011 年第 5 期（2011 年 10 月），42—44 頁。

見所及，論其他“六藝”與《賈誼新書》關係的成果并不多。①

至於《賈誼新書》與《詩》亦然，其引《詩》雖與其他“六藝”相比屬多，却鮮少有人專論《賈誼新書》與《詩》二者的關係。不過，這問題近十年來受到不少人士的關注，劉躍進《賈誼〈詩〉學尋踪》② 可爲其嚆矢，以後大陸碩士論文陸續有了趙陽《賈誼〈新書〉與儒家經傳的思想聯繫》、③ 張海波《賈誼〈詩〉學研究》④ 及王艷《漢初子書引〈詩〉考》等，⑤ 都是探討《賈誼新書》引《詩》相關的問題。清汪中（1745—1794）《賈誼新書序》已指出：

> 《禮篇》、《君道篇》説《詩》《騶虞》、《鴛鴦》、《靈臺》、《皇矣》、《旱麓》，均非毛義。於時三家之學未立，故秦時老師大儒，猶有存者。師友所承，不可盡知。使得是千百説而通之，豈復有末師之陋哉？於乎！漢世慕尚經術，史氏稱其緣飾，故公卿或持禄保位，被阿諛之譏；博士講授之師，僅僅方幅自守；文吏又一切取勝。蓋仲尼既没，六藝之

①論《賈誼新書》與《書》的關係，僅獲林宜青：《賈誼〈新書〉引〈書〉思想再認識》，《商業文化（學術版）》2007 年第 5 期（2007 年 5 月），202—203 頁。

②劉躍進：《賈誼〈詩〉學尋踪》，《周口師範學院學報》2003 年第 1 期（2003 年 1 月），48—53 頁。躍進另有《賈誼所見書蠡測》，《南京師大學報（社會科學版）》2008 年 4 期（2008 年 7 月），121—128 頁。

③趙陽：《賈誼〈新書〉與儒家經傳的思想聯繫》（2004 年 9 月，揚州大學碩士論文，田漢雲教授指導）。

④張海波：《賈誼〈詩〉學研究》（2010 年 7 月，西北大學碩士論文，劉衛平教授指導）。

⑤王艷：《漢初子書引〈詩〉考》（2012 年 7 月，哈爾濱師範大學碩士論文，王洪軍教授指導）。

學，其卓然箸於世用者，賈生也。①

西漢之初，《詩》有魯、齊、韓、毛四家。浮丘伯受業荀子，而申培、白生、穆生、楚元王皆受業浮丘伯，此爲《魯詩》之學；齊人轅固生以《詩》爲《詩傳》，授夏侯始昌，始昌傳后蒼，后蒼則傳翼奉、蕭望之、匡衡等，此是《齊詩》之學；燕人韓嬰作《詩》內、外數萬言，賁生與趙子受之，趙子傳蔡誼，誼傳食子公、王吉等，此稱《韓詩》之學；河間毛亨（大毛公）受《詩》於荀子，以傳趙人毛萇（小毛公），萇傳貫長卿，長卿則傳解延年，此爲《毛詩》之學。② 賈誼身處於《齊詩》、《韓詩》與《毛詩》之前，因而清王先謙（1842—1917）乃認爲賈誼《詩》説皆是《魯詩》系統的。③ 不過，劉氏以詳細的統計，厘清賈誼《詩》學既如汪中所述，非《毛詩》系統，也非《魯詩》系統，而指出賈誼《詩》説以《雅》、《頌》爲主。④

那麽，《賈誼新書》對《詩》的解釋何以與四家不同？作者用《詩》句來表達什麽樣的言論？本文主要探討《賈誼新書》引《詩》與其政治思想的關係。爲此，下文分爲六節：一、論諸侯王國問題中之引《詩》；二、論匈奴問題中之引《詩》；三、君主論中之引《詩》；四、禮論中之引《詩》；五、論容志中之引

---

①汪中：《賈誼新書序》，《述學校箋》，246 頁。汪氏所説的《鴛鴦》與《旱麓》，可能是《桑扈》與《泂酌》之誤，詳後述。

②參劉師培（著）、陳居淵（注）：《經學教科書》（上海：上海古籍出版社，2006 年 7 月），40、41 頁。劉氏用《漢書·儒林傳》、《同·藝文志》、南朝宋范燁《後漢書·儒林傳》及各列傳，并《經典釋文》、清江藩《漢學師承記》、陳奂《詩疏序》等。

③趙陽也云："賈誼關於《詩經》的理解接近魯詩一派。"《賈誼〈新書〉與儒家經傳的思想聯繫》，20 頁。

④《賈誼〈詩〉學尋踪》，52、53 頁。

《詩》；六、歷史故事中之引《詩》，而進行討論。

一、《賈誼新書》論諸侯王國問題中之引《詩》

《賈誼新書·等齊》有以下引《詩》句之部分：

> 孔子曰："長民者，衣服不貳，從容有常，以齊其民，則民德一。《詩》云：'彼都人士，狐裘黄裳'，'行歸于周，萬民之望。'"孔子曰："爲上可望而知也，爲下可類而志也，則君不疑於其臣，而臣不惑於其君。"①

此處看似引用《詩》，《詩·小雅·魚藻之什·都人士》云："彼都人士，狐裘黄黄。其容不改，出言有章。行歸于周，萬民所望。"② 西漢申培（生卒年未詳）《詩説》云："尹伯封作，周既東遷，見西周風俗之美，而傷今之不古若"③；《小序》則云："周人刺衣服無常也。古者長民，衣服不貳，從容有常，以齊其民，則民德歸壹。傷令不復見古人也。"④

但由其前後另引孔子之言，可知此非直接引《詩》，而是引自《禮記·緇衣》。《禮記·緇衣》云：

> 子曰："長民者，衣服不貳，從容有常，以齊其民，則民德壹。《詩》云：'彼都人士，狐裘黄黄，其容不改，出言

---

①［西漢］賈誼（撰）、［清］盧文弨（校）：《新書》（臺北：臺灣中華書局，1983年12月臺四版），卷1，13a—13b頁。

②［西漢］毛亨（傳）、［東漢］鄭玄（箋）、［唐］孔穎達（疏）：《十三經注疏·毛詩正義》（臺北：藝文印書館，1956年），510頁。

③［西漢］申培：《詩説》，19b頁，［明］王完禄（輯）：《百陵學山（一）》，收於嚴一萍（輯）：《百部叢書集成》（臺北：藝文印書館，1967年）。

④《十三經注疏·毛詩正義》，510頁。

有章，行歸于周，萬民所望。’”（第九章）

子曰：“爲上可望而知也，爲下可述而志也，則君不疑於其臣，而臣不惑於其君矣。《尹吉》曰：‘惟尹躬及湯，咸有壹德。’《詩》云：‘淑人君子，其儀不忒。’”（第十章）①

《郭店楚簡·緇衣》與《上博竹書·糸才衣》當然也有同文，但章序不同，現行《禮記》的第十章在《郭店》與《上博》中位於第三章，未連續，并文字也有出入，《郭店·緇衣》引《詩·都人士》作：“其頌（容）不改，出言又（有）丨，利（黎）民所信。”② 今《禮記·緇衣》、《郭店·緇衣》、《上博·糸才衣》與《賈誼新書·等齊》相比，可推測《賈誼新書》所引，既非《詩·都人士》，也非《郭店》或《上博》系統的文本，而是近於今本《禮記·緇衣》的文本。關於此點，虞萬里先生有《傳本〈緇衣〉第九、第十兩章解析》一文已指出：

> 從賈誼引“長民者”云云繫以“孔子曰”，知此段文字應引自《緇衣》，如果引自《都人士序》，除非賈誼認爲《小序》爲孔子作，否則就不會指爲孔子之言，也不可能删略首尾兩句而獨引中間一句。（中略）《等齊》篇緊接着所引“孔子曰：‘爲上可望而知也，爲下可類而志也……，’”一段也是傳本《緇衣》第十章文，可見賈誼是連引傳本《緇衣》

---

①［東漢］鄭玄（注）、［唐］孔穎達（疏）：《十三經注疏·禮記正義》（臺北：藝文印書館，1956 年），929、930 頁。

②請參荆門市博物館：《郭店楚墓竹簡》（北京：文物出版社，1998 年 5 月）；馬承源（主編）：《上海博物館藏戰國楚竹書（一）》（上海：上海古籍出版社，2001 年 11 月）。另參武漢大學簡帛研究中心、荆門市博物館（編著）：《楚地出土戰國簡册合集（一）郭店楚墓竹書》（北京：文物出版社，2011 年 11 月），27 頁。

第九、十兩章，而不是引《毛詩·都人士》之後，再引《緇衣》文。①

虞説值得參考。

不過，《禮記·緇衣》所引的《詩·都人士》有“其容不改，出言有章”二句，多於《賈誼新書·等齊》所引，令人詫异。虞氏認爲：他何以少引二句，可能是因爲“《等齊》篇主要講服飾之上下有别，與‘出言有章’兩句稍遠，故略之”，② 筆者認爲此説不妥。《等齊》討論漢朝當時面臨的問題，即：

諸侯王所在之宫衛、織履、蹲夷，以皇帝在所宫法論之。郎中謁者受謁取告，以官皇帝之法予之。事諸侯王或不廉潔平端，以事皇帝之法罪之。曰一用漢法，事諸侯王乃事皇帝也。是則諸侯王乃埒至尊也。然則天子之與諸侯，臣之與下，宜撰然齊等若是乎?③

《賈誼新書》對這種皇帝與諸侯王“沐瀆無界”的情况感到不滿，甚至説：“可爲長大息者此也。”④《等齊》基本立場明顯於以下引文：

人之情不异，面目狀貌同類，貴賤之别，非天根，著於形容也。所持以别貴賤明尊卑者，等級、勢力、衣服、號令也。亂且不息，滑曼無紀，天理則同，人事無别。然則所謂臣主者，非有相臨之具、尊卑之經也，特面形而异之耳。⑤

---

①虞萬里：《上博館藏楚竹書〈緇衣〉綜合研究》（武漢：武漢大學出版社，《楚地出土戰國簡册研究》05，2009 年 12 月），510 頁。

②同前注。

③《新書》，卷 1，12a 頁。

④《新書》，卷 1，13b 頁。

⑤《新書》，卷 1，13a 頁。

因而上下等級、勢力、衣服、號令必須有別，而“長民者，衣服不貳，從容有常”，始能“以齊其民，則民德一”，并實現“君不疑於其臣，而臣不惑於其君”的狀態。可見《等齊》對於“等級、勢力、衣服、號令”等是有强烈意識的。假使如此，《等齊》不可能忽略“其容不改，出言有章”二句。那麼，何以《等齊》未引到此二句？除非作者漏引、後人誤删，否則我們僅能推測作者所見的《緇衣》無此二句。

另外，《緇衣》第十章引《尹吉》與《詩・國風・曹風・鳲鳩》之句，《賈誼新書・等齊》却未引。關於《尹吉》，鄭玄（127—200）《注》云：“‘吉’，當爲‘告’。‘告’，古文‘誥’字之誤也。‘尹告’，伊尹之誥也，《書序》以爲《咸有壹德》，今亡。”① 《尚書》中有《咸有一德》一篇，其中的確有“惟尹躬暨湯，咸有一德”一句，② 却經各代學者的考證，被判定爲《僞古文尚書》之一。但是，《清華大學藏戰國竹簡（壹）》收入《尹誥》一篇，有“隹（惟）尹既彶（及）湯，咸又（有）一悳（德）”一句，③ 令人注目。至於《鳲鳩》，毛《傳》云：“刺不壹也。在位無君子，用心之不壹也。”④ 《禮記・緇衣》孔《疏》認爲，引《尹誥》者證上君臣不相疑惑；引《鳲鳩》者證壹德之義，即君臣皆應有壹德不貳。假使如此，《尹誥》、《鳲鳩》與《賈誼新書・等齊》不相容，因爲前者主張君臣爲一，後者則言

---

①《十三經注疏・禮記正義》，930 頁。

②［西漢］孔安國（傳）、［唐］孔穎達（疏）：《十三經注疏・尚書正義》（臺北：藝文印書館，1956 年），120 頁。

③清華大學出土文獻研究與保護中心（編）、李學勤（主編）：《清華大學藏戰國竹簡（壹）》（上海：中西書局，2010 年 12 月），133 頁。

④《十三經注疏・毛詩正義》，271 頁。

君臣有别。筆者認爲，《賈誼新書·等齊》雖引《緇衣》第九章與第十章，却未引到《尹吉》與《詩·鳲鳩》之句，是因爲兩者與《等齊》主張的内容不合之故。

就《詩》學研究而言，另有更重要的問題：《都人士》原本是否有“行歸于周，萬民之望”二句?《左傳·襄公十四年·傳》有“忠，民之望也。詩曰：‘行歸于周，萬民所望’，忠也”,①東漢服虔（生卒年未詳）認爲是逸詩。②《禮記·緇衣注》云：“此詩《毛詩》有之，三家則亡。”③因此，吴榮曾、④虞萬里⑤和郭静云⑥等學者推測，《緇衣》所引“其頌不改，出言有丨，黎民所信”，與《左傳》、《賈誼新書》所引的“彼都人士，狐裘黄裳，行歸于周，萬民所望”，應是同一首逸詩中不同的兩章，試圖復原該逸詩，值得留意。但《等齊》既然未直接引自《詩》，《賈誼新書》所引《詩》句到底能多少有助於《詩》學研究?筆者認爲，該引《詩》句僅能當作《禮記》研究的材料，而難以視爲《詩》學研究的主要根據。

---

①［西晋］杜預（注）、［唐］孔穎達（疏）：《十三經注疏·春秋左傳正義》（臺北：藝文印書館，1956年），564頁。

②今參［東漢］服虔：《春秋傳服氏注》，《續修四庫全書·117·經部. 春秋類》（上海：上海古籍出版社，1995年），33頁。本是《詩·都人士·考證》或清董耀《讀詩記》所引，筆者未見。

③《十三經注疏·禮記正義》，929頁。

④吴榮曾：《〈緇衣〉簡本、今本引〈詩〉考辨》，《文史》2002年第3期（2002年），14—18頁。

⑤虞萬里：《從簡本〈緇衣〉論〈都人士〉詩的綴合》，收入氏著：《上博館藏楚竹書〈緇衣〉綜合研究》，504—531頁。

⑥郭静云：《據出土的先秦〈緇衣〉版本再考證〈都人士〉逸詩的原文》，《東華人文學報》第17期（2010年7月），1—20頁。今多參考此文。

如上所述，《賈誼新書·等齊》雖用《詩·都人士》句，并非直接引《詩》，而是引自《禮記·緇衣》系統的文本。《賈誼新書》爲瞭解决諸侯王國問題，提出上下等級、勢力、衣服、號令必須有别，作者當係關注《緇衣》之言，故引之爲自己論述的旁證。

二、《賈誼新書》論匈奴問題中之引《詩》

匈奴問題對漢朝而言，亦是最大的社會問題之一，《賈誼新書·匈奴》乃是其論匈奴問題的一篇。《賈誼新書》在此篇中提出了作爲“耀蟬之術”的“三表五餌”政策。其最後一段云：

> 言者或曰：“天子下臨，人民寃之。”曰：“苟或非天子民，尚豈天子也。《詩》曰：‘普天之下，莫非王土；率土之濱，莫非王臣。’王者，天子也，苟舟車之所至，人迹之所及，雖蠻夷戎狄，孰非天子之所哉？而慉渠頗率天子之民，以不聽天子，則慉渠大罪也。今天子自爲懷其民，天子之理也，豈下臨人之民哉？”①

此處引《詩·小雅·谷風之什·北山》之句。

《詩·北山》的確有：“溥天之下，莫非王土；率土之濱，莫非王臣。”但後文又有：“大夫不均，我從事獨賢”一句。因此，鄭《箋》曰：“此言王之土地廣矣，王之臣又衆矣，何求而不得？何使而不行？”唐孔穎達（574—648）《疏》亦云：“作者言王道之衰，傷境界之削，（中略）恨其有人衆而不使，即以廣大言之。”可見鄭、孔皆以王土之廣大、王臣之衆多解之，而認爲

①《新書》，卷4，5b—6a頁。

《北山》的作者批評君王役使不均。這是因爲鄭、孔皆依《小序》"《北山》，大夫刺幽王也。役使不均，已勞於從事，而不得養其父母焉"的立場，加以詮釋。① 關於此，《孟子·萬章上》云：

> 咸丘蒙曰："（中略）《詩》云：'普天之下，莫非王土；率土之濱，莫非王臣。'而舜既爲天子矣，敢問瞽瞍之非臣，如何？"曰："是詩也，非是之謂也。勞於王事，而不得養父母也。曰：'此莫非王事，我獨賢勞也。'（後略）"②

咸丘蒙，孟子（前372？—前289）弟子，他引"普天之下，莫非王土；率土之濱，莫非王臣"，認爲天下不無天子所管，所以尋問："舜既爲天子，無有非王者之臣，其父瞽瞍却非臣，如何？"孟子則對曰："是詩也，非是之謂也。"東漢趙岐注云："孟子言此詩非舜臣父之謂也。詩言皆王臣也，何爲獨使我以賢才而勞苦，不得養父母乎，是以怨也。"③ 由此可見，孟子與《毛詩》的解釋相同，强調君王役使不均；咸丘蒙則注重《北山》所述的天下皆王臣之一面。就此而言，咸丘蒙的觀點，較近於荀卿（生卒年未詳）的立場。《荀子·君子》曰："天子也者，執至重，形至佚，心至愈，志無所詘，形無所勞，尊無上矣"，而後引"普天之下，莫非王土；率土之濱，莫非王臣"句。④ 此外，《左傳·昭公七年·傳》云：

> 楚子之爲令尹也，爲王旌以田，芋尹無宇斷之，曰：

---

①以上，請參《十三經注疏·毛詩正義》，444頁。

②[清] 焦循（撰）：《孟子正義》（北京：中華書局，《新編諸子集成》第1輯，1987年10月），637、638頁。

③《孟子正義》，638頁。

④[清] 王先謙（撰）：《荀子集解》（北京：中華書局，《新編諸子集成》第1輯，1988年9月），450頁。

"一國兩君，其誰堪之。"及即位，爲章華之宫，納亡人以實之。無宇之閽入焉，無宇執之，有司弗與，曰："執人於王宫，其罪大矣。"執而謁諸王。王將飲酒，無宇辭曰："天子經略，諸侯正封，古之制也。封略之内，何非君土，食土之毛，誰非君臣？故詩曰：'普天之下，莫非王土，率土之濱，莫非王臣。'天有十日，人有十等，下所以事上，上所以共神也。(後略)"①

《韓非子·説林上》又有：

人之周，周不納客，問之曰："客耶？"對曰："主人。"問其巷人而不知也，吏因囚之，君使人問之曰："子非周人也，而自謂非客，何也？"對曰："臣少也誦《詩》曰：'普天之下，莫非王土；率土之濱，莫非王臣。'今君，天子，則我天子之臣也，豈有爲人之臣而又爲之客哉？故曰主人也。"君使出之。②

可見《左傳》與《韓非子》的故事，顯然亦是以天下皆王臣的觀念而引"普天之下，莫非王土；率土之濱，莫非王臣"句，此與咸丘蒙同。

---

①《十三經注疏·春秋左傳正義》，758、759頁。

②［清］王先慎（撰）：《韓非子集解》（北京：中華書局，《新編諸子集成》第1輯，1998年7月），174、175頁。《韓非子·忠孝》也有引"普天之下，莫非王土；率土之濱，莫非王臣"之例。467頁。《戰國策·東周》也有："温人之周，周不納。(問曰)'客即（耶）？'對曰：'主人也。'問其巷而不知也，使因囚之。君使人問之曰：'子非周人，而自謂非客，何也？'對曰：'臣少而誦《詩》。《詩》曰：普天之下，莫非王土。率土之濱，莫非王臣。今周君天下，則我天子之臣，而又爲客哉？故曰主人。'君乃使吏出之。"［西漢］劉向（集録）、范祥雍（箋證）：《戰國策箋證》（上海：上海古籍出版社，2006年12月），38頁。

觀《賈誼新書·匈奴》引“普天之下，莫非王土；率土之濱，莫非王臣”句，强調的是舟車、人迹之所及皆屬天子之所有。《威不信》另云：“古之正義，東西南北，舟車之所達，人迹之所至，莫不率服，而後云天子。”① 就此而言，可謂《匈奴》與咸丘蒙、《荀子》和《韓非子》的觀點可説是一致的。但對《賈誼新書》而言，其所欲論説之意涵却不僅如此，更重要的是必須實現以皇帝爲“天下之首”的世界秩序。《賈誼新書》云：“天子者，天下之首也，何也？上也。蠻夷者，天下之足也，何也？下也。”② 匈奴雖是“蠻夷”，但依然亦是“天下之足”，即是天子之民。《賈誼新書》於此引用“普天之下，莫非王土。率土之濱，莫非王臣”句，批判“言者”之“天子下臨，人民寃之”的觀點，這是爲了使漢文帝關懷匈奴之民，此乃實施“三表五餌”以解消匈奴問題的關鍵。

三、《賈誼新書》君主論中之引《詩》

（一）引《棫樸》

本節探討《賈誼新書》君主論中的引《詩》。首先，《賈誼新書·連語》論君主的資質，分爲上主、中主與下主，其言云：

> 抑臣又竊聞之曰：“有上主者，有中主者，有下主者。上主者，可引而上，不可引而下；下主者，可以引而下，不可引而上；中主者，可引而上，可引而下。”故上主者，堯、

①《新書》，卷3，12a頁。

②此文見於《新書》的《解縣》，卷3，11a頁以及《威不信》，卷3，12a頁。

舜是也。夏禹、契、后稷與之爲善則行；鯀、讙兜欲引而爲惡則誅。故可與爲善，而不可與爲惡。下主者，桀、紂是也。推侈惡來進與爲惡則行；比干、龍逢欲引而爲善則誅。故可與爲惡，而不可與爲善。所謂中主者，齊桓公是也。得管仲、隰朋，則九合諸侯；豎貂、子牙，則餓死胡宮，蟲流而不得葬。故材性乃上主也，賢人必合，而不肖人必離，國家必治無可憂者也。若材性下主也，邪人必合，賢正必遠，坐而須亡耳，又不可勝憂矣。故其可憂者，唯中主爾。又似練絲，染之藍則青，染之緇則黑。得善佐則存，不得善佐則亡。此其不可不憂者耳。①

《連語》主張，材性上主者和下主者皆無需擔憂，因爲材性上主者，如堯、舜，自然有夏禹、契、后稷等賢人的協助，不肖人則必疏遠，國家必治；材性下主者，如桀、紂，必然與惡來等邪人行惡，賢正即遠離，國家必滅。換言之，《賈誼新書》否認上主和下主的可塑性。就《賈誼新書》而言，可擔憂者僅中主而已。因爲中主如齊桓公，與練絲同，染之藍則青；染之黑則黑，得善佐則存；不得善佐則亡。可知《連語》關注君主左右的人才，接著引用《詩·大雅·文王之什·棫樸》句，云：

《詩》云："芃芃棫樸，薪之槱之，濟濟辟王，左右趨之。"此言左右日以善趨也，故臣竊以爲練左右急也。②

《連語》於此引用《詩·棫樸》句，是因爲要强調"練左右急"。《賈誼新書·容經》亦引用《棫樸》，云：

古者，年九歲入就小學，蹍小節焉，業小道焉。束髮就

①《新書》，卷5，7a—7b頁。

②《新書》，卷5，7b頁。

大學，躡大節焉，業大道焉。是以邪放非辟無因入之焉。諺曰："君子重襲，小人無由入；正人十倍，邪辟無由來。"古之人其謹於所近乎！《詩》曰："芃芃棫樸，薪之槱之，濟濟辟王，左右趨之。"此言左右日以善趨也。①

《容經》道述教育時環境的重要，最後引《棫樸》而云"左右日以善趨"。可知《賈誼新書》引《棫樸》，均是爲了强調左右在君主或太子教育上的重要。即，君主和太子在《賈誼新書》中是教化的對象。

關於《棫樸》，毛《傳》與鄭《箋》的解釋不同，《小序》曰："《棫樸》，文王能官人也。"《傳》云："山木茂盛，萬民得而薪之。賢人衆多，國家得用蕃興。"② 鄭《箋》則釋爲皇天上帝及三辰的祭祀，云："文王臨祭祀，其容濟濟然敬。左右之臣，皆促疾於事，謂相助積薪。"③ 王先謙認爲是齊説。西晋孫毓（生卒年未詳）云："此篇美文王之能官人，非稱周地之多賢才也。國事莫大於祀神，莫大於天，必擇俊士與共其禮，故舉祭天之事，明官人之義。又'薪之槱之'是燎祭積薪之名，非謂萬民

①《新書》，卷7。

②孔《疏》解之爲："毛以爲，芃芃然枝葉茂盛者，是彼棫木之樸屬而叢生也。我農人得析而薪之，又載而積之於家，使農人得以濟用，興德行俊秀者，乃彼賢人之叢集而衆多也。我國家得徵而取之，又引而置之於朝，使國得以蕃興。既得賢人置之於位，故濟濟然多容儀之君主，其舉行政，此賢臣者左右輔助而疾趨之。言賢人在官，各司其職，是其能官人也。"《十三經注疏・毛詩正義》，556頁。

③孔《疏》釋之爲："鄭以爲，芃芃然枝葉茂盛之棫，相樸屬而叢生也，故使人豫斫而薪之。及祭皇天上帝，則又聚積而燎之。濟濟然其臨祭祀容貌肅敬之君主，薪燎以祭之時，左右諸臣趨疾而助之。言皆助王積薪，以供事上帝，是其能官人也。"《十三經注疏・毛詩正義》，556頁。

皆當槱燎。《箋》義爲長”，但因爲《傳》和《箋》都認爲《棫樸》是述周文王之能官人，所以并無討論到君主是否可塑的問題。①《晏子春秋・内篇・問下・魯昭公問魯一國迷何也晏子對以化爲一心》亦云：

> 晏子聘于魯，魯昭公問焉：“吾聞之，莫三人而迷，今吾以魯一國慮之，魯不免于亂，何也？”晏子對曰：“君之所尊舉而富貴，入所以與圖身，出所與圖國，及左右逼邇，皆同于君之心者也。犒魯國化而爲一心，曾無與二，其何暇有三。夫逼邇于君之側者，距本朝之勢，國之所以殆也；左右讒諛，相與塞善，行之所以衰也；士者持禄，游者養交，身之所以危也。《詩》曰：‘芃芃棫樸，薪之槱之，濟濟辟王，左右趨之。’此言古者聖王明君之使以善也。故外知事之情，而内得心之誠，是以不迷也。”②

可見此處引《詩》也是爲了主張“聖王明君之使以善”，與毛《傳》、鄭《箋》同脉。就此而言，如王艷所指出，《賈誼新書》引《詩・棫樸》强調君主左右之人的重要，③ 是相當獨特的。

《賈誼新書・胎教》云：

> 周妃后妊成王於身，立而不跛，坐而不差，笑而不喧，獨處不倨，雖怒不罵，胎教之謂也。成王生，仁者養之，孝

①以上，請參《十三經注疏・毛詩正義》，556頁。

②張純一（撰）：《晏子春秋校注》（北京：中華書局，《新編諸子集成續編》，2014年5月），197、198頁。

③王艷也指出：“賈誼分别在兩篇文章中同引《棫樸》同一詩句，爲了説明爲君者應當謹慎選取左右臣子的道理，借以説明君主左右之人的重要性。”《漢初子書引〈詩〉考》，13頁。

者襁之，四賢傍之。成王有知，而選太公爲師，周公爲傅，前有與計，而後有與慮也。是以封於泰山而禪於梁父，朝諸侯，一天下。由此觀之，主左右不可不練也。①

賈誼本人歷任長沙王太傅、梁王太傅，《賈誼新書》注重太子左右是理所當然，但它更關注君主從生前到登基後的環境，而主張應加之以徹底地管理。《賈誼新書》引《棫樸》之兩處，亦受這種教育思想的影響。

（二）引《文王》與《皇矣》

《賈誼新書·君道》引用《詩·大雅》中的四篇。首先是《文王之什》的《文王》與《皇矣》，《君道》曰：

> 《詩》曰："濟濟多士，文王以寧。"言輔翼賢正，則身必安也。又曰："弗識弗知，順帝之則。"言士民説其德義，則效而象之也。文王志之所在，意之所欲，百姓不愛其死，不憚其勞，從之如集。

《詩·文王》，一章八句，共七章，《詩説》云："周公追述文王之德，明周家所以受命而代商者，作詩歌奏於清廟，受厘陳戒之時以訓嗣王"②；《小序》則云："《文王》，文王受命作周也。"③《賈誼新書·君道》所引之句見於第三章，即：

> 世之不顯，厥猶翼翼。思皇多士，生此王國。
> 王國克生，維周之楨。濟濟多士，文王以寧。④

①《新書》，卷10，4b—5a頁。

②《詩説》，19b頁。

③《十三經注疏·毛詩正義》，531頁。

④《十三經注疏·毛詩正義》，535頁。

毛《傳》針對最後兩句云："濟濟，多威儀也"，孔《疏》則爲"言文王得賴此臣之力。"① 與《賈誼新書·君道》"言輔翼賢正，則身必安"同。

至於《皇矣》，《詩》有：

> 帝謂文王，予懷明德，不大聲以色，不長夏以革。
>
> 不識不知，順帝之則。②

此亦爲"美周"之詩，《詩說》云："詩敘太王、太伯、王季之德，以及文王伐密伐崇之事"③；《小序》則云："天監代殷，莫若周。周世世修德，莫若文王。"④ 鄭《箋》云："天之言云：我歸人君有光明之德，而不虛廣言語以外作容貌，不長諸夏以變更王法者，其爲人不識古不識今，順天之法而行之者。此言天之道尚誠實，貴性自然。"⑤ 即"不識不知，順帝之則"意味著周

---

①同前注。

②《十三經注疏·毛詩正義》，573 頁。

③《詩說》，20a 頁。

④《十三經注疏·毛詩正義》，573 頁。

⑤《十三經注疏·毛詩正義》，567 頁。

文王對天法誠實的態度，《左傳·僖公九年·傳》① 及《墨子·天志下》② 亦然。

此外，《荀子·修身》也曰：

> 禮者，所以正身也；師者，所以正禮也。無禮，何以正身？無師，吾安知禮之爲是也？禮然而然，則是情安禮也；師云而云，則是知若師也。情安禮，知若師，則是聖人也。故非禮，是無法也；非師，是無師也。不是師法，而好自用，譬之是猶以盲辨色，以聾辨聲也，舍亂妄無爲也。故學也者，禮法也。夫師，以身爲正儀而貴自安者也。《詩》云："不識不知，順帝之則。"此之謂也。③

《荀子》以《詩》説明"禮"的政治功能，此點與毛《傳》不同。《韓詩外傳》卷五也云：

> 禮者，則天地之體，因人之情而爲之節文者也。無禮，何以正身？無師，安知禮之是也？禮然而然，是情安於禮也；師云而云，是知若師也。情安禮，知若師，則是君子之

①《左傳·僖公九年·傳》曰："《詩》曰：'不識不知，順帝之則'，文王之謂也。"杜《注》釋之云："'帝'，天也。'則'，法也。言文王暗行自然合天之法。"《十三經注疏·春秋左傳正義》，220 頁。

②《墨子·天志下》曰："故子墨子置天之，以爲儀法。非獨子墨子以天之志爲法也，於先王之書大夏之道之然：'帝謂文王，予懷明德，毋大聲以色，毋長夏以革，不識不知，順帝之則。'此誥文王之以天志爲法也，而順帝之則也。且今天下之士君子，中實將欲爲仁義，求爲上士，上欲中聖王之道，下欲中國家百姓之利者，當天之志，而不可不察也。天之志者，義之經也。"［清］孫詒讓（撰）：《墨子間詁》（北京：中華書局，《新編諸子集成》，2001 年 4 月），220 頁。又孫氏在《天志中》云："案《墨子》説《詩》，與鄭義同。"205 頁。

③《荀子集解》，34 頁。

道。言中倫，行中理，天下順矣。《詩》曰："不識不知，順帝之則。"①

此處言君主情安禮、知若師，其言行就中倫、中理，天下則歸之，此明顯是受《荀子》的影響。但唐楊倞（生卒年未詳）注《荀子》云："引此（筆者注：《皇矣》）以喻師法暗合天道，如文王雖未知，已順天之法則也。"② 可見《荀子》與《韓詩外傳》對"不識不知，順帝之則"二句的解釋，仍然與毛《傳》、《墨子》等相同。

然《賈誼新書》的觀點與毛《傳》、《墨子》、《荀子》等又不同，曰："言士民說其德義，則效而象之也。"他并未視此詩句爲帝與周文王的關係，而爲周文王與士民的關係。關於此點，《左傳・襄公三十一年・傳》曰：

> 衛侯在楚，北宫文子見令尹圍之威儀，言於衛侯曰："（中略）《詩》云：'不識不知，順帝之則。'言則而象之也。紂囚文王七年，諸侯皆從之囚。紂於是乎懼而歸之，可謂愛之。文王伐崇，再駕而降爲臣，蠻夷帥服，可謂畏之。文王之功，天下誦而歌舞之，可謂則之。文王之行，至今爲法，可謂象之。（後略）"

令人關注。不僅文字相似，孔《疏》另云："'不識不知'，謂不妄斟酌以爲識知，唯順天之法則。是'言則而象之'，謂文王法則放象上天而行。下傳覆此，謂天下則象文王。不同者，謂文王能則象於天，故天下亦則象文王也。"③ 此解雖在基本上依西

---

①［西漢］韓嬰（傳）、許維遹（校釋）：《韓詩外傳集釋》（北京：中華書局，1980 年 6 月），178、179 頁。

②《荀子集解》，34 頁。

③《十三經注疏・春秋左傳正義》，690 頁。

晉杜預（222—284）《注》“言文王行事，無所斟酌，唯在則象上天”發揮，但最後不得不説“不同者”，是因爲《傳》文中的“之”絶非“上天”，而明顯指周文王。即在《襄公三十一年·傳》，北宫文子以《詩·皇矣》句中的“帝”爲周文王，此與《賈誼新書·君道》相同。换言之，《君道》雖然亦爲了稱贊周文王而利用《詩》句，但是，其重點不在周文王對天的態度，而在周文王引起士民對他的喜悦之政治態度。

（三）引《靈臺》

接著，《君道》另引《靈臺》，云：

> 《詩》曰：“經始靈臺，庶民攻之，不日成之，經始勿亟，庶民子來。”文王有志爲臺，令近境之民聞之者裹糧而至，問業而作之，日日以衆，故弗趨而疾，弗期而成，命其臺曰“靈臺”，命其囿曰“靈囿”，謂其沼曰“靈沼”，愛敬之至也。《詩》曰：“王在靈囿，麀鹿攸伏。麀鹿濯濯，白鳥皜皜。王在靈沼，於牣魚躍。”文王之澤，下被禽獸，洽于魚鱉，故禽獸魚鱉攸若攸樂，而况士民乎！①

此處言周文王之德及禽獸魚鱉之類，士民則無庸贅言。《靈臺》一章四句，共五章，《詩説》云：“文王遷都于豐，作靈臺，以齊七政，奏辟雍，周公述之以訓嗣王”②；《小序》則云：“《靈臺》，民始附也。文王受命，而民樂其有靈德，以及鳥獸昆蟲焉。”③ 第一章至第三章爲：

---

①《新書》，卷7，7b頁。

②《詩説》，20b頁。

③《十三經注疏·毛詩正義》，578頁。

> 經始靈臺，經之營之。庶民攻之，不日成之。
>
> 經始勿亟，庶民子來。王在靈囿，麀鹿攸伏。
>
> 麀鹿濯濯，白鳥翯翯。王在靈沼，於牣魚躍。①

鄭《箋》釋之謂：文王應天命，度始靈臺之基趾，營表其位。衆民則築作，不設期日而成。度始靈臺之基趾，非有急成之意。衆民各以子成父事而來攻之。文王親至靈囿，視牝鹿所游伏之處。鳥獸肥盛喜樂，魚則盈滿於靈沼之中，皆跳躍，各得其所處。换言之，此詩言文王“愛物”之“靈德”。孔《疏》也云：“以文王德及昆蟲，民歸附之，故作此詩以歌其詩也。”② 可見毛《傳》、鄭《箋》、孔《疏》與《賈誼新書》對《靈臺》的解釋不异。

除《君道》之外，《賈誼新書·禮》也引用《靈臺》，云：

> 禮，聖王之於禽獸也，見其生，不忍見其死，聞其聲，不嘗其肉，隱弗忍也。故遠庖厨，仁之至也。不合圍，不掩群，不射宿，不涸澤。豺不祭獸，不田獵；獺不祭魚，不設網罟；鷹隼不鷙，眭而不逮，不出穎羅；草木不零落，斧斤不入山林；昆蟲不蟄，不以火田；不麛不卵，不刳胎，不夭夭，魚肉不入廟門；鳥獸不成毫毛，不登庖厨。取之有時，用之有節，則物蕃多。湯曰：“昔蛛蝥作罟，不高順，不用命者，寧丁我網。”其憚害物也如是。《詩》曰：“王在靈囿，麀鹿攸伏。麀鹿濯濯，白鳥皜皜。王在靈沼，於仞魚躍。”言德至也。聖主所在，魚鱉禽獸猶得其所，况於人民乎！③

---

①《十三經注疏·毛詩正義》，579、580 頁。

②請參《十三經注疏·毛詩正義》，579、580 頁。

③《新書》，卷 6，3a—3b 頁。

此處後半所引的湯之祝文，《吕氏春秋·孟冬紀·异用》云：

> 湯見祝網者，置四面，其祝曰："從天墜者，從地出者，從四方來者，皆離吾網。"湯曰："嘻！盡之矣。非桀其孰爲此也？"湯收其三面，置其一面，更教祝曰："昔蛛蝥作網罟，今之人學紓。欲左者左，欲右者右，欲高者高，欲下者下，吾取其犯命者。"漢南之國聞之曰："湯之德及禽獸矣。"四十國歸之。人置四面，未必得鳥；湯去其三面，置其一面，以網其四十國，非徒網鳥也。①

《賈誼新書·諭誠》也引此故事，即曰：

> 湯見設網者四面張，祝曰："自天下者，自地出者，自四方至者，皆罹我網。"湯曰："嘻！盡之矣。非桀，其孰能如此？"令去三面，舍一面，而教之祝曰："蛛蝥作網，今之人循緒。欲左者左，欲右者右，欲高者高，欲下者下，吾請受其犯命者。"士民聞之曰："湯之德及禽獸矣。而况我乎！"於是下親其上。②

雖《吕氏春秋》和《賈誼新書》兩者引此之目的不同，《吕氏春秋》是論其"網其四十國"；《賈誼新書》則言"下親其上"，但兩者都强調連禽獸也受到湯之德。就此而言，《賈誼新書·禮》看似由湯之言而强調王德及禽獸，并後面云"其憚害物也如是"，與鄭《箋》言《靈臺》之文王"愛物"相同。

但《賈誼新書·禮》不僅言聖王憚害物之精神，進一步論之爲"仁"。《禮》此一段首"禮，聖王之於禽獸也，見其生，不

①許維遹：《吕氏春秋集釋》（北京：中華書局，《新編諸子集成》，2009 年 9 月），235 頁。

②《新書》，卷 7，4b—5a 頁。

忍見其死，聞其聲，不嘗其肉，隱弗忍也。故遠庖厨，仁之至也”，有可能是根據《禮記·玉藻》：“君無故不殺牛，大夫無故不殺羊，士無故不殺犬、豕。君子遠庖厨，凡有血氣之類，弗身踐也。”① 或《孟子·梁惠王上》：“君子之於禽獸也，見其生，不忍見其死；聞其聲，不忍食其肉。是以君子遠庖厨也。”尤其孟子稱之爲“仁術”，② 與《賈誼新書》稱“仁之至”是一致的，值得留意。接著，《賈誼新書》自“不合圍”至“則物蕃多”的部分可能是根據《禮記·王制》：“獺祭魚，然後虞人入澤梁。豺祭獸，然後田獵。鳩化爲鷹，然後設罻羅。草木零落，然後入山林。昆蟲未蟄，不以火田，不麛，不卵，不殺胎，不殀夭，不覆

---

①《十三經注疏·禮記正義》，546 頁。

②《孟子正義》，83 頁。清翟灝《考异》認爲：“‘君子遠庖厨’，本《禮記·玉藻》文，孟子述之，故加‘是以’二字。”見於《孟子正義》，84 頁。

巢。"① 《文子・上仁》和《淮南子・主術》引此爲"先王之法",② 在《賈誼新書》中則承前文而作爲聖王"仁之至"的具體行爲。

總之,《賈誼新書・禮》引《靈臺》,位於其主張聖王之仁德中。它引《詩》句之後謂:"言德至也",此"德"即"仁德"。換言之,就《賈誼新書・禮》而言,《靈臺》就是美聖王仁德之詩。《禮》最後曰:"故仁人行其禮,則天下安,而萬理得矣。逮至德渥澤洽,調和大暢,則天清澈地富煴,物時熟,民心不挾詐

①《十三經注疏・禮記正義》,237 頁。

②《文子・上仁》云:"老子曰:'食者,人之本也;民者,國之基也。故人君者,上因天時,下盡地理,中用人力。是以群生以長,萬物蕃殖。(中略)先王之法,……不涸澤而漁,不焚林而獵,豺未祭獸,罝罘不得通於野,獺未祭魚,網罟不得入於水,鷹隼未擊,羅網不得張於皋,草木未落,斤斧不得入於山林,昆蟲未蟄,不得以火田,育孕不牧,鷇卵不探,魚不長尺不得取,犬豕不期年不得食。是故萬物之發,若蒸炁出。先王之所以應時修備,富國利民之道也,非目見而足行之,欲利民者也不忘乎心,則民自備矣。'"王利器(撰):《文子疏義》(北京:中華書局,《新編諸子集成》,2000 年 9 月),446—447 頁。《淮南子・主術》也云:"故國無九年之畜,謂之不足;無六年之積,謂之憫急;無三年之畜,謂之窮乏。(中略)食者,民之本也。民者,國之本也。國者,君之本也。是故人君者,上因天時,下盡地財,中用人力。是以群生遂長,五穀蕃植。(中略)故先王之法,畋不掩群,不取麛夭。不涸澤而漁,不焚林而獵。豺未祭獸,罝罦不得布於野;獺未祭魚,網罟不得入于水;鷹隼未摯,羅網不得張於溪谷;草木未落,斤斧不得入山林;昆蟲未蟄,不得以火燒田。孕育不得殺,鷇卵不得探,魚不長尺不得取,彘不期年不得食。(後略)"劉文典(撰):《淮南鴻烈集解》(北京:中華書局,《新編諸子集成》第 1 輯,1989 年 5 月),307—309 頁。由此可知《賈誼新書・禮》與《淮南子・主術》的記述相當相似,《主術》的作者不僅參考《禮記・王制》與《文子・上仁》,也頗有可能直接參考《賈誼新書・禮》。

賊，氣脉淳化，攫噬搏擊之獸鮮，毒醞猛蚏之蟲密，毒山不蕃，草木少薄矣，鑠乎大仁之化也。”① 可見《賈誼新書》所理想的君主爲仁人，它認爲仁人纔能實現真正的禮之世界。

（四）引《洞酌》

最後，《賈誼新書·君道》引《生民之什》的《洞酌》，云：

> 《詩》曰：“愷悌君子，民之父母。”言聖王之德也。《易》曰：“鳴鶴在陰，其子和之。”言士民之報也。《書》曰：“大道亶亶，其去身不遠，人皆有之，舜獨以之。”夫射而不中者，不求之鵠，而反修之於己。君國子民者，反求之己，而君道備矣。②

關於《詩》句，今本《詩》作：“豈弟君子，民之父母。”毛《傳》釋之云：“樂以强教之，易以説安之。民皆有父之尊，有母之親。”孔《疏》則謂：毛《傳》“皆《孔子閑居》之文也。彼引此詩，乃爲此言以釋之，故《傳》依用焉。樂者，人之所愛，當自强以教之。易謂性之和悦，當以安民，故云‘悦安之’。一人而云‘父母’，故云‘有父之尊，有母之親’。”《禮記·孔子閑居》的確有：

> 孔子閑居，子夏侍。子夏曰：“敢問《詩》云：‘凱弟君子，民之父母’，何如斯可謂民之父母矣?”孔子曰：“夫民之父母乎，必達於禮樂之原，以致五至，而行三無，以横於天下。四方有敗，必先知之。此之謂民之父母矣。”③

---

①《新書》，卷6，3b頁。

②《新書》，卷7，7b—8a頁。

③《十三經注疏·禮記正義》，860頁。

此處云：達於禮樂之原既而進行“五至”與“三無”，以推於天下，就可謂“民之父母”。然毛《傳》所據非《孔子閑居》，而實爲《禮記·表記》。《表記》曰：

> 子言之：“君子之所謂仁者，其難乎！《詩》云：‘凱弟君子，民之父母。’凱以强教之；弟以説安之。樂而毋荒，有禮而親，威莊而安，孝慈而敬。使民有父之尊，有母之親。如此而後可以爲民父母矣，非至德其孰能如此乎？（後略）”①

君子以快樂教人，使人自强不息而得到教育；以和易感化人，使人喜悦而得到安便。快樂而不荒廢事業，有禮貌而不彼此疏遠，威嚴莊重而不失安寧，孝順慈愛而不失恭敬。使人民尊敬自己似是對父親一樣，親近自己似是對母親一樣，即可爲“民之父母”。② 可知毛《傳》實根據《禮記·表記》。

《詩》　“愷悌君子，民之父母”句也見於《荀子·禮論》，云：

> 君之喪所以取三年，何也？曰：君者，治辨之主也，文理之原也，情貌之盡也，相率而致隆之，不亦可乎？《詩》曰：“愷悌君子，民之父母。”彼君子者，固有爲民父母之説焉。父能生之，不能養之；母能食之，不能教誨之；君者，已能食之矣，又善教誨之者也。三年畢矣哉！乳母，飲食之者也，而三月；慈母，衣被之者也，而九月；君曲備之者也，三年畢乎哉！得之則治，失之則亂，文之至也。得之則

①《十三經注疏·禮記正義》，914 頁。

②參王夢鷗：《禮記今注今譯》（臺北：臺灣商務印書館，1970 年初版，1984 年 1 月修訂版），858 頁。

> 安，失之則危，情之至也。兩至者俱積焉，以三年事之猶未足也，直無由進之耳。故社，祭社也；稷，祭稷也；郊者，并百王於上天而祭祀之也。①

《荀子》以《詩》句説明君子喪取三年的理由。就《荀子》而言，君者能養民而善教化，也俱備“文之至”和“情之至”，實喪三年也尚不足。《韓詩外傳》卷六《第二十二章》云：

> 《詩》曰：“愷悌君子，民之父母。”君子爲民父母何如？曰：“君子者，貌恭而行肆，身儉而施博，故不肖者不能逮也。殖盡於己，而區略於人，故可盡身而事也。篤愛而不奪，厚施而不伐。見人有善，欣然樂之；見人不善，惕然掩之，有其過而兼包之。授衣以最，授食以多。法下易由，事寡易爲。是以中立而爲人父母也。築城而居之，別田而養之，立學以教之。使人知親尊。親尊故爲父服斬縗三年，爲君亦服斬縗三年，爲民父母之謂也。”②

可見《韓詩外傳》一方面是繼承《禮記》的立場，另一方面

①《荀子集解》，374、375 頁。

②《韓詩外傳集釋》，228 頁。

發揮《荀子》的觀點。①

《賈誼新書》則僅曰“言聖王之德也”，不知其詳細解釋如何。但《君道》此處不僅引用《詩·泂酌》句，後亦引用《易·中孚·九二》“鶴鳴在陰，其子和之”② 及《書》句“大道亶亶，其去身不遠，人皆有之，舜獨以之”。③ 由此可知，它要求君主對政治主動、有責任的態度。故最後曰：“君國子民者，反求之己，而君道備矣。”

①《韓詩外傳》另有一段引用“愷悌君子，民之父母”，卷八第十章云：“子賤治單父，其民附。孔子曰：‘告丘之所以治之者。’對曰：‘不齊時發倉廩，振困窮，補不足。’孔子曰：‘是小人附耳，未也。’對曰：‘賞有能，招賢才，退不肖。’孔子曰：‘是士附耳，未也。’對曰：‘所父事者三人，所兄事者五人，所友者十有二人，所師者一人。’孔子曰：‘所父事者三人，足以教孝矣；所兄事者五人，足以教弟矣；所友者十有二人，足以祛壅蔽矣；所師者一人，足以慮無失策，舉無敗功矣。昔者堯、舜清微其身，以聽觀天下，務來賢人。夫舉賢者，百福之宗也，而神明之主也。惜乎！不齊之所爲者小也。爲之大功，乃與堯、舜參矣。’《詩》曰：‘愷悌君子，民之父母。’子賤其似之矣。”《韓詩外傳集釋》，282、283 頁。

②［魏］王弼、［西晉］韓康伯（注）、孔穎達（疏）：《十三經注疏·周易正義》（臺北：藝文印書館，1956 年），133 頁。此句亦爲《賈誼新書·春秋》所引，《春秋》以印證：“愛出者愛反，福往者福來。”《新書》，卷 6，9b 頁。

③此《書》句已不見於今本《尚書》中，可能是《尚書》佚篇。南宋王應麟《困學紀聞》已指出：“此《逸書》也。”［南宋］王應麟（著）、［清］翁元圻等（注）：《全校本困學紀聞》（上海：上海古籍出版社，2008 年 12 月），183 頁。“大道”兩句却見於《文子》的《道原》、《上德》與《淮南子·原道》中，皆作“大道坦坦，去身不遠”。請參《文子疏義》，14 頁和 294 頁；《淮南鴻烈集解》，32 頁。

四、《賈誼新書》禮論中之引《詩》

（一）引《騶虞》

《詩·國風·召南》有《騶虞》，《小序》云：“《騶虞》，《鵲巢》之應也。《鵲巢》之化行，人倫既正，朝廷既治，天下純被文王之化，則庶類蕃殖，蒐田以時。仁如《騶虞》，則王道成也。”① 就毛《傳》的立場而言，《鵲巢》處於《國風·召南》之首，言夫人之德；《騶虞》則位於其末，代表王道之完成，因而《小序》認爲《騶虞》相應於《鵲巢》，而《大序》云：“《周南》、《召南》，正始之道，王化之基。”② 其《騶虞》云：

彼茁者葭，壹發五豝，于嗟乎騶虞！

鄭《箋》云：“春田之早晚，（中略）君射一發而翼五豬者，戰禽獸之命。必戰之者，仁心之至”，“‘于嗟’者，美之也。”③ 孔《疏》亦釋之爲：“國君於此草生之時出田獵，壹發矢而射五豝。獸五豝唯壹發者，不忍盡殺，仁心如是，故于嗟乎嘆之，嘆

①《十三經注疏·毛詩正義》，68 頁。

②《十三經注疏·毛詩正義》，19 頁。

③《禮記·射義》曰：“天子以《騶虞》爲節；諸侯以《狸首》爲節；卿大夫以《采蘋》爲節；士以《采蘩》爲節。《騶虞》者，樂官備也；《狸首》者，樂會時也；《采蘋》者，樂循法也；《采蘩》者，樂不失職也。”鄭注云：“《騶虞》曰：‘一發五豝’，喻得賢者衆多也。‘吁嗟乎騶虞’，嘆仁人也。”《十三經注疏·禮記正義》，1014 頁。《儀禮·鄉射禮》注也云：其詩“樂得賢者衆多，嘆思至仁之人，以充其官，此天子之射節也。”［東漢］鄭玄（注）、［唐］賈公彥（疏）：《十三經注疏·儀禮注疏》（臺北：藝文印書館，1956 年），135 頁。

國君仁心如騶虞。騶虞，義獸，不食生物，有仁心，國君亦有仁心，故比之。”① 可知鄭、孔皆注重國君有仁心此一點。

《賈誼新書·禮》也引《騶虞》云：

> 禮者，臣下所以承其上也。故《詩》云：“一發五豝，吁嗟乎騶虞。”騶者，天子之囿也；虞者，囿之司獸者也。天子佐輿十乘，以明貴也；貳牲而食，以優飽也。虞人翼五豝，以待一發，所以復中也。人臣於其所尊敬，不敢以節待，敬之至也。甚尊其主，敬慎其所掌職，而志厚盡矣。作此詩者，以其事深見良臣順上之志也。良臣順上之志者可謂義矣，故其嘆之也，長曰“吁嗟乎”。雖古之善爲人臣者，亦若此而已。②

毛《傳》云：“騶虞，義獸也。白虎黑文，不食生物，有至信之德則應之。”③ 然《賈誼新書》與此有所不同，“騶”爲天子之禁苑；“虞”爲其司獸之官。虞人驅五豝以待天子一發，這種尊敬其主的態度，或者敬慎其工作的態度，就是受到《賈誼新書》的影響。就《賈誼新書》而言，作此詩者所感嘆的對象，并非如義獸騶虞同樣的國君之仁心，而是此虞人順從天子之志，此是因爲《禮》主張“禮者，臣下所以承其上也”，清王先謙指出：“賈誼《新書·禮篇》文，引此詩以明臣下承上之義。賈時惟有《魯詩》，所引魯訓也。”④ 雖無法確定《賈誼新書》的文字解釋是否屬於《魯詩》系統，但申培《詩説》亦云：“《騶虞》，美虞

①以上，請參《十三經注疏·毛詩正義》，68 頁。

②《新書》，卷 6，1b—2a 頁。

③《十三經注疏·毛詩正義》，68 頁。

④[清] 王先謙：《詩三家義集疏》（北京：中華書局，《十三經清人注疏》，1987 年 2 月），121 頁。

人之詩，賦也。”① 此與《賈誼新書》的觀點相似，值得留意。

（二）引《木瓜》

接著也是《禮》，引《詩·國風·衛風·木瓜》句如下：

> 禮者，所以節義而没不還。故饗飲之禮，先爵於卑賤，而后貴者始羞。淆膳下浹，而樂人始奏。觴不下遍，君不嘗羞。殺不下浹，上不舉樂。故禮者，所以恤下也。（中略）《詩》曰：“投我以木瓜，報之以瓊琚，匪報也，永以爲好也。”上少投之，則下以軀償矣，弗敢謂報，願長以爲好。古之蓄其下者，其施報如此。②

《詩説》僅曰：“朋友相贈之詩”而已，③ 但《詩·木瓜·小序》則對此加以詳細的説明，云：“《木瓜》，美齊桓公也。衛國有狄人之敗，出處於漕，齊桓公救而封之，遺之車馬器服焉。衛人思之，欲厚報之，而作是詩也。”孔《疏》又云：“有狄之敗，懿公時也，至戴公，爲宋桓公迎而立之，出處於漕，後即爲齊公子無虧所救。戴公卒，文公立，齊桓公又城楚丘以封之，則戴也、文也，皆爲齊所救而封之也。”④ 衛國敗滅，出處於漕，齊桓公二度救而封之，因此衛人雖當時不能報，但心所欲，而作此篇共三章。其第一章就是《賈誼新書·禮》所引的“投我以木瓜，報之以瓊琚。匪報也，永以爲好也”。鄭《箋》云：“我非敢以瓊琚爲報木瓜之惠，欲令齊長以爲玩好，結己國之恩也。”孔《疏》

---

①《詩説》，2b 頁。

②《新書》，卷 6，2a—2b 頁。

③《詩説》，5a 頁。

④《十三經注疏·毛詩正義》，141 頁。

亦同。①

然而，《賈誼新書》用之言："上少投之，則下以軀償矣，弗敢謂報，願長以爲好"，即是上恤下的重要。王先謙曾指出："賈子本經學大師，與荀卿淵源相接，其言可信，當其時惟有魯詩，若舊《序》以爲美桓，賈子不能指爲臣下報上之義，是其原本古訓，更無可疑。"② 他以爲，賈子主張"臣下報上之義"，但《禮》引《木瓜》的目的并非爲此，而是爲了主張"上恤下"之義。换言之，《賈誼新書》此處所關注的反倒是在"報"關係上的起點，即"上"的行爲、行動。在此點，王艷指出："賈誼在文中通過所引詩句的'施報'之義，比喻君主應當體恤臣下，則臣下必盡忠來報上之義，通過所引詩句來證明自己的禮制思想，用《詩》之教化來闡述其禮治主張"，③ 值得參考。

《賈誼新書·諭誠》載：

> 豫讓事中行之君，智伯滅中行氏，豫讓徙事智伯，及趙襄子破智伯，豫讓劑面而變容，吞炭而爲啞，乞其妻所而妻弗識，乃伏刺襄子，五起而弗中。襄子患之，食不甘味，一夕而五易卧，見不全身。人謂豫讓曰："子不死中行而反事其仇，何無耻之甚也？今必碎身麋軀以爲智伯，何其與前异也？"豫讓曰："我事中行之君，與帷而衣之，與關而枕之。夫衆人畜我，我故衆人事之。及智伯分吾以衣服，餡吾以鼎實，舉被而爲禮。大夫國士遇我，我固國士爲之報。"故曰："士爲知己者死，女爲悦己者容"，非冗言也，故在主

①同前注。

②《詩三家義集疏》，311 頁。

③《漢初子書引〈詩〉考》，8 頁。

而已。①

《諭誠》另收載殷湯王、楚昭王、周文王的故事，劇情皆同，是記述君主的行爲、發言而最後爲“於是下親其上”、“於是下信其上”，即因爲先有君主對其下的關懷，所以其下報其上。故引“士爲知己者死，女爲悦己者容”之句，强調君主在君臣關係上的努力，真可謂是相應於《禮》對《木瓜》的解釋。

（三）引《桑扈》

《禮》又有：

《詩》曰：“君子樂胥，受天之祜。”胥者，相也；祜，大福也。夫憂民之憂者，民必憂其憂；樂民之樂者，民亦樂其樂。與士民若此者，受天之福矣。②

此《詩》句見於《詩·小雅·桑扈》。《詩説》云：“《桑扈》，天子燕方伯之詩”③；《小序》則云：此是“刺幽王也。君臣上下，動無禮文也。”④ 共四章，各章四句。《禮》所引之句見於第一章，云：

交交桑扈，有鶯其羽。君子樂胥，受天之祜。⑤

孔《疏》依毛《傳》云：“佼佼然飛而往來者，桑扈之鳥也。有鶯然其羽之文章，故人皆觀視而念愛之。以興動而升降者，王與群臣也。當有威儀禮法，則天下亦觀視而樂仰之。君子既有禮文，爲下所愛，盡得其所，故能樂與天下所共，是與天下

---

①《新書》，卷7，5b—6a頁。

②《新書》，卷6，2b—3a頁。

③《詩説》，15b頁。

④《十三經注疏·毛詩正義》，480頁。

⑤同前注。

皆樂，而得受天下之祜福也。”① 毛《傳》、鄭《箋》略同，但兩者對“胥”的解釋有所不同，毛《傳》爲“皆”；鄭《箋》則爲“有才知之名”，而解釋第三、四句謂：“王者樂臣下有纔知文章，則賢人在位，庶官不曠，政和而民安，天予之以福禄。”②

《賈誼新書》又與毛《傳》、鄭《箋》不同，以“胥”爲“相”，互相之意，王先謙認爲是《魯詩》説。③《禮》在引《桑扈》之前實有：

> 國無九年之蓄，謂之不足；無六年之蓄，謂之急；無三年之蓄，國非其國也。民三年耕，必余一年之食，九年而余三年之食，三十歲相通。而有十年之積，雖有凶旱水溢，民無饑饉。然後天子備味而食，日舉以樂。諸侯食珍，不失，鍾鼓之縣，可使樂也。樂也者，上下同之。故禮，國有飢人，人主不飧；國有凍人，人主不裘。報囚之日，人主不舉樂。歲凶，穀不登，臺扉不塗，榭徹干侯，馬不食穀，馳道不除，食減膳，饗祭有闕。故禮者，自行之義，養民之道也。受計之禮，主所親拜者二：聞生民之數則拜之，聞登穀則拜之。④

此處開頭亦與《禮記・王制》有關，《王制》有：“國無九年之蓄，曰不足；無六年之蓄，曰急；無三年之蓄，曰國非其國也。三年耕，必有一年之食；九年耕，必有三年之食。以三十年之通，雖有凶旱水溢，民無菜色，然後天子食，日舉以樂。”⑤ 在

①《十三經注疏・毛詩正義》，480、481 頁。

②《十三經注疏・毛詩正義》，480 頁。

③《詩三家義集疏》，773 頁。

④《新書》，卷 6，2b 頁。

⑤《十三經注疏・禮記正義》，238 頁。

文字上與《賈誼新書》稍微不同，但如《憂民》云：

王者之法，國無九年之蓄，謂之不足；無六年之蓄，謂之急；無三年之蓄，曰國非其國也。①

《禮》所引之句原係“王者之法”，即《禮記·王制》之原形。然而，《賈誼新書·禮》將論述的重點置於人主與國、民的關係，而認爲應“上下同之”。因此，引《桑扈》“胥”爲“相”，解釋爲：擔憂民衆之憂者，民衆也必憂慮人主之憂；享受民衆之樂者，民衆亦必享受人主之樂。

五、《賈誼新書》論容志中之引《詩》

《賈誼新書·容經》有以下一段：

古者聖王，居有法則，動有文章，位執戒輔，鳴玉以行。鳴玉者，佩玉也，上有雙珩，下有雙璜，衝牙玭珠，以納其閒，琚瑀以雜之。行以《采薺》，趨以《肆夏》，步中規，折中矩。登車則馬行而鸞鳴，鸞鳴而和應，聲曰和，和則敬。故《詩》曰：“和鸞噰噰，萬福攸同。”言動以紀度，則萬福之所聚也。故曰：“明君在位可畏，施舍可愛，進退可度，周旋可則，容貌可觀，作事可法，德行可象，聲氣可樂，動作有文，言語有章，以承其上，以接其等，以臨其下，以畜其民。”故爲之上者，敬而信之，等者親而重之，下者畏而愛之，民者肅而樂之。是以上下和協，而士庶順壹，故能宗揖其國，以藩衛天子，而行義足法。夫有威而可畏謂之威；有儀而可象謂之文。富不可爲量，多不可爲數。

①《新書》，卷3，10a頁。

故《詩》曰："威儀棣棣，不可選也。"棣棣，富也；不可選，衆也。言接君臣、上下、父子、兄弟、内外、大小品事之各有容志也。①

此段兩處引《詩》：一是《小雅·南有嘉魚之什·蓼蕭》"和鸞噰噰，萬福攸同"句；另一則爲《國風·邶風·柏舟》"威儀棣棣，不可選也"句。

首先，關於《蓼蕭》，《詩説》云："《蓼蕭》，諸侯來朝，天子燕之，而歌此詩。"②《小序》則云："《蓼蕭》，澤及四海也。"一章六句，共四章，《賈誼新書》所引之句見於第四章：

蓼彼蕭斯，零露濃濃，既見君子，鞗革忡忡，和鸞雝雝，萬福攸同。

孔《疏》釋此句爲："言遠國之君，既見君子之王者，又蒙垂意燕見於己，説其燕見之車飾。君子所乘燕見之車，鞗皮以爲轡首之革，垂之冲冲然。其在軾之和鈴，與衡鑣之八鸞，其聲雝雝然。乘是車服，屈己之尊，降接卑賤，恩遇若是。是王爲主得所，故宜爲萬福之所同，皆得歸聚之。"③ 就孔《疏》而言，雖君子車服冲冲然及雝雝然，但屈己之尊，降接卑賤，於此産生一種"恩澤"，因而爲萬福之所同，皆歸於此。

《賈誼新書》與此不同，首先説："古者聖王，居有法則，動有文章，位執戒輔，鳴玉以行。"又在引《詩》之後言："言動以紀度，則萬福之所聚也。"可見《賈誼新書》由引《蓼蕭》而强調君主行爲有度，則能爲萬福之所聚。據王先謙，同樣説法也見

①《新書》，卷 6，6a—6b 頁。

②《詩説》，15b 頁。

③《十三經注疏·毛詩正義》，349 頁。

於西晋司馬彪《續漢書·輿服志》。南朝梁劉昭注所引《白虎通·車旂》云："車所以有和鸞者何？以正威儀，節行舒疾也。"又在《續漢書·五行志》劉注所引的三國吴謝承《後漢書》中，陳宣云："王者承天統地，動有法度，車則和鸞，出則佩玉，動静應天。"①《賈誼新書》説與此同脉。

其次，《柏舟》一章六句，共五章，《詩説》云："康未因管未欲害周公，挾武庚以叛，憂之而作"②；《小序》則云："言仁而不遇也。衛頃公之時，仁人不遇，小人在側。"③ 兩者所設的《柏舟》歷史背景不同，但言憂慮、不遇之處有所共同，而合於《上博一·孔子詩論》所言的"悶"。④《賈誼新書》所引之句見於第三章，即：

> 我心匪石，不可轉也。我心匪席，不可卷也。威儀棣棣，不可選也。⑤

石雖堅，尚可轉；席雖平，尚可卷。與此相比，作者心志的堅平，過於石、席。不僅如此，儼然可畏，禮容俯仰，各有威儀，棣棣然富備其容狀，不可具數。然作者不遇而不見用，所以怨恨，故孔《疏》云："仁人既不遇，故陳己德以怨於君。"⑥

《賈誼新書·容經》僅引"威儀棣棣，不可選也"句，解"威儀"云"有威而可畏謂之威；有儀而可象謂之文"，而釋"棣棣"爲富足之義；"不可選"爲衆多之義。對《容經》而言，

---

①今參《詩三家義集疏》，599頁。

②《詩説》，4a頁。

③《十三經注疏·毛詩正義》，74頁。

④《上海博物館藏戰國楚竹書（一）》，38、156頁。

⑤《十三經注疏·毛詩正義》，74頁。

⑥同前注。

此富足、衆多不可由數字來計算，是因爲威儀就代表連接君臣、上下、父子、兄弟、内外、大小等品事的各自“容（外在表現）”和“志（内在心態）”。

如張海波先生所指出：“賈誼此説本於《左傳》”,[①] 這一段在文字上與《左傳》實有相同之處。《襄公三十一年·傳》有：

> 公（衛侯）曰：“善哉！何謂威儀?”（北宫文子）對曰：“有威而可畏謂之威，有儀而可象謂之儀。君有君之威儀，其臣畏而愛之，則而象之，故能有其國家，令聞長世。臣有臣之威儀，其下畏而愛之，故能守其官職，保族宜家。順是以下，皆如是，是以上下能相固也。《衛詩》曰：‘威儀棣棣，不可選也。’言君臣、上下、父子、兄弟、内外、大小，皆有威儀也。（中略）故君子在位可畏，施舍可愛，進退可度，周旋可則，容止可觀，作事可法，德行可象，聲氣可樂，動作有文，言語有章，以臨其下，謂之有威儀也。”[②]

但是，《左傳》所强調的是，由“君有君之威儀”而“臣有臣之威儀”，上下始能相固定，各有各的責任；《賈誼新書》則由“古者聖王，居有法則，動有文章，位執戒輔，鳴玉以行”談起，并不言“君子”而言“明君”等可知，它在建構上下關係的過程中較爲注重君主所扮演的角色。又《左傳》所述威儀的影響力是往下展開，如君有威儀就影響於其臣，其臣有威儀就影響於其下；《賈誼新書》則强調在上下關係中威儀的互動，值得留意。

---

①《賈誼〈新書〉引〈詩〉考論》，頁 18。

②《十三經注疏·春秋左傳正義》，690 頁。

六、《賈誼新書》歷史故事中之引《詩》

（一）引《昊天有成命》

《國語·周語下》有一段稱晋羊舌肸（叔向）聘於周，單靖公與之語説《昊天有成命》。《詩·周頌·清廟之什》有《昊天有成命》，云：

> 昊天有成命，二后受之，成王不敢康，夙夜基命宥密。於緝熙，單厥心，肆其靖之。①

《小序》云："《昊天有成命》，郊祀天地也。"② 在《國語》中，叔向告單子之老云："《昊天有成命》，《頌》之盛德也"，而全引此篇加以解釋：

> 是道成王之德也。成王能明文昭，能定武烈者也。夫道成命者，而稱昊天，翼其上也。二后受之，讓於德也。成王不敢康，敬百姓也。夙夜，恭也。基，始也。命，信也。宥，寬也。密，寧也。緝，明也。熙，廣也。亶，厚也。肆，固也。靖，和也。其始也，翼上德讓而敬百姓。其中也，恭儉信寬，帥歸於寧。其終也，廣厚其心以固和之。始於德讓，中於信寬，終於固和，故曰成。③

毛《傳》解《昊天有成命》云："二后，文、武也。基，始。命，信。宥，寬。密，寧也。緝，明。熙，廣。單，厚。

①《十三經注疏·毛詩正義》，716 頁。

②同前注。

③徐元誥（撰）：《國語集解（修訂本）》（北京：中華書局，《中國史學基本典籍叢刊》，2002 年 6 月），103—104 頁。

肆，固。靖，和也。”孔《疏》已指出，這是依《國語》叔向的解釋。鄭《箋》則云：“昊天，天大號也。有成命者，言周自后稷之生而已有王命也。文王、武王受其業，施行道德，成此王功，不敢自安逸，早夜始順天命，不敢解倦，行寬仁安静之政以定天下。寬仁所以止苛刻也，安静所以息暴亂也。（毛《傳》）‘廣’，當爲‘光’；‘固’，當爲‘故’，字之誤也。於美乎，此成王之德也。既光明矣，又能厚其心矣，爲之不解倦，故於其功，終能和安之。謂夙夜自勤，至於天下太平。”① 鄭玄雖指點毛《傳》“廣”與“固”爲字之誤，但基本上以毛《傳》加以解釋。

《賈誼新書·禮容語下》亦有如下一段：

> 晋叔向聘于周，發幣大夫及單靖公，靖公享之，儉而敬賓禮贈賄，同是禮而從。享燕無私，送不過郊，與説《昊天有成命》，既而叔向告人曰：“（中略）夫《昊天有成命》，《頌》之盛德也。其詩曰：‘昊天有成命，二后受之，成王不敢康，夙夜基命宥謐。’謐者，寧也，億也。命者，制令也。基者，經也，勢也。夙，早也。康，安也。后，王也。二后，文王、武王。成王者，武王之子，文王之孫也。文王有大德，而功未就，武王有大功，而治未成，及成王承嗣，仁以臨民，故稱‘昊天’焉。不敢怠安，蚤興夜寐，以繼文王之業，布文陳紀，經制度，設犧牲，使四海之内，懿然葆德，各遵其道，故曰‘有成’。承順武王之功，奉揚文王之德，九州之民、四荒之國，歌謡文武之烈，絫九譯而請朝，致貢職以供祀，故曰‘二后受之’。方是時也，天地調和，神民順億，鬼不厲祟，民不謗怨，故曰‘宥謐’。成王質仁

①《十三經注疏·毛詩正義》，716 頁。

聖哲，能明其先，能承其親，不敢惰懈，以安天下，以敬民人。今單子美説其志也，以佐周室，吾故曰周其復興乎。”故周平王既崩以後，周室稍稍衰弱不墜。當單子之佐政也，天子加尊，周室加興。①

這故事顯然也是引自《國語·周語下》，但在内容上有所不同。第一，《賈誼新書》未引《昊天有成命》“於緝熙，單厥心，肆其靖之”的部分。第二，“基”與“命”在文字訓詁上的不同，叔向、毛《傳》皆釋“基”爲“始”，“命”爲“信”；《賈誼新書》則將“基”釋爲“經、勢”，“命”則爲“制令”。② 第三，《國語》後也引《詩·大雅·生民之什·既醉》句一段，《賈誼新書》則加以省略。第四，叔向、毛《傳》及鄭《箋》認爲此詩“非謂周成王身也”，而是謂文、武二王“修己自勸，以成其王功”③；《賈誼新書》則反之，認爲此詩言周成王之德，釋“成王”爲“武王之子、文王之孫”。

因此，兩者針對“二后受之”的解釋大不相同，依叔向、毛

---

①《新書》，卷 10，1a—2a 頁。

②清俞樾云：“‘制令’，當爲‘制度’。蓋訓‘命’爲‘制度’，訓‘基’爲‘經’，故下文曰‘經制度’，即釋‘基命’之義。後人不達其意，疑‘命’當訓‘令’，然詔令稱‘制’，三代未聞。‘制令’二字，義不相連。賈子述叔向之語，不當以‘制令’連文也。至‘基’之訓‘勢’，未聞其義，直當爲衍文耳。”［清］俞樾：《諸子平議》（臺北：世界書局，楊家駱主編：《中國思想名著》，1991 年 9 月五版），337 頁。馬瑞辰則云：“命、令古通用，‘令’从‘亼’、‘卪’，説文：‘卪，瑞信也。’賈子曰：‘命者，制令也。’與叔向訓‘命’爲‘信’同義。”［清］馬瑞辰：《毛詩傳箋通釋》（北京：中華書局，《十三經清人注疏》，1989 年 3 月），1052 頁。

③以上，引自《國語》韋昭注，《國語集解》，103 頁。

《傳》與鄭《箋》的解釋而言，文、武王受天命，“成王”意指“成其王功”；《賈誼新書》則爲受民衆之供祀，此供祀爲周成王“承順武王之功，奉揚文王之德，九州之民、四荒之國，歌謡文武之烈，絫九譯而請朝”的結果。《賈誼新書》引《昊天有成命》而强調周成王之功，甚至曰：其“質仁聖哲，能明其先，能承其親，不敢惰懈，以安天下，以敬民人”，與毛《傳》、鄭《箋》甚不同。王先謙認爲魯、齊詩説乃如此，因爲匡衡在上疏中引此詩曰：“昔者成王思述文武之道，休烈盛美皆歸之二后，而不敢專其名”，而治齊詩的桓寬《鹽鐵論・未通》“周公抱成王聽天下，恩塞海内，澤被四表，矧惟南面，含仁包德，靡不得其所。《詩》云：‘夙夜基命宥密’”的“成王”指其身，不以爲“成王功”。[①] 申培《詩説》亦説：“《昊天有成命》，康王禘成王于明堂之詩”。[②] 但不僅如此，筆者認爲《賈誼新書》之所以注重成王，是因爲其政治思想的重點，如《過秦》所述，不在“攻取”，而在“守成”。[③]

①《詩三家義集疏》，1009頁。《鹽鐵論・未通》一文見於王利器（校注）：《鹽鐵論校注》（北京：中華書局，《新編諸子集成》第1輯，1992年7月），193頁。《漢書・匡衡傳》一文則可能依“昔者文王之嗣位，思述文武之道以養其心，休烈盛美皆歸之二后而不敢專其名，是以天歆享，鬼神祐焉。”《漢書》，3338頁。但匡衡所引之詩句并非《昊天有成命》，而是《周頌・閔予小子》的“念我皇祖，陟降廷止”。

②《詩説》，24b頁。

③詳請參拙文：《〈賈誼新書〉における“秦”受容——賈誼〈過秦論〉と〈道術篇〉の思想的連關——》，《集刊東洋學》第99集（2008年5月），1—21頁。

（二）引《敬之》

《賈誼新書·禮容語下》也引《詩·周頌·閔予小子之什·敬之》，云：

> 《詩》曰："敬之敬之，天惟顯思，命不易哉，毋曰高高在上，陟降厥士，日監在兹，維予小子，不聰敬止，日就月將，學有緝熙于光明，佛時仔肩，視我顯德行。"①

關於此詩，《詩説》云："成王受群臣之戒而述其言。"②《小序》云："《敬之》，群臣進戒嗣王也。"與《詩説》同。鄭《箋》也云："群臣見王謀即政之事，故因時戒之曰：敬之哉！敬之哉！天乃光明，去惡與善，其命吉凶，不變易也。無謂天高又高在上，遠人而不畏也。天上下其事，謂轉運日月，施其所行。日月瞻視，近在此也。群臣戒成王以'敬之敬之'，故承之以謙云：我小子耳，不聰達於'敬之'之意。日就月行，言當習之以積漸也。且欲學於有光明之光明者，謂賢中之賢也。輔佛是任，示道我以顯明之德行。是時自知未能成文、武之功，周公始有居攝之志。"③可見鄭《箋》是以"天"通貫人事。西漢孔光言："《詩》曰：'敬之敬之，天惟顯思，命不易哉！'又曰：'畏天之威，于時保之。'皆謂不懼者凶，懼之則吉也。"前者當然爲《敬之》之句，唐顏師古（581—645）注曰："言天甚明察，宜敬之，以承受天命甚難。"後者亦係引自《詩·我將》，言必敬天之威，

①《新書》，卷10，3a—3b頁。

②《詩説》，24a頁。

③《十三經注疏·毛詩正義》，740頁。

於是乃得安。[①] 此可謂相近於鄭《箋》之義。《春秋左傳・僖公二十二年・傳》另有：

> （僖）公卑邾，不設備而禦之。臧文仲曰："國無小，不可易也，無備雖衆，不可恃也。詩曰：'戰戰兢兢，如臨深淵，如履薄冰。'又曰：'敬之敬之，天惟顯思，命不易哉。'先王之明德，猶無不難也，無不懼也，況我小國乎，君其無謂邾小，蜂蠆有毒，而況國乎。"弗聽。八月，丁未，公及邾師戰于升陘，我師敗績，邾人獲公冑，縣諸魚門。[②]

此處畏懼的對象非天威，而是小國，但因爲連先王的明德也仍無不難、無不懼，而要求君主持有慎重的態度，此點與《詩說》、毛《傳》與鄭《箋》同。

那麼，《賈誼新書・禮容語下》引此詩表達什麼？《禮容語下》收録三則故事，其一是：

> 魯叔孫昭〔子〕[③] 聘于宋，宋元公與之燕，飲酒，樂。昭子右坐，歌終而語，因相泣也。樂祁曰："過哉君！非哀所也。"已而告人曰："今茲君與叔孫其皆死乎？吾聞之：哀樂而樂哀，皆喪心也。心之精爽，是謂魂魄，魂魄已失，何以能久？且吾聞之：主民者不可以偷，偷必死。今君與叔孫其語皆偷，死日不遠矣。"居六月，宋元公薨，閑一月，叔孫婼卒。[④]

雖在《春秋》中，叔孫昭子卒在先（十月），宋元公薨在後

①請參《漢書・孔光傳》，3359—3361 頁。

②《十三經注疏・春秋左傳正義》，247、248 頁。

③本無"子"字，清盧文弨云："'昭'下當有'子'字。"今依盧說加"子"字。

④《新書》，卷 10，1a 頁。

（十一月），但這顯然是基於《春秋左傳·昭公二十五年·傳》。①叔孫昭子，名婼，魯卿，訪問宋時，宋元公與之宴，非常愉快。歌誦結束後，兩人語，因此相對而俱泣。樂祁，字子梁，是春秋時代宋國的卿，此時當佐酒，助宴禮。他看到宋元公和叔孫昭子俱泣，因爲可樂而反哀、可哀而反樂，皆失心，并他們講話皆狡黠，而認爲宋元公與叔孫昭子“死日不遠”，兩人果然不久之後相繼逝世。值得注意的是，自“且吾聞之”至“死日不遠矣”，《左傳》與《漢書》都無，可謂《賈誼新書》特有之處。其二，爲上述“晋叔向聘于周”之故事，言：“晋叔向聘于周，發幣大夫及單靖公，靖公享之，儉而敬賓禮贈賄，同是禮而從。享燕無私，送不過郊”，并稱贊單靖公之佐政。其三，載簡王十一（前575）年的故事。即諸侯會於柯陵，單襄公見晋厲公視遠步高，郤綺見單襄公，其語陵犯人；郤犨見，其語加誣於人；郤至見，其語掩人之美；國佐見，其語盡其心意。單襄公與魯成公曰：“吾見晋君之容，而聽三郤之語矣，殆必有禍矣。（中略）齊國武子亦將有禍。”（中略）居二年，晋殺三卿。明年，晋厲公爲欒書、中行偃等所弑，齊人亦殺國武子（國佐）。②

相較三種故事，可見單靖公是唯一的成功者，其他兩種故事中的宋元公、叔孫婼、晋厲公及三郤，均悲慘地結束了其一生。

---

①《十三經注疏·春秋左傳正義》，887頁。這故事亦見於《漢書·五行志下之上》，云：“昭二十五年春，魯叔孫昭子聘于宋，元公與燕，飲酒樂，語相泣也。樂祈佐，告人曰：‘今茲君與叔孫其皆死乎！吾聞之，哀樂而樂哀，皆喪心也。心之精爽，是謂魂魄；魂魄去之，何以能久？’冬十月，叔孫昭子死；十一月，宋元公卒。”請參《漢書》，1449頁。

②《新書》，卷10，2a—3a頁。此也見於《國語·周語下》，《國語集解》，82—87頁。

其關鍵是他們行爲順從“禮”與否。《禮容語下》引用《詩·敬之》句之後曰：

故弗順弗敬，天下不定；忘敬而怠，人必乘之。嗚呼，戒之哉！①

《賈誼新書》引《敬之》句而導出《禮容語下》的結論，即云：“故不順從不尊敬天命，天下就不穩定；忘敬意而惰怠，就必讓人乘機。”如此説法，相近於《左傳·成公四年·傳》，曰：

夏，公如晋，晋侯見公不敬。季文子曰：“晋侯必不免。詩曰：‘敬之敬之，天惟顯思，命不易哉！’夫晋侯之命，在諸侯矣，可不敬乎。”②

杜《注》亦就《詩》句云：“言天道顯明，受其命甚難，不可不敬以奉之。”③《詩》句之意的確是如此，但我們於此該注意，晋景公對魯成公“不敬”的態度，使得季文子引用《敬之》，而引起意外去世。即杜預注“晋侯必不免”云：“言將不能壽終也。後十年陷厠而死。”④此即指《左傳·成公十年·傳》云：“六月，丙午，晋侯欲麥，使甸人獻麥，饋人爲之。召桑田巫，示而殺之。將食，張，如厠，陷而卒。”⑤可見《左傳·成公四年·傳》與《賈誼新書·禮容語下》的架構相同。

《賈誼新書·大政上》云：

是以聖王而君子乎，執事而臨民者日戒慎一日，則士民亦日戒慎一日矣，以道先民也。道者，聖王之行也；文者，

---

①《新書》，卷10，3a—3b頁。

②《十三經注疏·春秋左傳正義》，439頁。

③同前注。

④同前注。

⑤《十三經注疏·春秋左傳正義》，450頁。

> 聖王之辭也；恭敬者，聖王之容也；忠信者，聖王之教也。夫聖人也者，賢智之師也；仁義者，明君之性也。①

《大政下》亦有：

> 故夫士者，弗敬則弗至。故夫民者，弗愛則弗附。故欲求士必至，民必附，惟恭與敬，忠與信，古今毋易矣。②

《賈誼新書》引《詩·敬之》已不再是針對天的“敬”，而是在人際關係上，尤其是在政治關係上的“恭敬”，也就是“聖王之容”。

結　論

本文透過其他相關文獻的比較，而探討《賈誼新書》引《詩》與其政治思想的關係，可歸納以下兩點：

其一，有關其他文獻的關係。首先，就《賈誼新書》與四家《詩》的關係。《賈誼新書》對《詩》的解釋，似《文王》、《靈臺》、《泂酌》采用《毛詩》系統；《騶虞》、《桑扈》、《昊天有成命》則屬《魯詩》系統。又就《棫樸》的解釋而言，未采《齊詩》系統；由《賈誼新書》與《韓詩外傳》順從《荀子》不同，未特別注重《荀子》詩説，可知與《韓詩》系統無關。關於此點，張海波先生指出：“與諸家的這種錯綜關係，一方面説明賈誼《詩》學派别的模糊性；另一方面也反映著漢初《詩》學狀況的複雜性”，③ 值得參考。因爲漢初《詩》學的情形待考，尤

---

①《新書》，卷 9，4a 頁。

②《新書》，卷 9，4b 頁。

③《賈誼〈詩〉學研究》，52 頁。

其是三家《詩》雖後代有了輯佚書，但無法真正相較對比，因此仍不能説《賈誼新書》屬於哪一種《詩》學的傳統。關於此點，日本學者内野熊一郎（1904—2002）曾在《漢初經書學の研究》中指出："在諸學系統中，未必特别傳承某一經書，而大部分是共存共用，但針對經説、經字句的解釋多有异同分歧而已。"①可參。

其次，至於《荀子》學與《左傳》學的傳承，賈誼被認爲是荀子再傳之弟子，但就引《詩》的情形而言，與《荀子》重複的三例中，一例（《匈奴》）雖與《荀子》同，二例（《皇矣》和《泂酌》）則不同；有關《左傳》，有的是符合（成公四年、昭公七年），有的則是不符合（僖公九年、僖公二十二年、襄公三十一年）。張海波先生指出："賈誼《詩》學應非四家詩系統，而與《左氏》有很深的淵源"，② 但是，實幾乎無法判斷《賈誼新書》與《荀子》、《春秋左傳》之間是否有密切關係。

其二，《賈誼新書》引《詩》句，强烈反映其政治思想，而與其他文獻的解釋、引用有别，如：《等齊》引《詩》句爲了主張上下應當有别，雖然引自《禮記·緇衣》，未引到《尹吉》與《鳲鳩》；《賈誼新書》兩處引《棫樸》，皆是强調君主與太子的可塑性；引《皇矣》、《泂酌》、《騶虞》、《木瓜》、《桑扈》及《蓼蕭》，從"報"的觀點，或是要求君主對政治的主動、有責任的態度，或是强調上下之互動；將《昊天有成命》歸於周成王之

①内野熊一郎：《漢初經書學の研究》（東京：清水書店，1948 年 11 月），386 頁。原文："諸學系に於て、或る經書をのみ特傳するとは限らず、多くは之を共存共用し、唯その經説・經字句に就ては、异動分歧するものが多存する様である。"

②《賈誼〈詩〉學研究》，52 頁。

功，是與《過秦》等重“守成”有關等。關於此點，趙陽先生指出：“賈誼的引詩的特點是在符合原來詩義的基礎上有所引申。他用詩都是從政治功用出發。所以，賈誼用《詩》，表現出來的是政治家的作風”，① 雖已不可考《賈誼新書》引《詩》是否符合《詩》的原意，但它用《詩》與其政治思想密切不離，值得留意。尤其在《賈誼新書》的政治思想中，“禮”無疑是最爲突出的核心概念，這從其引《詩》的情形中明顯可見，如劉躍進與張海波二氏所指出。② 王艷先生亦云：“賈誼《新書》中引《詩》證理（禮?），多用來支持禮制、德治的政治思想”，③ 非常妥當。假使如此，《賈誼新書》引《詩》問題，不可僅在《詩》或《左傳》傳受史中探討，應更與漢初政治問題相比討論，這就是本文所得到的結論。

作者簡介

工藤卓司。男。1979 年 3 月 22 日，日本・大分縣竹田市生。文學博士（日本・廣島大學）。現任臺灣致理技術學院應用日語系助理教授。主要研究方向：漢代思想、經學（禮學）、日本漢學。

---

①《賈誼〈新書〉與儒家經傳的思想聯繫》，21 頁。

②劉躍進《賈誼〈詩〉學尋踪》指出：“賈誼説《詩》，更加注重禮學的精神”（53 頁），張海波《賈誼〈詩〉學研究》（52 頁）亦同。

③《漢初子書引〈詩〉考》，40 頁。關於此點，姜廣輝主編《中國經學思想史（第二卷）》中指出：“漢代四家《詩》與荀子雖都注重於《詩》與禮的結合，而其間也微有不同。大致講來，荀子是以《詩》證禮，用《詩》來論證或印證禮的權威性；四家《詩》是以禮釋《詩》，即禮的內容規定用《詩》來解讀。”姜廣輝（主編）：《中國經學思想史（第二卷）》（北京：中國社會科學出版社，2003 年 9 月），141 頁。可見“引《詩》證禮”并非《賈誼新書》獨有，而是自戰國末年至漢初時期之《詩》學特色。

賈誼重“六”哲學相關問題辨析

閆利春

摘要： 賈誼的哲學形上學體現在他對“德有六理”的闡釋中。萬物皆具“六理”，“六理”通過“六行”與外在相接，而人之“六行”，即仁、義、禮、智、信五行以及“樂”行是實現天地人物内外通一的關鍵。人通過修習“六藝”而能正“六行”，合“六法”。賈誼通過“六則備矣”的命題顯示他重“六”的哲學意向。通過辨析，可以更加充分地確定賈誼的重“六”哲學并非張蒼思想影響的結果，而與秦漢之際水德制的施行密不可分，代表他早年的思想。通過與新近出土文獻的比較，可以斷定賈誼的“六行”思想在“行”的意義上與簡帛《五行》思想有一定的聯繫，但他的重“六”哲學與《五行》篇并無相關性。同時，亦不能得出賈誼重“六”哲學受到楚簡《六德》篇影響的結論。事實上，賈誼之所以賦予“六”以本體意義，是因爲他試圖證明“六經”能够貫通“道”、“術”，既有形上的權威性，又有致用的現實性。這體現了漢初儒者通經致用的思想旨趣。

近年來，圍繞賈誼重“六”哲學的相關争論持續不斷，主要表現在三個方面：其一，賈誼“以六爲法”的思想與《史》、《漢》所載賈誼“數用五”的主張明顯存在著前後矛盾，學界就如何解決這一矛盾有長期的争鳴。其二，新出土簡帛《五行》篇的思想與賈誼的“六行”思想頗爲“形似”，這爲進一步研究賈誼的思想開闢了新的視角，而如何看待賈誼的“六行”思想與簡帛《五行》思想的關係，學界亦未形成定論。再者，楚簡《六德》篇亦與“六”相關，這與賈誼的重“六”思想有無關係？其三，賈誼之所以如此重“六”，是他的學術興趣之所在，還是另有其他原因？

一、“六則備矣”的用六哲學

在賈誼的道德形上學中，“道”是萬物的根本，“德”是“道”創生的憑藉，“道”通過“德之六理”完成由無到有、由虛到實的創生歷程。關於“六理”，賈誼説道：

> 德有六理，何謂六理？道、德、性、神、明、命，此六者德之理也。六理無不生也，已生而六理存乎所生之内。是以陰陽、天地、人盡以六理爲内度，内度成業，故謂之六法。六法藏内，變流而外遂，外遂六術，故謂之六行。是以陰陽各有六月之節，而天地有六合之事，人有仁、義、禮、智、信之行，行和則樂與，樂與則六，此之謂六行。陰陽、天地之動也，不失六律，故能合六法；人謹修六行，則亦可以合六法矣。(《新書·六術》)

“六理”是宇宙的根本原則，實存世界皆由“德”之“六理”生發而成，“德”生成萬物之後，散爲“六理”作爲萬物内在根據。“六理”存於萬物之中，作爲陰陽天地人的内在法度。内在的法則形之於外，則成爲“所從制物”的“術”。“術”之爲物，不可勝述，極而言之，皆源於“德”之“六理”行之於外的“六術”，“六術”通行無礙，所以又稱之爲“六行”。可以看出，賈誼有兩種關於“六行”的陳述，一種“六行”是在“六法”行之於外的基礎上立論的。在這種意義上，“六行”是一個一般性的概念，適用於“六理”生成的一切事物。另一種是關於人之六行的説明，即人之仁、義、禮、智、信之行與由此五行順和而達至的“樂”行一并也叫作“六行”。這樣一來，由“六法”外顯形成的“六行”與人之“六行”二者之間有什麼聯繫呢？在“德”的生成物中，具有“神明”之性的人無疑最能體察“德之六理”，實現天地、人、物的“外內通一”。在賈誼看來，這種内外通一之境是道德主體通過修習“六行”而達成的。人作爲有“神明”的主體，能够體察到“六法”的存在而有相應的踐行工夫。這種踐行工夫有兩方面的涵義：一方面以“德之六理”觀照人的生命實踐，另一方面要求主體超越當下的境遇而勉力使主體之行合於“六法”。正因爲人是可以體察“六法”，并能够使自身的行爲合於“六法”的能動主體，所以當人通過修習仁、義、禮、智、信、樂之“六行”而合於“六法”時，就不僅僅是人的行爲合於主體的内在法則，而且是人通過主體的修習工夫通達了“德”之“六理”，即通達了萬物的生成之理，也因此通達了由“德”之“六理”流變出的“六行”。在這個意義上，作爲由“六理”流變出的“六行”必然要通過人之“六行”纔能貫通。

賈誼認爲人性的養成正是“五行和”而“樂”的結果。因此，所謂“六行”實際上是指仁、義、禮、智、信這“五行”的運作與展開，而“樂”則是五行達到和洽狀態時所具備的一種道德情感。雖然人人皆因具備“六理”而有内在的道德法則，這是人人都可以成爲堯舜的先天依據，但不能因此就説人人都已經是事實上的堯舜。因爲在經驗世界裏，由“德”之“六理”向人之

“六行”的轉變并非那麽整齊無礙，相反總是表現出不同程度的曲折。所以，人的生命實踐要通過“六行”而合於“六法”，就不僅需要先天的内在依據，而且還要有具體的修習實踐。那麽人如何修習“六行”呢？賈誼在《六術》中指出：

> 然而人雖有六行，微細難識，唯先王能審之，凡人弗能自志。是故必待先王之教，乃知所從事。是以先王爲天下設教，因人所有，以之爲訓；道人之情，以之爲真。是故内法六法，外體六行，以興《書》、《詩》、《易》、《春秋》、《禮》、《樂》六者之術以爲大義，謂之六藝。令人緣之以自修，修成則得六行矣。六行不正，反（乖悖）① 合六法。

賈誼認爲人要做到“六行”合於“六法”，最根本的途徑就是要遵循“六藝”之教而做自我修養的工夫。所謂“因人所有”，就是指因循人性所具有的“六理”。所謂“道人之情”，就是疏導人的情感，使之不湮塞、不放恣，既要人的合理情感得到抒發，又不至於湮滅人之爲人的本性。“六藝”的大義是先王根據人的性情而體察出來的，即“六藝”是源於人之性情，而又規導人的性情。“六藝”之教就是爲了使人修得“六行”之正，“六行”正則能合於“六法”。反之，“六行”不正，則是悖逆“六法”。

可以看出，賈誼通過“德有六理”、“六理”生“六法”、“六法”成“六行”，“六行”需“六藝”等命題將形上的“道”與“德”逐漸落實到實存世界中。由此，賈誼以“六則備矣”的結論顯示他“以六爲法”的哲學意向。

①閻振益、鐘夏校注：《〈新書〉校注》，北京：中華書局，2000 年，第 320 頁注 21。

二、秦漢之際水德制的影響及賈誼重“六”思想的形成時間

賈誼對“六”數的重視與秦漢之際水德制的施行密切相關。根據鄒衍的“五德終始”理論，黄帝得土德，色上黄；禹得木德，色上青；湯得金德，色上白；周得火德，色上紅；秦得水德，色上黑。① 周得火德，色上赤，度數以七爲紀。秦統一中國後，“始皇推終始五德之傳，以爲周得火德，秦代周德，從所不勝。方今水德之始，改年始，朝賀皆自十月朔。衣服旄旌節旗皆上黑。數以六爲紀，符、法冠皆六寸，而輿六尺，六尺爲步，乘六馬。更名河曰德水，以爲水德之始。剛毅戾深，事皆决於法，刻削毋仁恩和義，然後合五德之數。於是急法，久者不赦。”②《史記·封禪書》亦載：“周得火德……今秦變周，水德之時。……於是秦更命河曰‘德水’，以冬十月爲年首，色上黑，度以六爲名。”③ 據此可知，秦爲水德，以六爲度數，在德運的更替上依據五行相勝的原則。

鄒衍的“五德終始”理論在秦朝的第一次使用雖然不是很成

①鄒衍的《五德終始》雖已佚失，但其基本理論可以從《吕氏春秋·應同》中略知一二，“凡帝王之將興也，天必先見祥乎下民。黄帝之時，天先見螾大螻。黄帝曰：‘土氣勝。’土氣勝，故其色上黄，其事則土。及禹之時，天先見草木秋冬不殺。禹曰：‘木氣勝。’木氣勝，故其色上青，其事則木。及湯之時，天先見金刃生於水。湯曰：‘金氣勝。’金氣勝，故其色上白，其事則金。及文王之時，天先見火，赤烏銜丹書，集于周社。文王曰：‘火氣勝。’火氣勝，故其色上赤，其事則火。”

②《史記·秦始皇本紀》。

③《史記·秦始皇本紀》。

功，但因爲它能够爲改朝换代提供合理性的解釋而對後世産生了深遠的影響。漢代秦立之後，同樣十分重視大漢政權的德運問題。因此，漢初的水德制得以實行。① 不過，水德制在漢初的實施一開始是高祖劉邦欽定的結果，而非通過學理論證得出的。據《史記·封禪書》載：

> 二年，東擊項籍而還入關，問："故秦時上帝祠何帝也？"對曰："四帝，有白、青、黄、赤帝之祠。"高祖曰："吾聞天有五帝，而有四，何也？"莫知其説。於是高祖曰："吾知之矣，乃待我而具五也！"乃立黑帝祠，命曰北畤。②

---

①學術界根據漢高祖斬白蛇，自號赤帝子而色尚赤的記載，而有西漢初年是否存在過一個准火德時期的争論。顧頡剛、陳槃等認爲《史記》所載漢初尚赤的材料是後代竄入的。分别參見顧頡剛：《跋錢穆五德終始説下的政治和歷史》，載《顧頡剛古史論文集》（第三册），北京：中華書局，第463頁。陳槃：《古讖緯研討及其書録解題》，臺北：國立編譯館，1991年，第29頁。這種觀點受到錢穆、楊向奎等另外一派學者的反駁，指出顧説存在無法調和的矛盾。分别參見錢穆：《評顧頡剛五德終始説下的政治與歷史》，載1931年4月13日《大公報·文學副刊》，該文又作爲《五德終始説下的政治與歷史》之附録收入《古史辨》第五册。楊向奎：《西漢經學與政治》，臺灣：獨立出版社，2000年，第33頁。楊向奎進一步認爲漢初上赤，系出於五方帝或五色帝的觀念，而非受到五德終始説影響。這與王葆玹所認爲的高祖赤帝説是受五德終始説影響的觀點不同。後來學者徐興無、楊權秉承楊説而進一步論證之。分别參見徐興無：《論讖緯文獻中的天道聖統》，北京：中華書局，1995年，第64頁。楊權：《新五德理論與兩漢政治——"堯後火德"説考論》，北京：中華書局，2006年，第103—112頁。王葆玹：《今古文經學新論》，北京：中國社會科學出版社，1997年，第432—436頁。楊權進一步認爲漢初在實行水德制之前有一個准火德制的實行時期。

②《史記·封禪書》。

立黑帝祠，即上黑，是水德的特徵，水德以六爲數。需要説明的是，由高祖之問而群臣“莫知其説”來看，漢初水德制的實行是君臣無知的結果，但却因此而奠定了後來論證漢爲水德的事實基礎。最先論證之人就是張蒼：

> 自漢興至孝文二十餘年，會天下初定，將相公卿皆軍吏。張蒼爲計相時，緒正律曆。以高祖十月始至霸上，因故秦時本以十月爲歲首，弗革。推五德之運，以爲漢當水德之時，尚黑如故。①

可以看出，張蒼是在他爲計相時②“推五德之運”以論定“漢爲水德”的。而如果嚴格根據五德之運的理論來推導的話，周爲火德，秦爲水德，那麼漢代秦立，當爲土德。因此，從學理上而言，張蒼的“漢爲水德”説是一個錯誤的結論。而張蒼爲何會犯這樣的錯誤呢？按照鄒衍的五德終始理論，五德以土、木、金、火、水爲主幹，而色、數、音律等是繫於五德之幹的枝，即五德的屬性。一個嚴密的推論應該是由主體延及屬性，而非根據個別屬性溯及主體。而張蒼正是犯了由個别屬性推及主體的錯誤。他以高祖十月至霸上，秦以十月爲歲首爲依據，就認定漢當從秦，爲水德。事實上，張氏的錯誤不僅在於他武斷的將秦以十月建正與水德聯繫起來，而且在於他没有認識到秦以十月建正背離了先王之法。這從太史公的評價中可以看到，《史記·曆書》載：

---

①《史記·張丞相列傳》。

②根據《史記·漢興以來將相名臣年表》，張蒼於高祖六年（西元前 201 年）爲計相。可見張蒼在高祖“立黑帝祠”不久就論證水德制的。

> 夏正以正月，殷正以十二月，周正以十一月。蓋三王之正若循環，窮則反本。天下有道，則不失紀序；無道，則正朔不行于諸侯。……其後戰國并争，在於强國禽敵，救急解紛而已，豈遑念斯哉！是時獨有鄒衍，明於五德之傳，而散消息之分，以顯諸侯。而亦因秦滅六國，兵戎極煩，又升至尊之日淺，未暇遑也。而亦頗推五勝，而自以爲獲水德之瑞，更名河曰“德水”，而正以十月，色上黑。然曆度閏餘，未能睹其真也。漢興，高祖曰：“北畤待我而起”，亦自以爲獲水德之瑞。雖明習曆及張蒼等，咸以爲然。是時天下初定，方綱紀大基，高后女主，皆未遑，故襲秦正朔服色。

在司馬遷看來，首先，“三王之正”表現爲正月、十二月、十一月的循環更替，這是王道的體現。戰國并争之時，諸侯衹爲救急解紛，遑念正朔，鄒衍五德之傳獨行其道。其次，秦朝推五德之運以立水德，正以十月，於曆度而言，有失於真。最後，高祖以黑帝自立，稱“北畤待我而起”，顯然是即興稱雄的豪邁之語，衆人不察，相沿成習。事實上，從張蒼爲計相時，蕭何爲相國來看，張蒼的“漢爲水德”説確立於漢高祖“立黑帝祠”不久，這從一個側面可以説明張蒼之説其實是有意爲高祖的“立黑帝祠”提供學理依據。又因爲“皆軍吏”的“將相公卿”們不懂德運理論，而皇帝又需要這套理論，所以張蒼的結論在當時并没有受到質疑。①

雖然"漢爲水德"説的提出是錯誤的，但并不影響漢初以水德定法，尚黑，以六爲度數的制度建構。漢初水德制在政治生活中的實際應用自然會影響到賈誼這樣正處於思想生長期的士人。施行水德，既承秦制，亦承秦弊。欲除此弊，則必須有一番革故鼎新的創制，因此，賈誼於文帝二年提出改制的主張，正式對水德制發出質疑：

> 賈生以爲漢興至孝文二十餘年，天下和洽，而固當改正朔，易服色，法制度，定官名，興禮樂，乃悉草具其事儀法，色尚黄，數用五，爲官名，悉更秦之法。孝文帝初即位，謙讓未遑也。諸律令所更定，及列侯悉就國，其説皆自賈生發之。②

色尚黄，數用五，是土德制的内容，土勝水，賈誼的主張顯然是根據"五德之運"而對秦朝水德制的革新，同時也是對張蒼"漢爲水德"説的否定。但這同時也將其"數用五"與"六則備矣"的思想矛盾揭示出來。據此，不少學者認爲《六術》、《道德説》爲賈誼早年作品。如馮友蘭指出賈誼重"六"的思想"大概是他早年還未脱秦朝統治思想影響時候的見解。他早年也就是十

---

①"漢爲水德"説還有另一種論證方式，即通過否定秦代的合法性，而説明漢繼周而立。不過，在西漢早期的相關文獻中，并没有從"五德之運"的角度否認秦繼周的合法性的事例。最先指出秦不爲受命王的思想家是西漢中期的董仲舒，不過董子是從《春秋》公羊學的"三統説"的角度立論的，他認爲"《春秋》應天作新王之事，時正黑統，王魯，尚黑"，即繼周代之後，"黑統"歸於《春秋》，而非歸於秦，漢承帝統，故當親周，從白統。

②《史記·屈原賈生列傳》。

幾歲的時候。”① 王興國認爲賈誼以六爲數的文章不會遲於文帝元年。② 鍾夏認爲《六術》篇作于賈誼二十歲前後。③ 賈誼在文帝元年（時賈誼22歲）剛剛議政之時，就向文帝建議改制，并且“諸律令更定，及列侯悉就國，皆自賈生發之”，可見他“數用五”的思想并非是一朝一夕就能够形成的，而是早已成竹在胸，思考成熟的結果。再者，從“賈生以爲漢興至孝文二十餘年”可以看出，賈誼是在漢初水德的制度下成長起來，因此他的重“六”思想很有可能是受到水德制耳濡目染、自幼熏漸的結果，而他“數用五”的思想則更有可能是對自身習以爲常的制度反省的結果。這種思想的蛻變過程當不是短時間内能够完成的，因此馮友蘭將賈誼重“六”的思想斷定爲他十幾歲時産生的，這似乎更加確切。

雖然《道德説》、《道術》、《六術》是賈誼早期的作品，但這并不能説明他的重“六”思想與張蒼有著莫大關係。關於二人的師承關係，唐人陸德明在《經典釋文序録》中談到《左氏傳》的源流時指出：“左丘明作《傳》以授曾申。申傳衛人吴起，起傳其子期。期傳楚人鐸椒，椒傳趙人虞卿，卿傳同郡荀卿名况。况傳武威張蒼，蒼傳洛陽賈誼。”據此，顧頡剛認爲：“張蒼是賈誼的老師，張蒼認爲漢承水德、度數以六爲紀的思想對賈誼應該會産生影響。賈誼數崇六與漢承水德、度數以六爲紀有内在關

①馮友蘭：《中國哲學史新編》（中），北京：人民出版社，1998年，第38頁。又馮先生《賈誼的哲學思想》，載《北京大學學報》1963年第2期亦有相關論述。

②王興國：《賈誼評傳》，南京：南京大學出版社，1992年，第59頁。

③閻振益、鍾夏：《新書校注》，北京：中華書局，2000年，第318頁注1。

係。可以推知，《六術》篇是賈誼的早期作品。"① 李爾鋼在《新書全譯·六術》解題中説道："本篇闡述成數六的思想。認爲道德、天地陰陽時序、人類品行、《詩》《書》六藝、聲律、人倫、度量都以六數爲規律而存在。這種看法顯然受其師張蒼的影響很深。"② 唐雄山認爲"由於賈誼於張蒼的師承關係，我們可以推知，《六術》與《道德説》篇爲賈誼的早期作品。"③ 不過，關於賈誼與張蒼的關係，徐復觀提出了不同的觀點："賈誼之習《左氏》，不必傳自張蒼，且亦無緣傳自張蒼。"④ 而根據汪中的考證，"蒼於高后八年由淮南丞相入爲御史大夫。明年，而文帝即位，賈生受學於蒼，必在其時矣。"⑤ 賈誼於文帝元年召爲博士，於文帝二年超遷至太中大夫，於文帝三年出任長沙王太傅。因此，如果賈誼能够師從張蒼的話，那麼祇能發生在文帝二年之時，在此之前二人幾乎沒有見面的機會。⑥ 由此可以推斷，即使張蒼與賈誼有師承關係，那麼賈誼重"六"的思想也不可能是因

①顧頡剛：《顧頡剛古史論文集》(第三册)，北京：中華書局，第281頁。

②李爾鋼：《新書全譯》，貴陽：貴州人民出版社，1998年，第360頁。

③唐雄山：《賈誼禮治思想研究》，廣州：中山大學出版社，2005年，第90頁。

④徐復觀：《賈誼思想的再發現》，載《兩漢思想史》(卷二)，臺灣學生書局，1983年，第121頁。

⑤[清] 汪中：《新編汪中集》，揚州：廣陵書社，2005年，第426頁。

⑥張蒼於高帝六年封爲北平侯，遷爲計相。蕭何爲相國，蒼以列侯居相府；後改爲淮南王相。吕后八年，遷蒼爲御史大夫，文帝四年爲丞相。賈誼籍洛陽，生於高帝七年；十八歲河南郡守吳公召置門下，時爲高後五年。文帝元年召河南郡守爲廷尉，因吳公薦，召爲博士，這年超遷太中大夫，時誼二十二歲，也是他開始從洛陽到長安之年。因此，在此之前賈誼見到張蒼的機會小之又小。

爲受到了張蒼影響。

三、賈誼重“六”哲學與簡帛《五行》、楚簡《六德》的關係

確定了賈誼重“六”思想的形成時間，就可以進一步澄清賈誼用“六”的思想是否受到簡帛《五行》、《六德》的影響？

關於賈誼用“六”的思想與簡帛《五行》的關係，《馬王堆漢墓帛書》整理小組認爲賈誼用的“六”思想“顯然由此説（五行思想）推衍”①。龐樸認爲《五行》中“五行”與“樂”的關係，“也正好是《六術》篇所列的那樣關係”，并進而指出“《六術》篇中所謂的‘行’之於人的‘六行’，是漢代初年的儒生對佚書思想的一種概括和改造。”② 需要説明的是，據長沙馬王堆帛書出土材料的研究，帛書《五行》的抄寫年代應在秦漢之際。③ 因此，對賈誼而言，《五行》篇并不是佚書，而是實有所見的。李學勤也指出：“六行本於六法，六法又源於德之六理，可知賈誼雖然引據了《五行》篇，但對五行之説作了很大的改造，甚至面目全非，并不是簡單的移用。”④ 可以肯定的是，在“行”的意義上，賈誼“六行”的思想顯然受到了簡帛《五行》

①《馬王堆漢墓帛書》（一），北京：文物出版社，1975 年，第 25 頁。

②龐樸：《帛書五行研究》，濟南：齊魯書社，1980 年，第 15 頁。

③國家文物局古文獻研究室編：《馬王堆漢墓帛書》，北京：文物出版社，1980 年，出版説明，第一頁。

④李學勤：《郭店楚簡〈六德〉的文獻學意義》，載武漢大學中國文化研究院編：《郭店楚簡國際學術研討會論文集》，武漢：湖北人民出版社，2000 年，第 17 頁。

思想的影響，但二者又有很大的區別。因此，通過與簡帛《五行》思想的比較以進一步呈現賈誼“六行”思想的特點是十分必要的。二者之間的差别主要表現在以下三個方面。

首先，《五行》曰：

> 仁形於内謂之德之行，不形於内謂之行。義形於内謂之德之行，不形於内謂之行。禮形於内謂之德之行，不形於内謂之（行。智形）於内謂之德之行，不形於内謂之行。聖形於内謂之德之行，不形於内謂之行。

《五行》根據仁、義、禮、智、聖所形於内外的不同，而分爲“德之行”與“行”。所謂“德之行”是指“化爲人之心性的五行”①。“行”則是五行表現於外的倫常行爲規範。而賈誼所謂的“六行”則是由“德”之“六理”井然不失其序而形成的“六法”變流外遂所形成的。賈誼以“六行”爲“德”之外顯的思想及“六行”以得正成“德”爲依歸的思想與楚簡《五行》“德之行”的思想主題②是一致的。不過，賈誼所謂的“六行”與《五行》中的“五行”衹有四行相同，《五行》中的“聖”行，“六行”中則替换爲“信”行，由“聖”轉變爲“信”，雖然有涵義的轉折，但二者在内涵上仍有相通之處。③

其次，《五行》稱：

> 德之行五，和謂之德，四行和謂之善。善，人道也。

①丁四新：《郭店楚墓竹簡思想研究》，北京：東方出版社，2000年，第134頁。

②郭齊勇認爲《五行》的主題是“德之行”。參見郭齊勇：《郭店楚簡身心觀發微》，載武漢大學中國文化研究院編《郭店楚簡國際學術研討會論文集》，武漢：湖北人民出版社，2000年，第202頁。

③郭齊勇：《再論“五行”與“聖智”》，載《中國哲學史》，2001年第3期。

> 德，天道也。君子無中心之憂則無中心之智，無中心之智則無中心（之悦），無中心（之悦則）不安，不安則不樂，不樂則無德。

《五行》根據天道與人道而論定德與善的區分，其目的是突出“德”的根本性。雖然賈誼認爲“道者，德之本也”，但是他更强調“德”的意義。衹是在成德之論上，《五行》則顯明了由内在的憂患意識而通向最終的成德之和樂境界。雖然賈誼也是將“和樂”作爲成德的目的，但是他的“道德”論中并没有這種先驗憂患意識的痕迹。不僅如此，在《五行》思想中，“聖”、“智”二行是由内心憂患走向内心和樂的轉折因素，而在賈誼的“六行”思想中，并没有凸顯出其中某一行的特殊意義。從他對“智”德的論述可以管窺，在他的“六行”思想中，關於如何成德的理論與楚簡《五行》的思想發生了很大的變化，從而也可以看出西漢儒學的成德論與先秦相比都發生了轉變。① 這種變化也可以從《五行》中“聖”的功能的轉變看出。在《五行》中，“聖”是貫通天人的所以者，是五行之一行，而在賈誼的“六行”思想中，雖然“信”與“聖”有相通之處，但畢竟“聖”失落了作爲至關重要一行的内涵。在《五行》的思想中，理論上是人人皆有“聖”行，而在賈誼的“六行”思想中，“聖”則成爲一種特殊的人格，即成德者，“聖”的人格由先王所承載，先王内法立法，外體六行，以興《書》、《詩》、《易》、《春秋》、《禮》、《樂》六藝，六藝就是成德的關鍵所在。因此，在賈誼的成德論中，乃至整個西漢時期的成德思想中，“學”是重要的途徑，而學的内容就是先王之教，聖人人格。

最後，《五行》中“中心之憂”、“中心之智”、“中心之悦”的思想突出了内心的道德情感意識。因此，在成德論中，《五行》

①西漢學者多將仁與智并論，且涉及知行關係問題。如《韓詩外傳》第三十章：“言要則知，行要則仁。既知且仁，又何加哉?”不過，在《韓詩外傳》中，“智仁”并非是最高的仁道，其上還有“聖仁”，第二十五章曰：“仁道有四，磏爲下。有聖仁者，有智仁者，有德仁者，有磏仁者”。如果以《五行》“知天道曰聖”來分析，則聖仁就是與天道相通者。董仲舒更是强調仁與智的相輔相成性，《春秋繁露・必仁且智》曰：“莫近于仁，莫急於智……仁而不智，則愛而不别也；智而不仁，則知而不爲也。”董仲舒論智已經涉及知行關係問題，“何謂之智，先言而後當。凡人欲舍行爲，皆以其智先規而後爲之”，强調的是知先行後。後來，揚雄直接提出“尚智”一説，《法言・問明》曰：“或問：人何所尚？曰：尚智。”揚雄尚智有兩方面的意思，其一是强調對外在事物的判斷，如《太玄・玄擒》“見而知之者，智也。”其二也是强調知而必行，如《法言・問道》曰：“智也者，知也。夫智，用不用，益不益，則不贅虧矣？深知器械、舟車、宫室之爲，則禮由已。”

强調“能爲一”、“慎獨”的工夫,《五行》的“慎獨”就是“慎心”,“‘獨’指心君,與耳、目、鼻、口、四肢相對。”① 賈誼在論述如何成德時,衹是指出人應當“謹修六藝”,强調“學”的重要性,而没有論及“心”的作用,這與他在論“德”之“六理”時,將“神明”設定爲“性”的作用的思想是一致的。而問題是,缺乏“心”的作用,“六藝”之教如何纔能轉化爲成德成性的持久力量?在《五行》思想中,“德弗志不成,智弗思不得”,“心攝德、智,德爲體,智爲用,德以天性爲體,智以心思爲用”,② 即《五行》尤其强調了智之思在成德過程中向内的反省作用。通過這種智之思的反省工夫,可以涵化由經驗獲得的一切智識,形成一種自覺的意識,從而轉出持久的成德動力。相反,缺乏“思”的作用,外在的教化作用于人性時,就缺乏主體的加工環節,因此,在成德的過程中,主體更多的是處於被動的受教方面,而不能激發自身的主宰力量。

通過上述簡略的比較可以看出,在“行”的意義上,儘管賈誼的“六行”思想與《五行》相比已經發生了很大的變化,但是二者之間的聯繫也是很明顯的。然而,在重“六”的意義上,賈誼的“六行”思想與簡帛《五行》則没有那麼大的關係。這是因爲,在賈誼的“道德”論中,“道”凝聚成“德”,“德”有“六理”作爲事物内在的法則,就是“六法”,“六法”外遂,形成“六術”,根據“六術”的指引而行事,稱作“六行”。“六行”

①丁四新:《郭店楚墓竹簡思想研究》,北京:東方出版社,2000 年,第 141 頁。

②丁四新:《郭店楚墓竹簡思想研究》,北京:東方出版社,2000 年,第 136 頁。

具體指的是仁、義、禮、智、信、樂。可見，由“六理”過渡到“六行”體現了賈誼用“六”哲學的思想脉絡，即“六行”的概念是爲了保證用“六”哲學的完整性與嚴密性，是用“六”哲學向前推進的一個重要環節，而不是用“六”哲學的全部。“六行”中的“五行”與“樂”的關係與簡帛《五行》中“五行”與“樂”的關係并没有本質的區别。因此龐樸説“《六術》篇所記的‘行’於人的那‘六行’，明顯地帶有凑數的痕迹。”① 賈誼將“樂”作爲單獨的一行與“五行”并列以成“六行”，確實是爲了凑足“六”數。也正因此，賈誼用“六”的哲學體系并不是受到簡帛《五行》思想影響的結果，他改造《五行》思想是爲了建構用“六”的哲學體系。

關於賈誼思想與竹簡《六德》的關係，李學勤説：“郭店簡《六德》，與《五行》一樣，曾爲漢初賈誼《新書》所引據。”② 又説“細讀《六德》，同《新書·六術》、《道德説》對勘，不難看出賈誼在寫作時，心中有《六德》篇的影子，以致運筆行文，多見蛛絲馬迹。”③ 能否皆因有“六”而認爲“《六德》揭示了《六術》思想架構的來源”④？這可以從三個方面作出回答。首先，從思想内容上看，《六德》篇是講“六位”、“六職”、“六德”三者的關係以及“六位”在“人道”中的重要作用，概括

①龐樸：《帛書五行研究》，濟南：齊魯書社，1980 年，第 13 頁。

②李學勤：《郭店楚簡與儒家經籍》，載《中國哲學》第 20 輯，瀋陽：遼寧教育出版社，1999 年，第 19 頁。

③李學勤：《郭店楚簡〈六德〉的文獻學意義》，載武漢大學中國文化研究院編：《郭店楚簡國際學術研討會論文集》，武漢：湖北人民出版社，2000 年，第 18 頁。

④李維武：《〈六德〉的哲學意蘊初探》，載《中國哲學史》2001 年第 3 期。

來説，即“夫夫、婦婦、父父、子子、君君、臣臣，六者各行其職，而訕誇無由作也”，試圖通過位分倫理的確立而保證教化大行，社會有序。聖、智、仁、義、忠、信之“六德”從屬於父、夫、子、君、臣、婦“六位”。這與賈誼從本原的意義上規定人皆有仁、義、禮、智、信、樂之“六行”的思想顯然大相徑庭。其次，從形式上看，《六德》篇確實將六位、六職、六德形成了一個以“六”爲紐帶的組合，而且這種組合似乎是有意爲之的。① 但不能因此而認爲賈誼重“六”思想來源於此。這是因爲不僅賈誼生活的以“六”爲法的經驗世界會激發他的形上之思，而且“以某種數量關係作紐帶來搭配各種要素而組成一個系統的做法，到了戰國末期就成爲當時人們的一種思維方式”②，其中

①《六德》篇末云：“凡君子所以立身大法三，其繹之也六，其衍十有二。”可見，“六德”所云之“六”，實由“三”（疑爲三綱，即夫爲婦綱，父爲子綱，君爲臣綱）演繹而來，“三”是其根本，而作者論“六”不論“三”，似爲偏“六”所致。

②李維武：《〈六德〉的哲學意蘊初探》，載《中國哲學史》2001 年第 3 期。

“六”的使用頻率極其常見。① 在這種意義上，《六德》對“六”的偏好亦非特出，而是淵源有自，甚至可以追溯到孔子講的“六言”②。因此，與其説《六術》在思想架構上來源於《六德》，不如説《六德》、《六術》均受到先秦兩漢時期流行學術思想的影響。最後，從與“六經”的關係來看，《六德》篇論“六德”與“六經”的關係云：“故夫夫、婦婦、父父、子子、君君、臣臣，六者各行其職，而訕誇無由作也。觀諸《詩》、《書》，則亦在矣，觀諸《禮》、《樂》，則亦在矣。觀諸《易》、《春秋》、則亦在矣。”《六德》作者論及“六經”是爲了説明“六位”有序是符

①如《莊子・逍遥游》“御六氣之辯”與《齊物論》“六合之外，聖人存而不論”、“六合之内聖人論而不存”，皆與天道相關。《莊子・庚桑楚》“貴富顯嚴名利六者，勃志也；容動色理氣意六者，謬心也，惡欲喜怒哀樂六者，累德也；去就取與知能六者，塞道也”與人道相關。《管子・七法》雖然論述治國、正天下有“則、象、法、化、决塞、心術、計數”七種大法，但是這七種大法中除了“象”有七個要素外，其他六法都可以用六個要素加以概括，如“則”指宇宙間的六大類，即“天地之氣、寒暑之和、水土之性、人民、鳥獸、草木之生物”，“心術”則包括“實也、誠也、厚也、施也、度也、恕也”六者。《管子・五行》更是强調了“六”的重要性，“十者然後具五官於六府也，五聲於六律也。六月日至，是故人有六多，六多所以接天地也，天道以九制，地理以八制，人道以六制”，這裏雖然没有象賈誼那樣用六涵攝一切，但是可以看出六數的重要性，“天道遠，人道邇”，以六爲人道之制，更加凸出以六爲制的切實意義。《韓非子・揚權》論由道所生者有六：萬物、陰陽、輕重、出入、燥濕、君臣。這些皆可以説明徐復觀先生所云賈誼重“六”思想“前無所承”有待補正。徐先生觀點參見徐復觀：《兩漢思想史》（卷二），臺灣學生書局，1979年，第116頁。

②徐少華：《郭店楚簡〈六德〉篇思想探流探析》，載《郭店楚簡國際學術研討會論文集》，武漢：湖北人民出版社，2000年。

合“六經”之義的，即作者通過援引“六經”以確立“六德”理論的正當性，其前提是《六經》具有權威性。而在賈誼的“道德”論中，“六”具有類似“本體”的作用，是一種原理性的、指導性的思維結構。賈誼從源於“道”的“德”之“六理”、“六美”推衍出“六藝”的思想，“六藝”與道德本體有貫通性，這明顯帶有通過道德本體表彰“六經”的意圖。這與竹簡《六德》篇的思想相去甚遠。

四、賈誼重“六”哲學與“六藝”的關係

根據前文的分析可知，賈誼重“六”的哲學不可能是受到張蒼影響的產物，而更有可能是受到了秦朝水德制的影響。學界關於賈誼重“六”的原因，除了認爲是受到張蒼影響外，還有以下三種觀點：（一）羅光認爲“六字的來源，可能來自易卦的六爻”①。（二）鍾夏認爲“此蓋先民以數揭示宇宙之遺教”②。（三）徐復觀認爲：“可能是因爲立足於六藝之上，由六藝之六向上推，向下衍的”③。

關於第一種觀點，從《新書》的內容來看，賈誼的思想確實

①羅光：《中國哲學思想史》（兩漢、南北朝篇），臺灣學生書局，1979 年，第 158 頁。

②閻振益、鍾夏：《新書校注》，北京：中華書局，2000 年，第 318 頁注 1。

③徐復觀：《賈誼思想的再發現》，載《兩漢思想史》（卷二），臺灣學生書局，1987 年，第 170 頁。

受到了《周易》的影響，[①] 從鵩鳥來栖，賈誼“發書[②]占之”（《鵩鳥賦》）來看，他本人可能也是個占筮高手。易卦的爻數有六，雖然能够成爲賈誼“六”的哲學嚴密性的證據，但是如果因此論定賈誼重“六”的思想就來自易卦六爻的影響則難免牽强。關於第二種觀點，古代先民確實有用數字解釋宇宙的傳統，其中亦不乏與“六”相關者。前文已經論及賈誼重“六”思想可能與此有相關性，而問題是，賈誼此爲之目的究竟何在？

如果我們認同徐復觀的説法，那麼就不難推定：賈誼重“六”的哲學思想是因秦漢之際水德制的影響而成，這是他的思想被動地受到政治環境塑造的結果。而賈誼推尊“六藝”則是一種自覺反省、自主選擇的結果，是有意爲之的。這意味著即使没有秦漢之際水德制上“六”實踐的影響，賈誼也同樣會爲建構“六經”的絶對權威而作思想上的努力，這是他歸宗儒家的使命使然。徐復觀的這個觀點其實是排除了另一種可能性，即賈誼拳拳服膺於“六”數的哲學構造，而“六經”恰好可以納入“六”的哲學系統之中。如果是這樣的話，那麼“六經”就僅僅是他通過不完全歸納法論證“六則備矣”的一個點而已。這與《六術》篇的相關陳述及當時儒者對“六藝”的認識明顯相异。

首先，從賈誼對“六藝”的相關論述來看，他是把“六藝”當作一個整全的系統看待。他説：

> 六理、六美，德之所以生陰陽、天地、人與萬物也，固

①張濤：《漢初易學的發展》，載《文史哲》，1998 年第 2 期，第 69—71 頁。

②饒宗頤認爲，長沙馬王堆漢墓帛書《周易》的入葬年代與賈誼爲長沙王傅的時間相近，有的學者推定，此時賈誼所見之《周易》經傳，當屬此類。參見饒宗頤：《略論馬王堆〈易經〉寫本》，載《饒宗頤史學論著選》，上海：上海古籍出版社，1993 年。

爲所生者法也。故曰：道此之謂道，德（得）此之謂德，行此之謂行。所謂行此者，德也。是故，著此竹帛謂之《書》，《書》者，此之著者也；《詩》者，此之志者也；《易》者，此之占者也；《春秋》者，此之紀者也；《禮》者，此之體者也；《樂》者，此之樂者也。

《書》者，著德之理于竹帛而陳之令人觀焉，以著所從事，故曰：“《書》者，此之著者也。”《詩》者，志德之理而明其指，令人緣之以自成也，故曰：“《詩》者，此之志者也”。《易》者，察人之循德之理與弗循而占其吉凶，故曰：“《易》者，此之占者也”。《春秋》者，守往事之合德之理與不合而記其成敗，以爲來事師法，故曰：“《春秋》者，此之紀者也”。《禮》者，體德（之）① 理而爲之節文，成人事，故曰：“《禮》者，此之體者也”。《樂》者，《書》《詩》《易》《春秋》《禮》五者之道備，則合於德矣。合者歡然大樂矣，故曰：“《樂》者，此之樂者也”。

一方面，“六藝”因爲“六”數而自身成一系統，處於此系統中的每一藝都具有不同的成德動能，“六藝”之間相互資生而合於整全之德。同時，“六藝”又因爲“六”數而與陰陽、天地人物聯繫起來，成爲通達宇宙大化的紐帶。另一方面，“六藝”是德之所繫，也是成德之具，是貫通形上世界與形下世界的橋梁。賈誼根據儒家的“六藝”之學而推設的以“六”爲數度的哲學體系，將先王根據經驗體察而著成的“六藝”在形而上的世界裏（德有六理）安頓下來，承載大義的“六藝”因此便是先天的根本大經。而具有形上意義的“六藝”并非是與日常世界截然分

①根據前文，此處疑有一“之”字。

開的超然實存，而是道不遠人（因人所有，道人之情）的具體經典。因此，徐復觀説："賈生把'六藝'安放在他的哲學構造中來發現'六藝'的總括性地意義，認爲這是由形上向形下的落實；而形下的落實，即是形上的實現。總括性地意義，是由個别意義的抽象而來；這中間實已含有由形下推上形上的歷程；形上形下的往復，成爲他哲學的構造；所以'六藝'在他的哲學構造中的地位，是出自他的真實的感受，并不是憑空説一場大話。"①

其次，從當時儒者對"六藝"的態度來看，"六藝"的權威性不是因爲"六"數而確立的，而是因爲其貫通天、地、人，連接先王、後王的特性確定的。② 先秦時期，儒家的學問有經有藝，經是經書，有五種；藝是技藝，又指學科，有六種。就其學問的實質與内容而言，五經與六藝是對應的，因此秦漢時期有"五經六藝"、"六藝之經"的説法。③ 從理論層面上看，《樂》經佚失；從實踐層面看，樂教未斷。因此，秦漢時期的"五經"之説，是

---

①徐復觀：《中國經學史的基礎》，臺灣學生書局，1982年，第213頁。

②如陸賈論曰："先聖乃仰觀天文，俯察地理，圖畫乾坤，以定人道，民始開悟，知有父子之親，君臣之義，夫婦之别，長幼之序。於是百官立，王道乃生……民知畏法，而無禮義，於是中聖乃設辟雍之庠序之教，以正上下之儀，明父子之禮，君臣之義，使强不凌弱，衆不暴寡，弃貪鄙之心，興清潔之行。禮義不行，綱紀不立，後世衰廢；於是後聖乃定五經，明六藝，承天統地，窮事察微，援情立本，以緒人倫。"（《新書·道基》）後聖定五經、六藝之功用不僅與先聖、中聖同等重要，而且更有切實之意義，"道近不必出於久遠，取其至要而有成"（《新書·術事》），五經、六藝之"至要"就是"仁義"，"《春秋》以仁義貶絶，《詩》以仁義存亡，《乾》、《坤》以仁和合，《八卦》以義相承，《書》以仁序叙九族，君臣以義制忠，禮以仁盡節，樂以禮（義）升降"（《新書·道基》）。

③王葆玹：《西漢經學源流》，臺灣東大圖書公司，2008年，第23頁。

基於《樂》經缺失的事實而言，并非否定《樂》之曾經作爲群經之一；"六藝"之説，是就"五經"與"樂"的實際運行及作用而言的，并非是爲了湊足六數。從賈誼的陳述中可以看出，所謂"六藝"，其實就是"六經"，"經"側重於體，"藝"偏向於用，蔣國保指出："漢儒將先秦'六經'改稱爲'六藝'，并非出於學科規範考慮，而是服務於其變'經'爲'藝'、變'學'爲'術'的學術轉向。而這一轉向之所以發生，又是因爲漢初儒者有争取立儒學爲國家惟一官方哲學的强烈願望。"① "六藝"上通於"道"，下達於"術"，賈誼這種以"六藝"貫通"道術"的思想可謂漢儒通經致用的學術風格之體現。

作者簡介：闫利春，男，1983 年生，河南信陽人，哲學博士，河南科技大學馬克思主義學院講師，主要從事秦漢哲學研究。

教育部人文社會科學研究青年專案"西漢儒家性情論研究"階段性成果，項目編號：14YJC720028。

---

①蔣國保：《漢儒稱"六經"爲"六藝"考》，載《中國哲學史》，2006 年第 4 期。

董仲舒爲漢立法的歷史機遇和實現過程

吴龍燦

内容摘要： 春秋戰國時代以降，諸侯兼并戰争越演越烈，諸子百家紛紛提出一曲之法，以實現人心渴望的天下大一統長治久安，然而直到董仲舒遇到了漢武帝，纔有機會得君行道，爲漢立法，系統提出從政治哲學論證到治國理政方法的一整套以儒家思想爲内核、綜羅歷史智慧和百家之學、切合現實需要的大一統國家爲政之道，在漢武帝及其後兩漢歷代帝王的奉行之下，形成了延續 2000 多年的中國傳統政治基本模式，儒學也因此成爲中國傳統學術和思想的正統。這樣的風雲際會，既是歷史的偶然，也是歷史的必然，我們探討這一歷史的因緣，旨在爲今天中華民族偉大復興提供有價值的借鑒。

春秋戰國時代以降，爲中國大一統立法者不知凡幾，然而直到董仲舒遇到了漢武帝，纔有機會得君行道，爲漢立法，系統提出從政治哲學論證到治國理政方法的一整套以儒家思想爲内核、綜羅歷史智慧和百家之學、切合現實需要的大一統國家爲政之道，在漢武帝及其後兩漢歷代帝王的奉行之下，形成了延續 2000 多年的中國傳統政治基本模式，儒學也因此成爲中國傳統學術和思想的正統。這樣的風雲際會，既是歷史的偶然，也是歷史的必然，我們探討這一歷史的因緣，旨在爲今天中華民族偉大復興提供有價值的借鑒。

一、漢代政治、社會和文化背景的鋪墊

在董仲舒和漢武帝相遇之前，漢初政治、社會、文化三方面均爲董仲舒爲漢立法提供了歷史機遇。

首先是在政治方面，面臨的關鍵問題是權力來源合法性和政治統治原則問題。劉邦起於平民，何以得天下？轅固生"湯武革命"可以用來説明秦政無道，劉邦受天命而誅之，但難解皇權與諸侯争勢問題；黄生强調君臣上下之分，臣下有尊天子的絶對義務，但又不能解釋劉邦得天下的權力來源合法性。就政治制度而言，漢承秦制，本來有郡縣中央集權制度可沿用，但劉邦"懲戒亡秦孤立之敗"①，開國時大封功臣，封异姓王八，封列侯百餘，後或謀反或恐其謀反而一一剪除异姓王，但又大封同姓王十人，諸侯王勢力不斷膨脹，封地占全國三分之二，中央直轄衹有"三河、東郡、穎川、南陽，自江陵以西至巴蜀，北自雲中至隴西，與京師内史凡十五郡，公主列侯頗邑其中。"② 諸侯坐大，尾大不掉，"然諸侯原本以大，末流濫以致溢，小者淫荒越法，大者睽孤横逆，以害身喪國。故文帝采賈生之議分齊、趙，景帝用晁錯之計削吴、楚。"③ 於是文帝時有淮南、濟北之叛，景帝時有幾乎令皇權覆滅的七國之亂。如何在制度倫理和權力正當性根據兩者之間找到一個維護漢王朝統治秩序的兩全之策，是漢初政治哲學

①[東漢] 班固：《漢書》，北京：中華書局，1962 年，第 393 頁。

②同前注，第 394 頁。

③同前注，第 395 頁。

的當務之急。

而另一個問題就是政治統治原則問題。秦法酷烈，而漢承秦制，漢初基本沿襲，雖有黄老清静無爲、與民休息之表象，實則漢法與秦法一樣由疏而密，李斯自頌“緩刑罰，薄賦斂，以遂主得衆之心”①，而終至秦政“法令誅罰日益深刻”②。同理，高祖初入關中約法三章，後“三章之法不足以禦奸，於是相國蕭何攈摭秦法，取其宜於時者，作律九章”③，一仍秦法行於漢世，“然孝文帝本好刑名。及至孝景，不任儒者，而竇太后又好黄老之術”④，黄老本來就是道家帝王南面之術和法家刑名的結合，刀筆之吏充塞政府部門，“外有輕刑之名，内實殺人。”⑤ 故漢初有陸賈和賈誼等反思秦政之少仁義，也有晁錯等用法家刑法，更有黄老道家綜合道法的清静無爲。秦開闢的天下一統新制度，在興勃亡速的反省中，選擇任德還是任刑的統治原則，也是當時的政治核心問題之一。

其次是在社會方面的核心問題，主要是社會各階層的經濟利益和權力配置問題。文景之治的繁榮背後，已經産生了導致社會危機的許多因素。商業流通的無節制發展，導致商人發放高利貸和對農民田産的兼并，土地日益集中到大地主手中，農民破産爲奴或弃農經商，國家税源和兵源減少，四處流亡而擾亂社會秩序，宗室和官員奢侈亂制，社會風氣墮落，這些都危及良序社會建設和經濟良性發展。“漢政治之所急，尚不在邊寇，尚不在列

①［西漢］司馬遷：《史記》，北京：中華書局，1959 年，第 2561 頁。

②同前注，第 2553 頁。

③［東漢］班固：《漢書》，第 1096 頁。

④同前注，第 3117 頁。

⑤同前注，第 1099 頁。

侯諸王之變亂，而在社會經濟不均，所造成種種之病態也。”① 可見董仲舒提出的“限民名田，以贍不足，塞并兼之路。鹽鐵皆歸於民。去奴婢，除專殺之威。薄賦斂，省徭役，以寬民力”（《漢書·食貨志》）等建議，是對治漢武之朝很中肯的社會經濟措施。

針對政府和宗室官吏巧奪民力的情況，董仲舒提出“不與民爭業”（《漢書·董仲舒傳》）和在政府部門任用循吏的對策。“身寵而載高位，家温而食厚禄，因乘富貴之資力，以與民爭利於下，民安能如之哉！是故衆其奴婢，多其牛羊，廣其田宅，博其産業，畜其積委，務此而亡已，以迫蹴民，民日削月浸，浸以大窮。富者奢侈羡溢，貧者窮急愁苦；窮急愁苦而不上救，則民不樂生；民不樂生，尚不避死，安能避罪！此刑罰之所以蕃而奸邪不可勝者也。故受禄之家，食禄而已，不與民爭業，然後利可均布，而民可家足。”② 因爲“爾好誼，則民鄉仁而俗善；爾好利，則民好邪而俗敗。”③ 所以，“若居君子之位，當君子之行”，要“皇皇求仁義常恐不能化民”。這就要求有一大批能够用仁義進行社會教化的賢能之士進入官吏階層，成爲以仁義化民成俗的循吏。而當時的官吏多來自貴族富豪子弟，“夫長吏多出於郎中、中郎，吏二千石子弟選郎吏，又以富訾，未必賢也。”④ 故董仲舒提出選舉官吏的辦法，“毋以日月爲功，實試賢能爲上，量材而授官，録德而定位，則廉耻殊路，賢不肖异處矣。”⑤ 選賢任德的

①參閲錢穆：《秦漢史》，北京：生活·讀書·新知三聯書店，2004 年，第 197 頁。

②［東漢］班固：《漢書》，第 2520、2521 頁。

③同前注。

④同前注，第 2512 頁。

⑤同前注，第 2513 頁。

方式選舉官吏，實際上是改變了社會各階層權力配置方式，從原來的局限于貴族富豪子弟轉移到全社會公開選拔。

第三是與政治、社會兩方面相呼應，文化方面的核心問題主要在於宣導何種社會主流文化和社會教化的問題。

西漢初期也存在著百家争鳴、莫衷一是的情況，而統治思想的主流黄老道家已經不能適應當時現實發展的需要。司馬談《論六家要旨》陰陽、儒、墨、名、法、道德六家津津樂道，也是戰國諸子百家争鳴之遺風，但其特别表彰道家，而貶損其餘，則是當時流風所趨。其中的道家，其實是流行於初漢、竇太后所好的黄老道家，被認爲是綜合各派優勢克服各家缺點的最有價值的學説。

然而在政治統治原則和社會經濟出現問題和危機的時候，在政治哲學層面的文化反思就會發生。春秋末年孔子作《春秋》以"克己復禮爲仁"，戰國時孟子"距楊墨，放淫辭"① 以推廣仁政，莊子後學之《天下》弘揚"道術"，荀子之《非十二子》而"隆禮重法"，韓非子之《顯學》反"儒墨"而李斯提議"焚書坑儒"，這些都是在特定時期文化反思的成果。秦滅漢興，反思秦政，陸賈以爲"謀事不立仁義者後必敗"②，賈誼以爲"仁義不施，則攻守之勢异也。"③ 司馬談以爲"法家不别親疏，不殊

①［南宋］朱熹撰：《四書章句集注》，北京：中華書局，1983 年，第 272 頁。

②［西漢］陸賈著，王利器校注：《新語校注》，北京：中華書局，1986 年，第 29 頁。

③［西漢］賈誼著，閻振益、鐘夏校注：《新書校注》，北京：中華書局，2000 年，第 3 頁。

貴賤，一斷於法，則親親尊尊之恩絶矣。可以行一時之計，而不可長用也”①。而董仲舒天人三策提出“大一統”建議，漢武帝采納之而“推明孔氏，表章六經”。這一建議并没有禁止其他學派的存在，而是通過官方提倡而引導社會崇尚仁義道德，形成有耻且格的社會風氣，而非如李斯“焚書坑儒”以殘暴的手段禁毁异己者。“及仲舒對策，推明孔氏，抑黜百家。立學校之官，州郡舉茂材孝廉，皆自仲舒發之。”② 用儒家整理的歷史文化遺産《六經》及孔子言論和儒家著作作爲教材，培養出用仁義教化天下的官吏，爲政府推行德治措施，移風易俗，走向大同社會，這纔是董仲舒建議的要旨。

綜上所述，漢初七十年在政治方面有漢王朝政治合法性和大一統郡縣制中央集權統治正義原則問題，在社會方面有社會各階層經濟利益和權力配置問題，在文化方面有宣導何種主流文化和社會教化問題。解决這些核心問題需要從不同角度對歷史教訓和西漢現實進行系統反思，創造性地轉化先聖時賢的政治智慧。這就需要先秦以來諸子百家智慧在新形勢下的創造性轉化和創新性發展，儒家對中華優秀傳統文化的忠實繼承，以及“和而不同”的胸懷和“綜羅百家”的綜合創新能力，使之成爲漢代政治的必然選擇。因此，漢武帝與董仲舒的風雲際會既是歷史的偶然，也是歷史的必然。

---

①［西漢］司馬遷：《史記》，第3291頁。

②同前注，第2525頁。

二、漢武帝崇儒與經學正統地位的確立

漢武帝於建元元年（前 140 年）十月即皇帝位。漢武帝劉徹受到良好的儒學教育，他於景帝七年（前 150）立爲太子時，申公《魯詩》傳人王臧爲太子少傅。武帝初即位，拜竇嬰爲相、田蚡爲太尉，“嬰、蚡俱好儒術，推轂趙綰爲御史大夫，王臧爲郎中令。迎魯申公，欲設明堂。令列侯就國，除關，以禮爲服制，以興太平”（《漢書・竇田灌韓傳》）。趙綰、王臧曾同受《魯詩》於申公門下。“臧乃上書宿衛，累遷，一歲至郎中令。及代趙綰亦嘗受《詩》申公，爲御史大夫”（《漢書・儒林傳》）。三公與内庭最高長官均爲儒者或好儒者擔任，并迎魯宿儒申公議設明堂，漢武帝崇儒之心昭然天下。此外，“上鄉儒術，招賢良”（《漢書・郊祀志》），在即位當月，人事未動，人才先行，立即下詔舉賢良：

> 建元元年冬十月，詔丞相、御史、列侯、中二千石、二千石、諸侯相舉賢良方正直言極諫之士。丞相綰奏：“所舉賢良，或治申、商、韓非、蘇秦、張儀之言，亂國政，請皆罷。”奏可。（《漢書・武帝紀》）

這次舉賢良與初漢諸帝不同的是，采納了衛綰的奏請：罷免了“或治申、商、韓非、蘇秦、張儀之言，亂國政”的所舉賢良，剩下的基本是儒生。《春秋》博士董仲舒在這次賢良對策中

提出“天人三策”①，爲漢武帝系統解決了政治戰略和治國理政指導思想問題，漢武帝采納董仲舒建議罷黜百家蓋於此時完成，立五經博士因故略爲後延。

但是漢武帝的崇儒熱情很快受到了好黄老的竇太后打擊。

二年冬十月，御史大夫趙綰坐請毋奏事太皇太后，及郎中令王臧皆下獄，自殺。丞相嬰、太尉蚡免。（《漢書·武帝紀》）

欲議古立明堂城南，以朝諸侯，草巡狩封禪、改曆、服色事，未就。竇太后不好儒術，使人微伺趙綰等奸利事，按綰、臧，綰、臧自殺，諸所興爲皆廢。（《漢書·郊祀志》）

建元二年，郎中令王臧以文學獲罪皇太后。太后以爲儒者文多質少，今萬石君家不言而躬行，乃以長子建爲郎中令，少子慶爲内史。（《漢書·萬石衛直周張傳》）

太后好黄、老言，而嬰、蚡、趙綰等務隆推儒術，貶道家言，是以竇太后滋不説。二年，御史大夫趙綰請毋奏事東宫。竇太后大怒，曰：“此欲復爲新垣平邪！”乃罷逐趙綰、王臧，而免丞相嬰、太尉蚡，以柏至侯許昌爲丞相，武强侯莊青翟爲御史大夫。（《漢書·竇田灌韓傳》）

在竇太后的淫威之下，不僅新任好儒重臣被换成好黄老者，

①關於董仲舒提出天人三策的時間，《漢書·武帝紀》認爲在元光元年（前314），這與《史記》的《儒林列傳》對策時間及漢武帝在建元元年、二年即實行董仲舒對策中建議的更化改制計劃矛盾，且董仲舒對策和公孫弘對策不可能在元光元年同時第一。故本文認爲應該是董仲舒與公孫弘在建元元年一起應徵參加舉賢良對策，都被選中，本已爲博士的董仲舒被選爲第一，公孫弘以布衣應徵，被選爲博士；六年後的元光元年，從博士職位上被病免爲布衣的公孫弘再次應徵參加舉賢良對策，被漢武帝選爲第一。

而且連漢武帝的老師王臧也以師兄趙綰被下獄而死，“申公亦病免歸，數年卒”（《漢書・儒林傳》）。根據董仲舒對策準備實施的設明堂等按照儒家思想進行更化改制的政治制度改革計劃都被廢止。

但是，竇太后衹是西漢大力弘揚儒學的最後一個障礙，如前所述，通過弘揚儒學來改制更化，此時不僅成爲必要，而且已經是必然的時候了。在建元五年，在竇太后去世前一年控制變弱的情況下，漢武帝仍然根據董仲舒對策建議立五經博士，廢傳記博士。竇太后一去世，二十二歲的漢武帝更爲堅決地推行儒化制度建設。竇太后崩就成爲漢代學術轉型的一個轉捩點。

及今上即位，趙綰、王臧之屬明儒學，而上亦鄉之，於是招方正賢良文學之士。自是之後，言《詩》於魯則申培公，於齊則轅固生，於燕則韓太傅。言《尚書》自濟南伏生。言《禮》自魯高堂生。言《易》自菑川田生。言《春秋》於齊魯自胡毋生，於趙自董仲舒。及竇太后崩，武安侯田蚡爲丞相，絀黄老、刑名百家之言，延文學儒者數百人，而公孫弘以《春秋》白衣爲天子三公，封以平津侯。天下之學士靡然鄉風矣。（《史記・儒林列傳》）

六年，竇太后崩，丞相昌、御史大夫青翟坐喪事不辦，免。上以武安侯蚡爲丞相，大司農韓安國爲御史大夫。（《漢書・竇田灌韓傳》）

六年，竇太后崩。其明年，徵文學之士。（《漢書・郊祀志》）

竇太后駕崩之後，原由竇太后安排的丞相昌、御史大夫青翟即被免職，分别由好儒的田蚡和韓安國接任。元光元年（前314），再度應徵的公孫弘在舉賢良對策中脱穎而出，就如董仲舒在建元元年對策第一一樣，公孫弘在這次賢良對策中被漢武帝定爲第一，并成爲落實董仲舒天人三策建議的重要人物：

丞相公孫弘者，齊菑川國薛縣人也，字季。少時爲薛獄吏，有罪，免。家貧，牧豕海上。年四十餘，乃學《春秋》雜説。養後母孝謹。建元元年，天子初即位，招賢良文學之士。是時弘年六十，徵以賢良爲博士。使匈奴，還報，不合上意，上怒，以爲不能，弘乃病免歸。元光五年，有詔徵文學，菑川國復推上公孫弘。弘讓謝國人曰："臣已嘗西應命，以不能罷歸，願更推選。"國人固推弘，弘至太常。太常令所徵儒士各對策，百餘人，弘第居下。策奏，天子擢弘對爲第一。召入見，狀貌甚麗，拜爲博士。(《史記·平津侯主父列傳》)

公孫弘"爲人恢奇多聞""不肯面折庭爭"，對漢代政治理解老到，處世能够左右逢源，又身行儉約，輕財重義，甚得漢武帝賞識，不數年升御史大夫、丞相，封平津侯。"天子察其行敦厚，辯論有餘，習文法吏事，而又緣飾以儒術，上大説之"，"左右幸臣每毀弘，上益厚遇之"，因此公孫弘作爲和董仲舒同一儒學陣綫的《春秋》博士，每提出具體化董仲舒建議的更化改制的政策方案，均能將天人三策精神與漢代政治現實和漢武帝雄才大略恰切地結合起來，均能切實可行。

公孫弘爲學官，悼道之鬱滯，乃請曰："丞相御史言：制曰'蓋聞導民以禮，風之以樂。婚姻者，居屋之大倫也。今禮廢樂崩，朕甚愍焉。故詳延天下方正博聞之士，咸登諸朝。其令禮官勸學，講議洽聞興禮，以爲天下先。太常議，與博士弟子，崇鄉里之化，以廣賢材焉'。謹與太常臧、博士平等議曰：聞三代之道，鄉里有教，夏曰校，殷曰序，周曰庠。其勸善也，顯之朝廷；其懲惡也，加之刑罰。故教化之行也，建首善自京師始，由内及外。今陛下昭至德，開大明，配天地，本人倫，勸學修禮，崇化厲賢，以風四方，太平之原也。古者政教未洽，不備其禮，請因舊官而興焉。爲博士官置弟子五十人，復其身。太常擇民年十八已上，儀狀端正者，補博士弟子。郡國縣道邑有好文學，敬長上，肅政教，順鄉里，出入不悖所聞者，令相長丞上屬所二千石，二千石謹察可者，當與計偕，詣太常，得受業如弟子。一歲皆輒試，能通一藝以上，補文學掌故缺；其高弟可以爲郎中者，太常籍奏。即有秀才异等，輒以名聞。其不事學若下材及不能通一藝，輒罷之，而請諸不稱者罰。臣謹案詔書律令下者，明天人分際，通古今之義，文章爾雅，訓辭深厚，恩施甚美。小吏淺聞，不能究宣，無以明布諭下。治禮次治掌故，以文學禮義爲官，遷留滯。請選擇其秩比二百石以上，及吏百石通一藝以上，補左右内史、大行卒史；比百石已下，補郡太守卒史：皆各二人，邊郡一人。先用誦多者，若不足，乃擇掌故補中二千石屬，文學掌故補郡屬，備員。請著功令。佗如律令。”制曰：“可。”自此以來，則公卿大夫士吏斌斌多文學之士矣。(《史記·儒林列傳》)

以上是漢武帝根據董仲舒建議而提出博士弟子人才培養的政策指示後，由公孫弘與群臣議定，奏請漢武帝而批准實施的太學博士弟子員制度，經學教育通向利禄之途從此制度化。而這一制度的實施，標志著經學上升爲官方正統學術，儒學因而替代黄老之學成爲官方意識形態。

三、董仲舒爲漢立法

董仲舒遇到漢武帝，是千古奇遇。春秋以來立法者不少，却未能遇到聖王式君主。如孔子持王道之法周游列國，干七十二君，都没有見用，作《春秋》遺法後世。吕不韋作《吕氏春秋》爲秦立法而遭秦始皇流放。賈誼作《王制》《治安策》爲漢立法，文帝懼權臣而不能用；劉安作《淮南子》爲漢立法，竇太后大勢已去。而景帝時爲博士的大儒董仲舒，在景帝時没有機會，直到近60歲左右遇到雄才大略的漢武帝登基問策，纔實現了爲漢立法、得君行道的歷史使命。

董仲舒的著述除了《漢書・董仲舒傳》所載“天人三策”全文外，還有很多。“仲舒通《五經》，能持論，善屬文。”（《漢書・儒林傳》）《史記・儒林列傳》亦云：“故漢興至於五世之間，唯董仲舒名爲明於春秋，其傳公羊氏也。”① 《漢書・五行志》：“昔殷道弛，文王演《周易》；周道弊，孔子述《春秋》。則乾坤之陰陽，效《洪範》之咎徵，天人之道，粲然著矣。漢興，承秦滅學之後，景武之世，董仲舒治公羊春秋，始推陰陽，爲儒者宗。”② 明其有漢以來《春秋》公羊學家之魁首，且以陰陽五行之説爲主要論述模式，其建立新儒學體系爲後世立法的功績，在班固看來可比肩於文王演《周易》、孔子作《春秋》。《史記・太史公自傳》大段引述董仲舒言論，闡發孔子作《春秋》的

①［西漢］司馬遷：《史記》，北京：中華書局，1959年，第3127、3128頁。
②［東漢］班固：《漢書》，第1317頁。

原因及其《春秋》大旨①。《漢書·藝文志》在《六藝略》“春秋”下列有“《公羊董仲舒治獄》十六篇”② 在《諸子略》“儒家”下列有“《董仲舒》百二十三篇”③。而《漢書》還散録董仲舒著述文字，如《五行志》載其“廟殿火災對”及論災异七十七事④，《食貨志》載乞種麥、限田章⑤，《匈奴傳》贊御匈奴⑥。《後漢書·應劭傳》：“故膠西相董仲舒老病致仕，朝廷每有政議，數遣廷尉張湯親至陋巷，問其得失，於是作《春秋决獄》二百三十二事，動以經對，言之詳矣。”⑦ 以春秋義法來用於决獄，是董仲舒“通經致用”的重要政治實踐。《隋書·經籍志》在經部春秋類中載：“《春秋繁露》十七卷（漢膠西相董仲舒撰），《春秋决事》十卷（董仲舒撰）。”⑧ 這是現在看到的董仲舒行世著作集《春秋繁露》十七卷最早的正史記載。而《春秋繁露》最早出現的記録是南朝梁阮孝緒之《七録》和劉昭《〈後漢書·禮儀志〉注補》，流傳至今的《春秋繁露》大體可視爲董仲舒著作大部分亡佚之後流散作品輯佚之合集，成書於南北朝。《四部叢刊》所收之《古文苑》，輯有董仲舒另外流傳下來的詩文四篇：《士不遇賦》、《詣丞相公孫弘記室書》、《郊祀對》、《雨雹對》。《全上古三代秦漢三國六朝文》之《全漢文》卷二十三輯録不少董仲舒文章，北京師範大學圖書館館藏《玉函山房輯佚書》輯録董仲舒的

①［西漢］司馬遷：《史記》，第3296、3297頁。

②同前注，1714頁。

③同前注，1727頁。

④同前注，1315—1523頁。

⑤同前注，1139頁。

⑥同前注，3831、3832頁。

⑦［南朝宋］范曄：《後漢書》，北京：中華書局，1965年，第1612頁。

⑧［唐］魏徵等：《隋書》，北京：中華書局，1973年，第930頁。

《春秋决事》，《漢學堂叢書》輯録了《董仲舒公羊治獄》。①

董仲舒在建元元年（前 140）應漢武帝册問的“天人三策”和其他諸多著述，確立漢代政治指導法則，這些法則在傳承原始儒家的基礎上，綜羅百家之學，根據西漢政治現實做了創造性轉化。

首先，董仲舒提出天命論，爲漢王朝政治正當性找到根據的同時，也給人間最高權力擁有者天子賦予制約的力量。儒家“天命論”由周公創造，原始儒家多所發明，董仲舒吸收了陰陽家“五德終始説”、墨家的“天志”等思想資源，以“陰陽五行”説形式的宇宙論證立天命説，提出“天命爲仁”、“王道通三”、“通三統”、“新王受命改制”、“天人感應”等思想。根據董仲舒的天命論，天子是天意的執行人，聖賢是天意的翻譯和解釋人，這樣爲儒家聖賢找到了新時代恰當的位置，即從先秦儒家“道尊於勢”、“大德受命”的“聖王”定位，轉化爲漢代“德福一體”的“君臣共治天下”定位，聖賢與天子合作共創太平盛世。

其次，董仲舒系統提出了漢王朝“德主刑輔”爲主的政治統治正義原則和“三綱五常”的社會人倫準則。董仲舒提出的“仁義爲本”、“德主刑輔”、“正其誼不謀其利”、“不與民争利”等這些政治統治原則，是周公、孔子“德治”、孟子“仁政”、荀子“禮治”的繼承發展和漢初秦政反思成果的結晶。這些政治正義原則與“三綱五常”倫理準則是互爲表裏、體用相兼的，有著共同的“中民之性”“待教而善”的人性論基礎。前者的一個典型制度體現是法律的制度化，即董仲舒發明并付諸實踐的“春秋治獄”；後者的典型制度體現爲“士治政府”（錢穆語），即由受過

①參閱王永祥：《董仲舒評傳》，南京：南京大學出版社，1995 年。

儒家經典教育的士作爲政府官員主體的中國式民主統治模式。

第三，確立六經和儒學的政治指導思想和學術正統地位。在“天人三策”第三策結論性的建議中，董仲舒提出“統紀可一而法度可明”的大一統實現途徑，是國家宣導六經與儒術：

> 《春秋》大一統者，天地之常經，古今之通誼也。今師异道，人异論，百家殊方，指意不同，是以上亡以持一統；法制數變，下不知所守。臣愚以爲諸不在六藝之科孔子之術者，皆絶其道，勿使并進。邪辟之説滅息，然後統紀可一而法度可明，民知所從矣。（《漢書·董仲舒傳》）

“六藝”，即“六經”，“六藝之科”，即圍繞“六經”的經傳之學。而“孔子之術”，即儒術。董仲舒依據《春秋》中孔子微言大義“大一統”思想，爲漢代確立了“六經”爲漢代政治憲章、孔子爲學術宗主的政治指導法則、學術思想原則，爲漢武帝采納，在政治實踐中轉述爲“表章六經、推明孔氏”。這是在保持學術自由原則的前提下，國家宣導六經教育和儒學思想，在立五經博士的同時，所罷的原有百家博士包括了儒家，故漢武帝“罷黜百家、獨尊儒術”的説法是後人附會，不足爲訓。

漢武帝采納董仲舒的建議後，逐步付諸實踐，并以董仲舒爲師：

> 仲舒在家，朝廷如有大議，使使者及廷尉張湯就其家而問之，其對皆有明法。自武帝初立，魏其、武安侯爲相而隆儒矣。及仲舒對册，推明孔氏，抑黜百家。立學校之官，州郡舉茂材孝廉，皆自仲舒發之。……仲舒所著，皆明經術之意，及上疏條教，凡百二十三篇。而説《春秋》事得失，《聞舉》、《玉杯》、《蕃露》、《清明》、《竹林》之屬，復數十篇，十餘萬言，皆傳於後世。掇其切當世施朝廷者著於

篇。(《漢書・董仲舒傳》)

雖然董仲舒也以孔子爲聖人，其政治哲學的立論模式也是以詮釋《春秋》和其他經典中的孔子微言大義，但董仲舒的所有著述其實都是爲漢立法，遇到漢武帝這位明君，終於實現了當年孔子無法實現的夢想：得君行道。

董仲舒爲漢立法、得君行道，使得中國歷史從此進入一個全新的運行模式，被賦予儒學的靈魂。而從董仲舒開始的中國政治和學術，也深刻地打上董仲舒思想的烙印。儒家學者皆稱“孔子爲漢制法”、“孔子爲萬世立法”，實則我們稱“董子爲漢制法”、“董子爲萬世立法”，亦無不可。

四、五經博士、太學制度和利禄之途

在漢武帝立五經博士之前，博士制度已經存在。在秦之前，戰國時期就至少有公儀休（魯穆公時博士，戰國初期）、衛平（宋元王時博士、戰國中期）、鄭同（“南方之博士”，可能是韓博士，戰國後期）、賈袪（魏博士，戰國後期）等各諸侯國博士[①]。《漢書・百官公卿表序》：“博士，秦官，掌通古今，秩比六百石，員多至數十人。”《史記・秦始皇本紀》稱秦博士七十人，諸子百家皆列其中。漢承秦制，而博士一職在漢初高祖時未立。惠帝時立孔子後裔孔襄（其兄即持禮器投陳勝俱死的孔鮒）爲博士，文帝、景帝時立博士漸多，可考的有賈誼、晁錯、公孫臣、申培（《魯詩》）、韓嬰（《韓詩》，以上文帝時立）、轅固

①參閱王紹璽：《經學思潮》，上海：上海社會科學院出版社，2006 年，第 152 頁。

（《齊詩》）、張生（《尚書》）、胡毋生、董仲舒（《春秋》、以上景帝時立）。據趙岐《孟子題辭》："孝文帝爲廣游學之路，《論語》、《孝經》、《爾雅》、《孟子》皆置博士。"景帝時河間獻王在自己的王國設立《毛詩》《春秋左氏傳》博士。然而此時上之所好不在儒學，"故諸博士具官待問，未有進者"（《漢書·儒林傳序》）。即便如此，作爲秦代焚書坑儒之後幸存下來的儒家博士，通過儒家經典傳授培養了大批弟子（其中僅申培的弟子便有上千），使儒家經典傳承統緒不墜，爲頻臨滅絶的儒學在漢代復興鋪墊了基本條件。

漢武帝即位，采納董仲舒對策，"卓然罷黜百家，表章《六經》"。建元五年（前 136 年），漢武帝爲《易》（楊何）和《禮》（後蒼）增置博士，與漢文帝、漢景帝時所立的《書》、《詩》、《春秋》博士合爲五經博士。罷黜百家，漢武帝曾在建元元年（前 140 年）准奏衛綰所請，但因竇太后反對而作罷。"及竇太后崩，武安侯田蚡爲丞相，絀黄老、刑名百家之言，延文學儒者數百人，而公孫弘以《春秋》白衣爲天子三公，封以平津侯。天下之學士靡然鄉風矣。"（《史記·儒林列傳》）建元六年（前 135 年）竇太后崩，罷黜百家也就真正實行。

漢武帝采納董仲舒天人三策作爲改制更化的總綱領後，將經學教育制度化，以經學教育作爲入仕的基本條件。"遂畤咨海内，舉其俊茂，與之立功。興太學，修郊祀，改正朔，定曆數，協音律，作詩樂，建封禪，禮百神，紹周后，號令文章，焕焉可述。後嗣得遵洪業，而有三代之風。如武帝之雄材大略，不改文、景之恭儉以濟斯民，雖《詩》、《書》所稱，何有加焉！"（《漢書·武帝紀贊》）立五經博士和弟子員制度，興太學和地方各級學校養士，不僅使儒家經典傳承和儒學教育得到制度化的保障，而且開創了儒士作官的利祿之途。公孫弘因《春秋》公羊學而布衣至卿相，對天下寒士學儒是一個很大的激勵榜樣。公孫弘出身貧寒，曾在渤海邊牧猪，四十歲纔開始學《公羊春秋》，近七十歲纔在第二次對策中由太常定位下第，由武帝特擢爲上第，從此仕途順暢，爲丞相封侯，"天下學士靡然鄉風矣"（《漢書·儒林列傳》）。班固《東都賦》曰："四海之内，學校如林，庠序盈門，獻酬交錯，俎豆莘莘，下舞上歌，蹈德咏仁。"

> 贊曰：自武帝立《五經》博士，開弟子員，設科射策，勸以官禄，訖於元始，百有餘年，傳業者浸盛，支葉蕃滋，一經説至百餘萬言，大師衆至千餘人，蓋禄利之路然也。初，《書》唯有歐陽，《禮》后，《易》楊，《春秋》公羊而已。至孝宣世，復立《大小夏侯尚書》，《大小戴禮》，《施》、《孟》、《梁丘易》，《穀梁春秋》。至元帝世，復立《京氏易》。平帝時，又立《左氏春秋》、《毛詩》、逸《禮》、古文《尚書》，所以罔羅遺失，兼而存之，是在其中矣。（《漢書·儒林傳贊》）

> 博士，秦官，掌通古今，秩比六百石，員多至數十人。武帝建元五年初置五經博士，宣帝黄龍元年稍增員十二人。（《漢書·百官公卿表》）

> 昭帝時舉賢良文學，增博士弟子員滿百人，宣帝末增倍之。元帝好儒，能通一經者皆復。數年，以用度不足，更爲設員千人，郡國置《五經》百石卒史。成帝末，或言孔子布衣養徒三千人，今天子太學弟子少，於是增弟子員三千人。歲餘，復如故。平帝時王莽秉政，增元士之子得受業如弟子，勿以爲員，歲課甲科四十人爲郎中，乙科二十人爲太子舍人，丙科四十人補文學掌故云。（《漢書·儒林傳》）

武帝之後，精通經術往往是三公的首選條件，而博士弟子員待遇優厚，仕途暢通。而博士數量隨著經典异本和相關經學家的增加而不斷增加，到宣帝有黄龍十二博士，博士弟子員數量也從五十名增加至三千名，後來規模還在擴大。以經學爲特色的漢代儒學成爲漢代學術主導。平帝元始四年，王莽奏立兩漢規模最大的博士陣容："是歲莽奏起明堂、辟雍、靈臺，爲學者築舍萬區，作市、常滿倉，制度甚盛。立《樂經》，益博士員，經各五人。徵天下通一藝教授十一人以上，及有《逸禮》、古《書》、《毛詩》、《周官》、《爾雅》、天文、圖讖、鐘律、月令、兵法、《史篇》文字，通知其意者，皆詣公車。網羅天下异能之士，至者前後千數，皆令記説庭中，將令正乖繆，一异説云。"（《漢書·王莽傳》）不僅增設《樂經》博士，每經各五人，共三十名博士。另外，徵通一藝教授十一人以上，通各古文經學和《爾雅》、圖讖等意者，皆得到朝廷重用。

五、經學義理辯難與經學意識形態化

經學獨尊之後，經義成爲處理政務的依據，在皇帝面前的經學義理辯難成爲常事，因爲經學義理的詮釋已經成爲政治運行的法則。通過賢良對策、御前會議的經義辯難討論，達成一定的政治共識，作爲决策政治舉措的依據，用今天的政治術語來説，經學已經被意識形態化了。

董仲舒在漢武帝即位後成爲帝師角色，也經常接受武帝問對。"仲舒在家，朝廷如有大議，使使者及廷尉張湯就其家而問之，其對皆有明法。"（《漢書·董仲舒傳》）帝師角色雖然風光一時，但也因此被人嫉妒加害：

> 仲舒治國，以《春秋》灾异之變推陰陽所以錯行，故求雨，閉諸陽，縱諸陰，其止雨反是；行之一國，未嘗不得所欲。中廢爲中大夫。先是遼東高廟、長陵高園殿灾，仲舒居家推説其意，草稿未上，主父偃候仲舒，私見，嫉之，竊其書而奏焉。上召視諸儒，仲舒弟子吕步舒不知其師書，以爲大愚。於是下仲舒吏，當死，詔赦之，仲舒遂不敢復言灾异。
>
> 仲舒爲人廉直。是時方外攘四夷，公孫弘治《春秋》不如仲舒，而弘希世用事，位至公卿。仲舒以弘爲從諛，弘嫉之。膠西王亦上兄也，尤縱恣，數害吏二千石。弘乃言於上曰："獨董仲舒可使相膠西王。"膠西王聞仲舒大儒，善待之。仲舒恐久獲罪，病免。凡相兩國，輒事驕王，正身以率下，數上疏諫争，教令國中，所居而治。及去位歸居，終不問家産業，以修學著書爲事。(《漢書·董仲舒傳》)

董仲舒在《漢書·五行志》有70多處對灾异的經學義理化解釋，而他的春秋決獄思想，有專門的著述，也從他開始付諸司法實踐，成爲中國古代法律思想和實踐的一大特色。董仲舒的弟子吕步舒曾依經義治獄："上思仲舒前言，使仲舒弟子吕步舒持斧鉞治淮南獄，以《春秋》誼顓斷於外，不請。既還奏事，上皆是之。"(《漢書·五行志》)漢昭帝時，董仲舒再傳弟子眭孟曾冒死以《春秋》大義詮釋灾异，要求昭帝退位禪讓皇位而被誅：

> 眭弘字孟，魯國蕃人也。少時好俠，鬥鷄走馬，長乃變節，從嬴公受《春秋》。以明經爲議郎，至符節令。孝昭元鳳三年正月，泰山、萊蕪山南匈匈有數千人聲，民視之，有大石自立，高丈五尺，大四十八圍，入地深八尺，三石爲足。石立後有白烏數千下集其旁。是時，昌邑有枯社木卧復

生，又上林苑中大柳樹斷枯卧地，亦自立生，有蟲食樹葉成文字，曰“公孫病已立”，孟推《春秋》之意，以爲“石、柳，皆陰類，下民之象；泰山者，岱宗之岳，王者易姓告代之處。今大石自立，僵柳復起，非人力所爲，此當有從匹夫爲天子者。枯社木復生，故廢之家公孫氏當復興者也。”孟意亦不知其所在，即説曰：“先師董仲舒有言，雖有繼體守文之君，不害聖人之受命。漢家堯後，有傳國之運。漢帝宜誰差天下，求索賢人，禪以帝位，而退自封百里，如殷、周二王后，以承順天命。”孟使友人内官長賜上此書。時，昭帝幼，大將軍霍光秉政，惡之，下其書廷尉。奏賜、孟妄設祆言惑衆，大逆不道，皆伏誅。後五年，孝宣帝興於民間，即位，徵孟子爲郎。（《漢書・眭兩夏侯京翼李傳》）

雋不疑處理冒稱衛太子事件，是西漢依經義處理的一個著名例子：

始元五年，有一男子乘黄犢車，建黄旐，衣黄襜褕，著黄冒，詣北闕，自謂衛太子。公車以聞，詔使公卿、將軍、中二千石雜識視。長安中吏民聚觀者數萬人。右將軍勒兵闕下，以備非常。丞相、御史、中二千石至者立莫敢發言。京兆尹不疑後到，叱從吏收縛。或曰：“是非未可知，且安之。”不疑曰：“諸君何患于衛太子！昔蒯聵違命出奔，輒距而不納，《春秋》是之。衛太子得罪先帝，亡不即死，今來自詣，此罪人也。”遂送詔獄。天子與大將軍霍光聞而嘉之，曰：“公卿大臣當用經術明於大誼。”由是名聲重於朝廷，在位者皆自以不及也。（《漢書・雋疏于薛平彭傳》）

董仲舒曾與《詩》博士韓嬰和《穀梁春秋》博士瑕丘江公在武帝面前辯難，一負一勝：

武帝時，嬰嘗與董仲舒論於上前，其人精悍，處事分明，仲舒不能難也。（《漢書·儒林傳》）

瑕丘江公，受《穀梁春秋》及《詩》於魯申公，傳子至孫爲博士。武帝時，江公與董仲舒并。仲舒通《五經》，能持論，善屬文。江公吶於口，上使與仲舒議，不如仲舒。而丞相公孫弘本爲《公羊》學，比輯其議，卒用董生。於是上因尊《公羊》家，詔太子受《公羊春秋》，由是《公羊》大興。（《漢書·儒林傳》）

通過這樣的御前學術辯論，漢王朝逐漸將儒家經學義理轉化爲政治意識形態，而且這一形式形成慣例，乃至被制度化了。西漢最著名的兩次大型經學義理辯論大會，一是鹽鐵論會議，二是石渠閣會議。

鹽鐵會議，是昭帝時期關於經學義理在國家大政方針中的應用實踐的一次大型學術會議。始元六年（前 81 年）二月，漢昭帝召開鹽鐵會議："二月，詔有司問郡國所舉賢良、文學民所疾苦。議罷鹽、鐵、榷酤。"（《漢書·昭帝紀》）會議由丞相車千秋主持，以六十多位賢良文學爲一方，以御史大夫桑弘羊爲首的政府官員爲另一方，就鹽鐵專營、酒類專賣和平准均輸，以及屯田戍邊、對匈奴和戰等一系列重大問題展開激烈辯論。在鹽鐵會議上，賢良文學立論和論證主要依據經學義理，他們推崇董仲舒的新儒學，經常引用《春秋繁露》的語言作爲立論的根據。《鹽鐵論·本議》記文學説："竊聞治人之道，防淫佚之原，廣道德之端，抑末利而開仁義，毋示以利，然後教化可興，風俗可移也。今郡國有鹽鐵、酒榷、均輸，與民争利。散敦厚之朴，成貪鄙之化。是以百姓就本者寡，趨末者衆。夫文繁則質衰，末盛則本虧。末修則民淫，本修則民慤，民慤則財用足，民侈則饑寒生。願罷鹽鐵、酒榷、均輸，所以進本退末，廣利農業，便也。”（《鹽鐵論·本議》）這是賢良文學在鹽鐵會議上的第一次發言，傳承董仲舒思想，開宗明義反對與民争利、請罷鹽鐵等。會議結果，廢除了全國的酒類專賣和關内鐵官。30 年後桓寬據以編輯爲《鹽鐵論》。

石渠閣會議，也叫石渠閣奏議，是西漢宣帝劉詢召集的一次學術會議。西漢自武帝罷黜百家，獨尊儒術以來，儒家學説成爲統治思想。漢宣帝甘露三年（前 51），爲了進一步統一儒家學説，加强思想統治，詔蕭望之、劉向、韋玄成、薛廣德、施讎、梁丘臨、林尊、周堪、張山拊等儒生，在長安未央宫北的石渠閣講論“五經”异同。由漢宣帝親自裁定評判。“詔諸儒講五經同异，太子太傅蕭望之等平奏其議，上親稱制臨决焉。乃立梁丘《易》、大小夏侯《尚書》、《穀梁春秋》博士。”（《漢書·宣帝紀》）石渠講論的奏疏經過彙集，輯成《石渠議奏》一書。又名《石渠論》。所輯奏議共一百五十五篇，今俱佚。唐杜佑的《通典》中保存有若干片斷。經過這次會議，博士員中《易》增立“梁丘”，《書》增立“大小夏侯”，《春秋》增立“穀梁”。通過石渠閣會議，漢宣帝在最高皇權層面統一了五經博士經説，所輯《石渠議奏》成爲政治憲章式文獻，從而使經學確立了政治意識形態指導思想的權威地位。

> 以《禹貢》治河，以《春秋》决獄，以《洪範》察變，以三百五篇當諫書，治一經得一經之益也。①
>
> 漢崇經術，實能見之施行。武帝罷黜百家，表章六經，孔教已定於一尊矣。然武帝、宣帝皆好刑名，不專重儒，蓋

①皮錫瑞著、周予同注釋：《經學歷史》，中華書局，2004 年，第 56 頁

寬饒謂以法律爲《詩》《書》，不盡用經術也。元、成以後，刑名漸廢。上無异教，下無异學。皇帝詔書，群臣奏議，莫不援引經義，以爲據依。國有大疑，輒引《春秋》爲斷。一時循吏多能推明經意，移易風化，號爲以經術飾吏事。①

皮錫瑞的精妙概括可見，董仲舒上"天人三策"以降，經漢武帝到漢宣帝的興學崇儒，經學逐漸意識形態化，西漢後期更爲漢家制度、日常行政的靈魂和依據。

建初四年（79），漢章帝效法西漢宣帝石渠故事，召開白虎觀會議，講論五經同异，是爲今古文經學之争的首次大調和。

十一月壬戌，詔曰："蓋三代導人，教學爲本。漢承暴秦，褒顯儒術，建立《五經》，爲置博士。其後學者精進，雖曰承師，亦别名家。孝宣皇帝以爲去聖久遠，學不厭博，故遂立大、小夏侯《尚書》，後又立《京氏易》。至建武中，復置顔氏、嚴氏《春秋》，大、小戴禮博士。此皆所以扶進微學，尊廣道藝也。中元元年詔書，《五經》章句煩多，議欲减省。至永平元年，長水校尉鯈奏言，先帝大業，當以時施行。欲使諸儒共正經義，頗令學者得以自助。孔子曰：'學之不講，是吾憂也。'又曰：'博學而篤志，切問而近思，仁在其中矣。'於戲，其勉之哉！"於是下太常，將、大夫、博士、議郎、郎官及諸生、諸儒會白虎觀，講議《五經》同异，使五官中郎將魏應承制問，侍中淳於恭奏，帝親稱制臨决，如孝宣甘露石渠故事，作《白虎議奏》。（《後漢書·章帝紀》）

建初中，大會諸儒於白虎觀，考詳同异，連月乃罷。肅

①皮錫瑞著、周予同注釋：《經學歷史》，中華書局，2004 年，第 67 頁。

宗親臨稱制，如石渠故事，顧命史臣，著爲通義。又詔高才生受《古文尚書》、《毛詩》、《穀梁》、《左氏春秋》，雖不立學官，然皆擢高第爲講郎，給事近署，所以網羅遺逸，博存衆家。(《後漢書·儒林列傳》)

白虎觀會議的成果，由古文經學家班固整理爲《白虎通義》一書。皮錫瑞認爲“十四博士所傳，賴此一書稍窺崖略。”① 又説：“《白虎通義》采古文説絶少，以諸儒楊終、魯恭、李育、魏應皆今學大師也。”② 章帝名義上是今文經學，而實際上也是古文經學的提倡者，他親臨稱制，是在古文經學日盛的前提下，盡集今文經學精華，又力避今文經章句繁瑣之弊端，救今文經學時弊而暗合古文經學詮釋精神，可謂調和今文經學和古文經學的一次卓越努力。更重要的是，這是一次有史以來經學義理的大總結，使經學在董仲舒爲漢立法的基礎上，經過一百多年實驗、豐富之後，經義得以系統整理，使進一步制度化、典章化。

東漢的何休和鄭玄則完成了董仲舒學術思想的經典化改造，使儒家經典文本及其傳注成爲可以流傳後世的國家文化權威經典。何休（129 年—182 年），費 17 年之功，博采衆家精華，作《春秋公羊解詁》，繼承董仲舒通過解經詮釋政治哲學爲漢立法的公羊學傳統，强調“治世之要務”，揭露桓、靈之際君權旁落的景况，斥責宦官專政的腐敗與暴虐，主張選賢與能及輕徭薄賦，反對豪强兼并土地與搜刮民財等，力圖挽救東漢末年衰敗的政局。他以董仲舒著述爲本（陳澧《東塾讀書記》：“何注，多本於《春秋繁露》”），兼取《嚴氏春秋》和《顔氏春秋》，以及東漢今

①皮錫瑞：《經學歷史》，北京：中華書局，2004 年，第 77 頁。
②同上注。

文學博士李育和博士羊招的學説，摒弃今文經章句之學流弊，“略依胡毋生條例，多得其正，括使就繩墨焉”（《公羊解詁自叙》），“自設條例”（孔廣森《公羊通義》），如《文謚例》定“三科九旨”之例：“新周，故宋，以《春秋》當新王，此一科三旨也。所見异詞，所聞异詞，所傳聞异詞，此二科六旨也。内其國而外諸夏，内諸夏而外四夷，此三科九旨也。”又有五始、七等、六輔、二類等，使董仲舒總結的《春秋》孔子微言大義條理化、體系化，成爲董仲舒之後《春秋》公羊學的集大成者，而《春秋公羊解詁》成爲保留於《十三經注疏》之中的唯一的漢代今文經學家經典注解，使之成爲後世歷代王朝政治哲學的基本經典依據。鄭玄（127 年—200 年）曾入太學師事第五元先，通《京氏易》、《公羊春秋》、《三統曆》、《九章算術》，又從張恭祖學《周官》、《禮記》、《左氏春秋》、《韓詩》、《古文尚書》等，最後從馬融學古文經，兼通今古文經學。游學歸里之後，復客耕東萊，聚徒授課，弟子達數千人。黨錮之禍起，遭禁錮，杜門注疏，潛心著述。“凡玄所注《周易》《尚書》《毛詩》《周禮》《儀禮》《禮記》《論語》《孝經》《尚書大傳》《中侯》《乾象曆》，又著《天文七政論》《魯禮禘祫義》《六藝論》《毛詩譜》《駁許慎五經异義》《答臨孝存周禮難》，凡百餘萬言。”（《後漢書・鄭玄傳》）他摒弃門户之見，兼采今古文，遍注群經，世稱“鄭學”，爲漢代經學的集大成者，也使董仲舒爲漢立法的成果得以凝固在儒家經典文本及其傳注之中，流芳百世，也立法百世。

作者簡介：吴龍燦（1969—），男，浙江永嘉人，哲學博士，宜賓學院四川思想家研究中心副研究員，主要研究中國哲學、歷史文獻學、倫理學、政治哲學。

董仲舒的“天”、“元”關係論

任蜜林

内容提要：“元”和“天”在董仲舒思想中有著十分重要的地位。董仲舒一方面説“元者，始也”、“元者爲萬物之本”，另一方面又説：“天者，百神之大君也”、“天者，群物之祖也”。那麽在董仲舒思想中，“元”和“天”究竟是什麽含義？二者究竟何爲宇宙萬物本體？二者究竟處於何種關係？通過研究，本文認爲，從生成論上看，“元”是一切宇宙萬物的根本，“天”也是由其決定的。但從本體論上來看，則人與萬物都由“天”來決定，人與萬物都是從“天”而來的。這實際上把“元”置於比較“虚”的位置，而“天”纔有實際的主宰作用。

在董仲舒思想中，“元”和“天”無疑有著十分重要的地位。董仲舒一方面説“元者，始也”（《春秋繁露·王道》，以下引用《春秋繁露》，僅書篇名）、“元者爲萬物之本”（《重政》），另一方面又説：“天者，百神之大君也”（《郊語》）、“天者，群物之祖也”（《漢書·董仲舒傳》）。那麽在董仲舒思想中，“元”和“天”究竟是什麽含義？二者究竟何爲宇宙萬物本體？二者究竟處於何種關係？二者與人類又是什麽關係？這些都是需要我們在研究董仲舒思想中深入探討的問題。

一、“元”之内涵

董仲舒對於“元”的論述源於春秋公羊學。《春秋公羊傳·隱公元年》説：“元年春，王正月。元年者何？君之始年也。春者何，歲之始也。”“元年春，王正月”乃《春秋經》語，“元年者何”以下是《公羊傳》對經的解釋。在《春秋》三傳中，衹有《公羊傳》對於“元”重視，《穀梁傳》、《左傳》皆對於“元”没有論述，如《穀梁傳》解釋説“雖無事，必舉正月，謹始也。”《左傳》解釋説：“元年春，王周正月。”《公羊傳》之所以對“元”重視，蓋與其“大一統”思想有關，其説：“何言乎王正月？大一統也。”

董仲舒對“元”的理解也是在公羊學背景下展開的，其説：

> 謂一元者，大始也。知元年志者，大人之所重，小人之所輕。（《玉英》）

“志”乃衍字。這裏的“元”爲大始的思想顯然取自公羊學。“元年”爲君之始年，因此君主對其非常重視。以“元”爲“始”的思想，是漢代春秋學比較常見的看法。如賈誼説：

> 《易》曰：“正其本而萬物理，失之毫厘，差以千里，故君子慎始。”《春秋》之元，《詩》之《關雎》，禮之冠婚，《易》之乾坤，皆慎始敬終云爾。（《新書·胎教》）

劉向説：

> 魏武侯問“元年”于吴子，吴子對曰：“言國君必慎始也。”“慎始奈何?”曰：“正之。”“正之奈何?”曰：“明智。智不明，何以見正？多聞而擇焉，所以明智也。是故古者君始聽治，大夫而一言，士而一見，庶人有謁必達，公族請問

> 必語，四方至者勿距，可謂不壅蔽矣；分祿必及，用刑必中，君心必仁，思君之利，除民之害，可謂不失民衆矣；君身必正，近臣必選，大夫不兼官，執民柄者不在一族，可謂不權勢矣。此皆《春秋》之意，而元年之本也。”（《説苑·建本》）

賈誼的説法亦見於《大戴禮記·保傅》篇。從賈誼、劉向的論述來看，他們雖然非正宗公羊學傳人，但也受到《公羊傳》思想的影響。

在公羊學的基礎上，董仲舒進一步對“元”進行了形而上的本體論論證。他説：

> 惟聖人能屬萬物於一，而系之元也。終不及本所從來而承之，不能遂其功。是以《春秋》變一謂之元。元，猶原也。其義以隨天地終始也。故人惟有終始也，而生不必應四時之變。故元者爲萬物之本。而人之元在焉。安在乎？乃在乎天地之前。（《玉英》）

“終不及”之“終”，凌曙曰：“原注：終，一作故。”“生不必應四時之變”之“生不”，蘇輿認爲當作“生死”。① 劉師培認爲“不”當系衍文，或“又”之訛。② “承天地之所爲”之“地”，徐復觀認爲是衍文。③ 這是説，衹有聖人才知道宇宙萬物都可以歸屬於“一”，這個“一”就是“元”。做事如果不能順承萬物之所從來的“元”，那麼就不能成功。因此，《春秋》把

---

①蘇輿：《春秋繁露義證》，中華書局，1992 年，第 68 頁。

②劉師培：《春秋繁露斠補》，見《劉申叔遺書》（上），南京：江蘇古籍出版社，1997 年，第 1012 頁。

③徐復觀：《兩漢思想史》（第二卷），上海：華東師範大學出版社，2001 年，第 218 頁。

“一”改稱作“元”。“元”就是本原的意思，其是與天地相始終的。人也是有始有終的，其生長與四時的變化相順應。因此，“元”是萬物的本原。人的本原也是天地產生之前的“元”。

對於《春秋》“元年春，王正月”，梁啓超認爲，“元年”本來作“一年”，是孔子作《春秋》的時候纔改的。其說：“元年春，王正月。不修《春秋》，疑當作‘一年春一月，公即位。’何以見得呢？據傳發問‘元年者何……’，解詁説明‘變一爲元者……’。知魯史本作‘一年’，孔子修之，將‘一’字變爲‘元’字。”① 據上述董仲舒所説“《春秋》變一謂之元”，可知梁氏所説有理。不過“元年”的用法在《尚書》中就已經使用了，如《伊訓》説：“成湯既没，太甲元年，伊尹作《伊訓》、《肆命》、《徂後》”。蘇輿説：“謂一年爲元年，未修《春秋》之先，蓋已有此。商稱元祀是也。而序《書》稱‘一年戊午’，《書傳》稱‘周公攝一年’，又雲‘文王一年質虞芮。’意周初尚參錯用之，聖人沿殷法取元，遂爲定稱。”② 由此可知，“元年”、“一年”開始衹是用來表示君主繼位的始年，并無深意。因此，二者開始可以互用。到了孔子修《春秋》的時候，根據殷曆，“元年”的用法遂在《春秋》中固定下來。《公羊傳》認爲“元年”與“春爲歲始”一樣，是表示君之始年的意思。在《春秋》和《公羊傳》中，“元”雖然重要但并没有本體論上的意義。董仲舒則對“元”作了形而上的論證。董仲舒認爲，《春秋公羊傳》言“元年”而不言“一年”大有深意，其表示“元”乃宇宙萬物的本原，“謂

---

①梁啓超：《孔子》，見《飲冰室合集》（26），中華書局，2015 年，第 45、46 頁。

②蘇輿：《春秋繁露義證》，中華書局，1992 年，第 67 頁。

一元者，大始也”（《玉英》），“元者爲萬物之本”（《重政》），“元者，始也，言本正也”（《王道》）。宇宙間一切事物皆由“元”生出，“天”、“地”也不例外，因此他説：“是故《春秋》之道，以元之深正天之端，以天之端正王之政，以王之政正諸侯之即位，以諸侯之即位正竟内之治。”（《二端》）

那麽“元”在董仲舒那裏是什麽意思呢？以往的研究有不同的看法，如周桂鈿認爲董仲舒的“元”衹是純時間觀念。他説：“董仲舒用之作爲宇宙本原的‘元’就是開始的意思，它衹是純時間的觀念，不包含任何物質性的内容，似乎也不包含人的意識，衹是純粹的概念。”① 徐復觀、金春峰等則認爲其是“元氣”的意思。徐復觀説：“在仲舒心目中元年的元，實際是視爲元氣之元。……仲舒認定《春秋》的元字即是元氣，即是天之所自始的‘端’。”② 金春峰説：“從哲學上看，元可以有三種釋義：（一）氣；（二）精神；（三）天。本文認爲，釋爲氣比較符合董仲舒思想的特點。”③ 馮友蘭説：“在董仲舒的體系中，‘元’不可能是一種物質性的實體。即使把‘元’解釋成‘元氣’，而這個‘元氣’也一定是有意識和道德性質的東西。”④ 這幾種説法，哪種更符合董仲舒的思想呢？還是都不符合，另有他義。

從現有材料來看，“元”在董仲舒思想中有以下幾種含義：1.“始”義。如前面説的“謂一元者，大始也。”《王道》也説：

---

①周桂鈿：《董學探微》，北京：北京師範大學出版社，2008年，第39頁。

②徐復觀：《兩漢思想史》（第二卷），第219頁。

③金春峰：《漢代思想史》，北京：中國社會科學出版社，1997年，第146頁。

④馮友蘭：《中國哲學史新編》（中册），北京：人民出版社，1998年，第75頁。

“元者，始也，言本正也。”應該來説，這是“元”的最基本含義。《説文·一部》説：“元，始也”。2. “首”義。如《立元神》説：“君人者，國之元，發言動作，萬物之樞機。”《深察名號》説：“深察君號之大意，春中亦有五科：元科、原科、權科、温科、群科。合此五科，以一言謂之君。君者元也，君者原也，君者權也，君者温也，君者群也。”這裏的“元”與“國之元”的意思一樣，都是首領的意思。3. 與“氣”連用，指“元氣”。如《王道》説：“王正則元氣和順、風雨時、景星見、黄龍下。”《天地之行》説：“布恩施惠，若元氣之流皮毛腠理也。”4. 還有“元士”、“黎元”等用詞，這些都是古代比較通用的用法，并無特别的含義。

可以看出，“元”在董仲舒思想中有不同的含義。但能代表董仲舒獨特思想的是第一種含義。除了“元氣”外，其餘幾種含義都是董仲舒以前常用的詞。如孟子説：“勇士不忘喪其元”（《滕文公下》），“元”指的是首、頭。賈誼説：“今秦南面而王天下，是上有天子也。即元元之民，冀得安其性命，莫不虚心而仰上。”（《新書·過秦中》），“元元之民”，與“黎元”的含義相似，指的是百姓。

“元氣”一詞最早見於《鶡冠子》中，其《泰録》篇説：“故天地成於元氣，萬物乘於天地。”這是説天地由元氣所生，萬物又因天地而有。《淮南子·天文訓》説：“道始生虚霩，虚霩生宇宙，宇宙生氣。氣有涯垠，清陽者薄靡而爲天，重濁者凝滯而爲地。”此中所引兩“氣”字，據《太平御覽·天部一》所引，皆作“元氣”。王念孫説：“此當爲‘宇宙生元氣，元氣有涯垠’。下文清陽爲天，重濁爲地，所謂元氣有涯垠也。”① 王氏所説雖無實據，但據《淮南子》書中所説，此“氣”應當理解爲“元氣”。《淮南子·繆稱訓》説：“黄帝曰：芒芒昧昧，從天之道，與元同氣”，《泰族訓》説：“黄帝曰：芒芒昧昧，因天之威，與元同氣。”② 二者雖然皆引自“黄帝”，但表明這種思想是《淮南子》作者認同的。“與元同氣”説明“元”也是一種氣，因此可以稱作“元氣”。可以看出，在董仲舒時已經有“元氣”的概念。但在董仲舒思想中，“元”與“元氣”并不相等。《王道》説：

《春秋》何貴乎元而言之？元者，始也，言本正也。道，王道也。王者，人之始也。王正則元氣和順、風雨時、景星見、黄龍下。王不正則上變天，賊氣并見。

這裹也説“元”是“始”的意思，但并没有把其當作“元氣”。如果把其解釋成“元氣”，那麽下面“王正則元氣和順”就講不通了。“元氣”在這裹應指由“元”而生出來的“氣”，這種氣充塞宇宙，是君王與外界感應的一種中介。

從前面的論述可以知道，“元”在董仲舒思想中并不僅僅是《公羊傳》説的時間觀念，其還具有形而上的本體地位。《重政》説：

元者爲萬物之本，而人之元在焉。安在乎？乃在乎天地之前。故人雖生天氣及奉天氣者，不得與天元本、天元命而共達其所爲也。

①劉文典：《淮南鴻烈集解》，北京：中華書局，1989 年，第 79 頁。

②此語亦見於《吕氏春秋》，《有始覽·應同》説：“黄帝曰：‘芒芒昧昧，因天之威，與元同氣。’”

這是説，“元”是萬物的本原。人的本原也是天地産生之前的“元”。人雖然生於天氣、遵奉天氣，但不能直接與天之“元”相聯繫，而與天共同違背“元”的作爲。

董仲舒這種以“元”爲本體的思想應源于《易傳》。《彖傳》説：“大哉乾元，萬物資始，乃統天。”又説：“至哉坤元，萬物資生，乃順承天。”這兩句本來分别是對《周易》“乾，元亨，利貞”和“坤，元亨，利牝馬之貞”的解釋。在《周易》中，“元”本來是“大”的意思。《易傳》却對其進行了形而上的解釋，“乾元”是萬物之始。“坤元”則作爲“乾元”的輔助，也是萬物生長的憑藉。《文言傳》則認爲“元”是“善之長”，即“元”是一切“善”的來源，這是對《左傳・襄公九年》穆薑“元，體之長也”思想的進一步發揮。而穆薑的思想也是源于《周易》的。可以看出，與《彖傳》不同，《文言傳》“善之長”的説法并没有將“元”作爲宇宙萬物的本體。在《春秋繁露》中，我們能看到董仲舒對《周易》思想的論述。如《玉杯》説：“《易》、《春秋》明其知”、“《易》本天地，故長於數”。《精華》説：“《易》無達占。”這些語言都非明于《易》者不能言。除此之外，董仲舒還直接引用《周易》來論證自己的思想，如《玉英》説：“凡人有憂而不知憂者凶，有憂而深憂之者吉。《易》曰：‘復自道，何其咎。’此之謂也。”此出自小畜卦初九爻辭，原文作“復其道，何其咎，吉。”《精華》説：“所任非其人，謂之主卑國危。萬世必然，無所疑也。其在《易》曰：‘鼎折足，覆公餗。’夫鼎折足者，任非其人也。覆公餗者，國家傾也。”此出自鼎卦九四爻辭。《基義》説：“故寒不凍，暑不暍，以其有餘徐來，不暴卒也。《易》曰：‘履霜堅冰，蓋言遜也。’”此出自坤卦初六爻辭。《坤・文言》曰：“《易》曰‘履霜，堅冰至’，蓋言順也。”《説文·心部》：“悉：順也。”“悉“、“逊”古通，可見董仲舒此處的論述受到《文言傳》的影響。由此，可以看出，董仲舒的“元”的思想應受到了《易傳》的影響，又借助《公羊傳》“元年春王正月”的論述對“元”進行了創造性解釋，從而突破了《公羊傳》“元”的政治含義，把“元”推到了形而上的本體論高度。

二、“天”義疏解

對於中國古代的“天”，馮友蘭曾説：“在中國文字中，所謂天有五義：曰物質之天，即與地相對之天；曰主宰之天，即所謂皇天上帝，有人格的天、帝；曰運命之天，乃指人生中吾人所無可奈何者，如孟子所謂‘若夫成功則天也’之天是也；曰自然之天，乃指自然之運行，如《荀子·天論篇》所説之天是也；曰義理之天，乃謂宇宙之最高原理，如《中庸》所説‘天命之謂性’之天是也。”① 這五種含義基本涵蓋了中國古代“天”的不同含義。在董仲舒思想中，“天”主要有主宰之天、物質之天和自然之天等含義。

對於主宰之天，董仲舒説：“天者，百神之大君也。事天不備，雖百神猶無益也。”（《郊語》）、“天者，百神之君也，王者之所最尊也”（《郊義》）。這是説在所有的“神”中，“天”是最高的主宰。如果祭祀“天”的禮節不完備的話，那麽祭祀其他衆神禮節再好也是無濟於事的。既然衆神都是由“天”决定的，那

①馮友蘭：《中國哲學史》（上册），見《三松堂全集》（第2卷），郑州：河南人民出版社，2001年，第281頁。

麼天下萬物就更不用説了。董仲舒説：“天者，群物之祖也，故遍覆包函而無所殊，建日月風雨以和之，經陰陽寒暑以成之。”（《漢書·董仲舒傳》）這是説，“天”是一切萬物的根本。對於“天”來説，天下萬物都是一樣的。日月風雨、陰陽寒暑等自然現象都是在“天”的作用下纔得以實現的。在董仲舒看來，“天”是宇宙萬物的根本，如果離開“天”，則宇宙萬物就不能産生。單獨的陰氣和單獨的陽氣都不能産生宇宙萬物，它們衹有和“天”結合，纔能生出宇宙萬物。董仲舒説：“天者，萬物之祖。萬物非天不生。獨陰不生，獨陽不生，陰陽與天地參然後生。”（《順命》）董仲舒還用祖先和子孫來比喻天與萬物的關係。如其説：“天地者，萬物之本，先祖之所出也”（《觀德》），“爲人者天也。人之爲人本於天，天亦人之曾祖父也”（《爲人者天》）。這裏雖然説的是“天地”，但實際上主要是講“天”，因爲“地”是從屬於“天”的。《五行對》説：“地不敢有其功名，必上之於天。勤勞在地，名一歸於天，非至有義，其孰能行此？”可以看出，董仲舒説的主宰之天有著濃厚的神學意味。

對於物質之天，董仲舒説：“故變天地之位，正陰陽之序，直行其道而不忘其難，義之至也”（《精华》）、“傳曰：天生之，地載之，聖人教之”（《爲人者天》）、“天道施，地道化，人道義”（《天道施》）。這裏的“天”都是與“地”、“人”相對的物質之天。

至於自然之天，主要指天道的運行。在董仲舒思想中，其主要是通過陰陽、五行來表現的。陰陽、五行都是從“天地之氣”分化出來的，它們的運行體現了天道的變化。《天地陰陽》説：“天意難見也，其道難理。是故明陽陰、入出、實虛之處，所以觀天之志。辨五行之本末、順逆、小大、廣狹，所以觀天道也。”

在董仲舒看來，天道的變化，體現在陰陽二氣的迴圈消長，與四季相配，陽氣盛于春夏，陰氣形於秋冬。雖然陰陽二氣都體現了天道的變化，但二者的作用是不同的。陽氣處於主要的、實在的位置，而陰氣則處於輔助的、空虛的位置。因爲陽主德，陰主刑，所以這種關係體現了天道的“任德不任刑”。

五行也是體現天道的一個重要内容。董仲舒說：“天有五行，一曰木，二曰火，三曰土，四曰金，五曰水。木，五行之始也；水，五行之終也；土，五行之中也。此其天次之序也。”（《五行之義》）木、火、土、金、水五行都爲“天”所有。五行之間的關係有兩種，一種是相生關係，一種是相勝關係。所謂“相生”就是木生火，火生土，土生金，金生水，水生木，這種次序是由“天”規定的。而“相勝”則是指木克土，土克水，水克火，火克金，金克木。在董仲舒看來，五行相生的關係就如同父子之間的關係。具體來講，“木生火”，木爲父，火爲子。“火生土”，則火爲父，土爲子。其餘依次類推。父處於支配的地位，子處於被支配的地位。在五行中，土處在居中的位置，“五行莫貴於土”。因此，在與四時相配的關係上，土與其他四行不同。其他四行都有具體對應的季節，如木主春，火主夏，金主秋，水主冬。土則不居於四季的任何一季，實則對四季皆發生作用。五行雖然主宰四季的運行，但其還要服從陰陽二氣的支配。《天辨在人》說：“金木水火，各奉其所主，以從陰陽，相與一力而并功。”

除了上面三種“天”的主要含義外，在董仲舒思想中，還有運命之天、天理之天，前者如《隨本消息》說：“天命成敗，聖人知之，有所不能救，命矣夫。”後者如《度制》說：“故明聖者象天所爲，爲制度，使諸有大奉禄亦皆不得兼小利，與民争利業，乃天理也。”相比其他三義，這兩種含義比較次要。

在董仲舒思想中，“天”的含義雖然很多，但神靈主宰之天是最主要的，它是宇宙萬物的根本，物質之天、自然之天等不過是它的表現。《天地陰陽》說：“天意難見也，其道難理。是故明陽陰、入出、實虛之處，所以觀天之志。辨五行之本末、順逆、小大、廣狹，所以觀天道也。”因此，在董仲舒那裏，物質之天、自然之天背後都參雜著神靈主宰之天。在董仲舒看來，“天”主要有十個方面，其說：“天有十端，十端而止已。天爲一端，地爲一端，陰爲一端，陽爲一端，火爲一端，金爲一端，木爲一端，水爲一端，土爲一端，人爲一端，凡十端而畢，天之數也。”（《官制象天》）可以看出，其中天、地、人三者是從物質之天層面講的，而陰陽、五行則是從自然之天的層面講的，它們合起來都是神靈主宰之天的表現。

道家認爲，“道”是宇宙萬物的本根，而董仲舒則認爲“道”也是出於“天”的，“道之大原出於天，天不變，道亦不變”（《漢書·董仲舒傳》）。這樣，董仲舒就在繼承和改造孔子“天命”和墨子“天志”思想的基礎上建立了一套以“天”爲核心的理論體系。

三、“天”、“元”、“人”的内在關係

從上可知，董仲舒對於“元”和“天”的本體地位都有論述，那麼二者究竟屬於何種關係？哪一個處於更爲根本的地位？我們前面説過，董仲舒對於“元”的論述，是源自《春秋》“元年春王正月”的。“天”在其中相當於“春”的位置。《漢書·董仲舒傳》說：

臣謹案《春秋》之文，求王道之端，得之於正。正次

王，王次春。春者，天之所爲也；正者，王之所爲也。

這裏明確把“春”解釋爲“天之所爲”。按照這種邏輯，“元”處於更爲根本的地位。董仲舒對於“元”與“天”的關係有著更爲深入的論述，其説：

> 惟聖人能屬萬物於一，而繫之元也。終不及本所從來而承之，不能遂其功。是以《春秋》變一謂之元。元，猶原也。其義以隨天地終始也。故人惟有終始也，而生不必應四時之變。故元者爲萬物之本。而人之元在焉。安在乎？乃在乎天地之前。故人雖生天氣及奉天氣者，不得與天元本、天元命而共違其所爲也。故春正月者，承天地之所爲也。繼天之所爲而終之也。其道相與共功持業。安容言乃天地之元？天地之元奚爲于此惡施於人？大其貫承意之理矣。(《玉英》)

這段話亦見於《重政》篇。這是説，衹有聖人才知道宇宙萬物都可以歸屬於“一”，這個“一”就是“元”。做事如果不能順承萬物之所從來的“元”，那麼就不能成功。因此，《春秋》把“一”改稱作“元”。“元”就是本原的意思，其是與天地相始終的。人也是有始有終的，其生長與四時的變化相順應。因此，“元”是萬物的本原。人的本原也是天地産生之前的“元”。人雖然生於天氣、遵奉天氣，但不能直接與天之“元”相聯繫，而與天共同違背“元”的作爲。蘇輿説：“天固勿違于元，聖人亦不能違天，故雲不共違其所爲。元者，人與天所同本也。”① 因此，君王要遵奉、繼承天的作爲來完成自己的功業。君王之道衹與天來共同實現他的功業，而與天地之本原的“元”没有直接關係，因爲“元”是不能直接施予人的，這是貫徹天的旨意的表現。這

①蘇輿：《春秋繁露義證》，第69頁。

説明，在董仲舒思想中，“元”處於更爲根本的地位。因此，其説：“是故《春秋》之道，以元之深正天之端，以天之端正王之政，以王之政正諸侯之即位，以諸侯之即位正竟内之治。五者俱正，而化大行。”（《二端》）

從上可以看出，儘管“元”處於比“天”更爲本體的地位。但“人”不能與“元”發生直接關係。也就是，“人”衹能與“天”發生關係，而不能越過“天”直接同“元”發生關係。這實際上使“元”處於比較“虚”的位置。在生出“天”以後，“元”的任務就完成了。而“天”對於人及萬物則有實際的主宰作用。因此，董仲舒又説“天”爲“萬物之本”、“群物之祖”。在董仲舒看來，這也是《春秋》的基本要求，如其説：“《春秋》之道，奉天而法古”（《楚莊王》）、“《春秋》之法，以人隨君，以君隨天”（《玉杯》）、“《春秋》明得失，差貴賤，本之天”（《重政》）。

在此基礎上，董仲舒建立了一套以“天”爲核心的哲學體系。他認爲，人與萬物都是從“天”生出來的，但人在宇宙萬物中具有獨特的地位，能够超然於萬物之上，“最爲天下貴”。人的一切都是按照天的樣子設計出來的，如人的骨節本於天的歲數和月數，五臟本於五行之數，四肢本於四時之數。天有晝夜，人有視瞑；天有冬夏，人有剛柔，等等。因此，可以通過人來認識天，“求天數之微，莫若與人”（《如天之爲》）。

在董仲舒看來，天子即是人間的代表，也是天所任命來治理民衆的。他説：“受命之君，天意之所予也；故號爲天子者，宜視天如父。”（《深察名號》）“故德侔天地者，皇天右（佑）而子之，號稱天子。”（《順命》）“天子者，則天之子也。”（《郊語》）衹有道德能與天地相比的人，纔能稱爲天子。這種能行天意的天子又稱作聖人，“行天德者謂之聖人”（《威德所生》）。聖人之性是純善無惡的，“聖人之道，同諸天地”（《基義》），“聖人不則天地，不能至王”（《奉本》）。因此，聖人是效法天的意旨而治理國家。如說：“天積衆精以自剛，聖人積衆賢以自强。天序日月星辰以自光，聖人序爵禄以自明。”（《立元神》）這是説，聖人要按照天的意旨，選賢任能，和大臣一起治理國家。

天子對上要順從天意，對下要爲民負責。天子的作用是貫通天、地、人的。董仲舒説：

> 古之造文者，三畫而連其中，謂之王。三畫者，天地與人也，而連其中者，通其道也。取天地與人之中以爲貫而參通之，非王者孰能當是？是故王者唯天之施，施其時而成之，法其命而循之諸人，法其數而以起事，治其道而以出法，治其志而歸之於仁。仁之美者在於天。天，仁也。天覆育萬物，既化而生之，有（又）養而成之，事功無已，終而復始，凡舉歸之以奉人。（《王道通三》）

古人在創造文字時，把三横畫通過一竪畫連接起來而稱作“王”。三横畫分别代表天、地、人，一竪畫則代表貫通天、地、人的王。董仲舒通過對“王”字的解釋，意在説明衹有天子纔能貫通天、地、人“三才”之道。

天道是“任陽不任陰”、“任德不任刑”的，天子治理國家也應該以德爲主，以刑爲輔。《陰陽義》説：“爲人主之道，莫明於在身之與天同者而用之，使喜怒必當義乃出，如寒暑之必當其時乃發也。使德之厚于刑也，如陽之多於陰也。”如果“刑厚於德”或“廢德而任刑”，那就是“逆天”，就會出現灾害、怪异。

綜上可知，從生成論上看，“元”是一切宇宙萬物的根本，“天”也是由其决定的。但從本體論上來看，則人與萬物都由

“天”來決定，人與萬物都是從“天”而來的。這實際上把“元”置於比較“虛”的位置，而“天”纔有實際的主宰作用。

任蜜林，男，哲學博士，中國社會科學院哲學研究所副研究員，主要從事中國哲學史、兩漢哲學的研究。著有《漢代內學：緯書思想通論》、《漢代“秘經”：緯書思想分論》等，在《哲學研究》、《哲學動態》、《中國哲學史》、《儒教文化研究》等國內外刊物上發表學術論文三十餘篇。

本文係國家社會科學基金項目“兩漢經學的演變邏輯研究”(14CZX026)的階段性成果。首發於《衡水學院學報》2016年10月第5期。

真善關係之維的董仲舒人性論及其理論意義

張鵬偉

内容提要：中國人性論内在地包含著真善兩維。人性之真與人性之善并非事實和價值之二分，而是真中有善，善中有真，人性之真和人性之善交涵互滲。從先秦至漢代，中國人性論之發展與早期天命觀之演進緊相關聯，不同人性之觀點往往決定於其對“天”之不同義項的擇取。董仲舒人性論取天之“主宰義”，并以之爲根源考察人性。從真善關係來看，董仲舒“反性之名”，追根溯源，以人天生的自然資質名性，在宇宙論層面求人性之真、見氣質之實，得出“人性未善”的結論。因此，人性需要通過王者之教化“化真向善”。然正由於天人之宇宙論的合一，董仲舒人性論存在著真與善之間的矛盾。這個矛盾就必然要求人性論之真善合一必須上升至本體論層面方可以實現，這就爲宋明理學從本體宇宙論合一的層面統合先秦和漢代人性論既作了理論的鋪墊，也提供了理論突破的契機。

中國哲學特别注重於人性善惡之探究，因此，中國人性論就必然内在地藴含著真和善兩個維度及彼此關係的問題。但與西方哲學自休謨以來事實和價值二分的思維方式不同，中國人性論所藴含的人性之真和人性之善兩個維度之間始終是一種交涵互滲的關係。也就是説真中有善，善中有真，既有“關於善的真”（即探究人性之善的根源和表現，以儒家人性論爲代表）之探究，也有“關於真的善”（即以人性之本真作爲價值理想，也就是返璞歸真，以道家人性論爲代表）之追溯。當前，在中國人性論的研究已經相當深入的情况下①，不能再局限於具體觀點分歧之討論（如性善與性惡之争），而應當進入哲學範式的層面反思中國人性論的問題域及致思理路。就儒家人性論而言，孟子的性善論和荀子的“性惡善僞”論，并不僅僅是兩種關於人性的不同觀點，而代表了儒家理解人性的兩種不同理路。在考察董仲舒的人性論之前，有必要先梳理先秦儒家人性論的兩種不同理路及其淵源。

一、先秦儒家人性論的不同理路及其淵源

中國人性論肇端於先秦，孔子提出了“性相近也，習相遠也”（《論語·陽貨》）的觀點，但孔子并未對人性的價值屬性進行判定，這既爲後來人性論的發展留下了充足的空間，也預示了之後的人性論必然出現不同的思考進路。因此，孔子之後，有孟子和告子關於人性的論争，這一論争是圍繞“生之謂性”這個命題而展開的。“生之謂性”是中國古代討論人性的一個基本前提，

①學界關於中國人性論的已有研究成果相當豐碩。從研究方法和思路來看，主要包括人性論的個案研究、不同人性觀點的比較研究、人性論史研究、概念之疏解及研究方法之反省等幾個方面，無論是觀點的分析、比較，還是思想脉絡的梳理等，都已經可以稱得上是細緻入微了。

從“生”字到“性”字，既經歷了字形的變化[①]，也經歷了觀念的演進[②]。丁四新先生認爲，“生、性二字在意義上的關聯乃是由於中國先人頑固的宇宙生成論思維方式决定的”[③]。那麽，這一决定究竟意味著什麽呢？首先，這意味著思考人性必須以生命爲基礎；其次，這意味著思考人性不能僅僅停留於生命的現實表現，而必須一方面追溯其源頭，考察生命原初的天賦資質，另一方面必須從生命原初的天賦資質中進一步去探求人的生命之所以區别於禽獸的内在依據或者説人之所以爲人之先天禀賦與質能（才質和能力）。前者是沿著時間的坐標以流溯源的致思路向，告子、荀子即是如此；後者是即現象（生命之先天禀賦與質能）以探求其本體（人的生命區别於禽獸生命的内在規定性）的致思路向，孟子即是如此。

上述兩種不同的致思路向，若從人性之真和人性之善及其關係的角度看，沿著時間的坐標以流溯源的致思路向，主要是對人

①丁四新先生指出：“性”在文字形式上經歷了三個時期的變化：在金文時代，假“生”爲“性”；在戰國時代，假“眚”、“生”爲“性”，郭店簡之“性”字皆假“眚”字爲之，并與“生”字用法嚴格相區别；很可能是在東漢時期纔出現了從心從生的“性”字。（見丁四新：《先秦哲學探索》，北京：商務印書館，2015年版，第47頁）。

②從“生”到“性”，反映了中國古人對於生命根源的思考經歷了一個從現象到内在依據的日益深化過程，而這一過程，是與早期天命觀的演進密切關聯的。郭店簡“性自命出，命自天降”、《中庸》“天命之謂性”的提法和孟子對“性”、“命”的分疏（《孟子·盡心下》：“口之於味也，目之於色也，耳之於聲也，鼻之於臭也，四肢之於安佚也，性也，有命焉，君子不謂性也。仁之于父子也，義之於君臣也，禮之於賓主也，知之於賢者也，聖人之於天道也，命也，有性焉，君子不謂命也。”），都反映了關於“性”“命”關係的思考日益深入。

③丁四新：《先秦哲學探索》，北京：商務印書館，2015年版，第47頁。

性事實的探究，即將人性作爲一個客觀的認知對象，并探尋其源流，揭示其事實和表現，在此意義上，人性之真包括源頭之真（原初之真實）和流向之真（現實表現之真實）；即現象以探求其本體的致思路向，主要是從主體内在的价值抉擇與自我肯認的角度去探求人性之本體及其發用，揭示善的根源。在此意義上，人性之善包括本體之善和發用之善。在這兩種關於人性的致思路向中，前者可以稱之爲對象化視角，後者可以稱之爲主體性視角。①

先秦人性論的發展之所以出現上述兩種不同的視角，其淵源在於對“天”之義項的不同理解和擇取上。從殷商到西周，中國的天命觀經歷了從宗教主宰之天命到政權合法性之天命的轉化，其標志是“敬德”、“保民”觀念的出現；② 從西周到春秋，它則經歷了從政治合法性之天命既向道德義理之天轉化，也向自然之天轉化。所以，在孔子那裏，天既有主宰義（“獲罪於天，無所禱也”）、也有道德義（“天生德於予”）、還有自然義（“天何言哉，四時行焉，百物生焉，天何言哉”）。孔子之後，《中庸》的“天命之謂性”發揚了天的道德義，此爲孟子性善論之所本，孟子所謂“天生烝民，有物有則。民之秉彝，好是懿德”（《孟子·

①丁爲祥先生指出，對於人性的把握方式有兩種：一是將人性理解爲一種客觀性的存在，從而以對象認知的方式進行把握，二是認爲人性不是一個對象認知或思辨討論的問題，而是一個主體如何抉擇與確認的問題（參见丁爲祥：《孟子如何“道性善”？——孟子與告子的人性之辯及其不同取向》，《哲學研究》2012 年第 12 期）。

②關於早期天命觀内涵的轉化，可參閱徐復觀：《中國人性論史先秦篇》，北京：九州出版社，2014 年版，第 14—30 頁；陳來：《古代宗教與倫理——儒家思想的根源》，北京：生活·讀書·新知三聯書店 2009 年版，第 174—191 頁；丁爲祥：《命與天命——儒家天人關係的雙重視角》，《中國哲學史》2007 年第 4 期。

告子上》引《詩經》之言）及“心之官則思，思則得之，不思則不得也。此天之所予我者。”（《孟子·告子上》），即是直承孔子的“天生德於予”和《中庸》的“天命之謂性”之義。從告子的人性論可以推知，其對“天”的理解也衹能是自然之意。至於荀子，也是繼承了天的自然之意，認爲“天行有常，不爲堯存，不爲桀亡。”（《荀子·天論》）在孟子看來，天除了賦予人以自然本能，還賦予人以道德本能，因此，探究人性必須從主體之良心本心出發；在荀子看來，天衹賦予人自然本能，衹能從認知的角度把握人性。那麼，對於董仲舒來説，先秦人性論就构成了其思考的直接起点。

二、董仲舒人性論的思想理路

對於董仲舒來説，其所處之大一統的政治環境迥异於先秦，這也就决定了其問題意識和立足點不同於孟、告、荀諸子。董仲舒的主要關懷在於統一思想而達於治道。所以，其對“天”的三個義項的擇取上，既不可能取“自然義”（對王者之政無影響力），也不可能取“道德義”（對王者之政缺乏威懾力），衹能取“主宰義”（神授權於君并監督君行使權力，有威懾力）。董子對“天”之意義的選擇也就奠定了其人性論的基本視角。

（一）董仲舒人性論的基本視角

董仲舒以主宰義來理解“天”，所以天就成爲“百神之大君”（《春秋繁露·郊語》，下引該書均衹注篇名），即統攝百神的最高神。這樣一來，天就成爲一個有意志的人格神，這個人格神的天也就成爲“萬物之祖”（《順命》）了。所以，作爲萬物之一的人也是由天而生的，董仲舒説："爲人者天也。人之爲人本於天，天亦人之曾祖父也。"（《爲人者天》）董仲舒認爲，人的形體、血氣、德行、好惡、受命等方方面面都是由天而來的。他説："人之形體，化天數而成；人之血氣，化天志而仁；人之德行，化天理而義。人之好惡，化天之暖清；人之喜怒，化天之寒暑；人之受命，化天之四時。人生有喜怒哀樂之答，春秋冬夏之類也。喜，春之答也；怒，秋之答也；樂，夏之答也；哀，冬之答也"（《同上》）。這樣，董仲舒就以人副天數的形式將人的形體、情感和德行都與天作了一一對應。這種一一對應，就是一種具有神秘色彩的宇宙生成論的對應，天能生人和萬物，無非靠的是陰陽、四時和五行的運行。經過這樣一種神秘化的宇宙生成論規定，一方面，人性必須從天的生化中去尋找根源；另一方面，人性的一切屬性都是由這個人格神之天化生的，都具有先天性。也就是説，人的善惡之性直接就是天的陰陽兩性之表現，董仲舒説："身之名，取諸天。天兩有陰陽之施，身亦兩有貪仁之性……與天道一也。"（《深察名號》）人性的源頭上由於禀受了天的陰陽二氣，所以人有貪仁兩性，顯然，人性之原初就有善也有不善，當然此善和不善都衹能是氣質（形體、血氣、好惡、喜怒）層面的。董仲舒又説："身之有性情也，若天之有陰陽也。言人之質而無其情，猶言天之陽而無其陰也。"（同上）這就將人的性情和天的陰陽也聯繫起來。經過這樣一種宇宙生成論的關聯，董仲舒的人性論就已經跟先秦人性論的致思路向拉開了距離。

從人性之真和人性之善及其關係的角度看來，董仲舒人性論的基本視角是真善的宇宙論合一。也就是説，必須從陰陽、五行之宇宙生化的實然過程考察人性之善惡，這樣的善惡也就成爲一種氣質之善惡。而氣質之善惡必然不是人人同一的，而是有個體差异的。因此，這一方面决定了董仲舒必須從“生之自然之資”也就是氣質稟賦的層面去考察人性，另一方面也决定了要從氣質稟賦的層面對現實的人性進行分類和劃分。

（二）反性之名——人性的界定

由於董仲舒在天人觀上建構了神秘化的宇宙生成論體系，所以其必然要對人性作出符合宇宙生成論框架的界定。他對人性作了如下界定：“今世暗於性，言之者不同，胡不試反性之名？性之名非生與？如其生之自然之資謂之性。性者質也，詰性之質於善之名，能中之與？既不能中矣，而尚謂之質善，何哉？”（《深察名號》）從董仲舒對人性的界定可以看出，一方面，他所謂的人性是“生之自然之資”，即人與生俱來的資質，也就是氣質。另一方面，他所謂的善，是現實的具體的善，也是外在的善，即善行和善治，是實然表現和客觀效果之善，而非本然根芽和主體心性之善。因此，在董仲舒這裏，性和善是兩個東西。

從人性之真和善的關係看，董仲舒的人性是從事實層面而言的，也就是求人性之真，并以此作爲其人性論的基礎。人性之真即人性的氣質、資質之真，包括了形體、血氣、好惡、喜怒等方面，這顯然與孟子的人之所以爲人的價值認定屬於不同的層面。因爲，無論是董仲舒，還是荀子、告子，其人性是一個外在的認知對象，是一個客觀事實，人對於人性是一個旁觀者。這樣的人性正如告子所説的東流西流之湍水一樣，是没有定向的。而孟子所言之性并不是一個客觀事實，而是每個人反求諸己當下體認到的良心本心。良心本心既是人的本然之性和先天的道德稟賦，也是人之所以爲人的價值抉擇和主體的自我肯認。探究人性事實的結果，必然會認爲人性無善或人性未善或人性之善不完備。荀子認爲人性中無善，但人有知善辨善之能；董仲舒認爲人性未善。雖然董仲舒對人性的界定與荀子相似，但在對人性根源的追溯上，董仲舒認爲人由天生，在宇宙論層面，天人相與，這就與荀子"天人相分"的思想大异其趣。正是董仲舒對人性根源的宇宙論追溯，進一步深化了對人性事實的認知。從真善關係而言，董仲舒先是化善爲真、以真解善，對人性進行了宇宙論追溯。然後又對人性之真進行價值評判，發現人性之真中有善有不善，所以必須要化真向善、化不善以成就善。

（三）性三品——人性的現實品級

董仲舒對人性進行宇宙論追溯，目的在於對人性的現實表現進行考察。在人性的現實表現上，董仲舒將人性作了"三品"的區分，并把它對應到三种不同的人身上。他説："聖人之性不可以名性；斗筲之性又不可以名性；名性者，中民之性。"（《實性》）董仲舒的劃分揭示了人性現實表現的個體差异，這樣的劃分是先秦人性論所没有的。在先秦，無論是孟子還是荀子，他們都把人性看作是所有人的共性。而董仲舒顯然將中民之性作爲人性的一個最大樣本，也就是説中民之性表現了人性的最大真實。

人性之所以能劃分品級，就是因爲從氣質層面界定人性。從氣質、資質上看人性，人與人的氣質和禀性是有現實差异的。荀子雖然也探尋人性的事實，但對人性的界定主要從人人所共有的普遍性傾向而言，没有明確落實到人性的氣質層面。孟子就更不用説，人之所以爲人的良心本心和良知良能，是凡聖所同具的。所以，在孟子和荀子的人性概念中，都不能對人性作出品級的劃分。在這一點上，孟子和荀子是一致的，孟子認爲"人皆可以爲堯舜”（《孟子・告子下》），荀子認爲“塗之人可以爲禹”（《荀子・性惡》）。孟子和荀子是就人性的可能性和稟賦而言的，而董仲舒是就人性的現實性和具體表現而言的。

（四）化真向善——人性的教化及其内在矛盾

因爲董仲舒對人性的界定落在實然事實層面，而且又將人之性與天作了宇宙論的對應，經過這樣的對應，人性也就呈現爲人生來具有的氣質。人生來具有的氣質顯然是不可能達到已善或全善的。所以董仲舒説：“性如繭如卵，卵待覆而成雛，繭待繅而爲絲，性待教而爲善。……天生民性，有善質而未能善，於是爲之立王以善之，此天意也。”（《深察名號》）人性如“待覆之卵”、“待繅之絲”，雖有善之質但未能善，所以上天立王者進行教化，以使人性歸於善。顯然，在董仲舒看來，實現善的動力衹能是外在的、他律的。而且天不能直接教化，必須要通過王者來教化，這就爲天賦王權説提供了理論依據。

當然，王者教化之所以可能的前提，是人性具有可教化的潜質。實際上，董仲舒并未否認人性有善的潜質，他説：“今萬民之性有其質，而未能覺，譬如瞑者待覺，教之然後善。”（《深察名號》）所以，人性在現實社會中就有一個化真向善的過程，也就是有一個由不自覺到自覺的過程。顯然，在這一點上，董仲舒與荀子有一致之處，在人性的塑造方面更强調外在的他律而非内在的自省。

這裏尚有另一問題，那就是作爲負責教化之責的王者，其性是否也是全善的呢？如果從天意來看，應當是全善的。但從“天有陰陽之施，人有貪仁兩性”來看，天之性亦不是全善的。這就是説，在董仲舒人性論中，存在著真和善的矛盾。矛盾的根源就在於將陰陽和貪仁相對應。本來，陰陽二氣衹具有宇宙論之實然的涵義，并無價值的優劣，但由於董仲舒出於現實政治的關懷和王者教化之需要，提出“陽貴陰賤”的價值判斷。所以，在董仲舒這裏，天和人皆有善有不善，这样，化真向善就不具有必然性而衹具有一种或然性。這說明，宇宙論層面的真善合一本身就具有一種內在矛盾，或者說天與人的這樣一種宇宙論之形下層面的對應本身所帶來的先天之惡就限制了後天教化求善目標的實現。所以，人性之真與人性之善的合一，必須通過本體論與宇宙論的統一方能真正實現。

三、董仲舒人性論的理論意義

董仲舒對人性的探討，在中國思想史上具有重要意義。一方面，董仲舒人性論對人性的宇宙論分析和對人性現實表現的品級劃分，凸出了人性的氣質稟賦和個體差异，相比先秦人性論而言，進一步豐富了人性的內涵，拓展了人性的層次，大大推動了中國人性論的理論進展。但另一方面，董仲舒“天人感應”和“人副天數”式的具有神秘色彩的宇宙論體系，既導致了人性之真和人性之善之間的矛盾，又喪失了人性本然之善的超越性（即孟子從人之所以异於禽獸的角度肯定人的良心本心及其顯現的超越性理路，其超越性是通過即用顯體和明體達用來實現的）。

因此，董仲舒人性論的內在矛盾就必然要求儒學重建道德本體論纔能復活孟子的超越精神，這就爲宋明理學從本體宇宙論合一的高度探討人性論既作了理論的鋪墊，也提供了理論突破的契機。在宋明理學中，張載的天地之性和氣質之性，朱子的天命之性和氣質之性，都是從本體論和宇宙論合一的層面揭示人性之善和人性之真及其合一。顯然，天地之性和天命之性繼承和發展了《中庸》和孟子的人性論，彰顯了人性的超越性，而氣質之性則繼承和發展了告子、荀子和董仲舒的人性論，涵括了人性的現實性和豐富性。正因爲宋明理學從本體論和宇宙論合一的角度來分析人性，所以超越的天地之性和天命之性就成爲氣質之性的内在依據和超越指向，也成爲變化氣質的内在動力。惟其如此，變化氣質、化真向善纔能成爲一種必然性。

綜上所述，中國人性論經過先秦和漢代的發展，到了宋明理學纔达到了比較完備的階段，實現了人性的真善合一。因此，從真善關係之維出发，可以更清晰地把握董仲舒乃至漢代人性論的理論特質、内在矛盾及思想史意義。

作者簡介：張鵬偉，男，1983 年生，寧夏隆德縣人，哲學博士，西安電子科技大學人文學院講師。研究方向爲儒家哲學，主攻儒家人性論和修身工夫論。主要論文有：《孟子性善論新探》（此文被收録於 *Frontiers of Philosophy in China*，Volume 5，Number 1，2008，Pages27—38）、《荀子人性論再解讀》、《心靈超越及其歷程——莊子哲學之本體論解讀》、《超越、内在與工夫——“天理”與“人欲”的立體視角》等，參與編著《簡明中國哲學》（2010）和《宋明時期湖北的儒學研究》（2013）等。

基金項目：中央高校基本科研業務費專項資金資助“内在超越視域下的儒家德性論研究”（7214532301）的階段性成果。

《韓詩外傳》的治理之道

韓　星

内容提要：《韓詩外傳》繼承孔子“述而不作”的經學詮釋傳統，以經學爲基礎，以儒爲主，歸本於孔，統合孟荀，整合諸子，試圖適應時代需要構造一套新的儒家思想體系。同時注重通經致用，以微言大義來發揮積極的政治作用，在三才之道的基本構架下討論君主修齊治平之道，提出了王道仁政、仁本法用、禮義主體、禮法合治、教主刑輔、王霸并用等治理之道，成爲漢初禮法合治、德主刑輔、王霸結合的國家治理模式形成的一個重要環節，對漢初的國家治理體系的構建起到了重要的作用，并對我們今天國家治理體系的現代化有重要啓示。

漢初經過了秦王朝二世而亡的短暫戰亂之後重新走向統一，當時面臨的重大社會政治問題就是賈誼《治安策》所説的“建久安之勢，成長治之業”，即怎樣纔能長治久安？當時統治者實行黄老思想，清净無爲，社會文化環境相當寬鬆，出現了先秦諸子復興的思潮。在這樣的形勢下，漢初以陸賈、賈誼、韓嬰等爲代表的儒者通過著書立説、上言進諫、對策陳政等途徑，持續而不斷深入地展開社會政治批判活動，針對秦王朝的速亡進行了深刻反思，一致認爲秦二世而亡的根本原因是廢弃仁政，不講德治禮法，而一味地嚴刑酷法，崇尚暴政。同時，他們積極詮釋和宣揚儒家學説，與先秦儒家不同的是他們以儒爲主，整合諸子百家，重建社會秩序，確立長治久安的治理之道，并逐漸形成了禮法合治、德主刑輔、王霸結合的國家治理模式。韓嬰的《韓詩外傳》是這一國家治理模式形成的一個重要環節，本文就此做以梳理，以爲今天國家治理的現代化提供思想資源。

一、韓嬰的學術思想整合

韓嬰，《漢書·儒林傳》云："韓嬰，燕人也。孝文時爲博士，景帝時至常山太傅。嬰推詩人之意，而作內、外《傳》數萬言，其語頗與齊、魯間殊，然歸一也。"漢文帝時任博士，景帝時爲常山王劉舜的太傅，武帝時曾與董仲舒有過交談與辯論。主要治《詩》，兼治《易》，是西漢韓《詩》學的開創者。《詩》學著述方面，《漢書·藝文志》著録《内傳》四卷、《外傳》六卷，另有《韓故》三十六卷、《韓説》四十一卷。南宋以後，僅存《韓詩外傳》。該書的特點是大部分篇幅都先敘述一個故事，或講述一番道理，然後引用《詩》句作結，或引《詩》後略加闡發。

對於《韓詩外傳》傳統上多以正統的儒家觀點對其評價不高，認爲其中"多浮沉不切、牽合可笑之語，蓋馳騁勝而説詩之旨微矣。"① 後來《四庫全書總目提要》還列舉了一些不合儒家思想的内容："如稱'彭祖名并堯禹'，稱'長生久視'，稱'天變不足畏'，稱'《韶》用干戚'，稱'舜兼二女爲非'，稱'荆

①王世貞：《弇州山人四部稿》卷112《讀韓詩外傳》，影印文淵閣《四庫全書》本，上海：上海古籍出版社，1989年版，第1280册，第763頁。

蒯芮僕不恒其德’，語皆有疵。”① 但也有人持相對客觀的意見，如明代陳明序云：“韓嬰處乎漢孝文之世，遭秦火絶學之餘，乃能衍詩作傳，命意布詞，一彷孔孟之文。凡諸詩言約旨遠者，悉肆力極致，上推天人之理，下及萬物之情，以盡其意。文則嚴整簡古，厲世範俗，皆順于道，宛然聖門家法。”② 其實，《韓詩外傳》還是可以看作是儒家思想發展的重要環節之一。

從學術理路上看，《韓詩外傳》繼承孔子“述而不作”的經學詮釋傳統，以經學爲學術基礎，以儒爲主，歸本於孔，統合孟荀，整合諸子，試圖適應時代需要構造新的儒家思想體系。《禮記·樂記》：“作者之謂聖，述者之謂明。”孔子當年不敢以聖人自居：“若聖與仁，則吾豈敢?”（《論語·述而》）故在學術上自稱“述而不作”，儒門後學當然更没有人敢稱聖，爲學也自然是“述而不作”。《韓詩外傳》也是這樣，它主要是引用了大量先秦儒家及諸子、歷史著述，對其他文獻能够雜而采之，兼而用之，闡釋原著之宗旨，申述一己之思想，特别是通過材料的選用和組織編排表達了自己的思想見解，以經學“爲骨幹來消化諸子之學。”③

從學術功用上看，《韓詩外傳》屬於今文經學，注重通經致用，以微言大義來發揮積極的政治作用，探討漢初國家治理之道。《史記·儒林列傳》：“韓生推《詩》之意而爲内外傳數萬言，其語頗與齊、魯間殊，然其歸一也。”這裏的“推《詩》之

①《四庫全書總目提要》，海口：海南出版社，1999 年，第 97 頁。

②《古今圖書集成·曆象彙編·乾象典·詩經部·匯考》，第五六八册，北京：中華書局影印本，第 18 頁。

③龔鵬程：《學聖人的儒家：韓嬰》，《漢代思潮》，北京：商務印書館，2005 年，第 189 頁。

意”一般理解爲挖掘詩中的微言大義，是《韓詩外傳》的基本特點。漢代今文經學的特點就是關注現實政治，致力於發掘、發揮經文背後的微言大義。南宋陳振孫《直齋書録解題》中説此書“蓋多記雜説，不專解《詩》”；明代王世貞謂此書“大抵引《詩》以證事，而非引事以明《詩》”① 此説爲後人廣泛稱引，影響很大，我也贊同。該書寫作的基本方法是引用故事，最後借《詩》表達其道德觀念和政治思想，特别是治理思想。屈守元先生在《韓詩外傳箋疏》前言中説：“韓與齊魯，同屬今文學派，所以《傳》文説：‘其歸一也’。這句話的精神即在於此。……决不可以像有些古文學派的學者，把‘通經致用’的今文師説，輕易抹殺！王式謂以三百五篇當諫書。我們讀《韓詩外傳》，同樣要注意韓嬰著書，確有這樣的傾向。對於漢初的經學，應該與當時的政治氣氛合并一起看。今文學家著作的政治色彩是萬萬不能忽略的。”② 這就强調應該從今文經學視角來認識、理解《韓詩外傳》，注意到其通經致用的基本特徵，通過闡釋微言大義，力圖發揮積極的政治作用的學術傾向。

《韓詩外傳》在儒家内部繼承和發揚先秦儒家思想，其思想直接承襲孔子，對荀子特别鍾情，又尊信孟子，使孔子以後先秦儒家内部張力最大的兩派觀點得以統合。怎麽統合孟荀？《韓詩外傳》多引前人觀點以成書，其中引《荀子》最多，約一萬四千字。汪中在《述學·補遺·荀卿子通論》中提出：“《韓詩》之存者，《外傳》而已。其引《荀卿子》以説《詩》者四十有四，

①王世貞：《弇州山人四部稿》卷 112《讀韓詩外傳》，影印文淵閣《四庫全書》本，上海：上海古籍出版社，1989 年版，第 1280 册，第 763 頁。

②屈守元：《韓詩外傳箋疏》，成都：巴蜀書社，2012 年，第 5、6 頁。

由是言之，《韓詩》，《荀卿子》之别子也。”今人徐復觀先生也説：“他（韓嬰）在《外傳》中引用《荀子》凡五十四次，其深受荀子的影響，可無疑問。”① 如卷六第八章：“仁者必敬其人。敬其人有道，遇賢者則愛親而敬之，遇不肖者則畏疏而敬之。其敬一也，其情二也。若夫忠信端愨而不害傷，則無接而不然，是仁之質也。仁以爲質，義以爲理，開口無不可以爲人法式者。《詩》曰：‘不僭不賊，鮮不爲則。’此之謂也。”而《荀子·臣道篇》：“仁者必敬人。敬人有道，賢者則貴而敬之，不肖者則畏而敬之；賢者則親而敬之，不肖者則疏而敬之。其敬一也，其情二也。若夫忠信端愨，而不害傷，則無接而不然，是仁人之質也。忠信以爲質，端愨以爲統，禮義以爲文，倫類以爲理，喘而言，臑而動，而一可以爲法則。《詩》曰：‘不僭不賊，鮮不爲則。’此之謂也。”這裏很清楚地可以看到，韓嬰在行文、引《詩》證義等方面對荀子的承襲。不過，《韓詩外傳》雖深受荀子的影響，但它同時對《荀子》原文做出了適當的取捨與改造，吸取了孟子的性善説。在人性論方面《韓詩外傳》没有引用《荀子·性惡篇》的文字，却繼承孟子的性善説。它説：“子曰：‘不知命，無以爲君子。’言天之所生，皆有仁義禮智順善之心。不知天之所以命生，則無仁義禮智順善之心。無仁義禮智順善之心，謂之小人。故曰：‘不知命，無以爲君子。’《小雅》曰：‘天保定爾，亦孔之固。’言天之所以仁義禮智，保定人之甚固也。《大雅》曰：‘天生蒸民，有物有則。民之秉彝，好是懿德。’言民之秉德以則天也。不知所以則天，又焉得爲君子乎?”（卷六

①徐復觀：《兩漢思想史》第三卷，上海：華東師範大學出版社，2001 年，第 5 頁。

第十六章）《韓詩外傳》認爲“仁義禮智順善之心”乃天生具有，顯然這是繼承了孟子性善説。他引《詩・大雅・蒸民》語以證性善，也源於孟子。但它講性善又强調聖王的引導教化作用。卷五第十七章説：“繭之性爲絲，弗得女工燔以沸湯，抽其統理，則不成爲絲。卵之性爲雛，不得良鷄覆伏孚育，積日累久，則不成爲雛。夫人性善，非得明王聖主扶携，内之以道，則不成爲君子。”孟子在性善論的基礎上强調“人皆可以爲堯舜”（《孟子・告子下》），而韓嬰則認爲仍需要後天的學習和聖人的引導教化，内化於心，纔能成爲君子，這是對孟荀的統合。

《韓詩外傳》在漢初諸子復興思潮下以儒家爲主，吸收其他各家如黄老道家、陰陽家、法家等思想，并進行思想整合。受道家的影響，如卷三第一章：“故大道多容，大德多下，聖人寡爲，故用物常壯也。”卷五第二十六章：“福生於無爲，而患生於多欲。知足，然後富從之。”其中的“寡爲”、“無爲”等話語明顯地看出是道家思想。卷九第十六章直接引《老子》曰：“名與身孰親？身與貨孰多？得與亡孰病？是故甚愛必大費，多藏必厚亡。知足不辱，知止不殆，可以長久。大成若缺，其用不敝。大盈若冲，其用不窮。大直若詘，大辯若訥，大巧若拙，其用不屈。罪莫大於多欲，禍莫大於不知足，咎莫憯於欲得。故知足之足常足矣。”卷二第十章説：“夫霜雪雨露，殺生萬物者也，天無事焉，猶之貴天也。執法厭文，治官治民者，有司也，君無事焉，猶之尊君也。”天以無爲而貴，君以無事而尊，天道與君道同一。受陰陽家的影響，講天人相類，天人感應。卷二第三十章中説：“國無道則飄風厲疾，暴雨折木，陰陽錯氛，夏寒冬温，春熱秋榮，日月無光，星辰錯行，民多疾病，國多不祥，群生不壽，而五穀不登。當成周之時，陰陽調，寒暑平，群生遂，萬物寧。”卷二第六章：“星墜木鳴，國人皆恐，何也？是天地之變，陰陽之化，物之罕至者也。怪之可也，畏之非也。夫日月之薄蝕，怪星之黨見，風雨之不時，是無世而不嘗有也。上明政平，是雖并至無傷也。上暗政險，是雖無一無益也。”認爲人間君主是否有道，政治是否清明，都會通過各種自然現象反映出來。

《韓詩外傳》對各家不是簡單地采獲，而是進行有意識地整合。卷五第二章：“孔子抱聖人之心，彷徨乎道德之域，逍遥乎無形之鄉，倚天理，觀人情，明終始，知得失。故興仁義，厭勢利，以持養之。于時，周室微，王道絶，諸侯力政，强劫弱，衆暴寡，百姓靡安，莫之紀綱，禮儀廢壞，人倫不理。於是孔子自東自西，自南自北，匍匐救之。”這是説孔子以“彷徨乎道德之域”的老子，“逍遥乎無形之鄉”的莊子的心態，站在大道的高度提出了以仁義治理天下的主張，就是對儒道的整合。其實，老莊是批評仁義禮樂的，而韓嬰在漢代特定的社會條件下則試圖爲儒家的仁義找出道家的根源來。卷五第二十八章云：

> 哀公問於子夏曰：“必學然後可以安國保民乎？”子夏曰：“不學而能安國保民者，未之有也。”哀公曰：“然則五帝有師乎？”子夏曰：“臣聞黄帝學乎大墳，顓頊學乎禄圖，帝嚳學乎赤松子，堯學乎務成子附，舜學乎尹壽，禹學乎西王國，湯學乎貸乎相，文王學乎錫疇子斯，武王學乎太公，周公學乎虢叔，仲尼學乎老聃。此十一聖人，未遭此師，則功業不能著乎天下，名號不能傳乎後世者也。”詩曰：“不愆不忘，率由舊章。”

這裏提到的儒家推崇的古代聖王都有向道家人物學習的經歷，他們的功業與道家都有密切的關係，試圖從思想淵源上匯通儒道。卷三第三十章還記述孔子觀於周廟見欹器與學生討論的情况，最後孔子説“德行寬裕者，守之以恭。土地廣大者，守之以儉。禄位尊盛者，守之以卑。人衆兵强者，守之以畏。聰明睿智者，守之以愚。博聞强記者，守之以淺。夫是之謂抑而損之。”這明顯反映了對道家思想的吸收和改造，體現了漢初儒學不同於先秦儒學的新特點，在當時黄老思想占主流地位的現實下爲儒家的復興奠定理論基礎。《老子》的主體思想是無爲而治，《論語·衛靈公》孔子也説：“無爲而治者，其舜也與?”《韓詩外傳》卷四第七章也引“傳曰：舜彈五弦之琴，以歌南風，而天下治。”這顯然是對儒道的整合。所以，徐復觀説：“韓嬰也和漢初其他思想家一樣，以儒家思想爲主；却在處世上，也受到道家的若干影響。”①

對其他各家整合方面如卷九第十五章：“願得明王聖主爲之相，使城郭不治，溝池不鑿，陰陽和調，家給人足，鑄庫兵以爲農器。”這既有道家，又有陰陽家的影子。在强調以儒家的禮義治國的同時，也重視法家的法治思想。認爲祇有“修禮以齊朝，正法以齊官，……法則度量正乎官，忠信愛利刑乎下，如是百姓愛之如父母，畏之如神明”（卷三第七章），纔能達到治國安民的目的。韓嬰將道家的道德和儒家的仁義作了綜合，從治理方面相容了法家的思想。他説：

> 威有三術：有道德之威者、有暴察之威者，有狂妄之威者，此三威不可不審察也。何謂道德之威？曰：“禮樂則修，分義則明；舉措則時，愛利則刑；如是，則百姓貴之如帝王，親之如父母，畏之如神明；故賞不用而民勸，罰不加而

①徐復觀：《兩漢思想史》第三卷，上海：華東師範大學出版社，2001年，第16頁。

威行，是道德之威也。”（卷六第二十六章）

這裏的“道德”相對於原始道家的“虛無”義和拒斥社會性價值規範來説，它已以禮、樂、義爲充實而具有實質性内容；相對於原始儒家尊崇仁義禮樂而拒斥法家來説，它已容納了法家的刑罰、體制等思想。韓嬰之所以將仁義禮法納入道德的限閾，是因爲他從治理方面把道家的道德與儒家的仁義和法家的法治視爲互爲表裏、互相促進、相輔相成的互動關係。儘管如此，他認爲道家、法家等諸子都不足以應對當時面臨的社會政治問題，卷四第三十一章云：“僞詐不可長，空虛不可守；朽木不可雕，情亡不可久。”法家不行仁政，專務權謀法術，道家否定仁義禮樂，走向空虛自守，都不能實現國家的長治久安。因此，韓嬰清醒地認識到衹有復興儒學纔是長治久安的根本出路，卷五第十四章云：

> 儒者、儒也，儒之爲言無也，不易之術也，千舉萬變，其道不窮，六經是也。若夫君臣之義，父子之親，夫婦之别，朋友之序，此儒者所謹守、日切磋而不舍也。雖居窮巷陋室之下，而内不足以充虛，外不足以蓋形，無置錐之地，明察足以持天下，大舉在人上，則王公之材也，小用使在位，則社稷之臣也，雖岩居穴處，而王侯不能與争名，何也？仁義之化存爾。如使王者聽其言，信其行，則唐虞之法可得而觀，頌聲可得而聽。《詩》曰：“先民有言，詢於芻蕘。”取謀之博也。

這就是説，儒學以六經體現常道，可以作爲國家治理的“不易之術”，儒者們即使在“無置錐之地”的情況下也應該謹守儒家之道。所以，正如皮日休《皮子文藪·讀〈韓詩外傳〉》所云：“韓氏之書，折百家，崇吾道，至矣！”他整合百家之學，最終還是歸本於儒家之道。

三、《韓詩外傳》的治理之道

（一）治理之道

1. 三才之道的基本構架

《韓詩外傳》論道是以儒家人道爲本，受道家的影響，在傳統三才之道的基礎上，形成了三才構架。卷一第二十五章論仁道有四：有聖仁，有智仁，有德仁，有磏仁。其中“聖仁”是“上知天能用其時，下知地能用其材，中知人能安樂之。”智仁是“上亦知天能用其時，下知地能用其材，中知人能使人肆之。”强調上知天，下知地，中知人，顯然是在天地人三才的構架下討論人的道德修養問題。卷八第十九章説：“三公者何？曰司馬，司空，司徒也。司馬主天，司空主土，司徒主人。故陰陽不和，四時不節，星辰失度，灾變非常，則責司馬。山陵崩竭，川谷不流，五穀不植，草木不茂，則責之司空。君臣不正，人道不和，國多盜賊，下怨其上，則責之司徒。”這是對三公的解釋，是把三才與官制度結合起來，以天人感應的哲學理念爲三公職責的基礎。卷八第八章説“惟鳳爲能通天祉，應地靈，律五音，覽九德”，鳳鳥有通天地之靈性，能够給人間帶來祥瑞，是理想治道的象徵。卷五第一章云：

> 子夏問曰：“《關雎》何以爲國風始也？”孔子曰：“《關雎》至矣乎！夫《關雎》之人，仰則天，俯則地，幽幽冥冥，德之所藏，紛紛沸沸，道之所行，如神龍變化，斐斐文章。大哉！《關雎》之道也，萬物之所繫，群生之所懸命也，河洛出圖書，麟鳳翔乎郊，不由《關雎》之道，則《關雎》

之事將奚由至矣哉！夫六經之策，皆歸論汲汲，蓋取之乎《關雎》。《關雎》之事大矣哉！馮馮翊翊，自東自西，自南自北，無思不服。子其勉强之，思服之，天地之間，生民之屬，王道之原，不外此矣。”子夏喟然嘆曰：“大哉《關雎》，乃天地之基也。”

這就論證了三才之道是王道之原，爲下面討論治道提供了基本的思想框架。

2. 治國以道

《韓詩外傳》主要是在三才構架下討論君主修齊治平之道。卷五第十六章云：“天設其高而日月成明，地設其厚而山陵成名，上設其道而百事得序。”天地各有自己的功能，君主如果能夠效法天地之道，治國以道，就會百事順遂，萬民和洽。因爲“天下有道，則諸侯畏之。天下無道，則庶人易之。非獨今日，自古亦然。”（卷九第二十章）就是説天子以道治天下，就能長治久安；反之，則不能長久。這是對歷史的經驗教訓的總結。所以“道”可以説是君主的生命綫。“堅甲利兵不足以爲武，高城深池不足以爲固，嚴令繁刑不足以爲威，由其道則行，不由其道則廢。”（卷四第十章）“有道以禦之，身雖無能也，必使能者爲己用也。無道以禦之，彼雖多能，猶將無益於存亡矣。”（卷二第十章）那麼，韓嬰所説的“道”是什麼呢？卷五第三十一章論曰：

道者，何也？曰：君之所道也。君者，何也？曰：群也。能群天下萬物而除其害者，謂之君。……故曰道存則國存，道亡則國亡。……故道得則澤流群生，而福歸王公。澤流群生，則下安而和；福歸王公，則上尊而榮。百姓皆懷安和之心，而樂戴其上，夫是之謂下治而上通。下治而上通，頌聲之所以興也。

顯然，韓嬰所探討的“道”主要是君主爲政之道，有道之君以道治理國家，就能够做到澤流群生，福歸王公，下安而和，上尊而榮，下治上通，國家大治。所以國家是否有“道”是一個國家生死存亡的關鍵。這一章與《荀子·君道篇》有許多文字相同，如“能群天下萬物而除其害者，謂之君”與《荀子·君道篇》的“君者，何也？曰：能群也。……天下歸之，夫是之謂能群”意思很近，也就是荀子講的“群居和一”之道。怎麼實現“群居和一”之道？《韓詩外傳》卷二第三十四章：“原天命，治心術，理好惡，適情性，而治道畢矣。原天命則不惑禍福，不惑禍福則動静循理矣。治心術則不妄喜怒，不妄喜怒則賞罰不阿矣。理好惡則不貪無用，不貪無用則不以物害性矣。適情性則欲不過節，欲不過節則養性知足矣。四者不求於外，不假於人，反諸己而存矣。”按照韓嬰的理解，“原天命，治心術，理好惡，適情性”就是治道基本内容，這就由天講到了人，由外講到了内，由理講到了情，强調對於君主來説，就是要像孔子講的修己以敬，修己安人，修己安百姓，孟子講的反求諸己，《大學》講的修身齊家治國平天下。

由此推衍，韓嬰强調君主的修身，卷一第六章云：“修身自强則名配堯禹”，君主衹有修身自强纔能與上古聖王相提并論。卷五第四章云：“君者，民之源也。源清則流清，源濁則流濁。”這是引荀子的話來强調君主自我修身是治理國家的根本，與孔子正己正人、君子之德風、小人之德草的思想一脉相承。韓嬰認爲君主治理天下主要是養民，但養民首先要自養：“能制天下，必能養其民也。能養民者，爲自養也。飲食適乎藏，滋味適乎氣，勞佚適乎筋骨，寒暖適乎肌膚，然後氣藏平，心術治，思慮得，喜怒時，起居而游樂，事時而用足。夫是之謂能自養者也。故聖人不淫佚侈靡者，非鄙夫色而愛財用也。養有適，過則不樂，故不爲也。是以夏不數浴，非愛水也。冬不頻煬，非愛火也。不高臺榭，非無土木也。不大鐘鼎，非無金錫也。不沈於酒，不貪於色，非闢醜也。直行情性之所安，而制度可以爲天下法矣。故用不靡財，足以養其生，而天下稱其仁也。養不害性，足以成教，而天下稱其義也。適情闢餘，不求非其有，而天下稱其廉也。行成不可掩，息刑不可犯，執一道而輕萬物，天下稱其勇也。四行在乎民，居則婉愉，怒則勝敵。故審其所以養而治道具矣，治道具而遠近畜矣。"（卷三第二十章）顯然，這裏的"自養"其實是君主自我修養，實現仁、義、廉、勇，進而上行下效，由自養而養民，實現治國平天下的目標。

治國是否以道，那結果是天壤之别。卷二第三十章比較是否治國以道截然相反的結果："國無道則飄風厲疾，暴雨折木，陰陽錯氛，夏寒冬温，春熱秋榮，日月無光，星辰錯行，民多疾病，國多不祥，群生不壽，而五穀不登。當成周之時，陰陽調，寒暑平，群生遂，萬物寧。故曰：其風治，其樂連，其驅馬舒，其民依依，其行遲遲，其意好好。"這實際上是以天人感應來解釋的。卷七第十九章還從正反兩個方面談了"善爲政者"與"不知爲政者"不同的結果："善爲政者，循情性之宜，順陰陽之序，通本末之理，合天人之際。如是則天氣奉養而生物豐美矣。不知爲政者，使情厭性，使陰乘陽，使末逆本，使人詭天，氣鞠而不信，郁而不宣。如是則灾害生，怪异起，群生皆傷，而年穀不熟。是以其動傷德，其静亡救。故緩者事之，急者弗知，日反理而欲以爲治。""善爲政者"顯然是以道爲治者，"不知爲政者"顯然是無道之治。

（二）治理模式

1．王道仁政

韓嬰界定王道政治云："王者何也？曰：往也。天下往之，謂之王。曰：善生養人者，故人尊之。善辯治人者，故人安之。善顯設人者，故人親之。善粉飾人者，故人樂之。四統者具，而天下往之。四統無一，而天下去之。往之謂之王，去之謂之亡。"（卷五第三十一章）王者如果能够把善生養人、善辯治人、善顯設人、善粉飾人四個方面統合起來，天下的人就會歸往之，就能成王；反之，去掉了這幾個方面就會滅亡。"天下歸往謂之王"是儒家一而貫之的思想，如《荀子·正論篇》："天下歸之之謂王。"《穀梁傳·莊公三年》："王者，民之所歸往也。"《春秋繁露·滅國篇》："王者，民之所往。"《白虎通·號篇》："王者，往也。天下所歸往。"

王道政治要求王者具有的德行是："王者之論德也，不尊無功，不官無德，不誅無罪，朝無幸位，民無幸生。故上賢使能而等級不逾，折暴禁悍而刑罰不過，百姓曉然皆知夫爲善於家，取賞於朝也，爲不善於幽而蒙刑於顯也。夫是之謂定論。是王者之德。"（《卷三第四章》）此段與《荀子·王制篇》文字大致相同，許維遹案：第一句"《荀子·王制篇》無'德'字"①。

王道政治以仁政爲治理的核心價值。不破不立，韓嬰首先批評當時社會："今或不然。令民相伍，有罪相伺，有刑相舉，使構造怨仇，而民相殘，傷和睦之心，賊仁恩，害上化，所和者寡，欲敗者多，於仁道泯焉。"（卷四第十三章）仁道泯則人道

①（漢）韓嬰撰，許維遹校釋：《韓詩外傳集釋》，北京：中華書局，1980年，第84頁。

苦，根源是在上者不行仁政，“令民相伍，有罪相伺，有刑相舉”，這是戰國以來受法家影響以嚴刑峻法治國理民的後遺症。韓嬰還對歷史上的暴政、虐政多有批評，“紂之爲主，戮無辜，勞民力，冤酷之令，加于百姓，憯凄之惡，施于大臣，群下不信，百姓疾怨，故天下叛而願爲文王臣，紂自取之也。”（卷五第八章）殷紂王行暴政，結果天下背叛，自取滅亡。“自周衰壞以來，王道廢而不起，禮義絶而不繼。秦之時，非禮義，弃詩書，略古昔，大滅聖道，專爲苟妄，以貪利爲俗，以較獵爲化，而天下大亂。於是兵作而火起，暴露居外，而民以侵漁遏奪相攘爲服習，離聖王光烈之日久遠，未嘗見仁義之道，被禮樂之風。是以嚚頑無禮而肅敬日損，凌遲以威武相攝，妄爲佞人，不避禍患，此其所以難治也。”（卷五第十六章）春秋以降，王道衰微，霸道興起，以法家爲代表，以秦國爲典型，非禮義，弃詩書，滅聖道，天下大亂，生民塗炭，至漢初在上者未找到善治之方，在下者民心渙散，嚚頑無禮，奸佞橫暴，一時難以治理。韓嬰認爲這都是秦以來苛政的結果。“令苛則民亂，城峭則崩，岸峭則陂。故吴起峭刑而車裂，商鞅峻法而支解，治國者譬若乎張琴然，大弦急則小弦絶矣，故急轡銜者，非千里之禦也。”（卷一第二十三章）苛政害人害己，害國害民，是不可能治理好國家的。這實際上是希望當時爲政者能够以史爲鑒，不要令苛傷民，造成國家大亂，自身也落得身敗名裂。

在批評歷史上的暴政、虐政的同時，他也注意歌頌歷史上仁政的典型，如卷一第二十八章：“昔者周道之盛，邵伯在朝，有司請營邵以居。邵伯曰：‘嗟！以吾一身而勞百姓，此非吾先君文王之志也。’於是出而就蒸庶於阡陌隴畝之間而聽斷焉。邵伯暴處遠野，廬於樹下，百姓大説，耕桑者倍力以勸。於是歲大稔，民給家足。其後，在位者驕奢，不恤元元，税賦繁數，百姓困乏，耕桑失時。於是詩人見邵伯之所休息樹下，美而歌之。詩曰：‘蔽芾甘棠，勿剗勿伐，召伯所茇。’此之謂也。”這裏的“邵伯”即邵公，常稱爲“召公”，姓姬名奭，西周宗室，與周公姬旦，武王姬發應屬同輩（一説是周文王第五子）。周滅商前，始封地在召（今陝西省扶風縣城東北），輔助周武王滅商後，被封於郾（今河南漯河市郾城區），周公八師東征，征服了叛亂的殷商屬國和淮夷後，被封於北燕，都城在薊（今北京），是後來燕國的始祖，但是他派長子姬克去治理，自己仍留在鎬京輔政。因最初采邑在召，故稱召公或召伯。周成王時，他出任太保，與周公旦分陝（今河南陝縣）而治，陝以東的地方由周公旦治理，陝以西的地方由他治理。他支持周公旦攝政，平定叛亂。召公當政期間將其轄區治理得政通人和，貴族和平民都各得其所，《史記·燕召公世家》稱“自侯伯至庶人各得其所，無失職者”，因此倍受轄區乃至周朝境内百姓的愛戴。傳説他曾在一棵甘棠樹（據説在今陝西省岐山縣劉家原）下辦公，現場解決老百姓的問題，後人爲了紀念他，捨不得砍伐此樹，以爲紀念召公。《詩經·甘棠》就是爲此而寫的，於是就留下了“甘棠遺愛”、“甘棠之思”的成語典故。韓嬰在此以召公的故事表達了希望爲政者仁政愛民的思想。

儒家認爲孝悌爲仁之本，處於漢初的韓嬰也非常强調孝治。卷五第十一章云：“上不知順孝，則民不知反本。君不知敬長，則民不知貴親。禘祭不敬，山川失時，則民無畏矣。不教而誅，則民不識勸也。故君子修身及孝，則民不倍矣。敬孝達乎下，則民知慈愛矣。好惡喻乎百姓，則下應其上如影響矣。是則兼制天下，定海内，臣萬姓之要法也，明王聖主之所不能須臾而舍也。”

孝治本質上講就是仁政。

《韓詩外傳》也不是空洞地談仁政，像孟子一樣，在經濟上他也以井田製作爲落實仁政的基本途徑。卷四第十三章："古者八家而井田。方裏爲一井，廣三百步，長三百步爲一里，其田九百畝。廣一步，長百步爲一畝。廣百步，長百步爲百畝。八家爲鄰，家得百畝。餘夫各得二十五畝。家爲公田十畝，餘二十畝共爲廬舍，各得二畝半。八家相保，出入更守，疾病相憂，患難相救，有無相貸，飲食相召，嫁娶相謀，漁獵分得，仁恩施行，是以其民和親而相好。"通過實行井田制不僅解決老百姓的基本生活問題，更形成一種相互扶持，相互照應的社會秩序，而能否實行仁愛感恩則是人們相親相愛，和諧相處的根本。

2. 仁本法用

韓嬰應以王道仁政爲本，以重法愛民的霸術爲用，認爲衹有這樣纔能更有效地治理國家。卷三第二十二章："今其仁義之陵遲久矣，能謂民無逾乎？《詩》曰：'俾民不迷。'昔之君子，道其百姓不使迷，是以威厲而不試，刑措而不用也。故形其仁義，謹其教道，使民目晰焉而見之，使民耳晰焉而聞之，使民心晰焉而知之，則道不迷而民志不惑矣。"他指出當時社會存在的最大問題是秦以來法家殘賊仁義，漢初道家又流於空虚放任，仁義之本被連根拔除，造成百姓没有教化，迷失正道，作奸犯科，無所不爲。所以，現在應該重新培植仁義之根，以教化引導百姓，儘量不要用刑罰。他强調刑法必須以誠愛爲基礎，卷四第十章："若夫明道而均分之，誠愛而時使之，則下之應上如影響矣。有不由命者，然後俟之以刑。刑一人而天下服，下不非其上，知罪在己也。是以刑罰兢消而威行如流者，無他，由是道故也。"刑法以誠愛爲根本，誠愛以刑法爲規範，這纔是治理之道。

他以“仁”爲本，提出了四個層次的德行，聖仁、智仁、德仁、磏仁，其中最低層次的是“磏（廉）仁”。并詮釋“磏仁”云：“磏仁雖下，然聖人不廢者，匡民隱括，有在是中者也。”（卷一第二十五章）許維遹引郝懿行云：“《字彙補》古文‘廉’作‘磏’，觀下文所釋，則作‘廉’者是也。”① 廉直者可以“弗顧弟兄，以法度之”②，因此這種帶有法家精神的廉直對爲民伸張正義，是不可少的。而二者以“仁”爲本，結合起來討論，分明是以儒爲主，相容法家的思路。

3．禮義主體

像荀子一樣，韓嬰以三才爲基本構架，來重建禮義爲主體的治國模式。他提出要吸取秦不講禮義，天下大亂導致敗亡的教訓，强調禮義對治理國家至關重要的意義。他説：“在天者莫明乎日月，在地者莫明乎水火，在人者莫明乎禮義。故日月不高則所照不遠，水火不積則光炎不博，禮義不加乎國家則功名不白。故人之命在天，國之命在禮。君人者降禮尊賢而王，重法愛民而霸，好利多詐而危，權謀傾覆而亡。”（卷一第五章）“人無禮則不生，事無禮則不成，國無禮則不寧，王無禮則死亡無日矣。”（卷一第六章）在天地人三才構架下韓嬰强調人之爲人就要明禮義，治理國家就要靠禮義。禮義是國家安危存亡之所系，國家無禮就不能穩定，王者無禮就與滅亡不遠了。“古之人君，身行禮義，愛民節財，故國安而身壽。”（卷四第二章）歷史上的聖君能

①韓嬰撰，許維遹校釋：《韓詩外傳集釋》，北京：中華書局，1980 年，第 25 頁。

②韓嬰撰，許維遹校釋：《韓詩外傳集釋》，北京：中華書局，1980 年，第 26 頁。

够身行禮義，愛民節財，所以國家長治久安，自己延年益壽。

如何以禮治國？韓嬰傳承了儒家通過禮義規範人倫關係，重建社會秩序，實現國家治理的思想。孔子講“君君臣臣，父父子子”（《論語·顏淵》），孟子提出“五倫”：“父子有親，君臣有義，夫婦有别，長幼有序，朋友有信。”（《孟子·滕文公上》）《韓詩外傳》卷四第十一章：“君人者以禮分施，均遍而不偏。臣以禮事君，忠順而不解。父寬惠而有禮，子敬愛而致恭。兄慈愛而見友，弟敬詘而不慢。夫照臨而有别，妻柔順而聽從。”卷六第七章：“遇等夷則修朋友之義，……朋友信之。”以禮來規範君臣、父子、兄弟、夫婦、朋友的關係，使各自明白自己在不同人倫關係中所扮演的角色以及相應的道德準則，就能實現良好的社會秩序，國家自然就得以治理。

禮義治國是王道政治的應有之義，王道政治就是以禮治爲主體的治理模式。韓嬰説：“昔者先王審禮以惠天下，故德及天地，動無不當，夫君子恭而不難，敬而不鞏，貧窮而不約，富貴而不驕，應變而不窮，審之禮也。故君子於禮也，敬而安之。其於事也，經而不失。其於人也，寬裕寡怨而弗阿。其於儀也，修飾而不危。其應變也，齊給便捷而不累。其於百官伎藝之人也，不與争能，而致用其功。其於天地萬物也，不説其所以然而謹裁其盛。其待上也，忠順而不解。其使下也，均遍而不偏。其於交游也，緣類而有義。其於鄉曲也，容而不亂。是故窮則有名，通則有功，仁義兼覆天下而不窮，明通天地，理萬變而不疑。血氣平和，志意廣大，行義塞天地，仁知之極也。夫是之謂先王審之禮也。若是，則老者安之，少者懷之，朋友信之，如赤子之歸慈母也。”（卷四第十一章）韓嬰認爲古代聖王就是以禮治爲主體，貫徹忠信仁義等道德觀念，衹有效法聖王之治，纔能建立一個儒家以忠信仁義爲基本精神的禮治社會，實現孔子所説的“老者安之，少者懷之，朋友信之”（《論語·公冶長》）的政治理想。

4. 禮法合治

處於漢初的特定社會條件下，韓嬰在先秦儒家仁道爲本的基礎上以禮治相容法治，沿著荀子隆禮重法的思路主張禮法合治，認爲作爲明君“將修禮以齊朝，正法以齊官，平政以齊下，然後節奏齊乎朝，法則度量正乎官，忠信愛利刑乎下。如是百姓愛之如父母，畏之如神明，是以德澤洋乎海内。”（卷三第七章）這裏提出禮法并用，但範圍不同，修禮是齊朝，正法是齊官。禮法合治，就能使老百姓愛之如父母，敬畏之如神明，國家就能够得到治理。卷三第二十二章還引孔子的話講先王的治道：“昔者先王使民以禮，譬之如禦也。刑者，鞭策也。今猶無轡銜而鞭策以禦也。欲馬之進，則策其後，欲馬之退，則策其前，禦者以勞，而馬亦多傷矣。”這裏，把禮比作轡銜，刑比作鞭策。認爲二者像禦馬一樣，同是治國必須采取的手段，應結合使用，不可偏廢。但基本思路是禮主刑輔，比起荀子來把刑法的地位降低多了。類似的以禦馬比喻治國理民還見於卷二第十、十一、十二章，表達了同樣的主題，禦民有道：善禦者以道禦民，刑罰幾乎可以不用；不善禦者濫用刑罰，兩敗俱傷。顯然這與《論語·爲政》“道之以政，齊之以刑，民免而無耻；道之以德，齊之以禮，有耻且格”一脉相承。另外，《孔子家語·刑政》也引孔子話説：“太上以德教民，而以禮齊之。其次以政焉導民，以刑禁之，刑不刑也。化之弗變，導之弗從，傷義以敗俗，於是乎用刑矣。”《孔叢子·刑論》也引孔子話説：“以禮齊民，譬之於禦，則轡也；以刑齊民，譬之於禦，則鞭也。執轡於此而動於彼，禦之良也。無轡而用策，則馬失道矣。”這些文獻的真實性雖然有争議，但與韓嬰的思想都一脉相承，值得重視。

5. 教主刑輔

與禮法并用密切聯繫的是教化與刑罰的關係，孔子重視教化作用，强調先教後殺。《論語·子路》載孔子説："善人爲邦百年，亦可以勝殘去殺矣。"這是説實行禮義道德的教化儘管短期内難見成效，但時間久了，就會克服殘暴，免除刑殺。《論語·子路》還説："不教民戰，是謂弃之"，不對老百姓進行教化，就發動戰争，把他們送上戰場，是在遺弃他們。《孔叢子·刑論》載孔子的弟子仲弓問古今"刑教"的不同，孔子告訴他説："古之刑省，今之刑繁。其爲教，古有禮然後有刑，是以刑省；今無禮以教，而齊之以刑，刑是以繁。"古代刑罰簡略，今天刑罰嚴密。原因是古代先有禮治後有刑，所以刑罰簡略；今天没有禮教，衹用刑來治民，所以刑罰嚴密。《韓詩外傳》繼承孔子的思想，卷三第二十二章説：

> 傳曰：魯有父子訟者，康子欲殺之。孔子曰："未可殺也。夫民父子訟之爲不義久矣，是則上失其道。上有道，是人亡矣。"訟者聞之，請無訟。康子曰："治民以孝，殺一人以僇不孝，不亦可乎?"孔子曰："否。不教而聽其獄，殺不辜也；三軍大敗，不可誅也；獄讞不治，不可刑也。上陳之教而先服之，則百姓從風矣；躬行不從，然後俟之以刑，則民知罪矣。……'眷焉顧之，潸焉出涕'，哀其不聞禮教而就刑誅也。夫散其本教而待之刑辟，猶决其牢而發以毒矢也，不亦哀乎！……不教而誅，賊也。"

在教化與刑罰的問題上，韓嬰是傳承了孔子儒家一而貫之的思想，即反對不教而殺，主張以教爲主，以刑爲輔，先教後殺，以殺爲萬不得已的手段，體現了儒家以仁愛爲本的思想特質。

6. 王霸并用

《韓詩外傳》卷五第五章引《荀子·王霸篇》説："粹而王，駁而霸，無一焉而亡。"按荀子原文"亡"是失敗的政治模式，其特徵是重功利；"王"是理想的政治模式，其特徵是重道義；"霸"則介乎二者之間，是道義與功利結合的政治模式。可見，韓嬰在王霸問題與荀子一樣主張王霸并用。他還以齊魯爲霸道和王道的典型，進行比較：

> 昔者太公望、周公旦受封而見。太公問周公何以治魯，周公曰："尊尊親親。"太公曰："魯從此弱矣。"周公問太公曰："何以治齊？"太公曰："舉賢尚功。"周公曰："後世必有劫殺之君矣。"後齊日以大，至於霸，二十四世而田氏代之。魯日以削，三十四世而亡。由此觀之，聖人能知微矣。詩曰："惟此聖人，瞻言百里。"（《卷十第二十五章》）

齊魯兩國歷史傳統悠久，但自從建國其治理模式就不一樣，魯國推行以尊尊親親爲核心的王道，而齊國推行舉賢尚功的霸道。在韓嬰這裏看不出對王道和霸道的偏重，似乎認爲兩者各有利弊，那其思路自然就是王霸結合了。

結　　語

由以上可以看出，《韓詩外傳》繼承孔子"述而不作"的經學詮釋傳統，以經學爲學術基礎，以儒爲主，歸本於孔，統合孟荀，整合諸子，試圖在適應時代需要構造一套新的儒家思想體系。祇不過在思想整合的同時有點駁雜，在通經致用的同時理論高度不够。作爲今文經學，《韓詩外傳》注重通經致用，以微言大義來發揮積極的政治作用，在三才之道的基本構架下討論君主修齊治平之道，提出了王道仁政、仁本法用、禮義主體、禮法合治、教主刑輔、王霸并用等治理之道，成爲漢初禮法合治、德主刑輔、王霸結合的國家治理模式形成的一個重要環節，對漢初的國家治理體系的構建起到了重要的作用，并對我們今天國家治理體系的現代化有重要啓示。

作者簡介：韓星，男，1960 年 6 月生於陝西藍田。先後畢業於西北大學中文系、中國思想文化研究所，分别獲文學學士、碩士、歷史學博士（專門史：中國思想史）學位。現爲中國人民大學國學院教授、博士生導師。社會兼職有：國際儒聯理事及傳播教育普及委員會副主任，中華孔子學會理事，孔子文化全球傳播委員會專家顧問團成員，中國社會科學院儒教研究中心學術委員，中國人民大學孔子研究院政治哲學研究中心研究員，北京東方道德研究所特聘研究員、孔子 2000 學術網站顧問，場有哲學研究院（香港）顧問、河北省儒教研究會顧問，陝西省國學藝術研究會顧問，國際南冥學研究會（陝西西安）副會長，《原道》學術委員，《原道》文叢編委，宏道書院學術委員，四觀書院文化導師，西安中和書院院長等。多年來主要從事中國傳統思想、文化的學習和研究，近年尤著力於先秦思想文化、秦漢政治文化、儒學、儒教等的研究，出版有《先秦儒法源流述論》、《儒法整合：秦漢政治文化論》、《儒教問題：争鳴與反思》、《孔學述論》、《中國文化通論》、《儒家人文精神》、《儒教的現代傳承與復興》、《儒學新詮》等，主編《中和學刊》、《中和叢書》、《國學論衡》第五輯等。

由匡正國君到重建國家秩序
——以《春秋穀梁傳》爲視角的考察①

秦　平

内容提要：《春秋穀梁傳》在形式和精神兩方面均以解讀《春秋》爲旨歸，清理周代政治文化的精神資源，進而重建“禮樂征伐自天子出”的合理、有效的社會政治秩序成爲《穀梁傳》的價值關切。鑒於春秋戰國時期社會政治的重心已逐漸下移到諸侯國的層面，《穀梁傳》的作者十分重視諸侯國君在重建國家秩序過程中的核心地位。

在《穀梁傳》看來，國君是國家秩序的最上層。在失範的春秋戰國時代，若要建構良好的國家秩序，首要的任務便是“正”國君。

《穀梁傳》在解讀經文的過程中，對於諸侯國君言行舉止的各個方面給予了較多的關注。《穀梁傳》按照諸侯國君從即位到死亡的順序，分别對國君即位、行爲、言論和死亡的正當性展開論述，其評價的標準主要是周代宗法制度的有關規定。通過指責和批評國君在上述幾方面的過失（即所謂禮樂崩壞之處），《穀梁傳》的作者希望能撥亂反正，震懾、警醒進而匡正諸侯國君的言

①本文是武漢大學2015年度自主科研項目“‘《春秋》三傳’政治哲學比較研究”的階段性成果，受到中央高校基本科研業務費專項資金資助。

行舉止，塑造出有德合道之君；并以此爲起點，在對西周宗法制度因革損益的基礎上，重建諸侯國内部的良性而有效的國家秩序。《穀梁傳》作者的此番用心，一方面可以視作其依托周代宗法制度恢復和重建“天下—國家—家庭”秩序之努力的一個重要組成，另一方面補充和完善了先秦時期宗法政治制度中有關諸侯國君的系統論述；因而，有必要引起學術界的適當關注。

《春秋》是周代宗法制危機的産物。這場以“禮壞樂崩”爲主要特徵的宗法制危機肇始於西周中後期、并在東周時期愈演愈烈，標志著原有的社會政治秩序逐步瓦解。從這個意義上講，中國的軸心時代其實起源于禮壞樂崩之後的社會失範危機。如何走出混亂而重建秩序，成爲先秦諸子百家首先要面對的時代挑戰。

與其他諸家或直接或間接批評禮樂文明的弊病不同，儒家對禮樂傳統和宗法禮樂秩序的根本價值有更深的認同。在儒家看來，春秋時期出現禮壞樂崩的社會失序局面，并不表示禮樂秩序已喪失正當性，而是源於人們對於正當性的忽視。因此，儒家提出的解決方案，是讓人們重新體會到禮樂秩序背後的正當性，進而在對宗法禮樂制度因革損益的基礎上，恢復和重建有效的社會政治秩序。

《春秋穀梁傳》在形式和精神兩方面均以解讀《春秋》爲旨歸。所以，清理周代政治文化的精神資源，進而重建“禮樂征伐自天子出”的合理、有效的社會政治秩序也成爲《穀梁傳》的價值關切。鑒於春秋戰國時期社會政治的重心已逐漸下移到諸侯國的層面，《穀梁傳》的作者十分重視諸侯國君在重建國家秩序[①]過程中的核心地位。

在先秦時期，諸侯國建構良好國家秩序的起點是要有一個好的國君。不過，除了墨家之外，很少有學派主張利用選舉的形式來樹立一個優秀的君主。對儒家而言，通過“匡正”的方式或許能够達到同樣的效果。所謂“匡正”，就是利用道德教育提升國君的德性，利用制度規範約束國君的言行，從而使國君由内而外符合“正”的要求。“匡正”發揮效用的前提是性善論，即孟子所説的“以不忍人之心，行不忍人之政”（《孟子·公孫丑上》）。

在孔子看來，執政者做到“正”，是實現良好政治的關鍵。《論語·顔淵》篇多次記録旁人向孔子問政，我們特别關注其中兩次諸侯國執政者向孔子請教政治的基本精神：一次是齊景公問政，孔子的回答是：“君君，臣臣，父父，子子。”另一次是魯國執政季康子問政，孔子的回答是：“政者正也。子帥以正，孰敢不正?”孔子的答案看上去很不一樣，但仔細推敲，兩個答案的内涵其實頗有一致之處。“君君，臣臣，父父，子子”句邢昺疏：“言政者正也，若君不失君道乃至子不失子道，尊卑有序，上下不失，而後國家正也。”“政者正也。子帥以正，孰敢不正”句邢昺疏：“爲政在乎修己。”[②] 可見，兩個答案都是在講國君以身作

①案：筆者認爲，《穀梁傳》遵循“天下—國—家”的社會結構特徵，自上而下地重構由周王室—華夏諸國—夷狄之國構成的天下秩序、諸侯國範圍内的國家秩序以及家族家庭範圍内的家庭秩序。因此，國家秩序在本文中，特指諸侯國内的秩序，與天下秩序相區别。有關《穀梁傳》天下秩序的論述，筆者將另文討論。

②［魏］何晏集解，［宋］邢昺疏：《論語注疏》，阮元校刻《十三經注疏》，上海古籍出版社，1997 年版，第 2504 頁。

則、修己正人的重要性。作爲這一主張的補充，孔子又説道："其身正，不令而行；其身不正，雖令不從"，"苟正其身矣，于從政乎何有？不能正其身，如正人何？"（《論語·子路》）執政者自身做到方正而不偏邪，那麼無需明文政令，百姓便會自覺按照方正的原則去做。反之，執政者自身做不到方正，却妄圖依靠各種政令要求民衆做到方正，結果衹能是徒勞無功。所以，儒家十分看重有德有位之君子的表率作用，認爲這是"德化"的根本。《禮記·大學》説："堯、舜率天下以仁，而民從之。桀、紂率天下以暴，而民從之。其所令反其所好，而民不從。是故君子有諸己而後求諸人，無諸己而後非諸人"①，可以看作是對孔子這些話的注解。

張德勝從社會學的角度對春秋戰國時期的社會動蕩做了頗有新意的研究。他指出："中國當時的亂，主要是社會上層的亂，是統治階層內部的亂，與希臘的情况有所不同。從典籍的記載中，我們可以覺察到春秋戰國時代的一般人民可能有逃荒及歸附的趨向，但没有大規模的造反和民變"。② 張德勝的看法從另一個角度説明了"正"國君之言行的必要性。春秋時期的失範狀况是自上而下引發的，社會動蕩的根源在統治階層內部。具體到諸侯國，其國家秩序崩壞的一個重要原因，是國君出了問題，他們不願遵循原來的規則，而是想要自行制定規則。"自定規制，是失範社會的另一主要特徵。"③ 正如上引孔子的話："君君，臣臣，

①［漢］鄭玄注，［唐］孔穎達疏：《禮記正義》，《十三經注疏》本，第1674頁。

②張德勝：《儒家倫理與社會秩序：社會學的詮釋》，上海：上海人民出版社，2008年版，第13—14頁。

③張德勝：《儒家倫理與社會秩序：社會學的詮釋》，第12頁。

父父，子子”，“君君”被放在首位；“君不君”，將會引發一連串的惡性後果。

在《穀梁傳》看來，國君是國家秩序的最上層。在失範的春秋戰國時代，若要建構良好的國家秩序，首要的任務便是“正”國君。

一、繼正即位

《穀梁傳》認爲，國君統治國家權力的合法性，首先應源於其獲得權力的方式的正當性。衹有通過正常渠道（即以合乎禮制的方式）獲得國君之位，其統治國家的權力纔是不受質疑的。否則，其統治權力將不會得到認可。

這一點充分體現在《穀梁傳》反復强調的“繼正即位”觀念上。

《春秋》經文是按照魯國十二公的順序排列的。而在記録魯國新君登位時，經文有時書了“公即位”，有時則没有書。《穀梁傳》認爲，通常情形下，魯國新君登位時，《春秋》經文一定會書“公即位”；而如果某位新君登位的元年没有書“公即位”，必定會有原因。大體上看，書“公即位”或不書“公即位”，與上一任國君的死亡性質直接相關，同時涉及新君繼承權的正當性。爲此，《穀梁傳》專門總結了《春秋》關於新君繼位的幾種書例：

第一種情況：“繼正即位，正也。”這是説當先君正常死亡時，擁有正當繼承權的新君繼承先君而登位，故應書“公即位”，以顯示其獲取統治權力方式的正當性。這是新君即位最正常的情形。

第二種情況：“繼弒君不言即位，正也。”這是説當先君意外死亡（主要指被殺、被弑）時，新君即位則不應書“公即位”，以顯示新君對上一任國君意外去世的哀痛、惋惜之情，亦表明新君有責任和義務爲被害的上一任國君復仇。此種新君登位情況雖然伴隨有意外，但是新君本人没有弑君嫌疑，而且新君的繼承人資格也没有疑問，因而也屬於正常的情形。

第三種情况：“繼故而言即位，則是與聞乎弑也。”這是説當先君由於意外死亡（被殺、被弑），倘若新君即位時經文書了“公即位”，則表明新君對先君的意外死亡根本没有哀戚之情，甚至新君與先君的被弑之間存在某種關係。也就是説，新君其實事先已經知曉了弑先君的陰謀，乃至參與了弑先君的篡逆活動。

《穀梁傳》共提到九位魯國新君繼位的情形，分别是：桓公、莊公、閔公、僖公、文公、宣公、襄公、昭公和定公，分别如下：

> 《穀梁傳·桓公元年》：正月，公即位。繼故不言即位，正也。繼故不言即位之爲正何也？曰先君不以其道終，則子弟不忍即位也。繼故而言即位，則是與聞乎弑也。繼故而言即位，是爲與聞乎弑何也？曰先君不以其道終，己正即位之道而即位，是無恩於先君也。①
>
> 《穀梁傳·莊公元年》：元年春，王正月。繼弑君不言即位，正也。繼弑不言即位之爲正何也？曰先君不以其道終，則子不忍即位也。②

①［晋］范甯集解，［唐］楊士勛疏：《春秋穀梁傳注疏》，《十三經注疏》本，第2372頁。

②［晋］范甯集解，［唐］楊士勛疏：《春秋穀梁傳注疏》，《十三經注疏》本，第2379頁。

《穀梁傳·閔公元年》：元年春，王正月。繼弒君不言即位，正也。親之非父也，尊之非君也，繼之如君父也者，受國焉爾。①

《穀梁傳·僖公元年》：元年春，王正月。繼弒君不言即位，正也。②

《穀梁傳·文公元年》：元年春，王正月，公即位。繼正即位，正也。③

《穀梁傳·宣公元年》：元年春，王正月，公即位。繼故而言即位，與聞乎故也。④

《穀梁傳·襄公元年》：元年春，王正月，公即位。繼正即位，正也。⑤

《穀梁傳·昭公元年》：元年春，王正月，公即位。繼正即位，正也。⑥

《穀梁傳·定公元年》：元年春，王。不言正月，定無正也。定之無正何也？昭公之終非正終也，定之始非正始也。

①［晋］范甯集解，［唐］楊士勛疏：《春秋穀梁傳注疏》，《十三經注疏》本，第2389頁。

②［晋］范甯集解，［唐］楊士勛疏：《春秋穀梁傳注疏》，《十三經注疏》本，第2391頁。

③［晋］范甯集解，［唐］楊士勛疏：《春秋穀梁傳注疏》，《十三經注疏》本，第2404頁。

④［晋］范甯集解，［唐］楊士勛疏：《春秋穀梁傳注疏》，《十三經注疏》本，第2411頁。

⑤［晋］范甯集解，［唐］楊士勛疏：《春秋穀梁傳注疏》，《十三經注疏》本，第2425頁。

⑥［晋］范甯集解，［唐］楊士勛疏：《春秋穀梁傳注疏》，《十三經注疏》本，第2433頁。

昭無正終，故定無正始。不言即位，喪在外也。……夏，六月癸亥，公之喪至自乾侯。戊辰，公即位。殯然後即位也。定無正，見無以正也。逾年不言即位，是有故公也；言即位，是無故公也。即位，授受之道也。先君無正終，則後君無正始也；先君有正終，則後君有正始也。戊辰，公即位，謹之也。定之即位，不可不察也。公即位，何以日也？戊辰之日，然後即位也。癸亥，公之喪至自乾侯，何爲戊辰之日然後即位也？正君乎國，然後即位也。沈子曰："正棺乎兩楹之間，然後即位也。"内之大事日，即位，君之大事也，其不日，何也？以年决者，不以日决也。此則其日何也？著之也。何著焉？逾年即位，厲也，于厲之中又有義焉。[①]

其中，文公、襄公、昭公的繼位屬於上述第一種情况，即"先君正常死亡，新君登位書'公即位'"；此外《穀梁傳》未明確説到的成公和哀公也屬此列。莊公、閔公、僖公三位國君的繼位屬於第二種情况，即"先君意外死亡，新君登位不書'公即位'"。桓公、宣公兩位國君的繼位則屬於第三種情况，即"先君意外死亡，新君登位書'公即位'"。[②] 這三種新君繼位的書例，是《穀梁傳》對《春秋》記事規律歸納的結果。《穀梁傳》認爲，"《春秋》在這種書不書即位的差别之間，寄寓著深一層的褒貶之意"。[③] 這是《穀梁傳》對於《春秋》的"微言大義"進行

---

①［晋］范甯集解，［唐］楊士勛疏：《春秋穀梁傳注疏》，《十三經注疏》本，第2442—2443頁。

②定公登位的情况比較特殊：先君昭公被魯大夫季孫如意驅逐出國，客死齊國；次年六月定公即位。《穀梁傳·定公元年》云："先君無正終，則後君無正始"，即此之謂。

③吴智雄：《穀梁傳思想析論》，臺北：文津出版社，2000年版，第172頁。

闡釋的一個典型表現。

魯閔公登位的情況較爲特殊，《穀梁傳》對此的評論更值得關注：閔公實際上不是繼承父親莊公的君位，而是繼承哥哥子般的君位。子般之所以未稱“君”，是因爲他立未滿一年就被公子慶父派人所弑，還不能正式稱爲國君。如此一來，對於閔公來説，子般既非其父，又非其君（即位未滿一年，尚不得正式爲君）。那麼經文對閔公登位的記録，爲什麼還要與正常的繼君繼父即位一樣呢?《穀梁傳·閔公元年》的解釋是：“親之非父也，尊之非君也，繼之如君父也者，受國焉爾。”① 閔公乃是從子般那裏接受了國家的統治權，也就是“受命”。

從《穀梁傳》對新君繼位的評論可以看出，它將《春秋》關於後君繼位的情況分爲“繼正即位，正也”、“繼弑君不言即位，正也”、“繼故而言即位，則是與聞乎弑也”三種書例，表現了《穀梁傳》努力發掘《春秋》的固有義例、闡釋其“微言大義”的“解經”的工夫。

“即位”的實質是權力的授受之道。爲了維護“即位”的秩序，保護權力的神聖性與正當性，《穀梁傳》十分看重繼承人的名分資格。换言之，“即位”本身也是“正名”思想的一種體現。“位”者，名也；“即”者，就也。“即位”有“合於名”之義，亦即“名符其實，實稱其名”。從宗法制的角度看，“即位”之所以會存在“正”與“不正”的情形，主要取決於兩點：第一，新君是否具有正當的身份資格？從這層意義上講，每一次“即位”事件中，有且衹有一位繼承人擁有此資格；衹有當他“即位”

①［晋］范甯集解，［唐］楊士勛疏：《春秋穀梁傳注疏》，《十三經注疏》本，第2389頁。

時，整個權力授受的行爲過程纔具有正當性。第二，針對先君不同的死亡情形，新君的登位過程是否合于禮法規定？從這層意義上講，相應於先君的某種死亡方式，有且衹有一種新君登位過程是合乎情與禮的。換言之，必須是恰當的人以恰當的方式即位，其權力授受過程的正當性纔被認可。

在此，“即位”過程所完成的統治權力授受，不僅指事實上的政權轉移儀式，更是標志著政權的神聖性被傳遞下去。而政治生活中的神聖性應建立在政治活動正當性的基礎之上。“中國古典政治哲學的核心問題之一是思考了政治權力來源的正當性、政治權力行使的道德合理性的基礎問題以及政治活動的目的性三個主要問題。而對政治權力如何運用的方法論問題、政治權力的制約問題没有過多思考。”①

由此，《穀梁傳》借評論經文書寫魯君即位方式的差异，闡述了國君獲取統治權力的正當性原則。這也爲諸侯國國家秩序的確立奠定了重要基礎。

二、正君之行

然而，一位國君在繼承資格與即位過程等方面合乎禮法，并不能保證這位國君在即位之後就能做到敬德保民、循禮而爲。尤其是在春秋時期，“舊的標準搞亂了，新的尺度未能即時形成。這時候，人的欲望就缺乏節制，在可能與不可能之間，在公平與不公平之間，在合理要求與异想天開之間，這一切的界限，都變

①吴根友：《在道義論與正義論之間——比較政治哲學諸問題初探》，武漢：武漢大學出版社，2009年版，序言第2頁。

得模糊起來”。① 舊有秩序逐漸崩壞，人的欲望就像掙脱了牢籠的巨獸，蠢蠢欲動，嘗試著各種過去想都不敢想的可能性，整個社會呈現出失範的狀況。

諸侯國的國君們也驚喜地發現套在他們頸項之間的宗法禮制的束縛力正在顯著衰退；那些在過去看上去不敢越雷池一步的禁區，現在變得似乎不那麼遥遠了，甚至觸手可及。哈耶克在《自由秩序原理》一書中討論了“習慣的强制力”發揮效用直至逐漸失效的過程，對我們理解春秋時期的失範狀態極有啓發。哈耶克指出，人的社會生活（或者社會動物的群體生活）之所以可能，是因爲每一個個體都在依照某些規則行事。這些規則最初也許是一種無意識的習慣，到後來逐漸發展成爲一般性的陳述，亦即某種有意識的習慣或者規則。某個一般性習慣或者規則被人群所普遍遵循，并非是由於權威的力量，而是因爲規則或者習慣自身具有某種强制力。“習慣的强制力”發揮效用有一個前提，即：這些一般性的習慣或者規則是人們所知道的唯一的可能方式。一旦“在做某一事情的習慣方式已不再是某個行動者所知道的唯一方式的時候，而且祇有在該行動者能思考以其他方式去實現這個可欲的目標的時候”，“習慣的强制力”就會轉變成該行動者的一種障礙。最終，不再具有强制力的一般性習慣或者規則，便被打破了。② 哈耶克在這裏講到的“習慣的强制力”，與孟子所說的“行之而不著焉，習矣而不察焉”③、以及《周易·繫辭上》所説

---

①張德勝：《儒家倫理與社會秩序：社會學的詮釋》，第 5 頁。

②［英］弗裏德利希·馮·哈耶克著，鄧正來譯：《自由秩序原理》（上册），北京：三聯書店，1997 年版，第 184—188 頁。

③《孟子·盡心上》：“行之而不著焉，習矣而不察焉，終身由之而不知其道者，衆也。”

的“百姓日用而不知”① 的“道”有相通之處。哈耶克認爲，當人們已經認識到行爲的可能性不止一個時，原本的“唯一可能性”所具有的約束力就會遭到人們的質疑和挑戰。而春秋時期的失范狀態，正好給人們提供了更多的可能性。就國君而言，原本的“唯一可能性”的生活方式（即符合宗法禮制的生活方式）不再是必須遵循的了。於是，早已厭倦了這種無趣生活方式的國君們，便興高采烈地挑選著自己喜歡的活法。

以今日的眼光看，春秋時期發生的這一切或許不是壞事。正如尼采所說的，“我們時代最大的長處，難道不是在於没有真理存在嗎？一切都被允許”。② 但是，對於身處其境的春秋直至戰國時期的人們來說，由失範所導致的失重感并不像坐過山車那樣刺激，而是令人不安、眩暈甚至嘔吐，因爲“規範的作用不光是節制行爲，而且賦予生活意義。人失去了規範，也失去了生活的成法，往往感到惶然無著，焦灼不安”。③ 尤其是儒家，他們將自己的價值理想根植于傳統規則的土壤之上；一旦這些傳統規則被顛覆，儒家的價值理想也將變成無根之木。因此，儒家纔會大力主張撥亂反正，《穀梁傳》纔會不遺餘力重建秩序。

爲此，《穀梁傳》要對國君的任意行爲説“不”！

《穀梁傳》首先針對的是國君主導的祭祀活動。《左傳·成公

---

①《周易·繫辭上》：“一陰一陽之謂道。繼之者善也，成之者性也。仁者見之謂之仁，知者見之謂之知。百姓日用而不知，故君子之道鮮矣。”見［魏］王弼、韓康伯注［唐］孔穎達正義：《周易正義》，《十三經注疏》本，第 78 頁。

②轉引自張德勝：《儒家倫理與社會秩序：社會學的詮釋》，第 24 頁。

③張德勝：《儒家倫理與社會秩序：社會學的詮釋》，第 11 頁。

十三年》云："國之大事，在祀與戎。"① 祭祀是當時國家生活的核心内容，關涉到政權的神聖性與正當性，意義重大。《穀梁傳·成公十七年》明確提出了祭祀活動應遵循的基本原則："宫室不設，不可以祭；衣服不修，不可以祭；車馬器械不備，不可以祭；有司一人不備其職，不可以祭。祭者，薦其時也，薦其敬也，薦其美也，非享味也。"② 意即："齋戒的宫室没有收拾乾净，是不可以從事祭禮的；祭祀時所需穿著的衣服没有修整好，是不可以從事祭禮的；應用的物品如車馬器械等没有準備齊全，是不可以從事祭禮的，這些都在説明祭禮必須以誠敬爲主，不可隨便。祭禮的目的，主要是呈獻於其適當的時刻，呈獻其虔誠的敬意，呈獻其美好的事功成果，目的不是在借用盛大典禮可以讓神明享受到美好滋味的。"③

《穀梁傳》認爲，"合時"是舉行祭祀禮儀的最基本要求。是否在適當的時刻舉行祭禮，在很大程度上反映了"與祭者"的態度是否虔敬。正如《禮記·禮器》所説："禮，時爲大，順次之，體次之，宜次之，稱次之。"④ 而虔敬正是祭祀活動的關鍵。"據人類學家布朗的觀察，人做出一些宗教儀式，雖然未必達到預期目標（如求雨得雨），却可以獲得意外效果，這就是默頓所説地隱性功能。他認爲參與儀式，可以産生維繫社會團結的情操，并

①［晋］杜預注，［唐］孔穎達疏：《春秋左傳正義》，《十三經注疏》本，第1911頁。

②［晋］范甯集解，［唐］楊士勛疏：《春秋穀梁傳注疏》，《十三經注疏》本，第2423頁。

③周何：《新譯春秋穀梁傳》，臺北：三民書局，2000年版，第763頁。

④［漢］鄭玄注，［唐］孔穎達等正義：《禮記正義》，《十三經注疏》本，第1431頁。

將之代代相傳。他特別推許孔子和荀子，指出他們早已體悟出禮儀與社會秩序的關係了。”① 按照這一説法，不合時的祭祀活動由於缺乏必要的虔誠，因而無法發揮祭祀活動的隱性功能而獲得意外效果。這一視角可以啓發我們重新理解孔子的一句名言：“吾不與祭，如不祭”（《論語·八佾》）。

因此，《穀梁傳》對一些不合時的祭祀活動提出批評。如《穀梁傳·桓公八年》批評魯國在春季、夏季兩次舉行本應在冬季舉行的烝祭之禮，認爲這表明魯國對於祭祀活動褻慢不敬，故《春秋》特别加以記載，以斥責魯君之過。②《穀梁傳·僖公三十一年》云：“夏，四月，四卜郊，不從，乃免牲，猶三望。夏，四月，不時也。四卜，非禮也。”③ 正常舉行郊祭之禮的時間應該在每年春季的正月到三月之間，行禮之前要通過“卜”來確定郊祭之正日，每旬一卜，三卜爲限。④ 但魯國的這次郊祭之禮却從四月開始卜郊，而且卜了四次。就時間看，超過了郊祭之禮的正常下限；就卜郊的次數看，也超出了三卜的上限。所以，《穀梁傳》用“不時”、“非禮”以示斥責。

舉行宗廟祭祀活動需要有合適的祭品，爲此禮制規定了“四時之田”：“春曰田，夏曰苗，秋曰蒐，冬曰狩。”據晋代范寧的注釋，春季的“田”指“取獸于田”，夏季的“苗”指“爲苗除

---

①張德勝：《儒家倫理與社會秩序：社會學的詮釋》，第 39 頁。

②［晋］范甯集解，［唐］楊士勛疏：《春秋穀梁傳注疏》，《十三經注疏》本，第 2376 頁。

③［晋］范甯集解，［唐］楊士勛疏：《春秋穀梁傳注疏》，《十三經注疏》本，第 2403 頁。

④周何：《新譯春秋穀梁傳》，第 474 頁。

害”，秋季的“蒐”指“舍小取大”，冬季的“狩”指“圍狩”。① 周何認爲，“田”指春季采用田野獵獸；“苗”指夏季行獵時應注意不要誤傷懷孕的母獸；“蒐”指秋季可搜索肥壯的動物；“狩”指冬季寒冷，適合采用伺守而獵取的方式。② 可見即便是爲宗廟祭祀獵取祭品，不同季節的捕獵活動，在主題和强度上也都應該有所區別。桓公四年，魯國國君在春季的正月舉行了本應在冬季舉行的“狩”獵。《穀梁傳》雖没有明確批評，但是却詳細説明了各個季節應采用的捕獵活動的種類。這實質上是在用委婉的方式提出批評。③

儘管當時各種宗廟禮儀還在舉行，但是國君的虔敬之心已經淡漠，行爲也就相應變味。以莊公、文公時期的事例爲證：

> 《穀梁傳·莊公二十三年》：秋，丹桓宫楹。禮，天子、諸侯黝堊，大夫倉，士黈，丹楹，非禮也。④
>
> 《穀梁傳·莊公二十四年》：二十有四年春，王三月，刻桓宫桷。禮，天子之桷，斫之礱之，加密石焉。諸侯之桷，斫之礱之。大夫斫之。士斫本。刻桷，非正也。夫人，所以崇宗廟也，取非禮與非正而加之於宗廟，以飾夫人，非正也。刻桓宫桷，丹桓宫楹，斥言桓宫以惡莊也。⑤

---

①［晋］范甯集解，［唐］楊士勛疏：《春秋穀梁傳注疏》，《十三經注疏》本，第2374頁。

②周何：《新譯春秋穀梁傳》，第95頁。

③［晋］范甯集解，［唐］楊士勛疏：《春秋穀梁傳注疏》，《十三經注疏》本，第2374頁。

④［晋］范甯集解，［唐］楊士勛疏：《春秋穀梁傳注疏》，《十三經注疏》本，第2386頁。

⑤［晋］范甯集解，［唐］楊士勛疏：《春秋穀梁傳注疏》，《十三經注疏》本，第2386頁。

《穀梁傳·文公二年》：丁丑，作僖公主。作，爲也。爲僖公主也。立主，喪主于虞，吉主於練。作僖公主，譏其後也。作主、壞廟有時日，於練焉壞廟。壞廟之道，易檐可也，改塗可也。……八月丁卯，大事於大廟，躋僖公。大事者何？大是事也，著祫、嘗。祫祭者，毀廟之主，陳于大祖，未毀廟之主，皆升合祭于大祖。躋，升也，先親而後祖也，逆祀也。逆祀，則是無昭穆也。無昭穆，則是無祖也。無祖，則無天也。故曰：文無天。無天者，是無天而行也。君子不以親親害尊尊，此《春秋》之義也。①

莊公二十三年到二十四年，魯莊公兩次下令對桓公之廟進行裝飾：第一次是將桓公之廟的大柱漆成紅色，第二次是在桓公之廟中檐前的方桷上刻上紋飾。《穀梁傳》認爲這兩次行爲有一個共同目的，即爲了迎娶夫人做準備工作。因爲按照禮制，國君夫人迎娶回來後，首先要"臨宗廟""薦於舍前"②，看看列祖列宗是否接受。桓公是魯莊公的君父，桓公之廟在此環節最爲重要，故莊公要先行裝飾。莊公此舉的目的并非討新夫人的歡心，而是在討好桓公之神，希望桓公之神能接納新夫人。莊公爲什麽要煞費苦心呢？因爲這個新夫人來自齊國，是齊國的公室之女；而魯桓公正是死在齊國人的手上。也就是説，莊公要迎娶仇人之女，又希望被仇人害死的父親能接納這個新夫人，於是便試圖通過裝飾桓公之廟的行動來討好、説服桓公之神。《穀梁傳》直斥莊公

①［晋］范甯集解，［唐］楊士勛疏：《春秋穀梁傳注疏》，《十三經注疏》本，第 2404、2405 頁。

②［晋］范甯集解，［唐］楊士勛疏：《春秋穀梁傳注疏》，《十三經注疏》本，第 2386 頁。

一錯再錯：第一，不應該迎娶仇人之女；第二，莊公對桓公之廟的兩次裝飾均違背禮制規定，屬“非禮”、“非正”。因此，經文記載兩次飾廟之事，以表示對莊公的嫌惡和不滿。

文公二年“作僖公主”、“躋僖公”之事，影響更加惡劣深遠：魯文公二年，魯國舉行褅祭，其間需要遵照昭穆秩序排列先君的神主之位。在文公之前的幾位先君即位的順序是：莊公—閔公—僖公。他們的具體關係是：莊公去世後，莊公之子子盤即位，但不久便被公子慶父派人殺害；因數盤即位未滿一年，依禮不得稱“君”。莊公之子閔公即位；兩年後，閔公被弑；閔公之兄（亦即莊公的另一個兒子）僖公即位。僖公去世後，國君之位順利的傳給他的兒子文公。就僖公和閔公的關係看，僖公雖然是閔公之兄，但同時也是閔公之臣，因此按昭穆順序應排在閔公之後。但是僖公之子文公爲了彰顯父親之名，强行將僖公之昭穆順序提到閔公之前。此舉看似符合兄弟之序，實則破壞了君臣尊卑之義。因此，《穀梁傳》認定文公此舉“以親親害尊尊”，是“逆祀”，并譴責文公“無祖無天”。文公的這一錯誤舉動被後世的魯君繼承，此後魯國舉行褅祭時，均將僖公的神主之位列于閔公之前。爲此，孔子特别説道：“諦，自既灌而往者，吾不欲觀之矣。”（《論語・八佾》）魯國的褅祭從既灌儀式之後，就不能看了。因爲此後的流程便進入到按昭穆順序由尊而卑地排列先君神主，然而這個順序從文公時期開始就已經淆亂了。

的確，制度與情感是一對永恒的冤家，恩怨糾纏，却誰也離不開誰。荀子説過：“人生而有欲，欲而不得，則不能無求，求而無度量分界，則不能不争。争則亂，亂則窮。先王惡其亂也，故制禮義以分之，以養人之欲，給人之求。使欲必不窮乎物，物必不屈於欲，兩者相持而長，是禮之所起也。”① 情感、欲望正是催生制度的根源；但是，制度一經確立，又會經常壓制情感、欲望。一旦制度出現鬆動的迹象，人的情感、欲望就會趁勢占據上風。春秋時期，宗法禮制的約束力鋭減，國君心中那些原本被壓制的情感和欲望有了宣泄的機會。於是，很多國君都會放任個人情感上的偏好，隨意破壞規則、挑戰宗法禮制。

如《穀梁傳·哀公十二年》指責昭公娶同姓之女，違背了“同姓不婚”的禮制規定。② 這一事件在《論語》中也得到反映。《論語·述而》記載：“陳司敗問：‘昭公知禮乎？’孔子曰：‘知禮。’孔子退，揖巫馬期而進之，曰：‘吾聞君子不党，君子亦党乎？君取于吴爲同姓，謂之吴孟子。君而知禮，孰不知禮？’巫馬期以告。子曰：‘丘也幸。苟有過，人必知之。’”魯國公室是姬姓，吴國爲泰伯之後，也是姬姓。昭公娶吴國同姓之女的行爲不符合禮制，當時已遭到人們的批評。又如桓公六年，魯國舉行盛大的閲兵禮儀。《穀梁傳》認爲平居無事時舉行閲兵儀式屬於“非禮”之舉，有窮兵黷武之嫌，抑或者像周幽王“烽火戲諸侯”一般，是爲了取悦于魯君夫人。③ 再如同年秋陳國國君被蔡國人殺死，《穀梁傳》没有譴責蔡國人，而是貶斥陳君如“匹夫”。原來陳君非常熱愛打獵，這次竟然過於放縱，跑到蔡國境内打獵，還同蔡國人争搶獵獲的禽獸，蔡國人不知道他是陳國國君，争執

---

①《荀子·禮論》，見［清］王先謙：《荀子集解》，北京：中華書局，1988年版，第346頁。

②［晋］范甯集解，［唐］楊士勛疏：《春秋穀梁傳注疏》，《十三經注疏》本，第2450頁。

③［晋］范甯集解，［唐］楊士勛疏：《春秋穀梁傳注疏》，《十三經注疏》本，第2375頁。

之下把他殺了。《穀梁傳》認爲陳君的行爲確實不像一國之君，倒像是没有涵養的庶民一般。① 與此類似，《穀梁傳・隱公五年》批評魯隱公跑到棠地去看捕魚。捕魚屬於很卑微的活動，觀看捕魚不符合國君的尊貴身份。爲此《穀梁傳》特意重申了一條禮制規定："禮，尊不親小事，卑不尸大功。"② 綜上可知，《穀梁傳》所作的很多批評都是針對國君的一些日常行止。在今天看來，很多都是無傷大雅、甚或鷄毛蒜皮的小事。可是，爲什麼《穀梁傳》要揪住這些"小事"不放呢？這是因爲"小"中可以見"大"，"小事"不僅反映了國君們的喜好偏向，更體現出他們對於禮制規範的態度；從國君對待小事的方式，往往能够看出他們對待大事時的方式方法。正因爲如此，劉備在給兒子的遺詔中纔會説："勿以惡小而爲之，勿以善小而不爲。"③

《穀梁傳》還反對國君僭越禮制、挑戰天子權威的做法。襄公十一年魯國建立三軍，《穀梁傳》認爲這違背了古代"天子六師，諸侯一軍"的制度，會威脅到周王室的威望，故以"非正也"斥之。④ 另外，《穀梁傳・僖公五年》批評晉獻公殺世子申生的行爲⑤，原因是這將嚴重傷害宗法情感，并對國家統治權力

①［晉］范甯集解，［唐］楊士勛疏：《春秋穀梁傳注疏》，《十三經注疏》本，第 2375 頁。

②［晉］范甯集解，［唐］楊士勛疏：《春秋穀梁傳注疏》，《十三經注疏》本，第 2369 頁。

③《三國志・蜀書・先主傳》裴松之注，見［晉］陳壽撰，［宋］裴松之注：《三國志》，北京：中華書局，1982 年版，第 891 頁。

④［晉］范甯集解，［唐］楊士勛疏：《春秋穀梁傳注疏》，《十三經注疏》本，第 2427 頁。

⑤［晉］范甯集解，［唐］楊士勛疏：《春秋穀梁傳注疏》，《十三經注疏》本，第 2393 頁。

的傳遞造成直接破壞。

此外,《穀梁傳》還對國君“疲民”、“勞民”、“與民争利”的行爲表示貶斥。

三、正君之言

國君的言論是其身份權威的外化表現，因此需要格外注意。中國古代一直有“君無戲言”的説法，還流傳有“桐葉封弟”① 的故事，都説明統治者説話要特別謹慎，因爲話一旦説出，就再也無法收回了；即便是一些不情不願的承諾，也衹得硬著頭皮兑現。其實，國君謹言不僅表現爲不要輕易許諾，還體現在國君的口要緊，要能爲臣子保守秘密，不能“漏言”。這一點，集中反映在《穀梁傳·文公六年》的傳文中：

> 冬，十月，公子遂如晋。葬晋襄公。晋殺其大夫陽處父。稱國以殺，罪累上也。襄公已葬，其以累上之辭言之何也？君漏言也，上泄則下暗，下暗則上聾。且暗且聾，無以相通。射姑殺者也。射姑之殺奈何？曰：晋將與狄戰，使狐射姑爲將軍，趙盾佐之。陽處父曰：“不可！古者君之使臣也，使仁者佐賢者，不使賢者佐仁者。今趙盾賢，夜姑仁，其不可乎！”襄公曰：“諾！”謂夜姑曰：“吾始使盾佐女，今女佐盾矣。”夜姑曰：“敬諾！”襄公死，處父主竟上事，射姑使人殺之。君漏言也，故士造辟而言，詭辭而出，曰：

①《史記·晋世家》，見［漢］司馬遷：《史記》，北京：中華書局，1959 年版，第 1635 頁。

“用我則可，不用我則無亂其德。”晉狐射姑出奔狄。①

事件的詳情是：當初晉國將要與狄人發生戰争，晉襄公需要選任主將。他原本的打算是任命狐射姑爲統領中軍的主將，而任命趙盾爲副將來輔佐他。這時，大夫陽處父提出晉襄公的安排不妥，因爲趙盾是一位非常有才幹的大臣，狐射姑則是一位很仁厚的大臣；自古以來，都是安排仁厚的人去輔佐有才幹的人，因此晉襄公的做法有違常理。晉襄公采納了陽處父的意見，任命趙盾爲主將，狐射姑爲副將。這本來是很正常的。但是，晉襄公或許是爲了安撫狐射姑，竟然把其中的曲折向狐射姑和盤托出。狐射姑口裏表示“没問題”，但是心裏却恨透了陽處父。晉襄公去世後，狐射姑便趁機派人殺了陽處父。《穀梁傳》認爲，儘管殺死陽處父的人是狐射姑，但實質上他是因晉襄公而死。因而，《穀梁傳》對晉襄公“漏言”之過提出批評，并分析了國君“漏言”可能導致的惡果：如果國君經常泄露臣下的進言，致使臣下受到打擊報復，那麽久而久之，就没有人敢於進言了；而一旦言路堵塞，在上的國君便會像聾子一般聽不到真實的話了。最後《穀梁傳》對國君提出建議：國君如果能采納臣下的建議，那當然很好；但是如果不采納臣下的建議，也請不要將這些建議洩露出去，以免造成他人的誤解。

《穀梁傳》的這一觀點與孔子頗爲投契。《周易·繫辭上》在評價節卦“初九”爻辭“不出户庭，無咎”時，引述孔子的話：“亂之所生也，則言語以爲階。君不密則失臣，臣不密則失身，幾事不密則害成。是以君子慎密而不出也。”孔穎達正義：“‘君

①［晉］范甯集解，［唐］楊士勛疏：《春秋穀梁傳注疏》，《十三經注疏》本，第2406頁。

不密則失臣’者，臣既盡忠，不避危難爲君謀事，君不慎密乃彰露臣之所爲，使在下聞之，衆共嫉怒，害此臣而殺之，是失臣也。‘臣不密則失身’者，言臣之言行，既有虧失，則失身也。‘幾事不密則害成’者，‘幾’謂幾微之事，當須密慎，預防禍害。若其不密而漏泄，禍害交起，是害成也。‘是以君子慎密而不出’者，于《易》言之，是身慎密不出户庭，於此義言之，亦謂不妄出言語也。”① 身爲大臣，當然要依據自己的理解向國君進言，有些建議儘管對事不對人，但還是會有人因此而受到損失。國君作爲總覽全局的決策者，可以權衡利弊，决定采納或者不采納某個大臣的進言；却不可以洩露出去，否則就會陷臣下於不義與危殆之中。當然，孔子的話涉及的内容更廣泛一些，還包括臣子應慎密、謀事需慎密等。② 瞭解這些，或許會有助於我們换個角度理解《論語》中孔子關於“慎言”的一系列論説，如：“巧言令色，鮮矣仁”（《論語・學而》），“成事不説，遂事不諫，既往不咎”（《論語・八佾》），“君子欲訥于言而敏於行”（《論語・裏仁》）。

四、正君之終

與正君之始（繼正即位）相呼應，《穀梁傳》對國君之終也表示出高度的關注。由此聯想到《論語・學而》記載的曾子之

①［魏］王弼、韓康伯注，［唐］孔穎達正義：《周易正義》，《十三經注疏》本，第 80 頁。

②韓非亦論及慎言之義，可作參考。《韓非子・説難》：“夫事以密成，語以泄敗。未必其身泄之也，而語及所匿之事，如此者身危。”見［清］王先慎：《韓非子集解》，北京：中華書局，1998 年版，第 87 頁。

言："慎終追遠，民德歸厚矣。"通常"慎終"被解釋爲"喪盡其哀"。[①] 不過，結合《論語・泰伯》所記曾子臨終前召集門人弟子説："啓予足！啓予手！《詩》云：'戰戰兢兢，如臨深淵，如履薄冰。'而今而後，吾知免夫，小子"，以及《禮記・檀弓》所載的"曾子易簀"[②] 的故事，則"慎終"似乎還包涵了一層含義，即：慎其所終，——君子對自己的死亡懷有敬畏之情，并遵循一定的禮儀以做到善終。這與今天的"臨終關懷"有些相似。此種禮制規定恐怕是當時貴族階層通行的慣例，并對國君之終產生影響。

《穀梁傳》一個非常獨特的地方，是它專門討論了國君去世的地點，認爲與國君去世的不同地點相對應，對國君之終的評價存在"正"與"不正"的區别。以傳文爲例：

> 《穀梁傳・莊公三十二年》：八月癸亥，公薨于路寢。路寢，正寢也。寢疾居正寢，正也。男子不絶於婦人之手，以齊（齋）終也。[③]
>
> 《穀梁傳・宣公十八年》：冬，十月壬戌，公薨于路寢。正寢也。[④]
>
> 《穀梁傳・成公十八年》：己丑，公薨于路寢。路寢，正

①［晋］何晏集解，［宋］邢昺疏：《論語注疏》，《十三經注疏》本，第2458頁。

②［漢］鄭玄注，［唐］孔穎達疏：《禮記正義》，《十三經注疏》本，第1277頁。

③［晋］范甯集解，［唐］楊士勛疏：《春秋穀梁傳注疏》，《十三經注疏》本，第2389頁。

④［晋］范甯集解，［唐］楊士勛疏：《春秋穀梁傳注疏》，《十三經注疏》本，第2415頁。

也。男子不絶婦人之手，以齊（齋）終也。[①]

莊公、宣公、成公三位國君均薨于路寢。《穀梁傳》解釋“路寢，正寢也”。根據錢玄、錢興奇編著的《三禮辭典》：“路寢，天子、諸侯之正寢，治事之處。《周禮·天官·宫人》：‘掌王之六寢之修。’鄭玄注：‘六寢者，路寢一，小寢五。……路寢以治事，小寢以時燕息焉。’賈公彦疏：‘天子六寢，則諸侯當三寢，亦路寢一，燕寢一，側室一，《内則》所云者是也。’《禮記·玉藻》：‘朝服以日視朝於内朝，朝，辨色始入。君日出而視之。退適路寢聽政。使人視大夫，大夫退，然後適小寢，釋服。’是每日視朝在寢門外之内朝，朝後於路寢聽政治事，畢，退至燕寢休息。”[②] 儘管典籍的説法存在分歧，但大體上都認爲天子、諸侯所居有“路寢”和“小寢”。“路寢”是聽政治事的場所，故爲“正寢”；“小寢”是休息睡覺的地方，有“燕寢”、“側室”之分，也是國君夫人和妾媵所居之處。《穀梁傳》認爲，在正常的、合禮的情形下，國君應死于路寢。言外之意，在國君彌留之際，應將其遷至路寢，以做到善終。《穀梁傳》爲此特意歸納了一條義例：“男子不絶於婦人之手，以齊（齋）終也。”“小寢”爲君夫人和妾媵所在，國君死于“小寢”意味著絶於婦人之手，不是正終。《禮記》有類似説法。《禮記·喪大記》云：“男子不死於婦人之手，婦人不死於男子之手。”鄭玄注：“君子重終，爲

①［晋］范甯集解，［唐］楊士勛疏：《春秋穀梁傳注疏》，《十三經注疏》本，第 2424 頁。

②錢玄、錢興奇編著：《三禮辭典》，南京：江蘇古籍出版社，1998 年版，第 961 頁。

其相褻。"①《禮記·喪大記》又言："君夫人卒于路寢"②，按國君與夫人一體、同尊同卑，可推知國君亦當薨于路寢，即鄭玄所云"言死者必皆于正處也"③之意。《穀梁傳》之説可與《禮記》互證。

《穀梁傳》還列舉了國君不死于"路寢"的事例：

> 《穀梁傳·僖公三十三年》：十有二月，公至自齊。乙巳，公薨於小寢。小寢，非正也。④
>
> 《穀梁傳·文公十八年》：十有八年春，王二月丁丑，公薨於臺下。臺下，非正也。⑤
>
> 《穀梁傳·襄公三十一年》：夏，六月辛巳，公薨于楚宫。楚宫，非正也。⑥

僖公死於小寢，屬"不正"。文公死於臺下，周何認爲，"臺下"就是高臺之下。⑦顧寶田具體分析道："臺下，宫中某臺下。臺下非養病之所，死於臺下或爲急病發作，或爲跌死，俱不得而

---

①［漢］鄭玄注，［唐］孔穎達疏：《禮記正義》，《十三經注疏》本，第1571頁。

②［漢］鄭玄注，［唐］孔穎達疏：《禮記正義》，《十三經注疏》本，第1572頁。

③［漢］鄭玄注，［唐］孔穎達疏：《禮記正義》，《十三經注疏》本，第1572頁。

④［晋］范甯集解，［唐］楊士勛疏：《春秋穀梁傳注疏》，《十三經注疏》本，第2403頁。

⑤［晋］范甯集解，［唐］楊士勛疏：《春秋穀梁傳注疏》，《十三經注疏》本，第2410頁。

⑥［晋］范甯集解，［唐］楊士勛疏：《春秋穀梁傳注疏》，《十三經注疏》本，第2432頁。

⑦周何注譯：《新譯春秋穀梁傳》，第582頁。

知。死於此，非正所也。”[①] 總之，死於臺下也不屬於正死。襄公死于楚宫，范寧注：“楚宫，别宫名，非路寢。”[②]《公羊傳·襄公三十一年》何休注：“公朝楚，好其宫，歸而作之，故名之云爾。”[③]“楚宫”是魯襄公因羡慕楚國宫室而興建的别宫，也不屬於正寢。《穀梁傳》認爲以上三公均非死于“路寢”，其死亡地點不合禮制，故論之以“非正”。

《穀梁傳》關於國君應死于“路寢”的規定，顯示了在臨終的重要時刻，國君的政治身份（君）要重於其倫理身份（夫），這可以看作是“不以親親害尊尊”的禮制精神之擴展。

綜上，我們不難發現《穀梁傳》在解讀經文的過程中，對於諸侯國君言行舉止的各個方面給予了較多的關注。《穀梁傳》按照諸侯國君從即位到死亡的順序，分别對國君即位、行爲、言論和死亡的正當性展開論述，其評價的標準主要是周代宗法制度的有關規定。通過指責和批評國君在上述幾方面的過失（即所謂禮樂崩壞之處），《穀梁傳》的作者希望能撥亂反正，震懾、警醒進而匡正諸侯國君的言行舉止，塑造出有德合道之君；并以此爲起點，在對西周宗法制度因革損益的基礎上，重建諸侯國内部的良性而有效的國家秩序。《穀梁傳》作者的此番用心，一方面可以視作其依托周代宗法制度恢復和重建“天下—國家—家庭”秩序之努力的一個重要組成，另一方面補充和完善了先秦時期宗法政

---

①顧寶田注譯：《新譯穀梁傳》，臺北：三民書局，1998 年版，第 318 頁。

②［晋］范甯集解，［唐］楊士勛疏：《春秋穀梁傳注疏》，《十三經注疏》本，第 2432 頁。

③［漢］何休解詁，［唐］徐彦疏：《春秋公羊傳注疏》，《十三經注疏》本，第 2314 頁。

治制度中有關諸侯國君的系統論述；因而，有必要引起學術界的適當關注。

作者簡介：秦平，男，1973年生，湖北武漢人，哲學博士，武漢大學哲學學院副教授、碩士生導師，主要研究方向爲先秦儒家道家哲學、《春秋》經學，著作有：《〈春秋穀梁傳〉與中國哲學史研究》、《大家精要——方東美》等。

劉向、劉歆父子的五行灾异説和新德運觀

丁四新

内容摘要：劉向所傳《洪範五行傳》雖然與夏侯始昌所傳之文字相同，但他可能按照五行相生之序對傳文次序作了調整；劉歆更進一步，對傳文作了多方面的改變：一者，他對《五行傳》作了結構性的劃分，并分别稱名之；二者，他有意改作傳文，有許多地方確實與乃父所傳不同；三者，其《洪範五行傳論》前有一個類似《序》的導言，用以説明《洪範》“九疇”及《五行傳》所由作的理論原由，并對傳統的《河圖》、《雒書》提出了具體的解釋。在解説上，劉向、劉歆的《洪範五行傳論》差异很大，不過二人援《易》以作解釋則是共同的。而劉向、劉歆父子爲何采用五行相生順序的新德運觀，原因有多個方面，從總體上來看，乃是西漢經學、哲學、史學和文化多重因素綜合作用的一種結果；此種德運觀雖然一方面承認了秦得水德的既往看法，但是另一方面并不承認其在德運歷史中的合法性。

《洪範》是一篇非常重要的文獻，乃《尚書》諸篇在秦漢時

期最爲盛行者；[①] 而《洪範五行傳》既依之衍生，又與之相互助長，影響亦十分深遠。西漢劉向、劉歆父子均寫有《洪範五行傳論》，係對於《五行傳》更進一步的解釋，它們也是《漢書・五行志》的重要内容。目前，研究劉向、劉歆父子之學術和思想的著作雖然十分夥衆，但是深入研究二人《洪範五行傳論》及其内在差别的著作并不多見，還有待於更進一步的論述。

一、《洪範五行傳論》與《漢書・五行志》

劉向（前79—前8年）、劉歆（前50—23年）父子的灾异説，以《尚書・洪範》的五行論爲基礎。漢代中期，灾异説經歷了從陰陽灾异説轉向五行灾异説的變化。《漢書・楚元王傳》曰："向見《尚書・洪範》，箕子爲武王陳五行陰陽休咎之應。向乃集合上古以來歷春秋六國至秦漢符瑞灾异之記，推迹行事，連傳禍福，著其占驗，比類相從，各有條目，凡十一篇，號曰《洪範五行傳論》，奏之。"劉向編撰的《洪範五行傳論》是以《洪範五

①劉節曾説："《今文尚書》二十八篇中，在秦漢史最盛行者，厥惟《洪範》。伏生爲作《五行傳》，劉向爲作《傳記》，許商亦爲作《五行傳記》，具見《漢志》。此外《吕氏春秋》、《春秋繁露》、《白虎通》皆引據其説。《史記》録入《宋世家》，班固節録入《五行志》，其學可謂極一時之盛矣。"參見劉節：《洪範疏證》，顧頡剛編著：《古史辨》第五册，上海：上海古籍出版社，1982年，第388頁。

行傳》爲前提的，而《洪範五行傳》據説出自夏侯始昌，[①] 參見《漢書》卷七十五《眭兩夏侯京翼李傳》、卷二十七中之上《五行志》。夏侯始昌，魯人，武帝時期經學家。《五行志》曰：“孝武時，夏侯始昌通《五經》，善推《五行傳》，以傳族子夏侯勝，下及許商，皆以教所賢弟子。其傳與劉向同，唯劉歆傳獨异。”這説明劉向所傳與夏侯勝、許商相同，其《洪範五行傳論》均出自夏侯始昌一系。劉向的兒子劉歆則不同，亦作有《洪範五行傳論》，不過其所傳者“獨异”，在解説上作了較大的改變。[②]

《漢書》卷三十《藝文志》載“劉向《五行傳記》十一卷”、“許商《五行傳記》一篇”，《藝文志》所載劉向《五行傳記》，即《楚元王傳》所謂《洪範五行傳論》十一篇。劉向等人的《五行傳論》，早已散佚不存，不過班固在《漢書・五行志》中做了大量摘録。卷二十七上《五行志上》曰：

---

①繆鳳林：《洪範五行傳出伏生辨》，轉見蔣善國：《尚書綜述》，上海：上海古籍出版社，1998 年，第 113、114 頁；徐復觀：《徐復觀論經學史二種》，上海：上海書店出版社，2002 年，第 96—99 頁；徐興無：《劉向評傳》，南京：南京大學出版社，第 288—290 頁。當然，《洪範五行傳》是否原爲夏侯始昌本人所作，尚值得討論。《漢書・五行志》云夏侯始昌“善推《五行傳》”，據此，《五行傳》應當作於此前。後儒及今人多認爲《五行傳》出自伏生之手，例如張兵認爲《五行傳》本爲《尚書大傳》中之一篇（參見張兵：《〈洪範〉詮釋研究》，濟南：齊魯書社，2007 年，第 27—30 頁）。但不管怎樣，很可能，夏侯始昌仍對於西漢中後期諸家所傳定本的形成起了重要作用。

②學者一般認爲，劉向與劉歆的灾异説在解説目的上存在較大差异，前者借灾异説反對外戚勢力，捍衛劉氏正統，但是後者正統觀念淡薄，言灾异鮮與政治歷史相結合。可參見王高鑫：《劉向灾异論旨趣探微——兼論劉向、劉歆灾异論旨趣之不同及其成因》，《安徽大學學報》第 27 卷第 2 期（2003 年 3 月），第 104—110 頁。

> 漢興，承秦滅學之後，景、武之世，董仲舒治《公羊春秋》，始推陰陽，爲儒者宗。宣、元之後，劉向治《穀梁春秋》，數其禍福，傳〈傅〉以《洪範》，① 與仲舒錯。至向子歆治《左氏傳》，其《春秋》意亦已乖矣，言《五行傳》又頗不同。是以攬（擥，引取之也）仲舒，别向、歆，傳〈傅〉載眭孟、夏侯勝、京房、谷永、李尋之徒，所陳行事，訖於王莽，舉十二世，以傅《春秋》，著於篇。

《五行志》的摘録，顯然是以董仲舒、劉向和劉歆三家爲主的：董仲舒“始推陰陽”，以《公羊春秋》爲主要經典；劉向繼之，以《穀梁春秋》爲主要經典，并以《尚書·洪範》附之，著重闡揚五行灾异説；劉歆以《左氏傳》爲主要經典，不過在班固看來其所説“《春秋》意亦已乖矣；言《五行傳》，又頗不同”。《宋書·五行志》更謂：“劉向廣演《洪範》，休咎之文益備。”《隋書·經籍志》曰：“濟南伏生之《傳》，唯劉向父子所著《五行傳》是其本法。”除“攬（擥）仲舒，别向、歆”外，班固又附載眭孟、夏侯勝、京房、谷永、李尋等大師之説，并采摘下訖

①顔師古《注》：“以《洪範》義傳而説之。傳字或作傅，讀曰附，謂附著。”據此，“傳”實即“傅”之形訛，“傅”通“附”。

於王莽的行事以附著於《春秋》，如此構築了《五行志》文本的基本框架。①

所謂《洪範五行傳》，其實就是對《尚書·洪範》篇數段經文的陰陽灾异化的解釋。《漢書·五行志》大體上由《經》、《傳》、《説》和《行事》四個部分構成。《經》即《洪範》兩段文本，《傳》即夏侯始昌所傳之《洪範五行傳》，《説》以綜述董仲舒以下西漢京師們的正統通説爲主，《行事》則以《春秋經》爲綱，并附著下訖王莽的諸灾异事件，同時抄録西漢京師們的不同解説。從《五行志》來看，《經》的部分，劉向、劉歆父子二人所傳所録者基本上是相同的，而在《傳》的部分，劉歆作了一定程度的更改；在《説》的部分，二人的解説則“頗不同”；在《行事》的部分，二人的解釋就相差更大了。

二、《漢書·五行志》所録《洪範》五行經傳及其問題

《漢書·五行志》所録《洪範》五行經傳，其文本及次序

①對於漢儒將《洪範》、《春秋》關聯起來，并作灾异解説的做法，清人皮錫瑞曾作了譏評。他説：“《洪範》自《洪範》，《春秋》自《春秋》。《洪範》言陰陽五行，《春秋》不言陰陽五行。孔子作《春秋》經，但書灾异，藉以示儆，未嘗云某處之灾，應某處之事也。伏生作《洪範傳》，但言某事不修則有某灾，亦未嘗引《春秋》某事應《洪範》某灾也。董劉牽引《洪範》五行，以説《春秋》灾异，某灾應在某事，正如《漢志》所譏，凌雜米鹽。董據《公羊》，劉向據《穀梁》，歆據《左氏》，三傳又各不同，尤爲後人所疑。”參見皮錫瑞：《經學通論·書經》，北京：中華書局，1954 年，第 65 頁。

如下：

(1) 經曰："初一曰五行。五行：一曰水，二曰火，三曰木，四曰金，五曰土。水曰潤下，火曰炎上，木曰曲直，金曰從革，土爰稼穡。"

傳曰："田獵不宿，飲食不享，出入不節，奪民農時，及有奸謀，則木不曲直。"

傳曰："弃法律，逐功臣，殺太子，以妾爲妻，則火不炎上。"

傳曰："治宫室，飾臺榭，内淫亂，犯親戚，侮父兄，則稼穡不成。"

傳曰："好戰攻，輕百姓，飾城郭，侵邊境，則金不從革。"

傳曰："簡宗廟，不禱祠，廢祭祀，逆天時，則水不潤下。"

(2) 經曰："羞用五事。五事：一曰貌，二曰言，三曰視，四曰聽，五曰思。貌曰恭，言曰從，視曰明，聽曰聰，思曰睿。恭作肅，從作艾，明作悊，聰作謀，睿作聖。休徵：曰肅，時雨若；艾，時陽若；悊，時奥若；謀，時寒若；聖，時風若。咎徵：曰狂，恒雨若；僭，恒陽若；舒，恒奥若；急，恒寒若；霿，恒風若。"

傳曰："貌之不恭，是謂不肅，厥咎狂，厥罰恒雨，厥極（殛）惡。時則有服妖，時則有龜孽，時則有鷄禍，時則有下體生上之痾，時則有青眚青祥。唯金沴木。"

傳曰："言之不從，是謂不艾，厥咎僭，厥罰恒陽，厥極（殛）憂。時則有詩妖，時則有介蟲之孽，時則有犬禍。時則有口舌之痾，時則有白眚白祥。惟木沴金。"

傳曰："視之不明，是謂不悊，厥咎舒，厥罰恒奥，厥極（殛）疾。時則有草妖，時則有嬴蟲之孽，時則有羊禍，時則有目痾，時則有赤眚赤祥。惟水沴火。"

傳曰："聽之不聰，是謂不謀，厥咎急，厥罰恒寒，厥極（殛）貧。時則有鼓妖，時則有魚孽，時則有豕禍，時則有耳痾，時則有黑眚黑祥。惟火沴水。"

傳曰："思心之不睿，是謂不聖，厥咎霿，厥罰恒風，厥極（殛）凶短折。時則有脂夜之妖，時則有華孽，時則有牛禍，時則有心腹之痾，時則有黄眚黄祥，時則有金木水火沴土。"

(3)〔經曰："皇極，皇建其有極。"〕①

傳曰："皇之不極，是謂不建，厥咎眊，厥罰恒陰，厥極（殛）弱。時則有射妖，時則有龍蛇之孽，時則有馬禍，時則有下人伐上之痾，時則有日月亂行，星辰逆行。"

上述第二段引文中的經文，乃《洪範》篇"五事"、"五徵"兩處文本的抄録。除此之外，《傳》文還暗中采用了《經》的另一段文字："六極：一曰凶短折，二曰疾，三曰憂，四曰貧，五曰惡，六曰弱。"這裏，還需要指出，既然《洪範五行傳》以"五行"爲稱，則其所據之經文當然是那些能與"五行"相匹配

---

①《漢書·五行志》原無此"經曰"句，今據《漢書》卷八十五《谷永杜鄴傳》補。尹自永説："《漢書·五行傳》最末一段未引'皇極'經文，但引了'皇極'的傳文。"（參見尹自永：《劉向經學思想研究》，中山大學博士學位論文2010年，第147頁）學者多同此説。其實，《五行志》亦引用了"皇極"經文，不過脱漏而已。另外，據《谷永杜鄴傳》及從《五行志》所録《五行傳》來看，《五行志》所録"皇極"經文僅爲"皇極皇建其有極"七字，而不是一整段經文。

的文本，而不必是對整個《洪範》文本的解釋。①

《經》所謂“五行”乃天道之本，而《傳》則以人事灾异附之，五行與五事之間有相配關係，蓋天道爲本，人事爲用。《洪範》“五行”水、火、木、金、土五者，在春秋後期與五方、四時相配，并依經文的本來順序而自然地配上一、二、三、四、五之數，後人更謂之爲生數，即“水，北、冬、一”、“火，南、夏、二”、“木，東、春、三”、“金，西、秋、四”、“土，中、五”是也。而在解釋的時候，從所引《五行志》文本來看，《傳》采用了木、火、土、金、水五行相生的順序，這與《經》文原本的次序不合。依常理來看，《傳》既然是用來解《經》的，那麼它應當遵循經文原有的次序。今《五行志》所載《傳》文的次序不同於《經》文，表明這有可能是由劉向更改所致的，而未必始自夏侯始昌。劉向、劉歆父子以五行相生爲基礎的新德運觀可爲其證明。②

《五行志》所録《經》《傳》，由“五行”而“五事”，由“五事”而“皇極”。“五行”、“五事”在《傳》文中依相生順序而排列，然而問題在於《五行傳》爲何要將“皇極”一段經文抄出，加以解釋，看作一個必要的組成部分？這是因爲“五行”、

---

①《洪範五行傳》文本，參見清人陳壽祺輯：《尚書大傳·洪範五行傳》，《四部叢刊》本。

②徐興無認爲《五行傳》改從相生次序，始自夏侯始昌，劉向繼之。（參見徐興無：《劉向評傳（附劉歆）》，南京：南京大學出版社，2005年，第299頁）筆者認爲，劉向雖然繼承了夏侯始昌的《洪範五行傳》本子，但是他仍然可能對文本的先後次序根據自己的需要作了一定程度的調整。據史書記載，相生次序的新德運觀乃劉向的一大思想發明。由此來看，劉向改變《五行傳》原本次序的可能性，是很大的；反之，没有證據直接表明文本次序的改變是由夏侯始昌肇始的。

“五事”與“五官”相配，代表五時之運，而“皇極”則與皇帝、王道相配。《漢書》卷21上《律曆志》:“其於人，皇極統三德五事。”卷81《匡張孔馬傳》曰：“《書》曰‘羞用五事’、‘建用皇極’。如貌、言、視、聽、思失，大中之道不立，則咎徵薦臻，六極屢降。皇之不極，是爲大中不立，其《傳》曰‘時則有日月亂行’，謂朓、側匿，甚則薄蝕是也。”卷九十七下曰：“皇極者，王氣之極也。”皆可爲證。“皇極”在彼時訓爲“大中”，大中之道即爲王道。顯然，“皇極”的原則超越於“五行”、“五事”之上，而成爲它們的根據。因此，《五行傳》必將《洪範》“皇極”一段文字抄録出來，作爲解説的依據。

三、劉向劉歆父子的新五行德運觀及二人在《五行傳論》上的差別

1. 劉向、劉歆父子的新五行德運觀

《漢書》卷二十五下《郊祀志》後贊曰：

> 漢興之初，庶事草創，唯一叔孫生略定朝廷之儀。若乃正朔、服色、郊望之事，數世猶未章焉。至於孝文，始以夏郊，而張蒼據水德，公孫臣、賈誼更以爲土德，卒不能明。孝武之世，文章爲盛，太初改制，而兒寬、司馬遷等猶從臣、誼之言，服色數度，遂順黄德。彼以五德之傳從所不勝，秦在水德，故謂漢據土而克之。劉向父子以爲帝出於《震》，故包羲氏始受木德，其後以母傳子，終而復始，自神農、黄帝下歷唐虞三代而漢得火焉。故高祖始起，神母夜號，著赤帝之符，旗章遂赤，自得天統矣。昔共工氏以水德間於木火，與秦同運，非其次序，故皆不永。由是言之，祖

宗之制蓋有自然之應，順時宜矣。究觀方士祠官之變，谷永之言，不亦正乎！不亦正乎！

據《郊祀志》，漢代的德運觀在士大夫階層發生了多次更變。文帝時期，張蒼以爲得水德，公孫臣、賈誼則欲更以土德，然而直到武帝時期得土德的觀念纔得以實行，而兒寬、司馬遷等從之。公孫臣、賈誼認爲漢代得土德，這首先承認了秦朝政權在王朝更迭史上的正統性和合法性，秦既然自認爲得水德，那麽據“五德之傳從所不勝”而言，漢取代秦，則是得土德。這一德運觀，一直實行到西漢末年。西漢成帝時期，劉向提出了新的德運觀，劉歆作了繼承，具體參見《漢書》卷二十一《律曆志》。根據《易傳·説卦傳》“帝出乎《震》”，劉向父子認爲太昊伏羲氏帝始受木德（《震》居東方爲春木），炎帝神農氏受火德，黄帝軒轅氏受土德，少昊帝金天氏受金德，顓頊帝高陽氏受水德，帝嚳高辛氏受木德，帝堯陶唐氏受火德，帝舜有虞氏受土德，伯禹夏后氏受金德，殷受水德，周受木德。至於漢，劉向父子認爲受火德。《漢書》卷一下《高帝紀》説，劉向考“漢帝本系，出自陶唐”，“由是推之，漢承堯運，德祚已盛，斷蛇著符，旗幟上赤，協於火德，自然之應，得天統矣”。劉向從血緣聯繫及符瑞兩個方面論證了漢得火德的問題。劉向父子的德運觀無疑屬於五行相生模式；不過，在這一德運觀中還需要處理秦的歷史位置問題。《郊祀志》曰：“昔共工氏以水德間於木火，與秦同運，非其次序，故皆不永。”在此，劉向雖然承認了秦得水德的看法，但是并不承認其在德運歷史中的合法性，認爲“非其次序，故皆不永”，從而否定了秦得天命而肯定了漢得天命的政權合法性。

簡言之，張蒼所謂漢得水德的看法，無法將秦漢兩朝區别開來，即無法肯定新王朝應得新命的傳統觀念；同時，漢初由士大夫組成的知識界一直在反思秦亡的問題，他們在區别秦漢兩朝的同時也希望漢朝能够超越秦朝，以求達到“永命”的目的。這兩重原因，决定了張蒼所謂漢得水德的説法最終會遭到人們的抛弃。公孫弘、賈誼認爲漢得土德，這既肯定了秦朝的歷史實在性，同時又明確地肯定了漢朝存在的合理性，即漢爲得新命、承天之寵而勝秦的新王朝。相對於張蒼或公孫弘、賈誼來説，劉向父子提出新的德運觀，所涉及的因素則要複雜得多：其一，自司馬遷之後，統一的中華古史傳説觀已經形成，且據劉向的考證，“漢帝本系，出自陶唐”；其二，陰陽灾异説日漸興隆并彌漫於宫廷及私家生活之中，高祖始起，“著赤帝之符”，這在德運觀中需要得到照應；其三，經學日益發達并形成相互關聯的整體，劉向所謂伏羲氏受木德即取自《説卦傳》“帝出於《震》”；其四，曆法的日益完善并面臨統一的任務，這表現在三統説上面。這些因素，在當時，作爲劉向提出新德運觀的前提條件而存在。此外，劉向父子均是經學大師，儒家經學及文化的闡揚者，而整個西漢朝廷又以孝文化著稱，於是面對子克母的舊五行德運觀，他們實有必要作根本性的改變，由“子克母”轉變爲“母傳子”，即由相勝轉變爲相生的德運觀。又據《郊祀志》顔師古《注》引鄧展曰“向父子雖有此議，時不施行，至光武建武二年，乃用火德，色尚赤耳”，漢得火德之説直到西元二十六年纔被光武帝采納和真正施行。

2. 劉向、劉歆父子《五行傳論》的不同及所據《傳》的差别

回過頭來再看劉向歆父子所據《傳》之不同及二人説解“頗不同”的情況。《漢書・五行志》曰：

> (1) 庶徵之恒雨，劉歆以爲《春秋》大雨也，劉向以爲

大水。

(2) 庶徵之恒陽，劉向以爲《春秋》大旱也。其夏旱雩祀，謂之大雩。不傷二穀，謂之不雨。

(3) 庶徵之恒奥，劉向以爲《春秋》亡冰也。小奥不書，無冰然後書，舉其大者也。

(4) 劉歆《聽傳》曰“有介蟲孽也”，庶徵之恒寒。劉向以爲《春秋》無其應，周之末世舒緩微弱，政在臣下，奥暖而已，故籍秦以爲驗。

(5) 劉歆《思心傳》曰“時則有臝蟲之孽”，謂螟螣之屬也。庶徵之常風，劉向以爲《春秋》無其應。

(6) 劉歆《皇極傳》曰“有下體生上之痾”，説以爲下人伐上，天誅已成，不得復爲痾云。皇極之常陰，劉向以爲《春秋》亡其應；一曰，久陰不雨是也；劉歆以爲自屬常陰。

通過上引六條解説，可以看出劉向、劉歆父子之言灾异確實“頗不同”。不僅如此，在《行事》部分，劉向、劉歆父子的解釋差异就更多和更大了。除此之外，《行事》部分還采録了當時衆多經學家的解釋，其异同在此得到了具體展現。值得注意的是，劉向的解釋更爲靠近董仲舒，而劉歆的解釋則與衆人多异。具體情況，參看《漢書·五行志》，今不贅述。

從上引《五行志》原文來看，班固之所以説劉歆所傳《五行傳》“獨异”，是因爲一者，他對傳統的《五行傳》重新作了結構性的劃分，并分别命名爲所謂《貌傳》、《言傳》、《視傳》、《聽傳》、《思心傳》和《皇極傳》。劉歆“《聽傳》”、“《思心傳》”和“《皇極傳》”的名稱，已見上引文。“《貌傳》”和“《言傳》”則見於《漢書》卷二十七中之上，“《視傳》”見於同書卷二十七中之下。二者，劉歆所傳之《傳》文，確實多有不同於乃父（劉向所傳《五行傳》文字同於夏侯勝、許商等經師）之處。例如《五行傳》本曰“時則有䵷孽，時則有鷄禍，時則有下體生上之痾”，劉歆《貌傳》則改作“有鱗蟲之孽，羊禍，鼻痾”，并申述其改作的理由曰：“説以爲於天文東方辰爲龍星，故爲鱗蟲；於《易》，《兑》爲羊，木爲金所病，故致羊禍，與常雨同應。”又如《五行傳》本曰“時則有介蟲之孽”，劉歆《言傳》則改作“時有毛蟲之孽”，并申述其改作的理由曰：“説以爲於天文西方參爲虎星，故爲毛蟲。”再如《五行傳》本曰“時則有贏蟲之孽，時則有羊禍”，劉歆《視傳》則改作“有羽蟲之孽，鷄禍”，并申述其改作的理由曰：“説以爲於天文南方喙爲鳥星，故爲羽蟲；禍亦從羽，故爲鷄；鷄於《易》自在《巽》。”《五行傳》本曰“時則有下人伐上之痾”，劉歆《皇極傳》改作“有下體生上之痾”，并申述其改作的理由曰：“説以爲下人伐上，天誅已成，不得復爲痾云。”不過，對於這些改作及其申述的理由，班固多以“此説非是”、“説非是”予以呵斥或否定。

進一步，從班固《五行志》來看，劉歆《洪範五行傳論》前當有一個類似《序》的導言，用以説明《洪範》“九疇”及《五行傳》所由作的理論因緣，對傳統的《河圖》、《雒書》提出了具體的解釋。而這一點，在劉向的《五行傳論》中也當是没有的。《漢書・五行志》開篇即曰：

> 《易》曰：“天垂象，見吉凶，聖人象之；河出圖，雒出書，聖人則之。”劉歆以爲虙羲氏繼天而王，受《河圖》，則而畫之，八卦是也；禹治洪水，賜《雒書》，法而陳之，《洪範》是也。聖人行其道而寶其真。降及於殷，箕子在父師位而典之。周既克殷，以箕子歸，武王親虚己而問焉。故經曰：“惟十有三祀，王訪於箕子，王乃言曰：‘烏呼，箕子！

惟天陰騭下民，相協厥居，我不知其彝倫逌叙。’箕子乃言曰：‘我聞在昔，鯀堙洪水，汩陳其五行，帝乃震怒，弗畀《洪範》九疇，彝倫逌斁。鯀則殛死，禹乃嗣興，天乃錫禹《洪範》九疇，彝倫逌叙。’”此武王問《雒書》於箕子，箕子對禹得《雒書》之意也。“初一曰五行；次二曰羞用五事；次三曰農用八政；次四曰旪用五紀；次五曰建用皇極；次六曰艾用三德；次七曰明用稽疑；次八曰念用庶徵；次九曰嚮用五福，畏用六極。”凡此六十五字，皆《雒書》本文，所謂天乃錫禹大法九章，常事所次者也。以爲《河圖》、《雒書》相爲經緯，八卦、九章相爲表裏。昔殷道弛，文王演《周易》；周道敝，孔子述《春秋》。則《乾》、《坤》之陰陽，效《洪範》之咎徵，天人之道粲然著矣。

這段話，當爲班固概括劉歆《五行傳論》的相關文字而來。其中，《易》曰“天垂象”一段數句，出自《繫辭上傳》。《河圖》、《雒書》本系古人懸案，但也是自上古以來聖聖相傳的兩種瑞應符籙，孔子即曾曰：“鳳鳥不至，河不出圖，吾已矣乎！”漢人對於《河圖》、《雒書》到底是什麽，在當時的文化氛圍中，這是必須加以追究的問題。劉歆予以指實，根據《易傳》和《尚書》，他認爲八卦是伏羲受《河圖》則而畫之的結果，《洪範》則是禹受賜《雒書》法而陳之的結果。也可以反過來説，他認爲《河圖》即是指八卦，《雒書》即是指《尚書·洪範》。進一步，劉歆根據《洪範》開篇一段文字，指明“禹得《雒書》之意”，即通過受賜洪範九疇來使天下實現從“彝倫逌斁”到“彝倫逌叙”的理想狀態。劉歆還説，《洪範》“初一曰五行”以下六十五字，“皆《雒書》本文”。劉歆之所以作如此論説的意圖，無非是爲了在與當時流行的讖緯思潮相應和的同時强化《五行傳》的神聖性。而劉歆本人（及前人）之所以要作《洪範五行傳論》，在他看來，乃是爲了“則《乾》、《坤》之陰陽，效《洪範》之咎徵，天人之道粲然著矣”。

最後，需要指出，無論是劉向還是劉歆，其《洪範五行傳論》雖然以《洪範五行傳》爲綱，以《春秋》所列及下至王莽時期諸行事爲緯，但是在具體的解釋過程中，二人運用了豐富的易學知識，易學在此具有方法論的意義。《漢書·楚元王傳》即曰“歆及向始皆治《易》”，易學對於劉向、劉歆父子確實産生了深遠且重大的影響。① 而在《洪範》經的原理性作用下，以《易》解釋《春秋》經文及其灾异現象，這是劉向、劉歆父子《洪範五行傳論》的一個重要解釋特徵。

總之，《漢書·五行志》所録《五行傳》文本按照木、火、土、金、水的相生次序排列，與劉向的新德運觀一致，這應當出自劉向的調整。而劉歆對於《五行傳》文本作了多方面的改變，這體現了他在經學和灾异説上的新看法，不過他與乃父劉向在相關論證中都同樣重視《周易》的經典作用。

作者簡介：丁四新（1969—），湖北武漢人，清華大學哲學系教授，全國優秀博士學位論文獲得者，入選教育部2013、2014年度長江學者特聘教授，曾任武漢大學二級教授。現兼任中國周易學會副會長、北京市哲學會副會長、華夏老子學研究聯合會副會長等職。主要從事中國哲學與儒家經學的研究，出版學術著作多部，發表論文100餘篇。

①劉向、劉歆父子的易學思想，可參看鄭萬耕《劉向、劉歆父子的易説》（《周易研究》2004年第2期，第3—12頁）等文。

西漢經學灾异思想研究：回顧與反思

馮　鵬

内容提要：淵源甚古的灾异思想，至漢代而與儒家化的經學發生密切關係，形成“西漢經學的灾异思想”，并在當時掀起了經生儒士以灾异言説參與政治的風潮。自東漢之後，漸有學者對之提出質疑與批評，但它的影響力一直持續到清代而不衰。近代以來科學的進步與經學的瓦解，使人們逐漸擺脱此一學説的桎梏，并開始理性地看待和分析它的興起原因、發展過程、政治功用與歷史意義。然而，目前的研究在深入性和系統性等方面，尚有進一步完善的必要。

在中國思想史上，常有一些學術思潮特别顯明於某個時代，隨後便潜伏到思想史長河的波濤之下，没有了當初的顯耀；但思想之河的滚滚向前，却離不開它的推波助瀾。西漢盛極一時的灾异思想，便是此類思潮的代表之一。它的核心觀念，簡單來説，就是西漢晚期經學大師谷永所謂“灾异，皇天所以譴告人君過失，猶嚴父之明，誠畏懼敬改，則禍消福降，忽然簡易，則咎罰不除”（《漢書·谷永傳》）。這種灾异譴告的觀念起源甚早，至西漢而與儒家化的經學發生密切的關係，形成西漢學術的一大特色。此類獨特的學説可以稱爲“西漢經學的灾异思想”。

翻檢《史記》、兩《漢書》，以及西漢時人的著作，我們不難發現：在西漢武帝以後，直至王莽新朝覆滅的百六十年中，無論經學家的談經論道，大臣們的廷奏上疏，還是皇帝的策書詔令，隨處都能見到災异思想的表達。而它給予後世的影響更是難以指數，歷朝歷代的官修史書和稗官野史都不乏災异的記載，也不缺對災异的解説，其流風餘韵甚至成爲中國傳統宇宙觀、世界觀的重要構成要素。近代以來，隨著科學的日進，原本被古人指認爲災异的現象，絶大多數已經可以得到各門自然科學的合理解釋；災异思想曾經植根的土壤，也已不復存在。於是，這門充滿神秘色彩的學説體系，便悄然退出了歷史的舞臺；而各代典籍記載和論述的相關内容，或者被作爲古代科學史研究的參考文獻（如天文學史研究有取於《史記・天官書》、各代《天文志》及占星學書籍中的記載，災害史研究以《漢書・五行志》等史料爲珍貴文獻等），或者成了佐證古代文化思想、政治風氣、宗教信仰等方面研究的參考資料。至於曾經構成這一思潮的理論體系，及其彰顯的時代精神，大都已做了冢中枯骨和博物館展品，生機全無了。然而，災异思想在西漢確實稱得上顯學，其内容之豐富，牽涉之廣遠，是不争的事實。治中國思想史，尤其是經學史，斷然不能繞過西漢經學的災异思想。

由於災异思想在西漢曾鼎盛一時，又與儒家經學傳統有著極深的關聯，因而在後世受到衆多學者的關注。與之相關的探討，大致可以分爲兩個時期。從東漢到清代爲一個時期。這一時期學者對災异與災异思想的不同看法，大多屬於經學内部的争論。即便有人是站在經學之外的立場發表意見，在今天看來，仍然可以歸屬于傳統的研究範式之内。從近代至今又爲一個時期。這一時期研究西漢災异思想的學者，已經基本擺脱了天的哲學的束縛，災异譴告説徹底失去了成立的基礎。同時，儒家經學的傳統也宣告瓦解，代之而起的是新的學科體系下的學術研究。灾异理論成了考察西漢哲學、政治、宗教思想以及社會生活狀况的化石。由於時代背景和研究方向的不同，第二期對西漢灾异思想的研究呈現出較爲紛繁復雜的狀况。

一、近代以前學者對西漢經學灾异思想的批判與維護

（一）東漢王充對灾异譴告思想的批判

就在灾异思想盛行之際，批判的聲音便已經開始出現了，東漢王充是其中最杰出的代表。他以道家的自然主義爲根據，在《論衡》的《變虚》、《譴告》諸篇中，對當時流行的天人感應、灾异譴告等思想從邏輯上給予了强有力的批評。批評的方法，一般是首先站在“言灾异者”的立場上，引用他們的某一觀點，然後再用推理的方式來證明此觀點的不可靠或荒謬。他的努力，從邏輯上徹底瓦解了灾异言説及其背後的天人感應理論。尤爲可貴的是，王充不但論證了灾异之説的不可信，更指出儒者言灾异之義（如“屈君以申天”等）也不可取。《譴告》篇以言灾异之儒者的口氣設問道“予之譴告，何傷於義?”王充答曰：“損皇天之德，使自然無爲轉爲人事，故難聽之也。”在他看來，“六經之文，聖人之語，動言‘天’者，欲化無道，懼愚者。之（欲）言非獨吾心，亦天意也。及其言天，猶以人心，非謂上天蒼蒼之體也”。在儒家的六經中，聖人之所以經常説到“天”，是爲了借助“天”的權威來教化無道的君主和警懼無知的小民，“天”不是指自然意義的“蒼蒼之體”，而是聖人心中的“上天之德”。“上天之心，在聖人之胸，及其譴告，在聖人之口。不信聖人之言，反

然灾异之氣，求索上天之意，何其遠哉?”① 聖人胸中的理想纔是真正的天心，聖人的告誡與教訓纔是真正的譴告，儒生們不信聖人之語，反而在灾异之氣上求取上天之意，是對經典之義的嚴重偏離。《論衡》一書雖因非議孔、孟而遭到後世儒家的批評，但從上引的文本看，王充似乎比西漢及後世言灾异的經生們更能把握孔門的經義。

（二）唐代劉知幾對《漢書・五行志》的糾錯

唐代史學家劉知幾在所著《史通》中，談到了他對西漢灾异思想的見解，并專門就《漢書・五行志》存在的問題進行了辯駁。劉氏認爲灾异現象的發生雖然是吉凶的表徵，但這是自然天道的變化，與人事并不相干。“夫灾祥之作，以表吉凶。此理昭昭，不易誣也。……吉凶遞代，如盈縮迴圈，此乃關諸天道，不復繫乎人事。”灾异現象與人之福禄的關係，是“愚知不能知，晦明莫之測”的。對於漢儒的《洪範》灾异論，劉氏持懷疑和批判的態度。如他舉例説“當春秋之世，其在於魯也，如有旱雩舛候，螟蟘傷苗之屬，是時或秦人歸禭，或毛伯賜命，或滕、邾入朝，或晋、楚來聘”，漢儒“皆持此恒事，應彼咎徵，昊穹垂謫，厥罰安在？探賾索隱，其可略諸（不必附會深求也）”。以此爲據，劉氏特别作了《〈漢書・五行志〉錯誤》和《〈五行志〉雜駁》兩篇文字，將班固《漢書・五行志》的錯繆歸結爲“四科”、“二十流”，并列舉《志》中文本，一一辯駁。如果參照清代浦起龍《史通通釋》以班固《五行志》爲“史部之奇文”的

①以上引文，參見王充撰，黄暉校釋：《論衡校釋》（二），北京：中華書局，2011 年，第 646—648 頁。

説法，劉知幾的這兩篇文字，更是奇文中的奇文。因爲他對《五行志》的批評主要不是針對其灾异説的荒謬，而是更多地糾結于班固在徵引文獻時没有盡到一個“良史”的職責。如《五行志》載“《春秋》昭公二十五年，鸜鵒來巢。劉向以爲夷狄之禽”，劉知幾案語云“中國皆有，唯不逾濟水耳。事見《周官》”，他借此而論曰：“如斯詭妄，不可殫論。而班固就加纂次，曾靡銓擇，因以五行編而爲志，不亦惑乎？”其他辯駁，大都與此類似。而且，劉氏甚至以爲後來的一些史家著史，如司馬彪著《續漢書》、臧榮緒著《晋書》、沈約著《宋書》、蕭子顯著《齊書》，“相承載筆，競志《五行》。雖未能盡善，而大較多實”。① 由此可見，劉知幾對西漢灾异思想的批判是很不徹底的。

（三）宋儒對西漢灾异思想的質疑與清算

兩宋時期，一方面在普通民衆，乃至皇帝大臣的心中，灾异思想仍有很大的影響；另一方面，在很多先進的儒家知識份子那裏，灾异説又逐漸遭到質疑，甚至清算。前一方面，我們可以在宋史的相關記述中見到，這基本是漢儒灾异思想的遺存。後一方面的代表，主要有程頤、王安石、歐陽修以及南宋的鄭樵等人。程頤對漢儒的灾异思想有所質疑，但仍頗顯保守。如他雖一面説“漢儒言灾异，皆牽合不足信”，却又主張“大抵《春秋》所書灾异，皆天人響應，有致之之道”，認爲“天人之際甚微，宜更思索”，“董仲舒説天人相與之際，亦略見些模樣，衹被漢儒推得

①以上引文，參見劉知幾著，浦起龍通釋：《史通通釋》，王煦華整理，上海：上海古籍出版社，2011 年，第 58、59、61 頁。

太過。亦何必説某事有某應？”① 相比于程頤，王安石對灾异思想的態度更爲明確。他在《洪範傳》中釋“念用庶徵”云：“人君固輔相天地以理萬物者也，天地萬物不得其常，則恐懼修省，固亦其宜也。今或以爲天有是變，必由我有是罪以致之；或以爲灾异自天事耳，何豫於我，我知修人事而已。蓋由前之説，則蔽而葸；由後之説，則固而怠。不蔽不葸，不固不怠者，亦以天變爲己懼，不曰天之有某變，必以我爲某事而至也。亦以天下之正理考吾之失而已矣，此亦‘念用庶徵’之意也。”② 正是基於這種見解，他纔在變法中提出“天變不足懼”的口號。③

歐陽修同樣是不信漢儒灾异思想的。他在編修《新唐書·志·五行》的序言中指出，“君子之畏天也，見物有反常而爲變者，失其本性，則思其有以致而爲之戒懼，雖微不敢忽而已。至爲灾异之學者不然，莫不指事以爲應。及其難合，則旁引曲取而遷就其説。蓋自漢儒董仲舒、劉向與其子歆之徒，皆以《春秋》、《洪範》爲學，而失聖人之本意。至其不通也，父子之言自相戾，可勝嘆哉！”④ 這是漢唐以來，首次有學者專就史書中編纂《五行志》而提出的質疑。然而，歐陽修雖有見於劉向、班固等人的謬誤，却依舊在《新唐書》中按照《漢書·五行志》的體例，彙編了唐武德以來的灾异事件。這種殘餘，到南宋鄭樵著《通志二十

①以上引文，參見程顥、程頤著：《二程集》，北京：中華書局，2004 年 2 月第二版，第 160、238、304 頁。

②王安石撰：《王安石全集》卷二十五，上海：上海古籍出版社，1999 年，第 217 頁。

③楊仲良：《王安石事迹》，《續資治通鑒長編紀事本末》，北京：北京圖書館出版社，2003 年，第 1919 頁。

④歐陽修、宋祁撰：《新唐書·志·五行一》，北京：中華書局，1975 年 2 月第一版，第 872 頁。

略》，纔真正得到清算。鄭樵以爲，“仲尼既没，先儒駕以妖妄之説而欺後世，後世相承罔敢失墜者，有兩種學：一種妄學，務以欺人；一種妖學，務以欺天”。所謂“妖學”“欺天”，便是指漢儒開啓的《洪範五行》之學。“説《洪範》者，皆謂箕子本河圖、雒書以明五行之旨。劉向創釋其《傳》于前，諸《史》因之而爲《志》於後，析天下灾祥之變而推之于金、木、水、火、土之域，乃以時事之吉凶而曲爲之配，此之謂欺天之學。”鄭氏認爲“天地之間，灾祥萬種，人間禍福，冥不可知”，《漢書·五行志》將自然的各種异常變化與人事的禍福，按五行進行分類關聯的做法，是十分愚昧的。因此，在作《灾祥略》時，他專以實録的方式，分天、日、月、星、地（陷裂及山崩附）、水（河决大雨水及水變异附）、旱、火、風九類，將宋以前歷代史書所載灾害及异常變化，分類編寫記録，而不再視之爲上天之譴告。這是自班固創立《五行志》以來的一個大的進步。

（四）明末清初王夫之以“懼”歸結《詩》、《春秋》書灾异之意義

王安石、歐陽修等人對灾异譴告思想的批判，至清末明初而引起王夫之的非議。王夫之認爲，在君主專制的時代，天子高高在上，“生殺在己，取與在己，興革在己”，衹有讓君主有所畏懼，纔可避免其濫用權力以殘害民衆。《詩經》之所以對各種灾害“詳舉而深憂之”，《春秋》之所以對各種异象“備紀而不遺”；“皆以納人君於憂懼也”。這是聖人創作經典的用心所在。據此，他指出，王安石“天灾之不足懼”的説法，是“禍天下而得罪於名教”。然而，王夫之并不因此便贊同董仲舒、劉向等漢儒占測灾异的做法。相反，他以爲“天人之應，非一與一相符，

而可以意計揣度者也"，董、劉等人推闡的灾异理論，不但不能申張經典中的君主見灾异而恐懼修省的本旨，反而會導致"懼"的喪失。因爲漢儒灾异説的背後，實際上暗藏著"天地鬼神之可以意爲迎合"的觀念。他論證説："劉子政父子分析五行以配五事，區分而鑿證之，變復不惟其德而唯其占，有所倚而多所貸，寬猛徇其臆説，而政愈淫。""董仲舒土龍祈雨之術，徒以褻天而導淫祀，長巫風，敗風教，則懼以增迷，人事廢而天固不可格也。"① 他以對政治、社會風氣所發生的實際影響爲評論的標準，分析灾异説的意義，較以往學者要全面、切實得多。

（五）清代漢學家對西漢經學灾异思想的回護

清代學者對西漢的灾异論，除繼承了前代學者否定之態度外，又隨著漢學研究的昌盛，而出現回護的態勢。其否定者，如胡渭以爲"《洪範》古聖所傳，如日月之麗天，有目者所共睹，而間有晦盲否塞者，先儒曲説爲之害也。漢儒《五行傳》專主灾异，以瞽史矯誣之説亂彝倫攸叙之經，其害一也"；② 又如鐘文烝《春秋穀梁經傳補注》云，《穀梁傳》除隱公九年記"陰陽錯行"外，"皆不言某灾由某事所致，亦不言某异爲某事之兆"，通過傳文所言，"足明有國家者宜兢兢於人事，而不宜屑屑于天意，宜有堯、舜洚水警餘之心，而不宜爲瞽史某日有灾之説"，因此他推説，"蓋《春秋》之教，本是如此"。儘管此書之中摘引了許多

---

①以上引文，參見王夫之著：《讀通鑒論》卷二十九，北京：中華書局，1975 年 7 月第一版，第 907、908 頁。

②江藩著：《國朝漢學師承記》卷一引胡渭語，北京：中華書局，1983 年 11 月第一版，第 15 頁。

劉向論灾异的文字，但他本人對這樣的處理，是抱著“終未敢信也”的態度的。[①] 與二人不同，另有一些清儒，對漢代的灾异論多有認同與回護。如史學家趙翼在《廿二史札記》中説：“漢儒之言天者，實有驗於人。”又説：“觀《五行志》所載，天象每一變必驗一事，推既往以占將來，雖其中不免附會，然亦非盡空言也。”他還從天人關係之發展變遷的角度，力圖説明西漢儒生的灾异思想是對上古傳統的回歸。如他認爲“上古之時，人之視天甚近。迨人事繁興，情僞日起，遂與天日遠一日”，體現在儒家的經典上，“《易》最先出，所言皆天道。《尚書》次之，《洪範》一篇備言五福、六極之徵，其他詔誥亦無不以惠迪、從逆爲吉凶”，到了《詩》、《禮》、《樂》興盛的商、周時代，“則已多詳於人事，而天人相應之理略焉”。而《春秋》雖然後出，但它“記人事兼記天變，蓋猶是三代以來記載之古法，非孔子所創也”。這種天人相應的道理，經過戰國的紛争，漸趨滅絶。直至漢代的董仲舒、劉向等人的努力，纔使得“天之與人又漸覺親切”。[②] 趙氏將漢代的天人感應思想視爲對上古人神觀念的回溯，確有一定的道理，但是他對灾异思想的回護態度則顯然不可取。清末今文學大師皮錫瑞同樣對漢儒灾异論持信任的態度。他認爲“漢儒言灾异，實有徵驗”，又主張“天人本不相遠，至誠可以前知”，甚至在近代西方科學傳入，“日食、星變皆可豫測，信之者以爲不應附會灾祥”的新思想衝擊下，仍然頑固地説道：“然則，

---

①鐘文烝撰：《春秋穀梁經傳補注》卷二，北京：中華書局，2009 年 5 月第二版，第 62 頁。

②參見趙翼撰：《廿二史札記》卷二《漢儒言灾异》，曹光甫校點，上海：上海古籍出版社，2011 年，第 33、34 頁。

孔子《春秋》所書日食、星變，豈無意乎？言非一端，義各有當，不得以今人之所見輕議古人也。”① 然而，時過境遷，灾异説在近代科學的衝擊下，動摇傾覆之勢不可挽回，皮錫瑞此言衹能看作崇信漢學的清儒們的冥頑之議了。

二、近代以來學者對西漢經學灾异理論的研究

自近代科學昌明以來，天人感應論支撑下的灾异思想被剥去了神秘的外衣，徹底破了産。這是科學的進步使然，也與傳統經學的斬絶有關。舉例來説，當經學地位依舊的時候，即便有些儒家學者已經認識到灾异譴告論的荒謬，但是總是要想盡辦法去解釋，爲何聖人孔子在作《春秋》的時候，要一筆筆地記下各種灾异現象。這就出現了趙翼所説的，“如果與人無涉，則聖人亦何事多費此筆墨”② 的困境。放之於今日的時代，此一問題便毫無意義。當然，對西漢興起且産生了長遠影響的經學灾异思想，也不是簡單扣上一個“封建迷信”的大帽子，便可以胡亂瞭事的。正確的態度應當是以科學的眼光與理性的思考，明辨其是非曲直，窮究其源流脉絡，發掘其價值意義。這方面的工作，近代以來已有部分學者在做，所涉及的内容大致包含以下幾個方面：（一）跳出傳統經學的思維，以近代自然科學的視角，審視灾异思想的謬誤；（二）對漢儒灾异説興起、興盛原因的分析；（三）

---

①引文參見皮錫瑞著：周予同注釋：《經學歷史》，北京：中華書局，2008年，第106、108、109頁。

②趙翼撰：《廿二史札記》卷二《漢儒言灾异》，曹光甫校點，上海：上海古籍出版社，2011年，第35頁。

追溯漢儒灾异説的理論源頭；（四）評價漢儒灾异説的政治功用及歷史意義；（五）專就西漢經學灾异思想的某一門類或某一代表人物的專題研究。現分類綜述如下：

（一）近代自然科學背景下學者對漢儒灾异説的批判

民國早期，有兩篇論灾异的小文章很值得玩味。一篇是廖平先生的《灾异論》（《四川國學雜志》1913 年，第 10 期），另一篇是謝宗陶先生的《説灾异》（《四存月刊》1922 年，第 11 期）。這兩篇文章是在西方近代科學思想初步爲國人接受的時期寫就的，是近代西學與中國傳統觀念碰撞下的産物，也是最早地用科學的眼光考察漢代灾异理論的研究成果，所以意義重大。廖平此文是爲了應對當時西方學者借灾异説的荒謬來攻擊儒家經典而作（如英國人韋廉臣的《古教匯參》，德國花之安的《經學不厭精》等書對灾异思想有很多攻擊）。廖氏的應對，著重在剥離儒家經傳與陰陽五行家灾异説之聯繫。他認爲諸灾异説是“陰陽五行家，爲皇帝學説。秦漢之學者，以附會於中國”的産物，這與儒家經典本來無關。儒家經典有敬天的思想，所以“天變於上，不能不紀”，但是“經無占驗之文”。在他看來，“《春秋》記三十六日食，大抵爲曆法設”，其中所以會出現“比月日食”（《春秋》襄公二十一年九、十月，二十四年七、八月）這樣的怪事，并非孔子不精於曆法，而是故意“録其常以示法，又録其變以明誤（明魯國史官記載之誤。按此本《左傳》‘魯爲再失閏’以爲説）”。而《春秋》所以記灾，也衹是爲了“譏國政不修”，“備灾之道不具”，所以“不必言占驗亦可也”。因此，他主張“今之學堂講科學，即以灾异爲科學考驗亦可”，實在不必“以西人之所長，傚經傳以不知”。[①] 以我們今天的眼光來看，廖平將陰陽家的災异思想與《春秋》所記災异分别看待，是很有見地的；但他出於維護儒家經典的權威之目的，對《經》與《傳》不加區分，又未免與歷史實際不符。與廖平經學家之立場不同，謝宗陶的《説災异》則完全是從近代科學的視角來看待災异思想的。謝氏認爲以科學的求知態度，某一知識的得出，必須有充分的根據；而漢儒的災异説，“必舉遠無至極之天，以與塊然中處之人，謂其上下常變之間，相應若合符節”，顯然是没有實際根據的。“禍福無非自己求之者，天何與焉”，[②] 人事的禍福緣由應當從人的行爲處尋覓，與自然意義的天不存在直接必然的聯繫。

（二）對漢儒災异説興起、盛行原因的分析

除認爲漢儒的災异説没有科學依據外，謝宗陶先生還對災异説興起、盛行的原因作了很合理的分析。他指出災异説在君主專制時代的盛行，主要有兩個原因。其一是臣下的無奈假藉和君主的故意文飾。何以會出現這種情況呢？謝氏分析説：“嘗言天子有逆鱗徑尺，觸之則死，雖有骨鯁之臣，幾諫危言，罔知忌諱，終不若挾天寓警之爲愈；而天子者，鑒於不可得罪於天之訓，亦必故示悚惕，俾身作則，使臣下毋敢違於我。上徵下應，歷代相承，故自來史書災异，皆臣假以諷君，君持以抑下之術而已。”其二是造反派利用災异來製造混亂。這是因爲，當國家將要發生叛亂的時候，“人多狡焉思逞，惟恐不亂，物之祥者，且妖視之，况其否者乎，於是星墜木鳴，一或出現，即足興波助瀾，促成騷

①參見廖平：《災异論》，《四川國學雜志》1913 年第 10 期，第 6—8 頁。

②謝宗陶：《説災异》，《四存月刊》1922 年第 11 期，第 2 頁。

動之機，使其離心離德而愈不可收拾”。[①] 謝氏的見解著實抓住了灾异思想長盛不衰的要害。蕭公權先生對漢儒言灾异的原因也提出了自己的見解。他認爲漢儒倡言灾异的動機，與鄒衍提出五德終始説的用意很接近。鄒衍因戰國時君權的張大而漸趨專制，“以异説警時君，使其知主運可移而威勢難恃”，漢儒則爲“懲秦專制之失，略襲其旨，欲以灾异符命戒懼人主，使之自斂，不復爲縱恣專横之事。此蓋圖以天權限制君權，藉防君主專制之流弊”。[②] 蕭先生的話，很能貼合漢儒言灾异的用心；但在漢代，儒者言灾异實在不衹是故意地“以天權限制君權”，對於天人之間存在感應，他們也是堅信不疑的。

（三）追溯漢儒灾异説的理論源頭

西漢儒生的灾异觀念本不出於原始儒家，這在清代的許多學者那裏已經有所論及。民國以來，學界在對漢儒灾异説理論源頭的追溯方面作出了很多努力。相關的探討，最初是以陰陽、五行説的産生與發展爲主軸。因爲，構成西漢經學灾异思想的骨幹是陰陽、五行説以及二者的結合，所以，研究陰陽五行説的起源和發展，實際上可視爲對漢儒灾异説理論源頭的追溯。

最早留心此一問題的是梁啓超的《陰陽五行説之來歷》一文（作於 1921 年）。他通過對《詩》、《書》、《易》以及春秋戰國諸子著作中陰陽五行觀念的梳理，提出了著名的論斷，認爲“春秋戰國以前，所謂陰陽，所謂五行，其語甚希見，其義極平淡，且此二事從未嘗并爲一談。諸經及孔、老、墨、孟、荀、韓諸大

---

①謝宗陶：《説灾异》，《四存月刊》1922 年第 11 期，第 2 頁。

②蕭公權：《中國政治思想史》，北京：商務印書館 2013 年，第 290、291 頁。

哲，皆未嘗齒及。然則造此邪説以惑世誣民者誰耶？其始蓋起于燕、齊方士。而其建設之，傳播之，宜負罪責者三人焉：曰鄒衍，曰董仲舒，曰劉向”。他并指出，號爲兩漢儒宗的董仲舒，其學“半襲陰陽家言，而絶非孔、孟、荀以來之學術”，經董氏之發揚，“一時經學家皆從風而靡”，“仲舒自以此術治《春秋》，京房、焦贛之徒以此術治《易》，夏侯勝、李尋之徒以此術治《書》，翼奉、眭孟之徒以此術治《詩》，王史氏之徒以此術治《禮》。於是莊嚴純潔之六經，被鄒衍餘毒所蹂躪，無復完膚矣”。[①] 任公所列的西漢諸家經學，即爲本文所論以經學言灾异的代表；而此篇文章的貢獻，在於將漢儒的陰陽五行之學及“禨祥灾祲之迷信”的源頭上溯至戰國之際的陰陽家，而與孔、孟、荀所傳之先秦儒家兩相區分。

對西漢諸儒灾异説源頭的追溯，至徐復觀作《〈吕氏春秋〉及其對漢代學術與政治的影響》而又有大的推進。徐先生認爲灾异思想背後的天人感應論，在被董仲舒發揚光大於漢代之前，經歷了逐步的發展，到《吕氏春秋》十二紀紀首，提出“與元同氣”、“帝者同氣”，始成爲系統的理論。十二紀紀首則是“吸收了《夏小正》及《周書》的《周月》、《時訓》，加以整理；而另發展了鄒衍的思想，以此爲經，再綜合了許多因素”來建構的。它對西漢灾异思想形成的貢獻在於“把過去對灾异的零星解釋，重新安放在‘與元同氣’的反面的基礎之上，而賦予以一個可以推論，甚至可以預知的新的解説系統”。[②] 此外，徐先生還指出，

①以上引文參見梁啓超：《陰陽五行説之來歷》，《飲冰室文集點校》，昆明：雲南教育出版社，2001 年，第 3277—3286 頁。

②徐復觀：《兩漢思想史》（二），北京：九州出版社，2014 年，第 33 頁。

西漢灾异思想中的另一個重要組成部分，京房的卦氣説，也是“受了十二紀的影響所發展出來的”；而“《禮記·月令》，則是對十二紀紀首作全面承認的。《月令》在兩漢的影響，即是《吕氏春氣十二紀紀首的影響》”。徐先生是先秦兩漢思想史研究的大家，他之於漢儒灾异説源流的梳理，對我們今天系統地認識西漢灾异思想仍有許多啓發和可借鑒之處。但是，徐先生此文的部分論斷也有值得商榷的地方。比如他根據《史記·孟荀列傳》中闡述鄒衍思想的兩句話：“乃深觀陰陽消息，而作迂怪之變”，“因載其禨祥度制”，判定鄒衍有“以陰陽消息言灾异，予以加强對當時統治者行爲上的壓力”的學説①，似乎并不能成立。

近幾十年來，隨著一些漢初或更早的文獻的出土，關於此問題的研究又有進一步的發展。例如，崔永東在《帛書〈黄帝四經〉中的陰陽刑德思想初探》一文中，結合馬王堆漢墓出土的四篇黄老學文獻（《經法》、《十六經》、《稱》、《道原》），指出漢儒董仲舒的陰陽刑德思想“即淵源于《黄帝四經》”。所謂陰陽刑德，簡單來説，就是認爲君主施政的德和刑，應當與一年四季中陰陽變化的規律相配合，如果出現違背的情況，就會導致灾害現象的發生。這一派理論是漢儒灾异説的重要組成部分。崔氏判定《黄帝四經》的成書年代是在戰國中期，因而他又據此對過往學界將陰陽刑德思想追溯至鄒衍的觀點提出質疑，認爲“鄒衍雖講陰陽，亦未把它們與刑德合論，真正首先系統合論陰陽與刑德

①以上引文參見徐復觀：《〈吕氏春秋〉及其對漢代學術與政治的影響》，《兩漢思想史》（二），北京：九州出版社，2014 年，第 1—76 頁。

的，當推帛書《黄帝四經》”。① 白奚先生的《中國古代陰陽與五行説的合流》，更結合帛書《黄帝四經》與傳世的《管子》一書中論及陰陽、五行的篇章，提出并論證了陰陽與五行兩大學説合流于《管子》的觀點。此外，他還認爲《管子》書中《幼官》、《四時》等陰陽五行家言的篇章，“先于鄒衍，應是鄒衍學説的直接理論來源”，并推斷“《幼官》等篇的創作，當在齊國國勢正强和稷下學宫昌盛之時”。因此，他主張《管子》書中陰陽與五行的合流，“標志著陰陽五行説作爲中國古代思想文化的框架已經正式形成”，“之後的鄒衍、《吕氏春秋》、《淮南子》、董仲舒等，都衹不過是循著《管子》開創的道路，對之不斷修補、充實和完善而已”。② 以上二人的論述，都與西漢灾异思想的理論源頭問題直接相關，且適足以補充徐復觀先生所説董仲舒陰陽五行思想來源於《吕氏春秋》的疏略。

（四）評價漢儒灾异説的政治功用及歷史意義

儘管在近代自然科學的衝擊下，漢儒的灾异論失去了存在的根基，但這并不意味著它在當時及後世便没有相應的意義與價值。然而在疑古思潮盛行的二十世紀前半期，學界對漢儒灾异論的評價，往往流於戲謔，而缺乏同情之理解。最早提出較客觀且全面之議論的，是蕭公權先生的《中國政治思想史》（初版於1945年）。蕭先生肯定了西漢儒者言灾异是出於限制君主專制、保國安民的良好用心，指出“武昭之世明灾异者用意多在警主安

①參見崔永東：《帛書〈黄帝四經〉中的陰陽刑德思想初探》，《中國哲學史》1998年，第四期，第77—82頁。

②參見白奚：《中國古代陰陽與五行説的合流——〈管子〉陰陽五行思想新探》，《中國社會科學》1997年第5期，第24—34頁。

民，元成以後則傾向于抑權奸以保君國”；但是對於漢儒灾异説起到的實際作用，則持消極悲觀的態度。他認爲這種政治上神道設教的理論，往往衹能收一時的成效，最終爲帝王窺破，不單失去其原有的作用，反而成了後世篡竊行爲的文飾。所以到了漢祚衰微，君弱臣强的成帝之後，就出現“進言者欲藉受命以明革命之旨，聽言者輒買櫝還珠，斷章取義，獨賞受命之言……人見受命之足以取悦，則符瑞圖録風靡天下”的局面，最終導致天人感應思想由灾异革命腐化爲讖緯符命。① 我們結合《漢書》、《後漢書》的相關記載，不難發現，蕭先生的見解確實道出了當時的實情。

徐復觀先生也對漢儒灾异説有所評價。首先，徐先生認爲西漢諸儒以灾异傅會經學的學術活動，“今天看來，在知識上是没有意義的”，它“在方法上，完全以想象代替了思維；在内容上，以想象矯揉了經傳的本來面貌；這是學術中最大的武斷”。其次，徐先生又指出，我們所以能有上述的識見，是因爲我們“經過了三百年的科學洗禮，更有一套科學去擔負這方面的解釋責任”，但是在没有近代科學成就的兩千年前，時人却有要求瞭解今日科學家作爲研究對象的權利，而西漢的儒生們便自覺地擔負了今日科學家所擔負的解釋的責任。所以“我們不應以今日的科學知識去繩尺他們，而衹能推服他們盡到了歷史所課予他們的責任”。此外，徐先生還提到，許多言灾异的西漢儒生往往是以“嚴肅的態度、熱烈的追求，認定自己真正揭露出‘天人相與之際’的秘密，是真實無誤的真理”；而且他們在“上揆之天道”的同時，

---

①以上引文參見蕭公權：《中國政治思想史》（上），北京：商務印書館，2013年，第310、124、306頁。

還要求“下質諸人情”，如此以來，“不能確切的天道，落下來‘質諸人情’”，便使得灾异説有了確切而真實的内容和意義，在現實社會中起到爲民請命的效果。①

除上述蕭、徐二先生外，上世紀九十年代以後，大陸學者也漸漸對漢儒灾异説的政治功用與歷史意義提出了許多積極肯定的意見。如楊世文先生在《漢代灾异學説與儒家君道論》(《中國社會科學》1991 年第 3 期）一文中指出，漢王朝建立之後，儒生們逐漸意識到空洞的説教并不能有效地使專制君主行“王道”，他們迫切地需要“找到一條簡捷的途徑，將自己的社會價值理想轉化爲社會存在”。於是，以董仲舒爲代表的一批儒家學者，積極引進陰陽五行的學説，“將先儒的‘内聖’原則歸於神性之‘天’”，從而給儒家政治學説提供了一個新的支點，這便産生了既維護君主的權威，又能對君主的行爲形成制衡的灾异學説。②王勇的《試論西漢灾异譴告理論的積極意義》(《天津師大學報》1993 年第 6 期）從灾异説在西漢的實際影響入手，認爲灾异譴告説的出現是漢代現實政治的需要，爲漢代社會的確立和穩固作出了貢獻，我們應當承認其進步的意義。吴青的《灾异與漢代社會》(《西北大學學報（哲學社會科學版）》1995 年第 3 期）從“灾异與漢代政治”、“灾异與漢代經濟”和“灾异與漢代文化”三個方面，考察了灾异思想在漢代的影響，肯定了它在兩漢政治、經濟、文化上所起的積極作用。王保頂的《漢代灾异觀略

---

①徐復觀先生對灾异説的評價，參見氏著：《兩漢思想史》(三)，北京：九州出版社，2014 年，第 470、471 頁。《中國經學史的基礎》，北京：九州出版社，2014 年，第 203 頁。

②楊世文：《漢代灾异學説與儒家君道論》，《中國社會科學》1991 年第 3 期，第 119—126 頁。

論》（《學術月刊》1997 年第 5 期）在認肯灾异理論積極意義的同時，又指出，灾异觀對我國古代政治“發生了深遠影響，一定程度上防止了古代政治的神秘化、極端專制化與過度腐朽化，形成一種自我調節的政治機制，爲文明的延續傳承提供了前提條件”。①

（五）對西漢經學灾异思潮中部分專題的研究

自董仲舒傅會《春秋公羊傳》與《尚書·洪範》開漢儒言灾异的風氣後，以經學言灾异漸成一種潮流，孟、焦、京的《易》陰陽灾异論，翼奉的《齊詩》四始五際六情説，夏侯始昌、劉向、劉歆等人的《洪範五行傳》之學迭興遞起；因爲言説者資取的經典不同，遂衍成西漢經學灾异思想的不同流派。需要特别指出的是，西漢雖有以《禮》言灾异的《月令》之學，但《月令》一書全抄自《吕氏春秋》十二紀紀首，因而不能視作西漢經學灾异思想的新内容，衹能算作西漢儒者言灾异的理論背景。就筆者閲讀所及，目前學界對西漢經學灾异思想的研究，也有不少是根據流派或代表人物進行的。這一方面的成果，我們可以根據漢儒灾异論所依據之經典的不同，進行分類的綜述。

1. 西漢《春秋》學灾异思想研究

西漢儒生言説灾异，幾乎都涉及《春秋》。這大概有兩個原因，其一是《春秋》經文中，明確記載有二百四十二年間的各種灾异事件；其二是董仲舒的《公羊春秋》學，特别注重將灾异思想與《春秋》相結合，并産生了巨大影響。以往學界對西漢《春秋》學灾异思想的研究，主要涉及了兩個問題。首先是董仲舒的

①王保頂：《漢代灾异觀略論》，《學術月刊》1997 年第 5 期，第 108 頁。

《春秋公羊》灾异説，其次是漢儒《春秋》學灾异思想與《春秋》三傳的聯繫與區别。前一個問題，因董仲舒在漢代學風建設中所起到的重要作用及其在思想史上的顯赫地位，歷來最受學者們的關注。例如馮友蘭先生認爲董子的灾异思想主要來自戰國晚期的陰陽家，指出董氏對灾异發生之原因的論述，存在兩種并行的觀點，即“謂人之行爲有不當，‘天生灾异以譴告之’”與“謂人之行爲有不當，則陰陽之氣即機械的受感應而有非常的現象出現”。[①] 針對這一狀況，馮先生以爲“董仲舒所謂之天，有時係指物質之天，即與地相對之天；有時係指有智力有意志之自然。有智力有意志之自然一名詞，似乎有自相矛盾之處；然董仲舒所説之天，實有智力有意志，而却非一有人格之上帝，故此謂之爲自然也”。[②] 將董仲舒所言的“天”的性質作這樣的界定，確係馮先生的卓見。此外，余治平先生的《唯天爲大——建基於信念本體的董仲舒哲學研究》（北京：商務印書館，2003 年）、汪高鑫先生的《董仲舒與漢代歷史思想研究》（北京：商務印書館，2012 年）、劉國民先生的《董仲舒的經學詮釋及天的哲學》（北京：中國社會科學出版社，2007 年）等書，也對此做過相關的論述，大致屬於概説和梳理的性質，對於我們瞭解董氏的灾异思想也有相應的參考價值。

關於漢儒《春秋》學灾异思想與《春秋》三傳的聯繫與區别，也有一些學者注意。例如徐復觀先生試圖還原《春秋公羊傳》的本來面目，認爲《公羊傳》“從思想内容上看”，“是一部

①馮友蘭：《中國哲學史》（下），北京：中華書局，1947 年，第 530、531 頁。

②馮友蘭：《中國哲學史》（下），北京：中華書局，1947 年，第 503 頁。

謹嚴質實的書”；“没有出現一個宗教性或哲學性的‘天’字”，“它説的都是人道”，且在其中“人道與天道，并没有直接的關連”；“《公羊傳》中，不僅絶無五行的觀念”，“陰陽的思想還未曾介入”；由《公羊傳》對灾异的記載，可知“孔門不憑灾异以言人事，即是不假天道以言人道”，等等。[①] 鄭志明先生的《左傳灾异説探論》（《鵝湖月刊》114 期，1984 年 12 月）也認爲《公羊傳》和《穀梁傳》重在闡發《春秋經》的微言大義，對經文中記録的灾异現象，“多言何以書，記灾也，記异也，述灾异的書載之法，罕言灾异之由來及應變之道”。該文重點研究了《左氏傳》中保存的灾异説，并指出《左氏傳》“多載時人之言論，詳述灾异之徵兆及聖人神道設教的對應之策”，對董仲舒的天人合一之説，以及“讖緯説、符命説、灾异説、陰陽五行説等理論，影響極爲深刻，舍去《左傳》灾异説，則兩漢讖緯諸學難明”。[②] 劉家和先生的《〈春秋〉三傳的灾异觀》（《史學史研究》1990 年 2 月，第 2 期）則認爲《左傳》的作者是“本著信以傳信、疑以傳疑的寫史態度，記灾祥應驗之説，亦記反對灾祥之説；他對所謂已有應驗的灾祥預言取相信的態度，但始終不失重人事的特點”。“《公羊傳》本身説灾祥應驗的地方很少，而《穀梁傳》本身更幾乎可以説是没有灾祥應驗的内容”。對於《春秋》三傳之學從戰國至漢代的發展演變，劉先生也做了分析，他説：“在戰國中後期，《穀梁傳》與魯學、荀學關係密切，所以仍然保

---

①徐復觀：《先秦儒家思想的轉折及天的哲學的完成——董仲舒〈春秋繁露〉的研究》，《兩漢思想史》（二），北京：九州出版社，2014 年，第 301—304 頁。

②鄭志明：《左傳灾异説探論》，《鵝湖月刊》114 期，1984 年 12 月，第 13—22 頁。

持原來傳統；而《公羊傳》則開始受孟子、鄒衍齊學的影響，雖然《傳》本身變動還不多，但是對《傳》的解説可能已經有了不小的變化。”這種演進，到漢武帝時期，便出現了董子的公羊學，而傳《穀梁》的瑕丘江公趕不上當時的變化，遂衰落下去了。到宣帝以後，情況又有變化，“三《傳》文字雖然大體仍保持原先情況，而公羊、穀梁、左氏三個學派對待灾异問題的態度已漸歸一致，三家都説陰陽五行，都在歷史上尋找灾祥應驗”。① 以上三位先生的觀點，大都言之有據；尤其是劉家和先生對西漢《春秋》學灾异理論發展狀況的説明，更具啓發性，可惜尚没有學者專門就此問題進一步的研究。

2. 西漢《易》學灾异思想研究

西漢以易學言灾异者，大致有孟喜、焦延壽、京房、谷永、高相等人。這一派易學可以被概括地稱爲“《易》陰陽灾异論”。過往學界對此的研究，絶大部分是從象數易學的視角切入的；專就其灾异思想的論述相對較少，主要以徐復觀、日人武田時昌、陳侃理、盧央、張文智爲代表。因爲這一派易學家中以京房的影響最大，相關文獻保存最多，所以是學界關注的重點。京房的灾异思想大致有卦氣説和《漢書·五行志》所引《京房易傳》兩個脉絡。關於卦氣説。徐復觀先生認爲，卦氣説是受了《吕氏春秋》十二紀紀首的影響所發展出來的，發展的方式，是“把陰陽之氣，由表現於十二月，進而表現於三百六十日”，使“運行於時間之中的陰陽之氣，可以日爲單位而加以考察按驗”，較之十

①劉家和：《〈春秋〉三傳的灾异觀》，《史學史研究》1990 年 2 月，第 2 期，第 2—11 頁。

二紀更爲具體而細密；“由此以言占驗，便更可應接人事的紛繁”。[①] 陳侃理先生則進一步對京房以卦氣言灾异的方法進行了概括，指出以卦氣言灾异，主要是“通過觀測氣象（‘風雨寒温’）變化推測陰陽二氣的消長，然後比較其與當值卦氣正常狀態之間的差异，用以推説人事中陰陽二要素的盛衰轉變，進而占測或評論人事”。[②]

關於《漢書·五行志》所引《京房易傳》。盧央先生指出，《漢書·五行志》所引京房占辭，“無論是引自京房《易傳》或是《易占》，均應于《易》相關”；但實際的情况是，它們除“偶爾有引《易經》的經文外，看不出來與《易》有什麽相干”。由此他認爲京房占辭原來的系統，在《五行志》中被支裂了。[③] 張文智先生也推測説“由於受這一框架形式的限制，《漢書·五行志》所采《京房易傳》的内容可能衹是整部《京房易傳》很少的一部分”。他還指出，《京房易傳》推言灾异的根據，主要是取類比象的方法；并認爲“《京房易傳》的最大特點是把君道、道人、賢人等理念與其陰陽灾説緊密聯繫在一起”。[④] 陳侃理先生則認爲《京房易傳》與《易》是存在關係的。二者的關聯形式，是“以灾异爲綱，對經文斷章取義，以證灾异，或證之以灾异”。他指出，京房這麽做的目的，是“通過解説《易》經的形式，將

---

①徐復觀：《〈吕氏春秋〉及其對漢代學術與政治的影響》，《兩漢思想史》（二），北京：九州出版社，2014 年，第 56、57 頁。

②參見陳侃理：《京房的〈易〉陰陽灾异論》，《歷史研究》2011 年第 6 期，第 79 頁。

③參見盧央：《京房評傳》，匡亞明主編：《中國思想家評傳叢書》，南京：南京大學出版社，1998 年，第 413 頁。

④參見張文智：《孟、焦、京易學新探》，濟南：齊魯書社，2013 年，第 339 頁。

灾异占驗與《易》經文相聯繫，使占驗成爲解經之辭，獲得義理和權威”。對於這種形式的意義，陳先生以爲是較董仲舒的灾异説更具“學理化特點”。[①] 日人武田時昌也認爲京房的灾异説，用客觀法則取代人的主觀臆斷，具有從隨意解説向數術理論升華的“科學化志向”。[②] 此外，盧央先生還根據殘存于唐李淳風《乙巳占》、瞿曇悉達《開元占經》中的京房星占學資料，對京氏的星占、灾异占作了適當的考察。這一部分内容雖然與京房的灾异思想有很大的關係，但二書徵引的京房材料未必可信，我們此處就暫不做介紹了。

3.《齊詩》學灾异思想研究

《齊詩》學系統的灾异思想，主要爲齊詩傳人翼奉的四始、五際、六情、十二律説。四始、五際説的具體内容主要見存於《詩緯》，六情、十二律則保存在《漢書・翼奉傳》。按照學界一般的看法，《詩緯》中保存的“四始”、“五際”説很可能是采自翼奉，故又有“《齊詩》翼氏學”之稱。《齊詩》亡佚很早，唐以後幾乎成爲絶學，所以在宋代以前基本無人研究，經過清儒不懈的努力，《齊詩》之學方體段初具。[③] 徐復觀先生認爲由翼奉

---

①參見陳侃理：《京房的〈易〉陰陽灾异論》，《歷史研究》2011 年第 6 期，第 70—85 頁。

②武田時昌：《京房の灾异思想》，中村璋八編：《緯學研究論叢》，東京：平和出版社，1993 年，第 83 頁。轉引自陳侃理：《京房的〈易〉陰陽灾异論》，《歷史研究》2011 年第 6 期，第 81 頁。

③清儒中對《齊詩》做過輯佚工作的先後有餘蕭客、範家相、王謨、馮登府等，直至晚清陳壽祺、陳喬樅父子，始成就了比較精審的《齊詩遺説考》十二卷。此外，陳喬樅還著有《齊詩翼氏學疏證》、《詩緯集證》，對“四始”、“五際”説作了較爲翔實的梳理，同時，前書還收入了清儒迮鶴壽《齊詩翼氏學》的成果。

發明的這一套學説，是受了“夏侯始昌以陰陽五行傅會《洪範》言灾异的影響”，“把這一趨向拓展於《詩》的領域，而更向旁枝曲徑上推演，以成怪异不經之説，既無與於《詩》教，亦非轅固之所及料”，據此，他批評清儒的齊詩學研究成果，“可謂誣妄之甚”。① 與徐復觀的著眼點不同，近二十年來，大陸一些學者從政治哲學的視角對翼奉的《齊詩》學理論作了考察。譚德興指出，“《齊詩》‘四始’實際上是把人事與自然規律相比附，以探索社會人事的變化規律”，因爲“人們對自然界更替規律的感受要比社會歷史發展規律的感受來得熟悉、深刻”，所以兩者的結合，是“相得益彰”，“天道與人事也因此得到溝通”。② 張峰屹認爲“五際”説“以上古數術學作爲知識背景，把天人合一的陰陽五行思想與《詩經》的篇目糅合起來，藉以説明社會政治變革的規律或趨勢”，它實質上不是一種“文學思想，而是一種經學思想”。③ 姜廣輝、邱夢艷也認爲“所謂齊詩‘四始五際’説并不是用以解釋《詩經》的詩學理論，而是傳達一種政治哲學的理念，即借助當時流行的十二地支圓圖的術數模型，以《詩經》大、小雅中的七篇詩爲史例，闡述西周興盛、發展乃至衰亡的歷史過程，其最終目的在於揭示政治改革與政治革命的時機規律。”④ 上述四人對《齊詩》學灾异思想性質的論述很接近，代

---

①徐復觀：《中國經學史的基礎》，北京：九州出版社，2014 年，第 137 頁。

②譚德興：《〈齊詩〉“四始五際”與漢代政治》，《貴州文史叢刊》2000 年 9 月第 5 期，第 54 頁。

③張峰屹：《翼奉〈詩〉學之“五際”説考釋》，《鄭州大學學報（哲學社會科學版）》2008 年 1 月第 1 期，第 125 頁。

④姜廣輝、邱夢艷：《齊詩“四始五際”説的政治哲學揭秘》，《哲學研究》2013 年第 12 期，第 54 頁。

表了目前大陸學界的一般看法與研究水準，填補《齊詩》學研究的空白，是值得肯定和借鑒的，但是仍有拓展和深入的必要。例如翼奉的《齊詩》學説在西漢《齊詩》學中興起的過程、占據的地位，及其與其他經學灾异思想的關係，等等，尚缺乏相應的關注。

4.《洪範五行傳》系統的灾异思想研究

《洪範五行傳》是西漢灾异思想的又一重要文本，并經董仲舒、夏侯始昌、夏侯勝、許商、劉向、劉歆等人的推演，成爲西漢以經學言灾异的大宗。目前所能見到的此一系學説，賴班固《漢書·五行志》的摘録而得以部分保存。因此，對《洪範五行傳》一系灾异思想的研究，往往與《漢書·五行志》結合在一起。

關於《洪範五行傳》的作者及其在西漢的傳承。近代以來，學界對《洪範五行》灾异思想的研究大概以民國繆鳳林的《漢書五行志凡例》一文爲始。繆文的貢獻，首先在於對《洪範五行傳》出於伏生的舊説提出質疑，并以夏侯始昌爲西漢《洪範五行》之學的首倡者；其次又指出劉歆所傳之《洪範五行傳》與夏侯始昌有不同之處。繆氏此文雖發表於1929年，但并未在當時引起學界的關注。① 直至上世紀六十年代，徐復觀又一次提出《洪範五行》之學不始於伏生的觀點，但他進一步以爲夏侯始昌的《洪範五行傳》是受董仲舒的影響。② 此説爲徐興無先生所

①繆鳳林：《〈漢書五行志〉凡例》，《史學雜志》1929年第1卷第2期，第1—4頁。

②徐復觀：《陰陽五行及其相關文獻的研究》，《中國思想史論集續篇》，北京：九州出版社，2014年，第69頁。

承，但他對董仲舒的五行之説是否先出，則持保留意見。① 假如我們承認《春秋繁露》記載論五行的章節確係董仲舒所作，則漢代的《洪範五行》之學，理應是受董氏的影響而發展出來的。

關於《五行志》所載劉向、劉歆灾异説，也是學界關注的重點。黄啓書先生認爲，劉向本人的灾异思想，在編纂《洪範五行傳論》的前後有一定的變化。此一變化“即由偏向董仲舒《春秋公羊》灾异學説之陰陽感應原則，轉變爲以《洪範五行傳》之五行五事爲灾异專案取材、占候推演的五行原則”，而《傳論》的撰作可以看作劉向灾异思想的分水嶺。② 汪高鑫先生指出，劉向、劉歆父子在言灾异的旨趣上存在區别，劉向言灾异主要是出於對西漢元、成時代外戚專權與劉氏皇權旁落的憂慮，其用心乃在於反對外戚勢力，捍衛劉氏正統；而劉歆的灾异論不似其父那樣充滿政治色彩，也没有强烈的維護劉氏正統的迹象。③ 在劉向、劉歆所傳《五行傳》内容的差别上，丁四新教授指出，“劉歆對傳統的《五行傳》重新作了結構性的劃分，并分别命名爲《貌傳》、《言傳》、《視傳》、《聽傳》、《思心傳》和《皇極傳》”；“他所傳的《傳》文也與其父不同”；另外，“劉歆《洪範五行傳論》前應當有一個類似於《序》的導言，以説明《洪範》‘九疇’及《五行傳》所由作的理論因緣，對傳統的《河圖》、《雒書》提出

---

①徐興無：《經典闡發與政治術數——〈洪範五行傳〉考論》，《古典文獻研究》（第十五輯）2012 年 7 月，第 58 頁。

②黄啓書：《試論劉向灾异學説之轉變》，《台大中文學報》第 26 期，2007 年 6 月，第 149 頁。

③汪高鑫：《劉向灾异論旨趣探微——兼論劉向、劉歆灾异論旨趣的不同及其成因》，《安徽大學學報（哲學社會科學版）》2003 年 3 月第 2 期，第 104—109 頁。

了具體的解釋”，這在劉向的《五行傳論》中也當是没有的。①劉向、劉歆父子是西漢中晚期通儒的代表，二人的災异思想往往融貫前人的异説，且他們又有與於西漢的《春秋》學傳承，因此對二人災异説的把握還應關切西漢《春秋》及其他流派的災异思想，這一方面的研究似乎尚有缺憾。

三、以往研究的不足及進一步深入研討西漢經學災异思想的方向

綜上所述，西漢災异思想在歷史上便受到儒家學者的重視，近代以來學者們也對這一思潮作了相應的關注和研究，取得了一定的成果。同時，根據上文的梳理，我們也可窺見學界目前對這一問題研究的不足。這主要體現在三個方面：其一，對西漢災异思想的源起、發展脉絡尚有深入挖掘的必要。目前學界對此一問題的研究仍以前述徐復觀先生的見解最爲深刻，然而徐氏研究之重點爲整個兩漢思想史的發展演進，災异理論的源起和脉絡不過是附帶提及。他所做的探索仍需進一步的改進和豐富。其二，在西漢災异思想的分類研究上還不够全面系統。過往學界雖然對西漢災异思想作過形態劃分的嘗試，但是，一則在形態的劃分上值得商榷，二則尚未有依據不同形態作全面研究的成果出現。因此，整體上説，對西漢災异思想的研究還不够系統。其三，對西漢災异思想不同時期、不同形態之間的關聯及其相互的影響之研究亟待强化。就筆者閱讀所及，已有不少學者對西漢災异思想的

①丁四新：《劉向、劉歆父子的五行災异説和新德運觀》，《湖南師範大學社會科學學報》2013 年第 6 期，第 110、111 頁。

單個問題或個别形態作了較爲深入的考察，然而，藉灾异談天命、政治在西漢是一股很大的時代思潮和風氣，又與經學的建立、發展息息相關，還旁涉到天文、星占等術數理論。甚至可以説西漢的灾异思想是建基於西漢整個知識系統之上的，因而它們不光有時期和形態上的差异性，更有知識背景、言説方式上的相似性、關聯性，當然也存在相互間的影響，這都需要我們給予充分的重視。

基於上述分析，愚意以爲，對西漢經學灾异思想的進一步研究，應當注意以下問題。第一，堅持以文本爲依托，全面而準確地厘清西漢灾异思想的具體内容。與西漢灾异思想有關的文獻除《漢書·五行志》外，大部分零散地分布在《史記》、《漢書》以及兩漢時人的著作之中，因此在展開研究之前，必須細緻地搜羅和整理這些材料。此外，西漢之前的許多文獻中零星保存的與灾异思想相關的文本，也需要認真的簡别，以便考察西漢灾异思想的源頭和綫索。而西漢時寫就，後來亡佚的與灾异思想相關之著作，往往被改頭换面地收入後世的文本中，這些内容也需要結合實際情况進行辨别和論析。這是展開研究工作的第一步，也是非常重要的一步。第二，要根據西漢灾异理論的實際狀况，梳理各個不同形態灾异理論的發展脉絡。一般來説，西漢灾异思想始于董仲舒對公羊春秋學説的改造，以《春秋》言灾异是西漢灾异思想的大宗。但是到了宣、元、成、哀的時期，灾异理論又擴展到《易》、《詩》、《書》等多個經學系統。這些系統的灾异理論各自又經歷了發生、發展的過程，其中的有些問題都是前人没有注意過或者没能解决好的，留下了許多經學史、思想史上的疑團。這是我們要努力解决的。第三，要從經學發展史以及經學與政治的互動關係的視角，歷史地、客觀地評價灾异思想的西漢學術與政治中起到的作用及其歷史意義。毫無疑問，西漢是我國經學發展的最重要階段。儘管部分經典文本在漢代以前就大致寫定，并被用於教育民衆。但是直至西漢武帝之後，纔真正意義上開啓了以研習儒家經典，來培育行政人才的經學與政治相結合的道路。然而，出乎意料的是，儒家經學在大一統政治中第一次輝煌地站立，不是憑藉孔孟的仁義禮智，而是靠著天人感應的外衣。這本身就是經學史上的大問題。依靠著這一套天人感應的理論，并結合實際政治的變化，各派經學都適時地發展出了自己的新觀點、新成果，通過解釋灾异現象來捍衛儒家仁民愛物的理想，匡正現實政治的偏失。因此，在研究西漢灾异思想的過程中，不應過分偏重學理上的疏通，更要注意灾异言説與專制政治之間的互動。

作者簡介：馮鵬，男，1987 年生，河南正陽人，哲學博士。現爲南通大學馬克思主義學院講師。研究方向爲漢代思想史，《周易》經學。

《易緯》正讀:《易緯》哲學與漢代民族精神内質

蕭洪恩

内容摘要：《易緯》無論是在漢代哲學的斷代研究還是在《易》學史的縱向研究上，都具有極爲重要的研究價值。但是，如何評價《易緯》的歷史地位，包括學術地位與實踐地位却是一個見仁見智的問題。筆者通過仔細研讀《易緯》經天緯地的總體結構，探討其構成的宏大訴求，在比較大賦與緯經的文化思潮中確立其時代的盛大氣象，并研究其處於民間而憂于廟堂的人文情懷的博大襟度，更進一步分析《易緯》社會實踐的强大動力，强調《易緯》哲學充分體現了漢代民族的精神内質。

中國歷史上的漢朝以及漢代的中國人，其實已不祇是一個時代或一個民族的特定發展階段，而是一種精神象徵。中國人被稱爲漢人，中國文化被稱爲漢文化，中國歷代治政理想追慕漢、唐盛世……無不以漢代作爲典謨。“勿使燕然上，惟留漢將功”①；“燕臺一去客心驚，笳鼓喧喧漢將營”②；“胡騎雖憑陵，漢兵不顧身”、“漢家能用武，開拓窮异域”③；“樹色到京三百里，河流

①潘百齊編：全唐詩精華分類鑒賞集成，南京：河海大學出版社，1995：1031。
②潘百齊編：全唐詩精華分類鑒賞集成，南京：河海大學出版社，1995：2。
③潘百齊編：全唐詩精華分類鑒賞集成，南京：河海大學出版社，1995：3。

歸漢幾千年”①；“漢將新從虜地來，旌旗半上拂雲堆”、“從來凍合關山路，今日分流漢使前”②；“漢武在深殿，唯思廓寰瀛”③；“胡馬風漢草，天驕蹙中原”④；“閩越曾爲塞，將軍舊置營”⑤……當我們從歷代文學作品及歷史典籍中讀到漢朝和漢代人時，無論是正面還是反面，我都總是那樣充滿敬意。然而，從哲學思想的發展來看，在中國哲學史的研究中，“漢代哲學”却不那麼讓人滿意。原因很簡單，王充思想雖然宏富，但却在當時影響不大，更没有成爲那個時代的普遍之思；董仲舒主張“天人感應”論，雖有一定的共識，但又被認爲是神秘主義……更不用説“讖緯神學”了。事實真是這樣嗎？一個哲學貧困的時代，何以能鑄造出如此偉大的歷史功勛？本文以《易緯》爲素材，探討漢代的民族精神及其在《易緯》哲學中的反映。

一、經天與緯地:《易緯》構成的宏大訴求

蘇軾的《題西林壁》告訴我們如何認識事物，并以如何“識廬山真面目”爲例，説明要注意“横看成嶺側成峰，遠近高低各不同”的視角區分，而不能被局限在自己所被限制的那一點認識上，避免“不識廬山真面目，祇緣身在此山中”的認識局限。長期以來我們對漢代哲學的評價，一個重要的緯（維）度即在於從某種“現代科學”的層面加以評判。然而吊詭的是，當我們在作

①潘百齊編：全唐詩精華分類鑒賞集成，南京：河海大學出版社，1995：15。
②潘百齊編：全唐詩精華分類鑒賞集成，南京：河海大學出版社，1995：8。
③潘百齊編：全唐詩精華分類鑒賞集成，南京：河海大學出版社，1995：21。
④潘百齊編：全唐詩精華分類鑒賞集成，南京：河海大學出版社，1995：29。
⑤潘百齊編：全唐詩精華分類鑒賞集成，南京：河海大學出版社，1995：78。

出所謂“真理”的闡述時，却隱然與“真實”相去甚遠，如在時間向度上，“中國哲學史”明顯由於漢史材料等原因而研究不足，歷史上有些歷史時段也明顯因研究不够而空白時期不少，如魏晋南北朝時期的北朝部分、隋唐哲學思想研究中從王通到韓愈而中間差不多留下了兩百年空白等，漢代哲學的“不足”也即是其中之一；從空間向度上，在精英、經典與社會大衆的一般的、普遍的思想之間出現了一定的斷裂情況，難以寫出真正反映整個哲學社會思想狀況的實“史”，而衹是關注了高懸于、深藏於“象牙塔”上（中）的精英與經典思想，却不把社會大衆的普遍之思引入哲學社會思想史的研究範圍，比如漢代《易》學緯書派所體現的哲學文化之思，就是以普遍的“民族”文化形式呈現出來的，是真正的“民族”哲學之思，認識一個社會、認識一個民族、認識一段歷史，没有對這種社會一般思想的認知顯然是不全面的。正是基於這種觀念訴求，我們重新審視《易緯》，首先對其整體結構進行分析，即看到一個漢代《易》學緯書派的總體特徵及漢代人的時代訴求。

根據歷代的輯佚之功，《易緯》文獻雖然仍有缺失，但也可略稱完備，特别是日人中村璋八與安居香山的《重修緯書集成》所輯（河北人民出版社出版了中文點校版），除通常的《易緯》八種而外，還録有其他諸《易緯》篇目之文及各篇補佚（除《乾元序制記》無補佚而外），常秉義也以《易緯解釋易經》之名以中文的形式刊出，而至《易緯》可幾于全覽。經整理校讎，通常的《易緯》八種含標點雖僅爲38000餘字，但其主旨却在謀求一種宏大的“德道”體系，這使我們想到了荀子《解蔽》所强調的“德道”之人：

> 凡人之患，蔽於一曲而暗於大理。治則復經，兩疑則惑

> 矣。天下無二道,聖人無兩心。今諸侯异政,百家异説,則必或是或非,或治或亂。亂國之君,亂家之人,此其誠心莫不求正而以自爲也,妒繆於道而人誘其所迨也。私其所積,唯恐聞其惡也;倚其所私,以觀异術,唯恐聞其美也。是以與治離走而是己不輟也,豈不蔽於一曲而失正求也哉!心不使焉,則白黑在前而目不見,雷鼓在側而耳不聞,况于使者乎!德道之人,亂國之君非之上,亂家之人非之下,豈不哀哉!

荀子還在《解蔽》篇中列出了他所指認的各種片面性:“欲爲蔽,惡爲蔽,始爲蔽,終爲蔽,遠爲蔽,近爲蔽,博爲蔽,淺爲蔽,古爲蔽,今爲蔽。凡萬物异則莫不相爲蔽,此心術之公患也。”正是在這裏,我們看到了《易緯》的“解蔽”、“德道”訴求,以至於我們看到在《易緯》中,“道”字出現多達 102 次,除一般論“道”而外,於具體對象相指涉的道包括自然類的陽道、陰道、陰陽之道,天道、地道、天地之道,乾道、坤道、天有九道、坤有四道,天地人三才之道,日月之道、生長收藏之道、水道、黄赤蒼道……可以説是强調一切自然物件都有其道;社會類的人道、王道、君道、臣道、道德、治道、夫婦之道、殷道、帝乙之道、人主之道、《易》有二道……與社會關係的事物都有其道,但《易緯》所指主要是重要的社會現象;於評價類的則有至道、大道、道盛、道廢、毀道、道傾側……説明人們對道可以做出相應的事實與價值評價;於道與人的關係而言,即就“道之用”而言,不僅有通用于自然與社會的“受形之道”,而且人們象道、紀道、受道、法道(效法之道)、在道、繼道(繼天道)、得道(得天地之道)、盡道(盡大道)、明道、昭道(昭天道)、言道、行道(行中正之道)、正道(正其道、正此之道、正人主之道)、貞道（貞其道)、用道、順道（順天地之道)、終道(終其道)，於是人們成爲道主、道輔、同道，而識道常、得頓道、得道苞籥，自然也可能屈道、昧道、侵道，以至於道消、道衰等，從這些用語來看，《易緯》的目的性能簡單地説是迷信嗎？能够簡單地使用“神學”來加以評價嗎？

上述情形還可從“德”來加以説明。應該指明的是，《解蔽》中的“德”多爲“得”義，而《易緯》則區分了“德”與“得”，其中“得”出現120多次（含後世推術所用則達138次之多)，與人的能動性相關的如人主動而得天地之道、得其人、得衆人所助、大人動得中、得幸之臣萌、各得其宜（萬物得其宜)、“得五氣以爲五常，仁、義、禮、智、信是也”、得正、得位、得用道之王、人道有得失、内理其國以得民心……這些“得”差不多都指向人們的主觀努力。而在“得”之外，于“道德”義上，在《易緯》中涉及“德”近100次，自然之德如陽德、天德、兑德、“木金水火土”五德、《易》之德、乾德、坤德……强調這些自然現象，人們都可以“德”的眼光進行認識，使人們能與“天地合其德”等。不過從總體上講，與上述“道”更多地指向客觀相應，“德”主要的是强調人們在主觀上要“修積道德”，對此進行的評價有有德與無德之别，有施德（德施、德化施行)、隨德、報德、順德、勸德、高德、正德（天地德正)、放德、備德（德備、德由備、五德備)、德益、著德、題德、悦德（悦其德)、崇德（崇至德)、煦德（承惠煦德)、建德、挺德（其德挺文)、賀德（以德賀於人主)、命德、配德（德配天地)、慶德（道德慶)、厚德（其德廣厚)、盛德（世德之盛)、雄德、至德、成德……可以説都是與“道德”相關的内容，雖然有自然與社會之江德、純德、德鎮、政德、帝德、世德、元德等名目，也有陽德消、天德明、五德异節、德薄歲惡、德以成物、“德有七，其三法天，其四法地”等名目，但在總體價值取向上却是指向政教德行、德至於天、彰有德、全王德、“執中和，順時變，所以全王德，通至美也”、“五德者，所以立尊號，論天弗志長久”……一句話，是向社會特别是向帝王提出“建德”的要求，略似當代人們所宣導的精神文明建設。正是因爲這樣，我們對《易緯》八種作出如下的結構性概括：

鑿度重開正乾巛，覽圖驗卦備類成。

教民不倦通天地，爲帝演謀鑄太平。

這是由於筆者在整理《易緯今注今譯》過程中，反復通讀，體會到《易緯》確實是“天人合發”之書。一方面，通常的《易緯》八篇，事實上是由兩組文章構成，一組即“鑿度重開正乾巛”，即《乾鑿度》、《乾坤鑿度》、《乾元序制記》、《巛靈圖》四篇，可以説是理論著作，主要論述的是“道”的問題，核心是圍繞“乾”而討論，一個重要的原則是强化陽德，崇尚父權，其中特别是將原有的《坤靈圖》認定爲《巛靈圖》，既符合篇中内容，又符合《易緯》綱要，關鍵字是“正”字，即正天地之道，習乾坤之德；一組是“覽圖驗卦備類成”，即《稽覽圖》、《通卦驗》、《辨終備》、《是類謀》，可以説是實踐著作，主要論述的是“術”的問題，核心是圍繞“謀”而討論，一個重要的原則是强化“豫蓄而待之”，著眼未來，關鍵字是“備”，“備”既指篇目，也指目標，是“辨中所備”、“辨而中備”；“類成”也是既指篇名，也指目標，也有自信。另一方面，是從宗旨與價值取向而言，説明《易緯》的本旨不在於論神，而在於化人，因而不是神學，而是神化，其基本措施是“教民不倦通天地”，其基本目標是“爲帝演謀鑄太平”。不過，在每組的前兩篇文章中，又各分爲上下卷，其中上卷又更重於“理”，而下卷則更重於“術”，所以，《易緯》基本上是一組“道”、“術”一體的政治對策文，應是適應西漢中期治國理政“對策”之風的產物，目的是爲漢代人經天緯地實踐進行理論與方法方面的謀劃。

二、大賦與緯經:《易緯》時代的盛大氣象

漢朝是中國歷史上的一個真正的英雄時代。“文景之治”、“漢武盛世”、“昭宣中興”……及至後來的“光武中興”，一次次的發展高潮，使漢朝在西漢平帝時期（西元元年），全國人口即達6000萬左右，成爲占當時世界人口三分之一的大國；漢朝文化多元而統一，科學技術適用而發達，儒家文化逐步成爲主流意識形態，取得獨尊地位并促成了東亞文化圈的建立，蔡倫改進造紙術，張衡發明世界上第一台能够預報地震的候風地動儀，并發明了渾天儀，巴郡落下閎等人制定的《太初曆》第一次將二十四節氣訂入曆法而成爲後世中國農耕文明的法典式氣候規則，張仲景因《傷寒雜病論》而被尊爲中華“醫聖”、中醫之祖，西元前一世紀的《周髀算經》及東漢初年的《九章算術》則是數學領域的杰作，民間五運六氣醫學……一系列的文化成就，使漢朝與約略同時期歐洲的羅馬帝國并列爲當時世界上最先進的文明而强大的帝國，從而使形成中的華夏族在漢朝以後逐漸地被稱爲“漢族”。

《易緯》産生於漢代，絶非偶然。那是一個真正的英雄時代。在那時，幅員廣大、文化燦爛的中華帝國呈現出一派蓬勃生機，迎來了國家的安寧和國際的和平，迎來了社會的繁榮與昌盛。“匈奴不滅，何以家爲”的口號，成了民族和時代的一致呼聲；

在那時，有無數建功立業，雄姿英發的豪邁人物；在那時，不但有“號令文章，煥焉可述”① 的皇帝，而且有“上佐天子，理陰陽，順四時，下育萬物之宜”② 的宰臣；不但有“通古今之變，究天人之際，成一家之言”的學者，而且有韓信、蕭何、張良、樊噲、曹參、夏侯嬰、彭越、英布、周勃、周亞夫、衛青、李廣、霍去病、張騫、傅介子、常惠、趙破奴、陳湯、蘇武等名臣名將。因此，這個時代，不愧爲中華民族發展史上真正的英雄時代。後世將中國人稱爲“漢人”，與這個時代的世界性影響是分不開的。

英雄的時代培育了英雄的人民，也孕育出了卓越的民族精神，并體現出了這個時代的精神素質。當時思想家們給人們提出的口號是“下長萬物，上參天地”③。在最終意義上説是“舉凡一切，皆歸之以奉人”④。與這一盛大氣象相應，出現了大賦與緯經兩股大的文化思潮。而《易緯》在反映漢代思想文化思潮方面，也以其“因陰陽定消息，立乾坤以統天地”的浩大氣魄，肯定人們有“與耀合元”的雄才大略，從而激勵人們發揮主觀能動的奮發進取精神。

從大賦而論，漢代是中華民族的上升時期，從前漢到後漢，除初始以新道家“無爲”而“治”顯示出某種平静而外，在總體上是一個追求有爲的時代，其時代氣象就是奮發有爲。文學上的“漢賦”之興盛，或可説明那一時代的精神氣質。漢初高祖、惠

①司馬光：資治通鑒，卷二十二。
②司馬遷：史記·陳丞相世家。
③董仲舒：春秋繁露·天地陰陽。
④董仲舒：春秋繁露·立元神。

帝、吕后、文帝至景帝的六十多年，“接秦之弊，諸侯并起，民失作業，而大饑饉。凡米石五千，人相食，死者過半。高祖乃令民得賣子，就食蜀漢。天下既定，民無蓋藏，自天子不能具醇駟，而將相或乘牛車。”① 這時的漢賦體小而文約，雖也恣肆并鋪采摛文，但却幾近騷體。而到西漢中期以後，從武帝經昭帝至宣帝的九十餘年間，既因政權鞏固、國力强大、疆域遼闊，封建皇權至高無上而需要時代加以承認，又因社會治政而需要對皇權加以約束，於是形成了獨尊儒術（或可稱爲“儒霸”）而又雜取諸家的社會思潮，形成了以“通”爲特色的思想追求。不僅統治集團好大喜功、耽於聲色享樂，喜用有時代風氣的賦體文學，而且也逐漸接受崇尚皇權而略帶勸政意義的讖緯之學。班固《漢書·藝文志》所記成帝時劉向審查篩選論而録之的即有六十一位有主名的賦家和九百三十篇賦，并出現了枚乘《七發》一類的主流大賦，所以在文學上開闢了一個屬于賦的時代，而大賦更爲高潮，并與漢代的强盛氣象相適應。

從緯經而論，幾與大賦同時而出現瞭解釋“經”學的讖緯經學，即本文所稱的“緯經”。據史書記載，“緯經”之學經過逐步積累，在哀、平之際産生了廣泛影響。《漢書·王莽傳》記載王莽于漢平帝元始四年（西元 4 年，逢甲子），“征天下通一藝教授十一人以上，及有《逸禮》、古《書》、《毛詩》、《周官》、《爾雅》、天文、圖讖、鐘律、月令、兵法、《史篇》文字，通知其意者，皆詣公車。網羅天下异能之士，至者前後千數，皆令記説廷中，將令正乖繆，壹异説云。”後又“遣五威將王奇等十二人頒《符命》四十二篇於天下”。據《後漢書·樊英傳》注，七經緯

①班固：漢書，食貨志。

包括了《易》緯六種、《書》緯五種，《詩》緯三種，《禮》緯三種，《樂》緯三種，《孝經》緯二種，《春秋》緯十三種，其實遠不衹這些數。僅此亦足見"緯經"風氣之盛。而"緯經"本身，即是一種既認肯經學又追隨經學的文化自信，因而它不是一般意義上的宣傳、闡釋，而是要形成經、傳、緯三位一體的學術思想格局，因而同樣是一種文化大氣。

與大賦、緯經思潮相印證的，還可見出漢人的"通"風以顯漢人的盛大氣象，司馬遷"究天人之際，通古今之變"以成《史記》，揚雄作《輶軒使者絶代語釋别國方言》（簡稱《方言》），董仲舒《春秋繁露》，及至《白虎通義》、《風俗通義》等，都無不以"通"爲志。甚至連純粹的字書《説文解字》，一開始即以一個宇宙起源論開頭："惟初太極，道立於一，造分天地，化成萬物，凡一之屬皆從一。"而最後則以"人十月而生"之"亥"爲終："荄也。十月，微陽起，接盛陰。從二，二，古文上字。一人男，一人女也。從乙，象裹子咳咳之形。《春秋傳》曰：'亥有二首六身。'凡亥之屬皆從亥。古文亥爲豕，與豕同。亥而生子，復從一起。"如果我們避開字書而論，不難發現這個以人爲中心的哲學世界觀。由此也可見出，起於前漢的"通"風吹到了後漢。

在大賦與緯經兩大文化思潮中，《易緯》或因其取二者之長，而得以相對長存。一方面，《易緯》長於賦體，如《是類謀》"通以韵語綴輯成文，古質錯綜，别爲一體"，其實是賦體風格。其他諸篇，也多此類文體，如《易緯・通卦驗》"天皇之先，與耀合元。精五帝期，以序七神。天地成位，君臣道生。君五期，輔三名，以建德，通萬靈"之類，不一而足。或許正由於"緯經"與大賦的同期關係，以至於賦體與緯經緊密相關，於賦注即可見出，如《文選·思玄賦》（東漢科學家、文學家張衡的作品）“察二紀五緯之綢繆”李善注：“《易乾鑿度》‘五緯順軌，四時和栗’。宋均曰：‘和栗，氣和而嚴正。綢繆，連綿也’。”《文選·西都賦》（西漢文學家班固的作品）“佐命則垂統”李善注：“《乾鑿度》曰：‘代者赤兑，黄佐命’。宋衷曰：‘此赤兑者，謂漢高帝也；黄者火之子，故佐命，張良是也。’”《文選·景福殿賦》（曹魏時期何晏作品）李善注引“宋衷《易緯》注曰：‘天文者謂三光。’”《文選》謝靈運《會吟行》李善注：“宋衷《易緯》注曰‘天文者謂三光，地理謂五土也’。”這些都説明《易緯》兼賦體而緯經説的内在特徵。至於“緯經”本身，即是從《易緯》解釋《易經》而言的，其所論《易》，如“日月相逐爲易”、上下經論、六位三才、據正立位、易一名而三義、伏羲作《易》等，并依《易傳》而立説。學界已有不少成果加以申論，如梁秉賦的《緯學與經學——論〈易緯〉研究的一些新觀點》①，崔朝輔的《〈易緯〉易學思想研究》②，張濤的《略論〈易緯〉的易學思想》③，任蜜林的《論〈易緯〉對〈周易〉經傳的闡釋》④，王兆立、于成寶的《〈易緯〉對〈周易〉經傳的新認識》⑤ 等，應該説，《易緯》真正反映了漢代的盛大氣象。

---

①梁秉賦：緯學與經學——論《易緯》研究的一些新觀點，傳統中國研究集刊（第八輯）（第四屆傳統中國研究國際學術討論會論文集），2009—07—26。

②崔朝輔：《易緯》易學思想研究，山東大學博士論文（2011）。

③張濤：略論《易緯》的易學思想，河北學刊 2009（2）。

④任蜜林：論《易緯》對《周易》經傳的闡釋，周易研究 2006（3）。

⑤王兆立、于成寶：《易緯》對《周易》經傳的新認識，哲學研究 2009（12）。

三、江湖與廟堂:《易緯》情懷的博大襟度

《四庫全書總目提要·易類》附録《易緯》下説:"案儒者多稱讖緯,其實讖自讖,緯自緯,非一類也。讖者,詭爲隱語,預决吉凶;《史記·秦本紀》稱盧生奏録圖書之語,是其始也。緯者,經之支流,衍及旁義。《史記·自序》引易'失之毫厘,差以千里',《漢書·蓋寬饒傳》引易'五帝官天下,三王家天下',注者均以爲《易緯》之文是也。蓋秦漢以來,去聖日遠,儒者推闡論説,各自成書,與經原不相比附。如伏生《尚書大傳》,董仲舒《春秋陰陽》,核其文體,即是緯書,特以顯有主名,故不能托諸孔子。其他私相撰述,漸雜以術數之言,既不知作者爲誰,因附會以神其説。迨彌傳彌失,又益以妖妄之詞,遂與讖合而爲一。"這説明,《易緯》一類是因爲來自民間而無法知其作者之名而有别稱的,故不如董仲舒《春秋陰陽》一類作品"幸運"。

《易緯》是民間《易》學派别,我們稱之爲漢代《易》學緯書派。當我們認肯其對漢代氣象、漢代精神産生影響時,我們是否去掉了哲學的"精英化"?本來,相比于傳統的《西方哲學史》或傳統的《中國哲學史》那種精英與經典陣容來講,漢代哲學本就有了"某種局限",而您又肯定這來自民間的《易》學緯書派,那不是更有局限了嗎?但是若要問:那些精英、經典真的影響那麽大嗎?尤其是在當時的所謂"當代社會"?比如,西方的蘇格拉底被處死了,中國的孔子并不被當時接受,王充的著作在當時流行度低,程、朱理學在元、明、清時代纔發揮較大的影響,在當時又有多少人讀過王夫之的著作?思想家的孤獨不正説明作爲

時代精神、民族精神精華的哲學不應衹是那種精英或經典嗎？相比而言，中國某些時期的哲學却恰恰相反，正好缺乏這種精英與經典而來自民間，或許更具有特殊意義。比如，當精英或經典中討論“中庸”的高深時，他們衹“適可而止”四字即清楚明白了；當精英或經典中討論“信任”的深刻時，他們衹一句“防人之心不可無，害人之心不可有”即清楚明白了；當精英或經典中討論“不真，故空”的深妙時，他們衹“萬事衹在人心”一言即清楚明白了……即使是所謂儒家，歷經中國歷代統治者提倡推揚，深藏在人民心中的也衹是那些日常道德，而作爲那些提倡者的精英本身或即正是道德的違犯者，而《易經》的高深哲學或許正因爲來自民間，而與民間關係甚深，因而具有更爲廣泛的社會接受性——儘管是以其獨特的方式——算命、看相、風水、卜筮……我們無意貶低精英或經典，衹是想明確是哪些思想與民族的一般思維方式契合，借用人類學家的話説，是什麼東西成了民族的“法典”？這樣，我們即可以看到，中國漢代《易緯》哲學表現形式的非精英或非經典化却是那樣地具有民族性、普遍性，又是那樣地影響著中國民衆的生活，如果説精英或經典是思想的“少數”的話，那《易緯》哲學的這種表現却真正是“多數”，并且還不是“代表”的多數，而是本身的“多數”。或許有人認爲，這樣的“哲學”是不系統的、非體系化的，而事實上，這樣的系統、體系是指這些思想是一個整體嗎？是指思想之間的内在聯繫嗎？如果是這樣的話，我們説這些“哲學”的確是整體的、系統的、有機的，而且是文、史、哲、法等渾然一體的，不然的話，一個一字不識的農民，衹通過其所接受的口承文化，却能成熟爲一代代“新”農民，原因就在於這些民衆總是針對特定的“情境”説出他們的“哲學”，與其説這些“哲學”是思想彙聚，倒不如說這些“哲學”是“情境”聚合，而《易緯》哲學正在於它設定了不少“情境”，因而其敘述方式多屬“條件”句式，如《易緯·通卦驗》謂：“凡《易》八卦之氣，驗應各如其法度，則陰陽和，六律調，風雨時，五穀成熟，人民取昌，此聖帝明王所以致太平法。故設卦觀象，以知有亡。夫八卦繆亂，則綱紀壞敗，日月星辰失其行，陰陽不和，四時易政。八卦氣不效則灾异氣臻，八卦氣應失常。夫八卦氣驗，常不在望。”這類寫法，有如我們現今的法律條文寫法，由假定條件、行爲模式和法律後果三個部分構成，其中假定條件給出適用該規則的條件和情況的部分，即在什麼時間、空間、對什麼人適用以及在什麼情境下有用的問題，上引文中的“八卦之氣，驗應”即屬假定條件；行爲模式指規則中規定人們如何具體行爲之方式或範型的部分，這是從人們大量的實際行爲中概括出來的行爲要求，包括可爲、應爲、勿爲等類型，上引文中的“各如其法度”則屬人們的應爲；行爲後果指規則中規定人們在做出符合或不符合行爲模式的要求時應承擔相應的結果的部分，包括合法後果與違法後果，或稱肯定式的後果和否定式的後果兩類，上引文中“陰陽和，六律調，風雨時，五穀成熟，人民取昌，此聖帝明王所以致太平法”即屬此。《易緯》的這類寫法本身即具有“普遍”的適用性。因此，我們須特別强調的是，哲學上的精英或經典化，不應該成爲否認《易緯》一類非精英或非經典化的理由，我們也千萬不能因爲這些東西在社會存在方面所具有的普遍性而犯“世多有，故不論”的錯誤。更不能無視中國哲學的思維模式是直接取襲“百姓日用”之間，及至直接承襲神話思維模式的傳統而套用西方揚弃了神話思維模式之後發展來的哲學思維模式來觀察中國的問題①。比如，有學者即强調："早期的中國哲學家如老子、莊子等在很大程度上表現出神話思維的特徵，而中國哲學中的基本範疇，如太極、道、陰、陽、五行、變、易等等，幾乎無一不是從神話思維的具體表象中抽象出來的。"②

事實上，即使來自民間，我們仍然看到《易緯》雖然身處江湖（民間），却對廟堂（官方、國是）有極高的關心，正是後世范仲淹所謂"居廟堂之高則憂其民，處江湖之遠則憂其君"的博大胸懷。請看：《易緯·乾鑿度》上卷一開始即以孔子論《易》一名而三義之旨，以伏羲作象八卦來探尋古義，據"人更三聖，世歷三古"之史序，崇文王演卦而立《易》德之正——六位之德、五常之德（五方與五倫相合）、五行之德（六十四卦分爲五德卦），以天道而言人事，於社會訴求"據正立位"，于行爲則訴求"因常處變"，於途徑則在於觀察"四正四維"之八卦用事、"五德備而終則反始"等卦氣，根本哲學觀念是宗尊乾坤、學本陰陽、用事五行、融合儒道、雜取諸家，與前漢中期正天應人之旨一律——一方面要最大限度地激發人們的活動能力，包括帝王將相在内，以謀求社會發展，建功立業；但另一方面又必須有所約束，而不能爲非，於是天人感應之説、天人合一之旨得以發揮。總的而言如"羲經一書分上下，君人五號論失得"所述。又如，《易緯·巛靈圖》首論乾的"元、亨、利、貞"之德，并通過"帝者，天號也，德配天地，不私公位，稱之曰帝；天子者，

①葉舒憲、俞建章：符號：語言與藝術，第四章。上海：上海人民出版社，1988 年。

②葉舒憲：中國神話哲學，導言。西安：陝西人民出版社，2005：3。

繼天治物，改正一統，各得其宜，父天母地，以養生人，至尊之號也；大君者，君人之盛也”等君人五號提出對統治者的德行要求，進而以“堯”爲例説明“天生聖人使救之”的灾害應對之責，强調不僅應“攝天之業，使之理也”，而且應“能致乎萬人之化”。更進一步，以“因象助類”思維路徑而言統治者應“以茂對時育萬物”，并通過大畜卦闡明“天灾降至，預畜而待之，人免於飢，故曰‘元亨’；上下皆通，各載其性，故曰‘利貞’”。可以説，這是對統治者提出的非常崇高的要求，從目前中國還在打扶貧攻堅戰、保障民生的角度來看，該要求是否具有歷史意義，就顯而易見了。特别是關於“各載其性”，結合《易緯·乾坤鑿度》卷下所言“天地與訓永常，日月與明，雖未盡大道，各鮮彰洎性”，要求彰顯人的“自性”，以及與《易緯·乾鑿度》佚文“統者在上，方物常在，五位應時，群物遂性”相結合，應看成是《易緯》肯定個性的重要哲學觀念。而更爲重要的是，該篇還對統治者提出了“至德之萌”、“德至於天”、“輔臣納忠”等要求，雖然是通過如“黄星筭於北斗”之類的觀雲占氣來體現，但衹要看直至唐朝王維于《送趙都督赴代州得青字》中尚言因“天官動將星，漢地柳條青”而有天象崇拜，那在漢代出現這種情况應更不足爲怪了。

事實上，《易緯》的基本思想是强調：人們生存在世界上，必須聽風辨氣（八風、八卦之氣等）；人們生活在社會上，必須察言觀色（河圖、雒書、讖言、聖言、符瑞、雲色等）；人們生成在崗位上，必須識權履責（卦軌、合德、識道等，即不能“喪責”），於是，對自然之八風二十四氣、歷史之五德六位之分、社會之個人聖賢之性等，都須明識而有所謀，如《易緯·乾鑿度》佚文有“古者田漁而食，因衣其皮，先知蔽前，後知蔽後，後王易之以布帛，而猶存其蔽前者，重古道，不忘本”之文，一句“重古道，不忘本”，不祗是一種歷史觀，而且是一種明確的治世要求。《易緯・稽覽圖》説：“政道得，則陰物變爲陽。”“治道得，則陰物變爲陽物。”“春夏寒，政教急。”實質上是直接的治政要求。其中講“太平時，陰陽和臺，風雨鹹同，海内不偏。地有阻險，故風有遲疾。雖太平之政，猶有不能均同，唯平均乃不鳴條”。結合《易緯・乾鑿度》的“升平之路”，實際上構成了《易緯》“升平”、“太平”、“均平”的“三平”理想，并有相應的高低層次。而《易緯・辨終備》因“日再中，烏連嬉”而提出“仁聖出，握知時”的要求，與《易緯・通卦驗》所論：“冬至，廣莫風至，誅有罪，斷大刑。立春，條風至，赦小罪，出稽留。春分，明庶風至，正封疆，修田疇。立夏，清明風至，出幣帛，禮諸侯。夏至，景風至，辨大將，封有功。立秋，涼風至，報土功，祀四鄉。秋分，閶闔風至，解懸垂，琴瑟不張。立冬，不周風至，修宫室，完邊城。八風以時至，則陰陽變化道成，萬物得以育生。王當順八風，行八政，當八卦也。”可知其終極追求都是人及其社會。上所言八卦各有主氣之時，應由主卦氣至用事，否則即爲邪氣，如冬至宜坎風至，坎風不至則出問題。坎風不至則可能出現其他各卦卦氣，均會出現問題，《逸書考》輯佚中有許多具體規定，總的訴求是説明“王者八政中，則八風不失；八政不中，則八風失時，人無唇”。也就是説，通過“八風”以正“八政”。所以，筆者曾對《易緯》之博大情懷論曰：“《易緯》謀升平之路，修太平之法，立均平之志。頤正性之心，識氣以立於世界，識象以立於社會，識責以立於崗位。若此，則雖乾坤亦懸浮之根本，縱螻蟻亦典常之範圍。悉准乎《易》道，于人方可成一世之豪杰、一史之聖賢、一業之精英，于世方可成煌煌之盛世、生生之大德、堂堂之偉業!”這樣的社會理想，如果衹以“神學”來看，真有點“相逢無語，一朵芙蓉著秋雨”了，這不是很可嘆的嗎?

四、神化與人化:《易緯》實踐的强大動力

儘管人們歷來以“神學”來看待包括《易緯》在内的讖緯，但據筆者所記，一門“學科”的判定，有兩個基本因素，即研究學科的區分必須明確其研究物件所具有的特殊的矛盾性及相應的研究方法。對於《易緯》來説，其研究物件應是社會如何達到和諧健康發展（太平、均平），其方法則是“緯經”。《易緯·乾鑿度》上卷論伏羲畫事一節，非常明顯地體現了上述兩事:“方上古之時，人民無别，群物無殊，未有衣食器用之利。於是，伏羲乃仰觀象於天，俯觀法於地，中觀萬物之宜，始作八卦，以通神明之德，以類萬物之情。故《易》者，所以經天地，理人倫而明王道。是故八卦以建五氣，以立五常，以之行象，法乾坤，順陰陽，以正君臣、父子、夫婦之義。度時制宜作網罟，以畋以漁，以贍人用。於是人民乃治，君親以尊，臣子以順，群生和洽，各安其性。伏羲氏之王天下也，始作八卦，結繩而爲網罟，以畋以漁，蓋取諸離。質者無文，以天言，此《易》之意。夫八卦之變，象感在人。文王因性情之宜，爲之節文。”正因於此，我們認爲，即使談神論鬼，也都是服務於上述目的和方法的。

如上所述，《乾鑿度》在文中特别突出人的目的性與能動性，如强調:因爲“上古之時，人民無别，群物無殊，未有衣食器用之利”的特殊性，“於是”纔有了“伏羲乃仰觀象於天，俯觀法於地，中觀萬物之宜，始作八卦，以通神明之德，以類萬物之

情”的努力，而《周易》本身也是爲了人的，即“故《易》者，所以經天地，理人倫而明王道”，具體是通過“八卦以建五氣，以立五常，以之行象，法乾坤，順陰陽，以正君臣、父子、夫婦之義。度時制宜作網罟，以畋以漁，以贍人用”。并且還産生了實際效果，即“於是人民乃治，君親以尊，臣子以順，群生和洽，各安其性”，也正是在這個意義上强調人的能動性，即“夫八卦之變，象感在人”，有如“文王因性情之宜，爲之節文”一般。

爲了論證人的能動性從何而來，《易緯》進行了哲學追問，特别是“三史”追問，其中首先是自然史上的宇宙論追問：人的能力從何而來？也就是説，《易緯》突出人的目的性并不衹是一般而言的，而是具有其世界觀基礎，即通過對宇宙起源的討論來確立人的中心地位，即探討“昔者聖人因陰陽定消息，立乾坤以統天地”的能動性從何而來的問題，進而從對“有形生於無形，則乾坤從生”的宇宙追問開始，其結論在《乾鑿度》、《乾坤鑿度》中表現爲關於太易、太初、太始、太素的闡明，然後通過“氣變”而“清輕者上爲天，濁重者下爲地”。所以，追問宇宙起源，正是爲了探尋人的能動作用之根據。此外，在《乾坤鑿度》中，一口氣列三條歷史綫索來找尋人的能動性根據：一條是自然史綫索，即：“既然物出，始俾太易者也。太易始著，太極成，太極成，乾坤行。老神氏曰：性無生，生復體。天，性、情；地，曲、巧。未盡大道，各不知其自性。乾、坤既行，太極大成。”其中特别地提出了“天，性、情；地，曲、巧。未盡大道，各不知其自性”的重要觀念，是有《坤靈圖》“各載其性”的問題……一條是社會史綫索，即從太古百皇、有熊氏等起始的古聖賢史系列。問題在於，追述這兩個系列的結果都是爲了“知生化柢，晤茲天心”，於是根據自然史得出的結論是“太易變，教民不倦”；根據社會史得出的結論是“自上古及下帝孫，大熟化演，設民弗倦，益物弗限”。也就是説，無論是自然史的“太初而後有太始，太始而後有太素。有形始於弗形，有法始於弗法”，還是社會史的“後傳授天老氏，而後傳授於混沌氏……”系列，都説明人們能“索顛作天，索易以地，俯仰而象遠近，而物浩，而功然，而立”，能“極先生而設位，物成而麗諸形，錯煸以文，改茹以魚，虞獸以韋，上齒以冓，法物以後。析菥以策，運蓍以數，王天下者也”，能“極先元見，軌轍像，章流立文，以詁息孫”，能“古法淳物，元造不足，益之器用，農谷農。高以飾乘，卑以飾足”及“益之法神器車符，文左武右，三器備禦”……總之，“盡秘先之，旨闕接引，聖人顯其機智”。不過，最終提出的是人們努力奮鬥的緊迫性：“乾坤對，太易興。設法軏，壞而息。智之易，八卦變策象數，庶物老、天地限，以爲則。”而“太古文目”一節列有《乾鑿度》等得以“大行”的一十四文，實際上是列了第三條歷史綫索，即文化史或文明史的綫索，可以説是“三史”序列。核心是對《乾鑿度》的雙重解釋：一方面是强調書名本身，即“敕天門以爲名”，因爲“古有先文，未析真冥”，實際上是説要揭開天地開闢的真諦，而在八卦中，“乾爲天門”，所以要鑿天開門，其後具體强調的是：《乾鑿度》實際上是聖人修養之書，因爲乾道浩大而以開鑿天門爲名，故言“乾，訓健，壯健不息，日行一度”，喻聖人也應奮鬥；因爲“鑿者，開也，聖人開作；度者，度路，又道”，因而聖人應探索認識道路，即“聖人鑿開天路，顯彰化源”，認識事物的本源與本質；乾兼三義，即“乾者，天也，川也，先也。川者，倚竪天者也；乾者，乾天也，又天也；乾，先也”，因而聖人宜有天的健行、川的包容、先的創始，總的即如“上聖鑿破虛無，斷氣爲二，緣物成三，天地之道不□”，即不斷地奮鬥。這種奮鬥有如：“觀上古聖，驅駉元化，劈楷萬業，徒得爲懋，訓究體譯。元肇頤浚澳作沐，懸心輪薄不息，以啓三光；上飛箭風雨，下濟河沱。得元氣澄、陰陽正、易大行、萬匯生。”自然，書中還解釋了其他的幾部古代著作，如認爲“《垂皇策》與《乾文緯》、《乾坤二鑿度》，此三文說《易》者也。《元皇介》，雖測問，術行大旨也。《考靈經》，考者，成也，諸靈術行化，本於代。《希夷名》，天象之名，亦名《渾天同書》。《墳文》，先墳而後典；《八文》，又先庖羲也。”應該説，“三史”追問，都會形成一個結論，即人具有能動性的前提性條件。

爲了確認人的這種能動性，《易緯》還進行了深入的結構性論證，而最根本的是關於“三才”的結構性論證。《乾鑿度》論：“《易》有六位，三才天地人道之分際也。三才之道，天地人也。天有陰陽，地有柔剛，人有仁義，是謂三才。法此三者，故生六位。六位之變，陽爻者制於天也，陰爻者繫於地也。天動而施曰仁，地静而理曰義；仁成而上，義成而下；上者專制，下者順從。正形于人則道德立而尊卑定矣。”“是謂三才”四字，原本無之，《太平御覽》引《乾鑿度》曰：“天有陰陽，地有柔剛，人有仁義，是謂三才”，是有此四字，若依下“法此三者”及“故生六位”一語，則知當有此四字爲是，故今依《太平御覽》所引增之。此意與《說卦傳》說類：“昔者聖人之作《易》也，將以順性命之理，是以立天之道曰陰與陽，立地之道曰柔與剛，立人之道曰仁與義。兼三才而兩之，故《易》六畫而成卦，分陰分陽，迭用剛柔，故《易》六位而成章。”又《繫辭傳》曰：“《易》之爲書也，廣大悉備，有天道焉，有人道焉，有地道焉，兼三才而兩之，故六。六者，非它也，三才之道也。”雖然“三才”之道一説，并非爲儒家所創發，若《管子·霸言》即謂:“立政出令用人道，施爵禄用地道，舉大事用天道。”在《易緯》中，“三才”學説得到了較好闡發，實質上成了一個龐大的宇宙結構論問題，如關於“三才”之源，《路史·前紀·三皇紀》注引《乾鑿度》曰:“清輕而騫者爲天，重濁而墜者爲地，冲粹而生者爲人。”明天地人三才之同源。關於“三才”之職，《是謀類》説:“天以變化，地以紀州，人以受圖，三節共本，同出元苞。乾建度，坤拒謀，人有治。”此“异職”一説，亦見於《春秋緯·元命苞》:“人與天地并爲三才，天以見象，地以效儀，人以作事，通乎天地并立爲三。”若綜考此，《易緯》雖有所本，但却頗有發展，并將人類引入一個巨大的宇宙分工結構中。正是基於這種結構，纔有了第二層次上的天人相感結構，即强調宇宙本身的整體性，使人們有可能把握《周易》之德，爲此，該書探討了宇宙起源及其所帶來的宇宙整體性，《乾鑿度》指出:“《易》始於太極，太極分而爲二，故生天地。天地有春秋冬夏之節，故生四時。四時各有陰陽剛柔之分，故生八卦。八卦成列，天地之道立，雷風水火山澤之象定矣。其布散用事也，震生物於東方，位在二月。巽散之于東南，位在四月。離長之於南方，位在五月。坤養之于西南方，位在六月。兑收之於西方，位在八月。乾剥之于西北方，位在十月。坎藏之於北方，位在十一月。艮終始之於東北方，位在十二月。八卦之氣終，則四正四維之分明，生長收藏之道備，陰陽之體定，神明之德通，而萬物各以其類成矣。”最後强調這是《周易》所闡明而有利於人的理論，强調“皆《易》之所包也，至矣哉，《易》之德也”。可以看出，這是典型的農耕文明的場景。更進一步，《乾鑿度》突出了人的目的在於因八卦對於人的規範性意義，即通過强調“八卦之序成立，則五氣變形。故人生而應八卦之體，得五氣以爲五常，仁、義、禮、智、信是也”。在此基礎上，通過八卦與五方相配，爲人們指出了一個“興於仁，立於禮，理於義，定于信，成于智”的五常次序，并强調此“五者，道德之分，天人之際也。聖人所以通天義，理人倫而明至道也”。可以這樣説，這又是一個典型的以人爲中心的《周易》觀。

此外，《易緯》還對人的能力從何而來的問題進行認識論追問：一方面是認識事物，如“物有始、有壯、有究，故三畫而成乾”的過程，“乾坤相并俱生，物有陰陽，因而重之”的構成，“物感以動，類相應也”的關係，“陽動而進，陰動而退”的運動，“一陰一陽，合而爲十五之謂道”的規律，“挂萬物視而見之”的工具，“大閡物而出之者也”的總結等，一句話，人們可以認識客觀物件。同時，《易緯》突出人的目的還與特定社會有關，即漢人强調皇權、重視天尊，因而以“乾”爲始，這也就是爲什麼重視《序卦傳》，并形成了《乾鑿度》、《乾坤鑿度》、《乾元序制記》、《巛靈圖》一組關於“乾”的文章，而在關於“八卦用事”的論述中，即特别强調“乾者，天也，終而爲萬物始。西北方，萬物所始也，故乾位在十月”。也正是通過這“八卦用事”，而至有利於人，因爲“四維正紀，經緯仲序，度畢矣”。之所以重“乾”，是從“據正立位”的層面講的，其中强調：“乾坤，陰陽之主也。陽始于亥，形於醜。乾位在西北，陽祖微據始也。陰始于巳，形於未，據正立位，故坤位在西南，陰之正也。君道倡始，臣道終正，是以乾位在亥，坤位在未。所以明陰陽之職，定君臣之位也。”可以肯定地説，這是基於社會發展而對諸吕專權的歷史反思。於是《易緯·乾鑿度》論上下經的關係，即特別强調了陰陽的“位之正也”。一方面肯定“乾坤者，陰陽之根本，萬物之祖宗也，爲上篇始者，尊之也。離爲日，坎爲月，日月之道，陰陽之經，所以終始萬物，故以坎離爲終”。另一方面則强調“鹹恒者，男女之始，夫婦之道也。人道之興，必由夫婦。夫婦所以奉承祖宗，爲天地主也，故爲下篇始者，貴之也。既濟未濟爲最終者，所以明戒慎而存王道”。很明顯，由天道而至地道，突出的都是人。下麵論“泰者，天地交通，陰陽用事，長養萬物也。否者，天地不交通，陰陽不用事，止萬物之長也。上經象陽，故以乾爲首，坤爲次，先泰而後否。損者，陰用事，澤損山而萬物損也，下損以事其上。益者，陽用事而風雷益萬物也，自上損以益下。下經法陰，故以鹹爲始，恒爲次，先損而後益，各順其類也。”實際上是通過泰、否而論社會運行的根據，通過損、益而論社會的工作。

總之，在《易緯》中，《乾鑿度》謀求“人民乃治，君親以尊，臣子以順，群生和洽，各安其性”；《乾坤鑿度》因坤“德厚迷遠，含和萬靈，資育人倫，人之法用，萬門起於地利，故曰人門”；《稽覽圖》强調“太平時，陰陽和合，風雨鹹同，海内不偏。地有險阻，故風有不遲疾。雖太平之政，猶有不能均同也，唯平均乃不鳴條”；《辨終備》因“帝王奉命永安治”而肯定“至哉，《易》三聖謀”；《易緯·通卦驗》强調“凡此陰陽之雲，天之雲，天之便氣也。坎、震、離、兑爲之，每卦六爻，既通於四時、二十四氣，人之四肢、二十四脉亦存於期”；《乾元序制記》認爲“天子必思《易》，先知萬世，爲國著柄。察之在，失之去，每云：‘天命在主標操’”；《是類謀》説“准萌纖微之初，先見吉凶，爲帝演謀”；《巛靈圖》説“乾用事，萬物蟄伏，致乎萬物蟄伏，故能致乎萬人之化”……這些綱要性的話，無不體現出《易緯》的人學特徵，因而《易緯》哲學是神化而不是神學，并充分體現了漢代民族精神的内質。

作者簡介：蕭洪恩（1961—），男，土家族，湖北咸豐人，華中農業大學社會學系教授，中國少數民族哲學社會思想史學會副理事長，雲南少數民族哲學思想研究基地首席專家，主要研究方向爲中國少數民族哲學、中國哲學史。

漢代儒家的德位關係思考
——以王莽“受禪”爲例

曹婉豐

内容摘要：按照儒門的評判標準，衹有擁有最高尚的品德的人，纔有資格擁有最高的權力。在儒家“德”與“位”關係的思考中，蘊含了德與位相匹配的維度和德與位相制約的維度。這兩個理論維度統一於儒家德位合一的理想，而這一理想，正是通過儒家榜樣性政治的方式所展現。而在儒門聖人孔子身上所表現出的“德”與“位”的分離使得漢儒們通過“孔子素王論”對孔子有大德却無王位、無王位却行王事做出解釋與論證。到了西漢末年王莽執政時期，基於美德的權力在世襲制確立的幾百年之後，第一次超越世襲權力，真實演繹了一幕“以德致位”的禪讓。

“德”與“位”或道德與政權之間的關係是歷代統治者和思想家都關心并試圖回答的問題。在儒家看來，“惟仁者宜在高位”(《孟子·離婁上》)，衹有擁有最高尚的品德的人，纔有資格擁有最高的權力。理想是完美的，然而現實却遠非如此。在儒門聖人孔子身上所表現出的“德”與“位”的分離使得儒生們不得不正視這一現實，并對此不斷做出解釋與論證，以期維護這一理想的崇高與神聖。西漢末年，王莽以儒生身份、在“頌聲交作”的萬衆期待中以禪讓方式成功躍升君主，這一度使得儒生們認爲儒家“德位合一”的理想就此實現。

一、德位合一——儒家榜樣性政治的表述方式[①]

儒家對於德位關係的思考就其理論内涵來説，藴含了兩個維度：德與位相匹配的維度和德與位相制約的維度。這兩個理論維度統一於儒家德位合一的理想，而這一理想，正是通過儒家榜樣性政治的方式所展現。

首先，就其德與位相匹配的維度來説，舜爲“大德必得其位”的典型代表。《尚書》、《孟子》和《史記》中詳細地記述了舜的事迹。在儒家學者與儒家經典的記述中，舜生活在一個异常極端的家庭。舜的父親瞽叟和舜的同父异母的弟弟象多次欲加害他。“父母使舜完廪。捐階，瞽瞍焚廪。使浚井，出，從而掩之。”（《孟子・萬章上》）弟弟“象日以殺舜爲事”（《孟子・萬章上》）。

而舜則“順事父及後母與弟，日以篤謹，匪有解”（《史記・五帝本紀》），“象憂亦憂，象喜亦喜”（《孟子・萬章上》）。儘管生活在這樣一個“父頑，母嚚，弟傲”的家庭中，但舜依然“能和以孝”。除了具有高尚的德行，舜還井井有條地處理了各種政務，展現出高超的政治才能。“納於百揆，百揆時叙。賓於四門，四門穆穆。納於大麓，烈風雷雨弗迷。”（《尚書・舜典》）這樣一個德才兼備的人當之無愧地成爲了接替堯的不二人選。這正如

①干春松：《重回王道——儒家與世界秩序》，上海：華東師範大學出版社，2012年，第14頁。

《中庸》所說：

> 舜其大孝也與！德爲聖人，尊爲天子，富有四海之內。宗廟饗之，子孫保之。故大德必得其位，必得其祿，必得其名，必得其壽。故天之生物，必因其材而篤焉。故栽者培之，傾者覆之。……故大德者必受命。

在儒家傳統中，“德才兼備”是國家的管理者所必備的素質。而“德”又排在“才”的前面，祇有道德高尚的人纔有資格接受天命，進而承擔起管理國家的重任。

其次，就其德與位相制約的維度來說，周人對於“湯武革命”合法性的論述爲其理論範型。“我不可不監于有夏，亦不可不監于有殷。”（《尚書・召誥》）夏桀逆天而行，上天不佑，商湯敬德保民，因而得到上天的垂青，命上天革夏之命。武王克商同樣如此。由“湯武革命”造成的政權更迭進而引發的社會變化是巨大而深遠的，周人經過一系列論證得出了這樣的結論：殷人之所以亡國，就是因爲他們失去了“德”，進而失去了民心，同時也失去了上天的庇佑；而周之所以能取代殷商，是因爲周的統治者“敬德”、“修德”，獲得了民心，進而獲得上天的垂青。從理論上說，既然祇有有德之人才配在高位，那麼祇要致力於修德，即便是普通百姓也有可能得位；相反，如果在高位者驕奢淫逸，“狎侮五常”，那麼無德者終有一天也會無位，“德”成爲獲得與保有“位”的前提。

在儒家的話語體系中，上古聖王之所以被歷代稱頌，不僅因爲他們治理國家的政績突出，更因爲他們是垂範天下的道德榜樣。在儒門的價值體系與評判標準中，有位者不僅僅意味著擁有位高權重的社會地位，在他們身上，相應地承擔著與他們的地位成正比的道德責任，與他們的權力相等同的道德境界。從更深一層的意義上來説，在儒家思想的邏輯裏，“位元”與“德”是相輔相成、互爲表裏的。“位”是“德”的外化，“德”是“位”的內涵。在高位者，不僅是社會秩序中權力的代表，同時也應該是整個社會中的道德楷模。正如孔子所説：“政者，正也。子帥以正，孰敢不正。”（《論語·顏淵》）他們身上肩負的不僅僅是社會治理的任務，還承擔著與之地位相對應的道德表率與示範作用。“爲仁者宜在高位。不仁而在高位，是播其惡於衆也。”（《孟子·離婁上》）概言之，儒家“德位合一”理想的實質是一種榜樣性政治。

> 君子之德風，小人之德草，草上之風必偃。（《論語·顏淵》）
>
> 其身正，不令而行；其身不正，雖令不從。（《論語·子路》）
>
> 不能正其身，如正人何？（《論語·子路》）
>
> 聞修身，未嘗聞爲國也。君者儀也，民者景也。儀正而景正。（《荀子·君道》）
>
> 君仁莫不仁，君義莫不義，君正莫不正；一正君而國定矣。（《孟子·離婁上》）

類似的表述在儒家經典中俯首皆是。儒家所推崇的這種道德示範作用，猶如“隨風潛入夜，潤物細無聲”的春雨，在君主的言談舉止當中自然而然地流露，對社會風氣與習俗的引導發揮著無形但重要的影響。《史記·周本紀》中周文王的這一則故事即是生動的例證：

> 西伯陰行善，諸侯皆來決平。於是虞、芮之人有獄不能決，乃如周。入界，耕者皆讓畔，民俗皆讓長。虞、芮之人未見西伯，皆慚，相謂曰：“吾所爭，周人所耻，何往爲，

祇取辱耳。”遂還，俱讓而去。(《史記·周本紀》)

可見，從政治統治這個層面上來説，在高位者的道德修養、道德境界對於普通百姓有著重要的垂範與表率的意義。統治者道德修養好壞，道德品質的高下，與國家的政治清明穩定，政權的安危存亡息息相關。

在漢儒這裏，董仲舒進一步將儒家的這種榜樣示範精神發揚光大。董仲舒在與漢武帝的對策中説過這樣一段話：

> 《春秋》深探其本，而反自貴者始。故爲人君者，正心以正朝廷，正朝廷以正百官，正百官以正萬民，正萬民以正四方。四方正，遠近莫敢不一於正，而亡有邪氣奸其間者。是以陰陽調而風雨時，群生和而萬民殖，五穀孰而草木茂，天地之間被潤澤而大豐美，四海之内聞盛德而皆徠臣，諸福之物，可致之祥，莫不畢至，而王道終矣。(《漢書·董仲舒傳》)

爲人君者從正己開始，推己及人，一步步擴大“正”的範圍，從自身到朝廷，從朝廷到百官，從百官到萬民，從萬民到四方，最後達到正天下的效果。祇有這樣天下纔没有邪氣奸人，這時陰陽調和、風調雨順，人與物都能和諧相處，五穀豐登莊稼茂盛，天地之間一派豐美的景象。四海之内都因皇帝這種崇高的德行而前來歸順，同時各種祥瑞、吉兆紛紛出現。可以説，達到正天下的效果，也是達到了最理想的社會狀態——王道。如果手握權柄者不知愛人，不過“一夫之人耳”。因而，“内治反理以正身，據禮以勸福；外治推恩以廣施，寬制以容衆。”(《春秋繁露·仁義法》)

内在的心性修養如何外推爲外在的政治治理，以個體的修身養性爲指向的“聖”如何一步步由内到外、由己及人地擴展到以社會的安定太平爲要求的“王”呢？從董仲舒的這段話中我們似乎可以窺見這樣的擴展機制，即在高位者通過以身作則而起到的表率與示範作用。當身爲一國之主的君主都能努力做到“克己復禮”，向著更高的道德境界不斷努力的話，身爲下屬的臣民自然没有理由不去修身養性。這種自上而下的效仿從廟堂之高一步步傳播到江湖之遠，最後達到“正四方”的效果。君王德性修養外推爲政治舉措，天下之人的認同感與君王本身的凝聚力，都達到相當的高度。① 從這個意義上説，儒家政治是一種榜樣性的政治，是再恰當不過的了。

二、德位分離——“孔子素王論”致力於解决的理論難題

儘管儒家德位合一的理想如此動人美妙，但在歷史的演進中，這一理想與社會的實際政治狀況之間却存在著無法彌補和逾越的鴻溝。在儒家的思想傳承中，以堯、舜、禹、湯、文、武、周公爲代表的聖王譜系是德位合一的典範。然而在堯、舜、禹、湯、文、武、周公之後的政治實踐中，儒家的這一理想似乎從未真正實現過。不但實現的希望越來越渺茫，而且與這一理想的距離，似乎也隨著歷史的推演，變得越來越遥遠。儒家“德位合一”的理想與現實政治實踐的南轅北轍已經成爲不争的事實。而這種悖離，肇始於儒門聖人——孔子。

“孔子素王論”是西漢《春秋》公羊學的重要組成部分，素

①任劍濤：《倫理政治研究——從早期儒學視角的理論透視》，長春：吉林出版集團有限責任公司，2007 年，第 171 頁。

王一説起於道家，最早見於《莊子·天道》篇：

> 夫虛静恬淡，寂漠無爲者，萬物之本也。明此以南鄉，堯之爲君也；明此以北面，舜之爲臣也。以此處上，帝王天子之德也；以此處下，玄聖素王之道也。(《莊子·天道》)

所謂“素王”，“素，空也。言無位而空王之也。”(《春秋左傳正義》) 它的提出致力於解决兩個理論難題：一是對孔子這樣自信擁有天命之德而終其一生都没有像舜一樣得位的遺憾給出合理的解釋；二是對孔子無王位却行王事做出一個圓融自洽的論證。

在西漢的文獻中，孔子爲“素王”的説法屢見不鮮，以孔子爲“素王”的記録不絶如綫。從這些文獻的記載中可以看出，“孔子素王論”是被當時的學者所廣泛認同和接受的。

> 諸侯起于匹夫，以利會，非有素王之行。(《新書·過秦下》)

> 孔子之通，智過於萇宏，勇服于孟賁，足攝郊菟，力招城關，能亦多矣。然而勇力不聞，伎巧不和，專行教道，以成素王，事亦鮮矣。春秋二百四十二年，亡國五十二，弑君三十六，采善鋤醜，以成王道，論亦博矣。(《淮南子·主術訓》)

> 孔子作《春秋》，先正王而繫萬事，見素王之文焉。……故《春秋》受命所先制者，改正朔，易服色，所以應天也。(《漢書·董仲舒傳》)

> 孔子歷七十二君，……卒不遇，故睹麟而泣，哀道不行，德澤不洽。於是退作《春秋》，明素王之道以示後人。(《説苑·貴德》)

> 孔子不王，素王之業在於《春秋》。(《論衡·定賢》)

首先，對孔子有“大德”却無“受命”、不“在位”的現象做出合理論證，從而維護孔子的聖人形象和儒家“德位合一”的崇高理想。孔子是自信擁有天命之德的，這一點，得到了孔子本人以及後世儒者的普遍認同。“子曰：‘天生德於予，桓魋其如予何?’”（《論語·述而》）《論語·子罕》記載：“子曰：‘鳳鳥不至，河不出圖，吾已矣夫!’”鳳鳥至、河出圖被看作是王者受命的祥瑞。孔子自信擁有克配天命之德，然而鳳鳥不至，河不出圖，則預示著孔子空有天命之德，終其一生都無緣天子之位，無法名正言順地行王者之事，所以纔會有“吾已矣夫”的慨嘆。

正是因爲孔子勤奮修德，同時也自信擁有天命之德，然而，孔子這個有德者終究没有像舜一樣得位，孔子“有德無位”的現實與儒門的“德位合一”理想形成了鮮明的對照與極大的反差。正如顧頡剛所説：“漢代的經師和讖緯的作者……以爲‘大德者必受命’，像孔子這樣的聖人，必然該作天子，然而竟不得作天子，於是‘孔子爲素王’，‘以《春秋》當新王’以及‘端門受命’諸説都起來了。”① 所以仲舒有言：“孔子曰：‘吾因行事加吾王心焉’，假其位號以正人倫。”（《春秋繁露·俞序》）

雖無天子之位，但這并不妨礙孔子行天子之事。孔子正是通過作《春秋》來完成他“王”的使命，如司馬遷所説：

> 孔子閔王道廢而邪道興，……故因史記而作《春秋》，以當王法。(《史記·儒林列傳》)

其次，這涉及“孔子素王論”所致力於解決的第二個理論難題，爲什麼孔子無王位却行王事？對於這一問題的回答，亦是對

①顧頡剛：《禪讓傳説起于墨家考》，載《顧頡剛古史論文集》（下），北京：中華書局，第495頁。

孔子爲何作《春秋》做出解釋，進而將其納入儒家“德”“位”之辨的理論體系。

孔子自信擁有天命之德却終其一生而無天子之位，他衹有通過作《春秋》來行天子之權，爲後世立法。雖然孔子并未成爲政治上的天子，但他通過“筆削”《春秋》的方式實現了儒家所推崇的“德位合一”的理想。

對於孔子作《春秋》的目的，孟子有這樣兩段著名的論述。

> 王者之迹熄而《詩》亡，《詩》亡然後《春秋》作。（《孟子·離婁下》）

> 世衰道微，邪説暴行有作，臣弑其君者有之，子弑其父者有之。孔子懼，作《春秋》。《春秋》，天子之事也；是故孔子曰：“知我者其惟《春秋》乎！罪我者其惟《春秋》乎！”……孔子成《春秋》而亂臣賊子懼。（《孟子·滕文公下》）

司馬遷也在《太史公自序》中引董仲舒的話，精闢地表達了孔子作《春秋》的目的。

> 上大夫壺遂曰：“昔孔子何爲而作《春秋》哉？”太史公曰：“余聞董生曰：‘周道衰廢，孔子爲魯司寇，諸侯害之，大夫壅之。孔子知言之不用，道之不行也。是非二百四十二年之中，以爲天下儀錶，貶天子，退諸侯，討大夫，以達王事而已矣。’子曰：‘我欲載之空言，不如見之於行事之深切著明也。’夫《春秋》，上明三王之道，下辨人事之紀，別嫌疑，明是非，定猶豫，善善惡惡，賢賢賤不肖，存亡國，繼絶世，補敝起廢，王道之大者也。”（《史記·太史公自序》）

孔子本是一介布衣，通過作《春秋》來“貶天子，退諸侯，討大夫”，是以無位之身行有位之事，嚮往堯舜之道者會深知孔子作《春秋》之意，而被《春秋》貶斥的亂臣賊子必然以孔子作《春秋》爲僭越之行。這便是孔子自己所說的“知我者其惟《春秋》乎！罪我者其惟《春秋》乎！”（《孟子·滕文公下》）即便冒著被人指摘爲“僭越”的風險，孔子依然要作《春秋》，并且“筆則筆，削則削，子夏之徒不能贊一辭。”（《史記·孔子世家》）蔣慶先生在他的《公羊學引論》中指出，孔子“對《春秋》二百四十二年的歷史（代表整個人類歷史）進行了批判，在天下無王的時代標出了新的王道，行使了新的王權，恢復了歷史中的公正。孔子以《春秋》代周，即是以新王批判舊王；孔子加王心作《春秋》，即是以用聖王批判俗王。”①

相對於基督教的末日審判論來説，“儒教倫理中完全没有拯救的觀念”②。既然不能訴諸於超驗的上帝，那麼衹能轉向無法更改的歷史。在以儒家思想爲主流的中國傳統文化中，人們尋求的是現世的裁定，歷史的審判。相對於末日審判來説，歷史審判猶如一張如椽的大筆，將榮辱興衰、生死存亡記入青史。正如徐復觀所説：“史之義，莫大乎通過真實的記録，給人類的行爲，尤其是給政治人物的行爲以史的審判。”③ 因而，孔子“筆削”《春秋》，絶非對史實的簡單記録，而是在行使“以史的審判代替神的審判的莊嚴使命”。④ 從某種意義上來説，孔子通過作《春秋》

①蔣慶：《公羊學引論》，瀋陽：遼寧教育出版社，1995年，第100頁。

②韋伯：《儒教與道教》，洪天富譯，南京：江蘇人民出版社，1997年，第182頁。

③徐復觀：《兩漢思想史》（第三卷，上海：華東師範大學出版社，2001年，第151頁。

④徐復觀：《兩漢思想史》（第三卷），上海：華東師範大學出版社，2001年版，第151頁。

行使了“王”的使命與權力；《春秋》亦經由孔子之手，成爲萬世之“大法”，“禮義之大宗”。既然不能“以德致位”，使之政治抱負付諸於政治實踐，那麼衹能退而通過“立言”將政治見解流傳於世。劉逢禄《公羊何氏釋例》中說：“天不生仲尼，萬古如長夜，《春秋》是也。故日歸明於西而以火繼之，堯舜禹湯文武之没而以《春秋》治之，雖百世可知也。”① 空有王之名，而無王之實的“素王”，完成的是光照千古的輝煌大業。孔子未能實現的“德”與“位”的合一固然令後世儒生爲之黯然神傷，然而這并不妨礙後繼者依然高舉這一熊熊燃燒的理想火炬，繼續沿著先賢們所開拓的道路向前追尋。

三、王莽“受禪”——“德位合一”的政治實踐

（一）王莽之“德”的考察

孟子曰：“天下之本在國，國之本在家，家之本在身”（《孟子·離婁上》），“身正而天下歸之”（《孟子·離婁上》）。而身正與否的現實表現形式則是固有的宗法規範——孝。在王莽一步步走向權力最高峰的過程中，這一點得到了充分的體現。有學者指出，“以禮義爲人處世行政，成爲人之進退有度、執政得當、變凡爲聖的惟一砝碼。”② 王莽成爲皇帝之前的身體力行，就是對這一觀念的最好證明。有學者指出，“如果我們把王莽代漢置於西

①劉逢禄：《公羊何氏釋例·王魯例第十一》，《續修四庫全書》（經部·春秋類）。

②任劍濤：《倫理政治研究——從早期儒學視角的理論透視》，長春：吉林出版集團有限責任公司，2007 年，第 88 頁。

漢儒學史與政治史的互動關係中來看，人們將不難發現，王莽代漢不過是‘完成了儒家的由聖人受天命登位的期望’而已。”① 而王莽“其爲政措施，又有以合一時學者之議論，以深重於民間之所想望。②”

在《漢書·王莽傳》中，班固對王莽的生平事迹有著較爲詳細的記載，我們可從中一窺王莽之“德”。

首先，相較於王氏家族其他成員的驕奢淫逸、飛揚跋扈，王莽因父親王曼早死，“獨孤貧，因折節爲恭儉”（《漢書·王莽傳》）。他還研習儒家經典，“受《禮經》，師事沛郡陳參，勤身博學，被服如儒生”（《漢書·王莽傳》），即時時處處以儒家的道德標準來要求自己。

他在家庭中恪守孝悌之道，“事母及寡嫂，養孤兄子，行甚敕備。”（《漢書·王莽傳》）他的伯父大將軍王鳳在家養病期間，“莽侍疾，親嘗藥，亂首垢面，不解衣帶連月。”（《漢書·王莽傳》）王莽的哥哥王永早死，他對待哥哥王永的兒子王光也是視同己出：

> 莽休沐出，振車騎，奉羊酒，勞遺其師，恩施下竟同學。諸生縱觀，長老嘆息。（《漢書·王莽傳》）

王光比王莽的兒子王宇年紀小，王莽讓他們同一天結婚，來賀喜的賓客滿堂。就在辦喜事、招待賓客的時候，“一人言太夫人苦某痛，當飲某藥，比客罷者數起焉。”（《漢書·王莽傳》）

---

①王光松：《在“德”、“位”之間》，上海：華東師範大學出版社，第79—81頁。

②錢穆：《秦漢史》，北京：生活·讀書·新知三聯書店，2004年，第307頁。

他在社會交往中，還禮賢下士，廣交俊杰。

外交英俊，内事諸父，曲有禮意。(《漢書·王莽傳》)

散輿馬衣裘，振施賓客，家無所餘。收贍名士，交結將相、卿、大夫甚衆。故在位更推薦之，游者爲之談説，虚譽隆洽，傾其諸父矣。(《漢書·王莽傳》)

他的"折節力行"使得"宗族稱孝，師友歸仁。"(《漢書·王莽傳》)他的叔父王商上書皇帝，表示願意分出自己的封户來給王莽，其他如長樂少府戴崇，侍中金涉，中郎陳湯等當時的名士，都替王莽美言，"上由是賢莽"。永始元年（前16），成帝封王莽爲新都侯。而王莽"爵位益尊，節操愈謙。"高官厚禄的生活并没有使他變得驕奢淫逸，貪圖享樂，恰恰相反，即便是在王莽輔政之後，也依然克己守禮，没有絲毫懈怠。

莽既拔出同列，繼四父而輔政，欲令名譽過前人，遂克己不倦，聘諸賢良以爲掾史，賞賜邑錢悉以享士，愈爲儉約。母病，公卿列侯遣夫人問疾，莽妻迎之，衣不曳地，布蔽膝。見之者以爲僮使，問知其夫人，皆驚。(《漢書·王莽傳》)

儘管班固對王莽的評價是："匿情求名如此"、"敢爲激發之行，處之不慚恧"（《漢書·王莽傳》)，但不可否認的是，他"勤勞國家，直道而行，動見稱述"(《漢書·王莽傳》)。王莽在當時確實享有極高的盛譽與口碑。儘管因外戚而顯赫，但王莽無疑是外戚中的"异類"。王莽成爲天下表率的過程，究竟是刻意的鑽營還是他確有聖德，史家衆説紛紜，但我們可以確認的是，他已經成功地塑造了自己"盛德"的形象。他屢次受封，屢次推讓，爲了讓他接受封賞，動輒成百上千人爲他上書請命，這都表明他毫無疑問地成爲衆望所歸。

元始四年，王莽遣大司徒司直陳崇等八人分行天下，覽觀風俗。王舜上奏説：

> 天下聞公不受千乘之土，辭萬金之幣，散財施予千萬數，莫不鄉化。蜀郡男子路建等輟訟慚怍而退，雖文王却虞、芮何以加！宜報告天下。(《漢書·王莽傳》)

王舜的這個奏議將王莽與周文王相提并論，這就將王莽推到了一個極高的位置，暗示王莽雖然位極人臣，但王莽的德行足以匹配聖王之位。

在班固的叙述中，王莽的推讓并非出於真心，但這三番五次推讓的過程，已經賺足了天下人心。更爲重要的是，王莽奏請：

> 宜立諸侯王後及高祖以來功臣子孫，大者封侯，或賜爵關内侯食邑，然後及諸在位，各有第序。(《漢書·王莽傳》)

王莽的這一奏議極大地安撫了劉氏宗親。而他“上尊宗廟，增加禮樂；下惠士民鰥寡，恩澤之政無所不施”（《漢書·王莽傳》）的做法，也獲得了儒生集團極大的好感與認同，展示了他博施濟衆，樂善好施的儒者情懷。正如錢穆所説，王莽“出王氏極盛之門第，而奉王貢書生謹節之論，修己治人，堅守敢爲，此則不易得耳。”①

儘管班固在《漢書》中對王莽的衆望所歸與頌聲交作深感虚僞，但這確實是真實發生過的歷史。拋開封建正統史家的立場，我們不能否認的是王莽所具有的儒者風範與情懷。在爲政上，他思慕古昔，試圖恢復聖王的政治制度；在家庭中，他不僅折節恭儉，力行孝悌，甚至大義滅親。他的四個兒子中，除了王安因病而死，其他三個由嫡妻所出的兒子以及他的嫂子、侄子，或自

---

①錢穆：《秦漢史》，北京：生活·讀書·新知三聯書店，2004 年，第 303 頁。

殺，或被王莽勒令自殺，下場淒慘。對儒學備加推崇的王莽爲什麼對家人如此苛刻無情？班固對王莽家庭的慘劇這樣評論：

初，莽以事母、養嫂、撫兄子爲名，及後悖虐，復以示公義焉。（《漢書·王莽傳》）

所謂“門内之治恩掩義，門外之治義斷恩”，王莽對於親人的種種做法，縱然有被指責爲冷酷無情之處，但從另外一個方面來説，“王子犯法與庶民同罪”的口號喊了幾千年，可究竟有幾個君主能真正做到呢？在質疑王莽對親人的嚴苛的同時，我們也不得不承認，王莽確實做到了大義滅親，這也是中國古代帝王中極其少見的特例。葛承雍説：“平心而論，王莽的‘治家’誡子是相當嚴格的，如果説這是漢代家庭家長中權威、重孝的表現，倒不如説是王莽本人受‘修身齊家治國平天下’的儒家理想主義支配的結果。”① 换言之，與其説他冷酷嚴苛，對家人無情，不如説他對儒學中毒太深（彭永捷語）。

（二）王莽之“位”的争論

漢代儒生對王莽近乎狂熱的擁戴，最終將王莽推上了權力的最高峰。始建國元年，王莽如願正式登基，改國號爲“新”。王莽登基，也實現了中國歷史上第一位從儒生躍升爲皇帝的轉變者。從理論上來説，這是儒家“德位合一”的政治理想第一次、也是唯一一次的現實演繹。然而，伴隨著新朝的建立與滅亡，對於王莽的登基究竟是“簒位”還是“禪讓”的争論也由此展開。

《荀子·臣道》曰：“逆命而不利於君，謂之簒。”顔師古注《漢書·成帝紀》：“逆取曰簒。”《管子·白心》：“臣而代君曰

①葛承雍：《王莽新傳》，西安：西北大學出版社，1997 年，第 16 頁。

篡。”以禪讓爲政權轉移方式的堯舜禹時代，不存在篡位一説，政權轉移不在家族中進行，不以血親爲原則。衹有在以世襲爲政權轉移方式的“家天下”中，纔有“篡逆”這種情況的存在。

在儒家的思想傳承中，周公、伊尹的攝政成爲後世君臣關係的典範。

> 帝太甲既立三年，不明，暴虐，不遵湯法，亂德，於是伊尹放之於桐宫。三年，伊尹攝行政當國，以朝諸侯。帝太甲居桐宫三年，悔過自責，反善，於是伊尹乃迎帝太甲而授之政。帝太甲修德，諸侯咸歸殷，百姓以寧。(《史記·殷本紀》)

太甲失德，違背了湯之道，伊尹囚禁太甲攝政，當他改過自新之後還政與他，既維護了祖先的原則也維護了世襲制度。

在先秦文獻中，也有與儒家完全不同的説法。“伊尹放太甲於桐，乃自立。伊尹即立，放太甲七年。太甲潛出自桐殺伊尹。”① 在《古本竹書紀年》的敘述中，伊尹成爲一個不折不扣的篡位者。在這兩種截然相反的觀點背後，一致的是對“攝政”這一問題的態度，即“攝政”與“篡位”僅一步之遥。因此，當公孫丑問到：

> 伊尹曰：“予不狎於不順，放太甲於桐，民大悦。太甲賢，又反之，民大悦。”賢者之爲人臣也，其君不賢，則固可放與？孟子曰：“有伊尹之志，則可；無伊尹之志，則篡也。”(《孟子·盡心上》)

爲了鞏固周朝統治，保護成王，周公作爲攝政者代替年幼的

---

①方詩銘，王修齡撰：《古本竹書紀年輯證》(修訂本)，上海：上海古籍出版社，2005 年，第 23 頁。

成王進行統治，成王成年之後周公又還政於他。

成王少，周初定天下，周公恐諸侯畔周，公乃攝行政當國。管叔、蔡叔群弟疑周公，與武庚作亂，畔周。周公奉成王命，伐誅武庚、管叔，放蔡叔。以微子開代殷後，國於宋。頗收殷餘民……周公行政七年，成王長，周公反政成王，北面就群臣之位。（《史記·周本紀》）

是否有“還政”之心，成爲衡量是否有“篡逆”之意的標準。按照這一標準，王莽自然是一個“篡逆”之臣。與此同時，認爲王莽是“篡逆”而非“禪讓”的另一個重要原因是并不存在主動讓位的一方。在王莽整個“受禪”的過程中，并非在位的帝王將王位主動讓給他。在王莽即位的詔書中：

赤帝漢氏高皇帝之靈，承天命，傳國金策之書，予甚祇畏，敢不欽受！（《漢書·王莽傳》）

這就是說，“漢與新之間的禪讓，不是發生在孺子嬰與王莽之間，而是發生於漢高祖之靈與王莽之間（或赤帝與黃帝之間），王莽的受禪實踐中没有一個像堯那樣的禪讓行爲的發出者。”① 換言之，這祇是他自己一廂情願的“獨角戲”。僅從這一點來説，也并不符合從堯舜禹禪讓傳説以來一以貫之的“禪讓模式”。

但與此同時，縱觀王莽“得位”的整個過程，儘管在其過程中將王莽比之于霍光、伊尹，但貫穿其中的是對周公的效仿，强調最多的是“如周公故事”。以儒家“德位合一”的政治理想爲視角來考察的話，可以説，王莽是一個勇於踐行理想的先行者與

①王光松：《在“德”、“位”之間》，華東師範大學出版社，2010 年，第 82 頁。

開拓者，王莽的登基，是他作爲一個有著内聖外王信仰的儒生的必然結果。① 這從王莽對周公的效仿中便可窺見一二。

王莽對周公的效仿有幾個極具代表性的事件。其一是王莽效仿周公金縢藏策。周公金縢藏策一事所表現出來的孝悌之道被歷代所稱頌。《尚書·金縢》一篇中也記載了他虔誠地向祖先祈禱請求讓武王病愈，願以己身代替武王辭世上天去侍奉先人。王莽在平帝生病之時也效仿周公金縢藏策。

> 平帝疾，莽作策，請命於泰畤，戴璧秉圭，願以身代。藏策金縢，置於前殿，敕諸公勿敢言。（《漢書·王莽傳》）

然而，王莽這番作爲，在後人看來，與其説是表達“願以身代”的誠意，不如説是一場高明的政治作秀。

其二是效仿周公作《大誥》。在翟義起義散播“王莽鴆殺平帝”的説法之時，王莽做出如下舉動：

> 日抱孺子會群臣而稱曰：‘昔成王幼，周公攝政，而管、蔡挾禄父以畔，今翟義亦挾劉信而作亂。自古大聖猶懼此，况臣莽之鬥筲！’群臣皆曰：‘不遭此變，不章聖德。’（《漢書·翟方進傳》）

因此，王莽仿照《周書》作《大誥》，“遣諫大夫桓譚等班於天下，諭以攝位當反政孺子之意”。（《漢書·王莽傳》）

其三是效仿周公制禮作樂。在王莽制禮作樂成功之後群臣的奏言中，顯然將王莽提升到了一個比周公還高的地位。

> 昔周公奉繼體之嗣，據上公之尊，然猶七年制度乃定。夫明堂、辟雍，墮廢千載莫能興，今安漢公起於第家，輔翼

①陳世：《剖析王莽代漢自立的深層原因——看“内聖外王”理論對王莽篡位的影響》，《文史博覽》，2006 年第 9 期。

陛下，四年于兹，功德燦然。……唐、虞發舉，成周造業，誠亡以加。(《漢書·王莽傳》)

從上述幾個王莽效仿周公的事例中可以看出，對於王莽這樣一個懷有“以德致位”理想的儒生來説，周公的政績與言行是他爲之努力的方向與目標。美國學者艾蘭曾説：“無論堯、舜、禹、益、伊尹或周公，都是潛在的篡位者，但都未曾利用其權力。……夏商周的攝政者由先君處接管政權，又還政于幼王。而另一方面，唐虞時代則在君主老邁時接管政權但不推翻舊君主。雖如此，兩種情況中的攝政者，都自願使其基于美德權力居於世襲權力之次。”① 然而，到了王莽這裏，他不甘心做一個“攝政者”，他邁出了最後、也是最關鍵的一步——“即真”，成爲真正的皇帝。基於美德的權力在世襲制確立的幾百年之後，第一次超越世襲權力，真實演繹了一幕“以德致位”的禪讓。

綜合以上分析可以看出，不論是提出“孔子素王論”的今文經學，還是深受古文經學影響的王莽，在面對“德”與“位”關係這一問題的時候，都展現出較爲一致的態度：“以德致位”乃是儒者所共同追求和推崇的理想模式，道德修養的境界高下與政治地位的高低緊密相連。然而，隨著新莽王朝的敗亡，王莽這個一度被寄予厚望的“儒生皇帝”跌落爲亂臣賊子的代名詞，儒家“以德致位”的理想在世襲政治逐漸穩固之後轉爲對“有位者有德”的期待，并通過“正君心”、“格君心之非”等一系列努力而展開。

---

①[美] 艾蘭：《世襲與禪讓——古代中國的王朝更替傳説》，北京：北京大學出版社，2002年，第72頁。

作者簡介：曹婉豐（1984—），女，黑龍江伊春人，中國人民大學哲學博士。現爲華僑大學哲學與社會發展學院師資博士後、講師，主要從事秦漢哲學、儒家政治哲學研究。

本文爲華僑大學科研基金資助專案階段性成果，專案編號：15SKBS107。

《白虎通》讖緯類文獻淺釋

何大海

内容提要： 長久以來，東漢思想研究可以説是學術界不太重視的範圍，而作爲東漢哲學的代表著作之一《白虎通》，則更是受到“冷遇”，尤其是關於《白虎通》讖緯類文獻及其思想，更是少有提及，故本文希望能在東漢經學思想研究的基礎上，對於《白虎通》中的讖緯類文獻做一梳理，并進行一定詮釋，希冀推進東漢學術研究的新一輪發展。《白虎通》中與讖緯思想有關的文獻資料共有三類：《白虎通》明引讖緯類文獻、《白虎通》暗引讖緯類文獻和《白虎通》類讖緯類文獻。這三類文獻貫穿《白虎通》全書，對《白虎通》整體思想脉絡的發展具有重要的意義。故本文共分三大部分來進行論述：1. 《白虎通》明引讖緯類文獻——三十一條引文研究；2. 《白虎通》暗引讖緯類文獻——兩種整合模式研究；3. 《白虎通》類讖緯類文獻——引《傳》、《禮説》研究。通過對這三類文獻進行系統的研究與詮釋，希望能最大程度挖掘出《白虎通》讖緯思想的真正價值。

在中國傳統思想文化的研究上，東漢可以説是學術界不太重視的範圍，除了桓譚、王充、王符、何休、鄭玄等少數人的研究相對較多之外，其他方面的研究可以説“乏善可陳”，因此周天游曾指出：“在秦漢史研究中，東漢史始終是個薄弱環節。雖屢經呼籲，仍起色不大。這不利於秦漢史研究的繼續深入，應儘快予以改變。”① 而作爲東漢經學的代表著作之一《白虎通》，則更是受到“冷遇”，大陸學界尤甚。雖然近幾年關於《白虎通》的研究出現了一些論文及研究專著，但是基本上没有形成一股研究潮流。而關於《白虎通》讖緯類文獻及其思想，更是少有提及，目前也衹有幾篇學術論文及專著，無論大陸還是港臺學界都是如此。侯外廬先生曾説：“如果把《白虎通義》的文句和散引於各書中的讖緯文句對照，各篇都是一樣的，百分之九十的内容出於讖緯。……因此，《白虎通》與其説是雜引經義本文，不如説主要是雜糅圖讖緯候。”② 侯氏認爲《白虎通》“百分之九十的内容出於讖緯”，這幾乎就是説《白虎通》即讖緯類文獻及其思想的大雜燴，可謂有失偏頗。并且侯外廬自身也没有提出有效的論證與專著，却作出如此推斷，結論未免過於草率。但是大陸學界却繼承了這種觀點，普遍認爲《白虎通》中大量徵引讖緯，是經學與神學結合的産物。而港臺學術界則認爲《白虎通》主要講禮制人倫，如林麗雪認爲《白虎通》的真正意義是“引經書以定禮制，以爲治國的憑藉”，“禮制人倫的制定纔是最主要的目的。”③

正是由於《白虎通》中讖緯類文獻的“模糊性”，學界對《白虎通》讖緯思想的研究主要局限在《白虎通》明引讖緯類文獻的幾十條引文中，而且很少有人對此做十分細緻、深入的研究。而關於《白虎通》全書總體思想與讖緯的關係，或如侯外廬

①周天游：《秦漢史研究概要》，天津：天津教育出版社，1990 年版，84 頁。

②侯外廬主編：《中國思想通史》（第二卷），北京：人民出版社，2011 年版，204 頁。

③林麗雪：《〈白虎通〉“三綱説”與儒法之辨》，載《中國哲學史研究》1984 年第 4 期。

認爲《白虎通》“百分之九十的内容出於讖緯”這樣將讖緯思想在《白虎通》中過分誇大的有争議性的説法，或如任繼愈認爲《白虎通》“把讖緯的本質大量的删汰了”這樣爲《白虎通》讖緯思想進行過度美化的觀點。筆者認爲，《白虎通》全書①與讖緯思想有關的文獻資料共有三類：《白虎通》明引讖緯類文獻、《白虎通》暗引讖緯類文獻和《白虎通》類讖緯類文獻。這三類文獻貫穿《白虎通》全書，對《白虎通》整體思想脉絡的發展具有重要的意義。祇有對這三類文獻進行系統的研究，纔有可能以最大程度挖掘出《白虎通》讖緯思想的真正價值。

一、《白虎通》明引讖緯類文獻——三十一條引文研究

《白虎通》明引讖緯類文獻是指《白虎通》明確標明引用讖緯類文獻進行解釋、論證、總結論述的相關文獻。以《白虎通》開篇爲例：“天子者，爵稱也。爵所以稱天子者何？王者父天母地，爲天之子也。故《援神契》曰：‘天覆地載，謂之天子，上法斗極。’《鈎命决》曰：‘天子，爵稱也。’”② 其中所引《援神契》與《鈎命决》都是讖緯類文獻《孝經緯》的篇名，是可以通過存世讖緯類文本資料進行對應核實的文獻資料。因此，上文

①以（東漢）班固撰，（清）陳立疏證，吴則虞點校：《白虎通疏證》，中華書局1994年版爲准。

②《白虎通疏證·卷一·爵·論天子爲爵稱》。本文所引用《白虎通》文本全部以（東漢）班固撰，（清）陳立疏證，吴則虞點校：《白虎通疏證》，中華書局1994年版爲准，下文標引《白虎通》文本的内容將祇列卷數。

所引《援神契》和《鈎命决》這樣明確標記爲讖緯類文獻的文本資料就是《白虎通》明引讖緯類文獻。

關於《白虎通》明引讖緯類文獻，歷來學界也都有共識，肯定了這一部分文本的存在。但是學者所列舉的引用數量各不相同：大陸學者除侯外廬認爲《白虎通》“百分之九十的内容出於讖緯”之外，鐘肇鵬、王紹璽等認爲《白虎通》中明引讖緯達二十多處①，但是都没有具體數字，衹是大略計算得出；而臺灣學者大部分都有明確計算，并且大同小异，如黄復山認爲《白虎通》中與讖緯有關的條文中“明引篇名三十二條”②，唐兆君統計《白虎通》徵引讖緯有三十處③，周德良統計《白虎通》徵引讖緯有三十一處④，陳明恩在《東漢讖緯學研究》中認爲《白虎通》中引讖緯共三十二次⑤。筆者認爲，以上各家研究所得《白虎通》引讖緯條文，應當明確標記爲“《白虎通》明引讖緯類文獻”，以區別于本文所列的暗引讖緯類文獻和類讖緯類文獻的引用。筆者經過研究，認爲《白虎通》中明引讖緯類文獻共三十一

---

①鐘肇鵬：《讖緯論略》，瀋陽：遼寧教育出版社，1991 年版，145 頁；王紹璽：《中國學術思潮史》（卷二・經學思潮），上海：上海社會科學院出版社，2006 年版，395 頁。

②黄復山：《東漢讖緯學新探》，臺北：臺灣學生書局，2000 年版，13 頁。

③唐兆君：《〈白虎通〉禮制思想研究》，臺灣輔仁大學 1994 年碩士學位論文，32 頁。

④周德良：《〈白虎通〉讖緯思想之歷史研究》，新北：花木蘭文化出版社，2008 年版，94 頁。

⑤陳明恩：《東漢讖緯學研究》，臺灣師範大學 2004 年博士學位論文，406 頁。

條，與周德良所計相同，與陳明恩所論三十二條基本一致①。

具體而論，《白虎通》明引讖緯類文獻的思想内容可以包含兩大部分，即自然哲學思想與社會哲學思想，二者又有極其强烈的互動關係，下文將就互動内容與明引讖緯類文獻的意義做一説明。

（一）自然哲學思想

第一，關於“太初、太始、太素”的宇宙生成論思想。

《白虎通》繼承了讖緯的宇宙生成論體系，屬於多元生成系統。其中明引《易緯·乾鑿度》作爲論證：始起先有太初，然後有太始，形兆既成，名曰太素。……故《乾鑿度》云：“太初者，氣之始也。太始者，形之始也。太素者，質之始也。陽唱陰和，男行女隨也。”② 由此可見，《白虎通》關於“天地之始”的宇宙生成論有三個環節：太初→太始→太素。

而讖緯的宇宙生成論，據鐘肇鵬先生考證，應爲如下系統：

↗天

太易→太初→太始→太素→太極（渾淪、元氣、一）→四象→八卦③

↘地

即在“太極”或“元氣”之前有四個階段，與《易傳》和

---

①參見周德良：《〈白虎通〉讖緯思想之歷史研究》，新北：花木蘭文化出版社，2008年版，94、95頁；陳明恩：《東漢讖緯學研究》，臺灣師範大學2004年博士學位論文，405、406頁。

②（東漢）班固撰，（清）陳立疏證，吴則虞點校：《白虎通疏證》，北京：中華書局，1994年，第421、422頁，《卷九·天地·論天地之始》。

③鐘肇鵬：《讖緯論略》，瀋陽：遼寧教育出版社，1991年，178、179頁。

唐宋以來講的“太極”分化天地萬物的體系很不一致。這個體系在《孝經·鈎命決》中也有詳細説明：“天地未分之前，有太易、有太初、有太始、有太素、有太極，是爲五運。”① 讖緯的宇宙生成論是“五運”系統，繁瑣而複雜，容易造成混亂，不利於人們理解世界，所以王夫之批評讖緯在“太極”之上虛構了“太素”、“太始”、“太初”、“太易”四個階段，是“絀有以崇無”、“虛爲之名而無實”②，是没有意義的。

太初、太始、太素三者本都出於道家之學（黄老道家），但是讖緯編纂者在整合讖緯的過程之中把這些觀點都吸收在讖緯的框架之内。“太初”又作“泰初”，《莊子·天地》篇云：“泰初有無，無有無名。”太初爲氣之始，細微而不可見，爲天地之始的第一階段；“太始”見於《淮南子·天文訓》：“天地未形，馮馮翼翼，洞洞灟灟，故曰太始。”此處是論述天地還没有成形的狀態，《白虎通》及讖緯類文獻將其改造爲形之始的狀態，是天地之始的第二階段；“太素”見於《淮南子·精神訓》：“明白太素，無爲復樸，體本抱神，以游于天地之樊。”即太素是質之始，指的是事物的本質、本性，爲天地之始的第三個階段。

因此《白虎通》對緯書進行了修改，衹取其中三類：太初→太始→太素。這説明《白虎通》也是在某種程度上要改變讖緯經典中所描繪的混亂的宇宙生成論。而之所以没有提到“太易”與“太極”，筆者認爲，因爲“形象未分，謂之太易”，“太易”幾乎等同於天地未分之前的“混沌”現象，而《白虎通》此處是

①（清）趙在翰輯，鐘肇鵬、蕭文鬱點校：《七緯》（下），《孝經·鈎命决》，北京：中華書局，2012 年版，726 頁。

②（清）王夫之：《周易外傳·繫辭上》十一章。

“論天地之始”，因此要從“有”開始講，即“太初”是“氣之始”，因此去掉了幾乎等同於“無”的“太易”；同理，“太極”基本“質形已具”，已經是天地生成的狀態，則不是“論天地之始”要討論的範圍了。

第二，關於“日與月”的天文曆法思想。

天文曆法在漢代特別發達，因爲天文曆法不僅關乎農業生產，也與祭祀等“國之大事”息息相關，更與灾异、祥瑞等漢代學者關注的現象有著緊密的聯繫，所以在漢代産生了很多優秀的天文學説，如“渾天説”、“蓋天説”、“宣夜説”等。而《白虎通》中明引讖緯類文獻中也有一部分涉及漢代關於日與月的天文學知識，現作如下討論：

> 天左旋，日月五星右行何？日月五星，比天爲陰，故右行。右行者，猶臣對君也。《含文嘉》曰：“計日月右行也。”《刑德放》曰：“日月東行。”（《卷九・日月・論日月右行》）

此處乃是討論天與日月五星的運行規律，因爲漢代關於天體運行有右旋、左旋、右行、左行之争。天體運行規律本是自然哲學之範疇，以經義來評判、斷定本是不可取的，但是漢代自然哲學思想是與政治哲學思想聯繫在一起的，自然哲學往往是爲政治哲學服務的。因此，此處論定天左旋、日月五星右行是爲了論證臣對君的忠誠就如同日月五星在天空之中運行一樣，是受後者支配的，并且永遠不會變，所以纔有“右行者，猶臣對君也”的結論。以讖緯類文獻作爲例證，也體現了《白虎通》“以讖斷禮”的特點。

> 日之爲言實也，常滿有節。月之爲言闕也，有滿有闕也。所以有缺何？歸功於日也。三日成魄，八日成光，二八十六日轉而歸功晦，至朔旦受符復行。故《援神契》曰：

“月三日而成魄，三月而成時。”（《卷八·日月·釋日月星之名》）

漢代天文學家已經知道月球的光亮其實是反射自太陽的光而來，因此日爲“實”，月爲“闕”，月球的陰晴圓缺都是由於反射太陽光或多或少的緣故。月初地球擋在日月之間，月球没有光亮，直到農曆初三月亮纔開始有一絲光芒，這被稱之爲“魄”，初八左右月亮纔真正亮了起來，十六爲最亮，即諺語所謂“十五的月亮十六圓”，但是十六過後月亮即慢慢變暗，直到初一、初三開始新一輪的陰晴圓缺。在讖緯資料中也是如此記録，因此《白虎通》明引讖緯類文獻作爲佐證。同時，日月二者的關係也象徵著君臣關係，上文已述。

《讖》曰：“潤者陽之餘。”① 則是闡明當時閏月體系已經很發達，有“三年一潤，五年再潤”② 的曆法成果。③ 在這裏，不能因爲引用讖緯類文獻作爲天文曆法的佐證就否定了其科學價值，因爲讖緯就如同一個無所不包的思想倉庫，不僅有漢儒推崇的“孔子爲漢立法”之説，也有很多科學常識在裏面，如讖緯中描繪的“地動”説：“地常動移而人不知，譬如閉舟而行，不覺舟之運也。”④ 以人對船的感覺來比對人對地動的感覺，十分貼切。所以讖緯中所包含的天文曆法不可一概否定，其實有很多是中國古代科技史、天文學的重要成果。

總體來看，《白虎通》所論天文學，尤其是天體運行規律，

①《卷九·日月·論閏月》。

②《卷九·日月·論閏月》。

③《淮南子·天文訓》還有“十九歲七潤”之説，較之《白虎通》閏月體系更加完善。

④《河圖》。

還是以陰陽五行的運行規律規範天文星象的運行軌道，進而以天體運行規律作爲政治制度的來源，即以自然哲學作爲政治哲學的取象基礎。天文學的研究可以説是論證了陰陽五行理論的正確性，以及以陰陽五行學説作爲政治制度來源的必然性。

第三，關於“五行與五藏”的中醫理論。

> 故《元命苞》曰：“目者肝之使，肝者木之精，蒼龍之位也。鼻者肺之使，肺者金之精，制割立斷①。耳者心之候，心者火之精，上爲張星。陰者腎之寫，腎者水之精，上爲虚危。口者脾之門户，脾者土之精，上爲北斗，主變化者也。”（《卷八·性情·論五藏六府主性情》）

這是陰陽五行與五藏結合的中醫理論，因爲當時《黄帝内經》、《神農本草經》等中醫著作已經在社會上産生了很大影響，所以當時的讖緯類文獻也吸收了這些内容，其中肝主木、肺主金、心主火、腎主水、脾主土等中醫理論也與傳統中醫理論一脉相承，可見此處《春秋·元命苞》所言并非虚妄之語，而是較爲純正的中醫學説。并且將人體五藏、器官與天上星宿結合在一起，將目、肝與蒼龍之星對應，鼻、肺與昴、畢之星對應，耳、心與張星對應，陰、腎與虚危之星對應，口、脾與北斗星對應，體現了天人一體、天人感應的漢代思想精神。

同樣，爲了論證現實政治與人體的聯繫，《白虎通》引用《樂動聲儀》之語：“官有六府，人有五藏”，説明政治生活也是與人體的生理活動息息相關的，甚至可以説政治生活就是仿照人的生理結構而形成的，這也是漢代陰陽五行學説與政治制度相結

①按陳立注疏，“制割立斷”應爲“上爲昴、畢”之誤，見《白虎通疏證》286頁。

合的表現形式。

（二）政治哲學思想

第一，關於“三綱六紀”的詮釋。

“三綱六紀”是《白虎通》中的核心概念，亦可以説是核心價值觀。簡單説，“三綱”就是君臣、父子、夫婦；“六紀”就是諸父、兄弟、族人、諸舅、師長、朋友；“三綱”中的君臣關係是政治關係，父子關係是血緣關係，夫婦關係依附于政治關係和血緣關係；“六紀”中的諸父、兄弟、族人、諸舅是血緣關係，師長、朋友依附于政治關係和血緣關係。“三綱六紀”幾乎囊括了人倫社會的多方面範疇，在《白虎通》中具有提綱挈領似的作用，如《爵》、《號》、《謚》、《崩薨》諸篇既講天子的禮儀規範，又論大臣名號，《辟雍》則論師長作用；《封公侯》、《致仕》、《王者不臣》諸篇論述父子之義，也有諸父、兄弟之德；《嫁娶》篇則主要論述夫妻之倫，《宗族》篇論及諸舅的責任與義務，《諫諍》篇論及君臣、父子、夫婦之倫，全書多篇論及朋友之義等。

“三綱”、“六紀”都不是《白虎通》的發明。“三綱”的淵源可以歸結到《韓非子·忠孝》篇“三順”：“臣事君，子事父，妻事夫，三者順則天下治，三者逆則天下亂，此天下之常道也，明王賢臣而弗易也。”但是韓非的“三順”是臣、子、妻對於君、父、夫的絶對服從。有感于秦始皇受韓非影響形成的絶對君主專制主義，董仲舒在充分吸取了法家思想之後，明確提出了有儒家特點的“三綱”：“陽兼于陰，陰兼于陽；夫兼于妻，妻兼于夫；父兼于子，子兼于父；君兼於臣，臣兼於君。君臣、父子、夫婦之義，皆取諸陰陽之道。”“王道之三綱，可求於天。”① 後來，緯書繼承了董仲舒的思想，明確提出了“三綱”的關係體系：“君爲臣綱，父爲子綱，夫爲妻綱。”② “六紀”也是《禮緯·含文嘉》首先發明：“敬諸父兄，六紀道行，諸舅有義，族人有序，昆弟有親，師長有尊，朋友有舊。”而《白虎通》在繼承經學與緯書提出“三綱”“六紀”的基礎上對二者進行整合，明確提出了“三綱六紀”的説法，并系統的論述了二者之間的關係。

《説文·糸部》：“綱，維紘繩也。……紀，絲别也。”即“綱”是提網的總繩，網有總繩就不會亂，“紀”是纏繞網的絲綫，具有輔助作用。後世就將“綱紀”引申爲法令、制度、規範等。《白虎通》引用《春秋·感精符》之語，爲“三綱”尋找自然哲學的取象基礎：“三綱之義，日爲君，月爲臣也。”③ 即如果君臣關係從天體中尋找取象之物，則君爲太陽，臣爲月亮，二者關係爲君在上、臣在下。關於具體的綱紀關係，《白虎通》提出：“大者爲綱，小者爲紀”④，因此，“六紀者爲三綱之紀者也。”⑤ “六紀”猶如“三綱”的注脚，將“三綱”思想進一步深化，論證了“三綱”的合理性，同時對於“三綱”中君臣、父子、夫婦應有之道也做了補充説明，具有修補作用。所以，《白虎通》提出“師長，君臣之紀也，以其皆成己也。諸父、兄弟，父子之紀也，以其有親恩連也。諸舅、朋友、夫婦之紀也，以其皆有同志

①《春秋繁露·基義》。

②《禮緯·含文嘉》。

③《卷九·日月·論日月行遲速分晝夜之象》。

④《卷八·三綱六紀·總論綱紀》。

⑤《卷八·三綱六紀·論六紀之義》。

爲己助也。"[①] 本來，"三綱""六紀"在西漢經學中也僅僅是具有一定的思想萌芽，尚未形成統一學説，在讖緯中也是各自獨立的思想，而《白虎通》首次將二者整合，使得"三綱""六紀"緊密聯繫在一起了，成爲以後歷代統治者不斷提倡的政治倫理，對中國古代社會的穩定與發展起到了不可磨滅的作用。

陳寅恪先生曾經有一段耐人尋味的話："吾中國文化之定義，具于《白虎通》三綱六紀之説，其意義爲抽象理想最高之境，猶希臘柏拉圖所謂 idea 者。……其所殉之道，與所成之仁，均爲抽象理想之通性，而非具體之一人一事。"[②] 陳寅恪先生認爲中國文化的"抽象理想最高之境"是"三綱六紀"，即認可了這種中國傳統秩序對於社會發展所具有的穩定的作用，同時陳先生指出對於三綱的追求并不是服從於某個個體（君、父、夫），并非"一人一事"，而是對於一種抽象的價值理想的追求，具有形上的道德訴求意味，是對秩序的肯定。并且這種"最高之境"竟是由《白虎通》將讖緯與經學整合之後形成，《白虎通》相容并包、重新闡釋經典之歷史意義可見一斑。

第二，關於君臣關係的説明。

由上文可知，君臣關係是"三綱六紀"中首先提及的，即"君爲臣綱"、"師長，君臣之紀也，以其皆成己也。"[③] 可見《白虎通》對於君臣關係的重視程度。除此之外，《白虎通》明引讖緯類文獻中多論及君臣關係，即君臣各自的責任與義務。

《白虎通》明引《春秋·元命苞》曰："士無位而道在，故

①《卷八·三綱六紀·論六紀之義》。

②陳寅恪：《王觀堂先生挽詞并序》，收于《陳寅恪集》，北京：三聯書店，2001 年版，12 頁。

③《卷八·三綱六紀·論六紀之義》。

大一不興化，人主不任部職。”① 土在此處，既指“漢德”，據漢武帝以來的“五德終始説”，土滅水，秦爲水德，漢自居爲土德，爲其政權合法性尋找終極依據；又指漢天子，即君主，君主不任部職，就是君主在整個政治系統之中，雖然不擔任具體官職，但其職責在於協調各個部門工作，并且其地位優於各個部門，這就是“君爲臣綱”，也就是“土無位而道在”，是儒家式的“無爲而治”。

《援神契》曰：“三諫，待放復三年，盡惓惓也。”所以言放者，臣爲君諱，若言有罪，放之也。所諫事已行者，遂去不留。凡待放者，冀君用其言耳。事已行，灾咎將至，無爲留之。（《卷五·諫諍·論三諫待放之義》）

此處講君臣關係的“進諫去留”問題，臣要有諫諍的責任與義務，即使被流放三年，也要表明忠誠之義。即使君主有過錯，也要爲君主避諱，不可大肆宣揚。因爲“君，群也，群下之所歸心也。”② 在中國古代社會，君主是一個國家的核心、靈魂人物，對一個國家的穩定發展至關重要。因爲君如果有德性，所謂“有德有位者”，國家將呈正態良性發展；君有過錯，所謂“無德有位者”，國家將會出現動亂、不安局面。因此，要保持君主積極向上的正面形象。但是，《白虎通》此處也不是要求大臣要爲君主的不良德性遮羞，而是要有諫諍，要敢於説出君主的錯誤，説服君主改正錯誤，祇是不可大肆宣揚。如果君主不聽，那麼最後“灾咎將至，無爲留之”，大臣應盡的責任到了，也不必勉强，可以不再履行義務了。可見，在《白虎通》與讖緯所論的君臣關係

①《卷四·五行·總論五行》。

②《卷八·三綱六紀·論六紀之義》。

中，大臣并不是對君主絶對服從，而是敢於諫諍、説真話、辦真事，同時又能爲了國家的整體發展給予君主必要的正面形象，這纔是儒家提倡的合理的君臣關係，也是在大一統國家政治環境中新的君臣關係，筆者認爲，這種君臣關係就是漢代儒者對孔子"君使臣以禮，臣事君以忠"[①] 的早期君臣觀念的新發展。

《論語讖》曰："五帝立師，三王制之。"[②]《説苑·君道》篇郭隗曾説過："帝者之臣，其名臣也，其實師也。"君臣關係的最佳境界是大臣不僅是服務于君的官僚，更是君主的老師，對於君主的德性、政策有至關重要的引導作用。這也就是《禮緯注》所云："師者，所以教人爲君者也。長者，所以教人爲長者也。師長所以成己，故與君臣同也。"《白虎通》此處引《論語讖》，即是講五帝、三代之時，君主對於大臣待以師禮，後世朝代，更應該以此爲標榜，這是儒者"以古喻今"、争取話語權的重要表現，也是抑制王權過分膨脹，避免政治非良性發展的必要手段。

第三，關於禮制等級的論述。

往往一提到等級，學者多與封建糟粕、不平等、不自由等詞彙掛在一起，但是如果仔細思考，就會發現等級其實是有合理性的，也是不可能完全被消滅的，因爲任何情況下都有等級這一現象，能力的大小、經濟地位的高低不同都導致了等級的存在，與其説等級存在是普遍的，亦不如説差异性是普遍存在的，有差异就可能會産生等級，這是不争的事實。對於政治活動來説，等級更是有其重要作用。荀子説："兩貴之不能相事，兩賤之不能相

---

①《論語·八佾》。

②《卷六·辟雍·總論入學尊師之義》。

使。”① 兩個人地位完全一樣，就不能一起共事，會出現相互推卸責任、互相不作爲、分工不明確的局面。因此《白虎通》明引《禮緯·含文嘉》作爲佐證：“天子射熊，諸侯射麋，大夫射虎豹，士射鹿豕。”② 在政治活動中，天子與諸侯、大夫、士的身份有上下之异，能力有高低之分，責任有大小之别，如果不能明確這種等級的存在形式與具體的責任、義務，就會出現“禮壞樂崩”的局面，不利於政治的穩定發展，更不利於國家的長治久安。

同樣，在喪禮上君臣、父子也是有不同規格的，《白虎通》引用《禮緯·含文嘉》言：“天子墳高三刃，樹以松。諸侯半之，樹以柏。大夫八尺，樹以欒。士四尺，樹以槐。庶人無墳，樹以楊柳。”③ 這種喪禮的規格在古代是被嚴格執行的，出現差錯將會帶來嚴重的後果。因此，《白虎通》明引讖緯諸多文獻，就是爲了説明等級的合理性，尤其在政治活動中更是有舉足輕重的地位。

（三）自然哲學與政治哲學之雙向關係

漢儒研究自然哲學，大多數也是爲政治哲學服務，因爲漢代學者多講“天人合一”、“天人感應”之説，外在的世界與人的内心、與政治活動都是息息相關的，所以將政治現象比附爲自然現象，或將自然現象比附爲政治現象，一方面可以爲政治現象尋找到最終的根源，有“返本歸真”之義，另一方面也是溝通天地、溝通物我的一種途徑。《白虎通》明引讖緯類文獻中尤其有這種

---

①《荀子·王制》。

②《卷五·鄉射·論射侯》。

③《卷十一·崩薨·論墳墓》。

傾向，以所引《春秋·感精符》爲例：

日行遲，月行疾何？君舒臣勞也。日日行一度，月日行十三度十九分度之七。《感精符》曰："三綱之義，日爲君，月爲臣也。"日月所以懸晝夜者何？助天行化，照明下地。故《易》曰："懸象著名，莫大於日月。"（《卷九·日月·論日月行遲速分晝夜之象》）

本來日行遲（慢）、月行疾（快）是天文學知識，屬於自然哲學範疇，因爲這本來有事實依據，即"日日行一度，月日行十三度十九分度之七。"但是漢儒詮釋這種現象時要把這種自然現象與政治活動聯繫在一起，之所以日行遲、月行疾，是因爲日相當於君主，月相當於大臣，在政治活動中是"君舒臣勞"，故以此相比附，在自然活動中纔會有日行遲、月行疾的現象，反之亦然。這是以自然哲學爲基礎，探尋政治哲學根源的一種解讀方式。

而流行於兩漢的"灾异論"更是如此。漢代"灾异之説"發端于西漢大儒董仲舒，其"屈民而伸君，屈君而伸天"① 的思想就是以"灾异論"作爲既限制君權、又維護天子執政合法性的有力武器。讖緯之學承接今文經學之濫觴，其對於董仲舒的思想多有發揮，尤其以"灾异論"爲主，這在《白虎通》中也有諸多表述，全書中多處論及"灾异"之事，并專門有一篇《灾變》，其中共三處明引讖緯原文作爲佐證。

天所以有灾變何？所以譴告人君，覺悟其行，欲令悔過修德，深思慮也。《援神契》曰："行有點缺，氣逆干天，情感變出，以戒人也。"（《卷六·灾變·論灾變譴告之義》）

---

①《春秋繁露·玉杯》。

上天之所以有灾變之象，是因爲皇帝做了違背天道之事，觸犯了天威，因此上天特降灾异之象以警告之，令其幡然悔悟，重修德行，以應上天，這其實就是董仲舒的"屈君而伸天"的變相表述；而聯繫皇帝與上天之間的媒介就是"氣"，"氣"雖無色無味、無形無象，却是溝通天地人的中介，皇帝做了錯事，就會通過"氣"傳至上天，上天再通過"氣"來降灾异，以明懲戒之義，因此此處明引《孝經·援神契》的"氣逆干天"來作爲論證，也是"天人感應"學説的深化發展。漢代的"灾异譴告"説大部分與君主相關，這是漢儒爲了限制君權的惡性發展、獲得政治話語權而形成的獨特觀點，也是自然現象爲政治哲學服務的重要手段之一。

承接灾變的"譴告"餘威，《白虎通》區分了"灾异妖孽"的不同意義：

> 灾异者，何謂也？《春秋·潛潭巴》曰："灾之爲言傷也，隨事而誅；异之爲言怪也，先發感動之也。"……變者，何謂也？變者，非常也。《樂稽耀嘉》曰；"禹將受位，天意大變，迅風靡木，雷雨晝冥。"妖者，何謂也？衣服乍大乍小，言語非常。……孽者，何謂也？曰：介蟲生爲非常。……所以或灾變或异何？各隨其行，因其事也。(《卷六·灾變·論灾异妖孽异名》)

"灾"爲灾害，例如水灾、旱灾、蟲灾等，是指對人或農作物具有極大危害并具有懲罰性質的現象，在時間順序上爲事後懲罰的比較具體的傷害，此處明引《春秋·潛潭巴》來解釋，顯示出了讖緯在詮釋灾异方面的權威性與簡潔性；"异"爲怪异，例如某地出現了三條腿的母鷄等奇特事物，在時間順序上是先發示人的怪异現象；"變"也是指出現了非同尋常的現象，但特指朝代更替之前兆，此處特引《樂緯·稽耀嘉》原文爲證，指出大禹將繼承王位之時，就出現了“迅風靡木，雷雨晝冥”的怪异現象；“妖”則主要是指言語服飾方面發生了不同尋常的變化；“孽”專指小蟲突然間發生變化的奇特現象。可見，即使是關於不同的怪异現象，漢代學者也有不同的解析系統，將自然現象與人文政治緊密的聯繫在一起，而讖緯類文獻在這方面更是有獨特的話語權。《白虎通》明引讖緯類文獻關於“灾异論”的内容雖然衹有三部分，但是在暗引讖緯類文獻中却有相當大的比例。

（四）《白虎通》明引讖緯類文獻之意義

陳立在爲《白虎通》作疏證時曾感慨《白虎通》“皆以讖斷禮，以緯儷經，内學之稱，諒非徒爾。”即《白虎通》明引讖緯類文獻具有“以讖斷禮、以緯儷經”之意義。① “以讖斷禮”，“斷”有“評斷”、“裁斷”之義，講的是讖緯對於《白虎通》有歧義的論述具有裁定、評判之作用，這是《白虎通》全書中讖緯類文獻所特有的作用；“以緯儷經”，“儷”即“并列”、“對稱”，則是説讖緯對於《白虎通》需要深化的觀點有解釋、説明之功效，這是《白虎通》全書中讖緯類文獻和五經類文獻都具有的性質。

第一，具有裁定、評判意義的“以讖斷禮”。

漢章帝召開白虎觀會議的直接目的在於“五經章句繁多，議欲減省。”② 而如何“減省”，則需要有一個標準，讖緯挾當時

①當然，《白虎通》全文是否“皆以讖斷禮，以緯儷經”還是有值得商榷的地方。

②《後漢書·章帝紀》。

“内學”之政治優勢，成了《白虎通》“以讖斷禮”，即裁定、評判今古文經學分歧，取今文要旨以及裁定、評判天文學問題的强大武器。

> 天子者，爵稱也。爵所以稱天子何？王者父天母地，爲天之子也。故《援神契》曰：“天覆地載，謂之天子，上法斗極。”①《鈎命决》曰：“天子、爵稱也。”（《卷一·爵·論天子爲爵稱》）

“天子爲爵稱”是《春秋》今文家學説，同時，對今文經學有繼承關係的讖緯學説也有此觀點，尤其是《易緯》。如《易緯·乾鑿度》曰：“易有君人五號也：帝者，天稱也；王者，美行也；天子者，爵號也；大君者，與上行异也；大人者，聖明德備也。”② 明確提出“天子爲爵號”的思想。但是古文學者則有不同觀點，以陳立注疏所舉例：“古《周禮》説，天子無爵。同號于天，何爵之有？謹案《春秋左氏》云施于夷狄稱天子，施于諸夏稱天王，施于京師稱王，知天子非爵稱也。”③《白虎通》雖然没有記載當時今古文學者激烈的争辯過程，但是在白虎觀會議召開之前，今古文學者已經有了三次比較大的論争，甚至第三次論争持續到白虎觀會議之上，可以猜測當時的争辯應該比較激烈，因此，爲了統一思想、統一經義，《白虎通》采取了當時占主導地位的今文學者的觀點，并以讖緯的政治優勢裁定、評判今

---

①《説苑·修文》篇中也有引用“天覆地載，謂之天子”之語，可見讖緯類文獻并非空穴來風，而是有歷史淵源和文獻傳承的。

②（清）趙在翰輯，鐘肇鵬、蕭文鬱點校：《七緯（附論語讖）》，北京：中華書局，2012 年版，39 頁。

③（東漢）班固撰，（清）陳立疏證，吴則虞點校：《白虎通疏證》，北京：中華書局，1994 年版，1 頁。

古文經學的分歧，爲今文經學造勢。

第二，具有解釋、説明意義的“以緯儷經”。

《白虎通》全書明引讖緯類文獻不過三十一則，這些條文大部分與《白虎通》引五經類文獻的目的相同，即解釋、説明《白虎通》“減省”、整理章句而得出的結論，但是由於讖緯在當時被稱爲“内學”，其在解釋、説明上有政治優勢，也使得其在《白虎通》各篇解釋經文上有了不同層次的意義。

> 爵有五等，以法五行也。或三等者，法三光也。或法三光，或法五行何？質家者據天，故法三光。文家者據地，故法五行。《含文嘉》曰：“殷爵三等，周爵五等，各有宜也。”（《卷一・爵・論制爵五等三等之异》）

上述引文中論述了爵位有“五等”、“三等”的區别，并爲其做了取象論證，即五等之爵取象五行（木、火、土、金、水），三等之爵取象三光（日、月、星）。如何證明與詮釋？此處白虎觀學者明引《禮緯・含文嘉》，將“殷爵三等，周爵五等”與“法三光”“法五行”聯繫起來，爲“殷爵三等，周爵五等”找到了取象基礎。不僅揭示了前文，而且細化深入下去，使得《白虎通》的論述更加簡明、扼要。

二、《白虎通》暗引讖緯類文獻——兩種整合模式研究

《白虎通》暗引讖緯類文獻是指《白虎通》中的部分文獻雖然没有明確標明引用讖緯思想進行詮釋、論證、總結等，但是這些文獻與現存的讖緯類文獻幾乎完全一致。例如《白虎通疏證・卷四・京師・論制禄》所論：“禄者，録也，上以收録接下，下

以名録謹以事上”與《孝經·援神契》:“禄者,録也。取上所以敬録接下,下所以謹録事上也”除了個别文字以外,幾乎完全一致,而且目前尚未找到與這些文字相同,并且時間在讖緯出現之前的其他文獻資料進行對比考證,故足可以證明這些文字是引自讖緯類文獻。鐘肇鵬先生認爲:“《白虎通義》大量援據讖緯,……至於‘稽合圖讖’,運用讖緯之説就更多了。……《白虎通義》雖未明引讖緯而實際上是用緯書説,這類情況在《白虎通義》裏是很普遍的。”① 鐘先生所説的“稽合圖讖”的部分指的就是《白虎通》暗引讖緯類文獻。

所以,本文判定《白虎通》暗引讖緯類文獻的標準是:《白虎通》文本②中出現的文獻資料,在没有明確標明引用的前提下(無論是引用五經類文獻資料還是讖緯類文獻資料),與現在存世的讖緯類文獻資料全部一致或基本一致,并且在讖緯産生之前③的文獻資料中没有與此相對應或完全相同的文本,即可認定這一部分文獻資料爲《白虎通》暗引讖緯類文獻。

關於《白虎通》全書暗引讖緯類文獻的數目,目前尚未得出確切數字,進行估算的有臺灣周德良所論:“查《白虎通》中所引而未標書名出處者,至少應有上百則引文與讖緯有關。”④ 但是周氏没有具體資料與論證;黄復山認爲:“至於所引文句類似讖

①鐘肇鵬:《讖緯論略》,瀋陽:遼寧教育出版社,1991 年版,145 頁。

②以(東漢)班固撰,(清)陳立疏證,吴則虞點校:《白虎通疏證》,中華書局 1994 年版爲文本資料。

③依鐘肇鵬先生所論,讖緯出於西漢哀平之世(前 6—5 年),見鐘肇鵬:《讖緯論略》,瀋陽:遼寧教育出版社,1991 年版,20—26 頁。

④周德良:《〈白虎通〉讖緯思想之歷史研究》,新北:花木蘭文化出版社,2008 年版,96 頁。

緯者，于《白虎通》三〇八目中，多集中於‘爵、號、社稷、禮樂、五行、三正、性情、姓名、日月、崩薨……’等篇八十目、約一一〇條中，其餘二二八目則未見讖文踪影。所引約一一〇條中，除明引篇名三十二條外，尚有約七十八條未引篇名而文句類似讖緯者。惟東漢讖文原本即多内容復見之情況，……是以就《白虎通》而言，引讖之處雖約一一〇條，就緯書而言，則約爲一五〇條。"① 黄氏研究《白虎通》暗引讖緯類文獻所得出結論爲“約七十八條”也是在估算的基礎上，并且没有具體文獻一一考證。

因爲讖緯大多散佚，難以窺其全貌，故對於《白虎通》中有多少思想是來自讖緯類文獻資料，可能難以有效得出結論，故衹能做盡可能翔實的搜羅、論證、總結、歸納，并且如果可能的話，與以後出土的地下文物進行對照，方有可能探尋出《白虎通》暗引讖緯類文獻的原貌。

（一）《白虎通》暗引讖緯類文獻之兩種整合模式

筆者認爲，《白虎通》書中暗引讖緯類文獻主要有兩種模式，一是將讖緯類文獻與五經類文獻關於某一主題進行重新整合、解釋所形成的文本資料，是對讖緯類文獻與五經類文獻相容并包，吸收精華的整合過程；二是將不同讖緯類文獻或同一讖緯類文獻關於某一主題進行重新整合、解釋所形成的文本資料，是針對讖緯類文獻紛繁複雜、雜亂無章的特點，盡可能提取符合《白虎通》價值觀，并能言簡意賅地概括讖緯思想的整合過程。下文將分别論述。

①黄復山：《東漢讖緯學新探》，臺北：學生書局，2000 年版，12、13 頁。

第一，《白虎通》將讖緯類文獻與五經類文獻關於某一主題進行重新整合的代表性篇章如下：

> 水位在北方。北方者陰氣，在黄泉之下，任養萬物。水之爲言准也。養物平均，有準則也。木在東方。東方者，陽氣始動，萬物始生。木之爲言觸也，陽氣動躍觸地而出也。火在南方。南方者，陽在上，萬物垂枝。火之爲言委隨也。言萬物布施。火之爲言化也。陽氣用事，萬物變化也。金在西方。西方者，陰始起，萬物禁止。金之爲言禁也。土在中央，中央者土，土主吐含萬物，土之爲言吐也。(《卷四・五行・總論五行》)

這一段與《春秋・元命苞》頗有淵源，其中“水之爲言准也”一句與《元命苞》“水之爲言演也”是一致的①；“木之爲言觸也，陽氣動躍觸地而出也”與《春秋・元命苞》“木之爲言觸也，氣動躍也”除個别文字不一致外，整體應該是取自《元命苞》；“火之爲言委隨也”與《春秋・元命苞》“火之爲言委隨也”更是一字不差；“土之爲言吐也”與《春秋・元命苞》“土之爲言吐也”也是一字不差，全部引用。因此，從現有資料來看，讖緯類文獻是最早提出這些觀點的，故這部分文獻資料可以看作是《白虎通》暗引讖緯類文獻。

不僅如此，這一部分文獻也是《白虎通》將讖緯類文獻與五經類文獻進行重新整合所成，以“水之爲言准也。養物平均，有準則也”爲例。前文已述，“水之爲言准也”一句可以認定是取自讖緯類文獻《春秋・元命苞》的“水之爲言演也”一句，但是

①因爲古時文字抄寫容易出現通假字等，“演”與“准”字形相近，并且“水之爲言演也”解釋不通，故可判定此處“演”應爲“准”字。

《元命苞》原文對於水的解釋却不限於此，原文爲："水之爲言演也。陰陽淖濡，流施潛行也。故其立字兩'人'交'一'，以中出者爲水。一者數之始，兩人譬男女，言陰陽交物，以一起也。"《春秋・元命苞》對於"水"字解釋的最大問題是按照隸定後的文字字形玩文字游戲，好用"拆字法"，其認爲"水"從字形上看左右各是一"人"字，中間部分爲"一"字，而"一"是數字的起點，兩個"人"代表男女，即陰陽，所以"水"有陰陽和合，周行不殆的意思。雖然"水"確實有陰陽和合之意①，但是《春秋・元命苞》的解釋方法却是錯誤的，因爲"水"的字形是來自甲骨文，是象形字，以水流的波紋象徵水，根本没有兩"人"與"一"結合之説，故《春秋・元命苞》的解釋純粹是主觀臆斷，望文生義，不具備解釋的依據。所以，《白虎通》在引用《春秋・元命苞》關於"水"的解釋第一句"水之爲言演也"之後，即捨弃了其他關於"水"的解釋，改采用五經類文獻具有正統解釋權威的説法來論證，"養物平均，有準則也"與《釋名・釋天》："水，準也。準，平物也"、《説文解字・水部》："水，準也，北方之行，象衆水并流，中有微陽之氣也"② 等文獻資料的解釋是一致的，即"水"有滋養萬物，以平均、均勻的態度對待一切，是一種準則的意思，更突出了"水"的道德寓意。同樣的還有《春秋・元命苞》中關於"木"的解釋："其字'八'推'十'爲木，八者陰合，十者陽數"、關於"火"的解釋："故其字'人'散，散者爲火也"、關於"土"的解釋："其

---

①若按照傳統觀點來論，萬物皆是陰陽和合的産物。

②《説文解字》雖然在《白虎通》之後問世，但是其解釋依據却是漢代主流觀點。

立字‘十’加‘一’爲土”等，都有從隸定後字形的角度出發，而不顧其本來意義加以解釋的缺陷，即許慎所言“不見通學，未嘗睹字例之條。怪舊藝而善野言，以其所知爲秘妙，究洞聖人之微旨。”① 光武帝時尹敏所謂：“讖書非聖人所作，其中多近鄙別字，頗類世俗之辭，恐貽誤後生。”② 也是批評讖緯解說文字時望文生義的“拆字法”而言，與“卯金刀爲劉”、“十八子爲李”等屬於同一方法。因此《白虎通》在暗引中整合讖緯類文獻時多删掉了那些不具有解釋依據的讖緯文本，而將可以認定并具備解釋依據的讖緯類文獻資料與五經類文獻資料加以整合，重新解釋，不僅言簡意賅，而且吸收了漢代思想的精華（讖緯類文本資料與五經類文本資料），成爲當時的經學權威著作。

第二，《白虎通》將不同讖緯類文獻或同一讖緯類文獻關於某一主題進行重新整合的代表性篇章如下：

> 天下太平，符瑞所以來至者，以爲王者承天統理，調和陰陽，陰陽和，萬物序，休氣充塞，故符瑞并臻，皆應德而至。德至天，則斗極明，日月光，甘露降。德至地，則嘉禾生，蓂莢起，秬鬯出，太平感。德至文表，則景星見，五緯順軌。德至草木，則朱草生，木連理。德至鳥獸，則鳳凰翔，鸞鳥舞，麒麟臻，白虎到，狐九尾，白雉降，白鹿見，白烏下。德至山陵，則景雲出，芝實茂，陵出黑丹，阜出萐莆，山出器車，澤出神鼎。德至淵泉，則黄龍見，醴泉涌，河出龍圖，洛出龜書，江出大貝，海出明珠。德至八方，則祥風至，佳氣時喜，鐘律調，音度施，四夷化，越裳貢。

①《説文解字序》。

②《後漢書・儒林傳》。

（《卷六·封禪·論符瑞之應》）

這一段文字除開篇第一句以外，幾乎全部暗引自《孝經·援神契》，其中“德至天，則斗極明，日月光，甘露降”與《援神契》“王者德至於天，則斗極明，日月光，甘露降”幾乎完全一致；“德至地，則嘉禾生，蓂莢起，秬鬯出，太平感”是《援神契》“王者德至於地，則嘉禾生，蓂莢起，秬鬯出”、“德至於地，則華萃感”、“王者德至於地，則華蘋盛”等三部分整合而成的，其中“太平”應爲“華平”之誤，“漢章帝元和中，華平生郡國，是也。是此‘太平’亦當‘華平’之誤，後人不知華平爲物，故謬改‘華’爲‘太’耳;”①“德至文表，則景星見，五緯順軌”應取自《援神契》“德至八表，則景星見”②；“德至草木，則朱草生，木連理”應爲《援神契》中“德至草木，則朱草生”與“德至草木，則木連理”兩部分整合而成；“德至鳥獸，則鳳凰翔，鸞鳥舞，麒麟臻，白虎到，狐九尾，白雉降，白鹿見，白烏下”是《援神契》中“德至鳥獸，則鳳凰來”、“德至鳥獸，則鸞鳥舞”、“德至鳥獸，則麒麟臻”、“德至鳥獸，則白虎動”、“德至鳥獸，則狐九尾”、“德至鳥獸，則雉白首”、“德至草木，則白鹿來”③、“德至鳥獸，則白烏下”等八部分整合而成；“德至山陵，則景雲出，芝實茂，陵出黑丹，阜出萐莆，山出器車，澤出神鼎”爲《援神契》中“德至山陵，則景雲出”、“善養老，則芝茂”、“德至山陵，則出黑丹”、“王者德至山陵，則澤阜出萐

①（東漢）班固撰，（清）陳立疏證，吴則虞點校：《白虎通疏證》，北京：中華書局，1994年版，283頁。

②“文表”疑爲“八表”之誤。

③“草木”應爲“鳥獸”之誤。

莆”、“德至山陵，則山出木根車”、“德至山陵，則澤出神馬”六部分整合而成；“德至淵泉，則黄龍見，醴泉涌，河出龍圖，洛出龜書，江出大貝，海出明珠”是《援神契》中“德至深泉，則黄龍見，醴泉涌，河出龍圖，洛出龜書，聖人則之”、“德至淵泉，則江出大貝”以及“德至淵，則海出明珠”三部分整合而成；“德至八方，則祥風至，佳氣時喜”是出自《援神契》“王者德至八方，則祥風至，佳氣時喜”，陳立懷疑“鐘律調，音度施，四夷化，越裳貢”四句也應該是《孝經·援神契》原文，衹可惜讖緯殘缺不全，難以考證①

這一部分文獻是《白虎通》將讖緯類文獻重新整合的代表之一。這一段文字本來講的是“符瑞之應”，是漢代“天人感應”思維模式的典型代表，與“灾异論”形成一正一反兩種感應模式。“符瑞”與“灾异”雖然都是在自然界中出現的神奇的現象，但是二者的寓意却是完全相反的，反映了漢代學者對於不同自然現象進行特定的政治解讀的特點。“灾异論”是儒生批評政治、干預政治的手段，可以在漢代中央集權的背景下限制君權的過度膨脹和非理性發展，以反面、消極的方式争奪政治上的話語權與解釋權。“符瑞説”則是歌頌漢代統治者的德性，以正面、積極的方式促使統治階層更加符合儒家的道德標準。漢代社會大體上比較安定，天下太平，百姓安居樂業，可以説是“國泰民安”，因此各地經常出現“符瑞”②，這對於漢代統治者來説是極大的

①（東漢）班固撰，（清）陳立疏證，吴則虞點校：《白虎通疏證》，北京：中華書局，1994年版，285頁。

②在自然界中出現的象徵美好事物的動物、植物或天象等，例如麒麟、鳳凰等奇珍异獸，蓂莢、蓮莆等上古傳説的神奇樹木，在黄帝、舜帝時纔出現的景星等。

榮譽，是“調和陰陽”，擁有德行的體現，所以漢代講“符瑞”、“祥瑞”的特别多，而尤其以讖緯類文獻中所説最爲全面、具體，所以，作爲東漢官方正統思想的《白虎通》在論述“符瑞”時，其大部分都是以讖緯類文獻爲主。

這一段暗引讖緯類文獻部分全都以“德至”爲起點，承接上文“故符瑞并臻，皆應德而至”，將《孝經・援神契》原文中關於“德至天”、“德至地”、“德至文表”、“德至草木”、“德至鳥獸”、“德至山陵”、“德至淵泉”、“德至八方”等八部分内容重新整合，形成統一格式，容納在“符瑞之應”這一系統之内。大概因爲《孝經・援神契》原文關於這一部分的論述比較分散，可能分布于原文各個篇章①，不易於統一查看，故《白虎通》將這一部分的内容重新整理到一起，形成直觀整齊并易於查看的效果，符合《白虎通》全書的行文結構。

（二）《白虎通》暗引讖緯類文獻之原因

既然《白虎通》中出現了明確引用讖緯類文獻的現象，并且這類文獻與上下文之間聯繫緊密，起到了“以讖斷禮，以緯僱經”的作用，那爲什麽不明確標明所有引用讖緯類文獻的篇章，或者説《白虎通》爲什麽會出現暗引讖緯類文獻?

筆者認爲可能有以下幾個原因:

第一,《白虎通》在傳抄、流傳過程中漏抄、散佚。

因爲在印刷術出現之前，古書皆是學者傳抄而流傳後世，

---

①因爲讖緯殘缺不全，漢以後歷代都遭到禁絶，目前所有關於讖緯類文獻的資料都是輯本，難以查看原文結構，衹能做猜測。

《白虎通》成書于東漢章帝建初四年（79 年），當時造紙術尚未改良①，因此當時朝廷于白虎觀上討論所用資料應該爲傳統竹簡所制，而數萬之言的《白虎通》是經白虎觀經學會議中的群儒討論、章帝“親稱制臨决”、班固整理之後形成的，肯定會有遺漏之處。② 并且《白虎通》成書之後并未如光武帝整理讖緯類文獻典籍後“宣布圖讖於天下”，而是收藏于“中秘”（東漢國家圖書館），衹有少數學者在國家需要引用禮儀、典籍時纔會偶爾翻閱，“晋以來學者罕能言之，使後之人概無以見兩漢正經義、厲學官之故事。”③ 而後元代大德年間，張楷於劉世常家中發現了《白虎通》這一封藏近千年的“秘書”，纔有了今天看到的最早的元大德五年無錫州學刻十卷本，而元大德本發現時已有闕佚，少了哪些内容可能衹有新發現的本子以及出土文獻進行考證了。而後纔有了莊述祖的七篇闕文，陳立的注疏本。所以，筆者大膽猜測，或許有一部分《白虎通》暗引讖緯類文獻本爲明引讖緯類文獻，因傳抄、流傳過程中漏抄、缺失了一部分，從而形成了今天《白虎通》“暗引”讖緯類文獻的面貌。綜上，《白虎通》在傳抄、流傳過程中肯定缺失了一部分文本，這點是毋庸置疑的，而這一部分文本中有可能保存著《白虎通》暗引讖緯類文獻的本來面目，但鑒於目前讖緯缺失，《白虎通》版本稀少的情况，也衹

---

①蔡倫在東漢和帝時改良造紙術，新型的紙纔開始使用，而且東漢始終以竹簡作爲主要書寫工具。

②《白虎通》此書對於學者研究來説，最大缺點爲班固未標明每一段文字是哪位學者所説、所述，哪段文字是章帝裁定，哪段文字是自己添加或删改形成的，僅僅有結論，而無論辯過程，相對於《五經异義》標明今古文雙方不同立場，不同學者觀點略有不及。

③莊述祖《白虎通義考》，載（東漢）班固撰，（清）陳立疏證，吴則虞點校：《白虎通疏證》，北京：中華書局，1994 年版，609 頁。

能做一猜測而已，或許以後有新的讖緯文本與《白虎通》文本出土，以佐證筆者的猜測。

第二，《白虎通》暗引類讖緯文獻爲西漢通讖，主要爲今文經學思想。

前文已述，讖緯類文獻與今文經學關係密切，甚至有很多表述直接來自今文經學文獻。《春秋·説題辭》云："傳我書者公羊高。"① "讖書云：董仲舒亂我書。"②《春秋·演孔圖》曰："《公羊》全孔經。"③ 在今文經學中，衹有公羊高和董仲舒兩位學者的名字見諸讖緯之中，而二人皆是《春秋公羊》學派的領袖，"可見《公羊》學派董仲舒的後學至少有一部分直接參與了讖緯的造作，因此將他們的學派及先師的名字寫到讖緯裏面。"④ 所以，緯書的作者很可能是西漢仕途不太順利的經生，想要通過經學尋求富貴却不得意的博士弟子或再傳弟子，⑤ 在西漢末期社會大動蕩的背景下，以創造讖緯來實現他們的政治抱負。而今文經學是西漢官方哲學，具有正統性合法地位，因此廣爲學者所習。故《白虎通》引用讖緯類文獻時，其所引用部分與今文經學關係密切，甚至可能直接就是照抄今文經學所致，如《白虎通·卷二·號·論皇帝王之號》中對於"王"的解釋："王者，往也。天下所歸往。"《易緯·乾鑿度》有相似的表述："王者，天下所歸往。"似乎這一段是《白虎通》暗引讖緯類文獻，但是在今文經

①《春秋公羊傳·何休解詁序》疏引。

②《論衡·案書》。

③《初學記》卷二十一引。

④鐘肇鵬：《讖緯論略》，瀋陽：遼寧教育出版社，1991 年版，117 頁。

⑤王紹璽：《中國學術思潮史》（卷二·經學思潮），上海：上海社會科學院出版社，2006 年版，154 頁。

學經典《尚書大傳》也有相同的論述："王者，往也。爲天下所歸往。"較之讖緯更加吻合《白虎通》，并且《尚書大傳》比讖緯早出，可以認定《易緯》所論來自《尚書大傳》。故在以今文學爲思想主流的"白虎觀"學者來看，這一部分無需徵引，直接就可以作爲定論來用。黃復山也認爲："《白虎通》與讖文所言，皆屬西漢通義，而論者視爲《白虎通》引讖之證者。"①

第三，《白虎通》暗引讖緯類文獻包含先秦上古思想，非讖緯所獨有。

讖緯思想如同一家博物館，裏面不僅收藏了漢代當時的一些官方學説、民間迷信、方術技藝、自然科學等，還收藏了先秦上古時代的一些思想學説。如《白虎通》開篇："天子者，爵稱也。"關於這一思想，很難説是讖緯所獨有的。陳立注疏此處認爲："此易説、春秋今文説也。"② 陳立所指"易説"即是"易緯"，《易緯·乾鑿度》云："孔子曰：易有君人五號：帝者，天稱也；王者，美行也；天子者，爵號也；大君者，興盛行异也；大人者，聖明德備也。"同時，《尚書·刑德放》亦明確表述："天子，爵稱也。"而春秋公羊學派也頗多此類表述，可見"天子者，爵稱也"是讖緯和今文學公認的學説。但是如果上溯到先秦，就會發現孟子也有類似的表述："天子一位，公一位，侯一位，伯一位，子男同一位。"③ 孟子將天子與公侯伯子男等五侯進行同等對待，是"天子者，爵稱也"的另一番證明。除此之外，

①黃復山：《東漢讖緯學新探》，臺北：學生書局，2000 年版，12 頁。

②（東漢）班固撰，（清）陳立疏證，吴則虞點校：《白虎通疏證》，北京：中華書局，1994 年版，1 頁。

③《孟子·萬章下》。

《白虎通疏證·卷一·爵·論制爵五等三等之异》中對五侯中“男爵”的解釋爲：“男者，任也。人皆五十裹。”《春秋·元命苞》有云：“男者任功立業，皆上奉王者之政教禮法，統理一國，修身潔已矣。”似乎“男者，任也”來源於《春秋·元命苞》，屬於《白虎通》暗引讖緯類文獻的組成部分，但是古代“男”與“任”通，例如《尚書·禹貢》篇“二百里男邦”，《史記·夏本紀》却作“二百里任國”，《大戴禮記·本命》篇：“男者，任也，言任天地之道。”可見古時“男”與“任”無异，“男者，任也”并非完全暗引讖緯類文獻，而是上古通義，因此不需要標明引自讖緯，或者説本來也不完全屬於讖緯類文獻。

第四，《白虎通》暗引類讖緯文獻多爲整合所致，并不完全依托讖緯。

上文已論，《白虎通》暗引讖緯類文獻很多是讖緯類文獻資料與五經類文獻資料之間，或是不同讖緯類文獻或同一讖緯類文獻資料關於某一主題進行重新整合、改編、詮釋之後的新成果，很難直接標明這一部分是引自讖緯類文獻還是五經類文獻，另一方面也可以説《白虎通》暗引讖緯類文獻是“白虎觀”學者的發揮，并不局限於某一類文獻。以前文所述，“水之爲言準也。養物平均，有準則也”① 這一句即是《春秋·元命苞》與漢代五經思想進行整合之後得出的論斷，并不完全依據讖緯類文獻和五經類文獻，即可證明“白虎觀”學者或者班固在進行論證時直接整合，并不局限於讖緯類文獻或五經類文獻的框架結構，所以纔有了這種暗引讖緯類文獻的產生。

①《卷四·五行·總論五行》。

（三）《白虎通》的“檃栝”與“暗引”

提及《白虎通》暗引讖緯類文獻，就不得不說明關於《白虎通》“檃栝緯候”的相關問題。

檃栝，《說文・木部》解釋爲：“檃，栝也。栝，檃也。”徐鍇《說文解字繫傳》認爲：“檃，即正邪曲之器也。”所以，檃栝本意是指矯正曲木的工具，如《荀子・性惡》篇有云：“故枸木必將待檃栝烝矯然後直。”說的就是木工師傅常用的矯正工具，由此可以引申爲約束、規範之意，“是以智者嚴檃栝於性理，不肆神以逐物。”① 後世逐漸發展爲就原有文章、著作進行剪裁、改寫、再創作之意，例如蘇軾就曾大量檃栝前人文章，創造了著名的“檃栝詞”，《哨遍・歸去來兮》就是檃栝文章的代表著作。②

莊述祖在《白虎通義考》中有一段經常被學者引用的話：“《論語》、《孝經》、六藝并録，傅以讖記，援緯證經。自光武以《赤伏符》即位，其後靈台郊祀，皆以讖決之，風尚所趨然也。故是書之論郊祀、社稷、靈台、名堂、封禪，悉檃栝緯候，兼宗圖書，附世主之好，以緄道真，違失六藝之本，視石渠爲駁矣。”③ 多數學者認爲莊氏此語說明《白虎通》書中含有大量讖緯內容，尤其是侯外廬更是推論得出“《白虎通》‘百分之九十的內容出於讖緯’”的結論。筆者認爲，莊述祖所述《白虎通》中“檃栝緯候”的部分其實就是《白虎通》暗引讖緯類文獻的篇章，“檃栝”幾乎等同於“暗引”，衹不過比“暗引”更具有解釋的

---

①《抱樸子・酒戒》。

②這是蘇軾對陶淵明《歸去來兮辭》的檃栝而寫成的詞。

③莊述祖《白虎通義考》，載（東漢）班固撰，（清）陳立疏證，吴則虞點校：《白虎通疏證》，北京：中華書局，1994年版，609頁。

意味，即《白虎通》暗引讖緯類文獻是對原有讖緯思想進行剪裁、改寫、規範、更正、整合之意。但莊氏認爲《白虎通》中衹有“郊祀、社稷、靈台、名堂、封禪”等五部分是“櫽栝緯候”，即暗引讖緯，而按照陳立本《白虎通》所録，《白虎通》共分五十篇（加上卷十二闕文數篇），而以上五部分在這五十篇中榜上有名者不過三篇（社稷、封禪、郊祀），因此莊氏所論《白虎通》中讖緯類文獻所占比例爲 6%，可謂很小一部分。故從莊述祖的角度來説，侯外廬所謂《白虎通》“百分之九十的内容出於讖緯”是没有依據的。但是，莊氏也没有對這五部分進行全面論證，衹是在《白虎通義考》這一概括性學術文章中提及而已，難以作爲分析《白虎通》全部暗引讖緯類文獻的有效證據。

三、《白虎通》類讖緯類文獻——引《傳》、《禮説》研究

清朝學者楊應階曾爲趙在翰所輯《七緯》作校對，他認爲：“漢初董、賈諸儒引緯書皆曰《傳》。”① 由鐘肇鵬先生考證可知，讖緯産生于西漢哀平之際（前 6—5 年），西漢初期并無讖緯類文獻傳世，因此楊應階此説有誤。但是“引緯書皆曰《傳》”却在後世産生巨大影響，使得《白虎通》文中引《傳》是否爲讖緯類文獻成爲一樁疑案。

陳槃先生在《古讖緯研討及其書録解題·易説》中曾經提到《白虎通》引讖方式，是謂：

①（清）趙在翰：《七緯》，《緯書集成》，上海：上海古籍出版社，1994 年版，4 頁。

考《白虎通》引圖讖亦或曰“説”，如卷七《考黜》篇引《禮説》，陳立《疏證》曰：“此《禮含文嘉》文也”；又《聖人》篇引《禮説》，《疏證》曰：“皆《禮含文嘉》文。”案《白虎通》引讖緯，或曰“讖”（《誅伐》篇引《孝經讖》、《春秋讖》；《辟雍》篇引《論語讖》；《日月》篇引《讖》曰），或直稱讖緯篇名（《爵》篇引《援神契》、《鈎命决》、《中候》、《含文嘉》等），是其時引讖緯，不以爲嫌也。然則其引讖緯而代之以某某《經》説者，簡略之辭，或則其原書之稱本自如此，與康成引書之因避嫌者，自有别也。①

此外，《古讖緯研討及其書録解題・易傳》也説到：“是《傳》者百家書之通名，非私名也。唯然，故讖緯書往往亦以爲稱。……；《白虎通義》《五經》篇引《尚書璇璣鈐》、《五刑》篇引《孝經鈎命决》，并謂之《傳》，是也。”②

由以上兩段文字可見：一方面，陳槃先生認爲《白虎通》引讖緯有時也做“説”，例如《禮説》等内容是“其原書之稱本自如此”，是從陳立《白虎通疏證》觀點；另一方面，陳槃先生認爲《傳》是“通名”，幾乎所有解釋經典的著作都可以使用《傳》的名稱，因此，在《白虎通》書中引用的《傳》有一部分就是指的讖緯類文獻。所以陳槃先生認爲《白虎通》徵引讖緯方式有四種：一爲稱“讖”、二爲“直稱讖緯篇名”、三爲稱“某

---

①陳槃：《古讖緯研討及其書録解題》（下），上海：上海古籍出版社，2010年版，536頁。

②（台）陳槃：《古讖緯研討及其書録解題》（下），上海：上海古籍出版社，2010年版，542頁。

説”、四爲稱《傳》。由前文可知，《白虎通》中稱“讖”和“直稱讖緯篇名”皆爲筆者所述《白虎通》明引讖緯類文獻，可無争議，但是《白虎通》全文引用的“某説”和《傳》是否爲讖緯類文獻，則是需要仔細剖析的。可以肯定的是，引《傳》和“某説”的内容不是《白虎通》作者或者“白虎觀”學者個人作品，而基本上是前人著作或者同時代著作，因爲若是“白虎觀”學者個人所言，則不需要如此大費周章，直接以此作爲結論即可。

引《傳》是東漢當時學者通用的引述經典方式之一①，例如東漢初期大學者王充，他生活的時代是東漢光武帝、明帝、章帝、和帝時期，與《白虎通》問世時間（東漢章帝建初四年，79年）大體一致。王充的著作《論衡》中就有此類引用：“夫飢寒并至，而能無爲非者寡；然則温飽并至，而能不爲善者希。《傳》曰：‘倉廪實，民知禮節；衣食足，民知榮辱。’”②《論衡》所引《傳》的内容原出處是《管子·牧民》：“倉廪實則知禮節，衣食足則知榮辱。”應當無疑。但是王充爲何没有直接明引《管子·牧民》篇？筆者認爲，可以從三方面加以討論：第一，從王充本人的經歷來論，他“好博覽而不守章句。家貧無書，常游洛陽市肆，閲所賣書，一見輒能誦憶，遂博通衆流百家之言。”③ 正是由於他的“不守章句”，又遍讀群書，看到什麽就記下什麽，因此并没有對《論衡》中引文的出處作詳細考證，纔有了引《傳》文

①自先秦以至於西漢，諸子百家經典中就經常出現引《傳》文本，例如《荀子·解蔽》篇引《傳》曰：“天下有二：非察是，是察非。”……《傳》曰：“析辭而爲察，言物而爲辨，君子賤之；博聞强志，不合王制，君子賤之。”

②《論衡·治期》。

③《後漢書》本傳。

本的出現；第二，從詮釋學的角度來説，《傳》可以解釋爲《傳記》，即《傳》是某類經典的“注釋”本，也可以詮釋爲“傳説”，《傳》就是社會或思想上有這種“傳説”，但是并未形成經典，後人引用時就從前人“傳説”的文獻而來，王充所引《傳》在東漢時期也可能具有這種“傳説”的性質；第三，從漢代學術特點來論，漢代除《五經》外的諸子文獻受關注程度較低，在徵引這一部分文獻時的準確度就大打折扣了，王充所引的《管子》内容在當時可能并未標記爲出於《管子》，因此在漢代稱《傳》是通名的情况下，在出處難以考證時衹能以《傳》代替書名。相對於有的古籍不加標明出處的情况，這其實也是一種負責任的態度。因此，由引《傳》文獻可知古代文獻引用的確定性與不確定性：確定性在於引用者知道所引内容爲他人著作，并没有直接以此作爲自己觀點進行使用；不確定性在於引用者不知出處，不能引出全名，故衹好以引“《傳》”作爲書名，以備後世學者查詢、考證。

那麼，《白虎通》引用的“某説”或者《傳》到底是不是讖緯類文獻呢？在《白虎通》讖緯思想研究中，部分學者存在著一種傾向，即將《白虎通》中引《傳》與引“某某説”認爲是《白虎通》讖緯思想，并加以肯定。但筆者經過研究，却發現不可以偏概全，全部否定或全部肯定，對於這部分不好下結論的文獻資料，筆者認爲稱其爲“《白虎通》類讖緯類文獻”更加合適。

《白虎通》類讖緯類文獻，即《白虎通》引《傳》、《禮説》

相關文獻資料如下：《白虎通》全書引《傳》共二十六次①，引“某某説”主要爲《禮説》，共兩條。② 下文將分爲兩大部分進行研究。

（一）第一類引《傳》文獻研究

《白虎通》引《傳》文獻共二十六條，爲便於討論，筆者將其分爲兩類：一類是與讖緯思想無關的文本資料，這一類文獻又可劃分爲《春秋傳》類文獻和先秦至西漢古《傳》類文獻等兩大類。其中，《春秋傳》類文獻最多，共十二條；先秦至西漢古《傳》類文獻共計十條，包含《詩傳》類文獻兩條、《禮傳》類文獻兩條、其他古《傳》類文獻六條；因此，第一類引《傳》文獻共二十二條，約占《白虎通》全書引《傳》文獻二十六條的85%。其餘四條文獻爲第二類引《傳》文獻，約占《白虎通》全書引《傳》文獻二十六條的15%，因爲這一類文獻是與讖緯思想相關的文本資料，筆者將其與《白虎通》引《禮説》文獻放在第二部分進行討論。

第一，《白虎通》引《傳》文獻之《春秋傳》類文獻。

在《白虎通》第一類引《傳》文獻中，一半以上文本資料爲《春秋傳》，在所引《春秋傳》中又以《春秋公羊傳》爲主。例如，《白虎通疏證・卷二・謚・論無爵無謚》中引《傳》兩次，其一《傳》曰：“稱謚何？賢也”是引自《春秋公羊傳・襄公三

①黄復山認爲《白虎通》引《傳》共三十條，但是黄氏并未一一列舉出來，不見其具體説明。見黄復山：《東漢讖緯學新探》，臺北：學生書局，2000年版，165頁。

②此二者具體條目可參見筆者論文《〈白虎通〉讖緯類文獻研究》43—47頁，中國政法大學2014年碩士論文。

十年》傳文；其二《傳》曰："哀姜者何？莊公夫人也"是引自《春秋公羊傳·僖公二年》傳文無疑。并且，陳立亦注疏爲："此今文春秋説也。"① 綜合來看，《白虎通》全書引《傳》文獻内容是《春秋公羊傳》的還有第 210 頁一則、第 212 頁一則、第 222 頁兩則、第 268 頁一則、第 315 頁一則、第 325 頁一則、第 480 頁一則和第 539 頁一則。②

另外，《白虎通疏證·卷五·三軍·論師不逾時》引《傳》曰："外取邑不書，此何以書？久也"與《春秋穀梁傳·隱公六年》傳文："外取邑不志，此其志何也？久之也"幾乎一致③，可見此處《白虎通》引《傳》文獻内容是引自《春秋穀梁傳》。同樣，《白虎通》全書引《傳》文獻内容是《春秋穀梁傳》的還有第 325 頁一則、第 480 頁一則④。綜上，在《白虎通》全書引《傳》文獻共二十六條中，内容爲《春秋傳》的已有十二條，約占 46%，可見《白虎通》引《傳》内容大約有一半爲《春秋傳》，并非讖緯類文獻。

第二，《白虎通》引《傳》文獻之"經加傳"模式。

筆者所説的"經加傳"模式是指在《白虎通》某一篇章中，前文出現引用"五經類"文獻原文，如"《春秋》曰"、"《詩》

---

①（東漢）班固撰，（清）陳立疏證，吴則虞點校：《白虎通疏證》，北京：中華書局，1994 年版，74 頁。

②以上所列頁碼以（東漢）班固撰，（清）陳立疏證，吴則虞點校：《白虎通疏證》，北京：中華書局，1994 年版爲依據。兼于篇幅所限，筆者不一一列舉原文及出處。

③其中"志"通"書"，都是"記載、書寫"之義，傳抄過程中有所改變也屬正常。

④與《春秋公羊傳》傳文内容一致。

曰”等，後文緊隨其後所引《傳》則是“《春秋傳》”、“《詩傳》”，這樣後文就是與前文“五經類”文獻一致的傳記，前後文整體處於同一系統之内。①

這一模式以《春秋傳》傳文尤爲明顯。

例如：

> 誅者何謂也？誅猶責也。誅其人，責其罪，極其過惡。《春秋》曰：“楚子虔誘蔡侯班，煞之于申。”《傳》曰：“誅君之子不立。”討者何謂也？討猶除也，欲言臣當掃除弒君之賊也。《春秋》曰：“衛人殺州籲於濮。”《傳》曰：“其稱人何？討賊之辭也。”（《卷五・誅伐・總論誅討征伐之義》）

由《春秋》三傳可知，其一《傳》曰：“誅君之子不立”是引自《春秋公羊傳・昭公十一年》傳文，其二《傳》曰：“其稱人何？討賊之辭也”是引自《春秋公羊傳・隱公四年》傳文，應爲無疑。但如果從上下文來看，在“《傳》曰：‘誅君之子不立’”之前引用“《春秋》曰：‘楚子虔誘蔡侯班，煞之于申’”這一《春秋・昭公十一年》經原文，在“《傳》曰：‘其稱人何？討賊之辭也’”之前引用“《春秋》曰：‘衛人殺州籲於濮’”這一《春秋・隱公四年》經原文，二者時間一致，而引用的《傳》經考證都是《春秋傳》傳文，因此這一段文本是典型的“經加傳”模式。

綜合全書來看，《白虎通》引《傳》文獻内容確定爲“經加傳”模式的還有②：第 74 頁兩則、第 209 頁一則、第 268 頁一

---

①本文所述的“經加傳”模式僅在研究《白虎通》引《傳》文獻時使用，未必適用於一切古籍。

②主要爲“《春秋經》加《春秋傳》”模式。

則、第 315 頁一則、第 325 頁一則和第 539 頁一則。①

而《白虎通》“經加傳”模式產生的原因，筆者認爲是由於《白虎通》成書年代爲東漢初期，當時造紙術尚未普及，文獻資料基本上還是用比較原始的竹簡之類的材料進行書寫，記載資料相對比較麻煩，因此是儘量省稱，以節省用料。② 另外，這種省稱方式也可以説是古書常見的寫作模式，《白虎通》整理者班固在《漢書·藝文志》中有“出”、“入”、“省”三大體例，其中“省”就與本文所論述的“經加傳”模式相關，如《藝文志》關於“諸子略”中《易》這一部分的論述爲：“《易經》十二篇，施、孟、梁丘三家。《易傳·周氏》二篇。《服氏》二篇。《楊氏》二篇。《蔡公》二篇。《韓氏》二篇。《王氏》二篇。《丁氏》八篇。《古五子》十八篇。《淮南道訓》二篇。《古雜八》十篇。《雜灾异》三十五篇。《神輸》五篇，圖一。《孟氏京房》十一篇。《灾异孟氏京房》六十六篇。五鹿充宗《略説》三篇。《京氏段嘉》十二篇。《章句》施、孟、梁丘氏各二篇。凡《易》十三家，二百九十四篇。”其中從“《服氏》二篇”開始就是省稱，其全稱應該是“《易傳·服氏》二篇。《易傳·楊氏》二篇。《易傳·蔡公》二篇”，下文以此類推。基於以上原因，《白虎通》在成書時也形成看似獨特但其實又是當時普遍寫法的這一省稱特點。後人不知緣由，故將《白虎通》中引《傳》部分文獻全部認爲是讖緯類文獻，豈非大謬！

---

①所列頁碼依據同上。

②上文論述《白虎通》暗引讖緯類文獻出現的原因也有相似論述，可參看上文：《白虎通》暗引讖緯類文獻之原因。

（二）第二類引《傳》文獻與《禮説》文獻研究

上文已述，《白虎通》引《傳》文獻共分兩類，第一類引《傳》文獻共二十二條，與《白虎通》讖緯思想無關，約占《白虎通》全書引《傳》二十六條的85%；第二類引《傳》文獻共四條，約占《白虎通》全書引《傳》二十六條的15%，而這一部分文獻與《白虎通》引《禮説》内容頗爲相關，是《白虎通》類讖緯類文獻中與讖緯思想相關的文本資料，故筆者將《白虎通》第二類引《傳》文獻與兩條《禮説》文獻歸爲一類。

論及《禮説》，就需要説明讖緯類文獻與鄭玄的關係。鄭玄是東漢經學大師，他不僅遍注群經，而且也遍注群緯，對於讖緯的注釋、改造有十分重要的作用。今天常見的將讖緯類文獻稱作爲《某某説》，如將《禮緯》稱作《禮説》，《春秋緯》稱作《春秋説》，是鄭玄編注群經時爲避嫌而"發明"的稱呼，"實則鄭玄箋注經義時，始以《禮説》、《孝經説》等詞，指稱讖緯篇目；是以後世誤認鄭玄之前文獻（如《白虎通》等）所言之'某説'爲讖緯佚文，并收入緯書輯本中，并不可從。"① 另，許慎在同樣記述白虎觀會議今古文經學論争的《五經异義》中曾提及"《禮》戴説"這一文本資料，漢代之"説"附于官方的經學流派之中，主要産生于西漢的石渠閣會議和東漢的白虎觀會議。《白虎通》引經據典多爲明確的、權威的經學著作，當時的官方禮學主要爲戴氏之學，因此《白虎通》所引《禮説》也極有可能爲許慎所論及的"《禮》戴説"。故《白虎通》書中所引《禮説》是否爲《禮緯》還是有值得商榷的地方。筆者認爲，在《白虎

①黄復山：《東漢讖緯學新探》，臺北：學生書局，2000年版，165頁。

通》全書中所看到的第二類引《傳》文獻與《禮説》文獻不應作爲具有獨創性的讖緯類文獻來看待，這一部分内容雖然被今日《禮緯·含文嘉》或其他讖緯類文獻收入，但是在《白虎通》成書時，應是西漢通義，後來讖緯遭到禁絶，這一《禮説》内容纔被讖緯輯録者誤編進讖緯體系之中。此處以《禮説》爲例，進行討論。

> 《禮説》："九錫：車馬、衣服、樂、朱户、納陛、虎賁、鈇鉞、弓矢、秬鬯，皆隨其德，可行而賜。"（《卷七·考黜·論九錫》）

"錫"即"賜"，"九錫"就是皇帝賜給大臣九種表示極其尊貴的物品①。車馬、衣服、弓矢都比較好理解，衹是比普通的物品要華麗富貴得多。樂則，也作樂懸、命珪，即身上佩戴的玉器，行走時會發出響聲。朱户即朱門，門漆爲紅色，衹有達官顯貴纔會擁有。臺階爲陛，藏在屋檐底下叫納，納陛就是使得大臣走在屋檐底下的臺階時不會處於露天的情況，以區别于其他大臣。虎賁，也稱作武賁，是皇宫中的護衛勇士，本來是保護皇帝的，賜給大臣以示榮耀。鈇鉞，是刑戮的器具，表示大臣有權懲治罪人。秬鬯，是用鬱金香合黍釀造的一種香酒，古時用於祭祀，後用於賜給有特殊貢獻的大臣。②

---

①一般皇帝賜"九錫"于大臣，也就表明了該大臣位高權重，凌駕于皇帝之上，極有可能要篡位，例如漢平帝加"九錫"于王莽、漢獻帝加"九錫"於曹操之後，王莽稱帝、曹丕改漢爲魏。

②周桂鈿：《王莽評傳——復古改革家》，南寧：廣西教育出版社，1996年版，52、53頁。

陳立注疏爲："此《禮含文嘉》文也。"① 認爲《禮説》爲《禮緯》，引自《禮緯・含文嘉》："禮有九錫，一曰車馬，二曰衣服，三曰樂則，四曰朱户，五曰納陛，六曰虎賁，七曰斧鉞，八曰弓矢，九曰秬鬯，皆所以勸善扶不能。四方所瞻，侯子所望。"與《白虎通》所引《禮説》内容、順序都是一致的②，但是《韓詩外傳》也引《傳》曰："諸侯之有德者，天子賜之：一錫車馬，二錫衣服，三錫虎賁，四錫樂器，五錫納陛，六錫朱户，七錫弓矢，八錫鈇鉞，九錫秬鬯，謂曰九錫。"與《白虎通》所引《禮説》内容一致，順序不一致。可以肯定的是，《韓詩外傳》爲西漢韓嬰所作，韓嬰爲西漢文帝至武帝時人，其所引《傳》，最早可以追溯到先秦儒家學者著作，最晚也是西漢武帝時所出，因此，可以確定的是，《韓詩外傳》所引《傳》的内容産生于《白虎通》所引《禮説》之前，衹是順序上有所不一，因此，此處《禮説》很可能來自《韓詩外傳》所引的《傳》或其他先秦古籍的内容，應該屬於西漢經學通義。

另一方面，"九錫"這一制度在西漢王朝真正落實是在漢平帝元始五年（5），給王莽加"九錫"時所用。"於是莽稽首再拜，受緑韍衮冕衣裳，瑒琫瑒珌，句履，鸞路乘馬，龍旗九旒，皮弁素積，戎路乘馬，彤弓矢，盧弓矢，左建朱鉞，右建金戚，甲胄一具，秬鬯二卣，圭瓚二，九命青玉珪二，朱户納陛。署宗官、祝官、卜官、史官，虎賁三百人，家令丞各一人，宗、祝、卜、史官皆置嗇夫，佐安漢公。在中府外第，虎賁爲門衛，當出入者傅籍。自四輔、三公有事府第，皆用傳。以楚王邸爲安漢公

①（東漢）班固撰，（清）陳立疏證，吴則虞點校：《白虎通疏證》，北京：中華書局，1994 年版，302 頁。

②可能爲讖緯輯録者直接從《白虎通》或其他先秦古籍中抄録而來。

第，大繕治，通周衛。祖禰廟及寢皆爲朱户納陛。"① 王莽受到的封賞十分榮耀："服飾從頭到腳，都是皇帝賜給的顯示高貴的衣服，乘車時，車馬也都有講究，兩邊還有持弓箭、斧鉞之類的一大群人。負責保衛的勇士 300 人，負責各種服務的人員還有一大批，相當於幹事、秘書、勤務員、助手之類。出入大門，都要在門衛那裏登記，連四輔、三公那些高官要來辦事，也都要先通報。楚王邸經過大修以後作爲安漢公宅第。"② 王莽作爲大臣，達到的尊貴程度已近極致。其中"乘馬"、"衣裳"、"朱户"、"納陛"、"虎賁"、"弓矢"、"秬鬯"基本上與《白虎通》所引《禮説》、《禮緯·含文嘉》内容一致。以王莽對讖緯的重視程度來看，在王莽時代大量出現的讖緯中很可能吸收了西漢朝廷對其封賞時所用的"九錫"制度，若是如此，則《禮緯·含文嘉》所言也是西漢通義，非讖緯類文獻所獨有。當然，自王莽之後，朝廷賞賜"九錫"的順序都是以《禮緯·含文嘉》的次序爲依據，正如陳立所言，"後世漢魏九錫文，其次皆與《禮説》同，自當以《禮緯》之次爲正。"③ 可以説是"九錫"制度來自於先秦、西漢，完善於讖緯。

四、結論

《白虎通》與讖緯思想有關的文獻資料共有三類：《白虎通》

①《漢書·王莽傳》。

②周桂鈿：《王莽評傳——復古改革家》，南寧：廣西教育出版社，1996 年版，55 頁。

③(東漢) 班固撰，(清) 陳立疏證，吴則虞點校：《白虎通疏證》，北京：中華書局，1994 年版，303 頁。

明引讖緯類文獻、《白虎通》暗引讖緯類文獻和《白虎通》類讖緯類文獻。具體而論，《白虎通》讖緯類文獻有三大部分的六大特徵：

一者爲評判性和詮釋性，以本文第一部分"《白虎通》明引讖緯類文獻——三十一條引文研究"爲例。三十一條引文具有"以讖斷禮、以緯儷經"之意義，"以讖斷禮"講的是讖緯對於《白虎通》有歧義的經文具有裁定、評判之作用，"以緯儷經"則是説讖緯對於《白虎通》需要深化的經文有解釋、説明之功效。[①] 讖緯的一些論斷，確實比經書的某些結論更加簡潔、明快而具有概括性。

二者爲整合性與相容性，以第二部分"《白虎通》暗引讖緯類文獻——兩種整合模式研究"爲主。可以説，讖緯類文獻在某些方面比五經類文獻更加簡潔，更加具有概括性，但是在其他方面却具有繁瑣性，雜亂性。讖緯的"雙重性"、"兩面性"、"矛盾性"導致《白虎通》對其整合、引用、檃栝時采取了不同的方式，力求《白虎通》達到整齊一致、簡明通達的效果。這種整合性與相容性主要爲對讖緯類文獻與五經類文獻關於某一主題進行重新整合、解釋與將不同讖緯類文獻或同一讖緯類文獻關於某一主題進行重新整合、解釋的整合模式，符合漢代社會當時的政治、社會、文化需求。

三者爲繼承性與吸收性，與第三部分"《白虎通》類讖緯類

---

①當然，《白虎通》讖緯思想具有的"以讖斷禮、以緯儷經"的作用，一方面解決了今古文經學的分歧，使得結論趨於一致；但另一方面也具有學術"專制"的意味在裏面，當學術與政治過分結合時，思想的活躍性就大打折扣了。

文獻——引《傳》、《禮説》研究”有關。《白虎通》引《傳》與《禮説》文獻無論是與讖緯有關者還是無關者，都對先秦和西漢的以儒家學説爲主的百家之學有所繼承，保留了大量古籍資料與思想學説，雖然《白虎通》對今古文五經之學與讖緯之學做了多方整合，“取其精華，去其糟粕”，但是依然吸收了大量古典思想文化。

但如果從整體而論，《白虎通》讖緯類文獻又都可以歸結爲一個特性——整合性。“‘整合’一詞被社會學家和人類學家所借用，來説明社會發展或文化發展中出現的種種不同思想觀念（如價值觀等）的融通和合現象。它有結合、融合、統合、綜合、有機化、整體化、系統化、統一化等多重涵義。”① 整合比融合更加具有整理、規劃、目的的特性，是一種建立在理性基礎之上的多方融合。

從秦漢大一統王朝相適應的全方位整合運動來説，《白虎通》讖緯類文獻及其思想的整合模式是符合當時政治、思想、文化的時代訴求的。上文所論的評判性與詮釋性，基本上都是在五經類文獻與讖緯類文獻有交叉、有合集的部分，可以用讖緯爲五經服務的基礎上展開的，對於五經與讖緯的“明引”就是一種明顯的整合模式；相容性，既不排斥讖緯之學，也不盲目引用五經之學，多形式的存在是整合的先決條件；繼承性與吸收性，對於先秦和西漢的古籍資料的梳理、保護、吸收有重大作用，即是整合的進一步發展。

基於以上討論，《白虎通》讖緯類文獻衹占《白虎通》全書

①韓星：《漢初儒學的思想整合》，載單純主編：《國際儒學研究》［第十八輯］（上册），北京：九州出版社，2011 年版，66 頁。

的一小部分，但是這一部分却具體而微的展現漢代學術風貌，反映了東漢儒學的學術性格。徐復觀先生説“常將許多各有分域個事物，組成一個大雜拌的系統”是漢代學術的基本性格之一。《白虎通》讖緯類文獻雖然衹是漢代讖緯的一部分，其思想也未必能涵蓋整個漢代讖緯學説，但是却能展現漢代讖緯思想之縮影。從本文論述可知，《白虎通》所論讖緯思想多爲西漢通義，或者繼承了先秦、西漢學説内容，思想内容并没有太多推陳出新的地方。一方面可以説是由於漢代讖緯思想難以窺其全貌，散佚現象嚴重，另一方面也可以説是讖緯思想對於漢代學説所具有的整合性。這種特性與《白虎通》的學術目的達到了一致，因此促使了《白虎通》讖緯思想可以有條不紊地進行多方融會貫通。

作者簡介：何大海，男，1988 年出生，遼寧省大連市人，中國人民大學國學院 2014 級博士研究生，國學專業，主要從事漢代思想史及漢代經學研究，目前已發表若干學術論文。

論《白虎通義》的宇宙論及其意義

蕭　航

内容提要： 漢代宇宙論發展所遵循的基本模式是自然宇宙生成論，《白虎通義》繼承了前期道家宇宙論中的自然生成論部分，清除了讖緯的神學因素，對陰陽五行做出了更嚴密的配合。在此基礎上，其宇宙論將人文世界的構建明確納入宇宙生成論部分。不僅確立了儒家心性論中"情性"、"汁中"等重要元素的主導地位，還將原本道家色彩濃厚的"神明"、"道德"等元素列入從屬地位。這種儒學形上學的構造具有標志性意義，體現了漢儒在建構儒家意識形態過程中對現實的堅持與妥協，對後世也有着深刻影響。

引　言

《白虎通義》是漢代經學史、儒學史、思想史上的重要文獻，其宇宙論具有承前啓後的重要意義。學者多注意到其宇宙論與《春秋元命苞》、《周易乾鑿度》、《孝經鉤命決》等緯書的關聯①，

①葛兆光，《中國思想史》第一卷，上海：復旦大學出版社，2001 年，273 頁。

有人認爲其宇宙生成論純屬神學宇宙觀①；也有人承認其宇宙論中物質在先、精神在後，但仍認爲其中物質之天地從屬於神秘主義的道德之天②。還有人注意到其與《易》的關聯，或認爲其將《周易》"生生"之義進一步具象化③，或認爲其借鑒《易緯》之説構築宇宙生成模式是爲營造各安其位的和諧氛圍④。誠然，這些都是《白虎通義》宇宙論所具有的特點。但《白虎通義》作爲思想史中的關鍵一環，其宇宙論除了受到前期已有經典緯書、《易》等影響外，還有其他因素摻雜其間么？其宇宙論除了具有神學目的性之外還有其他特色麽？

面對這些問題，尤需要用思想史發展流变的觀點來考察分析。馮達文先生就指出，儘管宇宙論學説的源頭可以追溯到很早，但經過"董仲舒和《白虎通義》的努力，宇宙論纔與儒學有更好的結合，成爲直至唐代儒學的形上學"⑤，但馮先生對此并未作出具體闡釋。那麽，《白虎通義》在當時是怎樣將宇宙論與儒學進行更好結合的呢？這種結合有什麽特點與意義呢？下面，本

①侯外廬等，《中國思想通史》第二卷，北京：人民出版社，1957 年，232、233 頁。

②金春峰，《漢代思想史》（修訂第 3 版），北京：中國社會科學出版社，2006 年，421、422 頁。

③許抗生等，《中國儒學史》（兩漢卷），北京：北京大學出版社，2011 年，407 頁。

④張濤，《〈白虎通義〉與易學》，《周易研究》6（2004），28—31 頁。

⑤馮達文在《也談漢唐宇宙論儒學的評價問題》（《中國哲學史》2（2011），37—41 頁）一文中指出與漢唐盛世的社會狀況相對照，當前學界對漢唐思想特別是漢唐儒學的評價過低。并且他以海外名家如牟宗三、徐復觀、勞思光等人思想爲例，對他們否弃漢唐時期宇宙論儒學的立場與出發點表示懷疑與批評，并且他明確"指出宇宙論儒學應該獲得新的評價"。

文試圖在漢代思想發展流變的框架下動態考察《白虎通義》宇宙論，以期喚起學界對其宇宙論的進一步關注思考。

一、漢代宇宙論的發展大勢

至少在戰國時期，宇宙問題就已成爲人們普遍關注的話題。《老子》、《周易》、《莊子》、《吕氏春秋》、《管子》等書中對宇宙問題皆有論述，而“地下文獻的出土更加證明了我們的看法，從馬王堆帛書《黄帝四經》到郭店竹簡《太一生水》，再到楚竹書《恒先》，無不閃爍著先哲在宇宙探討上的智慧。這種風氣一直延續到漢代，《淮南子》、揚雄著作、緯書中的宇宙論都是這種風氣影響下的産物”①。這些宇宙論基本都爲宇宙生成論，刻畫了大自然間生生不息的生命圖景。

最初的宇宙生成論并不複雜。《老子》云“道生一，一生二，二生三，三生萬物”，《周易・繫辭傳》云“是故易有太極，是生兩儀，兩儀生四象，四象生八卦，《吕氏春秋》云“萬物所出，造於太一，化於陰陽”，這些都用寥寥數語簡單勾勒出宇宙生成之圖景。有關概念也不多，衹有“道”“太極”、“太一”、“陰陽”、“四象”、“八卦”等少數幾個。隨著時間的演變，這種宇宙生成論慢慢變得複雜起來，郭店竹簡《太一生水》云“太一生水，水反輔太一，是以成天。天反輔太一，是以成地。天地（復相輔）也，是以成神明。神明復相輔也，是以成陰陽。陰陽復相輔也，是以成四時。四時復相輔也，是以成寒熱。寒熱復相輔

①任蜜林，《緯書的宇宙圖式與古代的宇宙論傳統》，《中國哲學史》2（2008），102—109頁。

也，是以成濕燥。濕燥復相輔也，成歲而止”①，這種宇宙生成論中已经开始包含“太一、水、天、地、神明、陰陽、四時、寒熱、濕燥”等一系列概念。《淮南子·天文訓》云“道始於虛霩，虛霩生宇宙，宇宙生氣。氣有涯垠，清陽者薄靡而爲天，重濁者凝滯而爲地。清妙之合專易，重濁之凝竭難，故天先成而地後定。天地之襲精爲陰陽，陰陽之專精爲四時，四時之散精爲萬物”，這裏的宇宙發生過程又成爲了“虛霩—宇宙—氣—天地—陰陽—四時—萬物”。這種日趨紛繁複雜的宇宙生成論從側面反映了當時的實際社會生活正在變得越來越紛繁複雜。

先秦兩漢是我國歷史中大發展大變革的時代。隨著中央集權制的統一帝國之建立、布衣將相之崛起、新興世族勢力之形成、帝國疆域擴展延伸，漢代人養就了前所未有之恢弘氣度，他們試圖對宇宙間萬事萬物進行全面總結概括。這種嘗試從鋪陳雍容的長篇漢賦、簡潔粗獷的雕塑壁畫、逐漸完善的帝國神靈祭祀系統中均可反映。以“究天人之際，通古今之變”爲代表的時代呼聲，體現了當時人們對於大千世界的驚奇、對古往今來歷史的疑問、對現實人生的關注。對宇宙論的重視更是强烈表現出他們試圖總結一切的豪情壯志。正如學者所言“對天人之際的探究，是戰國秦漢間的文化主潮，此時天文、地理、律曆、數學諸學説的發展，爲諸子思想提供了宇宙論的根據。天道觀經過諸子‘哲學的突破’，已擺脱了原始文化的範疇。而討論天人之際的目的，在於討論如何按照這一新被認識的宇宙法則建立一個公平合理的太平治世。宇宙的構成在人們心目中變得越複雜越清晰，人們對社會的構思也變得越龐大越理想。無論諸子如何去解釋宇宙和社

①李零，《郭店楚簡校讀記》，北京：中國人民大學出版社，2009 年，41 頁。

會，但他們都把社會政治的合理性建立在天、道等哲學和文化的基礎上”①，這充分説明儘管當時的宇宙論顯得比較樸拙，有時甚至流於荒誕，但不可否認這種宇宙論的思維方式已經具有一定哲學與文化意味，

讖緯興起可以説與這種時代趨向不無關係，其宇宙論也頗有特色。其典型的描述爲“昔者聖人因陰陽，定消息，立乾坤，以統天地也。夫有形生於無形，乾坤安從生？故曰：有太易，有太初、有太始、有太素也。太易者，未見氣也。太初者，氣之始也。太始者，形之始也。太素者，質之始也。氣、形、質具而未離，故曰渾淪。渾淪者，言萬物相渾成而未相離，視之不見，聽之不聞，循之不得，故曰易也。易無形畔。易變而爲一，一變而爲七，七變而爲九。九者氣變之究也，乃復變而爲一。一者形變之始，清輕者上爲天，濁重者下爲地”②，第一句爲宇宙所有生成物設置的開端爲聖人，因此緯書的生成圖式陷入了一種神學宇宙生成論模式中。但如果抛開第一句，這段宇宙生成論基本可以視爲自然宇宙生成論，其中“易、一、七、九”這些形而上的因素構成了宇宙發展變化的動因，這也是緯書宇宙生成論的特點。

就整體趨勢而言，“除《太一生水》篇在宇宙本根與天地之間出現了‘水’這個中介外，其他學派基本上按‘道’（太一）—天地—萬物的思路，解釋爲元氣發育分裂的過程，建立了

①徐興無，《讖緯文獻與漢代文化構建》，北京：中華書局，2003 年，154 頁。

②［日］安居香山、中村璋八，《緯書集成·易緯·乾鑿度》，石家莊：河北人民出版社，1994 年，10—12 頁。

以元氣生化爲基礎的宇宙論”①，這揭示了漢代宇宙論發展所遵循的基本模式乃是由道家思想《老子》中的“道生一，一生二，二生三，三生萬物”等這一類生成圖式所奠定的。

就儒家思想而言，儒家創始者孔子罕言“性與天道”，孟子已有“盡心、知性、知天”的努力，荀子也在强調“明天人之分”，但儒家對於宇宙生成圖示的構建尚未完備。漢儒對以道家思想爲底色的自然宇宙生成論如何融匯貫通，并藉以論證儒家思想的人文價值，這在漢代是相當重要的課題。

二、《白虎通義》宇宙論中的自然因素

漢代大儒董仲舒對以元氣生化爲基礎的自然宇宙生成論基本是接受的，他明確提出“天地之氣，合而爲一，分爲陰陽，判爲四時，列爲五行”②。等到了《白虎通義》中其宇宙生成的具體圖式成爲了“始起先有太初，然後有太始，形兆既成，名曰太素。混沌相連，視之不見，聽之不聞，然後剖判清濁，既分，精曜出布，庶物施生，精者爲三光，號者爲五行。五行生情性，情性生汁中，汁中生神明，神明生道德，道德生文章。故《乾鑿度》云：‘太初者，氣之始也。太始者，形之始也；太素者，質之始也。陽唱陰和，男行女隨也”③。這裏，不妨將宇宙生成圖式分爲兩階段：第一階段乃是太初→太始→太素→庶物（三光與五

①王曉毅，《“天地”“陰陽”易位與漢代氣化宇宙論的發展》，《孔子研究》4（2003），83—90頁。

②曾振宇、傅永聚，《春秋繁露新注》，北京：商務印書館，2010年，272頁。

③陳立，《白虎通疏證》，北京：中華書局，1994年，421頁。

行），第二階段爲五行→情性→汁中→神明→道德→文章。

前一個階段基本上屬於自然宇宙生成論。這一階段宇宙生成論有幾個明顯特點：第一，它去掉了緯書中聖人創生宇宙的一節。若以東漢初年讖緯興盛的思想大勢而言，作爲官方認定的《白虎通義》能够明確清除讖緯中簡單粗糙的神學説教，可以説在政治思想上是一大進步①。

第二，没有明言“天地”。以往宇宙論講混沌初判時，一般認爲“清輕者上爲天，濁重者下爲地”，在《白虎通義》中演變爲“精者爲三光，號者爲五行”。在《白虎通義·封公侯》中明確指出了“天有三光，日、月、星”，用三種天上最重要的事物來代表“天”的生成。“號者爲五行”是否代表了“地”的生成呢？這點基本是可以肯定的，如“五行者，何謂也？謂金木水火土也。言行者，欲言爲天行氣之義也。地之承天，猶妻之事夫，臣之事君也。其位卑。卑者親視事，故自同於一行尊於天也”②，這裏將五行運轉視作爲“天行氣”，歸爲“地事天”的表現。又有“君臣法天，取象日月屈信，歸功天也。父子法地，取象五行轉相生也”③，取象日月屬於法“天”，取象五行屬於法“地”。這兩例都可證明《白虎通義》中“五行”之生成代表了“地”的生成。

第三，“陰陽”雖在宇宙生成中没有明確提到，但在後文引用緯書《乾鑿度》時明確將“陰陽”緊接著“太初”、“太始”、“太素”之後提出。《白虎通義》提“陰陽”多是强調“中和”，

①金春峰，《漢代思想史》（修訂第3版），前揭書，414—417頁。

②陳立：《白虎通疏證》，前揭書，166頁。

③陳立：《白虎通疏證》，前揭書，375頁。

如“稷者得陰陽中和之氣，而用尤多，故爲長也”① “先王推行道德，和調陰陽，覆被夷狄”等②。同時，其言“陰陽”多與彌漫無涯的“氣”關聯在一起，如“角者，躍也。陽氣動躍。徵者，止也，陽氣止；商者，張也。陰氣開張，陽氣始降也。羽者，紆也。陰氣在上，陽氣在下”③，這是將陰陽互動歸爲氣之運動的典型例證。

第四，在陰陽與五行之配合的歷程中，《白虎通義》具有重要的地位。董仲舒《春秋繁露》中“言陰陽與言五行，各列篇章；而陰陽重在言德刑，五行重在言官職；二者的异同，是很分明的。”“（《白虎通義》）這纔把五行納入陰陽統貫之内，以五行爲陰陽分化的五種形態，在傳承中補了仲舒所留下的罅漏。所以《白虎通》便祇有《五行篇》，而不另立《陰陽篇》。因爲言五行即是言陰陽，而較言陰陽更爲詳備。”④ 大體而言，《白虎通義》對於“五行”納入“陰陽”的統貫頗費了一番周折。

一陰一陽爲雙數，而五行爲單數，這種奇偶之間的數理如何配合呢?《白虎通義》对此解釋爲“五行之性，或上或下何？火者，陽也。尊，故上。水者，陰也。卑，故下。木者少陽，金者少陰，有中和之性，故可曲直從革。土者最大，苞含物將生者出者，將歸者入，不嫌清濁爲萬物……五行所以二陽三陰何？尊者配天，金木水火，陰陽自偶”，它用陰陽和少陰少陽等概念將五行分爲“二陽三陰”，火、木歸爲陽；水、金、土歸爲陰。對陰

①陳立:《白虎通疏證》，前揭書，84 頁。

②陳立:《白虎通疏證》，前揭書，120 頁。

③陳立:《白虎通疏證》，前揭書，169、170 頁。

④徐復觀，《兩漢思想史》（第二卷），上海：華東師範大學出版社，2001 年，237 頁。

陽五行做出更嚴密配合之後，宇宙“被看成一個有生命的有機體，其中任何一個成分的命運都會影響其他成分的命運。陰陽五行的總體模式控制著所有活動，無論是天空中的，地上的還是人類生活領域的”①,《白虎通義》使這套模式運用起來更爲便利。

但是，整体看来《白虎通義》宇宙生成論的最大特色不在於承緯書、《周易》等經典而來的宇宙自然生成論這一部分，而在於宇宙生成圖式中情性等深具人文氣息等内容的生成，這都是以往宇宙生成論中的罕見元素。下面，本文將對此作進一步探究。

三、《白虎通義》宇宙論中的人文因素

董仲舒儘管接受了自然宇宙生成論，然而在他對“天”的闡釋中已開始突出人文因素，他首先提出“天者，群物之祖也”②，以此爲基礎他不僅闡述了人的形氣、德行、情性均由天而生，故有“人之形體，化天數而成；人之血氣，化天志而仁；人之德行，化天理而義；人之好惡，化天之暖清；人之喜怒，化天之寒暑；人之受命，化天之四時；人生有喜怒哀樂之答，春秋冬夏之類也。喜，春之答也；怒，秋之答也；樂，夏之答也；哀，冬之答也。天之副在乎人，人之情性有由天者矣”③。而且，他還强調了君臣、父子、夫婦等人倫規範也是因天而成的，故有“天地者，萬物之本，先祖之所出也。廣大無極，其德昭明，歷年衆

①(英）魯惟一著：《漢代的信仰、神話和理性》，北京：北京大學出版社，2009年，45頁。

②(漢）班固，《漢書》，北京：中華書局，1962年，2515頁。

③曾振宇、傅永聚：《春秋繁露新注》，前揭書，223頁。

多，永永無疆。天出至明衆知類也，其伏無不照也；地出至晦，星日爲明不敢暗，君臣、父子、夫婦之道取之此"①。儘管董仲舒未明確將這些元素歸入宇宙生成的具體圖式中，然而這已爲《白虎通義》將這些人文因素納入宇宙論中做了鋪墊。

《白虎通義》宇宙論的第二部分演繹圖式爲"五行→情性→汁中→神明→道德→文章"，這條綫索構建了人文世界的雛形。以往儒家論及性情，以《中庸》的"天命之謂性，率性之謂道，修道之謂教"爲代表，多是直接由"天"言"性"，這類表述陳義過高，常人往往難以接受，荀子就認爲這些論證雖經"子思唱之，孟軻和之"，但却"甚僻違而無類，幽隱而無説，閉約而無解"②。而《白虎通義》將"情性"作爲人文世界構建的第一步，與自然宇宙生成論融合爲整體。此處"情性"成爲了宇宙生成論中關鍵一環，這在當時是罕見的。

《白虎通義》性情論的主要内容爲"性情者，何謂也？性者陽之施，情者陰之化也。人稟陰陽氣而生，故内懷五性六情。情者，静也。性者，生也，此人所稟六氣以生者也。故《鈎命决》曰：'情生於陰，欲以時念也。性生於陽，以就理也。陽氣者仁，陰氣者貪，故情有利欲，性有仁也。'五性者何謂？仁義禮智信也。仁者，不忍也，施生愛人也；義者，宜也，斷决得中也；禮者，履也，履道成文也；智者，知也，獨見前聞，不惑於事，見微知著也；信者，誠也，專一不移也。故人生而應八卦之體，得五氣以爲常，仁義禮智信是也。六情者，何謂也？喜怒哀樂愛惡謂六情，所以扶成五性。……魂魄者，何謂也？魂猶伝伝也，行

①曾振宇、傅永聚：《春秋繁露新注》，前揭書，194 頁。

②王先謙，《荀子集解》，北京：中華書局，1988 年，94 頁。

不休也。少陽之氣，故動不息，於人爲外，主於情也。魄者，猶迫然著人也。此少陰之氣，像金石著人不移，主於性也。魂者，芸也。情以除穢。魄者，白也。性以治内。精神者，何謂也？精者静也，太陰施化之氣也。像水之化，須待任生也。神者恍惚，太陽之氣也，出入無間。總云支體，萬化之本也"①，在此《白虎通義》將陰陽理論與性情作了更爲完善的配置，其將"陰陽"概念細分爲少陽、少陰、太陽、太陰，豐富了性情論的理論建構層次。

儘管其將"性"歸爲"陽之施"、"生"，將"情"歸爲"陰之化"、"静"。但在論"魂魄"的時候，將"少陽"配置於"情"，是運動的；將"少陰"配置於"性"，是如金石一樣不移的、静止的。論"精神"之時，又將"精"歸爲"太陰"是静止的、如水一樣；"神"歸爲"太陽"，是出入運動的。可見，其雖以陰陽判分性情，但并不將二者截然斷爲對立面。"性"從其生於陽且向善就理而言，是運動的、生生不息的；但從其爲人所固有秉持而言，是金石般静止的、不容易動摇的。"情"從其生於陰并且容易引發内在貪欲而言，是静止的、負面的；但是從其能滌除心靈的污穢、扶成五性而言又是運動的、有正面作用的。衹是性更容易走向正面，情更容易流於負面。性情二者是相輔相成、相互作用的。

與董仲舒將"五常"歸爲帝王所運用修飭的手段有很大不同，《白虎通義》將仁義禮智信歸爲人生來就有的"五性"中。其論"仁"突出其爲主體内在不忍之心，論"義"突出其爲主體的决斷力、判斷力，論"禮"突出主體之實踐性、行動力，論

①陳立：《白虎通疏證》，前揭書，381、382頁。

“智”著重强調主體對事物的分析認識的思維能力，論“信”則側重强調主體的專一忠誠。與董仲舒對仁義禮智信的定義是分散、外在、片段式的有很大不同，《白虎通義》對“五性”的論述是整體系統的，并將其明確歸爲人的内在屬性和人文世界構建的基礎，這點乃是《白虎通義》對先秦儒家心性論的繼承發展。對此，有學者認爲這是“對《禮記·樂記》的‘天理人欲’思想的進一步闡述，對後來宋儒的‘存天理去人欲’的思想具有影響”①，這種判斷是合理的。

“汁中”一詞對其含義尚無定論。劉師培以《中庸》、《春秋繁露·循天之道》爲例，認爲兩者均以“中和”言“性情”，因此“汁中”與“中和”同②。目前，這是最爲合理的一種解釋。《中庸》有“喜怒哀樂之未發，謂之中；發而皆中節，謂之和。中也者，天下之大本也；和也者，天下之達道也”，《春秋繁露·循天之道》中有“故君子怒則反中，而自説以和；喜則反中，而收之以正；憂則反中，而舒之以意；懼則反中，而實之以精。夫中和之不可不反如此”，兩者都强調了“性情”之展開要以“中”爲體，以“和”爲“用”，“中和”是“性情”由體顯用、即體即用的最佳狀態。這種理解與後文“汁中”生成“神明”、“道德”、“文章”是能够貫通的。

“神明”作爲宇宙生成論鏈條上的環節非常罕見。但在道家色彩濃厚的郭店簡《太一生水》中却出現了四次。對此，學者認爲“神明”原本“在上古宗教和典籍中是主宰人的命運的超越者，不過在天人同德的思想維度裹，神明是趨於人心之善的”，

①祝瑞開，《兩漢思想史》，上海：上海古籍出版社，1989 年，285 頁。
②陳立：《白虎通疏證》，前揭書，805 頁。

而“春秋時期，隨著人對人自身認識的深化和致思的轉向，神明一詞逐漸向内成爲人物的靈覺性存在，向外成爲神聖高明之境界的代詞，所以像老莊一般的思想家們要透達神明之原，‘淡然獨與神明居’……但它與人的精神生命到底有怎樣的關係，由於該篇可能有失簡，已無法瞭解一二了”①。而在《白虎通義》中明確規定了“神明”與人的精神生命即“情性”、“汁中”等元素是緊密相連的。由“汁中”所生的“神明”仍保持了内轉之靈覺與外擴之境界這兩層含義。但這種“内轉”已涵攝儒家心性論中所强調的“五常”（仁義禮智信）、“中和”等元素，并與道家所追求的與天地自然同流的氣象巧妙地融爲了一體。

“道德”在道家宇宙生成論中本處於極高的地位，如《老子》中言“道生之，德畜之，物形之，勢成之，是以萬物莫不尊道而貴德。道之尊，德之貴，夫莫之命而常自然”。到了漢代，原本屬於道家自然哲學的“道德”逐漸變得從屬於儒家哲學的倫理範疇，這點在西漢中後期的揚雄那裏已得到確立。在《淮南子》中儘管已將老子講的“道德”和儒家的仁義禮學進行融合，“但它是站在漢代道家立場上繼承老子的，其‘道德’的含義是自然規律與事物性分。揚雄批評它雜而且摇擺，并非病其多知，而是病其不以儒家爲正統。揚雄把老子的‘道德’改造成從屬於儒家的概念，用以表達宗法思想支配下的治國修身之道。……從揚雄起，‘道德’逐漸與‘倫理’融爲同等概念，它的具體内容就是仁義禮智信”②。《白虎通義》將“道德”排列在“情性、汁中、

①丁四新，《郭店楚墓竹簡思想研究》，北京：東方出版社，2000 年，107、108 頁。

②王青：《揚雄評傳》，南京：南京大學出版社，2000 年，197、198 頁。

神明”之後，明顯是認同將“道德”從屬於儒家倫理範疇的思想趨向，并進一步用宇宙生成論的圖式對這種從屬關係進行了確認。

“文章”原指色彩、花紋，如《楚辭・九章・橘頌》中“青黄雜糅，文章爛兮”，後來它被引申爲“禮樂法度”等内容，如《詩・大雅・蕩序》有“厲王無道，天下蕩蕩，無綱紀文章”。在《白虎通義》中“文章”緊承“道德”而言，其作爲“禮樂法度”等綱紀規範來理解更爲合適。這也反映出《白虎通義》宇宙論是爲人文社會的政治生活服務的。這種宇宙論儘管是一種生成論的宇宙圖式，但并非是一種近代科學意義上對於宇宙的探討。它關注的重點并不是精神與物質、人與自然、主觀與客觀的關係，其本質是爲作爲政治社會生活主體的人尋求終極支持。

大體而言，《白虎通義》宇宙生成論的第二階段描繪了人文世界的生成，并在這一圖式中確立了儒家心性論中“情性”、“汁中”等重要元素的主導地位，對原本道家色彩濃厚的“神明”、“道德”等元素進行了改造將它們列入從屬部分，這是對漢代以來宇宙生成論的大幅度調整，這種儒學形上學的構造具有標志性的重要意義。

結　語

《白虎通義》宇宙生成論的建構體現了漢儒在建構儒家意識形態時，對現實的堅持與妥協。這種妥協“一方面表現在宇宙論上對黄老學説、陰陽五行學説、術數方技知識的相容，一方面表現在社會治理上對法治主義以及行政系統的讓步，因爲衹有這樣，儒者纔能够真正建立起它貫通宇宙、社會與人類自身的龐大體系，成爲實際地控制或者滲透於生活世界的意識形態”①，而這種堅持則在於對儒家心性論傳統的繼承與發揚、對於“情性”(仁義禮智信)、“中和”（中庸）等儒家重要元素的突出與强調。這種堅持不僅爲當時確立“三綱六紀”的政治秩序奠定了人性論基礎，還爲魏晋玄學、隋唐佛學中“聖人有情無情”、“無情有性”等“情性”問題成爲關注焦點作了鋪墊，而且也爲宋明理學中“天理人欲”之辯埋下了伏筆。

作者簡介：蕭航，女，武漢大學哲學博士，浙江大學哲學系博士後，武漢大學哲學學院、國學院副教授。主要研究方向：漢代哲學、儒家哲學。

①葛兆光：《中國思想史》第一卷，前揭書，276 頁。

《漢志·諸子略》“九流十家”次序考議①

周春健

内容摘要： 東漢班固編修《漢書·藝文志》，在劉向《別録》、劉歆《七略》的基礎上，將先漢諸子劃分爲九流十家，并排定儒、道、陰陽、法、名、墨、縱横、雜、農、小説的先後次序。九流十家并非平列關係，而是一個有層級的結構。《漢志》以前九家爲一層，爲“可觀者”；小説家爲一層，乃“小道”也。梁啓超則從分類學的角度，視前六家爲一層，後四家爲一層。九流十家的排列次序與思想有關，很大程度上反映出排定者對於諸子各派重要性的認識，亦反映出排定者所處時代的思想學術實際，而非僅僅出於一種分類學上的便利。

東漢班固（32—92）纂修《漢書》時，在劉歆（？—23）《七略》的基礎上删繁就簡，設置“藝文志”，開創了目録學史上“史志目録”的新品類。《漢志》載録先漢典籍，部次甲乙，辨章考鏡，是研求中國先秦兩漢思想學術的必由“津逮”。

《漢志》將先漢學術分爲“六略”，分别爲：六藝略、諸子

①本文爲國家社科基金重大招標項目“中國四書學史”（13&ZD060）、國家社科基金一般項目“遼金元孟學史”（13BZX054）、國家社科基金重大招標項目“中國孟學史”（11&ZD083）之階段性成果。

略、詩賦略、兵書略、數術略、方技略；其中，“諸子略”又將諸子劃分爲“九流十家”，名稱及順序如次：儒家、道家、陰陽家、法家、名家、墨家、縱横家、雜家、農家、小説家。這一座次，很大程度上反映出排定者對於諸子各派重要性的認識，亦反映出排定者所處時代的思想學術實際。然而，前人對待這一排序有著諸多异説，故而值得進一步梳理和辨白。

一、《漢志》“九流十家”之分是否與劉向有關？

由《漢志・總叙》可知，《漢志》文字直接來源於劉歆之《七略》，《總叙》云：

> 會向卒，哀帝復使向子侍中奉車都尉歆卒父業。歆於是總群書而奏其《七略》，故有《輯略》，有《六藝略》，有《諸子略》，有《詩賦略》，有《兵書略》，有《術數略》，有《方技略》。今删其要，以備篇籍。①

所謂“今删其要，以備篇籍”，意即謂“删去浮冗，取其指要也”②。雖然顔師古稱：“其每略所條家及篇數，有與總凡不同者，轉寫脱誤，年代久遠，無以詳知。”③ 但“九流十家”之名

①《漢書》卷三十《藝文志第十》，中華書局，1962 年版，第 1701 頁。
②《漢書》卷三十《藝文志第十》顔師古注，前揭，第 1702 頁。
③《漢書》卷三十《藝文志第十》顔師古注，前揭，第 1702、1703 頁。

稱及排序直接出自劉歆《七略》，當無疑義①。

問題是，諸子“九流十家”之分與劉歆之父劉向（前79—前8）是否有關？換句話説，劉向在其撰作《别録》過程中是否已經有了對諸子的定名與排序？這是一個有争議的問題，而提出這一問題的緣由在於：後人在討論九流十家的次序時，曾經指出劉向、歆因學術旨趣相异而對諸子有不同態度，所以有必要首先理析清楚。

一種觀點認爲，“《别録》既不分類，且非有組織之書”②。其内容僅是將爲各書所作“條其篇目，撮其指意，録而奏之”③的各書之解題彙編起來，故而“劉向校書之功，終身未畢，雖有分工合作之界域，而分類編目之書，殆未及寫”④。如此説來，劉向之《别録》連六藝、諸子之六大部類尚未分出，遑論“九流十家”之細目。

一種觀點認爲，“《别録》《七略》大類成於劉向，小類出於劉歆”。其理由在於：

> 劉向領校圖書之時，已依據學術範圍分工，可知校書之初，甚至在校書之前，已對圖書分類進行了研究，似胸有成竹。故校理竣工之後，劉歆等收羅各書叙録，編撰《别録》，

①王欣夫先生認爲：“阮孝緒《七録序》：‘固乃因《七略》之詞，爲《漢書·藝文志》。’是《藝文志》爲班固删省《七略》之文，也就是《七略》的節本。《七略》原書已亡，幸而有這個節本，我們還可以根據它來知道《七略》的大概。”見《王欣夫説文獻學》第二章，上海：上海古籍出版社，2000年版，第17頁。

②姚名達：《中國目録學史·溯源篇》，北京：商務印書館，1998年影印第1版，第53頁。

③《漢書》卷三十《藝文志第十》，前揭，第1701頁。

④姚名達：《中國目録學史·溯源篇》，前揭，第50頁。

組織《七略》，其部類無出分工大類之外者。但劉向領校圖書之初，衹分大類即可，尚不必詳究細目，待劉歆彙編成書，必須認真斟酌，孰先孰後，不容半點含糊，細目的設立或出歆手，故云："歆乃集六藝群書，種別爲《七略》。"①

照這一說法，劉向《別録》中僅有"六藝"、"諸子"之六大部類，諸子之"九流十家"等細目分類當完成於劉歆。

還有一種觀點則認爲，"《別録》不僅已經分了類，而且還有總序一類的文章，《別録》原是一部有嚴密組織之書"②。吕紹虞先生從劉氏父子校理群書的實際出發，考證云：

> 劉向等的校書工作，直到劉歆完成其《七略》纔告結束，可見劉向等開始校書的時候或在校書的過程中決定要編成象《七略》這樣的一部有簡明提要的分類目録。六個大類的名目，已見於漢成帝的校書詔令，這個校書詔令的底稿可能出自劉向，也很可能事先徵得劉向的同意。至於各個大類應如何加以合理地細分，各個小類的先後應如何合理地安排，以及各個小類的圖書，又應如何合理地編次，都是劉向必須研究和解決的問題。劉向自成帝河平三年 54 歲受詔校書，到成帝綏和元年 72 歲去世，校書工作已達 19 年之久，是已經到了接近完成的時候了，所以，接著劉歆用不到二年的時間就完成了他父親未竟的工作。如謂劉向生前 19 年工作中，除了校讎、叙録以外，關於部次條別的問題，從未加

①喬好勤：《〈別録〉〈七略〉的體例及分類》，載《河南圖書館學刊》，1992 年第 4 期。

②吕紹虞：《中國目録學史稿》第一章，合肥：安徽教育出版社，1984 年版，第 27 頁。

以考慮，當“別集衆録”的時候，也祇應漫無次序、雜亂地彙集在一起，這也是無論如何很難使人理解的。①

照此説，則在劉向之手，即已完成了諸子略“九流十家”之定名與排列。

我們認爲，劉向校理群籍 19 年，對於先漢圖書之六略三十八種如何細緻區分，或因文獻不足有不可考處，但若謂劉向所做工作與分類無關，或謂僅一粗略輪廓而未及小類分類，確有不可通之處，理由如次：

其一，從學理上講，校讎之學并非與思想無關，反而是體現及窺測思想學術嬗變的一個很好窗口。正如章學誠所言：“古人著録，不徒爲甲乙部次計。如徒爲甲乙部次計，則一掌故令史足矣。何用父子世業，閲年二紀，僅乃卒業乎？蓋部次流别，申明大道，叙列九流百氏之學，使之繩貫珠聯，無少缺逸；欲人即類求書，因書究學。”② 因此，自劉向開始，“部次流别，申明大道，叙列九流百氏之學”即應當是漢代皇室圖書校理活動的題中應有之意。劉向“校書之功，終身未畢”，不能成爲没有爲群書劃分大小部類的理由。

其二，從文本證據上講，據前世文獻中所保留的《别録》佚文看，劉向確已對諸子之學作出“九流十家”之定名排序及描述，惟文字與《七略》、《漢志》略有出入。清人姚振宗所輯《别録》佚文中，《輯略》部分關於諸子之佚文爲：

昔周之末，孔子既没，後世諸子各著篇章，欲崇廣道

①吕紹虞：《中國目録學史稿》第一章，前揭，第 26 頁。

②章學誠著、葉瑛校注：《文史通義校注·校讎通義》卷一，北京：中華書局，1985 年版，第 966 頁。

> 藝，成一家之説。旨趣不同，故分爲九家：有儒家、道家、陰陽家、法家、名家、墨家、從横家、雜家、農家。……此九家者，各引一端，高尚其事。其言雖殊，譬猶水火，相滅亦相生也。舍所短取所長，足以通萬方之略矣。又有小説家者流，蓋出於街談巷議所造。及賦頌、兵書、術數、方技，皆典籍苑囿，有采於异同者也。①

由此可知，班固《漢志》"九流十家"之定名排序當直接來源於劉歆《七略》，而劉歆《七略》又是在劉向《别録》基礎上"總括群篇，撮其指要"② 而成。《漢書・叙傳下》所謂"六學既登，遭世罔弘，群言紛亂，諸子相騰。秦人是滅，漢修其缺，劉向司籍，九流以别"，説的正是劉氏父子劃分諸子派别這一過程。

二、《漢志》"九流十家"的層級結構

《漢志・諸子略》之"九流十家"，十類間不是一個平列關係，而是一個有層級的結構。這一層級結構的形成，既與對諸子派别分類的歷史相關，又與十家之學術性質相關。九流十家的層級結構，有二層、三層之不同劃分。

二層之説，起於《漢志・諸子略》大序原文，云：

> 諸子十家，其可觀者九家而已。皆起於王道既微，諸侯力政，時君世主，好惡殊方，是以九家之術蜂出并作，各引一端，崇其所善，以此馳説，取合諸侯。

---

①姚振宗輯録、鄧駿捷校補：《七略别録佚文》，上海：上海古籍出版社，2008 年版，第 17、18 頁。

②《隋書・經籍志・序》。

這裏,《諸子略》將先秦兩漢諸子分爲二層,一層是“可觀者九家”,一層便是不可觀的“小説家”。前九家之所以“可觀”,原因在於九家之説與漢人所推崇的《六經》有密切關聯,《諸子略》序文云:

其言雖殊,辟猶水火,相滅亦相生也。仁之與義,敬之與和,相反而皆相成也。《易》曰:‘天下同歸而殊塗,一致而百慮。’今異家者各推所長,窮知究慮,以明其指,雖有蔽短,合其要歸,亦《六經》之支與流裔。使其人遭明王聖主,得其所折中,皆股肱之材已。仲尼有言:‘禮失而求諸野。’方今去聖久遠,道術缺廢,無所更索,彼九家者,不猶愈於野乎?若能修六藝之術。而觀此九家之言,舍短取長,則可以通萬方之略矣。①

其中所謂“合其要歸,亦《六經》之支與流裔”,點出的正是漢人觀念中的諸子“九家”之學的性質及地位。而何以體現九家與《六經》之密切關聯?近人姚明煇釋曰:

九家雖殊途,而同歸於六經,雖百慮而一致於六經,故其會歸皆合於六經。儒無論已,道合於堯之克攘,《易》之嗛嗛,是六經之支與流裔也。陰陽出於羲和,法同《易·噬嗑》之象辭。名,孔子亦欲正名,是皆六經之支與流裔也。墨之六長,悉本於六經。孔子嘆“使乎使乎”,爲從横家所長;雜能一貫王治;農知所重民食,又皆六經之支與流裔之

①《漢書》卷三十《藝文志第十》,前揭,第1746頁。

證也。①

可見，九家之學皆自《六經》出，皆爲《六經》之支脉。“小説家”却不具備這種地位。在漢人看來，“小説家者流，蓋出於稗官。街談巷語，道聽途説者之所造也。孔子曰：‘雖小道，必有可觀者焉，致遠恐泥，是以君子弗爲也。’”② 需要注意，小説家言并非真的一無所取，《小説家類》序文即言：“閭里小知者之所及，亦使綴而不忘。如或一言可采，此亦芻蕘狂夫之議也。”衹是相對於《六經》以及諸子九家所體現出的“禮樂大道”來講，小説家言僅是“小能小善”③，故而“君子弗爲”，君子當志其大者。

這種二層劃分，主要從“六藝”觀念出發，據諸子各家與《六經》關聯之疏密而分。而《别録》、《七略》、《漢志》將“六藝略”置於首位，并視諸子之學爲“《六經》之支與流裔”，則無疑受到漢武以來“表彰《六經》，抑黜百家”文化政策的直接影響。

另外一種二層劃分與此不同，乃將九流十家分爲“前六、後四”兩層。梁啓超在《〈漢書·藝文志·諸子略〉考釋》中說：

> 莊、荀論列諸子，皆就各家施以評騭，而家數不附專名。至司馬談論六家要指，始立陰陽、儒、墨、名、法、道之目，劉《略》因之，加以補苴，析爲九流，曰儒，曰道，曰陰陽，曰法，曰名，曰墨，曰縱横，曰雜，曰農，末附小

①姚明煇撰、馬慶洲整理：《漢書藝文志注解》，載王承略、劉心明主編：《二十五史藝文經籍志考補萃編》第四卷，北京：清華大學出版社，2011年版，第275、276頁。

②《漢書》卷三十《藝文志第十》，前揭，第1745頁。

③《後漢書·蔡邕傳》所載蔡邕上封事之語。

> 説，都爲十家。……司馬談所分六家，頗能代表戰國末年思想界之數大潮流，從分類學上觀察，應認爲有相當之價值，劉《略》踵之以置九流之前六，蓋亦覺其無以易矣。然以其不足以賅群籍也，乃益以縱横、雜、農、小説。①

如此，則前六之“儒、道、陰陽、法、名、墨”爲一層，後四之“縱横、雜、農、小説”爲一層。這一劃分，不是基於諸子與《六經》關聯之疏密，而是從分類學的角度，按照前人對於諸子學派劃分之歷史先後分層。司馬談（？—前110）六家之分在先，縱横、雜、農、小説四家之補在後，故成“前六後四”之結構。當然，《諸子略》雖保留司馬談所定名之諸子六家，排列次序却與《論六家要指》并不相同，這一差异，能够體現出司馬氏觀念與劉班觀念的不同。

今人李零也説：“此略分九流十家。前六家是一類，後四家是一類。前六家，是以儒、道爲顯學，排在最前面；陰陽近儒，法近道，次之；名、墨排在最後。後四家，縱横、農，偏於技術，放在前面；雜、小説，無法歸類，排在最後。”② 祇是李零之二層劃分，不完全出於梁啓超那樣“分類學的角度”，還包含每家學術性質相關性的因素。

至於三層之説，其實是在二層基礎上再行細分，今人李若暉稱：“《諸子略》所載諸子九流十家可以分爲三組，前面三家，儒、道、陰陽是一組，法、名、墨是一組，後面的幾家，縱横、

①梁啓超：《飲冰室合集七·專集之八十四》，北京：中華書局，1989年版，第2、3頁。

②李零：《蘭臺萬卷：讀〈漢書·藝文志〉》，北京：生活·讀書·新知三聯書店，2011年版，第72頁。

雜、農、小説是一組。”而如此分組的理由，主要基於每組之學術性質及其重要性，云：“第三組爲雜拌。第二組相關於刑名。……最主要的是第一組，即前面三家。……依《諸子略》所叙，儒、道、陰陽三家溯其源俱出於羲和之職。”①

討論“九流十家”的層級結構，可以使我們更好地探尋“九流十家”排列次序的學術緣由與思想觀念。

三、《漢志》“後四家”次序背後的思想觀念

《七略》、《漢志》之分類，雖然“分類之法，并不精密”②，却可以明顯看出采取了一定的分類標準。就諸子略“九流十家”的排列次序而言，有學者認爲這一分類及排序與思想無關，而衹是一種分類學上的便利，梁啓超在《司馬談〈論六家要指〉書後》一文中即曾言：

> 劉歆《七略》踵談（按：司馬談）之緒，以此六家置九流之前六，然以通行諸書未能盡攝也，則更立縱横、雜、農、小説四家以廣之。彼爲目録學上著録方便計，原未始不可，若繩以學術上分類之軌則，則殊覺不倫。縱横爲對人談説之資，絶無哲理上根據以爲之盾，云何可以厠諸道術之林？農爲專技，與兵、醫等。農入九流，則兵、醫何爲見外？若以許行倡并耕論而指爲農，然則墨家“以跂蹻爲服”，亦可指爲“織屨家”耶？至如雜與小説，既不名一家，即不

①李若暉：《幽贊而達乎數，明數而達乎德——由〈要〉與〈諸子略〉對讀論儒之超越巫史》，載《文史哲》，2013年第5期。

②姚名達：《中國目録學史·溯源篇》，前揭，第60頁。

得復以家數論，此又其易見者矣。故《七略》增多家數，雖似細密，實乖别裁，其不逮談也審矣。[①]

這裏，梁啓超以爲《七略》、《漢志》采司馬談《論六家要指》之六家排列於前，采縱横、雜、農、小説四家附列於後，并以分類不盡恰當，次序排列亦僅是目録學上的著録方便，未包含什麼學術思考。此處尚有三點值得注意：

其一，司馬談《論六家要指》中六家的排列次序爲：陰陽、儒、墨、名、法、道家，而《七略》、《漢志》中前六家的排列次序則爲：儒、道、陰陽、法、名、墨，與司馬氏之排序并不相同，任公對此并未作出解釋，而這一差异背後是學術立場的不同。

其二，梁啓超在《〈漢書·藝文志·諸子略〉考釋》中進一步闡明《漢志》"九流十家"分類乃出於"目録學一種便利"，同時又指出對待如此分類的兩種極端皆不可取，云："後之學者，推挹太過，或以爲中壘洞悉學術淵源，其所分類，悉含妙諦而衷於倫脊，此目論也。反動者又或譏其鹵莽滅裂，全不識流别，則又未免太苛。"[②] 這表明，任公亦以爲純粹以"分類學"標準對待九流十家之分類亦不恰當。

其三，至於九流十家如此排列之緣由，任公以爲："司馬談所分六家，頗能代表戰國末年思想界之數大潮流，從分類學上觀察，應認爲有相當之價值，劉《略》踵之以置九流之前六，蓋亦覺其無以易矣。"而縱横、雜、農、小説四家所以居後且以此序排列，任公云：

①梁啓超：《飲冰室合集七·專集之八十四》，前揭，第3頁。

②梁啓超：《飲冰室合集七·專集之八十四》，前揭，第3頁。

縱橫家次於六家後者，蓋以蘇、張一派，傳書不少，既於六家一無所合，故不得不廣六以爲七。然九流皆以明道術爲主，換言之，則思想界之淵叢也，蘇、張一派，能在思想界占一位置與前六家并乎？决不然矣。雜家次在八，凡書之不能隸前七家者入焉，爲編録方便起見，殆非得已。然既謂之雜，則已不復能成家。"雜家者流"一語，既病其不詞矣。既以無可歸類者入雜家，則農家亦當在雜家前，今反置其後，頗不可解。農爲一種職業的學術，其性質與醫、兵略同，竊疑劉氏之意，本不認此種書籍爲與儒、道、墨、法……等同類，特以"兵書"、"方伎"卷帙浩繁，各别爲録，農僅寥寥九家，既不能獨立，而又他無所麗，姑列爲一"流"以附於諸子；又恐其與專明理論之書相混，故次於雜家以示别也。小説之所以异於前九家者，不在其涵義之内容，而在其所用文體之形式。桓子《新論》云："小説家合叢殘小語，近取譬論以作短篇。"（《文選注》三十七引）故小説中《宋子》十八篇，其所述蓋即宋鈃一家之學，優足與尹文、慎到……諸書抗衡，特以文體不同而歸類斯异。道家有《伊尹》、《鬻子》，小説家復有《伊尹説》、《鬻子説》，亦以文體示别而已。①

可見，梁啓超始終將《漢志》之分類及排序當作現代意義上的目録分類理解。職是之故，任公纔倡導"讀《漢志》者但以中國最古之圖書館目録視之，信之不太過，而責之不太嚴，庶能得

①梁啓超：《飲冰室合集七·專集之八十四》，前揭，第2頁。

其真價值也"①。

然而正如前述，古典目録之學其實包含豐富的學術思想，章學誠曾言："古人著録，不徒爲甲乙部次計。"近人余嘉錫亦曾提出"目録者學術之史也"的著名論斷②。故而對待《漢志》"九流十家"之分類及次序，亦有必要分析其所以如此排序的學術緣由及背後的思想觀念，纔有可能真正把握《漢志》的學術價值。這一分析，仍要從"九流十家"的層級結構説起。

從《漢志·諸子略》序文看，劉班將先漢諸子分爲"九流十家"兩個層級，并以小説家"君子弗爲"而不入流，表明劉班并非僅僅如梁啓超所言"小説之所以异於前九家者，不在其涵義之内容，而在其所用文體之形式"，在於是否能够得上"《六經》之支與流裔"之學術地位，是否能够弘揚禮樂"大道"。因此"小説家"位於最末，理所當然。

而"前六後四"的二層結構，源自劉班之《别録》《七略》《漢志》，乃是借鑒司馬談《論六家要指》之六家區分而來，故而將儒、道、陰陽、法、名、墨之六家置於前，而將後來理析增補的縱横、雜、農、小説四家殿於後。從重要性上講，前六家無疑要優於後四家。當然，既然能够將這四家與前六家相提并論，表明在思想學術上也有一定的關聯。

先説"縱横家"，清人劉光蕡稱："從横家，即聖人言語科，權事制宜，受命不受辭，惟權制宜，故止能受命，不受辭。不能

①梁啓超：《〈漢書·藝文志·諸子略〉考釋》，載《飲冰室合集七·專集之八十四》，前揭，第3頁。

②余嘉錫：《目録學發微》卷二，載《余嘉錫説文獻學》，上海：上海古籍出版社，2001年版，第30頁。

受辭，辭爲自制，故爲顓對。”① 表明縱横家與儒學之關聯。姚明煇釋《漢志》序文“從横家者流，蓋出於行人之官”則稱：“《周禮》秋官之屬有大行人、小行人，蓋掌使之官。”② 表明縱横家與周禮之密切關聯。張舜徽先生亦以爲，春秋用《詩》之道，與縱横之學有其相通之處，云：“孔子嘗曰‘不學《詩》，無以言’也。其教弟子誦《詩》，貴能奉使專對。苟能深於《詩》教，則出語委婉而不激直，即今之所謂外交辭令也。受命出使，辭必己出。重在因事制宜，與物變化，析疑辨難，應對無方，所謂折沖樽俎者，於是乎在。故其道又與縱横之術有相通者矣。”③ 因此并非如梁啓超所言縱横之學絲毫“不明道術”。加之漢代亦有蒯徹、鄒陽、主父偃、徐樂、嚴安、聊蒼等著名縱横家，可成一家之言，故而次於六家之下。

再説“雜家”，其特點在於“兼儒、墨，合名、法”，而“治國之體，亦當有此雜家之説。……王者之治，於百家之道無不貫綜”④。貫綜百家之道，不意味著雜亂無章，而是由於“百家之説，各有短長；舍短取長，皆足資治。是以古之善爲國者，率能博觀約取，相互爲用”⑤，故而可以作爲一家成立，因具“兼合”的性質，故而次於“縱横家”之下。

---

①劉光蕡撰、陳錦春整理：《前漢書藝文志注》，載王承略、劉心明主編：《二十五史藝文經籍志考補萃編》第五卷，北京：清華大學出版社，2012年版，第27頁。

②姚明煇撰、馬慶洲整理：《漢書藝文志注解》，載王承略、劉心明主編：《二十五史藝文經籍志考補萃編》第四卷，前揭，第268頁。

③張舜徽：《漢書藝文志通釋》，武漢：華中師範大學出版社，2004年版，第325頁。

④《漢書》卷三十《藝文志第十》顔師古注，前揭，第1742頁。

⑤張舜徽：《漢書藝文志通釋》，前揭，第335頁。

至於“農家”，講的是“重農主義”，是一種勸農耕桑的政治主張，與《尚書·洪範》之“八政”主張密切相關，故可作爲諸子之一家。或許因其畢竟具有明顯的“技藝”的“術”的特點，故而次於“雜家”之後。

趙吉惠先生認爲：“《諸子略》提出的‘十家九流説’，其比‘六家説’多出的那四家（縱横、雜、農、小説諸家），如果從學術思想方面看，是很難確認、很難成家的，因爲它們缺乏穩定、明確、主導的學術思想與主張。從分析、劃分學術思想、學術流派而論，我認爲《漢書·藝文志·諸子略》較之《史記·論六家之要指》是退步了。”① 我們説，作爲目録書，《七略》、《漢志》的首要任務當然是部次群書，而不是作學術思想的分析，但給群書作怎樣的分類及排序，背後却體現出編修者對待學術思想變遷的考量：一方面，縱横、雜、農、小説四家并非缺乏穩定明確的思想主張，并且各自均有代表性人物；另一方面，劉班面臨的兩漢之交的學術情勢與西漢早期的司馬談有所不同，增多後四家體現出新形勢下的學術要求，不可以“退步”與否作爲衡量諸子分類高下的標準。

這種因學術情勢不同而導致的學術排序有别，在《諸子略》“前六家”中體現得更爲明顯。

四、《漢志》“前六家”排序與《論六家要指》之差异及緣由

如前所述，《漢志·諸子略》“儒、道、陰陽、法、名、墨”

①趙吉惠：《〈史記·論六家要指〉的文本解讀與研究》，載《人文雜志》，1997年第6期。

前六家之定名，源自司馬談《論六家要指》之“陰陽、儒、墨、名、法、道”，而排序有所不同。司馬談之排序以及對各家思想主張之論説，體現出司馬氏個人學術淵源及漢初學術情勢的特點。

《論六家要指》中，“陰陽家”居首，從學理上講，乃因“春生夏長，秋收冬藏，此天道之大經也，弗順則無以爲天下綱紀”①，清人劉光蕡更以陰陽家爲中國大道之所先出，云：“道之大原出於天，故法天爲政，必在有形之迹。《堯典》首言曆象，命舜以位，亦曰‘天之曆數在爾躬’。陰陽者，天之迹也。……道家之説易遁於虚，則進而徵諸實，乃以民爲天，孔孟之説是也。陰陽家最先，道家次之，儒家又次，此中國大道從出之先後也。”② 故而將陰陽家排在第一位。從漢初學術情勢來講，則由於“鄒衍、鄒奭之徒，蓋甚博辯，其説在當時學界蓋甚有力。觀西漢時董仲舒、劉向諸大師所論述，似蒙此派之影響不鮮，則其爲有力之一派可推知”③。

“儒、墨”其次，主要蓋緣於此二家之學在戰國時期即爲“顯學”，且曾經有“孔、墨之後，儒分爲八，墨離爲三，取捨相反不同”（《韓非子·顯學》）之分化。雖然學術分化表明後來諸家可能會逐漸偏離原初學説，却也同時表明兩派學説的强大生機。司馬氏總結諸子之學，沿用韓非之劃分，自在情理之中。

繼而排定“名、法”二家，原因蓋在於：“‘名學爲整理思想

①司馬遷：《史記》卷一百三十《太史公自序》，北京：中華書局，1959 年版，第 3290 頁。

②劉光蕡撰、陳錦春整理：《前漢書藝文志注》，前揭，第 24 頁。

③梁啓超：《司馬談〈論六家要指〉書後》，載《飲冰室合集七·專集之八十二》，前揭，第 3 頁。

之方法，各家各皆有其名學，不能以“名”專立一家’。此論胡適倡之，頗含真理。然惠施、公孫龍一派，不僅以辯論名實爲治學之手段，而實以爲彼宗最終之目的，此其所以异於他家也。故此派不能隸屬或合并於任何一派，衹能别指目之曰‘名家’，有固然矣。法家晚出，其於儒、墨、道、名，皆有所受。然單提直指，擺落群言，况有韓非之徒大張其軍，景從實衆，故析爲一家，亦云至當。”①

至於“道家”，雖在六家中位列最末，却不意味著在司馬談觀念中最不重要，置於最後，反而表明最爲司馬氏所推重，這算是《論六家要指》在六家排序上的一個特例。從《論六家要指》的本文②看，司馬談對於道家以外五家主張之論説，均先指其弊端繼而揚其長處，而惟於道家衹闡長處，未及弊端。并且對於道家長處的闡揚，在與對待儒家的弊端對比中展開，云：

> 道家使人精神專一，動合無形，贍足萬物。其爲術也，因陰陽之大順，采儒墨之善，撮名法之要，與時遷移，應物變化，立俗施事，無所不宜，指約而易操，事少而功多。儒者則不然。以爲人主天下之儀表也，主倡而臣和，主先而臣隨。如此則主勞而臣逸。至於大道之要，去健羡，絀聰明，釋此而任術。夫神大用則竭，形大勞則敝。形神騷動，欲與天地長久，非所聞也。

可見，司馬談觀念中，“道家”之學明顯高於“儒家”。這與

①梁啓超：《司馬談〈論六家要指〉書後》，前揭，第3頁。

②趙吉惠先生認爲《論六家要指》之本文應當分爲前後兩個層次，“夫陰陽四時”上爲一部分，當出司馬談之手，爲《論六家要指》之最初本文；“夫陰陽四時”下爲一部分，爲司馬遷解釋父文字之“疏文”。見氏著：《〈史記·論六家要指〉的文本解讀與研究》，前揭。

司馬談的學術淵源密切相關，《史記·太史公自序》云："太史公學天官於唐都，受《易》於楊何，習道論於黄子。" 劉宋裴駰《史記集解》引徐廣曰："《儒林傳》曰黄生，好黄老之術。"① 加之漢代最初七十年裏，朝廷重視的是黄老之學的無爲而治，故而司馬談有著明顯的道家傾向，當屬情理中事。

《太史公自序》又云："太史公仕於建元、元封之間，愍學者之不達其意而師悖，乃論六家之要指曰……" 建元（前 140—135）與元封（前 110—前 105）爲漢武帝之二年號，不過需要注意，司馬談作《論六家要指》雖大致處於其間，武帝朝"表章六經，抑黜百家"的政策也大致在此一時期開始推行，但司馬氏個人"重道輕儒"的學術立場却在此之前已經形成，而且"表章六經，抑黜百家"政策的推行有一過程，不會立竿見影地反映到《論六家要指》的文字中②。然而大約一百餘年後劉向、劉歆父子奉命校理群書而成《别録》、《七略》，後又有班固繼而修成《漢志》時，無論學術情勢的嬗變還是編修者個人思想傾向，都與司馬談在漢初有了很大差别，體現在諸子"九流十家"的論説及排序上，也正因此不同。

①司馬遷：《史記》卷一百三十《太史公自序》，前揭，第 3288 頁。

②有學者稱："事實上，漢武帝從未采納過董仲舒'罷黜百家，獨尊儒術'的建議，更未真的有過'罷黜百家，獨尊儒術'的實際行動，有的衹是'絀抑黄老，崇尚儒學'。説漢武帝'罷黜百家，獨尊儒術'與漢初的政治、經濟以及思想鬥争的實際情况不符，也與漢武帝以後的整個中國思想史不合。"（孫景壇：《漢武帝"罷黜百家，獨尊儒術"子虚烏有——中國近現代儒學反思的一個基點性錯誤》，載《南京社會科學》，1993 年第 6 期）無論漢武帝其時的政策到底爲何，皆與漢初有所不同，即有變"重道輕儒"爲"重儒輕道"的趨向，與司馬談之思想主張正好相反。

（一）關於“儒、道”次序。

在《漢書·藝文志》中，儒居首位，道家次之。相較於司馬談的《論六家要指》，道家退居次席，儒家後來居上。這與漢武之後思想界的變化有關，其中有幾件事尤爲重要：一是武帝建元五年（前136年）春，設立《詩》、《書》、《禮》、《易》、《春秋》之五經博士；二是元光元年（前134年），詔舉賢良對策，大儒董仲舒上著名的《天人三策》，爲“表章六藝，抑黜百家”提供了理論上的支持；三是元朔五年（前124年），丞相公孫弘提出爲博士官設立弟子員，於是一套爲研究經典、培養儒生的完整制度開始形成，經學進入其“昌明時代”（皮錫瑞《經學歷史》）。“經過漢武帝即位後幾十年的努力，儒家學説終於被抬上統治思想的位置，完成了統治思想的轉折。這對鞏固西漢中央集權的大一統局面，削弱和打擊地方勢力的分裂活動，包括反擊外族入侵等，都起了一定的作用”①，道家在這一過程中也逐漸退居思想界的次席。這一情勢反映到劉班著作中，便是置“儒家”於諸子之首。并且在《漢志》中論説儒家學説之主張云：“游文於《六經》之中，留意於仁義之際，祖述堯舜，憲章文武，宗師仲尼，以重其言，於道最爲高。”對於這一表述方式，清人周壽昌《漢書注校補》云：“本《志》自此以下道家至農家，凡八家，俱用‘此其所長也’五字稱之，下便作抑辭。獨於此，以‘於道

①許道勳、徐洪興：《中國經學史》第一章，上海：上海人民出版社，2006年版，第54頁。

爲最高'五字極力推重，所以别儒於諸家也。"① 可見《七略》、《漢志》體系中"儒家"之尊崇。

不過也有學者認爲，用置於"九流"首位以及用"於道最爲高"對儒家進行描述，非但不足以證明儒家之尊貴，反而有點自貶身價。在他們看來，其餘八家皆不過儒家之一端，儒家之尊，不當與諸子并列。宋人王應麟即云：

> "於道最爲高"。唐氏曰："此自謂尊儒，不知與九流并列，已不是。八家皆儒家之一偏一曲耳。"淇水李氏曰："儒者之術，教化仁義而已也。使儒者在人主左右，得以仁義教化爲天下之治，則所謂道家者，不過爲岩野居士；名、法家者，不過爲賤有司；陰陽者，食於太史局；而從横、雜、墨之流，或馳一傳，或效一官；農家者流，耕王田，奉國賦以樂天下之無事。彼得與儒者相抗而爲流哉！"②

甚至有學者以爲儒家既然傳述六藝，則與六藝實爲一體，故而"儒家不能與經部并立"。近人江瑔云：

> 儒家之學既云出於司徒之官，必淵源於保氏。保氏以六藝教民，儒家傳六藝之學，故以儒稱。是以班氏論儒家，亦謂："游文於《六經》之中。"《莊子·外物篇》亦云："儒以詩禮發冢。"是則儒家之得名，雖出於保氏，而實由於六藝。無六藝，則儒家之名無由成；舍六藝而稱儒家，非真儒家也。然傳六藝之學者首推孔子，則孔子當爲儒家之首，孔

①轉引自陳國慶：《漢書藝文志注釋彙編》，北京：中華書局，1983 年版，第 117 頁。

②王應麟撰、尹承整理：《漢藝文志考證》，載王承略、劉心明主編：《二十五史藝文經籍志考補萃編》第一卷，北京：清華大學出版社，2014 年版，第 127 頁。

子之六經尤當爲儒家著述之首。今儒家無孔子名，衹云“宗師仲尼”，而經又别隸於六藝類。一似經自經，儒自儒；似孔子非儒家，似儒家非傳六藝之學，是真未可解也。①

照此説法，“儒家”似應當并於“六藝略”，然而這却混淆了“六藝”作爲“王官學”，而“儒家”僅屬“百家言”的根本區别。至於孔子，述而不作，傳述六經，地位特殊，需要將其與一般儒家人物區别開來，緣由在於：“孔子之書始終列在經部，不入儒家，因爲孔子是經學家、是儒家創始人，其弟子纔是儒家學派成員。另列‘儒家’於諸子類之首，列入‘儒家’類的都是孔門後學及其信徒論述儒家内聖外王理論的專著……。换句話説，中國傳世文獻的分類法，自漢代以來變化不斷，但無論哪一家目録，亦都是子、史、集之間的分合，經部區别於、高於子部的地位始終都是不變的。”②

至於“道家”，在漢初曾經風光一時，但漢武之後尊儒抑道，它便黯淡下去了，居於儒家之後，這也是自然之情勢。然而有學者却認爲這一“儒先道後”的排列出了大問題，甚至懷疑劉歆、班固改動了劉向《别録》的原本。在他們看來，“道家”當居於“儒家”之前。清人劉光蕡云：

> 孔子承堯、舜、禹、湯、文、武、周公之統，而爲道宗，則孔子之道，君道也。今儒家出於師徒之官，則得君道之一端，而非孔子爲儒家也。九流十家，如聖門四科。德行即道家也，言語、政事、文學皆儒家也。蓋以道問學入者爲儒家，而以尊德性入者爲道家。其他皆爲道之一體。即儒、

①江瑔：《讀子巵言》卷一，臺北：廣文書局，1982年版，第44、45頁。

②董恩林：《從王官之學到經學儒學》，載《孔子研究》，2012年第6期。

道兩家而論，道爲人君南面之術，儒乃司徒之官，則道宜於儒家之前，子政與太史公所見同也。今列儒家於道家之前，當時漢末學術晦於詞章訓詁，劉歆變亂父書，孟堅不察而從之也。……子政以孔子所訂之六經叙於前，《論語》、《孝經》、《家語》繼之，而以九流附於後。是以孔子儕於黄帝、堯、舜、禹、湯、文、武之間，即漢儒素王之説也。六經如君，九流如百官。六經大體，儒、道兩家爲近。其爲政，道家正君德，儒家盡君道。其爲學，道家重性，儒家重學。其在孔門，道家如德行科，儒家即政事、言語、文學。子政叙九流全仿史公。此處必以道家爲先，儒次之。太史公論六家要指之道家、儒家，不以孔子爲儒也。班氏以孔子爲儒，此處必改子政原本，進儒家於道家之前。何以知之？以其叙儒家爲出於司徒，而道家爲人君南面之術。知子政原本道家列前也。知九流皆吾道之支流，則不争儒、道兩家之先後。①

這段話裏，劉氏乃以"道宜於儒家之前"，其基本觀點有二：一，劉向所見儒道關係，與司馬氏父子相同，《别録》之排列諸子當仿《論六家要指》，道家當列於前；二，劉歆、班固因漢末學術晦於訓詁不能通達諸子精義，乃變亂向書而致"儒先道後"。認識這一問題，需要考慮如下因素：

其一，司馬談之《論六家要指》的確有"尊道抑儒"的傾向，但這"僅能代表司馬談前期的思想態度，它的寫作是以建元二年《魯詩》學者趙綰、王臧倡導改制而觸怒好黄老的竇太后這一儒道大交鋒作爲直接背景。……當時司馬談剛從黄子處學道歸來，確實站在黄老思想立場之上。但是後來隨著漢家統治思想由

①劉光蕡撰、陳錦春整理：《前漢書藝文志注》，前揭，第 20、21 頁。

道而儒的轉變，特别是通過親身參加春秋公羊學派所倡導的受命改制，司馬談加深了對公羊家所闡釋的孔子學説價值的認識，思想立場從黄老轉變到儒家方面來。”① 據《太史公自序》，司馬談在臨終前勉勵其子史遷時，也正是以孔子學説、六經大義來激勵史遷修史以上繼孔子《春秋》。這一方面再次證明司馬談思想之儒學轉向，另一方面也表明史遷乃以六藝經術，以孔子之《春秋》學，作爲整部《史記》寫作的基本理論基礎。换句話説，司馬氏父子最終是傾向於儒學的。

其二，司馬談所生活的漢代初年，黄老之學占據優勢，司馬談受其影響，論列諸子時方有推崇道家之説。然而劉向所生活的時代，黄老道家已經逐漸淡出，經學建立，儒學推尊，儒家影響超越道家已成時代之趨勢。雖然劉向本人亦受到道家、陰陽家、法家的不小影響，但其基本思想主導仍歸儒家。他所編撰的《新序》、《説苑》、《列女傳》諸書，指導思想便是儒家的政治思想和倫理道德觀念②。因此，劉向仿照《論六家要指》而作出“道先儒後”排列的可能性不大。

其三，如前所述，從劉向《别録》之佚文看，《漢志》所本“儒先道後”的諸子排序格局在《别録》中已然形成，并且這一排序包含了劉向對於漢代學術思想的判别與思考。

近人顧實則指出“儒先道後”排序之“乖戾處”有二，并認爲這僅是漢代政策使然，若從學術發展來講則應當是“道先儒

①陳桐生：《〈史記〉與諸子百家之學·緒論》，安徽大學出版社，2006 年版，第 11 頁。

②吴全蘭：《劉向哲學思想研究》第二章，北京：中國社會科學出版社，2007 年版，第 52 頁。

後"，云：

> 道家誠出於史官，伊尹、太公非史官也，則其權首，非自黄帝而誰與？黄帝立史官以來，史氏世守其緒，下至周末。老子爲柱下史，爰播黄帝之書於民間。不然，則黄老道德之術，曷爲而來哉？司馬談家世爲史，猶知此義，故先黄老而後《六經》，其明驗也。自武帝崇儒，而《劉略》、《班志》咸體此旨，不獨先《六經》而後黄老也，抑且黄、老而老、黄之，先老而後黄也矣。然試問合於歷史自然之序否，其乖戾一也。儒家助人君明教化，道家人君南面之術，先儒而後道，是未有人君而已有助人君者也，其乖戾二也。故於此而謂之漢氏之政策則可，謂之學術當然，則無是處。①

漢氏之儒學政策，前已述及，此不多言。顧氏這裏所謂"歷史自然之序"及"學術當然"，可以理解成以"道家之學"爲諸子學之所從出，故理當居於儒家之前。此一問題，涉及諸子之學的淵源。

有學者主張"道家爲百家所從出"，近人江瑔云："百家之學俱源於史，上已詳述之矣。然則春秋戰國以前，學在官而不在民，自史官失守，而百家之學即聯鑣而齊起、并轡而交馳乎？非也。其起也有先後焉，有程式焉，有遞嬗相生之道焉。蓋言其末流，雖并轡聯鑣，各不相謀，而溯其初起之源，則實統於一。一者何？即道家是也。道家者，上所以接史官之傳，下所以開百家之學者也。"②

---

①顧實：《漢書藝文志講疏》，上海：上海古籍出版社，1987 年版，第 127—128 頁。

②江瑔：《讀子卮言》卷二，前揭，第 75 頁。

也有學者主張諸子百家“其源皆出於六藝”，清人章學誠云：“周衰文弊，六藝道息，而諸子争鳴。蓋至戰國而文章之變盡，至戰國而著述之事專，至戰國而後世之文體備；故論文於戰國，而升降盛衰之故可知也。戰國之文，奇邪錯出，而裂於道，人知之；其源皆出於六藝，人不知也。”① 陳鐘凡先生云：“《六經》皆古之典禮，百家者，禮教之支與流裔也。”② 亦以百家出於“六藝”。

可見，諸子淵源之説本不定於一，“學術之當然”亦未有定説，且有學者批判“諸子出於道家”云：“近人有謂諸子之學，皆原本於黄帝者。姑無論黄帝之書，多出後人依托，若溯淵源所自，則中國萬事萬物，皆可推本於萬能之軒轅黄帝，豈獨十家九流之學乎！”③ 何況，司馬談《論六家要指》之“先黄老而後六經”，恰恰不是出自“歷史自然之序”或“學術之當然”，因爲司馬談所推崇的黄老之學屬於秦漢以來的“新道家”④，其特點是“因陰陽之大順，采儒墨之善，撮名法之要”，而不是以“無爲無不爲”爲特點的老子爲代表的“原始道家”。司馬談之排序，恰恰出於“漢氏之政策”，因爲若從産生順序上講，黄老道家無論如何是在“六經”之後的。

綜言之，《七略》、《漢志》“儒先道後”的排序，反映了西漢後期至於東漢學術思想發展的實際狀況。

---

①章學誠著、葉瑛校注：《文史通義校注》卷一《詩教上》，前揭，第 60 頁。
②陳鐘凡：《諸子通誼・原始》，臺北：商務印書館，1977 年版，第 1 頁。
③羅焌：《諸子學述》上編第六章，上海：華東師範大學出版社，2008 年版，第 71 頁。
④參熊鐵基：《秦漢新道家》，上海：上海人民出版社，2001 年版。

（二）關於“陰陽家”次序。

在《論六家要指》中，“陰陽家”居於首位，在《漢志》中則位列第三。出現這種次序上的變化，并非完全意味著陰陽學説的漸趨没落，而是目録學上的分類排序在一定程度上掩蓋了學術上的真相。

顧頡剛云：“漢代人的思想的骨幹，是陰陽五行。無論在宗教上，在政治上，在學術上，没有不用這套方式的。”① 可見陰陽學説在漢代的重要。然而“陰陽家”不等於“陰陽學”，因爲作爲九流之一的陰陽家，是須有人物有著述的；而作爲一種思想學問，陰陽學的形迹就會是隱遁一些的了。有學者認爲：“陰陽五行學説在西漢并非祇是單純地遭到削弱，而是被道家、儒家等學説吸收、轉化，甚至影響到兵法、數術、方技等領域，在武帝‘獨尊儒術’的治國方略推行後，在國家政治生活領域更産生了更持久而深刻的作用。”②

不過，陰陽學畢竟是發生了衍化，朝廷意識形態領域裏占主導的畢竟是儒學，故而在漢代，“陰陽以儒術見重於世，是附儒術而傳，地位僅次於儒、道兩家”③，故而在《七略》、《漢志》中，陰陽家排在第三位。

（三）關於“法、名”次序。

名家與法家的關係十分密切，不易區分，究其因，乃在於：

---

①顧頡剛：《秦漢的方士與儒生》第一章，上海：上海古籍出版社，1998 年版，第 1 頁。

②徐奉先：《從〈漢書·藝文志〉看西漢陰陽家的衍化》，載《河北科技大學學報》，2012 年第 4 期。

③李零：《蘭臺萬卷：讀〈漢書·藝文志〉》，前揭，第 98 頁。

“名家古多合言刑名，刑即法也。蓋法與名關係最切，故《淮南子·要略篇》曰：‘申子者，……刑名之書生焉。’此論法家，而與名連言之。《尹文子·仁義篇》曰：‘以名法治國，萬物所不能亂。’此名家言也，而與法合言之。……故古名、法家常相亂而不易別。”①

在《漢志》中，“儒、道”下即排“法、名”。照李零的説法，在漢代，“陰陽家是儒家的附庸，地位僅次於道家”②；而“法家是道家之附庸，文、景後消亡。鼂錯是文、景之際人，乃最後的法家。目中書，幾乎全是戰國古書。比戰國早，一本没有；比戰國晚，衹有《鼂錯》”③。排在九流前兩位的是“儒、道”，作爲二者附庸的“陰陽、法家”分列三、四位，這大概是《漢志》如此排列的緣由，亦是基於漢代子學發展的實際。

有學者認爲這一排序不妥，章學誠基於二家學説主張之“事理”，以爲：“名家之書，當叙於法家之前，而今列於後，失事理之倫叙矣。蓋名家論其理，而法家又詳於事也。雖曰二家各有所本，其中亦有相通之原委也。”④ 劉光蕡亦從學術自然之序出發，論定“法家宜在名家之後”，他説：“法出於刑名，出於禮也。禮失而後入於刑，有名而後法生焉。法不能先名，自然之序也。”⑤

---

①王蘧常：《諸子學派要詮》，中華書局、上海書店，1987年版，第187頁。

②李零：《蘭臺萬卷：讀〈漢書·藝文志〉》，前揭，第97頁。

③李零：《蘭臺萬卷：讀〈漢書·藝文志〉》，前揭，第100頁。

④章學誠著、葉瑛校注：《文史通義校注·校讎通義》卷三，前揭，第1044頁。

⑤劉光蕡撰、陳錦春整理：《前漢書藝文志注》，前揭，第25頁。

（四）關於"墨家"次序。

墨家曾在先秦與儒家并爲"世之顯學"，《吕氏春秋·當染篇》有云："孔、墨之後學顯榮於天下者衆矣，不可勝數。"可見墨學之傳承一度亦相當昌盛。然而，

> 秦漢以來，墨家作爲思想體系和學派逐漸消失無聞，并且此後再也没有出現過相類似的獨立學説、思潮或派别。這大概是由於，儘管作爲小生産勞動者的手工匠作和農民仍大量地長期地存在，但已經没有像氏族結構徹底瓦解的春秋戰國時代那種自由的社會環境和自由的意識氣氛。特别在獨尊儒術以及後來佛教東來之後，小生産勞動者文化落後，見聞閉塞，經年累月束縛在自己的狹小天地内，一般便受著社會統治意識的控制和支配，很難從自身中再産生像墨子這樣的思想家或思潮、學派。①

不過，墨家作爲一個學派不復存在，不意味著墨學思想已經斷絶，小生産勞動者長期存在這一社會基礎，使得墨家的某些觀念、行爲以至組織形態，還會在漢代社會中以各種形態表現出來。"墨家的好些思想如功利、重利等，已經以不同方式滲入或融合在法家和儒家思想中。特别由於儒墨兩家原都以古代氏族傳統爲背景，他們對氏族制度這一社會體制和秩序都是基本肯定的，對人生世事、政治經濟也都采取積極作爲的態度，都講父慈子孝，兄友弟恭，都講任賢使能。……既然有上述這些共同基礎和特徵，儒家也用不著花多大氣力，便不留痕迹地吸收了所可以

①李澤厚：《中國古代思想史論·墨家初探本》，合肥：安徽文藝出版社，1994年版，第69頁。

容納的墨子中的許多思想和觀念。"[①] 因此，在漢代有一種"視墨同儒"的觀念，而這造成了"墨學中絶"的假相[②]。

正緣於此，漢初司馬談在論列諸子時，稱："墨者儉而難遵，是以其事不可遍循。然其强本節用，不可廢也。……要曰强本節用，則人給家足之道也。此墨子之所長，雖百家弗能廢也。"張舜徽先生認爲："司馬特爲拈出强本節用四字，可謂能識其大。"[③] 衹是，司馬氏在《論六家要指》中，置"墨家"於"儒家"後，蓋取自《韓非子・顯學》"世之顯學，儒墨也"而來。至於《七略》、《漢志》，墨家作爲一門學派之消亡較諸漢初更甚，故而置於"前六家"之末。

五、簡短的結語

《七略》、《漢志》將先漢諸子劃分爲"九流十家"，并且有一個次序的排定。這一次序，與編修者的學術傾向有關，與所處時代的思想觀念有關。古典目録著作，皆具有較强的"學術史特性"，對待它們，當然不可"推挹太過"，但更不可"譏其鹵莽滅裂"。這一傳統，來自於《莊子・天下篇》，章學誠曾云："六藝之書與儒家之言，固當參觀於《儒林列傳》；道家、名家、墨家之書，則列傳而外，又當參觀於莊周《天下》之篇也。……古人著書，苟欲推明大道，未有不辨諸家學術源流；著録始於劉、

①李澤厚：《中國古代思想史論・墨家初探本》，前揭，第72、73頁。

②參鄭杰文：《中國墨學通史》第三章《兩漢時期墨學的流傳和影響》，北京：人民出版社，2005年版。

③張舜徽：《漢書藝文志通釋》，前揭，第321頁。

班，而義法實本於前古也。”①

當然，無論《七略》還是《漢志》，“九流十家”排列次序背後的觀念，因文獻不足，大多由後人推定。學術代變，與時消息，至於清代，《四庫全書總目》“子部”所列十四家，無論名目還是次序都與《七略》、《漢志》有大不同。欣慰的是，編修者對於所以定名排序之因由皆有明確論説，云：

> 儒家之外，有兵家，有法家，有農家，有醫家，有天文算法，有術數，有藝術，有譜録，有雜家，有類書，有小説家。其别教則有釋家，有道家。叙而次之，凡十四類。儒家尚矣。有文事者有武備，故次之以兵家。兵，刑類也。唐虞無皋陶，則寇賊奸宄無所禁，必不能風動時雍，故次以法家。民，國之本也；穀，民之本也，故次以農家。本草、經方，技術之事也，而生死繫焉；神農、黄帝，以聖人爲天子，尚親治之，故次以醫家。重民事者先授時，授時本測候，測候本積數，故次之以天文算法。以上六家，皆治世者所有事也。百家方技，或有益，或無益，而其説久行，理難竟廢，故次以術數。游藝亦學問之餘事，一技入神，器或寓道，故次以藝術。以上二家，皆小道之可觀者也。《詩》取多識，《易》稱制器，博聞有取，利用攸資，故次以譜録。群言岐出，不名一類，總爲薈萃，皆可采摭菁英，故次以雜家。隸事分類，亦雜言也，舊附於子部，今從其例，故次以類書。稗官所述，其事末矣，用廣見聞，愈於博弈，故次以小説家。以上四家，皆旁資參考者也。二氏，外學也，故次

①章學誠著、葉瑛校注：《文史通義校注·校讎通義》卷三，前揭，第1046頁。

以釋家、道家終焉。①

由此，既可進一步明曉古典目録書之學術品格，亦可證明本文之不爲妄做也。

作者簡介：周春健，男，1973年生，山東陽信人。歷史學博士，現爲中山大學哲學系教授，主要從事四書學、詩經學、文獻學研究，著有《元代四書學研究》、《宋元明清四書學編年》等。

①见［清］永瑢等：《四庫全書總目》卷九一，北京：中華書局，1965年版，第769頁。

《論衡》的《亂龍篇》非僞篇考

鄧　紅

内容摘要： 本文對胡適提出的、《中國哲學發展史·秦漢》《王充的批判哲學》加以詳細論證過的“《論衡·亂龍篇》是僞篇”的説法，進行詳細的再考証，認爲這一説法不能成立。并對王充研究應有的立場和方法，提出了一些看法。

前　言

後漢思想家王充（公元27—97?）的《論衡》現存84篇文章，其中第四十七篇爲《亂龍篇》。《亂龍篇》和《論衡》的其他文章相比，據説内容有些別扭，所以早在1919年，胡適之便提出了“亂龍篇爲僞篇”的説法。① 在胡適提出這一觀點的当

①見胡適的《中國哲學史大綱》（上）“第一篇，導言”。本文引用的版本爲臺灣遠流出版公司出版的《胡適作品集》31《中国古代哲學史》第11頁。容肇祖《論衡中無僞篇考》[民国二十五年（1936）天津“大公報”史地周刊91期，載《論衡校釋》附録5] 對胡適的“亂龍篇僞作説”提出過批判。

初，由於没有提出任何論証和証據，所以基本上没有人相信。① 而到了 1985 年出版的任繼愈主編的《中國哲學發展史・秦漢》，其中有一篇名爲《王充的批判哲學》② 文章，文章對“爲何《亂龍篇》是僞篇”這個問題，舉出了一些証據來論証。從那以後，相信《亂龍篇》是僞篇的人逐漸多了起來，但關於這個問題再没有人論議過了。

本文企圖圍繞《亂龍篇》是否僞篇這一問題，對上述兩種説法進行詳細地檢証并展開論議，最後對王充研究的立場和方法，提出自己的看法。

---

①在此之前，清人熊伯龍（1617—1669 年）的《無何集・讀論衡説》的第二段云：“余友疑僞作之篇，不但問孔、刺孟。書驗、骨相、宣漢、恢國、驗符諸篇，以及訂鬼後四段之言，恐皆屬僞作。余問何故？友曰：以其言多虚妄，且自相矛盾，故知之也。仲任之言，前後一律。……獨吉驗、骨相之言瑞應，謂命當如此；又謂相者之言果符，真世俗之見也。若驗符篇之言，文與吉驗篇相似。恢國篇之言，全與奇怪篇不合。至訂鬼篇後四段之言，與前相反，且語涉虚妄，故疑非仲任作也。”這裏，熊氏之友指出了三個疑點：一、驗符等篇屢言瑞應。二、骨相篇提倡命定論，并説命之貴賤表現於骨體。三、訂鬼篇後四段的話，與前言相反，并且語涉虚妄。他認爲上述諸篇語多虚妄，與論衡它篇之意矛盾。對於這些矛盾，他以“僞作”來解釋。熊伯龍對此説不贊成，但他却又認爲“《問孔》、《刺孟》，小儒僞作，斷非仲任之筆”。

②任継愈主編的《中國哲學發展史・秦漢》中的《王充的批判哲學》載人民出版社 1985 年版，第 508 頁。該書采取集體寫作的形式，没有標明《王充的批判哲學》一文出自誰手，但從參加編寫的學著的專業來看，似乎是鐘肇鵬先生寫的。暫且存疑。

一、關於胡適的説法

胡適的有關文章全文如下：

> 又如王充的《論衡》，是漢代一部奇書；但其中如《亂龍篇》極力爲董仲舒作土龍求雨一事辨護，與全書的宗旨恰相反。篇末又有“論衡終之，故曰《亂龍》，亂者終也”的話，全無道理。明是後人假造的。［《中國哲學史大綱》(上)“第一篇，導言”］

胡適的話有兩個要點，現逐一評之。

1. 王充的《論衡》，是漢代一部奇書；但是其中如《亂龍篇》極力爲董仲舒作土龍求雨一事辯護，與全書的宗旨恰相反。

仔細查看王充的《論衡》，我們發現該書對董仲舒的求雨儀式“雩祭”的議論，不僅《亂龍篇》有，在第22《龍虚篇》、第45《明雩篇》、第46《順鼓篇》、第55《感類篇》、第61《佚文篇》、第63《死僞篇》、第80《定賢篇》、第83《案書篇》等7篇文章的數十處也有。

再看内容，這些文章中，爲董仲舒作法作注解和辯護的有之：如《龍虚篇》説：“實者雷龍同類，感氣相致，故《易》曰：‘雲從龍，風從虎。’又言：‘虎嘯谷風至，龍興景雲起。’龍與雲相招，虎與風相致，故董仲舒雩祭之法，設土龍以爲感也。”

有的説：“若董仲舒信土龍之能致雲雨，蓋亦有以也。夫如是，應天之治，尚未可謂賢，況徒得人心，即謂之賢，如何?”（《定賢篇》）認爲董仲舒的作法有一定道理。

還有《案書篇》，先説：“而仲舒之言雩祭可以應天，土龍可以致雨，頗難曉也。”認爲董仲舒的土龍求雨“頗難曉也”，拿現在的話就是説“太難了，懂不起”之類，但并没有反對。而《案書篇》後來又説：“孔子生周，始其本，仲舒在漢，終其末盡也。皮續太史公書，蓋其義也。賦頌篇下其有‘亂曰’章，蓋其類也。孔子終論，定於仲舒之言，其修雩始龍，必將有義，未可怪也。”明顯地認爲董仲舒的“修雩始龍，必將有義，未可怪也”，做得很有道理，不值得稱怪。

由上可見，胡適説的“‘亂龍篇’極力爲董仲舒作土龍求雨一事辯護，與全書的宗旨恰相反”的説法站不住腳。爲董仲舒辯護的不僅僅是“亂龍篇”，《論衡》凡是提到“雩祭”或“土龍求雨”的地方，都是在爲其理解、支持、辯護，甚至還有誇獎。

2. “篇末又有‘論衡終之，故曰《亂龍》，亂者終也’的話，全無道理。明是後人假造的。”

剛纔我們已經提到過，《案書篇》有：

> 案仲舒之書，不違儒家，不（及）〔反〕孔子，其言“煩亂孔子之書者”，非也。孔子之書不亂，其言“理孔子之書”者，亦非也。孔子曰“師摯之始，《關雎》之亂，洋洋乎盈耳哉!”亂者（於）〔終〕孔子言也。孔子生周，始其本，仲舒在漢，終其末盡也。皮續太史公書，蓋其義也。賦頌篇下其有“亂曰”章，蓋其類也。孔子終論，定於仲舒之言，其修雩始（治）龍，必將有義，未可怪也。

説的是漢時的緯書有“董仲舒，亂我書”的流言，據説是孔子的預言。對此歷來有許多解釋法。王充在《案書篇》等文章中認爲：“亂者（於）〔終〕孔子言也”，認爲是董仲舒不但“不違儒家，不（及）〔反〕孔子”，而且將孔子的話語和理論精彩地加以完結了，故曰：“孔子終論，定於仲舒之言，其修雩始龍，必將有義，未可怪也。”

同樣的語言也出現在《亂龍篇》的篇末里："《論衡》終之。故曰'亂龍'。〔亂〕者，終也"，説《論衡》也同樣將董仲舒土龍致雨"雩祭"的理論"亂"了"終結"了，即精彩地解决了。兩種説法是异曲同工。且《案書篇》一文的後半還有：

> 孔子終論，定於仲舒之言，其修雩始龍，必將有義，未可怪也。

再次説董仲舒"雩祭"儀式和"土龍致雨"方法都非常通道理，并不奇怪。

所以至少可以説《案書篇》和《亂龍篇》的董仲舒論是一致的。要把《亂龍篇》打成僞作，也得把《案書篇》説成是僞篇纔行。不僅如此，按照胡適的邏輯和方法，凡是理解、支持、辯護，誇獎、稱贊"雩祭"和"土龍致雨"的，如第22《龍虛篇》、第45《明雩篇》、第46《順鼓篇》、第55《感類篇》、第61《佚文篇》、第63《死僞篇》、第80《定賢篇》、第83《案書篇》等，統統都應該打成僞篇纔是。

那麼，胡適爲什麼要説爲土龍求雨辯護便是"與全書的宗旨恰相反"呢？這個所謂"全書宗旨"是什麼呢？胡適使用了什麼樣的邏輯與方法呢？

我們知道，在現代中國哲學史的研究上，最先將王充的哲學捧成"對當時種種虛妄和迷信的反抗。王充的哲學的方法衹是當時科學精神的反抗"①，將王充定性爲"反天人感應的哲學家"

①胡適撰《王充的論衡》，黄暉編著《論衡校釋》第一二八五頁，臺灣商務印書館1983年版。胡適甚至還認爲王充的"命"論，是"唯物的歷史觀，有點象"近世馬克思（Marx）的唯物史觀"！後來覺得説得太過，又拿起筆將後面一段删掉了（第一三一五頁）。

和“科學精神的表現者”乃至“唯物主義者”的，不是别人，就是胡適。

既然先入爲主，將王充定性爲了“反天人感應的唯物主義哲學家”、“科學精神的表現者”乃至“唯物主義者”，《論衡》的宗旨同樣也就是“反天人感應的唯物主義哲學”和“科學精神的表現”了。於是，《論衡》中，凡是和這個宗旨不符合的東西，與之相反的東西，便被指責爲“全無道理”，從而被説成不是王充寫的説的東西，乃至可以將“亂龍篇”這一整篇文章，也打成“僞篇”了！這就是胡適使用的邏輯與方法。筆者在此暫且將這種邏輯方法命名爲“凡是”邏輯。以後我們還要反復提到這個邏輯。

二、關於《中國哲學發展史·秦漢》《王充的批判哲學》的説法

《中國哲學發展史·秦漢》中《王充的批判哲學》一節關於《亂龍篇》爲僞篇的考證部分全文如下：①

> “胡適在《中国哲學史大綱》（上）最早提到此篇之僞，但論證太略。
>
> 我們斷定《亂龍》是僞作的理由如下：
>
> 1. 該篇贊同董仲舒土龍招雨的雩法，雖説《龍虚》，《案書》，《定賢》也有類似肯定表示，那都是一帶而過，全書的基本立場是反對人事感動天象之説的，所以《死僞》明

①人民出版社 1985 年版，第 508、509 頁。文章中的編號和分段爲筆者做成，以利下面的論述。

確説“土龍非實，不能致雨”衹承認它有神道設教之功用。王充對董仲舒的思想評價不高，不会爲他的天人感應觀点曲加辯護，以至於用一個整篇，列十五項理由以証明土龍之説實而不虚。

2. 該篇不僅在土龍致雨的問題上，而且在全部主要問題上都与王充的基本觀點唱反調。

説“雲雨之知”則天道自然被否定，（其一）

承認有“百鬼”，則人死不爲鬼被否定，（其二）

説土龍感天，則人事不能感天被否定，（其三）

説“精神之氣動木囚”，則《感虚》的精神不能相動被否定。（其四）

説金鼎辟邪，則《儒增》的金鼎不能辟凶被否定，（其五）

説魯般墨子爲木鳶飛而不集，則《儒增》以此説爲虚增被否定。（其六）

這不是《論衡》自身在某些觀点上的混亂或自相矛盾，簡直是一篇“反論衡”。

3. 該篇爲劉歆辨解而反駁桓譚，這更難以想象，因爲王充最敬重桓譚，他處無一貶辭。

4. 此篇前爲《明雩》、《順鼓》，後爲《遭虎》、《商蟲》，皆属同一組文章，以破除迷信爲宗旨，獨此篇宣揚迷信，誠爲不倫不類。

5. 書中已有《龍虚》論龍，作者在此篇中又稱要終董仲舒之龍説，則置《龍虚》篇於何地？

6. 該篇前後數篇，都有王充的習慣用字，如將“能”，写作“耐”，獨此篇無之。

基於以上理由，疑此篇爲后人贋托。

可以看到，《王充的批判哲學》一文舉出了六大理由、第二大理由中又舉了六條具體的證據來證明《亂龍篇》僞作説。下面，筆者將對這六大理由六小證據進行逐一檢証。

（一）關於“該篇贊同董仲舒土龍招雨的雩法，雖説《龍虛》、《案書》、《定賢》也有類似肯定表示，那都是一帶而過，全書的基本立場是反對人事感動天象之説的，所以《死僞》明確説‘土龍非實，不能致雨’衹承認它有神道設教之功用。王充對董仲舒的思想評價不高，不会爲他的天人感應觀点曲加辯護，以至於用一個整篇，列十五項理由以証明土龍之説實而不虛”

總而言之，是想説《亂龍篇》是全面贊成董仲舒的土龍致雨説和方法的，“《龍虛》、《案書》、《定賢》等篇也有類似説法，但都是“一帶而過”而非重要內容。而且《論衡》全書的基本立場在於“反對人事感動天象之説”，董仲舒不可能爲天人感應説辯護的。

這種論證法和剛纔提到的胡適的邏輯和方法是一致的。作推論的大前提是“王充是反對天人感應的”。再根據“凡是”邏輯進行推論：

凡是反對天人感應的，都是王充的作品。

凡是不反對或贊成天人感應的，就不是王充的，或者説勉强點，“不會”是。

在定好了基調之後，再去檢驗《論衡》的具体理論，猶如帶上有色眼鏡。

我們認爲，説《亂龍篇》全面贊成董仲舒的土龍致雨説，《龍虛》、《案書》、《定賢》等篇雖然也有類似的肯定表現，那衹是“一帶而過”的説法也站不住腳。對此本文的“第一節”已經有所論述。贅言之，《論衡》議論董仲舒的“雩祭”的，不僅有《亂龍篇》，還有第22《龍虛篇》、第45《明雩篇》、第46《順鼓篇》、第55《感類篇》、第61《佚文篇》、第63《死僞篇》、第80《定賢篇》、第83《案書篇》等7篇文章的數十處，而且大多是給予理解、支持、辯護，誇獎、稱贊的，至少没有正面反對，根本不是什麼“一帶而過”。所以這些文章應該是一個整體，或者有一個一以貫之的思想和邏輯方法，得出來的結論也應該是：要麼《亂龍篇》和《龍虛》、《案書》、《定賢》等文章都是僞篇，要麼“亂龍篇”不是僞篇。這樣的結論似乎應該更自然一些吧！

“王充對董仲舒的思想評價不高，不会爲他的天人感應觀点曲加辯護，”的理由也站不住腳。

筆者對《論衡》中王充提及董仲舒的部分作了全面地調查，做成了下面的一覽表。

第 34“程材篇”1 處。褒揚董仲舒的春秋學。
第 37“效力篇”2 處。褒揚董仲舒的文章。
第 38“别通篇”5 處。前 2 處是王充弄錯了。後 3 處是褒揚董仲舒的“對策”。
第 39“超奇篇”3 處。前一處是評論董仲舒的對策。後 2 處是褒揚董仲舒的文風。初次提出“孔子之文在仲舒”的説法，和後面的《案書篇》遥相呼應。
第 61“佚文篇”一處。贊美董仲舒的“對策”。
第 63“死僞篇”3 處。議論評價董仲舒的雩祭。
第 78“實知篇”7 處。議論了“孔子之文在仲舒”和“董仲舒亂我書”。
第 80《定賢篇》2 處。先議論雩祭，其次贊美董仲舒的春秋學。
第 83《案書篇》10 處。前面已經提到過，先是贊美董的文章，其次是議論“董仲舒亂我書”。
第 84“對作篇”4 處。議論董仲舒的上書。
第 85“自紀篇”1 處。説董仲舒著述了百篇以上的文章，用來辯解説明《論衡》也寫了許多文章。

由此可見，王充對董仲舒不是“評價不高”，反而是王充對董仲舒的春秋學、對策、上書、文章以及雩祭的方法和意義給予了高度的評價。《案書篇》的“孔子終論，定於仲舒之言”應該是那個時代對董仲舒最高的評價吧！

（二）關於“《亂龍篇》在主要問題上和王充思想的基本觀点唱反調”

1. 關於“説‘雲雨之知’則天道自然被否定”問題

“雲雨之知”在《亂龍篇》出現了 2 處，但在第 37《效力篇》里也有：

山大者雲多，泰山不崇朝（辦）（辦）雨（雨）天下。夫然，則賢者有雲雨之知，故其吐文萬牒以上，可謂多力矣。

所以這一點不能成爲《亂龍篇》爲僞篇的証據。

而且，王充的思想中，反對"天道自然"的東西其實比比皆是。譬如，"命義篇"有：

衆星在天，天有其象。得富貴象則富貴，得貧賤象則貧賤。故曰"在天"。

這樣的"在天"説，便是明顯地和"天道自然"説格格不入的東西嘛。①

總之，在反不反對"天道自然"上都不能使用"凡是"邏輯。

2. 關於"承認有'百鬼'，則人死不爲鬼被否定（其二）"問題。

細查找起來，"百鬼"之説不限於《亂龍篇》，在《紀妖篇》、《譏日篇》等都有。如第64《紀妖篇》有："非天帝，則其言與百鬼游於鈞天，非天也。"

更重要的是，王充的無鬼論，僅僅限定於"人死不爲鬼"的"人鬼"，而對自然之鬼神并不反對。王充所謂的"百鬼"，不是他反對的"人死爲鬼"之"死人之鬼"，而是其他不是"人鬼"

---

①關於王充的天地論、自然論和鬼神論，請參見拙論《王充天地論新議》和《淺析王充的鬼神論》（載《王充新八論》，中国社会科學出版社 2003 年）以及《關於王充的客觀天命論》，載《王充新八論續編》（中国社会科學出版社 2007 年版）。

的鬼，如《紀妖篇》中的“百鬼”是夢中的鬼，第70《譏日篇》中的“百鬼”是别的鬼神：“若他神百鬼之祠，雖非死人，其事之禮，亦與死人同。蓋以不見其形，但以生人之禮准況之也。”明確地説百鬼非“死人”。所以承認有“百鬼”并不等於“人死不爲鬼”被否定。

3. 關於“説土龍感天，則人事不能感天被否定”（其三）問題。

“土龍感天”的實質，在於龍具有神靈性、天人感應性和君主神聖性，能够“感天”，所以人才做出土龍那樣的東西，以“同類相感”的道理去感動天。

筆者在拙文《王充論龍》中已經論證過，王充在《論衡》中，從來没有反對過“龍”的存在以及龍的神靈性、天人感應性以及君主神聖性，不但没有反對，他自己還有系統的“龍”理論。而他的“黄龍，應漢之土德”的説法，則是一大發明創造：

> 皇帝聖仁，故芝草壽徵生。黄爲土色，位在中央，故軒轅德優，以黄爲號。皇帝寬惠，德侔黄帝，故龍色黄，示德不异。東方曰仁，龍，東方之獸也，皇帝聖仁，故仁瑞見。仁者，養育之味也，皇帝仁惠愛黎民，故甘露降。龍，潛藏之物也，陽見於外，皇帝聖明，招拔岩穴也。瑞出必由嘉士，祐至必依吉人也。（《論衡·驗符篇》）

説的是皇帝祇要施行仁政，天就會感動而降下符瑞來加以褒美。而且這個符瑞之“龍”的顔色，根據五行説，居然和漢的黄色相符合！可見這是典型的“人事感天”説。

同樣，王充也是承認“同類相感”原理的。剛纔我們已經指出過，《龍虚篇》里便有：“實者雷龍同類，感氣相致，故《易》曰：‘雲從龍，風從虎。’又言：‘虎嘯谷風至，龍興景雲起。’龍與雲相招，虎與風相致，故董仲舒雩祭之法，設土龍以爲感也。”所以説王充不承認“土龍感天”反而有些奇怪。①

的確，王充時有“人事，不能感天”之類的話語，但他也説過許多人能“感天”的話。《吉驗篇》所説：“凡人稟貴命於天，必有吉驗見於地，見於地，故有天命也。驗見非一，或以人物，或以禎祥，或以光氣，”便是一個典型。這個“吉驗篇”，全篇講的都是些如何去檢驗人“感天”的證據和徵兆的。

4. “説‘精神之氣動木囚’，則《感虛》的精神不能相動被否定（其四）”問題。

仔細檢驗《感虛篇》，就會發現王充并没有説過“精神不能相動”，他衹是説“精氣能小相動，不能大相感也”。不是“精神”，而是“精氣”；不是不能“相動”，而是可以“小動”，不能“大動”。王充甚至還舉出“申喜，夜聞其母歌，心動”，來證明了“小動”。

5. 關於“説金鼎辟邪，則《儒增》的金鼎不能辟凶被否定”問題。

確實王充在《儒增篇》中説過，“金鼎，不能辟凶”的話，但是他指的是周代的事情。關於他所在的漢明帝時“金鼎”出土一事，他却有另外的説法：

> 孝明時雖無鳳皇，亦致〔麒〕麟、甘露、醴泉、神雀、白雉、紫芝、嘉禾，金出鼎見，離木復合。五帝，三王，經傳所載瑞應，莫盛孝明。如以瑞應效太平，宣，明之年倍五帝，三王也。夫如是，孝宣，孝明可謂太平矣。（《論衡·宣

①關於王充的龍論，請參見拙論《王充論龍》。載《王充新八論續編》（中国社会科學出版社 2007 年版）。

漢篇》)

可見“鼎見”和其他的吉物一起，都是天降下來顯示獎勵漢王朝“太平”之“符瑞”。

“金鼎不能辟凶”和“鼎出瑞應效太平”看起來是矛盾的，但實際上是王充“符瑞頌漢論”的關鍵。王充的“符瑞頌漢論”，對凡是對不合己意的、其他王朝（“漢”以外，這裏爲“周”朝）的吉物符瑞，都持否定見解，説什麼“金鼎，不能辟凶”，認爲没有什麼了不起。另一方面，關於漢王朝的符瑞則馬虎不得，任何吉祥物都要吹捧一番，説比以前的任何時代都好得多。所以在漢代，“鼎出”則意味著“應效太平”。

總之，王充説“金鼎辟邪”，和説“金鼎不能辟凶”，二者之間没有什麼矛盾，時代不一，對象不同而已。

6. 關於“説魯般墨子爲木鳶飛而不集，則《儒增》以此説爲虚增被否定（其六）”問題。

查《儒增篇》，王充的原文如下：

> 儒書稱魯般，墨子之巧，刻木爲鳶，飛之三日而不集。夫言其以木爲鳶飛之，可也；言其三日不集，增之也。

可見王充反對的，不是雕刻的木鳥“木鳶”能飛，而是飛了三日不落下來（“不集”）。

而《亂龍篇》的全文是：“使作土龍者若魯般，墨子，則亦將有木鳶蜚不集之類。夫蜚鳶之氣，雲雨之氣也。氣而蜚木鳶，何獨不能從土龍?”强調的是“氣而蜚木鳶”，氣能够讓“木鳶”飛，所以土龍也能飛，和三日“不集”不落没有關係。

所以此條也不反《論衡》宗旨。

（三）關於“該篇爲劉歆辨解而反駁桓譚，這更難以想象，因爲王充最敬重桓譚，他處無一貶辭”問題

仔細查看《亂龍篇》，沒有王充爲了替劉歆辨解，而反駁桓譚的記録。王充在《亂龍篇》冒頭説：

> 儒者或問曰：……劉子駿掌雩祭，典土龍事，桓君山亦難以頓牟磁石不能真是，何能掇針，取芥？子駿窮無以應。子駿，漢朝智囊，筆墨淵海，窮無以應者，是事非議誤，不得道理實也。曰，……

是舉出某個儒者的質疑。其中，桓譚曾舉出頓牟，磁石如果不是真東西，則不能吸針集芥，用以批判劉歆（子駿），劉歆不能答。

其後，王充的議論從“曰”開始，解答儒者們的疑問。其最後説：

> ……
>
> 夫以象類有十五驗，以禮示意有四義。仲舒覽見深鴻，立事不妄，設土龍之象，果有狀也。龍暫出水，雲雨乃至。古者畜龍御龍，常存，無雲雨，猶舊交相闊遠，卒然相見，歡欣歌笑，或至悲泣涕，偃伏少久，則示行各恍忽矣。《易》曰：“雲從龍”，非言龍從雲也。雲樽刻雷雲之象，龍安肯來？夫如是，傳之者何可解，則桓君山之難可説也，則劉子駿不能對，劣也。劣則董仲舒之龍説不終也。《論衡》終之。故曰“亂龍”。〔亂〕者，終也。

“夫如是，傳之者何可解，則桓君山之難可説也，則劉子駿不能對，劣也”的意思是説，如果拿我的（《亂龍篇》的）理論的話，可以解答桓譚（君山）的非難；劉歆不能應對，是因爲頭腦“劣也”。并没有反駁批判桓譚的意思。所以這一點也不能成爲《亂龍篇》僞篇説的証據。

（四）關於“此篇前爲《明雩》、《順鼓》，后爲《遭虎》、《商蟲》，皆屬同一組文章，以破除迷信爲宗旨，獨此篇宣揚迷信，誠爲不倫不類”問題

首先，關於“此篇前爲《明雩》、《順鼓》，后爲《遭虎》、《商蟲》，皆屬同一組文章，以破除迷信爲宗旨，獨此篇宣揚迷信”，這樣的邏輯推論，和前面我們提到的邏輯方法一樣，還是屬於“凡是”模式：反迷信的就是王充的作品，凡是宣傳迷信的就不是王充的作品。我們已經説過，這樣在邏輯上有問題。

退一萬步説，上述的邏輯推理即使可以成立，《明雩》、《順鼓》、《遭虎》、《商蟲》等的主題是“以破除迷信爲宗旨”的推論前提也有再考的必要。

《明雩篇》的内容，講洪水、日照以及降雨是由陰陽之氣决定，不爲人事左右。看起來是“反迷信”的，但王充却説：“夫灾變大抵有二。有政治之灾，有無妄之變。政治之灾，須耐求之。求之雖不耐得，而惠愍惻隱之恩，不得已之意也”，把灾害的種類分爲“政治之灾”和“無妄之變”。説兩者的區别在於“德酆政得，灾猶至者，無妄也；德衰政失，變應來者，政治也。”消除“政治灾害”的方法，在於“政治，則外雩而内改，以復其虧也”，求雨之“雩祭”是消除灾害的方法。這樣的“政治之灾”的區分和消除方法，都是以天人感應理論爲基礎的，都是所謂“迷信”吧。

而其後他對雩祭的解説，雩祭必要性的解釋，也有許多堪稱“迷信”的東西：

> 臣得罪於君，子獲過於父，比自改更，且當謝罪。惶懼

於旱，如政治所致，臣子得罪獲過之類也。默改政治，潛易操行，不彰於外，天怒不釋，故必雩祭。惶懼之義，五也。

《順鼓篇》的內容，在於批判《春秋》經傳中的“大水，鼓用牲於社”。但王充的批判，集中在“擊鼓”攻擊土地之神，洪水便會自己退之解釋不合理，在此之上展開了自分的解釋。王充的解釋是：

大水用鼓，或時再告社，陰之太盛，雨湛不霽。陰盛陽微，非道之宜，口祝不副，以鼓自助，與日食鼓用牲於社，同一義也。俱爲告急，彰陰盛也。

也就是說，擊鼓的意義，在於向祭祀土地神的“社”稟告緊急事態，顯示君主的“惻怛憂民之心”，而水害的原因在於“陰盛”。可見王充的解釋也屬於“迷信”之類，彼的批判是以新的“迷信”去批判舊的、自己不相信的“迷信”而已。

“遭虎篇”的主要內容，在於“變復之家謂虎食人者，功曹爲奸所致也。其意以爲功曹衆吏之率，虎亦諸禽之雄也。功曹爲奸，采漁於吏，故虎食人以象其意。”也就是說，俗儒們所說虎食人是功曹作了惡事。王充覺得說得不對，他自分的解釋是：

夫虎，山林之獸，不狎之物也，常在草野之中，不爲馴畜，猶人家之有鼠也，伏匿布出，非可常見也。命吉居安，鼠不擾亂；禄衰居危，鼠爲殃變。夫虎亦然也：邑縣吉安，長吏無患，虎匿不見；長吏且危，則虎入邑，行於民間。何則？長吏光氣已消，都邑之地與野均也。推此以論，虎所食人，亦命時也。命訖時衰，光氣去身，視肉猶尸也，故虎食之。天道偶會，虎適食人，長吏遭惡，故謂爲變，應上天矣。

說是老虎之類的野生動物進入城裏，是凶將出現的預兆，人

被老虎吃掉，是因爲其人生來被吃掉的運命，“命訖時衰，光氣去身，視肉猶尸也，故虎食之。”這不是“迷信”又是什麽呢·

“商蟲篇”的主要内容也是，“蝗蟲”的發生原因在於，“天道自然，吉凶偶會”，歸結於了“迷信”的運命論。

總之，“明雩”、“順鼓”、“遭虎”、“商蟲”諸篇的内容是“打破迷信”這個説法站不住脚。有批判迷信的東西，也有宣傳迷信的東西。所以也不能成爲《亂龍篇》宣傳了“迷信”所以是“僞篇”的証據。

（五）關於“書中已有《龍虛》論龍，作者在此篇中又稱要終董仲舒之龍説，則置《龍虛》篇於何地”問題

經查《論衡》中談“雩祭”的文章，《龍虛篇》主要用於構築有關“龍”的理論，《亂龍篇》主要闡述“土龍致雨”的理論和方法，其他的文章主要談論“雩祭”的社会性意義，文章的分工不同、目的不一。

而且，《論衡》中論及“龍”、用以贊美漢王朝的“頌漢”文章①很多，據此他建立了以“龍”爲中心的“符瑞頌漢論”。所以這一條也不成爲理由。

（六）關於“該篇前后數篇，都有王充的習慣用字，如將‘能’，写作‘耐’，獨此篇無之”問題

查《論衡》全書，取“能”而代之以“耐”的，祇有《論

①根據拙論《王充論龍》一文的統計，頌漢諸篇談及“龍”的地方，《講瑞篇》13 處、《指瑞篇》9 處、《是應篇》1 處、《感類篇》4 處、《齊世篇》1 處、《宣漢篇》2 處、《恢國篇》8 處、《驗符篇》19 處、《須頌篇》1 處。

衡》中的第 3、7、8、28、33、39、45、46、48、53、85 篇，共 11 篇。其中第 45《明雩篇》最多，有 6 處使用“耐”。第 46 的《順鼓篇》有一處，第 48 的“遭虎篇”有一處。可看作同一組文章第 43 的《變動篇》、第 44 的《招致篇》，第 49 的《商蟲篇》都没有①。所以這一條也不成爲理由。

結　　語

本文圍繞“《亂龍篇》是僞篇嗎?”這一問題，對胡適提起的,《中國哲學發展史・秦漢》中的《王充的批判哲學》一文加以“論證”的觀點，進行了徹底地再檢證。我們的結論認爲，説《亂龍篇》是僞篇的説法，是没有任何文獻根據的、基於先入爲主立場的錯誤觀點。

那麼，出現這樣錯誤的觀點的癥結何在呢? 包括胡適在内的著名學者們爲何會犯這麼簡單的錯誤呢?

首先是邏輯推理上的有謬誤。

剛纔我們已經反復提到過胡適以及《王充的批判哲學》使用過的“凡是”邏輯。這個邏輯的推論過程爲:

胡適的推理:

《論衡》有一個大宗旨（“反天人感應的唯物主義哲學”和“科學精神的表現”科學主義）

大前提: 凡是和這個大宗旨不符合的東西，便不是王充

① 根據香港商務印書館出版《先秦兩漢古籍逐字索引叢刊》《論衡逐字索引》檢索。

的東西

《亂龍篇》是反對這個宗旨的

結論：所以《亂龍篇》是僞篇

《王充的批判哲學》的推理：

王充是主張“天道自然”的＝王充是反對天人感應的＝王充是反迷信的

大前提：凡是反對天道自然、主張天人感應、鼓吹迷信的都不是王充的東西

《亂龍篇》反對天道自然、主張天人感應、鼓吹迷信

結論：所以《亂龍篇》是僞篇

顯而易見，上述三段式邏輯推論的謬誤，出在“大前提”上。這個大前提犯了把部分當全體、把局部當整體、把片面當全面的錯誤。拿哲學術語來講，叫作把特殊性當作共性；拿成語來講，叫作“盲人摸象”，摸到一個部分，就把它説成是整體。

從被稱爲“雜家”“全才”的王充的哲學思想裏，可以輕而易舉地找出“一些”，或者説“許多”，或者“大部分”“大宗旨”是反天人感應的唯物主義哲學、科學精神的表現、主張天道自然、反對迷信的東西；甚至説是王充思想的“主流”（尚值得認真考證和思辨）也不是不可以。但是在胡適他們的邏輯推理中，這“一些”、“許多”、“大部分”乃至“主流”性的東西，在不知不覺間“飛躍”成了“全部”、“整體”、“共性”的東西，變成了“王充的所有的哲學思想都是反天人感應的唯物主義哲學、科學精神的表現、主張天道自然、反對迷信的東西”，變成了毋庸置疑的“大前提”。在此基礎上再去作那個“凡是”推理。

其次是關於“王充哲學思想是反天人感應、科學精神的表現、主張天道自然、反對迷信的”的證明方法有問題。

王充是一千九百多年前的中國古代史上的一個普通的思想家，如果我們懷著正常的心理去把握他的思想，其實非常簡單。王充著作流傳下來的，衹有一部現存八十四篇文章的《論衡》。要想把握王充的思想，首先翻開《論衡》的第一卷第一篇《逢遇篇》，從“操行有常賢，仕宦無常遇。賢不賢，才也，遇不遇，時也”讀起，足矣。讀完以後，我們便會覺得王充《論衡》的思想内容非常的龐雜紊亂，也可以説非常全面，乃至清朝乾隆年間編輯《四庫全書》時，對將《論衡》編在哪一類傷透了腦筋，最後居然將之放在了子部“雜家”類。

而另一方面，所謂“反天人感應的唯物主義哲學”、“科學精神的表現”、“主張天道自然”、“反對迷信”之類，是二千年以後的哲學史家們運用西方哲學的基本概念和項目，來對中國古代思想家的思想作的一般地“框架”和大致地“定性”。

既然是用後世的框架來再構建前人的思想，無疑于用後世的篩子來篩選前人的東西，用現代的顯微鏡來檢驗古代的貨色；對“雜家”“全才”之王充的思想，本來不會得出什麼簡單純潔的結果來的。

然而，胡適之和《王充的批判哲學》的作者們，居然從“雜家”“古代的大百科全書”之王充的思想中找出了“王充所有的哲學思想都是反天人感應的唯物主義哲學、科學精神的表現、主張天道自然、反對迷信的東西”，樹立起了“凡是反對天道自然、主張天人感應、鼓吹迷信的都不是王充的東西”這樣非此即彼的大前提，説明他們的考察檢驗王充《論衡》的思想内容時的方法非常的有問題。

説穿了，他們的作法，衹是在王充思想中，挑選出那些符合“反天人感應的唯物主義哲學”、“科學精神的表現”、“主張天道自然”、“反對迷信”的東西，把它們篩選出來，貼上標籤，説這些就是王充思想的整體、全部、本質和共性而已。

如果在篩選的過程中，出現了不符合以上標準的東西時，他們的處理方法通常有兩個：

一是如果王充的理論中有非“反天人感應的唯物主義哲學”、非“科學精神的表現”、不“主張天道自然”、不“反對迷信”，甚至是鼓吹贊成的東西，他們通常便將之當成王充理論中的“一帶而過”的“缺点”或“弱点”。王充的“命”論便是一個典型。例如《王充的批判哲學》一文在論述王充的“命”論時，再三認爲是王充理論中的一點兒“缺陷”、“局限性”、“消極的”、“糟粕”，帶著無限遺憾的口氣，去分析論證和“反天人感應”説的“矛盾点”。① 胡適則指鹿爲馬，硬説王充的“命”論是“唯物的歷史觀”，有點象“近世馬克思（Marx）的唯物史觀”！（後來覺得説得太過，又拿起筆將後面一段删掉了（第1315頁））再就是視而不見避而不提。又如《王充的批判哲學》一文對於王充那麼重要的的“頌漢論”，居然一字不提！

二就是本文提到的，如果王充的理論中有非“反天人感應的唯物主義哲學”、非“科學精神的表現”、不“主張天道自然”、不“反對迷信”，甚至是鼓吹贊成的東西，他們就認爲王充的思想中“不可能”、“不會”有那些東西，是“全無道理”、“難以想象”的。於是將之否定，説那些東西不是王充的東西，是僞作

①請參見《中國哲學發展史·秦漢》《王充的批判哲學》的第四節。同書第528—535頁。

僞篇。

在這種處理方法下，出現了胡適和《王充的批判哲學》的《亂龍篇》僞篇説。

作者簡介：鄧紅（1958—），男，重慶合川人。武漢大學歷史系77級本科、日本九州大學文學碩士、文學博士。現任日本北九州市立大学文學部教授，武漢大學傳統文化研究中心兼職研究員。研究方向爲中国思想史、中日文化交流史。

著有《董仲舒思想の研究》（日文，人と文化出版社1995年版）、《董仲舒的春秋公羊學》（中國工人出版社2001年版）、《王充新八論》（中國社會科學出版社2003年版）、《王充新八論續編》（中國社會科學出版社2007年版）、《南詢録校注》（武漢理工大學出版社2008年版）等。翻譯島田虔次著《中國思想史研究》（上海古籍出版社2009年版），津田左右吉著《日本的神道》（商務印書館2012年版）等。

關於經學存廢及相關問題的若干思考

謝金良

内容摘要： 經學存廢問題是二十世紀以來中國學術界久訟不決的難題，也是當下中國大陸亟須面對的一大問題。本文首先以漢代儒家經學歷史作爲主要研究對象，深入分析漢代經學在承上啓下的歷史進程中所引發的紛争與功過，深入思考與經學思想密切相關的重要問題；又對歷史演變中在崇聖尊經背景下的經學歷史進行宏觀的審察，追溯源流，明其得失，以便更好地理解經學在中國歷史上的地位、功用和價值；最後對百餘年來經學在中國大陸缺席的現象簡要加以分析總結，并結合現實問題加以思考，提出個人的想法。本文認爲，在新的歷史時代中，經學獨尊可以被廢弃，但經學傳統不可以被終結，也是不可能被徹底終結的；而在未來復興儒學的進程中，必須從時代發展需要出發，切勿盲目復古和過度崇拜，更不能操之過急，必須儘可能讓儒學研究和發揚朝著科學合理的方向，朝著人類共同發展的方向。

經學是最具有中國特色的學術文化之一。近代以來，伴隨著西學東漸，社會動蕩，帝制垮臺，經學逐漸式微。尤其是“五四”運動之後，經學開始缺席，西學教育逐漸深入人心。在中國大陸，改革開放以來，隨著西學思想的負面影響越來越明顯，學術界和社會各界又重新掀起國學熱。在這一輪新的國學熱方興未艾之際，經學研究備受重視，讀經正在演變成一種社會時尚。當此之時，擺在人們面前的一個問題是：被廢止百年的儒家經學，是否應該得到復興？尊經、讀經是否必要？從目前來看，這個問題尚無定論，但無疑乃是當下中國文化研究和教育值得深入思考的。對此，本文擬聯繫漢代儒家經學的歷史及其對歷代思想文化的影響，結合中國現當代的實際情況，加以分析和研究。

一、承上啓下的漢代經學：紛争與功過

毫無疑問，經學歷史是從西漢開始的。漢代是儒家經典的復興階段，也是儒家經學最爲繁盛的時期。因此，研究經學問題始終都不能繞過漢代，也繞不過對儒學經典思想價值的再認識。大凡談論經學，總離不開對經和經典的定義、來源、演變、功用等問題的探究。關於“什麽是經”的問題，儘管各種説法未臻一致，但都有一種共同的認識：即相傳孔子編删整理的“六經”（《詩》、《書》、《禮》、《樂》、《易》、《春秋》）都是儒家經師共同尊奉的“經”或“經典”。如果“六經”都是孔子的著作，那麽孔子就是“經”的始作俑者，也就是説“經”的最初來源衹要追溯到孔子就足够了。問題是，這“六經”都不是孔子獨立撰寫的，他不能完全享有著作權。相傳“六經”之於孔子，衹是“述而不作”，大抵就是根據一些典籍、史料加以編删整理而成更方便學習和閲讀的書本而已。從這個角度看，清代學者章學誠《文史通義》提出“六經皆史”的説法，確實是比較符合歷史事實的。但是，“六經”畢竟不能等同於史書，也不能等同於一般的教科書，而是具有特殊意義的“經書”。因爲相傳孔子編撰“六經”，不是瞎編，也不是簡單的删述史料，而是按照自己的審美

標準有所取捨，并按照一定的義例、條例加以編撰，而這些義例又隱而不宣，没有在經文中直接加以體現。比如，《春秋》中被賦以“微言大義”，但在文本中是没有注明的；《春秋》中涉及的許多歷史故事，相關情節也都没有詳細記載。正因爲如此，纔會出現《春秋三傳》（史傳不止三傳）的不同言説，也因此導致《春秋》學研究的紛争不斷，往往也是歷代經學研究者論争的導火索和焦點。問題還在於，由於史料記載有所缺失，有關孔子與“六經”的關係逐漸變得迷糊不清，戰國以來出現在典籍文獻中的各種記載都難以還原歷史真相，以致各種記載都變成傳説，似是而非，難以定論。既然如同傳説，就會出現一些不切實際的説法，甚至出現許多自相矛盾的表述，這就爲後來學者否定“孔子作六經”提供了大量的證據。但是，不管否定者的證據如何充分，歷代學者中相信孔子與六經有密切關係的還是大有人在。那麼，信與不信，或是半信半疑，無疑就是歷代經學家引起紛争的癥結所在，也是如何看待儒家經學思想的關鍵所在。在長達兩千多年的經學歷史中，這個問題論争到最後也没有標準答案，直到今天問題依然存在，衹是不再成爲學術論争的重點罷了。但其實仍然是當前傳承和弘揚儒學文化的死結之一，問題得不到解決，就無法形成對儒學思想價值的統一認識，也很難真正説清孔子思想的價值意義。筆者以爲，僅僅依靠傳世典籍史料尚不足以解決問題，有待更多地下文物重見天日，或許能徹底揭開這一千古謎案。

話説回來，倘若孔子真是“述而不作”所謂的“六經”，可見“六經”的來源肯定更爲古老。事實上，以往的許多研究成果雖然尚不足以明證確實是孔子通過“述而不作”而編撰出“六經”的，但通過分析和解讀傳世的與“六經”大體相關的文本内容，完全有理由推斷其中許多思想内容是產生於孔子時代之前的，比如《周易》本經不可能是孔子所作，甚至是被孔子删述的可能性都没有；又譬如《春秋》記載的大部分是孔子生前的魯國歷史，很能説明這不是孔子所作或絶大部分不是孔子所作的，但文本内容語焉不詳倒很有可能是被孔子或他人删述過的。這樣看來，追溯“六經”的來源非但不能止於孔子，還應追溯到西周、商、夏等史初時期，甚至還應追溯到更爲久遠的史前時期。這樣一來，看似簡單的問題就會變得相當複雜。

可是，這個問題又是至關重要的！如果不能得到有效地解決，許多思想的根源就得不到正確的理解，許多問題就會變得没有標準答案，更有甚者是導致許多錯誤的史料和對歷史的誤解長期以訛傳訛，真假難辨。問題真有這麼嚴重嗎？不妨舉些例子説明。提起“一陰一陽之謂道”，都知道是出自《易傳》之《繫辭傳》，都會因此以爲這是《繫辭傳》或者是《易傳》作者的思想，也有不少人直接認定這是孔子的易學思想。這種思想及其相類似的觀點，在傳世的春秋戰國時期出現的典籍史料中，除了《繫辭傳》以外，都没有被提及；迄今爲止也没有發現可能比《繫辭傳》更爲古老的著作中，有對這種思想的文字表述，所以後代學者也衹能認定這種思想產生於春秋末期，或是戰國時代，無法再推到更久遠的時代了。我們知道，“一陰一陽之謂道”是非常重要的易學思想，與《莊子》所言“《易》以道陰陽”相得益彰，但明顯更爲具體深刻。由於史料缺失，學術界衹能把這種思想歸功於《繫辭傳》的作者，并把這種思想產生時間推定在《繫辭傳》創作的時代，那麼也就不可能早於孔子時代了。事實果真如此嗎？筆者以爲這很值得懷疑，依據就在通行本《周易》本經的文本和卦序之中。《周易》共有六十四卦，除了乾卦純陽、坤卦純陰以外，其餘六十二卦都是僅由陰爻和陽爻組合而成，這些卦象符號從個體到整體，象徵人道、地道、天道的運行變化，可見已具有"一陰一陽之謂道"的創作思維和審美觀念；再看通行本《周易》中六十四卦的排序，始於乾、坤，終於既濟、未濟，不僅依次相鄰兩卦具有"非覆即變"的規律，而且上經三十卦與下經三十四卦都各内含十八個卦象，也就是説六十四卦的排序并非毫無邏輯規律，而是明顯具有一定的排序規則。從已發現的排序規則上看，大致上都體現了"一陰一陽之謂道"的思想，這種思想在《序卦傳》中某種意義上也得到很好體現。聯想《史記》"文王拘而演《周易》"之説，我們似乎應該有更充分的理由推證：假使真有文王演《周易》之實，他對《周易》的推演可能就是對六十四卦的精心對比和排列，而所排列的卦序就是推演的重要成果之一，那麼他排序的思想標準或是數理邏輯應該是有所依據的，難道"一陰一陽之謂道"思想不是他巧妙賦以的，反而會是後來易學研究者從中分析歸納再發現的？到底是文王有意爲之，還是無意使然，其實都無法否定一個客觀事實：通行本《周易》六十四卦排序已藴含"一陰一陽之謂道"的思想了。推想是容易的，確證就幾乎不可能！但是，衹要這個疑點得不到澄清，易學思想的來龍去脉也就難以説清了。

再舉《詩經》爲例，傳説孔子以前傳世的詩作就有三千多首，但雅俗不一，良莠不齊，孔子編選《詩經》時衹選擇其中的三百零五首，其他的大部分詩作也就因爲得不到重視而逐漸亡佚殆盡，後來許多研究先秦詩歌的學者也因此怪罪孔子，使得孔子編撰《詩經》的功過難以定論。那麼，如何評價孔子編撰《詩經》一事的功過呢？我們知道，在經學昌明的時代裏，罕有學者因此指摘孔子的過失，甚至更多的是由此贊嘆孔子的高明和偉大；而在經學没落、文學繁興的現當代，不少學者從文學、歷史、文化的角度，無視經學的價值，認爲孔子的删詩是錯誤的行爲，值得批判。在他們看來，孔子僅憑己意斷定被删掉的詩作爲劣詩，難免帶有個人偏見，是很不客觀和科學的。這種觀點看似有一定道理，因爲從人文學科的角度看，若能使所有的詩作都流傳千古，纔能便於後人選讀和研究，至少能更有利於對先秦學術文化的深入研究。但是歷史記載偏偏就是這樣不從人願，經常在某個轉捩點黯然消失，讓人無可奈何！這能完全怪罪與之相關的歷史人物嗎？面對同一篇詩作，似乎可以允許不同讀者有不同的理解和評判，但果真如此來看待和鑒賞作品，也就没有優劣之分的客觀標準了。假如評判詩作必須要有一定的標準，那麼也就意味著優勝劣汰實屬必然。那些被删掉的詩作，也許不合孔子的審美標準，但也未必就會全部亡佚，而事實上的確如此，這反過來應該可以説明孔子的審美標準是符合人心的，是有一定客觀理據的。那麼，孔子所依憑的理據是什麼呢？是否合情合理呢？因無史料明證，自然成爲千古謎案。現在來追究這些問題，衹能追溯到漢代學者的説法。而漢代學者如毛亨、毛萇、韓嬰、轅固、申培等傳《詩》者，雖有《詩傳》作品流傳，但可惜傳到後來衹剩下《毛詩傳》。漢代學者去古未遠，又傳承有自，應該是比較值得信賴的。可是他們畢竟是“崇聖尊經”的學者，僅注重從倫理道德的角度闡發經義，缺少懷疑和批判，也缺少多維視角的審視和解讀，加上傳承過程中産生的許多不確定因素，以致同時代的傳《詩》者就有不同的見解，這也自然又導致後來此起彼伏的紛爭。而當經學的義理不再被後學者信奉時，《毛詩傳》的價值和意義也大打折扣。《毛詩傳》的價值應該如何評估纔好呢？筆者以爲，一旦離開對經學的正確認識，不但無法正確評估《毛詩傳》，而且無法評判孔子編撰《詩經》的功過。在今天的文學研究者看來，《毛詩傳》提出“詩言志”的觀點，是非常重要的詩學理論，而對其中涉及道德禮教的闡發却不以爲然，甚至是加以無情的批判。今天的研究者發現《詩經》中也有不少類似於淫詩、艷詩的作品，就以爲《論語》所言“詩三百，一言以蔽之：思無邪”是對孔子儒家思想的粉飾和曲解，對《毛詩傳》中揭示的許多典故也不再重視，以爲都是對儒家禮教思想的美化。而事實上，在筆者看來，不從經學義理的角度，不借助《毛詩傳》，是很難理解《詩經》的。比如《關雎》，爲什麼會放在首篇？明明談及的是兒女情長、男歡女愛之事，爲什麼仍然被認定是“思無邪”呢？難道孔子是胡編，毛亨、毛萇又是有意美化孔子和《詩經》？其實道理很簡單，在儒家經學思想看來，乾坤交媾化生萬物纔有天道運行，男女交感傳宗接代纔有人倫繁衍；《周易》下經從《咸》卦開始便是對人倫的重視，《毛詩傳》以“后妃之德”論《關雎》也是對這一天經地義之人倫的贊美。明於此，纔能更好理解《詩經》深含的意藴，纔能體會孔子編撰《詩經》的良苦用心。否則，僅僅依憑文本的隨意解讀，就會造成曲解乃至對古人的褻瀆！儘管如此，在没有充足史料佐證的前提下，如何正確解讀《詩經》就無法形成統一的認識，也就無法評判漢代《詩經》學以及孔子編撰《詩經》的學術意義。可見，對經的來源追溯問題，對經學歷史乃至中國學術文化的研究至關重要。

值得注意的是，從漢代儒家經學産生之初，經的來源問題已經顯得撲朔迷離了。除了對“六經”如何演變而來的問題不甚瞭解以外，對“六經”如何從春秋戰國時代傳承到秦漢時期也不是特别清楚。比如《樂》傳説是“六經”之一，到底是不是經書的形式，或者衹是有名無書，爲什麼没有流傳到漢代等問題，漢代經學家都已經説不清楚了。而其他“五經”能够傳到漢代，也是有些來路不明的。個中原因非常複雜，但至少有四點原因是不可忽視的：一是經書的文字載體尚不可靠。戰國時代，經書多半是竹簡編成的，數量有限，容易毀壞，很難長期保存。二是經歷的時代動蕩易於亡佚。戰國、秦漢之際，戰亂此起彼伏，許多書籍因此散失殆盡。三是秦始皇焚書坑儒和西漢初期禁止民衆私藏典籍。儒家經書典籍慘遭浩劫，很難完整傳世。四是得以傳承下來的經書主要是靠傳經者口耳相傳，代代更相傳遞，歷經幾代傳經者纔被重新著於竹帛，難免以訛傳訛、抱殘守缺。以上原因，導致漢代經學成立之初已經無法彌補經書本身的許多缺憾，這些缺憾無疑就是日後經學家紛争不斷的根源所在。而從漢代儒家經學歷史來看，導致紛争的原因還不止於此。我們知道，西漢中期開始尊奉儒家經典之初，大部分的經典都是傳經者通過默寫的形式重新用漢代的隸書書寫出來的（除了《易經》未遭秦火，可能有先秦或秦代的版本流傳下來，其餘的《詩》、《書》、《禮》、《春秋》都是重新默寫的，新抄的版本也因傳經者的不同而有差异），即所謂的今文經。在對今文經的理解上，西漢的經學家已經開始激烈的論争，比如對《春秋》的解釋就有許多家，而已立於學官的《公羊傳》和《穀梁傳》就一直在爲争立博士而較争，長期是治《公羊傳》的經學家占上風，衹有在漢宣帝時期《穀梁傳》學者纔一度獲勝；對《詩經》的解釋也有許多家，齊詩轅固、魯詩申培、韓詩韓嬰、毛詩毛公（毛亨、毛萇），最後是毛詩得以勝出，并千古流傳；對《易經》的解釋更是五花八門，有“訓詁舉大誼”、“陰陽候灾變”、“章句守師説”、“以《十翼》解經”等不同研究方向，最後是象數派易學家略占上風，并成爲漢易的主流。從西漢今文經學家彼此之間的論争過程中，可以説明一個事實：即使中國經學史上没有古文經的出現，經學家們對儒家經典的解讀同樣會是見仁見智，紛争不斷。前已述及，紛争的原因多半是歷史材料缺失引起的，以致對文本和經義的理解産生分歧。但是，我們不能忽視的是，還有很大一部分原因是現實造成的。現實不合理，自然存在諸如政治鬥争、階級鬥争，以及觀念之争、利益之争等，從根本上看乃是人性之争。如果我們能從人性的角度來看待學術問題，就能更深入地發現經學家産生論争的癥結所在，也纔能更好地理解經學演變的歷史和評判經學思想在歷史語境中的功過是非。

二、崇聖尊經的古代中國：演變與得失

從西漢中期開始，中國就進入長達兩千年的“崇聖尊經”時代，也可以説進入了儒家經學占主導地位的時代。如果没有古文經的出現，就不會有此起彼伏的今古文經之争成爲經學歷史演變的主要綫索，經學思想的研究也許會變得更加單純些。可是，歷史的演變偏偏總是出乎人的意料之外！在今文經學剛開始興盛不久，漢武帝末期，魯共王壞孔子宅，得古文經籍數十篇，便有了一批與今文經典有所不同的古文經。到了西漢末期，又發現了一批古文經，使得古文經典的數量空前繁盛。值得注意的是，由劉歆發現和整理的這批古文經，到底是不是劉歆的僞作，向來没有定論。但在後來的經學歷史演變中，我們可以清楚地看到正是這批古文經典的面世，促使古文經研究在短時期内贏得許多學者的青睞，導致今文經學在東漢時期迅速走向衰落。從古文經的出現到東漢末年鄭玄以古文經學爲主遍注群經，今古文經學之争就一直是漢代學術界争論的焦點。不容忽視的是，在很長一段時期内

今文經學居於官學的主導地位，而古文經學僅是“私學”而已；今文經學者也一直在打壓古文經學，并與之持續不斷地展開論争。這場論争在東漢章帝時期，曾演變成一場旗幟鮮明的學術論争，在章帝的主持下兩派的代表人物在白虎觀召開全國性的學術會議，討論了一個多月，最後由皇帝統一裁决，并形成了以今文經學爲思想基礎的《白虎通義》作爲會議成果由班固編撰成書，暫時平息了今古文經學之間的紛争，也再次奠定了今文經學的統治地位，并促使了儒學與讖緯宗教神學的合流。在筆者看來，東漢初期的這場在白虎觀的今古文之争，看似以今文經學略勝一籌而告終，而實際上是爲日後古文經學復興埋下了伏筆。理由有三：一是有可能是僞作的古文經，初步得到了官方的承認，獲得了一定的合法性；二是古文經學的研究方法更具有學術性，更適合後學者展開對經典的研究與傳承；三是與讖緯神學合流的今文經學逐漸走向虚妄怪誕，變得越來越不切合現實。也許正因爲如此，東漢中後期以來研治古文經學的學者越來越多，不僅使古文經學得以立於學官，而且使得今古文經學在文本、思想方面的界限越來越不清晰，以致出現諸如鄭玄這樣的大學者也開始混用今古文經義來解讀儒家經典，到了三國時期魏國學者王肅也同樣是混用今古文經義來解釋儒家經典。至此，今文經學的統治基礎基本上被瓦解了，加上有影響力的今文經學家寥寥無幾，也就標志著今文經學開始式微了。漢代的儒家經學演變史，充滿了激烈的今古文之争，但也非常富於戲劇性，隱隱約約的學術進程中平添了許多學術難題，讓後世學者對經的來源、本義、文本、傳承過程等真相更加難以考究和定論。可以這麼説，後世學者想要研究中國經學史無論如何也繞不過漢代經學史，而一旦進入漢代經學史的研究便會遇到許許多多剪不斷理還亂的實質性問題，讓人如墮五裏雲霧之中，甚至是難以自拔。有鑒於此，我們不能不重新回過頭來思考一個問題：從歷史發展的角度看，漢代儒家經學的興盛發展對於中國古代政治、經濟、文化的發展有何得失？這無疑是一個相當複雜的問題，但問題的答案無疑有助於當今中國人民對傳統經學文化的批判與繼承，同樣也有利於經學研究朝著更爲科學合理的方向進展。對此，筆者不揣簡陋，擬借此發表一些個人的看法，以期得到學術界更進一步的關注和探究。

首先，春秋戰國時期儒家學者對原始典籍的重新編撰，使之演變成具有儒家思想色彩的經典教材，促使更多學者在紛亂的時代中展開激烈的争鳴，引發了一場曠日持久的思想論争。回顧歷史，雖然我們無法證明在夏、商、西周時期是否有過類似後來諸子百家争鳴的時代，也無法確證在那漫長的史初時期是否已有“三墳”、“五典”等重要典籍存世，但我們可以推想那也一定不是獨尊某種思想、典籍的時代，而更有可能是後來許多重要思想的萌芽和肇始階段。從傳世的先秦典籍文本内容來看，不止是《易》、《書》、《詩》、《禮》、《春秋》等經典的文本和思想至少在西周時期已經客觀存在，先秦諸子典籍中也有許多零散的思想和材料至少在西周時期已經出現。這一事實非常有力地説明：傳承至今的中國傳統文化，不是肇始於孔子的儒家文化時期，而是濫觴于史前和史初華夏先民的文明智慧之結晶，是值得後世歷代學人研讀和傳承的文化精髓。但是，我們同時必須看到另一事實：倘若没有以孔子爲代表的各個時代儒家學者對這些原始經典的重視、整理、編撰、注疏、傳承、保護，早期的原始經典有可能在流傳過程中出現更多的亡佚、散亂、誤解等後果。因此，在經典文本傳承方面，從孔子到漢初的經師可以説是居功至偉的，但也不是完全的有得無失。辯證地看，得失難以定論，根本問題在於兩個方面：一是相傳孔子對於原始經典文本不是單純的傳承，而是有目的地加以整理和改編，有所删削，并注入了個人的思想，使這些經籍隱含了偏向儒家思想的經義。換句話說，經過改編的原始典籍變成了帶有義理色彩的儒家典籍，而不再是所有學者都信奉的文化古籍。二是對於原始經典文本内容的闡釋開始偏於儒家化傾向，不管是“六經注我”還是“我注六經”的研究思路都殊途同歸於闡釋儒學經義，而對原始經典涉及的歷史、文化、功用等有所忽視。如果人類歷史在紛繁複雜的思想論争中，能够徹底證明唯有儒家思想是最正確的、最適合人類發展需要的，那麼以儒家經典替代原始經典無疑就是符合歷史發展潮流的，是一次有得無失的文化革命。否則，把“篡改歷史和經典”的罪名安在儒家頭上，也是理所應當的。所以，評判得失的關鍵，還不能定格在早已無法改變的歷史，而是必須更多地關注儒學在後來的歷史進程中能否真正地發揮積極作用，比其他思想更能造福全人類。

其次，漢代以來儒家經學的復興，是出於政治統治的需要，而不是學術自身發展的需要。我們知道，在諸子百家争鳴的時代，即使有孔子、孟子、荀子等大批名儒在世，儒家學説儘管人才輩出，影響廣泛，也遠未達到可以獨尊的地步，反而是法家在秦代大行其道而儒家慘遭“焚書坑儒”，道家思想在西漢初期得以重視而有休養生息政策實行。這些歷史事實説明了什麼呢？筆者以爲，先賢治國注重的是時代和現實的需要而對學術思想有所取捨，而儒家思想在天下未平、政局未定、人民未富的歷史時期既無法滿足統治者的政治需要，也無法説服君主和民衆追求禮樂教化的德治社會。到了漢文帝時期，賈誼《論積貯疏》“倉廪實而知禮節”、《過秦論》“仁義不施，而攻守之勢异也”等著名觀點都很雄辯，但也無法馬上改變儒學受冷落的局面。直到漢武帝時期，纔聽從董仲舒的諫議，“罷黜百家，獨尊儒術”，結束了諸子學術思想紛争的局面。這無疑也是當時社會和政治需要所致，而并非單純是從學術思想優劣的角度來評判諸子百家的。從當時的情况來看，“六經”之學雖然得以復興，并在形式上得以獨自立於學官，但也并非完全是儒學思想專治天下，至少法家的思想并未被徹底摒弃，甚至仍然是統治者治國的重要手段，不斷出現的酷吏和冤案可以證明“外儒内法”纔是歷史實際，難怪清末思想家譚嗣同會在《仁學》中驚嘆：“两千年之政，秦政也，皆大盗也；两千年之學，荀學也，皆鄉願也。”秦漢以降两千年的數十次朝代更迭，主要是庸政、暴政、專政導致的，可見推行仁政的時代并不多見也不持久！這反過來似乎可以説明，儒家的仁義之學表面上得到重視和推行，其實并未得到君心和民心的貫徹執行。這又是爲什麽呢？在两千年漫長的歷史演變中，不能排除有天灾人禍、异族入侵、民衆暴動等因素導致政權更替、家國淪亡的事實，但從根本上看不能不歸咎于指導思想和傳統文化本身存在許多問題。而許多問題的産生就是源於思想的紛争，主要在於學術上缺乏統一的認識和兼容并包的理論。按理説，“獨尊儒術”便可思想統一，“統紀可一而法度明，民知所從矣”（《漢書·董仲舒傳》），而事實上恰恰相反：西漢中後期儒學内部便有思想紛争，古文經典出現之後今古文經學之争更是愈演愈烈；待到東漢末期古文經學快要一統天下的時候，天下大亂，佛教東傳，道教興起，玄學之風流行，而後儒與佛、道相争又起，本土學術在六朝時期幾乎喪失主導地位；入唐以後，經學地位重新確立，但好景不長，中國化佛教宗派如雨後春筍，土生土長的道教也得到重視和發展，及至唐末五代時期天下又亂，經學地位再次風雨飄摇；而在積貧積弱的兩宋時期，内憂外患從未停息，儒學在與佛、道嫁接之後得以復興，但傾向於談論心性、道理的理學雖有助於匡正世道人心，却對富國强兵缺少方略，最終無法扭轉被异族侵吞的慘敗結局；在蒙古族統治的元代，經學雖未被盡弃，但儒學者的地位已明顯下降，理學反而逐漸成爲禁錮思想的枷鎖；有明一代，廢除明經取仕的制度，程朱理學橫行，陽明心學興起，而正統經學日益衰頽，三教合一思想在晚明時期演變成主流；明末清初的實學作爲心學的餘緒，力圖補偏救弊，但更多是出於反清復明的需要，亦非對經學思想的重視，這種思緒及至清末孫中山、章太炎等人仍有鮮明體現；而在清代乾嘉時期，爲躲避聲勢浩大的文字獄，許多學者不得不鑽進故紙堆裏，探賾索隱，廣搜博采，力圖振興漢學，而導致漢學與宋學的紛争，再到後來國門被打開之後，漢代經學剛被學術界重視不久，西學東漸且日益興盛，不僅出現中學與西學之争，而且研治儒學的經學家又重新展開激烈的今古文經學之争，最終在歷史大變革中壽終正寢。回顧兩千年的經學史，漢代經學繁興得益於“獨尊”，宋代理學繁興也是得益於“獨尊”，而兩次“獨尊”都導致“物極必反”，究其主因在於都不是學術理論發展的需要，而是政治統治的需要。如果是從學術文化發展的角度看，源於先秦早期的經典固然重要，但是伴隨時代發展而出現的非儒學思想也是不容忽視的，比如道家、墨家、法家、陰陽家、兵家等諸子百家思想并非一無是處，魏晋以來的玄學、道教、佛教等文化思想也頗有可取之處，近代以來傳入的東洋、西洋等异學思想更加重視民主與科學，可見走向“獨尊”的儒學思想是不利於學術生態平衡的，勢必引發思想較争而不斷處於尷尬的地位。因此，在傳承儒學思想的同時，形成相容并包的學術理論思想尤爲必要。而這又是歷代

"崇聖尊經"的經學家們難以覺悟和警醒的，即使有所醒悟懂得援用"外學"創新儒學（如玄學、理學、心學皆非純正儒學）但也無法逃脱再次"妄自尊大"而被唾弃的厄運。這一歷史事實表明，儒學獨尊有悖於時代發展的需要，同樣也有悖於學術理論走向科學發展的合理需要。

第三，從西漢中期到清代末期長達兩千年之久，儒家經學能够長盛不衰，説明經學思想確實也是華夏民族思想精神的根源和依托，是具有相當的合理性因素的，是值得推崇和傳承的，當然也就是不容被輕易廢弃的。前已指出，儒學經義主要源於孔子儒家及其後學，但儒家經典的合理性却是由來已久，可以上溯至史初時期，可謂是華夏先民賢哲文化智慧的結晶，值得不斷繼承和發揚。細而論之，《易經》的象徵思維、中和思想、太極文化是華夏文明的本根，《詩經》、《禮經》、《樂經》的詩學、禮教、和同思想是華夏文明的特色，《尚書》、《春秋》的史官文化承載著華夏文明的進程，河圖雒書、陰陽五行、天干地支、天文曆法等文化精粹在儒學的推動下促使華夏文明屢創輝煌，而這些思想文化在西漢時期就被學者們統攝成經學思想，得以重視和發展，并逐漸成爲具有一定理論體系的指導思想。儘管經學内部的紛争不斷，這些指導思想始終堅不可摧。即使漢代以來异學紛呈，外學興起，學術思想不斷在演變，這些經學思想的合理内核也仍然影響深遠，深入人心。但是，我們也應充分意識到，這些看似合理的思想固存，是得失并舉的。從得的角度看，舉不勝舉，比如《春秋》"大一統"的思想，有利於民族融合、國家統一，雖然歷盡朝代更迭與國家分合，但總能趨於統合而非完全分散；《禮》《樂》的禮樂教化思想，促使我國一直能够維持"禮儀之邦"的美譽；《周易》的義理思想，讓自强不息、厚德載物、審時度勢、與時偕行、革故鼎新、勤儉節約等思想精神一直得以弘揚；而與《易》學相關的陰陽五行思想，在很大程度上也推動了古代科技的進步。從失的角度看，也是比比皆是，比如形成於漢代的“三綱五常”、名教思想、男尊女卑思想，形成于宋代的“存天理，滅人欲”思想，都對歷代人民的思想產生禁錮的反作用，此外一些所謂的封建迷信思想、讖緯神學思想以及各種本土化的宗教思想，都不同程度上與儒家經學思想有千絲萬縷的聯繫。從總體上看，儒家經學思想還是比較人性化的，有利於華夏古老文明的傳承，其核心價值觀也基本上符合華夏民族的理想追求，與全人類追求幸福美好生活的願望是基本一致的。而對儒家經學所造成的不利因素，大多可以歸咎于文化傳統的特性，具有一定的歷史局限性，需要後學者加以改造和創新。

三、經學缺席的中國大陸：革命與困境

經學缺席的現象，在中國已有百餘年歷史了。有人認爲這也標志著經學的終結，以爲經學統治的時代將一去不復返了。在二十世紀初葉，經學爲什麼會開始缺席并走向終結呢？這個問題非常值得反思，也不斷有研究者加以思考和總結。從歷史進程來看，清末民初的中國學術界并不是缺少著名的經學家，也不是所有的學者都一致反對延續經學，而經學最終被取締却很快變成歷史事實。從當時的時代背景來看，確實已有大量的西學傳入，但也沒有完全壓倒經學；各種政治思想運動此起彼伏，在維新變法和革命思潮的交互衝擊下，反對傳統文化的思想逐漸成爲主流，但是真正提出徹底取締經學的主張也不很鮮明。可是，二十世紀一十年代各種政治、文化事件的突變，一場大革命的迅速到來，

却以摧枯拉朽的態勢令經學基本終結。不容置疑，封建君主專制制度的覆滅和新文化運動的到來，便是儒家經學走向終結的直接原因。換句話説，隨著共和時代的到來，民主和科學得到大力提倡，經學一統天下的局面必須被打破，崇聖尊經的思想觀念已經無法適應當時的中國。

但是，我們也必須清醒地看到，經學在當時并没有徹底地終結。二十世紀二十年代以來，儘管經學已非官學，不再受政府的重視和保護，但是經學思想的傳承、經學歷史的研究、儒家經典的存續仍然普遍存在。經學剛被取締不久，仍有不少保守派鼓吹經學，提倡讀經，但主要目的是企圖恢復帝制，顯然是悖逆時代發展的潮流；但也有一些學者出於對傳統文化的保護，仍然繼續潛心研究儒學的，一大批著名的新儒家可謂是這方面學者的代表，他們試圖創新儒學理論，讓儒學思想重獲生機和活力，雖有廣泛的思想影響，但也無法改變經學被終結的命運；還有一批經學史研究者，他們并不“崇聖尊經”，但却非常重視經學歷史的研究，有些是新儒家代表人物，有些是堅持唯物主義的歷史學家（如周予同），還有一些屬於受過經學教育的學者（如馬宗霍、皮錫瑞、蔣伯潛等），不管他們是從什麼角度來看待經學歷史，無疑都有助於經學傳統的延續；更值得説明的是，與秦代完全不同的是，此次取締經學，衹是廢除傳統的經學教育和統治地位而已，不再讓學校教育純粹以經學思想爲主，而没有從政策上迫害研究和愛好儒學的人，更没有把儒家經典列爲禁書或是大量燒毀儒學書籍（實事求是地説，當時學界仍比較重視儒學典籍，否則就不可能再續修《四庫全書》，又請大批著名學者撰寫提要）；另外，我們也應該看到，在建國以前的民間私塾教育中，仍有繼續教學儒家經典的現象，這也是儒學文化傳統到當代能够得到接續和發揚的主要原因。綜上所論，我們可以得出一個結論：經學被取締之後大約四十年的時間裏，并没有徹底終結；表面上經學缺席了，但經學思想的影響仍然存在；反對儒家經學的統治和束縛，雖已成爲現當代以來中國思想的主流，但并非是所有中國人的共識（佩服孔子及其後學思想的人，仍大有人在）。

新中國建立以後大約三十年的時間裏，經學走向徹底終結了嗎？即使經學在大陸受到激烈的衝擊，但也并非徹底終結。五六十年代掀起的文化掃盲、提倡“簡化字”、“破四舊、立四新”等運動，確實對以經學思想爲代表的傳統文化造成很大破壞，尤其是六十年代中期發動的史無前例的“文化大革命”運動中，經學更是慘遭毀滅性的清算和打擊，但是也仍然是不够徹底的。儘管與“五四”新文化運動相比，持續的時間更長，打擊的範圍更廣，使用的手段更毒辣，清算的程度更深入，但這畢竟衹是一場轟轟烈烈的政治運動，而并非是一場贏得民心的“文化大革命”，因此在形式上雖然已經幾乎終結了經學思想的傳承和傳播，但并没有完全從思想上清除儒學思想的深刻影響。從某種意義上説，儒學的重要經典仍然可以保存在圖書館，一些儒學研究者仍然可以存活下來，足以讓經學的傳統在相對短暫的“文革”（十年看似漫長，但與秦漢之際的禁儒相比，仍顯短暫）中苟延殘喘地接續下來，這也是“改革開放”伊始儒學研究在大陸便能重獲生機的根本原因。不可忽視的是，在 1949 年以後，臺灣地區却特别重視經學研究，大力弘揚和發展傳統文化。在東亞、東南亞也形成新的儒學文化圈，日本、韓國、香港、新加坡等國家和地區也都相當重視儒學的發展和創新，使得經學研究的傳統不至於被徹底割裂。平實而論，在二十世紀中期儒家經學研究并非完全走下坡路，在中國大陸的確是瀕臨滅絶，而在大陸以外的局部地區儒學仍然深入人心，并在一定程度上向全世界傳播和影響。正是那些受儒學理論影響的國家和地區在實踐上取得一定的經濟、文化成就，反過來大大促動二十世紀八十年代以來大陸學者、政府對儒學的不斷重視。近幾年來，一個非常明顯的現象是：大陸政府越來越重視以儒家經學爲代表的國學，最重要的標志莫過於把國學經典作爲中小學教育的主要内容之一，社會各界也普遍出現對儒學的重視，各種與儒學相關的孔子學院、書院、通識教育核心課程、培訓班、讀經班大量出現，甚至有一些人開始呼籲進一步重視經學教育，恢復以前的經學傳統，以對抗不斷西化的思潮和解救日益失德的文化困境。這種現象的出現，到底是時代發展的需要，還是政治方面的需要呢？不管怎麽看，從物極必反的角度來看待經學歷史，允是符合歷史實際的。

面對歷史，何去何從，并非個别人的主觀意志所能徹底改變，而是歷史潮流的演變態勢所决定的。於此，探討經學存續與廢置的問題，理應有更爲清醒的歷史意識，理應更爲實事求是地面對現實，纔能讓經學朝著更爲科學合理的方向進展。因此，筆者認爲有必要重新思考幾個與經學相關的問題：

一是取締經學的官學地位、終結經學獨尊的局面是否完全正確？從兩千年經學獨尊的歷史來看，對學術文化的多元化發展是不利的，對國家的富强和人民的幸福也不是非常有利，可見"獨尊"確實要不得；從百餘年來取締經學教育的結果來看，人民的思想觀念得到極大的解放，國家和民族雖歷經磨難但也仍不斷在進步發展，儘管在改革開放過程中出現了許多問題（比如道德滑坡、信仰危機等），但也不完全是缺失經學思想教育引起的，更多是科技、觀念大變革時代人心難以迅速適應引起的。要解决這些時代發展遺留的問題，僅僅依靠經學教育顯然是不够的，必須形成更爲全面的科學思想教育纔行。因此，筆者以爲重新恢復經學教育的傳統，甚或是再讓儒學獨尊，并不符合歷史發展的潮流，而應該是必須斷絶的舊觀念，否則死灰復燃，果真是會貽害無窮！

二是經學可以在中國歷史上缺席和終結嗎？前已指出，近百餘年來經學在中國看似缺席了，但并未徹底終結，甚至已開始走向復興，很能説明終結經學傳統是不利國家和民族發展的。經學思想源遠流長，具有合理的内核，已然成爲中國傳統文化的主幹和特色，是中華文化的本根和靈魂，理應得到一定的傳承和發揚。傳統儒家經學研究的治學方法和成果，對當代的學術研究也仍有借鑒作用和運用價值。因此，那些符合時代發展需要的經學思想内容，仍有必要走進學校課堂，成爲中國人學習和理解的重要内容之一（當然，不能再是唯一）。那麼，讀經雖然是必要的手段和方法，但也必須有所取捨，應該以符合人性道德教育的内容爲主。當然，這個問題頗爲複雜！如果不讓讀經，優秀文化難以傳承；如果過於提倡讀經，經中的陳腐思想和封建糟粕難免會再使後學者受害，導致新的文化復古思潮。這無疑也是當下大陸開始提倡恢復國學經典教育進入中小學課堂，必須面對的嚴峻問題，應該引起教育界和學術界足够的重視、研究和應對纔是。

三是儒家的經典到底是不是“僵尸”，是有害無益的？這也是前一問題的關鍵所在。著名經學史家周予同先生雖然不反對研究儒家經典，也非常重視經學歷史的研究，但却把儒家經典比作“僵尸”，教人不要迷戀和崇拜，否則後學子弟將有不測的禍患。

這是一篇題爲《僵尸的出祟——异哉所謂學校讀經問題》[1] 的論文結語所提出的觀點，發表於一九二六年十月。這一觀點的提出，主要是針對當時的北洋軍閥政府强迫各級學校恢復“讀經”而發出的抗議，也因此成爲周予同先生日後研治中國經學史的基本立場和鮮明觀點，也是其高足朱維錚先生一直所認同的。如果說周予同先生是由於時代局限和堅定的唯物主義思想立場而視儒經爲“僵尸”，似乎還可以理解；而經過“文革”洗禮又在改革年代生活二十多年的朱維錚先生，仍信從“僵尸”説，是否就該受到質疑和批判呢？他倆都是非常著名的經學史家，這應該是毫無疑義的。但是他們如此的觀點，是否過於偏激，却是值得探討的。姑且不以偏激論之，在當下的文化語境中，我們重新來面對儒學經典，是否還會感覺是“僵尸”？任何經典無論如何都是死的，的確都是“僵尸”，而一旦有人“借尸還魂”就會復活，而一旦復活就有可能助人也有可能害人，想必這也正是周予同師徒最爲擔心的，也是那些反對復興儒學的人所憂慮的。既然如此，在復興儒學的進程中，就不允許盲目推進、操之過急，而是必須慎之又慎，以免沉渣泛起。在面對傳統文化時，“取其精華，弃其糟粕”雖早已成爲國人的共識，但如何客觀公正、科學合理地辨别精華與糟粕，無疑仍是擺在國人面前的一大難題。諸如此類的問題，還有不少需要及時探討的，限於篇幅，恕不贅言。

①該文收入《周予同經學史論著選集》，上海：上海人民出版社，1983 年版。朱維錚《中國經學史研究五十年》一文，開篇即提出其師周予同先生的“僵尸”説。該文作爲周予同《中國經學史講義》代前言，詳見《中國經學史講義》，上海：上海文藝出版社，1999 年，第 1 頁。筆者拙文主要也是閱讀《中國經學史講義》之後引發的思考。

小　結

通過以上的分析和思考，筆者以爲，衹有更加全面深入地研究以經學爲代表的傳統文化思想，不斷結合和聯繫時代發展的社會需要，纔能更好地辨别是非，更爲有效地運用和發揚傳統的優秀文化，更好地解決中國乃至全人類在當代文明進程中出現的各種嚴峻問題。經學是存還是廢，歷史已經作出選擇；經學有得還有失，歷史也作了清晰呈現。在當下國學復興的進程中，無論是提倡讀經，還是企圖恢復經學教育的傳統，都不能離開對歷史和現實的思考，都應該顧及國計民生，也應該朝著學術文化多元并舉的方向發展，朝著建構科學合理的真正符合全人類共同發展的思想理論方向發展。否則，自以爲是，妄自尊大，盲目復古，矯枉過正，過度崇拜，勢必會重新造成一系列不良的後果。因此，在復興儒學以補偏救弊的同時，不僅政府應該密切關注和引導，學術界應該加强研究和反思，而且社會各界人士也應該逐步形成一些科學的認識，尤其是要讓年輕的一代形成對經學及其傳統文化的正確認識，讓優秀的文化精華真正得以傳承和弘揚！

作者簡介：謝金良，男，1971 年生，福建安溪人，哲學博士，現爲復旦大學中文系教授、文藝學博士生導師、中國學研究中心副主任，主要從事易學與儒佛道文化、中國古典美學教學與科研，已出版《穀梁傳漫談》、《〈周易禪解〉研究》、《審美與時間——先秦道家典籍研究》、《穀梁傳開講》等專著，并在海內外學術刊物上發表論文八十餘篇。

《經學常識》抄襲《經學通詁》舉證

司馬朝軍

内容提要： 民國時期徐敬修的《經學常識》一書大量抄襲了清末民初葉德輝的《經學通詁》。儘管《經學常識》的作僞手法非常拙劣——將筆記體改爲章節體，將文字改爲圖表，但還是蒙騙了時人。後來因其書流傳較少，一直沒有被人識破。筆者在查閱《民國時期經學叢書》時，無意間發現《經學常識》與《經學通詁》高度相似，逐一比對，小心求證，此案遂定。《經學通詁》原書三卷，對經學流派、治經方法與經學書目做了簡明扼要的介紹；而《經學常識》居然抄襲了其中的兩卷，數量不可謂不大，故不厭其詳，特撰文爲之戳穿。

《經學常識》，吴江徐敬修撰。該書卷首有《經學常識提要》一則，稱："通經致用，非所期於今日學子，但其大要不可不知。本書關於群經之旨，摘其要者述之。至於經學家之著述，則自漢京以後迄于近世，其源流派别，皆爲有統系之叙述，俾研究漢學者得備參考焉，不僅有裨常識而已。"其意甚善。

但筆者最近在查閲林慶彰先生編輯的《民國時期經學叢書》時發現，《經學常識》大量抄襲了民國時期另外一位劣紳型學者葉德輝的《經學通詁》。《經學通詁》是葉德輝以筆記體形式撰寫的一部經學通論性質的著作，發凡起例，功不可没。初稿成於

1907 年，1915 年以湖南教育會的名義正式出版。

通過比對兩書，我們發現了徐敬修抄襲葉德輝《經學通詁》的兩大秘訣：

一、將筆記體改爲章節體

葉德輝《經學通詁》卷二《治經方法》原文曰：

六證

一以經證經。如以《禮》證《易》，則有張惠言《虞氏易禮》；以《春秋》證《易》，則有毛奇齡《春秋占筮書》；以《春秋》證《禮》，則有宋張大亨《春秋五禮例宗》；以《公羊》證《禮》，則有凌曙《公羊禮疏》、《公羊禮説》、陳奂《公羊逸禮考徵》；以《穀梁》證《禮》，則有侯康《穀梁禮徵》；以《禮》證《詩》，則有包世榮《毛詩禮徵》；以《公羊》證《論語》，則有劉逢禄《論語述何》。昔人云："不通群經，不能治一經。"此解經第一要義也。

一以史證經。司馬遷受經於孔安國，故言漢學者推爲古文家，不盡然也。《史記》一書，《五帝本紀》、《夏本紀》、《殷本紀》、《周本紀》可以證《尚書》；《春秋列國世家》可以證《尚書》，亦可證《左傳》；《孔子世家》、《仲尼弟子列傳》可以證《論語》；《荀孟列傳》可以證《孟子》。其餘前漢諸人，其列傳中引用經文多與今本殊异，近人繆佑孫有《兩漢書引經考》，最爲詳洽，可以參觀。《史》、《漢》以外，則《三國志》、《南北史》不獨經師遺説時有异同，即其授受源流亦足以資考索。至《國語》、《國策》、《逸周書》，本屬經類，或與《春秋》相表裏，或與《尚書》相貫通，雖純駁不同，而參考必備。《四庫全書》均入于史部雜史，非知三書源流也。

一以子證經。諸子皆六藝之支流，其學多出於七十子。周秦兩漢，九流分馳，清儒往往摭其書之遺言，以發明諸經之古學。今試舉其書論之。如《京氏易傳》（《隋書·經籍志》五行家《京易占》即此書也）爲孟喜《易》義；焦贛《易林》（翟雲升考定爲崔篆撰）爲京房《易》義；《韓詩外傳》爲《韓詩》義；班固《列女傳》爲《魯詩》義；《韓非子》、《淮南子》爲《春秋左氏》義；《白虎通德論》爲《春秋》、《禮》義；《荀子》、蔡邕《獨斷》爲《禮》義。此其彰明較著者。至《墨子》有古《尚書》，有百國《春秋》；《管子》有《周禮》遺法；《淮南子》有九師《易》義；是又在讀者之善爲溝通而無所用其比較已。

一以漢人文賦證經。王逸《離騷注》、《蔡中郎集》有《魯詩》義。阮元輯《三家詩》、陳壽祺《三家詩遺説考》已詳舉靡遺。其他兩漢書中諸人封事文賦，或釋經有异義，或引經有异文，大概有清諸儒各治一經，無不貫徹源流，搜采遺佚，其書見於前、續兩《經解》中者，可以按目求之，即小有出入异同，亦無損其全書之例。乾嘉兩朝江浙間諸經師，不得不推爲經苑之功臣矣。

一以《説文解字》證經。許爲古文學，而兼采衆家之言，故其書同一引經，往往先後异字，解義亦各不同，陳瑑《説文引經考證》、吴玉搢《説文引經考》、柳榮宗《説文引經考异》，皆有專書，可取而細繹之也。

一以漢碑證經。漢儒治經，最重師説，凡流傳漢碑本，其引經與他本异者，皆家法之各殊。亡友皮錫瑞有《漢碑引經考》一書，疏證詳明，真偉作也。

四知

一當知源流。六經亡於秦，惟《易》得以占筮獨存；其餘或出口授，或出壁藏。傳自何人，授之誰氏，檢《史記·儒林傳》、兩漢《儒林傳》、《漢書·藝文志》、《經典釋文》諸書；便知其詳。近人畢沅著有《通經表》、《傳經表》，亦簡要，便於檢尋，以之尋《史》、《漢》志傳、《釋文》諸書，尤不至虚耗光陰，竭殫究之力。外此，則《三國志》列傳、《南北史·儒林傳》，其間師承家法，承兩漢之流風，取而讀之，諸經之源流瞭然於心目矣。

一當知存亡。自兩漢以後，諸經注之或存或亡，當以《四庫全書提要》、阮元《四庫未收書目》爲之主（經類），上溯《漢書·藝文志》、《隋書·經籍志》、新舊《唐書志》、《宋史·藝文志》、晁公武《郡齋讀書志》、《紹興四庫編到闕書目》、陳振孫《直齋書録解題》、朱彝尊《經義考》、翁方綱《經義考補正》等書，按其部目，考其書之存亡。存者，擇其精者，以供研求；亡者，搜其佚文，以存古誼。大要：漢學一派，皆萃於《皇清經解》、《續皇清經解》二書；宋學一派，皆萃於《通志堂經解》、《經苑》二書。古經解散佚爲後人從他書所引輯出者，如孫堂《漢魏二十一家易注》、余蕭客《古經解鈎沉》、王謨《漢魏遺書鈔》（經之類）、馬國翰《玉函山房輯佚書》（經類），皆苦心搜輯，有功古人。博觀而約取之，積蓄既深，根柢益厚。毋逞毛奇齡之口辨，毋蹈王夫之之冥思，毋染龔自珍、魏源之猖狂，無效王某（似指王闓運——引者注）之杜撰。至廖平、康有爲虚誕陋儒，托經術以禍天下，此乃亡國之妖孽，更不必與之言學矣。夫不知經之存亡，即不能腳踏實地，辨別是非，自毛、王以下，皆坐斯害。其好爲臆説以炫惑一時，正所以文其固陋之智也。

一當知體例。何謂體例？曰注，曰疏。注之屬：有傳，有記，有箋，有注，有故訓，有解詁，有章句，有章指，有集解。傳者，傳通其義也（孔穎達《詩毛傳正義》）。博釋經義，傳示後人也（又《春秋左傳正義》）。傳通經義，如《毛詩詁訓傳》是也；博釋經義，傳示後人，如《春秋左氏傳》、《公羊傳》、《穀梁傳》是也。記者，共撰所聞，編而録之（《禮記大題正義》）。其始出於七十子之徒，如《大戴禮記》、《小戴禮記》是也。一曰疏也（《説文・言部》），通也（《説文・疋部》），謂條録之也（《漢書・蘇武傳》數疏光過失注），許慎《説文解字》、《淮南鴻烈間詁》下題“漢太尉祭酒許慎記”是也。箋者，表識事也（《説文・竹部》）。表明己意，使可識也（《詩毛傳箋正義》）。《詩毛傳鄭氏箋》是也。詁訓者，故言也（《説文・言部》）。《爾雅》釋詁、釋訓爲毛傳所從出。如《詩》毛傳題《詁訓傳》是也。注者，注也。六書有注字，無注字。義取灌注之注（《説文・水部》）。注義於經下若水之注物（《儀禮鄭氏注正義》）。一曰解書之名（《禮記・曲禮正義》）。注者，著也，言爲之解決使其義著明也（《詩毛傳鄭氏箋正義》）如三禮鄭氏注是也。解詁者，詁事也，言解其事意也（《後漢書・盧植傳》《三禮解詁》章懷太子注）。如《公羊》何休解詁是也。章句者，章者，明也，句者，局也，局言者，聯字以分疆明情者，總義以包體（《文心雕龍・章句》），如趙岐《孟子章句》是也。一曰章指，如宋本《孟子》趙注稱章指是也

(曲阜孔氏微波榭刻本有《章指》，係重刻宋本，明監毛本無)。集解者，集諸家之説，記其姓名，有不安者，頗爲改易，如《論語》何晏集解是也。疏之屬：有義疏，有正義。義疏者，引取衆説，以示廣聞（《論語皇侃義疏·自序》)，如皇侃《論語義疏》是也。正義者，正前人之疏義，奉詔更裁定名曰正（黄承吉撰《劉孟淇〈左傳舊疏考正〉序》)，如孔穎達《易》、《書》、《詩》、《左傳》、《禮記正義》是也。(《易》有江南義疏十餘家；《書》有蔡太寶、巢猗、費甝、顧彪、齊焯、劉炫；《詩》有全緩、何胤、舒瑗、劉軌思、劉丑、劉焯、劉炫；《左傳》有沈文何、蘇寬、劉炫；《禮》有皇侃義疏。孔正義自序及《禮疏》引）一曰義贊。《唐書·孔穎達傳》稱《五經正義》爲《五經義贊》是也。一曰疏，疏者通也，(《説文·疋部》)，兼舉衆説，疏通證明(黄承吉撰《劉孟淇左傳舊疏考正序》)。如賈公彦《周禮》、《儀禮》是也。然合言之曰義疏，分言之既可曰疏，又可曰義，如皇侃《論語》、《禮記義疏》，《梁書》本傳但云論《論語》、《禮記義》是也。此皆就見存諸經注疏論列也（皇侃《禮記疏》，日本有唐卷子抄殘本，故非逸書)。《春秋左傳正義》孔序稱沈文何爲《左傳義疏》，《經典釋文》則云沈爲《春秋義疏》，王元規續而成，沈所著及元規所續書乃名義略，又孔序稱劉炫作《左氏傳義疏》，《隋書》炫本傳則云炫著《論語》、《孝經》、《春秋》、《尚書》、《毛詩述議》，《隋書·經籍志》經部又云述義志，於《孝經》類稱王劭訪得孔傳送炫，炫因述其議疏，此議疏即義疏，猶之述議即述義，名雖殊，實則一也。至《周易》或題“兼義”者，阮文達《校勘記》云并正義而刻之，以别於單注本。陳鱣《經籍跋文》云:“他經附每節後，獨《周易》總附卷末，故題爲兼義，而不附音。”蓋北宋刻經注疏皆分刻單行，至紹熙後始合刻并附釋音，世傳南宋九行本《十三經注疏》，即元明諸刻所從出也。單疏今有汪士鍾所刻《儀禮》、陸心源所刻《爾雅》，試取二書觀之，可知單疏舊式。若北宋單注，則僅存黎庶昌刻《古逸叢書》中之《爾雅郭注》，蓋猶從孟蜀石經重刻，所謂蜀大字本也。大抵注不破經，疏不破注。注或迂曲，疏必繁稱博引以明之。唐宋人諸經義疏多本六朝，而掩爲己有。觀邢昺《論語》大半襲用皇侃，劉文淇欲作《易》、《書》、《詩》、《禮》、《春秋》舊疏考證，僅成《左傳》一種，其子毓崧成《周易舊疏考證》、《尚書舊疏考證》二種，搜贓鞫盜，使孔、賈諸人讀之，亦俯首而服讞矣。

一當知真僞。《子夏易傳》僞於唐張弧（今《通志堂經解》中《子夏易傳》乃宋人僞作，并非張弧書矣）。《關朗易傳》僞於宋阮逸。《子貢詩傳》、《申公詩説》僞於明豐坊。《古文孝經》孔安國傳僞於日本。此人人得知者也。《書》之《僞孔傳》始於晋梅賾，宋朱子發其端，明梅鷟《古文尚書考异》、清閻若璩《古文尚書疏證》臚舉證據，抉發靡遺，已成千秋定讞。毛奇齡作《古文尚書冤詞》，割裂史文句讀，曲爲之護，殆所謂“好惡拂人之性”者。然有其舉之亦不必廢。梅賾雖工於作僞，猶見晋以前古書，故其精理名言，能使唐人爲之屈服。前清光緒十二年，王文敏（懿榮）奏請復《古本尚書》，以孫星衍《今古文尚書注疏》，援《二十四史》附《舊唐書》、《五代史》之例，附入《十三經注疏》事下禮部議，爲户科給事中洪良品所駁。湖北學者多尊信僞古文，宜其有此封駁，要亦王自擾之也。《孟子》

孫奭疏出於宋邵武士人之手。《朱子語録》云："蔡季通識其人。"《語録》又謂："其全不似疏體，不曾解出名物制度，衹繞纏趙岐之説，至岐注好用古事爲比，疏多不得其根據。"朱子所云，切中其失。宋時刻《十三經注疏》强以配入，其實不能肩隨邢昺，又安能追踪孔、賈哉？故知一書之真僞，而後不至於誤入歧途，此固治經者所當分曉者矣。

五通

一當通章句。《後漢書·徐防傳》云："詩書禮樂，定自孔子。發明章句，始于子夏。"後人動輕人爲章句之儒，不知章句爲治經第一要義。《禮記·學記》："一年視離經辨志。"鄭注："離經，斷句絶也。辨志，謂别其心意所趣向也。"疏："離經謂離析經理，使章句斷絶也。"兩漢經師以章句之學名者，西漢《易》有施讎、孟喜、梁邱賀章句；《尚書》有歐陽章句，大小夏侯章句；《春秋》有《公羊章句》、《穀梁章句》。見《漢書·藝文志》。《易》有京房章句，見《隋書·經籍志》；有費直章句，見《經典釋文》引《七録》；東漢《易》有劉表章句，見《隋志》、《釋文》；《尚書》有桓君太常大小章句，見《後漢·桓鬱傳》；《禮》有慶氏章句，見《後漢書·曹褒傳》；有橋君學章句，見《後漢書·橋元傳》。蓋章句不明，即無由通知大誼。今諸書雖已亡佚，略舉例之易見者一二以明之。如《論語·述而》："子於是日哭則不歌。"《釋文》云：舊以爲别章，今宜合前章亡而爲有。《釋文》云：此舊别爲章，今宜與前章合。先進德行以下疏云：鄭氏以合前章，皇氏别爲一章，此分章之不同也。《八佾》："君子無所争，必也射乎？"《釋文》云：鄭讀以必也絶句。"揖讓而升下。"《釋文》云：鄭注《詩·

賓之初筵》引此則云下而飲。《公治長》："吾黨之小子狂簡。"《釋文》云：鄭讀至於小子絶句。《子罕》：子曰：沽之哉！沽之哉！鄭注：魯讀沽之哉，不重，今從古也。（敦煌石室殘卷子本）此分句之不同也。略舉數事，可見漢人讀經之法，各有師承。欲知其詳，古人之書，宜考《經典釋文》，今人之書，宜考翟均《周易章句證异》、吴廷華《儀禮章句》、翟灝《四書考异》、武億《經讀考异》。有此五書，章句之學事半功倍矣。

一當通校讎。一夔已足，宣聖釋疑；三豕渡河，子夏辨誤。聖門治學如此，何况治經？夫一字之差，謬以千里。衆家之异，歸往一尊。此劉向校書，所以考之中古；鄭玄注禮，所以存其故書。自後陸德明《經典釋文》羅列群經之异字，岳珂《九經三傳沿革例》参稽各本之善長，於是有清一代之儒兀兀窮年，人人同好，如顧炎武《九經誤字》、齊召南《注疏考證》、阮文達《十三經注疏校勘記》，幾於搜羅盡净矣。又有王引之《經義述聞》、俞樾《群經平議》，精於聲音訓詁之學，四通八達，幾於推闡靡遺矣，然猶有未盡者，日本唐、宋舊本倍於乾嘉之時，敦煌石室秘藏騰於中外之口，其中關於經學者，如《左傳》昭公二十七年傳："夫鄢將師矯子之命，以滅三族。三族，國之良也。"日本古鈔卷子本如此，今我國各本下不重"三族"字，則文句不通矣。《書·顧命》："率循大卞。"敦煌石室殘頁作"率循大法"。明"卞"爲"法"之殘形。《僞孔傳》云："率群臣，循大法。"義本了然。自訛爲"卞"，於是千言萬語解之不通矣。略舉二事，可知校讎之學尤治經者之所當用心。否則，西郊四郊，段玉裁、顧廣圻訐訟不已；生謚死謚，何焯、方桑如辯争不休（王應麟《困學紀聞》集證六）。疑獄千秋，難期定讞，豈非治經之大厄乎?

一當通小學。古之小學，識字爲先。灑掃應對，又其次也。《漢志》小學十家，自史籀以下，皆爲字書。《志》云:“古者，八歲入小學，故《周官》保氏掌養國子，教之六書，謂象形、象事、象意、象聲、轉注、假借，造字之本也。”按此六書，可總爲文字、聲音、訓詁三類。形、事，文字也。聲與假借，聲音也。意與轉注，訓詁也。知篆隸之傳變，則知文字之用宏。知假借之相資，則知聲音之類廣。至於訓詁淵海，不外《爾雅》、《説文》。《爾雅》爲《毛詩傳》之根源，《説文》多古文學之遺説。今舉字義之最淺近而易曉者言之。如《中庸》“仁者，人也；義者，宜也”，《孟子》“庠者，養也；校者，教也；序者，射也”，《易・乾卦》“乾，健也；坤，順也；離，麗也；坎，陷也；震，動也；巽，入也；兑，悦也；艮，止也”，皆取字聲之同以釋其義，此訓詁之本乎聲出者也。《易・乾》“元亨科貞”，《漢史晨饗孔廟後碑》作“長亨利貞”，以“長”代“元”；華山碑作“永亨利貞”，以“永”代“元”。《彖傳》:“百穀草木麗乎土。”《説文・艸部》麗下引“百穀草木麗乎地”，以“地”代“土”。《書・堯典》“欽若昊天”，《史記・五帝本紀》引作“敬順昊天”，以敬代欽，以順代若。“平秩東作，平秩南訛，平秩西成”，引作“便程東作，便程南訛，便程西成”，以“便”代“平”，以“程”代“秩”，皆以訓詁之字代經。此訓詁之不本乎聲出者也。若夫文字之别，有古篆，有隸書，今亦舉其最簡省而易曉者言之。……聲音者，以依聲或同聲之字互相通用，即六書之假借也。《説文·序》説假借云:“本無其字,依聲托事,令長是也。”蓋秦分郡縣,始有令長。未有令長以前,則令爲號令之令,長爲長久之長。既有令長之後,則因其號令百姓,故借令以稱之,欲其致治長久,故借長以稱之。此一字爲兩字之用。如次弟之弟,即爲兄弟之弟,夫婦之夫,即爲丈夫之夫,所謂依聲之假借也。同聲字之假借,爲讀經之假借,與造字之假借微有不同。大都兩字爲一字之用。如《詩·關雎》“君子好逑”,《漢書·匡衡傳》引作“君子好仇”,仇與逑兩字一用也。《書·吕刑》“士制百姓於刑之中”,《後漢書·梁統傳》引作“於刑之衷”,衷與中兩字一用也。所謂同聲之假借也。亦有因形誤而沿用者。如《詩·邶風·緑衣》序箋緑當爲禒,轉作緑,字之誤也。《禮記·檀弓》自敗於臺鮐始也。注:敗于臺駘,晋襄四年秋也。臺當爲壺字之誤也。《春秋傳》作孤駘。又有因聲誤而沿用者。《詩·小雅》舟人之子,熊羆是裘。箋云:舟當作用,裘當作求,聲相近故也。《周頌·臣工之什》有瞽:“應田縣鼓。”箋曰:田當作朄。朄,小鼓,在大鼓旁,聲轉字誤,變而作田。《禮·曲禮》:“拾級聚足。”鄭注:拾當爲涉,聲之誤也。《禮運》蕢桴而土鼓,鄭注:蕢讀由,聲之誤也。大抵小學爲經學之關鍵,其事爲至難,吾恒欲於《爾雅》、《説文》外得一簡捷之書以示人,迄不可得,無已,則有阮文達《經籍纂詁》一書,再進之以劉淇《助字辨略》、王引之《經傳釋詞》、段玉裁《説文解字注》,或有深入自得之一日乎?

一當通大誼。班志云:“仲尼没而微言絶,七十子喪而大義乖。”微言已絶,不可復續。漢人有爲之者,如《志》載《春秋》家有《左氏微》、《鐸氏微》、《張氏微》、《虞氏微》是也。他經無微，以微言在《春秋》也。然其書久亡，去聖日遠，無端倡爲怪誕之論，托於《公羊》，如康有爲其人，未有不禍國家、害風俗者，故吾不言微言，而言大義。大義雖乖，可以隨時匡正。君不君，臣不臣，父不父，子不子，是之謂乖；君君、臣臣、父父、子子，是之謂不乖。漢昭帝有言："公卿大臣當用經術，明於大誼者。"即此意也。《漢書·儒林傳》：丁寬作《易説》三萬言，訓詁舉大誼，是《易》有大義也。《志》叙《尚書》家云："古文讀應爾雅。"故解古今語而可知。張晏注："爾，近也；雅，正也。"是《書》有大義也。又叙《詩》家云："或取《春秋》雜説，咸非其本義，與不得已，魯最爲近之。"是《詩》有大義也。叙《禮》家云："有夫婦、父子、君臣、上下，禮義有所錯（同措）。"是《禮》有大義也。又叙《春秋》家云："丘明論本事而作傳，明夫子不以空言説經。"是《春秋》有大義也。吾今舉諸經大義一略言之。《易·繫辭》曰："天尊地卑，乾坤定矣。卑高以陳，貴賤位矣。"《序卦》曰："有天地然後有萬物，有萬物然後有男女，有男女然後有夫婦，有夫婦然後有父子，有父子然後有君臣，有君臣然後有上下，有上下然後禮義有所錯。"此《易》之大義也。《尚書大傳》略引孔子曰："《堯典》可以觀美，《禹貢》可以觀事，《咎繇》可以觀治，《鴻範》可以觀度，《六誓》可以觀義，《五誥》可以觀仁，《甫刑》可以觀誡。通斯七觀，《書》之大義舉矣。"此《書》之大義也。《論語》："子曰：《詩》可以興，可以觀，可以群，可以怨。邇之事父，遠之事君，多識於鳥獸草木之名。"此《詩》之大義也。《大戴禮記·哀公問》："孔子曰：民之所由生，禮爲大。非禮無以節事天地之神明也，非禮無以辨君臣上下長幼之位也，非禮無以别男女父子兄弟之親、昏姻疏數之交也。君子以之爲尊敬，然後以其所能教百姓。”此《禮》之大義也。孟子曰：“世衰道微，邪説暴行有作，臣弑其君者有之，子弑其父者有之，孔子懼，作《春秋》。《春秋》，天子之事也。孔子曰：‘知我者其惟《春秋》乎？罪我者其惟《春秋》乎？’”此《春秋》之大義也。非獨此也。讀《十翼》而後明《易》之大義，讀《論》、《孟》、《左傳》而後明《書》之大義，讀《大小序》而後明《詩》之大義，讀大戴、小戴《禮記》而後明《周官》、《儀禮》之大義，讀《孝經》、《論》、《孟》而後明《春秋》之大義，讀《大戴禮》曾子十篇而後明《孝經》之大義。大義明而後六經如日月之昭垂，治經之能事畢矣。

一當通政事。孔子之詔伯魚曰：“不學詩，無以言；不學禮，無以立。”此爲過庭時訓也。又曰：“誦詩三百，授之以政，不達；使於四方，不能專對。雖多，亦奚以爲？”此爲及門人訓也。六經而無實用，則聖人爲空作矣。《漢書·孔光傳》：“博士選有三科，高第爲尚書，次爲（列）［刺］史，其不（道）［通］政事，以次補諸侯太傅。”又《蕭望之傳》：“昭帝時，選博士，通政事，補郡國守相。”漢世崇經，即本此意。《禮·經解》引孔子曰：“入其國，其教可知也：温柔敦厚，《詩》教也；疏通知遠，《書》教也；廣博易良，《樂》教也；潔静精微，《易》教也；恭儉莊敬，《禮》教也；屬辭比事，《春秋》教也。”此六經有用之效也。戰國時，七雄并争，諸子异學，遭秦滅籍，六經晦盲。漢興，高祖敬太牢祀孔，叔孫通采古禮，酌秦法，定朝儀（此據《史記》本傳文。後漢曹褒論云：“叔孫通采禮經，適物觀，救崩弊。”）。孝文時，樂人竇公獻《周官》、《太宗伯》、《大司樂章》。漢世禮樂之興，即由於此。其後，董仲舒以《春秋》决獄事，王式以三百五篇詩當諫書，平當以經明《禹貢》使行河，兒寬通《尚書》，以古法議决疑大獄，載在《史》、《漢》紀傳，成爲美談。至何休以《春秋》駁漢事四百餘條，既非見諸施行，不過逞其辨難。王莽、王安石僞托《周禮》，惑古殃民。此其人於經術本無所知，僅乃拾其鱗爪皮毛，爲飾奸文過之計，其不能以一二人之私慝玷及聖經明矣。至於諸子之學，亦未嘗不可治世。如曹參以黄老家言治漢，武侯以申、韓之法治蜀，要知天下初定，與民休息，不得不以清静代紛更，天下已亂，與民更始，不得不以刑法救寬厚，其效在一時，不如經術之垂久。宋趙普謂以半部《論語》佐太祖，以半部《論語》佐太宗，後世不信其人與言，比於漢京儒吏之設施，未見其全爲誇誕也。

十戒

一當戒僭妄。揚雄以《太玄》擬《易》，以《法言》擬《論語》；王通以《中説》擬《論語》，以《元經》擬《春秋》，文辭雖工，陽虎之似也，僭也。宋薛瑄《書古文訓》襲取《汗簡》，僞造古文。宋俞庭椿之《周禮復古編》、元丘葵之《周禮補亡》、明舒芬之《周禮定本》，竄亂五官，妄補《冬官》。宋王柏之《書疑》、《詩疑》，割裂經文，悍然非聖，言論雖辨，少正之雄也，妄也。不僅此也。王充《論衡》問孔、刺孟，劉知幾《史通》疑古惑經，或據尋常文則懸論孔經，或憑傳疑古書妄譏聖作。王書雖爲蔡邕鴻寶，劉書亦爲徐堅推崇，要其信口雌黄，不免鴻文無範。至於明代，季本（如《易學四同》、《易學别録》、《春秋私考》）豐坊（如《古易世學》、《易辨》、《古書世學》、《魯詩世學》、《春秋世學》）之作，動矜秘本，妄改古經。滄海横流，無异秦火，斯誠經籍之大厄矣。

一當戒武斷。朱子以《論語》放鄭聲一語，遂疑鄭、衛皆淫詩；方苞以王安石行新法，遂疑《周官》有莽制，其意在厚風俗，正人心，而不覺其言之流於偏宕，况學問遠不如朱子、方苞者乎？漢世《左傳》家説以劉爲堯後（《後漢書·賈逵傳》）公羊家説以爲漢製作，此乃依托讖緯，冀本經之立學官，語雖無稽，尚非有心武斷。梅頤《僞尚書孔傳》，名言奥義，初不悖乎聖人，猶之《詩序》出於漢人，不妨歸之于子夏。《爾雅》續於東漢，仍可係之於周公，此亦不得以武斷而廢之也。

一當戒杜撰。郭公夏五，存魯史之舊文。不知而作，信君子之蓋闕。杜撰之害，吾於前已痛言之。紀文達云：毛奇齡好异叛經。閻若璩譏汪琬周姥制禮。兩人皆有清儒家巨子，其學問之鴻博，人猶得乘其隙漏而攻之，何况近人如王某、廖平、康有爲，其人一味自欺欺人，而欲以臆造之空談求勝於往哲，其能以一人之手掩天下人之目乎？是亦徒耗心力而已矣。

一當戒割判。《漢章帝紀》建初八年詔曰："五經割判，去聖彌遠，章句疑詞，乖離難正，恐先師微言，將遂廢絶，非所以重稽古，求道真也。"是則割判經句，漢之中葉，已倡其風。自後晋梅賾割補《僞孔傳尚書》，而齊姚方興於大航頭得《舜典》"粤若稽古"以下二十八字，類太康中書，乃表上之，事未施行，方興罪致戮。至隋開皇初，購求遺典，始得之。北宋余燾請移《洪範》"王省惟歲"以下八十七字於“四五紀”一節，爲台諫所彈。歷朝改經之事，准駁胥聽之朝廷，然其説一倡，賢如朱子，猶不免蹈其弊，如取程子之意，以補《大學》，移改《禮記》之篇章，借胡宏之説，以刊《孝經》，删定唐人之經注，書雖傳於後世，事不饜於人心。迄於元代，胡一中謂《洪範》經傳次弟紊亂，而《定正洪範》出矣。邱葵謂冬官一職，散在五官，而《周官補亡》行矣。此其弊，則并僭妄、武斷、杜撰三者而有之。有清乾嘉諸儒，如江聲《尚書集注音疏》、孫星衍《尚書今古文注疏》，摭拾《史》、《漢》、諸經注疏引《秦誓》之文，以補馬、鄭《太誓》，弊正相等，不必諱言。他如盧文弨、戴震、嚴可均諸人校注古書，往往援據《史》、《漢》、《文選注》、唐宋人類書，改補本書舊文，尤不足以昭信守。吾嘗言：“有清一代之儒學，扶微理墜，誠有復古之功，而信古與自信甚深，亦頗滋人口實，學者取其長而去其短，斯善矣。”

一當戒空疏。宋儒説經，明理切事，誠爲有功於六經；惟其高語精微，空談性理，爲之者固以聖人之徒自命，學之者將以語録之作配天。不知性與天道，不可得聞，言語高賢，豈能阻人以不窺富美，誠以罕書仁命，餘力學文，《論語》開宗教人，惟在“學而時習”一語。聖人一生自勉，惟好學而不厭爲歸，學則非性理，亦非空一談，窮理盡性，以至於命，此何時乎？吾於宋人説經之書，專取其切於人事者列之，所以救空疏之病也。朱學大行且五六百年，朱非不求實學者，後人安得以宋儒藉口乎？

一當戒破碎。桓譚有云（《漢書・藝文志》引譚《新論》），秦近君能説《堯典》篇目兩字之説至十餘萬言，但説曰若稽古三萬言。班固《漢書·藝文志》云："博學者又不思多聞闕疑之義，而務碎義逃難，便詞巧説，破壞形體，説五字之文，至於二三萬言，後進彌以馳逐，故幼童而守一藝，自首而後能言，安其所習，毁所不見，終以自蔽，此學者之大患也。"又《儒林傳贊》云：自漢武帝設科射策，勸以官禄，迄於元始，百有餘年，傳業者寖盛，支葉繁滋，一經説至百餘萬言，大師衆至千餘人，蓋禄利之路然也。《後漢書·桓鬱傳》云："初榮受朱普學章句四十萬言，浮詞繁長，多過其實。及榮入授顯宗，减爲二十三萬言。鬱復删省定，成十二萬言。"可見説經破碎，自漢已然。其爲禄利之心與唐人尚詩賦、宋以後重制藝設科雖异，流弊則同，豈有一代經師蹈此陋習之理？然而《皇清經解》前後兩編，所收猶不免有此失者，豈非習尚已久，驟不能變革乎？

一當戒穿鑿。趙賓解《易》"箕子"爲"荄滋"，本傳謂其持論巧慧。鄭玄解《尚書·顧命》執瑁，古冃似同，從誤作同，訓爲酒杯，解憑几洮頮面爲浣水，虞翻譏其違失事，因是穿鑿之病，兩漢相同，正不必爲之深諱。宋王安石《字説》以坡爲土之皮、詩爲寺人之言。楊簡《慈湖詩傳》解聊樂我員，以員爲姓，解天子葵之爲向日葵之葵。元陶宗儀《國風尊經》多襲王氏《字説》之謬。小學久廢，更不足以責宋人。至乾嘉諸老，好以鐘鼎彝器字解經。如錢大昕、段玉裁、王筠、桂馥、孫星衍、阮元諸人，皆有信古太過之病。近世吴大澂尤酷好之。吴作《字説》，據兮仲鐘及追敦前文人銘詞，謂前文人即《書·大誥》前寧人，并詆鄭注以"寧王"爲"武王"之失。《字説》尤好據金石文字糾駁《説文》，以似真非真之文，據半信半疑之字，遽然推翻舊説，自詡新知，較之蘭台賄改漆書，其勇於自信，不恤人言，有其過之矣。夫金石之學，萌芽於漢人。許慎《説文序》言："郡國往往於山川出彝鼎，其銘皆前代之古文。"《漢書·藝文志》春秋家有《奏事》二十篇本，注云秦時大臣奏事及刻石名山文也。雖然，傳世信今金不如石，鴻都石經之萬人共睹，勝於《宣和博古》之一人寶藏。存其學，以爲澤古之一端，未始不自成一子。若據以説經解字，則紛紛贗鼎又誰爲之辨别乎?

一當戒附會。漢人以灾异神輸説《易》，傅會也；以《参同契》説《易》，亦傅會；六朝人以老莊説《易》，傅會也；宋陳摶以圖書説《易》，邵子以《皇極》數理説《易》，亦傅會；漢人以五行灾异説《洪範》，傅會也；宋儒以河洛説《洪範》，亦傅會；漢人以四始五際説《詩》，傅會也；以《春秋》雜説説《詩》，亦傅會；宋人以叶韵説《詩》，傅會也；以妙悟説《詩》，亦傅會；漢儒以明堂陰陽説《禮》，傅會也；以封禪群祀説《禮》，亦傅會；漢人以新周、故宋、王魯、爲漢制作説《春秋》，傅會也；以年月日時例説《春秋》，亦傅會。故學無論漢宋，惟求其實。漢無論古文、今文，宋無論爲朱爲陸，惟求其是。執一偏之見，挾求勝之心，正理不足，乃不得已，而以傅會出之，此古今學者之大病也。

一當戒攘竊。有清一代，考據之學，引書必注明出處；引舊人説，必標舉姓名。此可師可法者也。諸家説經一派，以校勘與疏證二者爲多，而注家甚少，即有之，大都采集前人舊注，加以發明，未有掩取群言，據爲己有者也。自戴望注《論語》，摹仿漢人。王某箋《禮》補《詩》，抹殺前人訓詁，開著書簡易之路，成末流蔑古之風。盜憎主人，禍及學術，加以自造新義，炫駭俗儒，一經流傳，使人如飲狂藥。吾雖鄉人，不能爲之曲護矣。

一當戒黨伐。劉歆有言："保殘守闕，挾恐見破之私意，而無從善服義之公心，或懷妒嫉，不考情實，雷同相從，隨聲是非。"此黨同伐异之見所由來也。夫博學原須明辨，離經亦在辨志，五經然否，討論不厭其詳。假如鄭玄之《箴膏肓》、《起廢疾》、《發墨守》，雖操戈何休之室，當之者將俯首而無异詞。又如玄駁許慎《五經异義》，雖殘篇斷簡，不見全文，然大敵相當，輸攻墨守，自非後人一知半解所能望其津涯。蓋玄爲東漢通經之儒，學無常師，故不主張門户。《魏志·王肅傳》云："肅善賈、馬之學，而不好鄭氏。集《聖證論》以譏短玄。孫叔然授學鄭玄之門人駁而釋之。"《舊唐書·元行傳》云："子雍規玄數十百件，守鄭學者，時有中郎馬昭，上書以爲肅謬，詔王學之輩，占答以聞。又遣博士張融案經論詰，融等召集，分别推處理之是非，具《聖證論》。"是時鄭學大行，故肅嫉之，務廢其學。今《聖證論》已佚，殘文偶見於《禮》、《詩》疏爲多，孫叔然、馬昭、張融等駁釋推處之文亦多具載。肅窮無經引，即據所注僞造《家語》以實之，或引賈逵舊説，多玄不取，是肅之於鄭學全出黨伐之私。吾友皮錫瑞有《聖證論疏證》一書，可取以一參校也。其後隋劉炫作《左傳杜預規過》，以糾杜注之非，孔疏復左杜而右劉，不辨杜注强經就傳之失，是則安其所習，繇所不見班固之所深譏（《藝文志》），沉溺研習，玩守舊文，陳元之所非是（元本傳），况乃因門户而水火，因水火而儲胥。在野則爲筆舌之争，在朝則爲朋黨之禍。有今古文之争立，遂以開新莽篡漢之機。有幾、復社之呼號，遂以援馬、阮亡明之券。有清末造，康有爲假托《公羊》，比附時政，以致新舊相軋，邪説朋興，亡國咎徵，至今爲梗。今之倡明正學，有所折衷，讀者勿以爲猶有异同之見也。

而《經學常識》第四章《治經之方法》則“大膽抄襲”爲：

第一節《古人治經之方法》：

昔之經生家，其治經也，往往不再治他學，故有皓首窮一經，原原本本，用功至深者。至其治經之方法，則有所謂證、知、通、戒四種，兹分述於下：

一、何謂證。古人解經，最重考據，是以有不通群經，不能治一經之語；至其證經之法，則又可分爲數種：

1. 以經證經。如張惠言之《虞氏易禮》，則以《禮》證《易》；毛奇齡之《春秋占筮書》，則以《春秋》證《易》；包世榮之《毛詩禮徵》，則以《禮》證《詩》；劉逢禄之《論語述何》，則以《公羊》證《論語》。以上所述，皆以經證經也。”（以上見《民國時期經學叢書》第一輯第四册第153頁）

2. 以史證經。《史記》中之《五帝本紀》、《夏本紀》、《殷本紀》、《周本紀》可以證《尚書》，《春秋列國世家》可以證《尚書》，亦可證《左傳》；《孔子世家》、《仲尼弟子列傳》可以證《論語》；《荀孟列傳》可以證《孟子》；近人繆佑孫有《兩漢書引解考》，言之最詳。”

3. 以子證經。諸子乃六藝之支流，其學皆出於七十子：如《韓詩外傳》爲《韓詩》義；班固《列女傳》爲《魯詩》義；《韓非子》、《淮南子》爲《春秋》、《左氏》義；《白虎通德論》爲《春秋》、《禮》義：荀子，蔡邕《獨斷》爲《禮》義；此皆彰明較著者，其他則在讀者之善爲溝通耳。”（以上見《民國時期經學叢書》第一輯第四册第154頁）

4. 以漢人文賦證經。如王逸《離騷注》，《蔡中郎集》有《魯詩義》。

5. 以《説文解字》證經。許爲古文學，而兼采衆家之言，故其引經也，往往先後异字，解義亦各不同，陳瑑《説文引經考證》、吴玉搢《説文引經考》、柳榮宗《説文引經考异》，言之甚詳。

6. 以漢碑證經。漢儒治經，最重師説，凡流傳碑本，其引經與他本异者，皆家法之不同也。近人皮錫瑞有《漢碑引經考》一書，疏證頗爲詳明。

二、何謂知。六經亡于秦火，惟《易》得存；其餘或出自壁藏，或出自口授；其間師承家法，源流派别，書本今古，學者皆不可不知，兹分述之：

1. 當知源流。欲知經學之源流，當讀兩漢《儒林傳》、《漢書藝文志》、《經典釋文》諸書；而《三國志列傳》、《南北史儒林傳》亦不可不讀。近人畢沅著《通經表》、《傳經表》，頗簡要便於檢尋，以之尋《史》、《漢》、《志》、《傳》、《釋文》諸書，尤不至虚耗光陰。

2. 知存亡。自兩漢以後，經注之或存或亡，學者不可不知；《四庫全書提要》及阮元《四庫未收書目》中之經類書籍，則頗可以備查考；而朱彝尊之《經義考》，翁方綱之《經義考補》，學者亦可按其部目，以考其書之存亡。

3. 當知體例。何謂體例？曰注，曰疏。注之屬：有傳，有記，有箋，有注，有詁訓，有解詁，有章句，有章指，有集解；疏之屬：有義疏，有正義。大抵注不破經，疏不破注；注或迂曲，疏必繁稱博引以明之。”（《民國時期經學叢書》第一輯第四册第156頁）

4. 當知真僞。如《書》之《僞孔傳》，始于晋梅賾；而《子夏易傳》，僞于唐張弧（通志堂經解以《子夏易傳》爲宋人僞作）等是也。

三、何謂通。凡治經者，不可不通經文之句讀，經文之大義，以及字音字義，背當澈底貫通者也。而通之要點，則有五端：

1. 當通章句。世人以爲章句之儒，乃含輕視之意。不知通章句，爲治經之第一義。按章句始于子夏：而西漢《易》有施、孟、梁邱章句；《尚書》有歐陽章句，大小夏侯章句；《春秋》有《公羊章句》、《穀梁章句》等。蓋通章句，則能通其大誼矣。

2. 當通校讎。劉向校書，考之中古；鄭玄注禮，存其故書；陸德明《經典釋文》，羅列群經之异字；岳珂《九經三傳沿革例》，参稽各本之善長；他如顧炎武之《九經誤字》，齊召南之《注疏考證》，阮元之《十三經注疏校勘記》，幾於搜羅盡浄；而王引之之《經義述聞》、俞樾之《群經平議》，亦幾推闡靡遺，然猶有未盡者，日本唐、宋舊本，倍於乾嘉之時，敦煌石室秘藏，騰於中外之口，其中關於經學者，如《左傳》昭公二十七年傳：“夫鄢將師矯子之命，以滅三族，三族國之良也。”日本古鈔卷子本如此，而我國各本下不重三族字，則文句不通矣。由此可知校讎之學，治經者之所當用心也。

3. 當通小學。古者，八歲入小學，故周官保氏掌養國子，教之六書，而治經學者，尤不可不明小學，蓋小學爲經學關鍵；凡治經者，如阮元之《經籍纂詁》，劉淇《助字辨略》，王引之《經傳釋詞》，段玉裁《説文解字注》，皆不可不一讀也。

4. 當通大誼。班志云：'仲尼没而微言絶，七十子喪而大義乖。'微言已絶，不可復續。漢人有爲之者，然其書久亡。《漢書·儒林傳》：丁寬作易説三萬言，訓詁舉大誼，是易有大義也；其他如《書》、《詩》、《禮》、《春秋》等經，亦莫不有大義也；大義明而後六經如日月之昭垂，治經之能事畢矣。"（以上見《民國時期經學叢書》第一輯第四册第158頁）

5. 當通政事。孔子曰："誦詩三百，授之以政；不達使於四方，不能專對，雖多亦奚以爲。"蓋經學者，治世之學，當有實用也。董仲舒以《春秋》决獄，王式以三百五篇詩當諫書，而趙普謂"以半部《論語》治天下"，其言雖誇，然可知經術之作以治世，確乎不可易也。

四、何謂戒。治經有當戒者數事，兹分述之：

1. 當戒僭妄。揚雄以《太玄》擬《易》，以《法言》擬《論語》；王通以《中説》擬《論語》，以《元經》擬《春秋》，其他如僞造《古文尚書》，如妄補《冬官記》，皆可謂之僭妄。

2. 當戒武斷。朱子以《論語》"放鄭聲"一語，遂疑鄭、衛皆淫詩；方苞以王安石行新法，遂疑《周官》有莽制，此皆武斷之意也。

3. 當戒杜撰。凡箋解經文，切不可臆測杜撰。以毛奇齡、閻若璩之爲有清儒家巨子，紀曉嵐尚以好异叛經目之。

4. 當戒割判。《漢·章帝紀》建初八年詔曰："五經割判，去聖彌遠，章句疑詞，乖離難正，恐先師微言，將遂廢絶，非所以重稽古，求道真也。"是則割判經句，漢之中葉已倡其風矣。

5. 當戒空疏。宋儒説經入其明理切事者，誠有功於六經；而高語精微，空談性理，則犯空疏之病矣。

6. 當戒破碎。漢儒説經，浮詞繁冗，往往過乎其實，蓋説經破碎，自漢已然。

7. 當戒穿鑿。如王安石《字説》以坡爲土之皮，詩爲寺人之言，此印穿鑿之病也。清乾、嘉時好以鐘鼎彝器字解經，此雖由於信古太過，然犯穿鑿之病，則不可諱也。"

8. 當戒附會。漢人以灾异説《易》，傅會也；其後以《参同契》説《易》，以老莊説《易》，以圖書説《易》，以《皇極數理》説《易》，皆傅會也。

9. 當戒攘竊。考據之學，引書必注明出處；引舊人説，必標姓名，若掩取群書，據爲己有，則直攘竊。"（以上見《民國時期經學叢書》第一輯第四册第 161 頁）

10. 當戒黨伐。東漢通經之儒，學無常師，故不主張門户；自此以後，門户之見漸起，黨同伐异，代有所聞，在朝則爲朋黨之禍，在野則爲筆舌之争，學者所當深戒也。

第二節《今後吾人治經之方法》

吾人處此中西學術交互之時代，既不能如古人之皓首窮一經；而研究經學，又不能不旁及其他各種學術；古人謂不通群經不能治一經，今之治經學一門，不得不兼治其他學術，正與之相同耳。故今後吾人之治經學也，不能與古人同日語：如無謂之考訂，（如穿鑿傅會）家派之拘泥，（如黨同伐异）皆不足以助長學術之進步；吾人應具遠大之目光，以科學之方法而研求之，則庶幾其可。至其方法，則如上節所述以外，吾人所尤當注意者，則約有所端：

一、當知經書之真僞。不知書之真僞，最易走入迷途；所以研究經學，必先知書之爲真爲僞：如《尚書》五十八篇中，三十三篇爲今文，自漢時流傳至今；其二十五篇，則晋梅賾所假造者。其他如《子貢詩傳》，則出明豐坊之手，如孔安國《尚書傳》，《鄭注孝經》，《孟子》孫奭《疏》，均爲僞書，學者不可不知也。”（《民國時期經學叢書》第一輯第四册第 162 頁）

一、當知經學之派别。明經學之派别，而後治經學乃可得其綱領，否則家派不明，書籍之研求，亦將無從采擇。如兩漢有今古文之分：今文家言，多以經術飾吏治，又詳於禮制，喜言灾异五行；古文家言，詳於訓詁，窮聲音文字之原，各有偏長也。南北朝時：北儒學崇實際，喜以漢儒之訓説經，或直質寡文；南儒學尚浮誇，多以魏晋之注説經，故新義日出。唐人作義疏，黜北學而崇南學，故漢訓多亡。宋、明説經者，喜空言義理，不遵古訓；或以史事説經，或以義理説經。清儒説經，崇尚漢學，吴中學派掇拾故籍，訓詁昭明；徽州學派詳于名物典章，復好深思，心知其意；常州學派宣究微言大義，或推經致用，學者于此，苟能知其源委，則其究經也，必有真實之心得；否則迷離惝恍，令人莫知所從也。”（以上見《民國時期經學叢書》第一輯第四册第 163 頁）

一、當知群經之性質。經書之性質：有關於科學（理化博物）者，有關於史學者，有關於政治學者，有關於社會學者，有關於倫理學者，有關於哲學者，有關於數學者，有關於文學者。至各種經書，雖無顯著之可分，然如《春秋》則偏于史學，《易經》則偏於哲學，《禮經》則偏於社會學及倫理學，其他各經，亦各有所偏長，是在學者之善爲研究耳。

一、當研究小學。治經學者，當參考古訓，誠以古經非古訓不明也；故研究經學，非兼研究小學不可。研究小學時所當注意者蓋有三端：一爲當通音韵，二爲當明訓詁，三爲辨别形體；學者苟能于此三者加以工夫，則治經時之困難，可以減少許多也。"（以上見《民國時期經學叢書》第一輯第四册第 164 頁）

一、當知校勘之學。校勘一事，爲整理國故最要之條件，且最合科學之方法。蓋古經傳至今日，遭兵火蟲魚之劫，其間脱誤及損壞之處必多，非加以校勘，無以補其缺點。古來學者，多有研究及此。然以代王念孫、王引之、盧文弨、孫星衍、顧廣圻、孫詒讓、俞樾諸人爲最完密謹嚴，合科學之方法。孫詒讓《札移序》云："大氐以舊刊精校爲據依，而究其微旨，通其大例，精研博考，不参成見。其諟正文字訛舛，或求之於本書，或旁證之他籍，及援引之類書，而以聲類通轉爲之鎋鍵。"能明乎此，則校勘之學，思過半矣。（以上見《民國時期經學叢書》第一輯第四册第 165 頁）

經過比較之後，我們不難發現，二者文字大體相同，衹是略爲顛倒次序而已！

二、將文字敘述改爲圖表列示

葉德輝《經學通詁》卷一《經學流派》原文爲：

西漢經學派（舉其有書傳於今者）

今文

伏生（《尚書大傳》）

董仲舒（《春秋繁露》）

按：伏、董之書均出後人輯本，然在唐以前，較近二人輯佚書稍爲完整，故特存此二家云。

古文

河間獻王（《毛詩》《周禮》）

東漢經學派

今文

何休（《公羊》）

古文

許慎（《説文》《五經异義》）

按：《説文》兼采今文説，要其學則古文也。《五經异義》雖出後人輯本，然四庫已經著録，故取以備考云。

通學

鄭玄（《毛詩箋》《周禮注》《儀禮注》《鄭氏佚書》）

按：兩漢經師皆分門户，至鄭氏而集大成。有清一代，爲許、鄭之學者，以江浙爲最盛。劉逢禄、龔自珍、魏源、宋翔鳳倡爲今文之學，摭拾西漢殘缺之文，欲與許、鄭争席。至康有爲、廖平之徒，肆邪説經學晦盲，而清社亦因之而屋焉。追原禍始，至今於龔、魏猶有餘痛。昔人謂明季鍾愷、譚友夏爲亡國詩妖，如康、廖者，亦亡國之文妖已矣。

北宋經學派

周敦頤（《太極圖説》《通書》）

程頤（《易傳》）

按：北宋經義，以精研性理，闡明人事爲宗，觀此二家之書，可知其時經學大概，雖以王安石之別創新義，蘇軾之偶涉玄理，不過見深見淺，識解不同，要於性理人事二者不甚相出入。蘇氏之學具《兩蘇經解全書》。王氏之學有《三經新義》，今僅存《周官新義》。爲其學者，有龔原《周易新講義》、陸佃《爾雅新義》、《埤雅》等書，是亦可備參考也已。

南宋經學派

朱子（《易本義》《詩集傳》《儀禮經傳通解》《四書集注》《朱子全書》《朱子遺書》）

按：南宋經學，以朱子爲大宗。三傳而爲王應麟，四傳而爲黄震，遂開有清顧、惠二氏之學，流衍至於乾嘉，號爲漢學。毛奇齡逞其雄辨，時值開闢，名爲宗漢，實以攻朱，風氣初開，無足深較，乃紀文達昀、戴震之徒，於其學所從出，而反唇以相譏，則亦數典忘祖之甚矣。朱子五經，《易》復古本，《尚書》辟《僞孔》，《詩》采三家，《禮》通古今，《春秋》雖無成書，所撰《通鑒綱目》，意在上續獲麟，《尚書》又有蔡沈《集傳》，《樂》有蔡元定《律吕新書》，是六經通學，鄭氏以後，唯朱子一人。同時雖有金溪之陸九淵、永嘉之葉適、陳傅良與之异同，而有吕祖謙、張栻并軫而馳，羽翼既張，流派益遠，故自元明迄於有清，即以其一家之書列之學官，令以取士。蓋一學派之成立，必其人有絶大精力，貫徹始終，後人立异，與之爲難，雖暫晦而復明，如寒暑之相嬗，誠以學問爲天下之公器，固非一二人之力所能擴張，亦非一二人之力所能推倒。吾生平頗尚漢學，而獨崇朱子。然非曾文正、陳澧調人之説，所謂漢宋兼采者，則以朱子自有真實之處，在學者之探求，不在口説之争辯耳。

清經學北派

博野

顔元

李塨（《周易傳注》《詩經傳注》《李氏學樂録》）

按：習齋之學，一傳而爲李塨。塨又受學于毛奇齡，此南學合北學之始。再傳而爲程廷祚，則又以南人而爲北學。然如所著《晚書訂疑》、《禘祫辨誤》二書，絶不附和毛氏《古文尚書冤詞》及《郊社禘祫問》之説，是則冰寒青勝，派同而學不同。至所著《春秋識小録》已入乾嘉考據一派，其殆學成之日乎？博野之學初不行於南方，後二百餘年，江寧戴望本其先世家學，著《顔氏學記》一書表揚之。望晚年又從陳奂受《毛詩》，從宋翔鳳受《公羊》，所注《論語》即發明《公羊》之義，是又轉入南學今文派矣。

曲阜

孔廣森（《顨軒所著書》）

孔廣林（《孔叢伯遺書》）

按：廣森授學於戴東原震，震爲江慎修永高第，是當列於婺源派之再傳，然北方爲漢學者，紀文達昀無傳書，獨孔氏一家爲之，至馬國翰而極盛，故特列爲一派，以張漢幟云。

清經學南派

昆山

顧炎武（《亭林遺書》《音學五書》《日知録》）

徐乾學（炎武甥，《讀禮通考》）

潘耒（炎武弟子，刻《亭林遺書》）

按：炎武之學，出一於朱子，而實事求是，遂開東南漢學之先。論有清一代儒宗，當以炎武與元和惠周惕爲不祧之祖。江藩《漢學師承記》退炎武與黄宗羲居於卷末，是誠所謂蚍蜉撼大樹者矣。

元和

惠周惕（《詩説》）

士奇（周惕子，《易説》、《禮説》、《春秋説》）

棟（士奇子，《易例》、《周易述》、《易漢學》、《易大義》、《易微言》、《周易本義辨證》、《古文尚書考》、《明堂大道録》、《禘説》、《左傳補注》、《九經古義》）

按：惠氏三世治經，至棟而益盛。吴中漢學，實惠氏一家開之，故周惕與顧炎武不獨化被三吴，澤及桑梓，即天下後世亦當推爲有清兩巨師。棟之弟子，一爲江藩，著《周易述補》、《爾雅小箋》，一爲余蕭客，著《古經解鈎沈》，皆於漢學一派有功後學者也。

婺源

江永（《周禮疑義舉要》、《儀禮釋例》、《儀禮釋宫增注》、《禮記訓義擇言》、《深衣考誤》、《禮書綱目》、《律吕新（義）【論】》、《律吕闡微》、《春秋地理考實》、《鄉黨圖考》、《群經補義》）

戴震（永弟子《戴氏遺書》）

段玉裁（震弟子《經韵樓全書》、《説文解字注》）

龔自珍（玉裁外孫《尚書泰誓答問》、《春秋决事比》）

龔橙（自珍子《詩本誼》）

按：江氏之學，出於朱子。戴震乃操入室之戈。再傳而爲段玉裁，猶是古文學一派。三傳而爲龔自珍，又轉入今文學一派。此無他，師承之嚴重不如漢京，故學者但隨風氣爲轉移，遂不惜背師而馳，自亂統系。南北朝以後，不得有儒林。今之修史者，乃猶襲用其名稱，可謂大謬也已。

常州（一曰陽湖派）

莊存與（《周官記》、《周官説》、《周官説補》、《春秋證辭》）

述祖（存與從子，《尚書校逸》、《尚書説》、《毛詩考證》、《周頌口義》、《夏小正考釋》、《五經小學述》、《説文古籀疏證》）

劉逢禄（述祖弟子，《尚書今古文集解》、《公羊何氏釋例》、《公羊何氏解詁箋》、《論語述何》、《發墨守評》、《箴膏肓評》、《【穀梁】廢疾申何》）

龔自珍（逢禄弟子，婺源三傳，書見前）

魏源（逢禄弟子，《書古微》、《詩古微》）

孫星衍（《周易集解》、《尚書今古文馬鄭注》、《尚書今古文注疏》、《明堂考》、《魏三體石經考》、《孔子集語》）

張惠言（《茗柯全書》、《儀禮圖》）

成孫（惠言子，《説文諧聲譜》）

按：常州之學，本分二派：一爲今文學派，莊氏一家開之，傳至龔魏，横流極矣，然其學通天人之故，接西京之傳，蓋得董賈之精微，而非如龔魏之流於狂易。江藩《漢學師承記》不列其名與書，殆有彼哉之意乎？一爲古文學派，孫星衍卓然名師，爲古學之勁旅，當時與洪亮吉齊名鄉里，洪所著《左傳詁》遠不如孫之精深，蓋洪後以史學地理名家，精神别有專用也。張惠言精研《易》、《禮》，實惠氏之旁支。昆山、元和以外，其學派未有過於陽湖者也。

儀征

阮元（《皇清經解》、《詩書古訓》、《車制圖解》、《儀禮石經校勘記》、《曾子注釋》、《十三經注疏校勘記》、《經籍纂詁》）

按：儀征主持漢學，全在《經解》一書。節鉞所至之處，於廣州則創學海堂，於浙江則建詁經書院，兩省承學之士，百年以來，猶沿其餘風。湘省漢學興起最遲，然創湘水校經堂者，則儀征弟子、巡撫吴榮光也。瞽宗之祀，儀征其爲先河乎？長沙王先謙《續編經解》一書，推衍宗風，網羅散佚，儀征嫡派，終在湖湘。新學既興，南風不兢矣。

高郵

王念孫（《讀書雜志》、《廣雅疏證》）

引之（念孫子，《經義述聞》、《經傳釋詞》）

按：高郵自創一派，專以形聲訓詁校勘古書，於是千古沉晦不可解之文詞，循其例，無不涣然冰釋。後來俞樾踵其後，爲《群經平議》，爲《諸子平議》，爲《古書疑義舉例》，而後四部書之訛文脱簡，重門洞開，可謂周孔之掃夫，劉班之嫡子。曾文正《聖哲畫像記》推爲集小學之大成，蓋猶等夷之見矣。

南雷

黄宗羲（《易學象數論》、《深衣考》、《孟子師説》）

按：南雷得蕺山之傳，其理學爲陽明一派，然爲全祖望所私淑，又萬斯大兄弟受業之師。浙中經學之風，故當以宗義爲鼻祖。

四明

萬斯大（《萬氏經學五書》）

斯同（斯大弟《石經考》）

按：四明之學，爲浙中漢學之先聲。非毛奇齡逞其口辨，一味叫囂之比也。少時兄弟師事南雷，得聞蕺山之緒論。平日持論，以爲非通諸經，不能通一經；非悟傳注之失，則不能通經；非以經釋經，則亦無由悟傳注之失。至理名言，誠實事求是之義。當時并無漢學名幟，而治經之法，遂爲一代宗風，不可謂非豪杰之士矣。

桐城

方苞（《望溪全集》）

劉大櫆（苞弟子，不傳經）

姚鼐（大櫆弟子，《左傳補注》、《公羊補注》、《穀梁補注》、《國語補注》、《九經説》）

按：桐城方氏説經諸書，源出北宋；再傳爲姚鼐，以参合義理、考據、詞章爲宗。桐城之學，至此一變，曾文正全師之矣。

東塾

陳澧（《東塾讀書記》、《漢儒通義》）

按：澧爲儀征再傳弟子，然近世所謂漢宋兼采一派者，至澧而始定其名，故别爲派，殿於後云。

今按：《經學通詁》的上述文字，被《經學常識》改編爲圖表。白紙黑字，可以一一覆按。

結　論

綜上可知,《經學常識》大量抄襲了《經學通詁》的有關内容。葉德輝其人殊不足道,且死於非命,但其學源自吴派,學風甚正①,不可因人而廢言。儘管《經學常識》的作僞手法非常拙劣,但還是騙過了當時的很多人。後來因其書流傳絶少,數十年來一直没有被人識破。筆者在查閲林慶彰先生編輯的《民國時期經學叢書》時,無意間發現《經學常識》與《經學通詁》高度相似,幸好手頭有張晶萍博士點校的《經學通詁》(收入郭齊勇先生主編的《儒家文化研究》第二輯,三聯書店 2008 年版),於是逐一比對,小心求證,此案遂定。《經學通詁》原書三卷,而《經學常識》居然抄襲了其中的兩卷,數量不可謂不大。如此陵轢前人,欺騙後人,是可忍孰不可忍!

還要説明的是,《經學常識》衹是《國學常識》之一種,其他各種是否存在抄襲問題,有待逐一求證。近年隨著國學熱持續升温,《國學常識》也被大量翻印,且網上反應甚佳,可見其欺騙力之强大。今不憚煩瑣,爲之一一辨明,望學人毋再爲此等僞書所欺騙耳。

作者簡介:司馬朝軍,男,湖南南縣人,文獻學博士。現爲武漢大學中國傳統文化研究中心專門史教授、國學院經學教授,

①可以參考王逸明《葉德輝年譜》(學苑出版社 2012 年版)與張晶萍《守望斯文:葉德輝的生命歷程和思想世界》(中国社会科学出版社 2011 年版)二書。

兼任武漢大學四庫學研究中心主任。研究方向爲四庫學、文獻學、國學。著有《四庫全書總目研究》、《四庫全書總目編纂考》、《文獻辨僞學研究》、《經解入門整理與研究》、《黄侃年譜》、《黄侃日記校注》等數十種。主編《辨僞研究書系》。

論石永楙《論語正》的詮釋策略及其成就

林義正

内容提要：石永楙（1909—1975）先生所撰《論語正》一書，因特殊原因，根本不爲學界所知，幸有臺灣臺中文聽閣圖書有限公司出版《民國時期經學叢書·第三輯》收録其中，作爲民國時期卓有成就的六十部經學專著之一，始爲吾人所悉。此書對通行本《論語》篇章進行解構，依爲文謀篇、義脉通貫的方式重新綴篇，推作“正”本，彰顯孔學的微言大義。先生認爲通行本《論語》根本上是亂本，需要進行撥亂反正。筆者認爲其所爲正是一種顛覆性的詮釋工作。其詮釋如何進行，有何策略，有何成就，這是本論文所要交代的。傳世本《論語》淵自張禹，章句早經改編，諸家漸滅，先生著眼於此，究其本真，的準《齊論》“知道、問王”篇意，《河間》九篇之數，順其辭氣，序其章句，貫其義派，復其本真，歸諸子貢、陳亢師弟所著，依此消解傳統難解諸疑惑。先生之詮釋著眼於篇章復正則義理自現的信念，其所爲軌迹正是致經古文學之真而盡經今文學之善，於孔子晚年素王之道之彰顯，大有功也。

一、前言

就中國思想史而言，自漢武帝采納董仲舒“諸不在六藝之科，孔子之術者，皆絶其道，勿使并進”之策開始，獨尊儒術，遂開啓了經學時代①。筆者早年研究孔子思想，初由《論語》發端，後來漸及《大易》與《春秋》，愈益發覺孔子思想具有繼承與創造的雙重性，寓創造於繼承之中。若説子學突顯思想的創造性，經學突顯思想的繼承性的話，那麽孔學可説既是子學也是經學。漢代以孔學爲新官學，無論是經今文學，還是經古文學，根本上是對孔子經學展開不同的詮釋體系。在不同的詮釋下，孔學思想有了不同的面貌。單就《論語》的詮釋來説，歷代不乏詮釋《論語》的代表性著作，但誰最得孔學的真意？近期筆者讀到一本具有“顛覆性”詮釋的著作——《論語正》，此書因某些原因，很少爲學界所知，故借此次參加“漢代經學與儒學”學術研討會之際，撰文向各位與會學者報告。本論文，首先略述石永楙先生的學行，其次説明《論語正》的基本結構、詮釋策略、詮釋成就，最後，指出其意義。

二、學行略述

石永楙，又名永懋、永茂（1909—1975），字松亭，山東茌平人，久居天津。父名興周，以教書爲業，并通岐黄之術。先生幼承庭訓，讀經之餘，亦好切脉，曾師從北京四大名醫之一的施今墨學醫。少時入學天津縣師範講習所，1927 年加入嚴修（1860—1929）創辦的崇化學會，爲首屆學員，受業於章鈺（字式之 1864—1934）。先生詩文功底深厚，行書尤擅，承乾嘉之學，著述頗豐。1937 年七七事變發生，入巴蜀，在重慶結識畫家徐悲

①馮友蘭，《中國哲學史》，上海：商務印書館，1934 年 9 月，485 頁。

鴻（1895—1953）、傅抱石（1904—1965）等，彼此結成莫逆。1945年抗戰勝利後返天津，先後執教於法漢中學、木齋中學，亦曾任藥鋪秘書長之職，其間陸續出版《莊子正》、《大學正》、《中庸正》、《禮運正》，1946年《孝經正》、《論語正》問世，尤其後者，更得到當時學界名流如盧弼、金梁等人的贊賞與肯定，至友徐悲鴻曾函購數部，寄贈國民政府考試院長戴季陶、教育部長朱家驊，希冀得到文化部門的關注。在抗戰結束後的國共内戰期間，先生對國民黨的一黨專政不滿，遂加入張東蓀、張君勱所成立的中國民主社會黨（1946年8月15日），一度代理該黨天津黨部秘書長。1950年該黨被宣布爲非法組織，先生旋告失業，時徐悲鴻任中央美術學院院長曾隨函寄呈《論語正》予毛主席，請爲先生安排工作，毛主席復函，表示可推薦至郭沫若主持的中央文教會任職，徐曾兩次親至天津，促其赴京，之後有畫家黄養輝亦專程代徐至天津敦請，終因顧慮到政治與學術環境等因素，不肯赴京，遂寄寓天津，或行醫，或教書，乃至引車賣漿，晚景凄涼。1974年值文革批林批孔，先生適在成都講授四書五經，以言論不合時宜被捕，1975年枉死獄中。據聞先生著述頗豐，除以上已付梓者外，尚有《考定老萊子黄帝經》、《孔子世家黜僞》、《孝經疑》、《古書考正學》等待刊（詳見《求際齋考正書目》）。晚年曾對早年力作《論語正》修訂多次，成《新論語正》，可惜最後修訂稿在文革抄家時遺失，或謂夫人因迫於窮困，以五百元賣掉云，至今查無下落。①

三、《論語正》的基本結構

《論語正》一書在中華民國三十五年十一月，由天津《大公報》館承印初版，豎排三十二開，綫裝鉛印，封面由金梁題簽，正文前置金梁、盧弼、王彬的序文，次列《論語正叙例》一卷，接連著重綴的經文，用大號宋體排印，撮要與疏解用小號宋體雙排於經文下，每篇章前後均有簡要説明，同時在書末版權頁附白："歡迎商榷异同，敬備菲酬，如荷見教，請函天津第一區兆豐路興義裏三號著者本寓。"據前述，先生曾對此書進行多次修訂，雖然最後修訂稿已不知去向，慶幸的是，2009 年臺灣臺中文聽閣圖書有限公司將其原書評作民國時期六十部卓有成就的經學專著之一，編入《民國時期經學叢書·第三輯》第四十八册出版。如今，筆者所根據的是由北京中華書局於 2012 年 5 月據原書影印出版的本子，計 230 頁。在諸序前，再添上涂宗濤、高喜田

①按此段學行略述，綜合以下資料而來：1. 涂宗濤、高喜田所撰《石破天驚〈論語正〉——影印本〈論語正〉前言》（北京：中華書局，2012 年 5 月），2. 宋文彬《石永楙和他的〈論語正〉》一文，刊於《天津史志》2010 年第 3 期，并見 http://www.tjgxyjh.com/system/2009/12/17/010035639.shtml，3. 李健力《高大慧的學書之路》文中所及的史料，見 http://www.dfysw.net/PL/zhpl/2014/0902/13580.html。此外，尚有相關照片圖文資料，具見網路中襄陽劉陽 http://blog.sina.com.cn/s/blog_61d887390101hjnl.html 和百度百科所載 http://baike.baidu.com/link·url = SeSpWWpSZYBb _ TafoR3epvLyMN5eZQKl37s1SND4XzLhGr - ae - WqaO6PJx2WoeNQY-xW-uy0b7WvRkupiecgAq 不具引。

所撰的影印本前言——《石破天驚〈論語正〉》一文。

本書主體有二，其前爲《叙例》一卷，内分五小節，（一）叙要，（二）本經稱名變遷考，（三）亂本奪真流傳考，（四）章篇紕繆厘正例，（五）微言大義乖絶辨，是一篇研究《論語》文本來歷的專論，全面呈現作者的《論語》觀。

其後是正定過的經文，隨篇章作注，説明正定綴編的理由。其將通行本《論語》二十篇重新改定，成《知道篇》與《問王篇》。《知道篇》有五：知道第一、四教第二、成章第三、雅言第四、仁方第五，《問王篇》有四：正名第六、士恥第七、絶四第八、問王第九。此二大篇乃依王充《論衡・正説篇》“齊魯二”解作：“《齊論》二篇、《魯論》亦二篇”而來，不是《漢書・藝文志》所録“齊二十二篇。多《問王》、《知道》。魯二十篇，傳十九篇。”的《齊》《魯》二篇。篇名取自《藝文志》所載《齊論》殘存篇目《問王》、《知道》。即二大篇而九分之，成九篇本《河間論》，原篇目已不可考，作者依終始相承之文義，補題篇名。就已正定的經文而言，二篇本的《齊論》、《魯論》與九篇本的《河間論》是同一的，不管是二篇本的《齊論》、《魯論》或九篇本的《河間論》均以篇爲單位。《漢書・藝文志》所載也是以篇作區隔，謂：“《論語》古二十一篇、齊二十二篇、魯二十篇”，各篇分幾章也不一致。依《論語》二十篇本來説，後代也有許多不同版本流傳，像皇侃《論證義疏》、邢昺《論語注疏》、朱熹《論語集注》、劉寶楠《論語正義》、楊伯峻《論語譯注》、哈佛燕京學社《論語引得》、師大謝冰瑩等合譯《新譯四書讀本》、D. C. Lau（劉殿爵）Analects（Lun yü）等，對各篇的分章也不相同，總章數也不一致①。爲了便於瞭解《論語正》這種正定後的面貌，茲借楊伯峻《論語譯注》編訂的篇章碼來呈現，其結構如下：

①奉元書院同門孫中興教授所編《孔門時習録》（2014 年元月）附録《〈論語〉各版本分章的比較》，各版本分章總數不一，皇侃《論證義疏》480 章、邢昺《論語注疏》481 章、朱熹《論語集注》482 章、劉寶楠《論語正義》483 章、楊伯峻《論語譯注》512 章（按原作 486 章顯屬誤計）、哈佛燕京學社《論語引得》481 章、師大謝冰瑩等合譯《新譯四書讀本》483 章、D. C. Lau（劉殿爵）Analects（Lun yü）486 章，各篇分章并非一致。

《論語正》篇章結構編序表

<table>
<tr><th>篇名</th><th>次篇目</th><th>編綴章序</th><th colspan="2">備　　註</th></tr>
<tr><td rowspan="7">知道篇</td><td>知道篇之一
知道第一</td><td>10. 1—5→19. 9→7. 38→7. 4→11. 13 前截→17. 8→[4. 8]→11. 13 後截→17. 23→[8. 10]→[15. 4]→[14. 4]→14. 5→[14. 33]→6. 9→11. 14→6. 8→11. 26→[14. 30]→5. 26→15. 11→[7. 6]→[8. 8]→7. 11→[16. 11]→[5. 7]→[11. 15]→[15. 36]→[4. 7]→5. 8→6. 29→[6. 7]→11. 18→[11. 19]→5. 9→[6. 20]→[2. 9]→[2. 10]→[4. 1]→[4. 2]→[6. 11]→4. 15→15. 3→5. 12→17. 19。</td><td colspan="2">本表簡碼均依楊伯峻《論語譯注》所訂的篇章碼，共二十篇512章（參見下欄），而有□者即表該章開頭或句中衍“子曰”“孔子曰”，有□者衍“顔淵死”“子夏曰”“子貢曰”“有子曰”，示刪除之意，凡230章，約占整體45%。</td></tr>
<tr><td rowspan="6">知道篇之二
四教第二</td><td rowspan="6">7. 25→[7. 26]→11. 20→[6. 17]→[11. 21]→[7. 33]→[6. 27]→14. 13→14. 18→5. 14→[5. 17]→15. 14→5. 19→5. 20→[14. 8]→15. 41→5. 15→[5. 16]→[1. 5]→[14. 3]→[5. 21]→[14. 14]→[6. 15]→[14. 11]→14. 12→1. 15→[2. 11]→3. 8→[11. 1]→12. 8→[6. 18]→2. 12→[15. 18]→5. 3→5. 4→[15. 34]→2. 13→[14. 27]→5. 13→11. 22→6. 12→[17. 22]→[17. 2]→[17. 3]→[4. 4]→[4. 5]→[4. 6]→6. 26→[15. 35]→[4. 3]→[5. 10 後截]→5. 10 前截→[4. 24]→[13. 27]→5. 10→8. 7→[9. 25]→[14. 20]→1. 8→[15. 30]→[1. 3]→1. 4→1. 1→12. 24→19. 8→6. 13→[4. 23]→8. 5→11. 16→[12. 15]。</td><td>學而篇第一</td><td>1. 1→16</td></tr>
<tr><td>爲政篇第二</td><td>2. 1→24</td></tr>
<tr><td>八佾篇第三</td><td>3. 1→26</td></tr>
<tr><td>里仁篇第四</td><td>4. 1→26</td></tr>
<tr><td>公冶長篇第五</td><td>5. 1→28</td></tr>
<tr><td>雍也篇第六</td><td>6. 1→30</td></tr>
</table>

續表：

篇名	次篇目	編綴章序	備註	
	知道篇之三 成章第三	5.22→11.3→11.4→8.17→4.17→7.2→7.3→15.39→9.24→6.3→5.27→9.23→7.20→2.4→7.7→14.23→5.28→17.26→7.17→15.31→9.8→2.15→2.16→16.9→7.28→7.1→14.43→9.10→7.29→7.8→17.20→16.5→14.44→16.4→19.3→19.15→19.16→13.21→19.12→17.9→1.6→1.14→6.21。	述而篇第七 泰伯篇第八 子罕篇第九 鄉黨篇第十 先進篇第十一 顏淵篇第十二 子路篇第十三 憲問篇第十四 衛靈公篇第十五 季氏篇第十六 陽貨篇第十七 微子篇第十八 子張篇第十九 堯曰篇第二十	7.1→38 8.1→21 9.1→31 10.1→27 11.1→26 12.1→24 13.1→30 14.1→44 15.1→42 16.1→14 17.1→26 18.1→11 19.1→25 20.1→3
	知道篇之四 雅言第四	7.18→7.21→9.1→9.2→3.7→7.27→10.26→3.16→9.6—7→7.32→11.6→2.21→14.40→1.11→1.9→16.6→4.19→16.7→4.21→10.8—11→10.6a—6c—7a—6b—7b→10.24—25→3.15→9.3→19.17→1.11→7.9—10→10.18→10.12→10.19→10.15—16→10.21—23→10.20→10.13→9.16→10.17→10.14→15.42→3.23→17.10→3.20→2.2→17.11→1.12→“蓋肆乎其肆也”（據漢石經《論語》補）→17.21→19.14→3.12→3.17→7.31 前截→16.14→7.31 後截→19.21→3.18→3.13→7.13→7.35→9.17→8.9→11.12→2.17→9.21→15.33→9.22→9.11→6.22→16.13。		
	知道篇之五 仁方第五	15.10→9.19→7.30→6.30→7.34→7.24→12.1→9.20→12.2→5.5→17.17（1.3）→15.21→8.14→4.14→6.1→6.2→6.6→1.16→12.22→13.2→6.14→9.31→7.22→9.18→2.18→14.24→7.12→7.16→15.19→15.32→14.26→13.22→15.37→17.25→15.40→13.23→13.25→13.26→15.27→15.16→12.21→16.10→16.8→15.17→20.3→7.37→15.22→14.31→12.10→15.13→2.14→15.12→12.6→15.6→1.10 末附存疑兩章(8.3→8.4)不數。		

續表：

篇名	次篇目	編綴章序	備　註
问王篇	問王篇之一 正名第六	13. 15→3. 19→2. 19→12. 9→12. 11→13. 4→19. 19→12. 13→[12. 16]→12. 17—18→2. 20→[14. 41]→20. 1 末句→[3. 26]→3. 1—2→[3. 3]→3. 4→[7. 36]→3. 6→[2. 24]→11. 24→14. 21→[3. 5]→16. 1→[16. 2]→[16. 3]→12. 19→14. 19→[13. 7]→13. 8→11. 17→[15. 20]→16. 12→13. 14→[6. 25]→13. 9→7. 15→[5. 23]→13. 18→14. 34→[5. 24]→[8. 1]→6. 28→13. 3→14. 42→14. 22→13. 1→12. 14→13. 16—17→19. 10→12. 7→[14. 7]→[2. 22]。	
	問王篇之二 士恥第七	13. 20→[6. 16]→[5. 25]→[4. 16]→[4. 9]→6. 4—5→14. 1 前截 →[8. 12]→[9. 30]→[8. 13]→19. 13→14. 1 後截 →5. 1→8. 6→[14. 6]→11. 25→[13. 5]→5. 6→14. 25→13. 28→[4. 18]→19. 1→[8. 2]→[11. 5]→1. 13→[1. 2]→19. 18→2. 5—6→補入“淫祀無福”→2. 7—8→1. 7→12. 20→[17. 12]→[17. 13]→[17. 14]→[17. 15]→[17. 16]→[15. 23]→[15. 28]→[17. 18]→[8. 16]→13. 24→17. 24→[5. 11]→15. 24→[15. 25]→[15. 26]→19. 20。	
	問王篇之三 絶四第八	9. 4→9. 13—14→18. 3→9. 5→11. 23→11. 9—10→[11. 11 前截] →[11. 8]→[11. 11 後截]→3. 24→15. 1—2→18. 1→[15. 9]→18. 2→[6. 19]→[15. 7]→[4. 10]→[9. 26]→11. 2→[9. 27]→[9. 28]→[9. 29]→[7. 23]→7. 19→9. 12→12. 5→12. 4→12. 3→[4. 22]→13. 19→17. 5→[14. 15]→14. 16—17→17. 7→[12. 12]→14. 36→18. 7 後截→[14. 37]→18. 8→10. 27→18. 5—6→18. 7 前截→14. 38—39→14. 32→[14. 2]→17. 1→14. 29→[15. 8]→4. 26→12. 23→[14. 28]。	

續表：

篇名	次篇目	編綴章序	備　註	
	問王篇之四	17. 6（改“子張問仁”作“哀公問王”）→[8. 21]→[15. 5]→[2. 1]→[2. 3]→[4. 25]→18. 11→8. 20→20. 1 中句 →3. 21→[3. 9]→[3. 14]→20. 2→[13. 10]→[13. 30]→[13. 29]→[13. 11]→[13. 12]→20. 1 前截		
	問王第九	→[13. 6]→[13. 13]→14. 9→[3. 22]→[14. 10]→[8. 11]→18. 10→[4. 11]→[4. 12]→[4. 13]→[15. 38]→[15. 15]→[6. 24]→9. 15→[8. 15]→3. 25→[6. 23]→[8. 18]→[8. 19]→18. 4→18. 9→9. 9→[3. 10]→[7. 5]→3. 11→7. 14→17. 4→[15. 29]→11. 7→6. 10→2. 23→19. 2→19. 11→[19. 7]→[19. 6]→[19. 5]→[19. 4]→19. 22→14. 35→19. 23—25。		

以上透過幾近 X 光掃描，掌握《論語正》内部篇章脉絡結構，令熟習通行本《論語》篇章次序者莫不震驚，斥之者謂其“擅改經文”、“悔聖蔑經”，贊之者謂其爲“儒家之新馬丁路德”①。適震驚之餘，不妨轉從經典詮釋的角度視之，實不必斥責其擅改經文，亦不必迷信其復正，視爲對《論語》作另一種新的詮釋即可。依當代詮釋學的觀點，根本不接收（接受）有所謂的絶對真象。孔子學説隨著不同時代的視域而有不同的呈現，詮釋重點也會有所改變，無論如何，都要有個文本作依據。若有不同文本，也要從中考辨哪個文本最可靠。哪一種詮釋最貼近孔子的思想。這些都是詮釋《論語》所要面臨的問題。自魏何晏《論語集解》流傳以來，各代詮釋的旨趣固有不同，但篇章的編序早已固定；所以，本書最可貴的地方就在它挑戰流傳已久的二十篇架構，重新檢討文本的來歷，最後决然提出重構。其云：

> 予既正《論語》全經之文，首尾渾然一體。從《齊》、《魯》、《河間》之真本，復定爲上下二篇，析爲九章，大義焕發，證佐詳明，乃敢正告天下之學者曰：‘所謂《論語》者，實承漢儒更定之名，其正名當曰“《孔子》”。其著者子貢、陳亢，其文萬五千餘言，銜承一貫，其分卷不過二篇，曰《知道》、曰《問王》，其真本，齊魯無所异，其分章不過九，章總一義，須意窮而成體者也。《河間》本析分九篇，其實章也。故可與齊魯本并行不悖。夫舍《孔子》之古名，沿《論語》之常稱，今用之，吾從衆，可也。廢《知道》《問王》之閎目，標《學而》《述而》等文義不具之陋題，破大義，守斷簡，是末師，非往古，信臆説，背傳記，誣道

①見《論語正》盧弼序，原書 6 頁。

真，愚之所不敢同也。且萬五千之文，固皆不僞矣；然實源出孔壁之亂本，簡蠹帛裂，分拆傾倒，謬冠“子曰”，强名曰章，又聚雜章，强名曰篇，於是篇有二十，章有四五百，不得不弃二篇九章之原目，而標無所取義之新稱，是雖非僞本，實亂本也。’①

爲了厘清漢代早期《論語》諸傳本，兹依《論衡·書解篇》、《漢書·藝文志》及何晏《集解》序所言，列出下表：

①見《論語正》，9、10頁。

《論語》傳本篇數存亡表

傳本／出處	今文		古文		混合今古文
	魯《論語》	齊《論語》	河間《論語》	古《論語》	《張侯論》
《論衡·書解篇》	2 篇	2 篇	9 篇 30 篇 （即含同上經之 9 篇及古文或僞魯論之傳説 21 篇）	21 篇	
《漢書·藝文志》	20 篇	22 篇 多《問王》，《知道》	無紀録	21 篇 出孔子壁中，兩《子張》。如淳曰：分《堯曰》篇子張問“何如可以從政”已下爲篇，名曰《從政》。篇次不與齊魯同。	
《隋書·經籍志》	20 篇	22 篇	無紀録	21 篇 古《論語》，章句煩省，與《魯論》不异，唯分《子張》爲二篇，故有二十一篇。	20 篇（十卷本） 張禹本授《魯論》，晚講《齊論》，後遂合而考之，删其煩惑。除去《齊論·問王》、《知道》二篇，從《魯論》二十篇爲定，號《張侯論》。漢末，鄭玄以《張侯論》爲本，參考《齊論》、古《論》而爲之注

根據先生研究,《論語》當初立名《孔子論語》①,亦名《孔子》,漢儒始更訂之,原著者爲子貢、陳亢,全文一萬五千餘字,最初之文,内容銜承一貫,統首尾爲一篇,學者或順其文章之自然節會,區而别之。始分不過二篇,齊魯無所异,繼分不過九章,章總一義,《河間》本析分九篇,其實章也,與齊魯本并行不悖,皆是完本,同爲真本。又由孔壁所發古文簡亂,不當有篇數,及漢昭帝女讀時,已有二十一篇之分,凡一萬五千餘字,雖非完本,但不僞,但經漢儒論次傳授,始名《論語》。其中有謬冠"子曰",强名曰章,又聚雜章,强名曰篇,廢弃二篇九章之原目,另標"學而""述而"等無所取義之新稱,衹能配稱亂本。而《漢書·藝文志》所記載的《魯論》二十篇、《齊論》二十二篇乃是從古文二十一篇(亂本)隸寫傳誦,衹能配稱僞本。因此,《論語正》是奠定在"完本"、"真本"、"亂本"、"僞本"觀念的區分上。之所以要"正"《論語》,是發現了歷代通行本《論語》,根本上是張禹本諸《魯論》二十篇,參與《齊論》,"合而考之,删其煩惑"而成的《張侯論》,它是一本出自亂本中(和)僞本的混合本。所以,當循儒家經典著述體例,削除各章中不必要的"子曰",的準《齊論》殘目,破僞亂之本,尋篇章義脉,進行重構。

四、詮釋策略

先生國學功底深厚,著述頗豐。從他一系列著作:《莊子正》、《大學正》、《中庸正》、《禮運正》乃至《孝經正》、《論語

①《論語正》,13 頁。

正》及尚待刊《考定老萊子黄帝經》、《孔子世家黜僞》、《孝經疑》、《古書考正學》等，即知其研究大柢（大抵）循乾嘉考據學之途徑，考辨經史，尤專注於孔門微言大義。根據他的研究，認爲《論語》是在孔子死後，由子貢及其弟子陳亢在廬墓三年期間編修而成①。又説“《莊子》之學出於子貢，得其性道之傳，而於《論語》此文尤有神契。…故《莊子》之學不顯，無以識《論語》之精義。《論語》之文不正，亦無由見《莊子》之大純也。故《論語》、《莊子》二書之考復，實孔顔真學之絶續關鍵，學者其可不盡心乎!”② 其先著《莊子正》，後撰《論語正》良有以也。其著作自《莊子正》以下，非考即正。“正”是其核心概念。“正”有動詞、名詞兩義，考證其真，辨黜其僞，由“正《論語》”到“《論語正》。此“正”，可歸本於孔子之“正名”、《公羊傳》之“居正、復正、撥亂世，反諸正”要旨，亦采《大學》由“平天下”到“天下平”、由“正其心”到“心正”的筆法，承王充《論衡》“疾虚妄”之精神，顯其命意。

自古以來研習儒學，漢唐以前，就在《五經》，宋明以來則先《四書》，階《四書》至《五經》。先生習儒業，自不外此。當他研讀《論語》時，遂發現諸多疑惑。據先生自言：

> 若《堯曰》篇之乖離難讀，〈鄉黨〉章之繁碎不倫，以逮“夢見周公”（7.5）之怪，“子見南子”（6.28）之誣，“顔路請車”（11.8）、“犁牛之子”（6.6）之謗，“女子小

①《論語正》，66頁。據《史記·孔子世家》謂弟子皆服三年，唯子貢廬於冢上，凡六年，然後去。

②《論語正》，63頁。

人”（17.25）、“由之瑟”（11.15）、“山梁雌雉”（10.27）等簡之無理，“誠不以富”（12.10）、“唐棣之華”（9.31）、“有馬借乘”（15.26）、“女器也”（5.4）、“今女畫”（6.12）、“益者與”（14.44）、“不占而已”（13.22）、“邦君之妻”（16.14）、“仁者樂山”（6.23）等簡之不辭，爲“命裨諶”（14.8）、“觚不觚”（6.25）、“由知德者鮮矣”（15.4）、“克伐怨欲不行”（14.1）、“柳下惠爲士師”（18.2）、“周有八士”（18.11）、“周公謂魯公曰”（18.10）、“子路曰不仕無義”（18.7）等簡之失緒而無依。①

這些問題要解決，就不能不“正”自古以來流通之亂本，據其言“一朝復其原次，大義貫通，文旨莫不立變，安排妥貼平不頗，文從字順各識職”②。然他究竟如何正《論語》？據筆者歸納有四。

借考史以祛惑謬

《論語》非本經之名，依王充《論衡・正説篇》，謂漢武帝發取孔壁古文，至宣帝下太常博士，時尚稱書難曉，名之曰傳，後更隸寫以傳誦，初，孔子孫安國以教魯人扶卿，始曰《論語》，可見之前不名《論語》。“傳”乃諸子百家總稱，與王者之典曰“經”相待。揚雄稱“‘傳’莫大於《論語》”，是《論語》亦不廢其‘傳’稱，然古人尊經，惟《春秋》著於孔子，故孔子有素王之説。當時記孔子之言若不名之爲“傳”，固無以稱之，既名

①《論語正》，11頁。
②《論語正》，11頁。

之爲傳，不謂《孔子》亦無以别諸子書。他批評《漢書・藝文志》“《論語》者孔子應答弟子、時人及弟子相與言而接聞於夫子之語也。當時弟子各有所記。夫子既卒，門人相與輯而論纂，故謂之《論語》”之説，謂此不思春秋戰國之際，作者紛紛，最著如老、墨、莊、荀，而孔門之徒如曾子、子思子、孟子等等不可勝數，有於某子之外，特標异名以爲一家之言者乎？且子書有内、外、雜、正、附篇之别，則孔子亦有《孔子家語》、《孔子三朝》、《孔子徒人圖法》以著於《論語》家，猶不昧於源流，故推測《論語》立名之初，當作《孔子論語》，以與諸子相對，久之，去《孔子》，但稱《論語》，致使後人之僞録擅《孔子》之鴻稱。他曾博考《史》、《漢》，見西漢人稱引《論語》，不曰“孔子”，必曰“傳”、“記”，絶少稱“論”稱“語”者，遂推定《論語》創稱不早於安國之世。對此有疑者，舉趙岐《孟子題辭》謂孝文帝欲廣游學之路，置《論語》博士，若然，則文帝時已有《論語》之名，他説朱子已謂此無可考，且趙岐於困吝之中，不免一時誤記，翟灝《四書考异》又一意迴護，實屬過妄，其實翟氏亦曾推測“《論語》一書，當時似亦别稱《孔子》”，却不悟《論語》本非正名，反以正名爲别稱。又有引《禮記・坊記》“子云：君子弛其親之過，而敬其美。《論語》曰：三年無改，於父之道，可謂孝矣。”此既有“子云”又引《論語》，石梁王氏已疑其不應孔子自言，當是後人所爲，或當時有《論語》乃孔子自作之謬説，故《坊記》乃得逕稱孔子引之。《禮記》甚多漢儒記臆浮誇，滑稽可笑之辭，莫如《坊記》，是不可信。最後，認爲《論語》之稱始自孔安國，并謂“門人相與輯而論纂，故謂之《論語》”是誣。① 此乃其解構《論語》之第一個理由。

其次，一般討論《論語》都從《漢書·藝文志》所記載的三種异本：《古論》、《齊論》、《魯論》談起，而不知有完本與亂本之分。他説鄭玄所校的《古論》、《齊論》、《魯論》三本中的《古論》還不失其爲古，其他二者皆劉歆輩依古文之亂本所冒作。蓋真本《齊論》、《魯論》已久亡，此久尚有真本《河間論》九篇、三十篇亦亡，爲此中真相少有人知。《論衡·正説篇》云：

> 説《論》者，皆知説文解語而已，不知《論語》本幾何篇。…漢興失亡。知武帝發取孔子壁中古文，得二十一篇，齊、魯二，河間九篇，三十篇。至昭帝女讀二十一篇。宣帝下太常博士，時尚稱書難曉，名之曰傳；後更隸寫以傳誦。初，孔子孫孔安國以教魯人扶卿，官至荆州刺史，始曰《論語》。今時稱《論語》二十篇，又失齊、魯、河間九篇。本三十篇，分布亡失；或二十一篇。目或多或少，文贊或是或誤。説《論語》者，但知以剥解之問，以纖微之難，不知存問本根篇數章目。温故知新，可以爲師；今不知古，稱師如何？

先生據此推定漢時孔壁所出《古論語》二十一篇，已非完本，而是尚不失其真的亂本。而與其并列書寫的“齊、魯二，河間九篇，三十篇。”解讀作“《齊論》二篇、《魯論》二篇、《河間論》九篇、《河間論》三十篇”四本皆真而未亂。且當知孔安國將孔壁本隸定，授魯人扶卿後始有《論語》之稱，其傳即《古論》二十一篇本，《漢書·藝文志》所稱《齊論》二十二篇、《魯論》二十篇并非上述《齊論》二篇、《魯論》二篇，而其

①《論語正》，12—17 頁。

《魯論》二十篇即是王充所謂"今時稱《論語》二十篇"者，這些非真本的《齊論》、《魯論》乃是依《古論》更隸寫傳誦後的僞本。爲什麽王充都及見四種真本《論語》，而班固《藝文志》獨無記載？此甚可疑。司馬遷撰《仲尼弟子列傳》采自《論言弟子籍》，出孔氏古文近是，豈古文《論》方出之時，今文《齊》、《魯》、《河間》完本已不存在？或齊魯抱道之士見時主所嚮不在此，懲挾書之禁未敢遽獻，而河間獻王亦特儲之私笈，所謂"伏而未發"者也。漢宣帝曾說："漢家自有制度，本霸王道雜之，奈何純任德教，用周政乎？"時不崇大道而以霸王道雜之，真本是必不能顯。就劉歆《七略》不録真本篇目而推行亂本一事，《王莽傳》左將軍公孫禄曾言"歆顛倒五經，毁師法，令學士疑惑，宜誅之以慰天下"必不誣也。其間轉變，先生更舉十證以明之：

1. 當時王充猶見四真本，而任總校書之劉歆不録之，不合情理，其必有故。

2. 《隋書·經籍志》謂《古論語》與《魯論》不异，惟分《子張》爲兩篇，隸寫傳誦不能無少；即篇數而論，齊魯二篇真本與根於古文的《齊論》二十二篇、《魯論》二十篇亂本區别極大，即使非根於古文，則難以想象以二篇拆分至如是其多之理，若就古文拆拼，則一篇之差易爲。

3. 僞《齊論》猶存《問王》《知道》兩目，不敢盡廢，但已預爲僞《魯論》二十篇之推行，塞其本源。

4. 依《漢書·張禹傳》謂其"先事王陽（吉），後從庸生，采獲所安，最後出而尊貴。諸儒爲之語曰：'欲爲論，念張文'，由是學者多從張氏，餘家浸微。"然《藝文志》稱王陽傳《齊論》名家，忽又繫張禹於《魯論》之下，漫無定準，蓋張禹之篡魯統，劉歆實促成之。

5.《藝文志》既以張禹傳《魯論》，但《魯安昌侯説》二十一篇不從《魯論》篇數，反從《古論》篇數，而夏侯勝傳《魯論》，其《魯夏侯説》二十一篇亦不同《魯論》篇數，反與《古論》相應，一再巧合，三本殆同根無疑。

6. 王充謂魯人扶卿實受古文論於孔安國，而《藝文志》以扶卿爲傳《魯論》者，特冠"魯"字於其姓名之上，欲以魯人之"魯"佐成《魯論》之"魯"，巧於舞文以没其承古學之實，蓋劉歆欲遂行古文亂本之爲也。

7.《藝文志》稱傳《齊論》者，唯王陽名家，王駿即王陽之子，何以繫之魯？而王駿實有二十篇之説，歆欲借之以符《魯論》，故謬以爲魯乎？不然名家之傳，誰肯背父忘本而改業？此顯其附會愈工而矛盾愈甚。

8. 何晏《論語集解·序》引劉向言"魯《論語》二十篇，皆孔子弟子記諸善言也"若此説果出於劉向，則推行亂本殆循漢代家法，不自歆時。然歆以校書之便，侈爲傳説，假此國定之本，冒彼魯師所傳。《論衡》所陳，更不知其爲魯，否則王充既親見二十篇本何不與二篇本同繫於魯下，而特著"今時稱"乎？

9. 歆宗古文學，袒護之以與今文學爲難，何故獨至《論語》家無表彰孔安國《古文論語訓》二十一篇之辭，一變而崇今文魯學，是何居心？

10. 僞《魯論》無《堯曰》篇末"不知命"章，而《古論》有之，孔安國以此章終篇，必有微意，猶自憾其不能及知經言，終無以知聖人之深，而有所待於後世焉。而張論就古文而改爲，又懼其開知言者之路，以不利於己也，故忍而削其文歟？不然，除此一章，繁省不异於古文，而獨省此章何也？此僞《魯論》若不出於禹，必出於歆也。附帶對康有爲排詆劉歆僞撰古經事，表示其僅知歆之亂經而不知其所以亂經之術，知古文之有僞而不知以古文冒爲齊魯之益僞，實不如公孫禄能燭其奸。①

先生獨能就《論衡》與《藝文志》所載之异，探其隱微，揭《論語》成立之原委，斷定"所謂《齊》、《魯》云者，乃皆張禹、劉歆輩就古文之亂本，而冒爲《齊》、《魯》者。"此乃其解構《論語》之第二個理由。

至於假考史以祛傳統之誤解者，具體之例，如對《論語》之最早編纂者當爲子貢、陳亢師弟之推定，"子見南子"（6.18）章之"南子"并非衛靈公夫人而是公子郢。再者，"顔路請子之車以爲之椁"（11.8）章之"顔路"亦非舊説所認定的魯人顔淵之父，而是同門衛國人顔雠由，"路"乃顔雠由之"字"。凡此論定均置之於經文重綴後之詮釋脉絡而有以啓之，其借考史以正前人之誤釋②當是其解構《論語》之第三個理由。

借謀篇以綴經文

論及謀篇，必先考慮誰謀，如何謀，否則經子各書盡成雜薈，如何成篇。進而成篇亦必有編者，是篇必有編意存焉，此亦經今古文學家對待五經不同態度之所在。試觀《論語》原爲何人所著?《論語正》首尾篇末，其云：

> 案此章（篇）合舊本四十四章爲一章（篇），今雖依《河間》九篇本，以章爲篇，而九篇義脉相銜，篇後以子貢、陳亢所問答之辭結者凡八，决非偶然，斯爲著於子貢、陳亢

---

①本節據其文而摘述之。見《論語正》，17—26 頁。

②《論語正》，158—160 頁、188、189 頁。

> 之鐵證，亢則曾學於子貢者也。孔子没，子貢築室於場，獨居三年然後歸，以事理度之，孔子之微言，固非其時不能集結，又非責成於一手，而文辭不能鎔鑄如此；然則子貢之獨居三年，其必有所事矣。至此篇於門人，首稱子夏之論，或出偶然，或前此集結聖言，子夏嘗有草創之本，而後子貢與門人復修而成書，故首舉以不掩其功歟！①

> 此簡又本與上簡相次，别爲一章。案此子貢、子禽自以贊王之詞結束全文，統全經觀之，謂非子貢之所親著，而子禽與於撰述之役者，不可得也。有不可思議之聖德，即有不可思議之至文以載之，嗚呼！内聖外王之道，嘆觀止矣。②

有關《論語》究竟編於何人，自古以來就有許多不同的説法③。嚴格上，對《論語》本身若没有經過像先生這般致力考證和謀篇思考的人是很難接受子貢、陳亢編著説。當發現僞《魯論》是隸傳自孔壁古文亂本，對其妄加“子曰”、分章斷句，必不苟同，勢必走向解構僞本，重綴經文一途；由推定子貢乃孔門言語科卓才者，深知孔子内聖外王之道，其編纂聖言必前後相銜，義脉一貫，最有可能。試就其謀篇章序而得其消息。其云：

> 聞之宅情曰章，位言曰句，故章者明也，句者局也。局言者聯字以分疆，明情者總義以包體，此劉勰之所以辨章句也。積章而成篇，篇者遍也，言出情鋪，事明而遍者也。積

①《論語正》，66頁。

②《論語正》，229頁。

③唐明貴，《論語學史》（北京：中國社會科學出版社，2009.3）49—68頁。作者先歸納先賢六種説法：1. 孔子親定説，2. 孔子弟子編定説，3. 孔子門人編纂説，4. 文景博士編定説，5. 出自鄒魯之士説，6. 籠統地認爲出自后儒説；然後加批評，再提出其由子思最后主持編纂成書説。

> 句以成章，章者明也。摠義包體，所以明情者也。此邢昺之所以釋篇章也。體不備不可以爲成人；辭不足不可以爲成文；若聖人之道，不用文則已，用則必尚其能者，此韓愈之所以論文辭也。豈有載聖人之道，爲萬世之經，用文而破碎其辭，情不明，言不遍，而謂之篇，謂之章者哉?①
>
> 劉勰有言："辭失其朋，則羈旅而無友，事乖其叙，則飄寓而不安。"彼特綴辭製作者言之，吾今即資之以爲考復經文之鑑。是道也，雖罕覯諸近世之爲考據者，古之人有行之者矣。②

此論可歸根於劉勰《文心雕龍》爲文謀篇之意旨。章句、篇章乃至文辭乃是爲文之所必需，此即文理義脉也。兹録其經文首編之注文云：

> 《論語》爲記孔子微言之書，故先寫孔子在鄉黨朝廷一切動容，俾讀者想其意度舉止，故用"如"字者廿四，用"似"字者三，其臨文之慎可想。若"君子不以紺緅飾"以下，多用"不"字、"必"字，皆執禮之節。今考正〈雅言〉篇執禮之文，且明揭君子，固不專指孔子言，其不與此文相屬明甚。此文合下四簡讀之，銜貫而下，富麗堂皇，又爲第一篇大文之總冒。體裁與《書·堯典》開卷，先叙曰'若稽古帝堯曰放勛，欽明文思安安，允恭克讓，光被四表，格于上下'文法相似，奇絶壯絶。③

依《論語正》第五《知道·仁方》末以"子禽問於子貢"

①《論語正》，39、40頁。
②《論語正》，12頁。
③《論語正》，53頁。

(1.10) 章接“子張問行”(15.6) 章作結，下開《論語正》第六《問王・正名》“定公問一言”(13.15)

有何道理。其云：

> 此章 (1.10) 錯在《學而》篇，自爲一章。案夫子“温良恭儉讓”與“忠信篤敬”之緒 (15.6) 相承，“至於是邦必聞其政”與“雖蠻貊之邦行矣”之緒相承，然以子禽子貢之問答贊之，則不獨爲《仁方》一篇之總束，實齊魯本《知道》五章統作一篇之大結也。神氣直與篇首孔子於鄉黨起處扶摇相接，非端木子見到聖人處，又孰能有形容，有此手筆，字字銜承而下，浩然之氣，充滿乎天地，直使聖人言動，歷萬世如生，雖其間自有條理，而所謂集大成者，固仍是渾然一體，真古今不再之大文也。又案《知道》篇五章，與《大易》之道相準，《問王》篇四章，與《春秋》之義相參，此文結束《知道》，而又開《問王》，全經結構，謂爲九篇可，謂爲二篇可，謂爲一篇亦可。①

在《論語正》第七“子游問孝”(2.7) 章依序排於“淫祀無福”(補古脱文) 後，上接“孟武伯問孝”(2.6) 章、“孟懿子問孝”(2.5) 章。其注云：

> 三代凡言道理之文，語多有韵，《論語》亦然，特以簡策分離，此秘未啓。若引爲考定之資，或因參差不一，反滋學者之惑，然正定之後，不妨拈出，以見古人行文往往自諧天籟。如此節末句“别”字，即與上節“淫祀無福”(“福”古音如“逼”) “福”字相爲遥韵，而“福”字又與上節“禮”字相爲遥韵者也。諸如此類，篇篇不乏其例，不及一

①《論語正》，137 頁。

一揭出，特著於此，庶幾達古韵者自得之焉。①

先生誠擅長詩文，於謀篇之文法、章法、文筆、音韵、語脉、文理、文勢、文情等多所考究。在重構正定過程中，發現有十種情況②：

1. 有錯在异篇，而文義吻合，可以據正者。

2. 有錯在同篇，而章句凌越，可以據正者

3. 有數章誤别，而文氣屬連，可以據正者

4. 有連章誤倒，麟次逆數，可以據正者。

5. 有二章或數章誤别，辭若不屬，及其上下之斷文復續，乃悟其實相銜承者。

6. 有二章或數章相比，辭若不蒙，及中間脱文既補，乃知其更相首尾者。

7. 有他人之語而冠“子曰”，及斷文完合，乃知其非孔子語者。

8. 有古書之語而冠“子曰”，及斷文完合，乃知其非孔子語者。

9. 有一言再發，簡絶誤爲重出，及斷語各得其緒，乃知簡非緟複，而一不可去者。

10. 有佞儒竄亂經文，顛倒事理，及簡次考復，不能復掩者。

以上十種情形當中，後四種對孔學真象的呈現攸關重要，可惜已往學者少覺知而提出解决者。

---

①《論語正》，177 頁。

②《論語正》，32—39 頁。

借直詁以明大義

先生在經文重綴之後，接著以直詁方式來詮釋經義，許多章句在重新排序後，意義自然顯豁，不注自明。但見於傳統注釋隨句生解，不求甚解，乃至誤解。今直詁之，大義遂明。兹舉例説明如下：

“鄉人儺，朝服而立於阼階”（10.14）之“儺”字，朱注：“儺，所以逐疫。雖古禮而近於戲，亦必朝服而臨之者，無所不用其誠敬也。又云、或曰：恐其驚恐先祖五祀之神，欲其依己而安也。”他説這簡直是“戲儒悔聖”。進而引《説文》“儺，却也。”説“此儺字本義。凡有所却除，則謂之儺，逐疫鬼之儺，乃引申義之一。”認爲此章“自承‘厩焚’（10.17）而言鄉人相與却除火災。阼階者，主人之階也。朝服者，承子退朝而言。自知其爲不及易服而然，立於阼階，與《雜記》所謂拜鄉人之爲火來者，事義相發；不然，則立於阼階何爲者，朝服又何爲者。且《雜記》又云‘拜之，士壹，大夫再，亦相吊之道也。’是厩焚之後，不特却火之人，即士大夫亦多聞來吊。記禮者猶能歷歷言之。”① 在此他批判朱子曲解，顯然，在重綴經文的脉絡下，有重詁其義的必要。

另外，先生以超出一般篇幅注釋“惟女子與小人爲難養也，近之則不孫，遠之則遠（怨）。”（17.25）章，此章在當代男女平權的時代，往往成爲孔子歧視女性的證據。但事實是否如此？在綴編的章次上，它上承“不在其位，不謀其政。曾子曰”（14.26）→“南人有言曰”（13.22）→“君子貞而不諒”（15.37），下接“道不同不相爲謀”（15.40）。依此先後之序，

①《論語正》，109頁。

内在蘊含君子與小人的對比關係，認爲經文引曾子所説“君子思不出其位”，此言實未終止，故接“南人有言曰：‘人而無恒，不可以作巫醫。’善夫！‘不恒其德，或承之羞。’”句來證成“思不出其位”之旨，即君子“不懈于位，民之攸塈”也。緊接“子曰：不占而已矣。”以下即孔子所以教曾子也。曾子引用南人之言，意在人不能無恒德。南人原引《易·恒卦》九三爻辭未完，尚待補“貞吝”兩字，其意亦同。而“貞吝”何意？孔子以“不占”撥之，正預設爻辭原以“占”釋“貞”。《恒卦》卦辭除九三‘不恒其德，或承之羞。貞吝’外，九五亦有‘恒其德，貞，婦人吉，夫子凶’，如果解“貞”爲“正”，那麼兩辭具不可通，與經文“君子貞而不諒”亦不協。因爲，既然“正”，何以“吝”？夫子即君子，何以“夫子凶”而“婦人吉”？勢必解“貞”爲偵伺、占伺，纔能理解此爻辭之意。他説：“惟小人不能貞而又不能恒，務以容悦爲志，故多瞻徇占伺之意，此其所以吝也。自此經拆散，夫子之説不明，注《易》者至朱子猶因承夫子所黜之義，可勝慨哉！”“君子貞而不諒”的“貞”是取“正”義，不取“偵”義，故曰“不占而已矣”。小人所行在占伺，無“正”於其間，而古言婦人以占伺爲道，占伺人意，務以討他人容悦爲志，即孟子所謂“以順爲正者”，故説“恒其德，貞，婦人吉”。下章“唯女子與小人爲難養也”，他認爲“‘小人’正指其所事之人而言，‘難養’猶言難事，‘近之、遠之’皆指小人言，既不堪近，又不可遠，則婦人之於小人之夫，亦難乎其爲順矣。與上句‘貞而不諒’爲對文，故下句即以‘道不同不相爲謀’承之，以明君子固以至正之德爲吉者也。”① 據此，此章之

①《論語正》，129—131 頁。

“女子”相對於所事“小人之夫”而言，“與”釋作“事”不釋作“及”，“難養”釋作“難事”，固無關乎歧視婦女。這是依章序間之義脉貫通來直詁，順此也排除了不必要的誤會。

再舉一例，“如有王者，必世而後仁。”（13.12）何晏《集解》引孔曰“三十曰世”，朱注亦如是，他説此章若照此解，等於是説“如有王者必三十年而後仁”，這還像話嗎？所以，他認爲“此文之義，自來皆失其真，聖人之微旨所繫，不可不審思而明辨之。”要正確理解此章，必當承上文“善人爲邦百年”（13.11）之文。他説：“雖有善人其壽不能百年，欲其爲邦百年，勝殘去殺，非善繼世不可。王者知其然，故必爲天下得人而後謂之仁，既得人而傳之，使民心所歸之王者，世世不替，如此則勝殘去殺之仁政行矣。”其引韋注《國語晋語》“非德不及世”，云：“世者嗣也。”① 始得其確解。古字一字多義，非可獨立求解，必當通前後章義脉而得其正詁。觀先生詮釋經文如此，則知其借直詁以明大義，亦爲其詮釋之策略也。

借證經以明微旨

《論語正》之所由作，即在正漢儒所傳之混亂文本以顯孔子之微言大義。其曾言“《論語》爲記孔子微言之書”、“微言大義莫備於二篇之書”。“微言大義”肇自劉歆“仲尼没而微言絶，七十子終而大義乖”一語，然“大義”易知，而“微言”何指？其曰：

> 所謂微言者，雖不滯於文字乎，亦不離於文字也。洎經典之文字分析，輾轉相傳之微言，失所憑依，世遂有信疑之

①《論語正》，216頁。

分域，疑者終於自隘，而言者亦漸流於誣罔，勢則然矣。……蓋王道之真旨久晦，先儒不敢昌言，多張空名詭稱，如標黜周，以爲廢除家天下之寓言；稱王魯，以爲有天德然後踐王位之寓言；他如素王、素臣、三科九旨之紛紛，一旦得其根荄，大抵有本經之微言大義爲之質幹，而亦未嘗離於文字之外，然本經之文不復，是耶非耶，終無能斷定之矣。①

此微言未嘗離於本經文字，祗因經文早已分拆，口傳微言遂失所依，今得復正，微言就在其中。在《論語正》中，《春秋》家口說微旨具可得其歸處。兹引以下數則如下：

"顏淵問爲邦"（15.11）章，承上文"盍各言爾志"（5.26）章，下合"志於道"（7.6）爲一辭。其注云：

> 今文學通三統之説，實從行夏之時，乘殷之輅，服周之冕三語推衍而出，即《禮運》所謂"三代之英"者是也。乃以簡策散越，精神不屬，一朝復聚，大義遂躍然欲活，真孔顏之絶學，内聖外王之正傳也。②

"學而時習之"（1.1）章，先生綴於"吾日三省"（1.4）章後，下接"君子以文會友"（12.24）章。注云：

> 案此乃夫子又就曾子前論而贊許之之詞。三"乎"字，與上三"乎"字，句法相應。時習，應傳習之義。朋來，應信友之義。不慍，應自省之義。又《大戴記·曾子立事篇》曰：人知之則願也。人不知苟吾自知也。君子終身守此勿勿也。是此文之言，曾子固允當之無愧矣。記者於此，亦具微旨。……春秋家謂孔子繼衰周爲素王。又寄王魯，其本義不

①《論語正》，44、45頁。

②《論語正》，59頁。

過如此，然則若曾子者，亦可謂素君子也夫。①

"子畏於匡"（9.5）章記孔子言："文王既没，文不在兹乎"，先生釋此，將孔子作《春秋》寓其法文王之所以爲"文"也。其注云：

> 後儒動言《春秋》大義，而不知《春秋》之所以作，固在此而不在彼也。時無文王，而王者之法又不可聽其斬滅無傳，於是夫子不得不自假於王者之義以制褒貶，惟子貢能得其深心精旨。《問王》四篇，惟此爲兢兢，不然，則稱王稱天胡爲者。孟子稱《春秋》天子之事，又胡爲者。然非先正其篇章錯倒，則本經之秘，終無由發，即《春秋》之傳，孟子之説，亦皆墜於重雲迷霧中矣。嗟乎！經學豈易言哉！②

"周監於二代"（3.14）章，承"夏禮吾能言之"（3.9）章，所言在禮之徵從之意。其注云：

> 綜觀前後各節，夫子實欲博取上古制度之長，以爲百世不易之常法，故《中庸》載"非天子不議禮、不考文"之説。是則孔子改制之真諦，皆具於此篇之微文矣。夫欲改制，不曰變周而曰從周，即文王以服事殷之志；然窮變通久之大法，已隱寓乎其中焉。③

《論語》中原無"素王"、"素臣"、"黜周"、"王魯"、"通三統"諸措辭，有之，則來自《公羊春秋》學説，先生取之以呈現孔子之微言，而《春秋》"撥亂反正"正是其"正"《論語》之指導原則。此外，他還引用《大學》、《中庸》、《孟子》、《易·繫辭傳》、《禮運》、大小戴《禮記》諸經籍，甚至以《莊子》之寓言

---

①《論語正》，83 頁。

②《論語正》，187 頁。

③《論語正》，214 頁。

來解讀、綴序《論語》章句。先生運用經學家“以經證經”的方式來進行論證，甚至用大小戴《禮記》“哀公問”訂正《張侯論》之失，無疑將此法運用到了極緻。

在《論語正》第九，也就是《問王篇》之四之首，他將原“子張問仁於孔子”（17.6）章，訂正成“哀公問王於孔子。孔子對曰：‘能行五者於天下爲王矣。’請問之，曰：‘恭、寬、信、敏、惠。恭則不侮，寬則得衆，信則民任焉，敏則有功，惠則足以使人。’此本文以“哀公”易“子張”，“王”易“仁”，“孔子對曰”近本無“對”字，今依《七經考文》引古本如是，“民任”易“人任”。爲何如此改訂？他認爲此章被張禹所妄改，原先五疑點，經據此復正後，一一可解。其次，他再舉出七證，以合理化其改訂：

1. 二戴《禮記》“哀公問於孔子”之篇甚多。《大戴·少閑篇》孔子告哀公以五王取人治天下之道，有所謂五王取人各以己者，尤於此文合。

2. 孔子對哀公之言，此實引端，下文歷舉舜、禹、周王之治（8.21、15.5、18.21），皆與此義脉相承，既足與問王之義相應，復足與《大戴禮記》對哀公所謂服禹功以修舜緒列五王之德者，不謀而合。

3. 下文“哀公問社於宰我”（3.21）與此文“哀公問王於孔子”事類相因，皆《春秋》黜周王魯之微言所寄。

4. 《問王》原爲僞《齊論》二十二篇之目，在張禹僞《魯論》之前即有，爲《漢書·藝文志》所載，其立名必原經文本有是問，方可得通，豈容各無一見。

5. 《漢書·藝文志》記載《古論》二十一篇，兩《子張》，是《子張》本當《齊論》之《問王》，雖如淳以爲分《堯曰》篇後《子張問》爲篇，然“子張問從政”，當屬此“哀公問王”之下文，此文改“哀公”爲“子張”，自有蛛絲馬迹可尋。

6. 孟荀雖持异見，但誦法孔子則同，昌言王道亦同。所謂王道，依孟子所言，亦不外不侮、得衆、民任、有功、使人五事，其説齊梁，即心孔子爲東周之心，亦《春秋》家黜周王魯之秘旨。夫子之言王道亦在效法文王之以德服人，其從周，即心文王服事殷之心，孔孟之心未嘗不前後相應。

7. 孔子志王道，視天下乃天下人之天下，非一人一家之私有，誰能行此五者，誰即得衆而有天下。孔子爲哀公言，非不知哀公不足以有爲也，然特借此以著公天下之大義。漢襲秦制，屢誅昌言王道之臣，彼張禹者不惜托《論語》之義以諛王氏，竄經文以媚時主，自逃不測之誅，豈其所難，何况親授帝讀耶?

依據他的研究，張禹竄改之迹尚未完全消滅。依其辭理文例，復顯乖謬，而古本猶存“對曰”之“對”字，足供後人指瑕索瘢，以明徵其改經文諛之罪，豈非天意；這無非暗示其所作亦是承自天意。

五、詮釋成就與限度

本書從考史、謀篇、正詁、證經四方面來祛惑、重綴、彰義、明微《論語》，《論語正》這個新文本的提出就是其具體成就，它供後人緣《知道》五篇以通《大易》之道，《問王》四篇以通《書》《春秋》之義，促進瞭解孔子的微言大義。

筆者從經典詮釋學的角度，觀先生的詮釋是采取徹底解構文本開始的，其目的在顛覆自漢以來固定文本的解讀預設。《張侯論》在特殊因緣下，流行至今，以致异本盡廢，後世求之而不可得。據先生研究，《張侯論》不免有托《論語》義以諛王氏，竄經文以媚時主之嫌，加上劉歆《七略》何以不著録三《論》以外諸本，在在難起人疑竇。先生竭盡思慮，推考王充《論衡·正説篇》"武帝發取孔子壁中古文，得二十一篇，齊、魯二，河間九篇，三十篇。"與《漢書·藝文志》（本諸劉歆《七略》）所載"《古》二十一篇。（出孔子壁中，兩《子張》。如淳曰：分《堯曰》篇子張問'何如可以從政'已下爲篇，名曰《從政》)。《齊》二十二篇。（多《問王》、《知道》。如淳曰：《問王》、《知道》皆篇名也。）《魯》二十篇，《傳》十九篇"爲何不同，探得武帝時《論語》原有多本流傳，推定孔壁古文二十一篇是亂本，其餘四本皆真本。真本爲何屏弃於皇家圖書館藏目録之外？其中必有緣故，加上官立經學博士與否的利禄糾結，引發漢代經今古文學之争，不純然是學術思想的差异所致。清末今文學家康有爲著《新學僞經考》全面認定古文爲劉歆所僞造，被先生斥爲"近世妄人"，因它依止於《古論》，其雖亂本，然尚不失真。他認爲後世《齊論》二十二篇、《魯論》二十篇，具出於古文隸寫傳誦的僞本，非真本。而《張侯論》是出自僞《魯論》，參酌僞《齊論》者，此乃其所以正《論語》之背景。其借考史以祛惑謬，固可澄清一些的真相，然史料本身不足，解讀有异，不免淪於猜測，故有何證據論斷王充所載古文二十一篇外皆真本？且先生解王充"齊魯二河間九篇三十篇。"爲四種篇數不等的真本，然日本學界武内義雄、宫崎市定先後對此亦有不同的解讀。武内經其訂正後，解作"齊魯二篇、河間七篇，三十篇。"宫崎不同意武内的解讀，認爲没有太强的説服力，故更張作"齊論又多問王篇治道篇”，説從王充那裏也没得到什麽新知識。[①] 同一史料有不同的解讀。另外爲何認爲王充二篇本《齊論》篇名是《知道》、《問王》?《漢書·藝文志》明載“《齊》二十二篇。（多《問王》、《知道》。如淳曰：《問王》、《知道》皆篇名也。）”意謂著《齊》二十二篇篇目扣除同《魯》二十篇目外，尚有《問王》、《知道》之意，若如先生所解，豈非以偏概全?

在謀篇方面，先生推定由子貢所親著，陳亢協成之。子貢深知孔子，推崇之不遺餘力，臆其在廬墓三年期間完成，較傳統上歸諸曾子、有子之弟子共撰，或由仲弓、子游、子夏等共撰，或由子張、原憲共撰，當具有合理性；不過先生爲圓己説，將“曾子有疾”（8.3、8.4）兩章排除在外，認定是漢儒或曾子門人所附益[②]，這樣處理經文就顯得比較粗糙；最近，也有學者提出，是由子思最後主持編纂成書[③]，似乎更圓融，但也不排斥最初由子貢撰著的可能。在設定謀篇於一人的情況下以“義脉貫注”爲理由來解構，再重序經文，其序也未必是唯一的，譬如“子張問十世”（2.23）章言禮，爲何序於“伯牛有疾”（6.10）章與“子張曰執德不弘”（19.2）之間，而不序於“周監於二代”（3.14）章末，顯得更氣脉通貫呢?[④] 因此，其綴序没有必然性。

---

①劉玉才主編《從鈔本到刻本：中日〈論語〉文獻研究》（北京：北京大學出版社，2013年6月），475—480頁。另見武内義雄《論語之研究》（東京：岩波書局，1939年12月）84頁。宫崎市定《論語之新研究》（東京：岩波書局，1974年6月），15頁。

②《論語正》，138頁。

③唐明貴《論語學史》，55—67頁。同參楊朝明《新出竹書與〈論語〉成書問題再認識》（《中國哲學史》2003年第3期）。

④互參《論語正》，226、214頁。

另外，先生在謀篇過程中，認爲“《論語》之有章句，自張禹始也，往往臆加‘子曰’，以爲别章之發端，於是文義不復銜接。①所以，就將占全經總章數約 43% 的“子曰”或“孔子曰”删除。這樣的推測是否合理？衹要將“子曰：南人有言曰‘人而無恒…’”（13. 22）章與郭店簡及上博簡的相似章節“子曰：宋人有言曰‘人而亡恒…’”② 核對一下，文字難免傳抄有异，但同樣都是“子曰”，就可證明先秦以來的文本流傳就如此，也絶非張禹所臆加，歷史條件的限制，先生無法享得，頗令人悵然。

至於借證經以明微旨，進而訂“子張問仁於孔子”作“哀公問王於孔子”，有其五疑七證的推論，體察孔子素王之道，表天下爲公之旨頗有發揮，亦不能確定此章原爲張禹所妄改。據 1973 年定州西漢中山懷王劉脩（？—前 55）墓出土，内有竹簡《論語》，而張禹（？—前 5）漢元帝在位（48—前 33）期間，教太子《論語》，後太子即位爲漢成帝，後封安昌侯。若《張侯論》成國定本於此時，則前此《論語》當有“哀公問王”章，事實上，見諸竹簡此章爲“子張問仁於子，子曰：耐五者於天下爲仁

---

①《論語正》，51 頁。

②按郭店楚墓竹簡 1993 年冬出土，清理者認爲屬戰國中期偏晚，其中含有《緇衣》篇；上海博物館藏戰國楚竹書 1994 年入藏，整理者推測出自戰國晚期白起拔郢（278B. C）之前下葬的楚墓，其中亦含《緇衣》篇，均可與傳統本《禮記·緇衣》相比照。學者推定兩簡書當公元前 300 年左右或以前的作品。總之，其書寫一定在張禹（？—5BC）以前就有了。

者。請問之。……"①，證明張禹并無妄改，反而證明先生過於主觀"正定"，因此不管用《禮記》"哀公問"有多少相關材料，依然不能排除《論語》本有"子張問仁"的記録，不能遷就研究者《問王》篇章的預設而妄改。所以，就先秦文本結構而言，《論語正》説不定距《張侯論》更遠，問題是預設著《論語》一書是由一人一時編成的，原編章序次必具邏輯性是否太浪漫了一點。

六、結論

如前所述，本文對《論語正》一書之基本結構、詮釋策略、詮釋成就及其限度已有所論，然不能自已者，擬對其《論語》學有何特色、有何意義作一簡述。將其研究放在近代中國學術史的脉絡來考察，會發現其著作充滿考據辨僞求真的精神，無疑地是受到乾嘉考據學的影響，同時還彌漫著《公羊春秋》學素王改制、王道大同的理想，無疑地是沐浴在晚清經今文學的變革氣芬（气氛）之下，他敢於挑戰學術權威，突破舊本框架，頗具顛覆性，較之康有爲《論語注》（1903 年撰成，1917 年刊行）更前

①見唐明貴《論語學史》，34 頁，引用陳東的研究成果，雖不能確斷其篇數，但從有記録的十一篇來看，與今本二十篇基本上相同，各篇分章歧异不大，可見《論語》的篇章結構在漢初基本上已固定。筆者見其《堯曰》篇末有二行小字，"子曰：不知命，無以爲君子；不知禮，無以立〔也；不知〕言，無以知〔人也〕。"末後以大字記載"凡二章〔凡三百廿二字〕。據三論之間的篇章比較，此竹簡本當是以《魯論》爲底本，補上了《齊論》、《古論》原有的"不知命"章。按《古論》二十一篇（如淳曰：分《堯曰》篇子張問'何如可以從政'已下爲篇，名曰《從政》）與《魯論》二十篇（無"不知命"章），篇序不一，但大體相同。但不詳《齊論》二十二篇，是否前二十篇名相同，但增加了《問王》《知道》兩篇而已。

進。同時深受劉勰《文心雕龍》爲文謀篇、義脉一貫的思想，考察《論語》篇章之間的理序，注重文本的詮釋脉絡，其所從事的考史、謀篇、正詁、證經頗具有歷史主義的詮釋色彩，同時，觀其書末反對專制之仁暴無常，耻於民選之奔競，推崇堯舜世仁之制，大張民主王道，借《論語正》顯其志在民主社會思想，又具有實用主義的詮釋色彩。總之，其詮釋《論語》乃屬中國經學詮釋的直釋詮釋型，兼具歷史主義與實用主義的詮釋特色。

完稿於 2015 年 5 月 10 日母親節夜

附録：

《論語正》一書勘誤表

頁 14	末行“猶立”當作“猶廣立”	頁 71	末倒四行注中“案”字上，當補“衍子曰”
頁 15	三行，“通已”當作“通己”	頁 76	末二行上，“貢”字下，補“問”字
頁 17	末行，《論衡書解篇》當作《論衡正説篇》	頁 85	六行，“博學”前，“君子”兩字當删
頁 24	六行，“極獨行”當作“極不獨行”	頁 121	一行注中，“案”字前，當補“衍子曰”
頁 33	五行，《知道之五》當作《問王之二》	頁 129	七行注中，“自”字前，當補“衍子曰”
頁 36	四行，“非孔子”當作“其非孔子”	頁 132	倒二行注中，“憲問”當作“子路”
頁 49	三行，“聞君之遠其子”當作“聞君子之遠其子”	頁 166	倒二行，“自爲一”前，當補“衍子曰”。
頁 62	五行注中“案”字上，當補“衍子曰”	頁 180	三、四行中“好、惡”兩字當互易
頁 66	四行，“獨居三年”當作“獨居六年”		

作者簡介：林義正，臺灣大學文學院哲學系退休教授，主要研究領域爲中國哲學史、儒家哲學、法家哲學與禪學，曾出版《從公羊學論春秋的王道思想》、《孔子學説探微》、《春秋公羊傳倫理思維與特質》、《孔學鈎沉》等學術論著多種。

蕭萐父獎學金捐贈協議簽訂儀式會議紀要

與會嘉賓：

沈壯海（武漢大學黨委副書記）
郭齊勇（武漢大學國學院院長）
吴根友（武漢大學哲學學院院長）
蕭萌（蕭萐父先生之女）
陳處長（武大教育發展基金會）
徐萍（哲學學院黨委副書記）
孫勁松（武漢大學國學院副院長）
陳文新（武漢大學文學院教授）
單波（武漢大學新聞與傳播學院教授）
胡治洪（武漢大學中國傳統文化研究中心教授）
張杰（歐陽禎人）（中國傳統文化研究中心教授）
文碧芳（武漢大學哲學學院教授）
劉麗莎（華中師範大學哲學系講師）
謝遠筍（武漢大學臺灣研究所講師）
崇諦法師（黄州安國禪寺主持）
戴芳（武漢大學國學院辦公室）
獲獎學生代表、國學院學生代表若干人
會議時間、地點：2017 年 10 月 10 日於哲學學院南樓 114 室

會議主持人：國學院副院長孫勁松教授

一、徐萍書記介紹蕭萐父獎學金基本情況及本次捐贈緣起

尊敬的郭老師，蕭女士，沈書記和各位領導、老師、同學們：大家上午好！蕭萐父國學獎學金的設立和章程條例的擬定，以及相關捐贈手續的辦理，我是參與者之一，之後獎學金的判定我也協助做了一些工作，因此我對蕭萐父獎學金有一定的瞭解。有鑒於此，孫勁松副院長請我簡單介紹基本情況。

首先是獎學金的設立。爲了紀念蕭先生，實現他提携、獎勵後學的心願，推動武漢大學的國學和中國哲學學科的發展，我們設立了這一獎學金。獎學金是由郭齊勇老師帶頭捐贈、創立并命名的。按郭老師的意願，獎學金以蕭萐父先生的名字來命名，全稱爲“蕭萐父國學獎學金”。

其次是關於出資情況。2012 年，郭老師捐出他當年所獲寶鋼獎教金 10 萬元的全部，設置了該獎學金，在郭老師的高尚精神和人格魅力的感召下，後來又陸續有校友（大多是蕭先生和郭老師的學生，以及郭老師學生的學生們）紛紛加入，將獎學金作進一步的充實，另外蕭先生的家人也加入到其中。2012 年以來，獎學金一直都收到額度不等的捐款，從幾百，幾千到幾萬不等。

除了一些企業家校友外，其他的捐贈者都是工薪階層。獎學金收到的捐款均爲個人捐款，甚至包括在校生。我協助辦理過好幾批捐款，也非常清楚地記得吴根友院長拿著他的個人銀行卡問我如何操作，是取現之後捐贈，還是直接轉入特定賬户。我也非常清楚地記得，現在坐在我身邊的吴默聞老師，當年是吴默聞同

學，她將當年獲得的國家獎學金 3 萬元，全部捐給蕭萐父獎學金。除了在座的各位捐贈代表，還有不少其他的師生和校友捐款，因爲時間的關係我們無法在此一一列舉。僅以今年爲例，就有 69 位師生捐款，共計 265 600 元，其中郭老師個人今年又追加了 5 萬元。獎學金由武漢大學教育發展基金會統一管理，昨天下午我從教育發展基金會查到的我們獎學金賬面顯示爲 613 000 元，加上即將入賬的今年師生校友共同捐贈的 26 5600 元，蕭萐父國學獎學金迄今達到 878 600 元。

第三是關於獎學金發放的情況。蕭萐父國學獎學金自成立以來，從 2012 年開始每年評選一次，每年獎勵 6 名國學和中國哲學方向的學生，獎金額度爲 5000 元每人。國學院成立有專門的蕭萐父國學獎學金評審小組，每年都由評審小組來牽頭進行評審，哲學院研究生工作辦公室和本科生工作辦公室協助做一些工作。截止今年，本科生獎學金已經連續評獎六年，共有 18 位本科生獲獎；研究生獎學金連續評獎 5 年，共有 15 位研究生獲獎。因爲 2017 年專項獎學金的評審目前還没有啓動，所以目前研究生衹是評到 5 年，現在我們共發出獎助學金 156 600 元。

蕭萐父國學獎學金，無論是本金的額度，還是獎勵的額度，從全校來看都不是太高，但是它飽含著郭老師以及各位捐贈者的深情。這個獎學金既是蕭先生的家人、後學對於蕭先生的懷念，也表達了他們對國學和中國哲學學科發展的關切，飽含著他們對哲學及國學學子們的鼓勵和情意。這個獎學金從設立到現在，源源不斷地得到充實，這不僅可以持續地提携和獎勵在校的優秀學生，更是一種精神的傳承和一種情懷的延續。感謝郭老師，感謝在座及不在座的各位捐贈者！謝謝大家！

二、蕭萐父獎學金發起人郭齊勇教授講話

各位老師，各位同學：上午好！

這一輪的捐贈是孫勁松、歐陽禎人、胡治洪他們三個人發起的，是個好事情，謝謝大家！謝謝各位師友！明年是蕭老師仙逝十周年，還有不到一年就是十年時間了。明年吴院長可能要主持舉辦紀念蕭老師逝世十周年的活動。今天我們追思蕭先生，蕭老師是一流的學問，一流的人品，一流的風采。這個我們都自愧不如，特别是蕭老師越到晚年，可以説是遠離榮利，近謝時緣，他經常對功名利禄和聲色犬馬保持警惕，我最近講的要保晚節就是這個意思。不知道大家爲什麽笑起來了（記録者按：9 月 20 日，郭齊勇教授在山東曲阜獲頒“世界儒學研究杰出人物”，答謝辭有“晚節要保”之語，聽衆有笑聲），我不知道現在所説的保晚節是什麽意思，我所説的保持晚節其實就是保持人品，保持節操，就是像蕭老師這樣一流的人品，一流的學問。這個是要我們繼承下來的。一個傳統至少要三代，蕭先生是第一代，我和吴老師，我們是第二代，我們希望第三代要傳承下來。在座的陳文新老師、單波老師都是和蕭老師有很多接觸的，歐陽禎人在讀博士的時候給蕭老師拿信，送到蕭老師府上，每個星期要跑好幾趟，所以大家是受到老師的親自教導，是很不一樣的。蕭先生的人品學問我們都要發揚光大、繼承下來。

孫勁松老師説要談談我們國學學科的發展，現在我們國學還没有户口呢，哲學學科也堪憂，我們學校的雙一流就把哲學學科給開了。我們本來在一流，現在我們校方自甘下流，聽説我們學校還很得意，他們搞的這十個學科，説是錢數要比其他十個學科的錢要多，説明他們定的這個學科不錯，要是把哲學定上去那麽

錢數就少了。人文的文、史、哲一家都沒有。想當初我們在爭取哲學和中國哲學的重點學科位置的時候，多麼艱難！有的學校排擠我們，被踩得難受啊！現在是我們學校自己不報，人文一家都沒有，所以這是很遺憾的事情。不過這也是個世界現象，現在全世界的人文都在萎縮，美國、日本的人文學科也在萎縮，教授的位置也少了。現在我們在國際上看到的這個狀況，我們也是冷眼旁觀。現在的强勢話語是權力、金錢和科技。科技創新很好，科技是有創新，是推動社會發展，但也是一把雙刃劍。特別是新科技與金錢、權力結構挂在一起，構成現代性的負面，這正是我們人文學科要批判、要指引的，也正是人文學科存在的理由。可是人文學科現在在全世界都是邊緣化的，這也没關係。我們國學學科還是要發展的，我覺得國學學科現在最缺，也是最需要發展的還是經學，經學没有位置，像子學、史學、文學都還好辦，經學在現行學科體制内無處安立。今後我們還是要培養人才，小學包含在經學中，經學方面的人才亟需培養。所以我們國學院以後把經學人才的培養作爲重點，放在首位。就説這麼幾句，謝謝各位！

三、哲學學院院長吴根友教授致辭

非常感謝邀請我參加這個會議！我覺得蕭先生國學獎學金的設立是一件非常好的事情，主要是有郭老師倡導和堅持。我覺得這要從珞珈山的人文傳統上講。珞珈人文傳統源遠流長，它的内涵非常豐富，我們中國哲學和國學，是其重要的組成部分。我們這些從事國學研究的同仁，在非常困難的情况下，對珞珈人文的傳承，做出了自己絶大的努力。所以我想從這個大的人文學術傳統來講，蕭萐父國學獎學金的設立其實就是人文精神的一種物態化的體現。

正如徐書記所言，在獎學金的倡導和發起的時候，郭老師策劃組織并號召蕭門弟子，他首先以自己所獲寶鋼獎教金作爲創建獎學金的基礎，這也是一種報答師恩的方式。尊師重教是我們所有教育工作者都應該注重的地方，特别是在人文教育領域。尊師重教體現在各個方面，郭老師花這麽大的精力以及財物上投入，正是將尊師重教的觀念在生活中體現出來。獎勵後進，也是在捍衛傳統，更新傳統，蕭先生倡導的精神傳統，如果後面没人繼承，就斷了。所以郭老師倡導的尊師重教、獎勵後進、更新傳統的事情是極其有意義的。

郭老師非常謙虚，今年本來是他 70 大壽，郭老師的學生本來要給老師過壽，可是郭老師婉拒所有這些事情，因此學生們提議每人拿出一點錢，捐贈到蕭萐父國學獎學金裏面，這再次體現了郭老師尊重老師的一面。這種尊重不是在口頭上，而是在行動中。無論是從實踐形式，還是在意志層面，郭老師都予以升華，用實際的行爲體現了尊師重教。我也借這個機會，代表蕭門的弟子，代表武漢大學中國哲學團隊，同時代表哲學學院，在這個公開場合對郭老師七十華誕致以衷心的祝願，也祝願各位老師繼續在武漢大學，在中華大地上，發揚多元互動，開放進取，涵化吸收，根植傳統，發揚傳統的精神！

四、蕭萌女士發言

各位領導，各位來賓，各位蕭氏後學們：大家上午好！我非常高興參加這次蕭萐父國學獎學金捐贈儀式。我父親一生簡樸，但是在獎掖後學方面他一貫慷慨大氣，嘔心瀝血。從他 1943 年，乘一葉扁舟，帶著十塊銀元，到樂山求學（抗戰時期武大西遷樂山），到他在武大哲學系任教，他將自己的一生，所有的才情智慧都獻給了哲學系，尤其是在哲學史的建設上面。父親歷經坎坷，我想到“文化革命”中間，我們家被抄了六次，爺爺、伯伯的所有字畫藏書，一個字不剩全部抄走，他當時是非常非常痛心的，所以說有泪水，但是在整個奮鬥中還是有喜悦，有收獲。今天看到這麼多他的接班梯隊，還有新一代的青年才俊，濟濟一堂，所以我想到父親的在天之靈一定又在作新詩了。首先我要感謝郭齊勇，感謝艾路明這些學友，感謝你們的熱情推動，你們的慷慨解囊，還要感謝今天所有在場的捐贈的學友和朋友們。感謝武漢大學的領導們，感謝你們的重視和關注。我父親經常用《學記》裏面的兩句話來教導我們：“善歌者，使人記其聲；善教者，使人記其志。”我相信在各級領導的關心和支持下，在各位蕭氏後學以及朋友們的努力下，蕭萐父國學獎學金會越辦越好，在振興國學、體恤新人方面發揮越來越大的作用。大家共同努力，薪火相傳，讓中國哲學史，特別是明清啓蒙學説的研究更上一層樓。今天我代表我們兄妹捐贈 5000 元，雖然我們都已經退休，工資也不高，但是我們應該盡綿薄之力，表示我們的一份心意。同時我們希望在樂山父親的紀念館，有一部分内容是專門展示父親學生的成果；我們希望今後青年才俊的學術成果，也一樣可以放到紀念館，這就是薪火相傳！謝謝大家！

五、張杰（歐陽禎人）教授代表捐贈人與沈壯海書記簽訂捐贈協議

六、沈壯海書記致辭

我非常高興參加蕭萐父國學獎學金捐贈儀式！就像剛剛徐書記介紹的，我們跟以前獎學金的設置不一樣，别的可能一個人一下子就捐贈幾千萬或者幾百萬，這個獎學金都是蕭先生的學生們，郭老師、吴老師等蕭先生的弟子與再傳弟子個人捐贈的。這件事情本身就非常具有教育意義，獎學金的設置不僅能給獲獎的同學們一點資助，給他們一個鼓勵，支持他們更好的完成自己的學業，還給我們樹立了一種示範！我們該如何對待我們的老師，如何對待我們這個學科的學術傳統，如何爲人師表，這個獎學金都具有强烈的示範意義！因此，它不僅是誰得了5000元獎學金的問題，而是與我們的學術傳統連在一起的。這個獎學金代表著我們一代又一代的不懈地努力、自覺地光大。正是一代代學人的不懈努力，纔使武漢大學中國哲學學科在海内外有了一定的地位，也使國學學科建設在人才培養、學術研究、團隊凝聚等各方面走在了業界前列。我們希望獎學基金愈發壯大，哲學和國學學科有進一步發展！

七、獲獎學生代表發言

國學班大四學生趙一鳴：各位尊敬的老師、前輩們，大家上

午好！我是獲獎學生代表趙一鳴。首先非常榮幸能够來到今天這個捐贈儀式上，我聽説了郭老師的七十大壽，所以也要祝郭老師福如東海，壽比南山。

我不是第一次獲得蕭萐父獎學金了，我和這個獎學金也非常有緣。不過這還是我第一次有幸發表獲獎感言。首先要説的還是那一句非常常見又真誠的感謝。尤其在我聽説蕭萐父獎學金的肇因——包括郭老師提議成立并籌劃、支持，以及吴老師等等這些前輩們的捐贈——之後，我感覺到的是這些國學前輩身上那種尊師重道、提携後進的精神。所以，就像剛纔沈書記講的那樣，這個獎學金不僅僅是讓我們學生在生活上受益——我每回都會用獎學金來買一些我感興趣的國學書籍，而且，更重要的是獎學金背後的意義所在，這是一種國學精神的傳承。作爲獎學金的受益者，我覺得我們這些受益的學生應該把這種精神不斷地傳承下去。而且，我非常感謝在場所有爲獎學金慷慨解囊的老師們，在此我要再鞠躬表達我的謝意。謝謝大家！

“志於道，據於德，依於仁，游於藝”是我們的院訓，這是孔子的教誨。“有匪君子，如切如磋，如琢如磨”是我們院的學術風範。在珞珈山這個山明水秀的地方，我遇到的每個老師都給了我很大的影響，他們都是温謙君子。如果不是他們，我不會有今天的成長。我還要感謝我的同學，在很多師長不能觸及的地方，給了我很多幫助。我漸漸獲得的這些成長和變化，都是在珞珈山這個大的催化環境下産生的。我兩次獲得蕭萐父的獎學金，離不開在珞珈山的這些良師益友的幫助。剛進珞珈山的時候，我還是一隻國學的雛鳥。這兩次獎學金的獲得，也是一個首尾呼應的過程。第一次我獲得獎學金的時候，是在大二的時候，我當時對國學和學術的意義没有任何的理解，對社會上光怪陸離的國學現象也有些關注，但是隨著在武漢大學求學的時間不斷地堆砌，我漸漸明白了人文學科的意義，還有國學學科的來之不易。就像剛纔郭老師講的，人文學科和金錢還有科技比起來，確實是一個弱和静的面向。在歷史上，我們看慣了强權的灰飛烟滅，但在每一個歷史的轉角，即便是在黑暗的時代，也還有人文的光綫，指引著我們的希望。所以我覺得，在今天這樣的時代裏，人文學科是不可能丟掉它的意義的。在每一個歷史的轉角之處，它有自己留下的光輝。

包括我在每一次撰寫課程論文和學年論文的時候，我對書的觀感一直在變化。盡信書則不如無書，以前我衹是囫圇吞棗地讀書，如今我爲了寫一篇文章，認認真真的整理各種資料，在比對中會發現很多新大陸，也會發現很多以前不會留意的錯誤。

我覺得珞珈山的歲月，山水一程，三生有幸。這是我進校的時候聽到的句子，雖然没有什麽新意，但是充滿誠意，甚至還有一點感傷。在武大的這三年，我纔成爲了現在的我，對這樣的一程，我覺得三生有幸。對我而言，這個獎學金不僅僅是金錢上鼓勵和支持，它也代表著一種精神的傳承。謝謝大家！

劉麗莎：首先，我要祝郭老師七十大壽生日快樂，雖然生日已經過去了！祝老師身體健康，福如東海！我一直是國學院的學生，從本科一直到博士畢業一共十年。我今年剛剛畢業，去了華中師範大學工作。雖然華師的哲學學科優勢并不明顯，它没有獨立的哲學學院，但還是有很多工作可以做的，而且那裏的學生對中國哲學，對哲學學科也有很深的興趣，所以我覺得我在那裏也可以做一點點事情，我努力給他們一些引導。我博士的時候獲過一次蕭萐父國學獎學金，這一次也是響應孫老師、張老師還有各位前輩的倡議，捐了一點小小的錢，實在是不好意思，不成敬意。希望國學學科能够在前輩師長的帶領下，有更多的新生力量，更進一步。謝謝！

郭齊勇：獎學金的額度還可以再大一點，受益學生的名額還可以再多一點。錢是越用越多的、越用越有的，我們總是可以不斷地努力、不斷地争取。

八、獎學金捐贈者自由發言

孫勁松：在大家發言之前，我要解釋一個事情。最近，我受到了很多的批評。之前請治洪老師、張杰老師一起發起這個事情，但發起這個事情之後，很多同學對我説："難道你想不到嗎，發起這個事情之後，郭老師肯定又要再出一筆錢。你這是逼著郭老師又出一筆錢。"後來，我就説，從開始的時候我就想到了，我知道郭老師他不在乎錢。（衆大笑。郭老師解釋："没什麽錢，但錢要用在刀刃上。"）我們是郭老師的學生，都很熱心。

陳文新：各位老師，蕭萌老師，各位同學好！我還是先要祝郭老師生日快樂！這個生日已經過了，生日後快樂！（衆笑）我感到很幸運，因爲我們有兩個很好的榜樣，一個是蕭先生，一個是郭老師。我跟蕭先生結緣有兩個原因，一個是在郭老師門下申請博士學位的時候，他就説："你多找蕭先生去求教。"我讀了蕭先生好幾本書，對蕭先生的語言風格，包括他自己寫的那些詩詞的風格，有點自己的體會。後來我跟蕭先生報告我的心得，他説："你學文學的，還有點自己的感覺。"另外一個原因呢，是因爲蕭先生後來把他的好多書都捐給中國傳統文化研究中心了。有三批，因爲我當時是具體操辦這個事情的，所以蕭先生捐書的目録啊，寫的那些詩啊，手記啊，我到現在都還保留著。我還寫了一篇短文，就是談這個書緣的，發在校報上。我們這個圈子裏的老師，看了之後還説，文新你的這篇文章寫得很好。在與蕭先生接觸的過程當中，我真正感受到了他的“一流的人品、一流的學問和一流的風采”。

向郭老師問學，我的收獲很多。中國哲學的好多書，包括蕭先生的書，郭老師的書，還有好多其他學者的書，我都認真讀了。對郭老師的學問，郭老師的人品，確實深爲崇敬。有蕭先生、郭老師兩個人生榜樣和學術榜樣，這是我感到很幸運的。最後祝郭老師學術之樹常青！謝謝郭老師！

胡治洪：首先我很坦率地説，這是一筆很小的錢，二十多萬，是吧？那些有成就的校友可能一出手就是兩千萬兩億的。（郭老師：那個錢跟我們的錢肯定意義不一樣。）是啊！所以我説，錢數衹是一個方面，我們這筆錢的意義可能還要更大！我想就這筆錢的意義説三點。第一點體現了郭老師的高風亮節。本來我們説要給郭老師做七十大壽，但是郭老師强調三不原則：一不開會，二不出書，三不吃飯。幾年來弟子們的心願就這樣一直被抑制著。直到今年暑期張杰和勁松兩位教授提出還是要有個形式吧，這樣我們就商定以爲郭老師賀壽的名義，發動同門師兄弟姐妹爲太老師蕭萐父先生獎學金捐款。本來郭老師自己可以有一個很光彩的壽慶形式，但他讓出來了，這很不簡單！現在我們看到這個社會，大家都在“争”，“争”成了一種常態，“讓”却變得非常稀少。但“讓”這個字啊，包含了大學問，大智慧，大德性！我們要好好體會這個“讓”字，唐堯、虞舜以讓成聖，吴太伯、伯夷以讓成賢，那是遠古的楷模，而郭老師以讓的身教給我們作出了現實榜樣和重大啓示。第二點就是這次捐贈活動使我們都受到一次公德陶冶。參加這次捐贈的師兄弟姐妹，多的也有，如張杰捐了兩萬，崇諦法師捐了三萬，這都是大手筆，當然，郭老師捐五萬更是獨占鰲頭！不過也有捐得較少的，各人境況不同，但是心意都到了。大家的心意都是上以對師門、對學科點，下則爲後學、爲培護讀書種子，多多少少做點貢獻，這正是化私爲公的表現。而且我們這項活動具有開放性，還可以接續，以後還可以進一步做下去。第三點，這次捐贈活動給了我們一次傳統教育。我們武大哲學學科由李達老校長開啓，具體到中國哲學學科，則是我們的三老——蕭萐父先生、李德永先生、唐明邦先生培育起來的。通過這次捐贈活動，自然而然令我們透過郭老師而想起三老，想起我們都是從太老師們那裏一脉相承下來的。現在蕭、李兩先生已經作古，唐先生還健在，我們要多多去看望他、照顧他，這些事情是我們要做好的。我們是前人種樹後人乘凉，但要吃水不忘挖井人，這就是傳統意識。實際上我說的這三點都可以歸結爲道德意識，這次捐贈活動啓發了我們的道德意識，這就是我對這次活動的一點感悟。

單波：郭老師好！一到郭老師面前就有點緊張，總感覺學問没有做好，好像是永遠没有畢業的一個學生。今天我非常開心，非常感謝！首先是祝賀，祝賀郭老師的七十大壽！我是一路被郭老師指引，一路被郭老師關照，感謝老師！也非常感謝勁松、張杰和治洪他們具體操辦。這個活動非常有智慧，體現的是薪火相傳的精神。尤其是今天見到蕭萌老師，蕭老師平時就對我很關照，到蕭先生家裏，她給我泡茶，我們一起聊天。蕭先生呢，他給我很多很多關心、很多啓發，特別是我做唐君毅的那篇博士論文的時候，他對我傾囊相授。蕭先生後來的一個評價，也是一個鼓勵，説我走進了唐君毅的精神世界；他又對我有一個鞭策，期待我走出唐君毅的精神世界。怎麽走出來，我的這個能力還達不到，一直是愧對蕭先生。

得虧受到蕭先生、郭老師的啓發，我比較早地轉到文化傳播這個領域中來，較少受到新聞傳播方面的限制。當然從大的方面來説，還是在這個學科，不過我主要是研究不同文化背景之間的溝通與交流。我現在做跨文化傳播的研究，是受了唐先生中西比較的智慧的啓發，也受了蕭先生的啓發。全球化導致人的離散，各種文化得不到保存。有鑒於此，這幾年來，我一方面和國際人士接觸，另一方面帶領學生深入到少數民族地區，研究中國文化跨文化傳播的問題。在這個方面，我是深深的感謝中國哲學學科對我的滋養。感謝蕭先生、郭老師對我的幫助和提携！

文碧芳：剛纔，幾位代表我們的心聲，祝老師七十大壽，健康、平安！我對郭老師印象深刻的有兩件事。一個是他説在退休之前一定要將學術版《中國哲學史》（十卷本）寫好，還有一個是他説退休之前要將國學院辦好。

郭老師無時無刻都在感念師恩，無論是前幾天在儒學會議上的得獎，還是爲學生的書寫序，他時時都在感謝蕭先生。他任何時候的感念師恩，都是真誠的，一點都不假的，我們應該傳承的就是他的這種精神。這個時代，談錢是常事，我們都沉在名利裹爬不出來，但是郭老師却不在乎錢，很大方的爲了培養學生使用著錢。郭老師就傳承了蕭先生的那種視金錢如糞土的風骨，我們這些陷在名利裹的學生看到老師，倍感慚愧。但願我們不僅是口頭上説著感念師恩，還要像郭老師感念蕭先生那樣，實實在在去做。

張杰（歐陽禎人）：今天我把《劉咸炘思想探微》這本書帶來了。這本書是我在蕭先生和郭老師指導下完成的一個課題。如果没有蕭先生在他晚年四五年的指導，這本書是完不成的。這是蕭先生最後未竟的事業，那個時候，蕭老先生過個三五天就給我打電話，我是學也得學，不學也得學。當時我能看到的劉咸炘著作是影印本，字都看不清楚，當時真花了不少時間。課題最終能够完成，得益於蕭先生和郭老師對這個課題的重視，以及他們的督促、鞭策。今天利用這個機會呢，拿了幾本來，是向蕭先生、郭老師匯報。

這次辦這樣一個活動，確實體現了郭老師的高風亮節。方纔各位談了很多，就像單波説的，祇要一坐在郭老師對面，就會惴惴不安，有那種自己没有成長起來的感覺。自從讀了郭老師的博士以後，我在爲人、爲學兩方面，特别是在做人上，在理想信仰方面，發生了根本的變化，完全是脱胎换骨。這是郭老師概括的。在學術研究方面，我在讀博士的四年期間，發表了27篇文章，其中有16篇是核心期刊，同時我又在臺灣古籍出版社出版了一本著作——《郭店儒簡論略》（21萬字，2003）。我的博士論文能得到學術界的高度認可，這首先是郭老師的功勞。起初我是準備寫荀子的，是郭老師指導我將題目改成郭店楚簡，帶我進入這個領域。提起這件往事的目的，我是要告訴大家，郭老師在他的一生中讓了很多東西。有很多事情我們大家都不知道。在我攻讀博士期間，郭老師親自帶著我參加了很多重要的會議，而且帶著我拜見了張岱年先生、任繼愈先生、張立文先生、方立天先生、蒙培元先生等等。這些先生的著作，其實也是在這一次次的拜見之後，我纔真正認真閱讀的。每每在夜深人静的時候，我回首我走過的路，我真是覺得自己非常幸運，能够遇到像郭老師這樣的導師。這二十多年，你們一畢業就走了，就離開武漢大學了。但是我却一直住在郭老師家的附近。老天給我不斷地提供了很多機會，讓我不斷地向郭老師學習。不僅僅是學問，尤其是在爲人方面，郭老師的温良恭儉讓，郭老師的人品智慧，尤其是郭老師的深厚思想，時時刻刻在鞭策著、教育著我，讓我始終受益。

我覺得這個活動辦得非常的好，它讓我們這些晚輩從中獲得了一種激勵，讓蕭先生、唐先生、李先生他們的風采一代一代的傳下來。我記得胡治洪博士論文答辯的時候我給他當秘書，我在哲學學院的辦公室，給他寫海報。正在寫的時候，唐先生來了，我説："唐先生，您來動筆吧！"唐先生八十多歲的老人，親自爲胡治洪寫海報。（胡治洪："那海報我還留著呢！珍藏到現在。"衆笑。）胡治洪珍藏到現在。説實在的，我們的老前輩對我們這些後進的幫助、提携啊，從三位老先生到郭老師，是一代一代傳下來的，現在我們把希望都寄托給年輕人，以後珞珈山的發展，需要年輕人繼續努力！這個活動，正是對年輕人的鞭策與鼓勵。

謝遠筍：剛纔郭老師説念師恩，這個我有點體會。2014 年暑假期間，天氣非常炎熱，郭老師給我打電話，説遠筍你在不在學校，我説我在，他約我在老幹處門口見面，説有點事情。我説五分鐘後我就可以趕到。見面後，他讓我跟他一起，去搬蕭先生的一些東西，是七八塊兩米見方的塑料展板，不好搬。正值暑假期間，都放假了，就郭老師跟我兩個人，徒手將這些展板從北三區搬到國學院，當時烈日當空，熱得喘不過氣來。剛纔文老師説到念師恩，郭老師對自己老師，對蕭先生那種感恩，不是説説而已，是體現在行動當中的。

還有一點我想講的是，最近我讀《吹沙集》的一點心得。現在的書太多了，我們也讀了不少書，姑且不論學術價值，單論文筆，文字優美的已屬難得。蕭先生的思想，我已經有所瞭解，因此，這一次我在讀《吹沙集》的時候，首先吸引我的倒不是學術如何精深，而是辭章之美。我從他的學術論文當中，可以體會到文章本身的美。

郭齊勇：我們將來要整理蕭萐父老師的全集。一直没有時間商量這件事。將來大家一起幫忙分擔一下，做好這個工作。大家收集一下書信等。現在趕著搶救蕭萐父老師的一些信箋。這是個大事。

蕭航：在座諸位基本上都是我的老師。郭老師、孫老師，包括文老師、陳老師、張老師，我上過你們的課，你們都是我的老師。借著這個機會，對諸位老師，在座的和不在座的各位文史哲的老師，表示感謝，你們爲國學的發展、爲學生的培養，貢獻心力，謝謝你們！

我是國學第一班的。篳路藍縷，以啓山林，郭老師這麽多年不容易，將近二十年吧，一手扶持著國學院從小到大，給我們請文史哲的老師來講課，請各種專家來做講座，爲國學院的發展付出了太多、太多！我們作爲後學，衹能是向各位老師學習，把學問做好，把學生教好，我想這是對各位老師最好的報答。

圖書在版編目(CIP)數據

儒家文化研究. 第十輯/郭齊勇主編. —長沙:岳麓書社,2019. 12
ISBN 978-7-5538-1068-3

Ⅰ. ①儒…　Ⅱ. ①郭…　Ⅲ. ①儒家—傳統文化—研究　Ⅳ. ①B222. 05

中國版本圖書館 CIP 數據核字(2018)第 291555 號

RUJIA WENHUA YANJIU DISHIJI

儒家文化研究. 第十輯

主　　編:郭齊勇
責任編輯:劉　文
責任校對:舒　舍
封面設計:羅志義

岳麓書社出版發行
地址:湖南省長沙市愛民路 47 號
直銷電話:0731-88804152　0731-88885616
郵編:410006
岳麓書社網址:www. yueluhistory. com

版次:2019 年 12 月第 1 版
印次:2019 年 12 月第 1 次印刷
開本:890mm×1240mm　1/32
印張:20
字數:430 千字
书号:ISBN 978-7-5538-1068-3
定價:88. 00 元

承印:長沙鴻和印務有限公司

如有印裝質量問題,請與本社印務部聯繫
電話:0731-88884129